بسم الله الرحمن الرحيم

فرهنگ لغات پرستاری آکسفورد

Oxford Dictionary of Nursing

۸۵۰۰ مدخل + ۴۳۸ واژگان کلیدی پزشکی

به همراه نمودارها و جدول ها

ترجمه و تألیف:

دکتر آزاده نعمتی

عضو هیأت علمی دانشگاه آزاد اسلامی واحد جهرم

امین مصلی نژاد

کارشناس پرستاری از دانشگاه آزاد اسلامی واحد جهرم

درباره نویسندگان

دکتر آزاده نعمتی، استادیار و عضو هیئت علمی دانشگاه آزاد اسلامی واحد جهرم می باشند. ایشان سردبیری چند مجله بین المللی را برعهده دارند و مقالات ملی و بین المللی بسیاری منتشر نمودند. از دیگر فعالیت های پژوهشی ایشان می توان به تالیف ۱۰ کتاب تخصصی، شرکت در بیش از ۲۰ کنفرانس ملی و بین المللی و برعهده گرفتن راهنمایی دانشجویان کارشناسی ارشد اشاره کرد. همه اینها باعث گردیده است که ایشان در سال های ۱۳۸۹ و ۱۳۹۱ از سوی دانشگاه به عنوان پژوهشگر برتر برگزیده شوند.

آقای امین مصلی نژاد، کارشناس پرستاری، دانشجوی ممتاز و عضو باشگاه پژوهشگران جوان دانشگاه آزاد اسلامی واحد جهرم می باشند.

پیشگفتار

نیاز دانشجویان رشته‌های علوم پزشکی بخصوص پرستاری به یک مرجع کامل برای درک لغات و اصطلاحات پزشکی و کمبود چنین منبعی باعث ترجمه و تألیف کتاب حاضر گردید.

در این کتاب واژه‌های پربسامد و تمامی کلمات و مفاهیم مرتبط به رشته پرستاری شرح داده شده است. علاوه بر آن مدخل‌های زیادی در رشته‌های پزشکی، جراحی، آناتومی، فیزیولوژی، روان‌پزشکی، روان‌درمانی و داروشناسی به کتاب افزوده شده است. استفاده از راهنمای آسان جهت تلفظ صحیح هر مدخل (بدون استفاده از نمادهای خاص) باعث گردیده افرادی که زبان انگلیسی زبان دومشان است به راحتی از این کتاب استفاده نمایند.

از ویژگی‌های دیگر کتاب می توان به موارد زیر اشاره کرد:

- دارای ۸۵۰۰ مدخل مورد استفاده پرستاران و متخصصان علم پزشکی
- دارای ۴۳۸ واژه کلیدی پزشکی
- تعاریف مختصر و واضح
- راهنمای ساده تلفظ

در پایان از ریاست محترم دانشگاه آزاد اسلامی واحد جهرم جناب آقای دکتر بهروزنام و معاون پژوهش و فناوری جناب آقای دکتر ایازپور بخاطر حمایت ها و دلگرمی‌هایشان تشکر و قدردانی می‌نمائیم.

دکتر آزاده نعمتی – امین مصلی نژاد

آبان ۱۳۹۲

فهرست

راهنمای تلفظ

راهنمای تلفظ بعد از مدخل و قبل از بخشی از تعریف درون پرانتزمعین می شود. واژگان دو یا چند هجایی به واحدهای کوچکتر تفکیک می شوند که معمولاً هجاها توسط خط فاصله از هم جدا می شوند.

صداهای موجود به شرح زیر می باشد:

a as in back (bak), active (ak- tiv)

ă as in abduct (ăb - duct), gamma (gam-ă)
ah as in after (ahf- ter), palm (pahm)

air as in aerosol (air- ŏ - sol), care (kair)
ar as in tar (tar), heart (hart)
aw as in jaw(jaw), gall (gawl)

ay as in mania (may- niă), grey (gray)
b as in bed (bed)
ch as in chin (chin)
d as in day (day)
e as in red (red)

ĕ as in bowel (bow- ĕl)
ee as in see (see), haem (heem), caffeine (kaf- een)

eer as in fear (feer), serum (seer- ŭm)

er as in dermal (der-măl), labour (lay- ber)

ew as in dew (dew), nucleus (new- kli- ŭs)

ewr as in pure (pewr), dura (dewr- ă)

f as in fat (fat), phobia (foh- biă), cough (kof)
g as in gag (gag)
h as in hip (hip)

i as in fit (fit), acne (ak- ni), reduction (ri- duk- shŏn)
I as in eye (I), angiitis (an- ji- I- tis)
j as in jaw (jaw), gene (jeen), ridge (rij)
k as in kidney (kid- ni), chlorine (klor- een)
ks as in toxic (toks- ik)
kw as in quadrate (kwod- rayt)
l as in liver (liv- er)
m as in milk (milk)
n as in nit (nit)
ng as in sing (sing)

nk as in rank (rank), bronchus (bronk- ŭs)
o as in pot (pot)

ŏ as in buttock (but- ŏk)
oh as in home (hohm), post (pohst)
oi as in boil (boil)
oo as in food (food), croup (kroop), fluke (flook)

oor as in pruritus (proor- I- tŭs)

A a

a- (an-)

پیشوند به معنای فقدان.

ab-

پیشوند به معنای دور از.

abarticulation (ab-ar-tik-yoo-lay-shŏn) n.

۱. در رفتگی مفاصل. ۲. (*diarthrosis* مراجعه کنید).

abdomen (ab-dŏm–ĕn) n.

قسمتی از حفره ی بدن در زیر قفسه ی سینه (به *thorax* مراجعه کنید) که به وسیله ی دیافراگم جدا می شود. محتوای شکم شامل ارگان های گوارشی - معده، کبد، روده و غیره است - و همچنین ارگان های دفعی - کلیه ها، مثانه و غیره - می باشد. این قسمت بوسیله ی پرده ی صفاق پوشیده می شود.

-abdominal (ăb-dom-i-năl) adj.

bdominoperineal excision (ăb-dom-in-oh-pe-ri-nee-ăl) n.

عملی برای برش رکتوم که در آن شکاف هایی در شکم و صفاق ایجاد می شود.

abdominoscopy (ab-dom-i-noss-kŏ-pi) n.

دیدن لاپروسکوپی شکم.

Abducens nerve (ăb-dew-senz) n.

ششمین عصب جمجمه ای (*VI*) که عضله ی مستقیم خارجی کره ی چشم را عصب دهی می کند.

abduct (ăb-duct) vb.

حرکت دادن عضوی از بدن یا دیگر اعضای بدن دور از خط مرکزی بدن.

-abduction n.

abductor (ăb-duk-ter) n.

به هر عضله ای گفته می شود که در زمان انقباض یک قسمت از بدن را از دیگر قسمت ها و یا خط مرکزی بدن دور می کند.

aberrant (a-be-rănt) adj.

غیرعادی معمولاً برای عروق خونی یا اعصاب که یک مسیر عادی را دنبال نمی کنند به کار برده می شود.

aberration (ab-er-ay-shŏn) n.

۱. انحراف از حالت عادی. ۲. اختلال در تطابق عدسی.

ablation (ăb-lay-shŏn) n.

جراحی برداشتن بافت، قسمتی از بدن، یا یک تومور

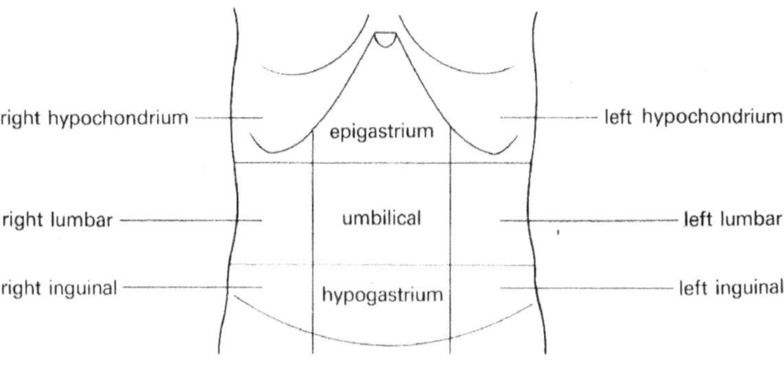

نواحی شکم

غیرطبیعی معمولاً بوسیله ی برش.

abnormal (ab-nor-măl) adj.

انحراف از حالت عادی در ساختار، وضعیت،وقایع وغیره : *an abnormal growth.*

abnormality (ab-nor-mal-iti) n.

۱. انحراف از حالت عادی و انتظار. ۲ .نقص بدشکلی *a developmental abnormality.*

تنگ شدن مردمک، چشم وقتی که شخص به اشیاء نزدیک نگاه می کند.

accouchement (ă -koosh-mahnt) n.
زایمان نوزاد.

accountability (ă -kownt-ă -bil-iti) n.
اتخاذ مسئولیتی برای یک دوره عملی. یک پرستار ورزیده و آموزش دیده وظیفه مراقبت را طبق قانون برعهده دارد. در پرستاری مسئول بودن به مسئولیتی اطلاق می شود که پرستاری آموزش دیده برای تجویز اجرای مراقبت پرستاری برعهده می گیرد.

accreditation (ă -kred-i-tay-shŏn) n.
۱. ارائه ی وضعیت رسمی به یک فرد در یک سازمان مانند یک نماینده ی مورد تأیید یا شناخته شده از یک اتحادیه سازمان حرفه ای. ۲. سیستم به کاررفته در این کشورها جهت صدور مجوز بیمارستان توسط سازمان های دولتی.

accretion (ă -kree-shŏn) n.
تجمع رسوبات درون ارگان یا حفره ای. ممکن است سنگ ها بوسیله ی به هم پیسته شدن تشکیل شوند.

acephalus (ă -sef-ă -lŭs) n.
جنین بدون سر.

-acephalous adj.

acetabuloplasty (ass-i-tab-yoo-loh-plas-ti) n.
عملی که در آن شکل حفره ی استابولوم جهت اصلاح دررفتگی مادرزادی استخوان هیپ یا درمان استئوآرتریت، تغییر می کند.

a cetabulum (cotyloid cavity) (ass-i-tab-yoo -lŭm) n. (pl.acetabula)
یکی از دو حفره ی عمیق در اطراف استخوان هیپ که سر استخوان ران در آن قرار می گیرد.

acetate (ass-it-ayt) n.
هر یک از املاح یا استراسنیک اسید.

acetazolamide (ass-ee-tă -zol-ă -myd) n.
دیورتیکی که برای درمان گلوکما جهت جلوگیری از فشار اطراف کره ی چشم همچنین به عنوان پیشگیری کننده ای بیماری های ناشی از ارتفاع می شود. نام تجاری: *Acetazide, Diamox*

acanthosis (ak-ăn -thon- sis) n .
ضخیم شدن داخلی ترین لایه اپیدرم، به همراه تکثیر غیر معمولی و زیاد شدن سلول ها.

nigricans.
تومورهای زگیل مانند وتیره رنگ درون چین های پوست مثل کشاله ی ران، زیر بغل و دهان که معمولاً نشانه ای از سرطان می باشد.

acapnia (hypocapnia) (ă -kap- niă) n.
وضعیتی که در آن به صورت غیر معمول غلظت دی اکسید کربن در خون کم است.

acardia (ay-kar- diă) n.
فقدان مادرزادی قلب. این شرایط ممکن است در دوقلوهای به هم چسبیده اتفاق بیفتاد. در این دوقلوها یک قلب گردش خون هر دو تا را کنترل می کند.

acariasis (akă -ry- ă -sis) n.
هجوم کرم های ریز و کنه ها.

acaricide (ă -ka-ri-syd) n.
هر عامل شیمیایی که برای از بین بردن کرم ها و کنه ها استفاده می شود.

acatalasia (ă -kat- ă -lay- ziă) n.
فقدان موروثی آنزیم کاتالاز، که موجب عفونت عودکننده ی لثه ها (التهاب لثه ی دندان) و دهان می شود.

accessory nerve (spinal accessory nerve) (ăk -sess-er-i) n.
یازدهمین عصب جمجمه ای (*XI*) که از دو ریشه ی جمجمه ای و نخاعی نشأت می گیرد. فیبرهایی از ریشه های جمجمه ای عصب حنجره ای بازگشت کننده را تشکیل می دهند که فعال کننده ی ماهیچه ی حنجره ای داخلی است. فیبرهای ریشه ی نخاعی عضله ی استرنوماستوئید و زوزنقه ای ناحیه ی گردن را عصب دهی می کنند.

accommodation (ă -kom- ŏ -day- shŏn) n.
تنظیم شکل عدسی جهت تغییر کانون عدسی چشم. وقتی که ماهیچه ی مژگانی (به *ciliary body* مراجعه کنید) در حالت استراحت است عدسی مسطح شده وچشم قادر به دیدن فاصله های دور می باشد. برای تطابق چشم به اشیاء نزدیک ماهیچه های مژگانی منقبض شده و عدسی کروی تر می شود.
a. reaction

acoustic (ă -koo-stik) adj.
مربوط به صدا یا حس شنوایی.
a. holography
روش ساختن عکس های سه بعدی ساختارهای درونی بدن با استفاده از امواج ماوراء صوت.
a. nerve
به عصب *vestibulocochlear* مراجعه کنید.

acquired (ă -kwyrd) adj.
توصیف شرایطی یا اختلالی که بعد از تولد رخ می دهد و جنبه‌ی ارثی ندارد. با *congenital* مقایسه کنید.

acquired immune deficiency syndrome n.
به *AIDS* مراجعه کنید.

acriflavine (ak-ri-flay-vin) n.
رنگی که برای ضد عفونی کردن پوست و غشای موکوسی و ضدعفونی زخم های عفونی استفاده می شود.

acro-
پیشوند به معنای ۱. برآمدگی۲. ارتفاع۳. شدید.

acrocentric (ak-roh-sen-trik) n.
کروموزومی که آن در سانترومر در نزدیکی یکی از بخش های انتهای آن یا درون آن واقع شده است.

acrocyanosis (ak-roh-sy-a-noh-sis) n.
کبودشدن ناشی از دررفتگی دست وپا که در اثرکاهش جریان خون در عروق کوچک پوست ایجاد می شود.

acrodynia (ak-roh-din-iă) n.
به *pink disease* مراجعه کنید.

acromegaly (ak-roh-meg-ăli) n.
افزایش اندازه ی دست وپا و صورت ناشی از افزایش تولید هورومون های رشد توسط غده ی هیپوفیز پیشین. به *gigantism* مراجعه کنید.

acromion (ă -kroh-mi-ŏn) n.
زائده ی کشیده ای در نوک استخوان کتف که بخشی از استخوان ترقوه مفصل آکرومیوکلاویکولار را تشکیل می دهد.

acronyx (ak-rŏ -niks) n.
رشد درون رونده ی ناخن انگشت دست و پا. به *ingrowing toenail* مراجعه کنید.

acroparaesthesiae (ak -roh -pa-ris-theez- i-ee) n.
احساس گزگز کردن دست و پا.

acrophobia (ak-rŏ -foh-biă) n.
ترس از ارتفاع.

ماده ای که یون های هیدروژن را زمانی که در آب حل می شود آزاد می کند. اسید*PH* زیر ۷ دارد و کاغذ لیتموس را به رنگ قرمز در می آورد و زمانی که با یک باز ترکیب می شود تشکیل نمک را می دهد.با *base* مقایسه کنید.

acidaemia (asid-ee- miă) n.
شرایطی که در آن حالت اسیدی خون بالا می رود. به *acidosis* نیز مراجعه کنید. با *alkalaemia* مقایسه کنید.

acid-base balance n.
تعادل بین مقدار کربنیک اسید و بی کربنات در خون که می بایستی در غلظت ۲۰: ۱جهت نگهداری غلظت یون هیدروژن پلاسما در حالت پایدار (*PH* 7:4)نگهداری شود.

acid-fast adj
۱. توصیف باکتری هایی که رنگ آمیزی شده اند و بعد از درمان با یک محلول اسیدی جهت نگهداری این رنگ ادامه می یابند.۲. توصیف رنگی از یک نمونه که از طریق شستن با یک محلول اسیدی برداشته نمی شود.

acidity (ă -sid-iti) n.
وضعیت اسیدی درجه ی یک محلول اسیدی که به وسیله ی معیار *pH* اندازه گیری می شود.

acidosis (asid-oh-sis) n.
وضعیتی که در آن اسیدیتی مایعات و بافت های بدن بیشتر از حد طبیعی است این وضعیت ناشی از نقص مکانیسم های حفظ تعادل اسید و باز در بدن است (به *acid-base balance* مراجعه کنید).
-acidotic (asid-ot-ik) adj.

acid phosphatase n.
آنزیمی که در داخل مایع منی بوسیله ی غده ی پروستات ترشح می شود.

acinus (ass-in-ŭs) n. (pl-acini)
۱. کیسه یا حفره ی کوچکی که بوسیله ی سلول های مترشحه ی یک غده احاطه شده است. ۲. (در شش) بافتی که توسط هوا از طریق یک برونش انتهایی پُر فعال می شود.
-acinous adj.

acne (ak-ni) n.
اختلال پوستی که در آن غده های چربی ملتهب می شوند.
a. vulgaris
شکلی از آکنه که معمولاً در نوجوانی شروع می شود. این وضعیت از طریق بیش فعالی غدد چربی ایجاد شده که باعث بوجودآمدن جوش های سر سیاه و پوسچول، عمدتاً در صورت، سینه و کمر می شود. به *rosacea* نیز مراجعه کنید.

وضعیتی که در آن یک ارگان حسی تدریجاض کاهش پاسخ به یک محرک مداوم یا مکرری را نشان می دهد.

addiction (ă -dik-shŏn) n.
حالت وابستگی که بوسیله ی افزایش مصرف دارو بوجود می آید. به *alcoholism tolerance* مراجعه کنید.

Addisonós disease (ad-i-sŏnz) n .
سندرم ناشی از ترشح ناکافی هورمون کورتیکواستروئیدها بوسیله ی غدد آدرنال. این سندرم شامل: ضعف، کم بود انرژی،کاهش فشارخون و تجمع رنگدانه های سیاه در پوست می شود.

[T. Addison (1793-1860), پزشک انگلیسی]

adduct (ă -duct) vb.
حرکت یک عضو یا دیگر اعضاء بدن به سمت خط میانی بدن. *adduction n.*

adductor (ă -duk-ter) n.
عضله ای که قسمتی از بدن را به سمت دیگر بخش ها یا خط میانی بدن حرکت می دهد.

aden (adeno-)
پیشوند به معنای غده یا غدد.

adenine (ad-ĕ -neen) n.
آدنین یکی از بازهای پورینی که در ساختار *DNA* و *RNA* وجود دارد. به *ATP* نیز مراجعه کنید.

adenitis (ad-ĕ -ny-tis) n.
التهاب یک یا چندغده یا گره های لنفاوی.

adenocarcinoma (ad-in-oh-kar-si-noh-mă) n. (pl.adenocarinomata)
نوعی تومور بدخیم بافت اپیتلیال که از بافت های غده ای نشأت می گیرد. این واژه برای تومورهایی که الگوی رشد غده ای را دارند نیز به کار برده می شود.

adenohypophysis (ad-in-hy-po-i-sis) n.
به *pituitary gland* مراجعه کنید.

adenoidectomy (ad-in-oid-ek-tŏmi) n.
جراحی برداشت آدنوئیدها.

adenoids (pharyngeal tonsils) (ad-in-oidz) pl.n.
مجموعه ای از بافت های لنفاوی در خلف بینی بزرگ شدن آدنوئیدها ممکن است موجب انسداد راه هوایی بینی شود.

adenoma (ad-in-oh-mă)n. (pl.adeno-mata)
تومور خوش خیم بافت اپی تلیال که از بافت غده ای مشتق می شود یا به طور آشکار ساختارهای غده ای شکل مشخصی را نشان می دهد. آدنوماها ممکن است بدخیم شوند (به *adenocarcinoma* مراجعه کنید).

adenomyosis (ad-in-oh-sis) n.
تومور خوش خیم مشتق شده از بافت های عضلانی یا غده ای شکل. این تومور مکرراً در رحم یافت می شود.

adenomyosis (ad-in-oh-sis) n.
نفوذ بافت شبیه اندومتریوم در دیواره رحم. به *endometriosis* مراجعه کنید.

adenopathy (ad-in-op-ăthi) n.
بیماری غده، خصوصاً غده های لنفاوی.

adenosclerosis (ad-in-oh-skleer-oh-sis) n.
سخت شدن غدد که معمولاً در اثر کلسیفاکسیون بوجود می آید.

adenosine (ă -den-ŏ -seen) n .
ترکیبی حاوی آدنین و قندریبوز. آدنوزین در *ATP* وجود دارد. به *nucleoside* نیز مراجعه کنید.

adenosine diphosphate n .
به *ADP* مراجعه کنید.

adenosine monophosphate n.
به*AMP* مراجعه کنید.

adenosine triphosphate n.
به *ATP* مراجعه کنید.

adenosis (ad-in-oh-sis) n. (pl.ade-noses)
۱. رشد یا گسترش بیش از حد غدد. ۲. بیماری غدد خصوصاً غددلنفاوی.

adenovirus (ad-in-oh-vy-rŭs) n.
یکی از گروه ویروس های *DNA* دار که موجب عفونت بخش فوقانی دستگاه تنفسی شده و علایمی شبیه سرماخوردگی را بوجود می آورد.

adhesion (ăd -hee-zhŏn) n.
۱. پیوستن دو سطح مجزا از هم توسط بافت فیبروز پیوندی در منطقه ی آسیب دیده یا ملتهب (خود بافت فیبروز پیوستگی هم نامیده می شود). چسبندگی بین حلقه های روده ممکن است به دنبال جراحی شکم رخ دهد. ۲. نوعی فرآیند بهبودی که در آن لبه های زخم به هم متصل می شوند.

aerobe (air-ohb) n.
نوعی ارگانیسم خصوصاً میکروب که برای زندگی و رشد نیاز به اکسیژن آزاد دارد.
-aerobic (air-oh-bik) adj.
با *anaerobe* مقایسه کنید.

earobic exevcise n.
به *exercise* مراجعه کنید.

earobic respiretion n.
نوعی تنفس سلولی که مواد غذایی بوسیله ی اکسیژن اتموسفر کاملاً اکسیده شده و حداکثر انرژی شیمیایی را از مواد غذایی تولید می کند.

aerogenous (air-oj-ĕnŭs) adj.
تولید گاز. این واژه برای باکتری هایی مثل کلستروديوم پرفرینژنس که باعث فساد گازی می شوند، به کار برده می شود.

aerophagy (air-off-ăji) n.
بلع هوا. بلع اختیاری هوا که امکان صحبت کردن از وفاژیال را بعد از جراحی برداشت حنجره (معمولاً برای سرطان) فراهم می کند، استفاده می شود.

aerosol (air-ŏ-sol) n.
آئروسل؛ تعلیق شدید ذرات کوچک مایع یا جامد در هوا. دارویی آئروسل معمولاً از طریق استنشاق استفاده می شود.

aetiology (etiology) (ee-ti-ol-ŏji) n.
۱. مطالعه یا دانش دلایل بیماری ها. ۲. دلیل یک بیماری خاص.

afebrile (ay-feb-ryl) adj.
فقدان یا عدم ظهور هر نشانه ی تب.

affect (af-ekt) n.
۱. (در روان کاوی) احساس غالب، در حالت روانی یک شخص.
۲. احساسی که به همراه یک نظر خاص است.
-affective adj.

afferent (af-er-ent) adj.
۱. توصیف اعصاب یا نورون هایی که پیام های عصبی را به مغز یا طناب نخاعی انتقال می دهند. ۲. توصیف عروق خونی که یک شبکه ی مویرگی را در بخش یا ارگانی خون رسانی می کنند. ۳. توصیف عروق لنفاوی که وارد یک گره لنفاوی می شود. با *efferent* مقایسه کنید.

affinity (ă-fin-iti) n.
جذب شیمیایی دو ماده.

مهار فعالیت اعصاب آدرنرژیک. فعالیت آدرنولیتیک برخلاف آدرنالین می باشد.

adsorbent (ăd-sor-bent) n.
ماده ای که ماده ی دیگری را به طرف خود جهت تشکیل یک فیلم جذب می کند. مانند *charcoal* و *kaolin* که مواد جاذب هستند.

adsorption (ăd-sorp-shŏn) n.
تشکیل لایه ای از اتم ها یا ملکول های یک ماده، روی سطح یک ماده ی جامد یا مایع متفاوت. به *absorbent* مراجعه کنید.

advancement (ăd-vahns-mĕnt) n.
جداکردن عضله یا تاندون توسط جراحی و دوباره متصل کردن این اعضاء در محلی نزدیک تر. این روش در درمان بیماری هایی مثل لوچی استفاده می شود.

adventitia (tunica adventitia) (ad-ven-ti-shă) n.
۱. پوشش خارجی دیواره ی ورید یا شریان. ۲. پوشش خارجی دیگر ارگان ها یا بخش ها.

adventitious (ad-ven-ti-shŭs) adj.
۱. رخ دادن در یک مکان به جای محل طبیعی خود. ۲. مربوط به ادونتیس.

advocate (ad-vŏ-kăt) n. (in-health care).
(در مراقبت از بهداشت) یک شاغل، معمولاً پرستار که نقش وی ارتقاء مراقبت از تندرستی و علایق بیماران یا مددجویان خود، از طریق مطمئن ساختن آن ها که حقوق آن ها رعایت شده و اطلاعات کافی در اختیارشان قرار می گیرد، می باشد. حمایت در مراقبت از سلامتی، بخش مهمی در حرفه ی عملی است.

Aëdes (ay-ee-deez) n.
تیره ای از مگس ها که به طور گسترده در سرتاسر مناطق گرمسیری و زیرگرمسیری وجود دارند.
A.aegypti
وکتور اصلی دانگ و تب زرد.

aegophony (e-gof-ŏni) n.
به *vocal resonance* مراجعه کنید.

-aemia
پسوند به معنی شرایط خاصی از خون.

aer-(aero-)
پیشوند به معنای هوا یا گاز.

همه ی آنتی بادی ها به عفونت مزمن پیشرفت نمی کنند. مرحله ی مزمن ممکن است شامل پایداری کلی درگیری گره های لنفاوی باشد. *ARC* شامل یک طب مقطعی، کاهش وزن، اسهال، خستگی، و تعریق شبانه می شود و ایدز به خودی خود به عنوان عفونت های فرصت طلب و یا تومورهایی مثل سارکوماکاپوسی حضور دارد. به طور معمول تماس های اجتماعی با افراد دارای *HIV* مثبت خطر عفونت ندارد. به هر حال استانداردهای پزشکی برای همه کسانی که کارکنان سلامتی هستند به منظور جلوگیری از عفونت های غیر عمدی از طریق خون، فرآورده های خونی یا مایعات بدن از افراد *HIV* مثبت نیاز است.

AIH n.

به *artificial insemination* مراجعه کنید.

air bed (air) n.

تخت تشک داری که سطح بالای آن هزاران روزنه دارد و به هوای تحت فشار نیرو وارد شده طوری که بیمار روی تشک هوا حمایت می شود. تشک هوا برای درمان بیماران با درجه ی سوختگی زیاد اهمیت دارد.

air embolism n.

نوعی سد هوایی که مانع جریان خون از بطن چپ قلب می شود. خم شدن سر بیمار به سمت پایین و قرارگیری به طرف چپ، ممکن است موجب حرکت این سدهوایی می شود.

air hunger n.

تنفس مشکل که از طریق نفس نفس زدن و خس خس کردن مشخص می شود. کمبود اکسیژن موجب این وضعیت می‌شود.

air sickess n.

به *travel sickness* کنید.

akathisia (ak-ă -thiz- iă) n.

نوعی الگوی غیر ارادی حرکات که از طریق مصرف داروهای ضد روانی مثل فنوتیازین ایجاد می شود. بیمار تحت تأثیر قرارگرفته بی قرار است و می تواند با تجویز داروی اصلی موجب گیجی وی شود.

akinesia (ak-in- e- ziă) n.

فقدان قدرت عضله ای. *akineti epilepsy* نوعی بیماری صرع است که در آن فقدان ناگهانی انقباض عضلانی موجب افتادن بیمار به همراه بی هوشی وی می شود.

akinetic mutissm.

حالت کامل بی توجهی فیزیکی بیمار با وجود این که چشم او هنوز باز باقی مانده و ظاهر او حرکت می کند. این وضعیت در نتیجه ی آسیب به قاعده ی مغز است.

-akinetic (a-kin-et- ik) adj.

ala (al-ă) n. (pl .alae)

(در آناتومی) یک ساختار مانند بال.

alanine (al-ă -neen) n.

به *amino acid* مراجعه کنید.

alanine aminotransferase (ALT) (ă - mee -noh-trans-fer-ays) n.

آنزیمی که باعث انتقال آمینو اسید می شود. مقدار *ALT* در سرم برای تشخیص و مطالعه بیماری های حاد کبدی استفاده می شود. نام سابق *Serum glutamic pyruvic transaminase (SGPT)* هنوز به طورگسترده مورد استفاده قرار می گیرد.

alastrim (ă -las-trim) n.

شکل خفیفی از بیماری آبله که باعث تب های متناوب با درجه ی کم می شود. نام پزشکی: *variola minor*.

Albee's operation (awl-beez) n.

۱. عمل جراحی ایجاد آنکلوسیز هیپ. سطح فوقانی ران و مرتبط کردن قسمتی از استابولوم برداشته شده و به دو سطح ظاهر شده به یکدیگر متصل می شوند. ۲. عملی برای ثابت کردن قسمتی از ستون فقرات با استفاده از پیوند استخوان درشت نی.

[F.H. AL bee (1876-1945), us, surg eon]

Albers-schönberg disease (al bers shern -berg) n.

به *osteopetrosis* مراجعه کنید.

[H.E.Albers-Schönberg (1865-1921),Ger-man radiologist]

albinism (al-bin-izm) n.

فقدان ارثی رنگدانه های پوست، مو و چشم (به *albino* مراجعه کنید).

albino (al -bee-noh) n.

شخصی که فاقد رنگیزه های طبیعی بدن است. زال ها دارای موهای سفید و چشم ها و پوست صورتی رنگ هستند.

albumin (al-bew-min) n.

پروتئینی که در آب حل شده و در اثر گرما وحرارت لخته می شود.

serum a.

پروتئینی موجود در پلاسمای خون است که برای نگهداری حجم پلاسما اهمیت دارد.

alimentary canal (ali-ment-er-i) n.
مجرای طویلی که از دهان تا مقعد توسعه یافته و غذا در طول آن هضم و جذب می شود.

aliquot (al-i-kwot) n.
یکی از تعداد بخش های مساوی و شناخته شده ی یک ترکیب یا محلول.

alkalaemia (al-kă-lee-miă) n.
افزایش غیرطبیعی حالت قلیایی خون. به *alkalosis* مراجعه کنید.با *acidaemin* مقایسه کنید.

alkali (al-kă-ly) n.
ماده ای که در آب محلول است. محلول های باز، کاغذ لیتموس را به رنگ آبی در می آورند. به *base* مراجعه کنید.

alkaloid (al-kă-loid) n.
گروهی از مشتقات مواد نیتروژن دار که توسط گیاهان تولید شده و اثر قوی برروی عملکرد بدن دارد. بیشتر آلکالوئیدها داروهای مهمی از قبیل: مورفین، کوئنین، آتروفین و کدوئین هستند.

alkalosis (al-kă-loh-sis) n.
وضعیتی که در آن حالت قلیایی بافت ها و مایعات بدن به صورت غیر عادی بالا می رود. این وضعیت، ناشی از نارسایی مکانیسم هایی است که معمولاً تعادلی را بین اسید و باز خون شریانی حفظ می کنند (به *acid-base balance* مراجعه کنید).

alkaptonuria n.
به *alcaptonuria* مراجعه کنید.

alkylating agent (al-ki-liy-ting) n.
دارویی مانند موستین (نیتروژن موستارد) که باعث درهم گسیختن رشد تومورهای بدخیم از طریق آسیب به *DNA* هسته ی سلول های توموری می شود.

allantois (al-ăn-toh-iss) n.
کیسه ی غشایی که از سطح شکمی جنین در مراحل اولیه ی تکامل نمو بیرون زده است. لایه ی خارجی آن (مزودرمال) عروق خونی را به جفت حمل کرده و از این رو بخشی از بندناف را تشکیل می دهد.
-allantoic adj.

allele (allelomorph) (ă-leel) n.
یکی از دو یا چند اشکال متناوب ژنی که فقط یکی از آن ها میتواند بر روری کروموزم حضور داشته باشد.
-allelic adj.

allelomorph (a-leel-oh-morf) n.
به *allele* مراجعه کنید.

allergen (al-er-jĕn) n.
آنتی ژنی که در اشخاص حساس موجب آلرژی می شود.

allergy (al-er-ji) n.
اختلالی که در آن بدن نسبت به آنتی ژن های خاص (که به

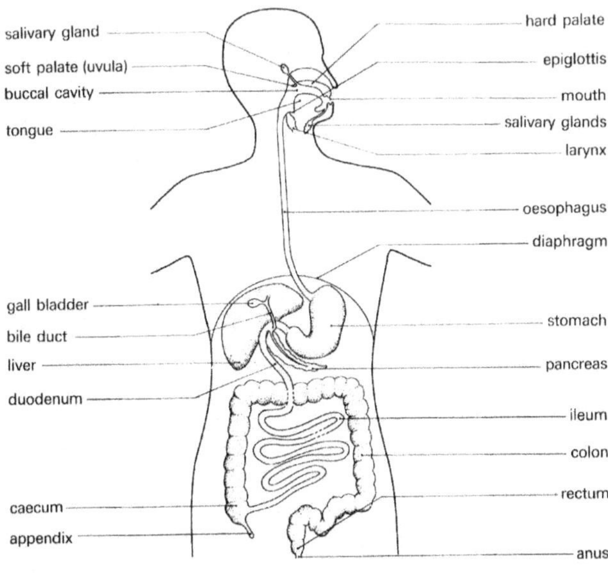

کانال گوارشی

amblyopia (am-blee-oh-pia) n.
بیماری ضعیف که ناشی از بیماریهای کره ی چشم یا سیستم بینایی نیست.

a. ex anopsia
وضعیتی که در آن بیماریهایی مثل دو بینی، کاتاراکت و دیگر ناهنجاریهای چشمی (به *strabismus* مراجعه کنید) در دوران کودکی کارایی خود را از طریق عدم شبکیه چشم، از دست می دهد.

amblyoscope (orthoptoscope,synoptophore) (am-blee-o-skohp) n.
وسیله ای برای اندازه گیری زاویه ی لوچی و تعیین درجه ای که شخص از هر دو چشم خود را استفاده کند.

ambulant (am-bew-lant) n.
توانایی راه رفتن.

ambulatory (am-bew-layt-er-i) adj.
مربوط به راه رفتن.

a. treatment
درمانی که بیمار را قادر یا تشویق به راه رفتن می کند.

ambutonium (am-bew-toh-nium) n.
دارویی که از طریق دهان برای درمان سوءهاضمه و زخم معده استفاده می شود.

amelia (a-mee-lia) n.
فقدان مادرزادی دست و پا ناشی از نقص تکاملی این وضعیت یکی از ناهنجاری های جنینی است که از طریق مصرف داروی تالیدومید در اوایل حاملگی ایجاد می شود. به *phocomelia* هم مراجعه کنید.

amelioration (a-mee-li-er-ay-shon) n.
بهبودی عمومی در وضعیت بیمار. کاهش شدت علایم بیماری.

آمینواسید	اختصار	آمینواسید	اختصار
alanine	ala	*leucine	le
arginine	arg	*lysine	ly
asparagine	asn	*methionine	met
aspartic acid	asp	*phenylalanine	pho
cysteine	cys	*praline	pro
glutamic acid	glu	*serine	ser
glutamine	gln	*threonine	thr
glycine	gly	*tryptophan	trp
histidine	his	tyrosine	tyr
*isoleucine	lie	*valine	val

* آمینواسیدهای موجود در پروتئین ها.

بود اکسیژن موجب تنفس عمیق و سریع می شود که غلظت دی اکسید خون را پایین می آورد.

aluminum hydroxide (al-yoo-min-ium) n.
نوعی ملین و آنتی اسید کند اثر. این دارو از طریق دهان مصرف می شود و به عنوان ژل در درمان بیماری های گوارشی،گاستریت، زخم اثنی عشر،و رفلکس ازوفاژیت استفاده می گردد.

alveolitis (al-vee-oh-ly-tis) n.
التهاب آلوئل یا آلوئل ها. التهاب مزمن دیواره های آلوئل ها. که معمولاً در اثر تنفس آنتی ژن هایی مانند گرده ایجاد می شود (به *farmer's lung* مراجعه کنید).

alveolus (al-vee-oh-lus) n. (pl.-alveoli)
۱. (در شش) بسته شدن کیسه های هوایی کوچک. ۲. بخشی از فک فوقانی و تحتانی که ریشه ی دندان ها را حمایت می کنند (به *mandible* و *maxilla* مراجعه کنید). ۳. کیسه ی غده ای خوشه ای (به *acinus* مراجعه کنید). ۴. هرگونه حفره کوچک، فرورفتگی، یا کیسه ی کوچک.
-alveolar adj.

Alzheimer's disease (alts-hy-merz) n.
شکل پیش رونده ای از جنون در میان سالی یا بعد از آن که درمانی برای این وضعیت وجود ندارد. این بیماری باعث اضمحلال مغز می شود. با *Pick's disease* مقایسه کنید.
[A.Alzheimer(1864-1915), پزشک آلمانی]

amalgam (a-mal-gam) n.
نوعی از آلیاژ حاوی جیوه. در دندان پزشکی برای پرکردن دندان از آن استفاده می شود.

amantadine (a-man-ta-deen) n.
داروی ضد ویروسی که برای درمان عفونت های ناشی از آنفولانزا و پارکینسون مورد استفاده قرار می گیرد. نام تجاری: *symmetrel*

amaurosis (am-aw-roh-sis) n.
نابینایی کامل یا جزئی.

afuganx.
وضعیت نابینایی زودگذر.
-amanurotic (am-aw-rot-ik) adj.

amaurotic familial idiocy n.
به بیماری *Tay - Sachs* مراجعه کنید.

ambivalence (am-biv-pia) n.
(در روان شناسی) احساسی متضاد نسبت به یک فرد یا شیء.

amoebiasis (ami-by-ă -sis) n.
به *dysentery* مراجعه کنید.

amoebicide (ă -mee-bi-syd) n.
عاملی که باعث کشته شدن آمیب می شود.

amoxicillin (ă -mok-si-sil-in) n.
آنتی بیوتیکی که در درمان عفونت های حاصله از باکتری ها و دیگر میکرو ارگانیسم ها استفاده می شود. این دارو از طریق دهان مصرف می گردد. حساسیت به پنی سیلین مانع استفاده از آن می شود. نام تجاری: *Amoxil*

AMP (adenosine monophosphate) n.
ترکیبی حاوی آدنین، ریبوز و یک گروه فسفات. *AMP* در سلول ها وجود دارد و در چرخه ی انتقال انرژی نقش دارد (به *ATP* مراجعه کنید).

ampere (am-pair) n.
واحد الکتریک در سیستم SI. واحد شدت جریان الکتریسته که عبارت است از نیروی جاذب ما بین دو جریان الکتریکی موازی.

amphetamine (am-fet-ă min) n.
داروی مقلد سمپاتیک که محرک سیستم عصبی مرکزی است. این دارو از طریق دهان برای درمان نارکولپسی، اختلالات خفیف عصبی و مرض چاقی استفاده می شود ولی کاربرد اصلی آن در درمان سندرم هیپرکینتیک در کودکان است. تحمل آمفتامین به سرعت گسترش می یابد و استفاده ی طولانی مدت باعث وابستگی به آن می گردد.

amphiathrosis (am-fi-arth-roh-sis) n.
مفصل کم تحرکی که در آن سطوح استخوان بوسیله ی غضروف فیبروزی ـ غضروفی (به *symphrsis* مراجعه کنید) یا هیالین جدا می شود.

amphoric breath sound (am-fo-rik) pl. n.
به *cavernous breath sound* مراجعه کنید.

amphotericin (am-foh-te-ri-sin) n.
آنتی بیوتیکی که در درمان عفونت های عمیق قارچی مصرف می شود.این دارو از طریق تزریق وریدی استفاده می شود ولی از طریق خوراکی هم قابل استفاده است. نام تجاری: *fungilin fungizone*

ampicillin (am-pi-sil-in) n.
آنتی بیوتیکی که از طریق دهان یا تزریق برای درمان عفونت هایی از قبیل عفونت های ادراری، تنفسی، صفراوی و سیستم های روده ای استفاده می شود. نام های تجاری: Amcill, penbritin, polycillin principen

عدم یادآوری وقایع قبل از تروما.

amnihook (am-ni-huuk) n.
یک ابزار قلاب مانند کوچک پلاستیکی که برای عمل آمینوتومی استفاده می شود. این قلاب از طریق سرویکس وارد می شود.

amniocentesis (am-ni-oh-sen-tee-sis) n.
نمونه گیری مایع آمینون اطراف جنین درون رحم بوسیله سرنگ وارد شده از طریق دیواره ی شکم جهت تشخیص ناهنجاری های کروموزومی والدینی (از قبیل سندرم دون)، اختلالات متابولیکی و مادرزادی (مثل دوشاخه شدن ستون مهره ها).

amnion (am-ni-ŏn) n.
به داخلی ترین غشای پوشاننده ی جنین که کاملاً درون مایع آمنیوتیک قرار دارد.

-amniotic (am-ni-ot-ik) adj.

amnioscopy (am-ni-oss-kŏ -pi) n.
معاینه ی بخش درونی کیسه ی آمنیون بوسیله ی ابزار (*amnioscope*) که از دیواره ی شکمی عبور می کند.

cervical a.
معاینه کیسه آمونیوم از طریق گردن رحم.

amniotic cavity n.
حفره ی مملو از مایع که بین جنین و آمنیون قرار دارد. به *amniotic fluid* مراجعه کنید.

amniotic fluid n.
مانع موجود در حفره ی آمنیون.این مایع جنین را احاطه کرده و او را از فشارهای خارجی محافظت می کند. به *amniocentesis* مراجعه کنید.

amniotomy (artificial rupture of membranes , ARM) (am-ni-ot-ŏmi) n.
روشی از جراحی که زایمان را بوسیله ی سوراخ کردن آمنیون اطراف نوزاد در رحم با استفاده از آمینوهوک یا وسایل مشابه تحریک می کنند.

amodiaquine (am-oh-dy-ă -kwin) n.
داروی ضد مالاریا با اثر و کاربرد شبیه کلروکویین.

amoeba (ă -mee-bă) n. (pl. amoebae)
جانور میکروسکوپی، تک سلولی، ژلاتینی شکل، مستحکم و نامنظم که دائماً شکل خود را تغییر می دهد. بعضی از عامل بیماری زایی انسان هستند. به *Entamoeba*مراجعه کنید.

-amoebic adj. -amoebid adj.

عصبی مرکزی را جهت خنثی کردن آثار دوزهای زیاد داروهای مخدر، تحریک می کنند.

analgesia (an-ăl-jeez-iă) n.
کاهش حساسیت نسبت به درد بدون بی هوش کردن.

analgesic (an-ăl-jee sik)
۱. *n* دارویی که باعث تسکین درد می شود. آسپرین و پاراستامول ماده ی ضد درد می باشد. مرفین و پتدین قوی تر هستند. به *narcotic* مراجعه کنید. ۲. *adj* مسکن درد.

analogous (ă-nal-ŏ-gŭs) adj.
توصیف ارگان یا بخشی که عملکردهای مشابه در ارگان های مختلف را دارا می باشد، تکامل یا خاستگاه تکاملی مشابه را ندارد. با *homologous* مقایسه کنید.

analogue (an-ă-log) n.
دارویی که به طرق ثانویه در ساختارهای مولکولی ترکیب منشأ متفاوت است. این دارو ها قوی تر یا دارای آثار جانبی ایجاد کننده ی تب هستند. برای مثال کاربوپلاتین که سم کمتری نسبت به سیسپلاتین دارد.

analysis (ă-nal-isis) n.
(درروان شناسی) هرگونه روش فهم فرآیندهای ذهنی پیچیده. به *psychoanalysis* نیز مراجعه کنید.

analyst (an-ă-list) n.
کسی که تجزیه و تحلیل را انجام می دهد.

anaphase (an-ă-fayz) n.
سومین چرخه ی میتوز و یکی از تقسیمات میوز.

anaphylaxis (ană-fil-aks-is) n.
واکنش غیرطبیعی نسبت به یک آنتی ژن خاص،مثل آلرژی های موضعی.

anaphylactic shock.
نوعی واکنش آلرژیکی شدید و عمومی که هیستامین به طور فزآیندی آزاد شده و موجب تورم، تنگی برونش ها، نارسایی قلبی کلاپس گردش خون و گاهی اوقات مرگ می شود.
-anaphylactic adj.

anaplasia (ană-play-ziă) n.
فقدان ویژگی های طبیعی سلول. این وضعیت نوعی رشد سریع تومور بدخیم است.

aplastic anaemia; leukaemia; pernicious anaemia)). آنمی می تواند بر پایه ی اندازه ی گلبول های قرمز رده بندی شود که ممکن است بزرگ، (آنمی ماکروسیتیک)، کوچک (آنمی میکروسایتیک) و یا اندازه ی عادی (آنمی نورموسیتیک) باشد.
-naemic adj.

naerobe (an-air-rohb) n.
هر نوع ارگانیسمی از جمله میکروب که می تواند در محیط بدون اکسیژن زندگی و رشد کند. با *aerobe* مقایسه کنید.
-anaerobic (an-air-roh-bik) adj.

anaerobic respiration n.
نوعی سلول تنفسی که در آن مواد غذایی(معمولاً کربوهیدرات) به دلیل استفاده نکردن از اکسیژن هرگز به صورت کامل اکسیده نمی شوند.

anaesthesia (anis-theez-iă) n.
فقدان احساس یا حس در یک قسمت یا کل بدن که معمولاً بوسیله ی داروها ایجاد می شود.

General a.
عدم هوشیاری به دلیل استنشاق یا تزریق دارو. این وضعیت در جراحی هایی مثل برداشت معده یا شش ایجاد می شود.

Local a.
بی حسی کردن قسمتی از بدن خصوصاً در اقدامات دندان سازی. این اقدام از طریق تزریق مواردی مثل گیلنوکائین، نزدیک به آن عصب مورد نظر ایجاد می شود. به *spinal anaesthesia* نیز مراجعه کنید.

aneasthetic (anis-that-ik)
۱. *n* عاملی که باعث کاهش و یا از بین بردن حس می شود.

general a.
بی حسی هایی مثل هالوتان که برروی کل بدن اثر می گذارد.

local a.
بی حسی هایی مثل لیگنوکائین قسمت خاصی از بدن تأثیر می گذارد. ۲. *adj* کاهش یا از بین بردن حس.

anaesthetist (ăn-ees-thĕt-ist) n.
متخصص بی هوشی که از بی حس کننده برای بی حس کردن درد، قبل از عمل جراحی استفاده می کند.

anal (ay-năl) adj.
مربوط به مقعد.

analeptic (ană-lep-tik) n.
دارویی که هوشیاری را در بیمارانی که در کما هستندیا غش کرده اند به حالت اول بر می گرداند. آنالپتیک ها سیستم

روش دیدن گردش خون شبکیه، که در آن سدیم به درون گردش خون تزریق شده که موجب شفاف شدن عروق خونی می شود.

angiology (an-ji-ol-ŏji) n.
شاخه ای از علم پزشکی که مربوط به ساختار، نقش، و بیماری های عروق خونی می شود.

angioma (arteriovenous malformation) (an ji-oh-mă) n. (pl.angiomata)
برآمدگی متسع شده ی عروق خونی بر روی سطح مغز فشار وارد می آورد. به *haemangioma* مراجعه کنید.

angioneurotic oedema (an-ji-oh-newr-ot-ik) n.
وضعیت آلرژیکی که تورم زودگذر یا مزمنی از نواحی پوست به همراه خارش تولید می کند که ممکن است شدید شود. به *untricaria* هم مراجعه کنید.

angioplasty (an-ji-oh-plas-ti) n.
جراحی تغییر شکل و یا تغییر ساختار عروق خونی.

coronary (or balloon) a.
کشش بخشی از عروق کرونری تنگ شده توسط تروما، بوسیله ی بالونی که از طریق کاتتریزاسیون قلبی وارد شده و بعد باد می شود.

angiosarcoma (an-ji-oh-sar-koh-mă) n.
سارکومایی که در عروق خونی بوجود می آید.

angiospasm (an-ji-oh-spazm) n.
به *Raynaud' disease* مراجعه کنید.

angiotensin (an-ji-oh-ten-sin) n.
پروتئین موجود در خون که از پروتئین پلاسما نشأت گرفته و بوسیله ی فعالیت رنین آزاد می گردد. آنژیوتنسین موجب ساختن عروق خونی و بنابراین افزایش فشار خون و تحریک ترشح آلدسترون می شود.

angstrom (ang-strŏm) n.
واحدی از طول، معادل 10^{-10}m که بعضی اوقات برای بیان طول موج و فاصله ی درون اتمی استفاده می شود. نماد Å.

anhidrotic (an-hy-drot-ik)
۱. *n.* هرنوع دارویی که ترشحات عرق را مهار می کند. مثل داروهای پاراسمپاتولیتیک. ۲. *adj.* جلوگیری از عرق کردن.

anhydraemia (an-hy-dree-miă) n.
کاهش پروتئین آب از این رو پلاسمای خون.

قلبی شود، یا اینکه ترومبوز درون آنوریسم ممکن است به عنوان منبع آنوریسم عمل کند.

-anearysmal adj.

angi- (angio-)
پیشوند به معنی عروق خونی یا لنفاوی.

angiectasis (an-ji-ek-tă-sis) n.
تورم غیرطبیعی عروق خونی.

angiitis (vasculitis) (an-ji-I-tis) n.
التهاب قسمتی از عروق کوچک خون.

angina (an-jy-nă) n.
احساس خفگی یا درد ناشی از خفه شدن.

a. pectoris
دردی که در مرکز قفسه ی سینه بوسیله ی فعالیت ایجاد شده و با استراحت تسکین می یابد و ممکن است به فک و بازوها گسترش یابد. آنژین صدری زمانی ایجاد می شودکه درخواست خون توسط قلب افزایش یابد که از طریق آترومای عروق کرونری قلب ایجاد می شود. این وضعیت می تواند از طریق مصرف بعضی از داروها مانند گلسیریل تری نیترات و پرپرانولول یا به وسیله جراحی تسکین یابد. به *coronary bypass graft* و *angioplasty* مراجعه کنید. به *Ludwig's angina* هم مراجعه کنید.

angiocardiography (an-ji-oh-kar-di-og-răfi) n.
معاینه ی اتاقکهای قلب توسط اشعه ی X بعد از تزریق ماده ی حاجب به درون خون داخل قلب. پیشرفت این معاینه از طریق قلب بوسیله ی یک سری فیلم های حاصه از پرتوهای X دنبال می شود (به *ineangiocardio graphy* مراجعه کنید). اشعه ی X یک آنژیوکاردیوگرام نامیده می شود.

angiodysplasia (an-ji-oh-dis-play-ziă) n.
مجموعه ی از عروق کوچک و غیرطبیعی خون در دیواره ی روده که ممکن ا ست موجب خون ریزی شود.

angiogenesis (an-ji-oh-jen-i-sis) n.
تشکیل عروق خونی جدید. این فرآیند برای گسترش تومور ضروری است و بوسیله ی فاکتور رشد افزایش می یابد.

angiography (an-ji-og-răfi) n.
معاینه ی عروق از طریق اشعه یX. ماده ی حاجبی به درون شریان تزریق شده و فیلم های (*angiograms*) از اشعه ی X گرفته می شود (به *arteriography* مراجعه کنید).

Fluorescein a.

a. diagnosis

به *post-mortem* مراجعه کنید.

Antepar (an-ti-par) n.

به *piperazine* مراجعه کنید.

antepartum (anti-par- tŭm**) adj.**

۱. رخ دادن قبل از زایمان.

a. haemorrhage

خون ریزی از سیستم تناسلی بعد از هفته‌ی بیست و هشتم حاملگی تا زمان تولد کودک.

anterior (an-teer-i-er) adj.

۱.توصیف یا مربوط به بخش قدامی. ۲. توصیف قسمت قدامی هر ارگان.

anteversion (anti-ver- shŏn **) n.**

چرخش به جلو یک ارگان خصوصاً چرخش به جلوی رحم.

anthelmintic (an-thel-min-tik)

۱. *n.* هر دارویی مثل دی کلروفن یا عامل شیمیایی که به منظور از بین بردن کرم (کرم روده) و یا برداشت آن ها از بدن استفاده می شود. ۲. *adj.* داشتن نیروی جهت از بین بردن یا دفع کرم روده.

anthracosis (an- thră **-koh-sis) n.**

بیماری شش ها ـ شکلی از پنوموکونیوزیس که بوسیله ی ذرات زغال سنگ ایجاد می شود. عامل اصلی آن زغال سنگ است.

anthracycline (an- thră **-sy-kleen) n.**

آنتی بیوتیک های سنتز شده و یا گرفته شده از قسمتی از استرپتومایسز. اوکسوردبسین مهم ترین اعضای این گروه ترکیبات است که فعالیت گسترده ای در برابر تومور دارد.

anthrax (an-thraks) n.

نوعی بیماری حاد و عفونی حیوانات مزرعه ای که از طریق باکتری *Bacillus anthracis* ایجاد می شود. این بیماری در انسان یا به شش ها حمله کرده و موجب پنومونی می شود و یا در پوست تولید زخم های شدید (پوسچول بدخیم) می‌کند. سیاه زخم می تواند بوسیله ی پنی سیلین یا تتراسایکلین درمان شود.

anthrop- (anthropo-)

پیشوند به معنی انسان.

antibiotic (anti-by-ot-ik) n.

ماده ی تولید شده یا مشتق شده توسط یک میکروارگانیسم، که آن ها را تخریب کرده یا از رشدشان جلوگیری می کند. آنتی بیوتیک ها در درمان عفونت هایی که از طریق

anosmia (an-oz- miă **) n.**

فقدان حس بویایی.

anovular (anovulatory) (an-ov-yoo-ler) adj.

عدم تکامل یا آزاد شدن تخمک از تخمدان شامل *onovular meustruation*

anoxaemia (an-oks-ee- miă **) n.**

شرایطی که در آن غلظت اکسیژن در خون کم تر از حالت طبیعی است. به *hypoxaemia* مراجعه کنید.

anoxia (an-oks- iă **) n.**

وضعیتی که در آن بافت های بدن مقدار ناکافی اکسیژن دریافت می کنند. به *hypoxia* هم مراجعه کنید.

-anoxic adj.

ant- (anti-)

پیشوند ضد- اقدام متقابل.

Antabuse (ant- ă **-bews) n.**

به *disul firam* مراجعه کنید.

antiacid (ant-ass-id) n.

دارویی مانند سدیم بی کربنات که هیدروکلریک اسید ترشح شده در شیره ی گوارشی را بی اثر می کند. آنتی اسیدها برای تسکین ناراحتی و اختلالات سیستم گوارشی استفاده می شوند.

antagonist (an-tag- ŏn **-ist) n.**

۱. عضله ای که بر علیه عضله ی دیگر فعالیت می کند (منقبض می شود) (به *agonist* مراجعه کنید). ۲. دارو یا ماده ای که فعالیت مخالفی در مقابل دارو یا مواد شیمیایی طبیعی بدن دارد.

-antagonism n.

antazoline (ant-az- ŏ **-leen) n.**

آنتی هیستامین کند عملی که از طریق دهان به منظور تسکین علایم واکنش های آلرژیکی مصرف می شود.

ante-

پیشوند به معنای قبل.

anteflexion (anti-flek- shŏn **) n.**

خمیدگی یک ارگان به طرف جلو. درجه ی خفیفی از خمیدگی رحم جهت ایجاد حالت طبیعی ایجاد می شود.

ante mortem (an-ti-mor- tĕm**) adj.**

قبل از مرگ. با *post mortem* مقایسه کنید.

antenatal (anti-nay-t'l) adj.

مربوط به دوره ی حاملگی؛ قبل از تولد.

جراحات و به طور داخلی برای درمان عفونت روده و مثانه استفاده می شوند.

antiserum (anti-seer-ŭm) n. (pl. antisera)
سرمی که حاوی آنتی بادی هایی علیه آنتی ژن های خاص می باشد. آنتی سرم ممکن است برای درمان یا مصونیت موقت علیه بیماری های خاص تزریق شود. آنتی سرم ها به مقادیر زیادی از برخی حیوانات مانند اسب بدست می آید.

antisocial (anti-soh-shăl) adj.
رفتار ضد اجتماعی.

antispasmodic (anti-spaz-mod-ik) n.
دارویی که باعث تسکین اسپاسم عضله ی صاف می شود. به *spasmolytic* مراجعه کنید. با *antispastic* مقایسه کنید.

antispastic (anti-spas-tik) n.
دارویی که موجب تسکین اسپاسم عضله ی اسکلتی می شود. به *spasmolytic* مراجعه کنید. با *antispastic* مقایسه کنید.

antistatic (anti-stat-ik) adj.
جلوگیری از تجمع الکتریسته ی ساکن.

antithrombin (anti-throm-bin) n.
ماده یا اثری که موجب مهار فعالیت ترومبین در گردش خون شده و از لخته ی خون جلوگیری می کند.

antitoxin (anti-toks-in) n.
پادتن تولیدشده توسط بدن برای خنثی کردن سم تشکیل شده بوسیله ی هجوم باکتری ها یا هر منبع دیگر.

antitragus (anti-tray-gŭs) n.
برآمدگی کوچک غضروفی بالای لب گوش، مقابل غضروف جلوی گوش. به *pinna* مراجعه کنید.

antitussive (anti-tuss-iv) n.
دارویی مانند فولکودین‌که سرفه را توقف می کند.

antivenene (antivenin) (anti-ven-een) n.
آنتی سرمی حاوی پادتن هایی علیه سموم خاص در زهر بعضی از حیوانات مانند مار، عنکبوت و عقرب است.

antrectomy (an-trek-tŏmi) n.
۱. جراحی برداشت دیواره های استخوان حفره های بدن. به *antrostomy* مراجعه کنید. ۲. عمل جراحی که قسمتی از معده به دلیل بیماری زخم معده برداشته می شود.

آنتی سرم حاوی پادتن هایی که فعالیت لنفوسیتی را متوقف می کنند. *ALS* ممکن است برای جلوگیری از واکنش ایمنی که موجب رد پیوند بافت ها یا اندام هایی مانند کلیه می شود، به کار رود.

antimetabolite (anti-mi-tab-ŏ-lyt) n.
دارویی که با فرآورده های طبیعی متابولیکی درون سلول از طریق ترکیب یا آنزی های مسئول آن ها تداخل ایجاد می کند. بعضی از این داروها برای درمان سرطان استفاده می شوند، مانند فلوروسیل، متوترکسات و مرکاپتوپورین.آثار جانبی می تواند شدید باشد که شامل اختلال در سلول‌های خونی و اختلالات گوارشی می شود. به *cytotoxic drug* هم مراجعه کنید.

antimitotic (anti-my-tot-ik) n.
دارویی که باعث مهار رشد و تقسیم سلولی می شود. داروهایی که درمان سرطان استفاده می شوند، عمدتاً ضد تقسیم میتو هستند. به *antimetabolite* و *cytotoxic drung* نیز مراجعه کنید.

antimony potassium tartrate (tartar emetic) (an-ti-mŏni) n.
سم و نمک محرک آنتیمون معدنی که برای درمان شیستوزومیازیس و لیشمانیا استفاده می شود. آثار جانبی شدیدی از قبیل: تهوع و استفراغ ایجاد می کند و نباید به بیماران قلبی، کلیوی و کبدی داده شود.

antimycotic (anti-my-kot-ik) n.
دارویی که علیه قارچ ها فعالیت می کند.

antiperistalsis (anti-pe-ri-stal-sis) n.
موجی انقباض در کانال گوارشی که به طور مستقیم به طرف دهان می آید. با *peristalsis* مقایسه کنید.

antipruritic (anti-proor-it-ik) n.
دارویی مانند کالامین که باعث تسکین خارش می شود.

antipyretic (anti-py-ret-ik) n.
دارویی‌که از طریق کاهش دمای بدن باعث کاهش تب می‌شود.

antisepsis (anti-sep-sis) n.
از بین بردن باکتری ها، قارچ ها، ویروس ها و دیگر میکروارگانیسم ها با استفاده از روش های فیزیکی و شیمیایی.

antiseptic (anti-sep-tik) n.
ماده ی شیمیایی مانند هگزامین که باعث تخریب یا مهار رشد باکتری ها و دیگر میکروارگانیسم های بیماری زا می شود. ضدعفونی کننده ها به صورت خارجی برای پاک کردن

ناتوانایی در بلع.

aphakia (a-fay-kiă) n.
فقدان عدسی چشم: حالتی از چشم بعد از برداشتن آب مروارید.

aphasia (dysphasia) (ă-fay-ziă) n.
اختلال در زبان که بر صحبت کردن و فهمیدن تأثیرگذاراست. این وضعیت به دلیل بیماری در قسمت چپ مغز (نیم کره ی برجسته)، در سمت راست فرد ایجاد می شود.

aphonia (ă-foh-niă) n.
بی صدایی در اثر بیماری حنجره یا دهان.

aphrodisiac (afrŏ-diz-iak) n.
عاملی که باعث تحریک جنسی می شود.

aphtha (af-thă) n. (pl. aphthae)
زخم های کوچکی که در دهان مثل لکه های سفید یا قرمز رنگ، به صورت تکی یا گروهی بوجود می آیند.

-a phthous adj.

apical (ay-pi-k'l) adj.
مربوط به رأس یک ارگان یا دندان.

a. abscess
به *abscess* مراجعه کنید.

apicectomy (ay-pi-sek-tŏmi) n.
(در دندان پزشکی) جراحی برداشت رأس ریشه ی دندان.

aplasia (ă-play-ziă) n .
ناتوانی کامل یا جزئی در رشد یک ارگان یا بافت. به *agenesis* مراجعه کنید.

-aplastic (ay -plas-tik) adj.

aplastic anaemia n.
نوعی آنمی شدید، مقاوم به درمان، که در آن مغز استخوان قادر به تولید گلبول های قرمز خون نیست. دلایل گوناگونی از قبیل واکنش در برابر سم داروها وجود دارد.

apnoea (ap-nee-ă) n.
قطع موقت تنفس به هر دلیلی.

a. monitor
هشدار الکتریکی، پاسخ گو به حرکات تنفسی کودکان، که می تواند کودکانی را که در خطر *SIDS* هستند کنترل کند.

apocrine (ap-ŏ-kryn) adj.
۱. مربوط به غدد عرق که در قسمت های مویی بدن، به خصوص زیر بغل و کشاله ی ران می باشد. این غدد در فولیکول های مو رشد کرده و بعد از بلوغ ظاهر می شود. با *eccrine* مقایسه کنید. ۲. توصیف غده ای که قسمتی از پرتوپلاسم خود را در هنگام ترشح از دست داده است. به *secretion* مراجعه کنید.

apomorphine (apŏ-mor-feen) n.
نوعی داروی استفراغ آور که نقش خود را از طریق فعالیت مستقیم برروی مرکز استفراغ در مغز ایفا می کند. این دارو از طریق تزریق زیر جلدی در درمان سم مواد ضدزنگ موادی که از طریق دهان خورده می شود، کاربرد دارد.

aponeurosis (apŏ-newr-oh-sis) n.
ورق فیبری، نازک و محکم بافت که جایگزین تاندون عضلات مسطح و شبیه برگه می شود و سطح وسیعی را به خود اختصاص می دهد.

-aponeurotic (apŏ-newr-ot-ik) adj.

apophysis (a-pof-i-sis) n.
برجستگی از استخوان یا هر قسمت دیگر.

a. cerebri
جسم صنوبری.

-apophyseal adj.

apophysitis (ă-pof-i-sy-tis) n.
التهاب یک یا چند مفصل سینوویال بین قوس خلفی مهره ها (*apophyseal joints*).

apoplexy (ap-ŏ-plek-si) n.
به *stroke* مراجعه کنید.

appendectomy (ap-ĕn-dek-tŏmi) n.
us آپاندیسکتومی.

appendicectomy (ă-pen-di-sek-tŏmi) n.
برداشت زائده ی کرمی شکل آپاندیس. به *apandicits* مراجعه کنید.

appendicitis (ă-pen-di-sy-tis) n.
التهاب زایده ی کرمی شکل آپاندیس.

acute a.
شایع ترین شکل التهاب آپاندیس که بر روی افراد جوان تأثیر می گذارد. علایم اصلی آن شکم درد، اول مرکزی بعد جانبی به طرف پایین شکم، بالای آپاندیس است. اگر بوسیله ی جراحی برداشته نشود معمولاً پیشرفت آن موجب ورم یا التهاب صفاق صفات می شود.

مردمک انقباض عادی خود را برای اشیاء نزدیک دارد ولی این انقباض در نور روشن ناتوان است.
[D. Argyll Robertson (1837-1909), *متخصص چشم اسکاتلندی]*

ariboflavinosis (ă -ry- boh -flay- vin -oh-sis) n.
گروه علایمی که بوسیله ی کم بود ریبوفلاوین (ویتامین B_2) ایجاد می گردد. این نشانه ها شامل التهاب زبان و لب ها و زخم در کنج دهان می شود.

ARM n.
پارگی غیرطبیعی غشاها، به *amniotomy* مراجعه کنید.

Arnold-chiari malformation (ar-n'ld-ki-ar -i) n.
اختلال مادرزادی که در آن نقص پایه ی مغز و بیرون زدگی ساقه ی مغز و قسمتی از مخچه وجود دارد.

arrector pili (ă -rek-tor-py-ly) n. (pl. arrectores pilorum)
عضله ی و نعوظ کننده ی، متصل به فولیکول موی پوست. انقباض این عضلات موجب راست شدن مو می شود.

arrhythmia (ă -rith- miă) n.
تغییر در ریتم طبیعی قلب. آریتمی شامل ضربان اکتوپیک، تکی کاردی اکتوپیک، فیبریلاسیون و بلوک قلبی می شود.
sinus a.
تغییر در ضربان قلب که باعث سریع تر شدن ضربان قلب در دم و آرام ترشدن آن در بازدم می شود.

arsenic (ar- sĕn -ik) n.
عنصر سمی، فلزی و خاکستری رنگی که باعث ایجاد علایم تهوع، استفراغ، اسهال، کرامپ، تشنج در موارد استفاده ی زیاد باعث کما می شود. آرسنیک به صورت رسمی در پزشکی استفاده می گردد، که از مهم ترین داروها می توان به آسفمانین (سالوارسان) و نئوآرسفمانین نام برد که در درمان سیفیلیس و بیماری های خطرناک انگلی استفاده می شود نماد آن: *As*

arter- (arteri -, arterio)
پیشوند به معنای شریان.

arteriectomy (ar-teer-i-ek- tŏmi) n.
جراحی برش شریان یا قسمتی از آن.

arteriogram (ar-teer-i-oh-gram) n.
ترسیم موج نبض شریانی.

گروهی از ویروس های *RNA* دار که توسط حشرات مفصل‌دار (ویروس های *arthropod-borne*) انتقال یافته موجب بیماری انسفالیت و تب شدید، مثل تب زرد و تب دینگو می شود.

ARC.
مجموعه ی مرتبط با ایدز: به *AIDS* مراجعه کنید.

arch- (arche-, archi -, arch-, archo-)
پیشوند به معنای اول شروع، آغاز، اوّلیه، نیائی.

arcus (ar- kŭs) n.
(در آناتومی) قوس.
a . senilis
خط خاکستری دور تا دور لبه ی قرنیه عمدتاً در افراد مسن ایجاد می شود. این خط بالا و پایین قرنیه است ولی ممکن است که به صورت یک حلقه ی پیوسته باشد.

areola (ă -ree- olă) n.
۱. حلقه‌ی قهوه ای یا صورتی بافت اطراف نوک پستان. ۲. قسمتی از عنبیه که در اطراف مردمک چشم قرار دارد. ۳. فضای کوچک موجود بافت.

-areolar (ă -ree- ŏler) agj.

areolar tissue n.
بافت پیوندی سست حاوی شبکه ی از کلاژن، بافت الاستیک، فیبرهای شبکه ای که با تعداد زیادی از سلول های بافت پیوندی پراکنده می شود.

argentaffin cells (ar-jen- tă -fin) pl. n.
سلول های که به آسانی با املاح نقره رنگ می شوند. بعضی از سلول های غاری *Lieberkühn* روده یافت می شوند.

argentaffinoma (carcinoid) (ar-jen-tafi-noh -mă) n.
تومور سلول های غده ای درون غدد روده که معمولاً در رأس آپاندیس و در بین تومورهای متداول روده ی کوچک یافت می شود.

arginine (ar-ji-neen) n.
آمینو اسیدی که در تشکیل ادرار توسط کلیه نقش مهمی را ایفا می کند.

Argyll Robertson pupil (ar-gyl-rob-ert- sŏn) n.
نوعی اختلال چشم ها، مشترک در چندین بیماری سیستم عصبی مرکزی که در آن بازتاب مردمک وجودندارد. گرچه

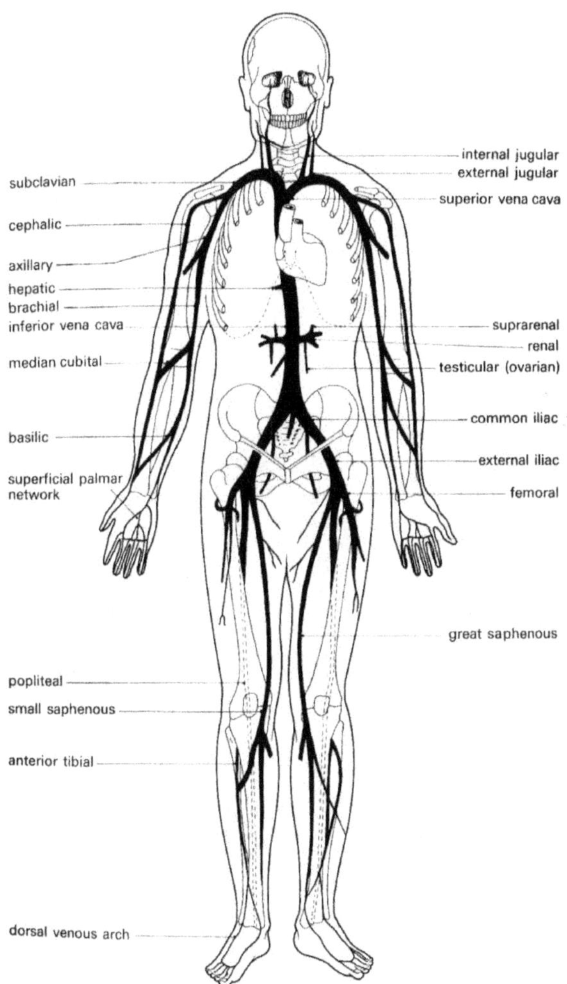

شریان های اصلی بدن

arthroscope (arth-roh-skohp) n.

ابزاری که به منظور معاینه ی قسمت داخلی مفصل مورد استفاده قرار می گیرد.

arthrotomy (arth-rot-ŏmi) n.

جراحی برش کپسول مفصل به منظور بررسی محتویات آن و کشیدن چرک (در صورت حضور داشتن).

articulation (ar-tik-yoo-lay-shŏn) n.

(در آناتومی) اتصال دو استخوان. به *joint* مراجعه کنید.

ممکن است یک یا هر دو انتهای استخوان بوسیله ی اعضای مصنوعی فلزی یا پلاستیکی جایگزین شود (replace-ment *a.*)

Mckee-Farrar a.

نوعی آرتریوپلاستی جایگزینی مفصل هیپ. هر دو انتهای استخوان ران و حفره ی استابولوم به وسیله ی اعضای مصنوعی جایگزین می شوند. حفره استابولوم جایگزین شده محکم به استخوان می چسبد.

و سرماخوردگی کاربرد دارد و مقادیر مصرف هم اکنون در جلوگیری از ترومبوز کرونری و ضربات مصرف می گردد. آسپرین موجب سوزش معده، تهوع، استفراغ، درد و خونریزی می شود. این داور دلالتی بر سندرم *Reye* دارد و به بچه های زیر۱۲ سال فقط در صورت لزوم می بایستی داده شود.

assessment (ă -ses- mĕnt) n.
۱. اولین مرحله از فرآیند پرستاری که اطلاعات در مورد آمار سلامتی بیمار جمع آوری شده و ممکن است برنامه ریزی مراقبت پرستاری تدبیر شود. ۲.مجموعه معایناتی که بوسیله ی معاینه ی بدن جهت آزمایش مهارت های پرستاری انجام می شود.

assimilation (ă -simi-lay- shŏn) n.
تجمع فرآیندی که بوسیله ی آن مواد غذایی بعد از هضم و جذب وارد سلول های بدن می شود.

associate nurse (ă -soh-si- ăt) n.
پرستاری که از بیمار در دستورالعمل های پرستاری اولیه مراقبت می کند. به *primary nursing* مراجعه کنید.

association area (ă -soh-si-ay- shŏn) n.
ناحیه ای در بخش قشری مغز که دور از مکان اصلی مربوط به درک پیام های حسی و شروع پیام های حرکتی است ولی بوسیله ی نورون های زیادی به آن ها متصل شده است. (*association fibres*).

association of ideas n.
(در روان شناسی) پیوند ایده ای به ایده ی دیگر، به یک روش منظم، براساس معانی آن ها. به *free association* مراجعه کنید.

AST n.
به *aspartate aminotransfrase* مراجعه کنید.

astereognosis (ă -ste-ri- ŏg -noh-sis) n.
به *agnosia* مراجعه کنید.

asthenia (ass-theen- iă) n.
ضعف یا فقدان نیرو.

asthenic (ass-th'en-ik) adj.
توصیف اختلال شخصیتی که از طریق کم بود انرژی، ضعف فیزیکی، احساس استرس و کاهش ظرفیت خوشحالی مشخص می شود.

asthenopia (ass-thi-noh- piă) n.
به *eyestrain* مراجعه کنید.

به *amino acid* مراجعه کنید.

Asperger's syndrome (ass-per-gerz) n.
نوعی شخصیت غیرعادی، که بوسیله‌ی کناره‌گیری، بی‌علاقگی نسبت به مردم، فضل فروشی در صحبت کردن و علاقه‌ی شدید به شغل سابق مشخص می شود. اغلب با شکل خفیفی از خیال پردازی مطرح می شود.

aspergillosis (ass-per-jil-oh-sis) n.
بیماری نادر که در آن قارچ *Aspergillus Fumigatus* به صورت آزادانه در جراحات قبلی موجود در شش ها و برونش ها رشد می کند. گاهی اوقات قارچ ها به غشای موکوسی، چشم ها، بینی، پیشابراه و بعضی از ارگان های داخلی مثل ریه ها، کبد و کلیه حمله ور می شوند.

Aspergillus (ass-per-jil- ŭs) n.
تیره ای از قارچ ها شامل تعداد زیادی کپک های متداول، هستند که بعضی از آنها موجب عفونت سیستم تنفسی در مردان می شود.

A. fumigatus

موجب آسپرژیلوزیس می شود.

asperima (ă -sperm- iă) n.
فقدان یا ناتوانی در تشکیل اسپرم که معمولاً این واژه بیشتر برای فقدان اسپرم در مایع منی استفاده می شود (به *azoospermia* مراجعه کنید).

asphyxia (ă -sfiks- iă) n.
خفگی؛ وضعیت تحدیدکننده ای که در آن از رسیدن اکسیژن به بافت ها از طریق انسداد یا آسیب هر بخشی از دستگاه تنفسی جلوگیری می شود.

aspiratioa (ass-per-ay- shŏn) n.
کشیدن مایعات از بدن بوسیله ی ساکشن.

aspirator (ass-per-ay-ter) n.
وسیله ای که برای آسپیراسیون استفاده می شود. بعضی از این وسایل سوزن های توخالیی هستند برای برداشت مایعات از کیست ها، حفره های مفصلی ملتهب شده و غیره کارایی دارد. ابزارهای دیگر برای کشیدن مواد ریز و آب در بیماری های دهان در طول درمان دندان استفاده می شود.

aspirin (acetylsalicylic acid) (ass-prin) n.
دارویی با استفاده های گسترده که درد را تسکین داده و همچنین باعث کاهش التهاب و تب می شود. این دارو از طریق دهان برای تسکین سردرد، دندان درد و درد عصبی وغیره استفاده می شود. آسپیرین برای کاهش تب در آنفولانزا

استفاده شده و شایع ترین آثار جانبی آن خستگی، پریشانی و ناراحتی های گوارشی است. نام تجاری: *Tenormin*.

atherogenic (ath-er-oh-jen-ik) adj.

به معنای فاکتوری که موجب آتروما می شود. برخی از عوامل شامل سیگار کشیدن، مصرف بیش از حد چربی حیوانی، شکرخالص، چاقی و بی فعالیتی می شوند.

atheroma (ath-er-oh-ma) n.

اضمحلال دیواره ی شریان ها ناشی از تشکیل پلاک و بافت اسکار است. این وضعیت گردش خون را محدود کرده و ترومبوز را مستعد تشکیل می کند.

atherosclerosis (ath-er-oh-skleer-oh-sis) n.

نوعی بیماری شریان ها که پلاک چربی در دیواره ی درونی آنها گسترش می یابد که ممکن است گردش خون را مسدود کند. به atheroma مراجعه کنید.

athetosis (ath-ĕ-toh-sis) n.

حرکات غیرارادی آزارنده که به خصوص بر دست، صورت و زبان تأثیر می گذارد. این وضعیت معمولاً شکلی از فلج مغزی است.

athlete's foot (ath-leets) n.

عفونت قارچی پوست بین دو انگشت پا. نوعی کرم حلقوی. نام پزشکی: *tinea pedis*.

atlas (at-lăs) n.

اولین مهره ی گردنی که از طریق آن جمجمه به ستون فقرات متصل می شود.

atom (at-ŏm) n.

کوچکترین جزء اصلی یک عنصر که می تواند در واکنش های شیمیایی نقش داشته باشد. یک اتم از الکترون های مثبت و منفی تشکیل شده که دور هسته می چرخد.

atomizer (ăt-ŏ-my-zer) n.

ابزاری که مایعات را به فقرات کوچک تبدیل می کند.

atony (ăt-ŏni) n.

حالتی که در آن عضلات سست شده و قابلیت ارتجاعی خود را از دست می دهند.

-atony (ă-ton-ik) adj.

atopen (at-oh-pĕn) n.

به *atopy* مراجعه کنید.

atopy (at-oh-pi) n.

شکلی از آلرژی که در آن واکنش بیش حساسیتی ممکن است از منطقه ی تماس با ماده ی مسئول (*atopem*) فاصله بگیرد.

-atopic (ă-top-ik) adj.

ATP (adenosine triphosphate) n.

ترکیبی که حاوی آدنین، ریبوز و سه گروه فسفات است، و در سلول ها وجود دارد. زنجیرهای شیمیایی گروه فسفات انرژی مورد نیاز سلول ها را برای انقباض عضلات ذخیره می کنند. این انرژی زمانی که *ATP* به *ADP* و *AMP* می شکند آزاد می شود. برای تبدیل *ADP* یا *AMP* به *ATP* باید کربوهیدارت ها و دیگر مواد غذایی شکسته شوند و انرژی مورد نیاز تأمین شود. به *mitochondrion* مراجعه کنید.

atresia (ă-tree-ziă) n.

۱. فقدان تنگ شدن غیر طبیعی مجار ی بدن. ۲. فرآیند تحلیل رونده ای که اکثر فولیکول های تخمدان را تحت تأثیر قرار می دهد. معمولاً تنها یک فولیکول گراف در چرخه ی قاعدگی تخمک گذاری می شود.

-atretic (ă-tert-ik) adj.

atri- (atrio-)

پیشوند به معنای دهلیز بخصوص دهلیز قلب.

atrial (ay-tri-ăl) adj.

مربوط به دهلیز.

a. Fibrillation

به *fibrillation* مراجعه کنید.

a. septa defect

به *septal defect* مراجعه کنید.

atrioventricular (ay- tri - oh -ven-trik -yoo-ler) adj.

مربوط به دهلیز و بطن قلب.

atrioventricular bundle (AV bundle, bundle of His) n.

دسته ای از فیبرهای عضله ی قلب (فیبرهای پورکینژ)که از گره دهلیزی بطنی (*AV*) عبور کرده و تا دیواره ی بین بطنی امتداد می یابد و به دسته های چپ و راست که هرکدام به یک بطن می روند، تقسیم می شود. این رشته ها موج های انقباض را از دهلیزها از طریق گره *AV* به بطن ها انتقال می دهند.

atrioventricular node (AV node) n.

توده ای از عضله ی قلب که در بخش تحتانی دهلیز راست واقع شده است. این گره پیام های انقباض را از گره سینوسی -

فرآیند گوش دادن، معمولاً با گوشی پزشکی، از طریق صداهای تولید شده بوسیله ی حرکات گاز یا مایع دربدن، به منظور کمک به تشخیص.

-auscultatory adj.

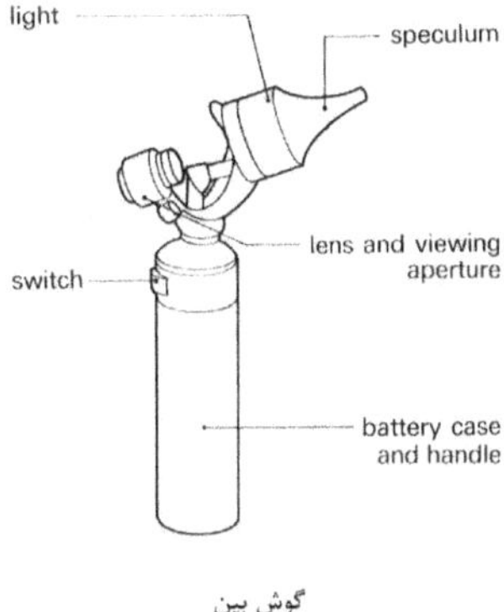

گوش بین

Australia antigen (oss-tray-lia) n.

نام دیگری برای آنتی ژن هپاتیت *B* که اولین بار در خون، بومی های استرالیا یافت شد.

aut- (auto)

پیشوند به معنای خودی.

autism (aw-tizm) n. (kanner's syndrome, infantile autism)

۱. نوعی اختلال شدید و نادر روانی در کودکان که بوسیله ی عدم توانایی در برقراری ارتباط با مردم، الگوهای رفتاری مکرر و محدود و مقاومت اجباری نسبت به تغییرات کوچک در محیط آشنا، مشخص می شود. بسیاری از کودکان مبتلا به این وضعیت از لحاظ ذهنی، غیر طبیعی هستند ولی برخی از آن ها بسیار مستعد هستند و در موقعیت های خاصی استعداد خود را شکوفا می کنند. ۲. وضعیت کناره گیری از افکار واقع بینانه نه نسبت به افکار خود محور: نشانه ای از اختلال شخصیتی و اسکیزوفرنی.

-autistic adj.

autoantibody (aw-toh-an-ti-bodi) n.

پادتنی که در بیماری خود ایمنی علیه اجزاء بدن ساخته می شود.

autoclave (aw-tŏ-klayv)

۱. *n.* وسیله‌ی استریل کننده ای که تجهیزات جراحی، پانسمان و غیره، را بوسیله ی بخار در فشاربالا، استریل می کند. ۲. *vb.* استریل کردن در اتوکلاو.

autograft (aw-tŏ-grahft) n.

نوعی پیوند بافتی که بخشی از بدن برداشته شده و به بخشی دیگر، در بدن همان فرد انتقال می یابد. برعکس، هموگرافت و اوتوگرافت بوسیله ی سیستم ایمنی بدن پس زده نمی شوند. به *skin (graft)* هم مراجعه کنید.

autoimmune disease (aw-toh-i-mewn) n.

گروه دیگری اختلالات ایمنی که باعث تخریب و التهاب بافت ها بوسیله ی آنتی بادی می گردد. این اختلالات شامل: آنمی کشنده، تب یونجه، آرتریت روماتیسمی، گلومرو لونفریت و بیماری *Hashimoto* می شود.

autoimmunity (aw-toh-i-mewn-iti) n.

نوعی اختلال مکانیسم دفاعی بدن که آنتی بادی ها علیه اندام ها یا بافت های بدن فرد که آن ها را به عنوان مواد بیگانه تلقی می شود، تولید می کند. به *autoimmune disease* و *immunity* مراجعه کنید.

autoinfection (aw-toh-in-fek-shŏn) n.

۱. عفونت ایجاد شده توسط ارگانیسمی که اخیراً در بدن حضور داشته است. ۲. انتقال عفونت از یک قسمت بدن به قسمت دیگر، توسط انگشتان، حوله و غیره.

autointoxication (aw- toh - in- toks - i - kay-shŏn) n.

مسمومیت توسط سم تولید شده در خود بدن.

autologous (aw-tol-ŏ-gŭs) adj.

به معنای پیوندی که از گیرنده ی پیوند گرفته شده است.

autolysis (aw-tol-i-sis) n.

تخریب بافت ها یا سلول ها ناشی از فعالیت آنزیم های خود بدن. به *lysosome* مراجعه کنید.

automatism (aw-tom-ă-tizm) n.

علایمی از صرع لب گیجگاهی که بیمار حرکات سازمان یافته ای را در طول حمله انجام می دهد.

autonomic nervous system (aw-tŏ-nom-ik) n.

بخشی از سیستم عصبی مسئول کنترل بخش هایی از بدن است که به صورت آگاهانه کنترل نمی شود و شامل ضربان منظم قلب، حرکات روده، تعریق، ترشح بزاق و غیره می شود. به *parasympathetic nervous system* و *sympathetic nervous system* مراجعه کنید.

محافظت می کند. این ستون از مهره هایی تشکیل شده که بوسیله ی دیسک بین مهره ای به هم متصل شده اند. ستون فقرات نوزادان محتوای ۳۳ مهره می باشد: ۷مهره گردنی، ۱۲ سینه ای، ۵ تا کمری، ۵ تا خاجی و ۴ تا دنبالچه ای در بالغین مهره های خاجی و دنبالچه ای به دو استخوان مفرد به هم جوش می خورند. نام آناتومیکی: *rachis*.

bacteremia (bak-ter-ee-mĭa) n.
حضور باکتری در خون: نشانه ای از عفونت.

bacteri- (bacterio-)
پیشوند به معنی باکتری.

bacteria (bak - teer -ĭa)pl. n. (sing. bacterium)
گروهی از میکروارگانیسم ها که فاقد غشای مجزای هسته می باشند و دیواره‌ی سلولی آن ترکیب منحصر به فردی را دارد. بیشتر باکتری ها تک یاخته هستند، سلول ها ممکن است کروی (به *coccus* مراجعه کنید)، میله ای شکل (به *bacillus* مراجعه کنید)، مارپیچی (به *Spirillum* مراجعه کنید)، ویرگول شکل (به *Vibria* مراجعه کنید) یا به شکل درب بطری بازکن (به *Spirochaete* مراجعه کنید)، باشد. به طور کلی محدوده ی اندازه ی آن ها بین ۰/۵ تا ۵ میکرومتر می باشد. نوع متحرک آن ها دارای یک یا چند فلاژلای ریز هستند که از سطح آن ها نشأت می گیرد. بیشتر باکتری ها تکثیر غیر جنسی را بوسیله ی تقسیم ساده ی سلولی دارند و بعضی از آن ها بوسیله ی ترکیب، تکثیر جنسی را انجام می دهند. باکتری ها در خاک، آب، هوا یا به عنوان انگل انسان، حیوانات و گیاهان زندگی می کنند. بعضی از انگل های باکتریایی موجب بیماری از طریق تولید سم می شوند (به *endotoxin* و *exotoxin* مراجعه کنید).
-bacterial adj.

bactericidal (bak-teer-i-sy-dă) adj.
توانایی کشتن باکتری ها،موادی با این ویژگی شامل، آنتی بیوتیک ها، گندزداها و ضدعفونی کننده ها می باشد. با *bacteriostatic* مقایسه کنید.

-bactericide n.

bacteriology (bak-teer-i-ol-ŏji) n.
عملی که درباره‌ی مطالعه ی باکتری ها است. به *microbiology* هم مراجعه کنید.
-baeteriological adj. -bacterolgist n.

B b

Babinski reflex (ba-bin-ski) n.
حرکت رو به بالای انگشت بزرگ پا که یک رفلکس غیرطبیعی بوده و نشان دهنده ی بیماری مغز یا طناب نخاعی است.
[j.F.F.Babinski (1857-1932), نورولوژیست فرانسوی]

bacillaemia (ba-si-lee-mĭa) n.
حضور باکتری های میله ای شکل در خون، ناشی از عفونت.

bacille Calmette-Guérin (ba-seel kal-met-gay-ran) n.
به *BCG* مراجعه کنید.
[A. L.C.calmette(1863-1933),C. Guérin (1872 -1961), باکتری شناس فرانسوی]

bacilluria (ba-sill-yoor-ĭa) n.
باکتری های میله ای در ادرار ناشی از عفونت مثانه یا کلیه. به *cystitis* مراجعه کنید.

bacillus (bă-sil-ŭs) n. (pl. bacilli)
هر گونه باکتری میله ای باکتری. به *Bacillus*، *Lactobacillus*، *streptobacillus* مراجعه کنید.

Bacillus n.
تیره بزرگی از باکتری های گرم مثبت اسپوردار و میله ای شکل. این باکتری ها به صورت گسترده در خاک و هوا (عمدتاً به صورت اسپورها) توزیع شده اند.

B . anthracis
نوعی از باکتری های میله ای شکل و بی حرکت که موجب آنتراکس می شود.

B. polymyxa
منبع گروه آنتی بادی های پلی میکسین.

B. subtilis
نوعی از باکتری های میله ای شکل که باعث آماس ملتحمه در انسان می شود؛ این باکتری ها آنتی‌بیوتیک باسیتراسین هم تولید می کنند.

bacitracin (ba-si-tray-sin) n.
نوع آنتی بیوتیک تولید شده بوسیله‌ی تیره‌ی خاصی از باکتری‌ها که بر تعدادی از میکروارگانیسم ها تأثیر می گذارد. این دارو معمولاً به صورت موضعی برای درمان عفونت های پوست، چشم یا بینی به کاربرده می شود.

backbone (spinal column, spine, vertebral column) (bak- bohn) n.
ستون استخوانی انعطاف پذیری، که از پایه ی جمجمه تا قسمتی از کمر امتداد یافته و طناب نخاعی را محصور و

نوع درمان جهت تسکین درد و بهبودی گردش خون و تحرک اعضا در شرایطی مثل ورم مفاصل استفاده می شود.

balsam (bawl-săm) n.
ماده ی صمغی و آروماتیک با منشأ گیاهی.

b. of peru
درخت گل حنای آمریکای جنوبی که در داروهای پوستی به عنوان یک ضدعفونی کننده ی خفیف استفاده می شود.

bandage (band-ij) n.
قطعه ای به شکل پد یا نوار که برای زخم به کار می رود و یا در اطراف جنس آسیب دیده ی بدن استفاده می شود.

Bandl's ring (ban-d'lz) n.
نوعی از انقباضات حلقوی (به retraction مراجعه کنید) که در زایمان مسدود شده رخ می دهد. این وضعیت نشانه ی پاره شدن بخش تحتانی رحم می باشد که در زمان افزایش این نوع انقباض به طور پیشرونده نازک تر می شود. اقدام فوری برای تسکین این وضعیت عمل سزارین می باشد.
[L. Bandl (1842-92), متخصص زنان آلمانی]

bankart's operation (bank-arts) n.
عملی برای ترمیم نقص موجود در حفره ی گلنوئید در موارد دررفتگی مکرر مفصل شانه می شود.

banti's syndrome (ban-teez) n.
اختلالی که در آن بزرگی و بیش فعالی طحال در نتیجه ی افزایش فشار درون ورید طحالی، رخ می دهد. شایع ترین علت آن سیروز کبدی است.

barbitone (barbital) (bar-bi-thon) n.
باربیتورات طولانی اثری که به عنوان خواب آور، مسکن، جلوگیری کننده از تشنج، بی حس و بی هوش کننده استفاده می شود. نام تجاری: *veronal*

barbiturate (bar-bit-yoor-ăt) n.
گروهی از داروهای مشتق شده از باربیتوریک اسید مانند آمیلوباربیتون، فنوباربیتون و تیوپنتون که فعالیت سیستم عصبی مرکزی را کم می کند. بیشتر باربیتورات ها به عنوان خواب آور مصرف شده و بعضی از آن ها به عنوان داروی های مسکن یا بیهوشی استفاده می شوند. چون باربیتورات ها باعث وابستگی جسمی و روانی شده و آثار سمی شدیدی دارند (به *barbiturism* مراجعه کنید). باربیتورات ها عمدتاً در پزشکی با داروهای مطمئن تر جایگزین شده اند. باربیتورات ها نباید با الکل مصرف شوند.

BAL (British Auti-Lewisite) n.
به *dimercaprol* مراجعه کنید.

balanitis (bal-ă-ny-tis) n.
التهاب حشفه ی آلت تناسلی مرد که با چسبندگی پوست روی سرآلت تناسلی، همراه است. (تنگی غلاف حشفه).

balanoposthitis (bal-ă-noh-pos-th'y-tis) n.
التهاب پوسته ی ختنه گاه و سطح لایه ی زیرین حشفه ای آلت تناسلی. این وضعیت معمولاً در نتیجه ی تنگی ختنه گاه اتفاق افتاده و نسبت به بالانیت ساده، واکنش موضعی شدیدتری را نشان می دهد.

balantidiasis (bal-ăn-ti-dy-ă-sis) n.
هجوم انگل پروتوزوآی *Balontidium coli* به رودی بزرگ انسان. این انگل به روده ی بزرگ حمله کرده و دیواره ی آن را تخریب می کند. این وضعیت موجب ایجاد زخم و نکروز شده و بیمار ممکن است اسهال و دیسانتری را تجربه کند.

baldness (bawld-nis) n.
به *alopecia* مراجعه کنید.

Balkan beam (Balkan Frame) (bawl-kăn) n.
قاب مستطیلی شکلی که به بالای تخت متصل شده و برای حمایت از آتل، قرقره یا زنجیره هایی جهت ثابت کردن عضو، استفاده می شود.

ball-and-socket joint (bawl-ănd-sok-it) n.
به *enarthosis* مراجعه کنید.

balloon (bă-loon) n.
استوانه ی پلاستیکی نرم قابل تورم و با اندازه ی متغیر که روی لوله ی نازکی نصب شده و برای متسع کردن نواحی تنگ شده ای از عروق خونی یا سیستم گوارشی استفاده می شود.

b. angioplasty
به *anyioplasty* مراجعه کنید.

ballottement (bă-lot-mĕnt) n.
روش معاینه ی یک بخش پر از مایع بدن جهت کشف اشیاء شناور. در طول حاملگی ضربه ی محکمی توسط انگشتان در مهبل به رحم و به سمت بالا وارد می شود که موجب دور شدن و چرخش جنین نسبت به موقعیت اصلی خود می شود.

balneotherapy (bal-ni-oh-th'e-ră-pi) n.
درمان بیماری بوسیله ی حمام کردن که در اصل در آب های حاوی مواد معدنی چشمه های گرم انجام می شود. امروزه این

هنگام خون را از بدن انسان می مکند. گزش آن ها، راهی برای ایجاد عفونت باکتریایی است.

bed occupancy n.

تعدادی از تخت های بیمارستان که بوسیله ی بیماران به کار گرفته می شوند و به عنوان درصدی از مجموع تخت های در دسترس موجود در بخش بیان می شود. این تعداد تخت ها جهت تعیین درخواست هایی برای تخت های بیمارستان و از این رو برای اندازه گیری تعادل مناسب بین نیازهای بهداشتی و منابع بیمارستان، استفاده می شود.

bedsore (decubitus ulcer, pressure sore) (bed-sor) n.

ناحیه ی زخمی شده ای از پوست که موجب سوزش و فشار مداوم برروی قسمتی از بدن بیماران بستری می شود. مراقبت های پرستاری برای جلوگیری از قانارپای موضعی ضروری است. موقعیت بیمار باید به طور مکرر تغییر کند و پاشنه، کفل، آرنج ها و دیگر قسمت های درخطر باید خشک و تمیز نگهداری شوند.

bedwetting (bed-wet-ing) n.

به *enuresis* مراجعه کنید.

behavioural objective (bi-hayv-yer-ăl) n.

هدفی از مداخله ی پرستاری که طی آن از مددجویی انتظار انجام دادن کاری را می رود.

behaviourism (bi-hayv-yer-izm) n.

تئوری روان شناختی براساس مشاهده و یافته های عینی و نه یافته های ذهنی مانند ایده ها و عقاید.

-behaviouris n.

behaviour therapy (bi-hayv-yer) n.

درمان مبتنی بر این عقیده که مسائل روان شناسی محصول یادگیری نادرست هستند و علایم یک بیماری متضمن وجود ندارند.

bejel (endomic syphilis) (bej-ĕl) n.

شکل غیر مسری و پایداری از سیفلیس که در مکان هایی که استانداردهای بهداشت شخصی پایین است، رایج می باشد این بیماری بین کودکان و بالغین بوسیله ی تماس مستقیم بدن گسترش می یابد.

belladonna (bel-ă-don-ă) n.

۱. بلادن (*Atropa belladonna*). ۲. آلکالوئید سمی مشتق شده از بلادن که از آتروپین و هیوسیامین مشتق می شود.

تشخیص داده می شود. بازوفیل ها توانایی بلعیدن ذرات ریز خارجی را دارند و حاوی هیستامین و هپارین هستند.

basophilia (bay-so-fil-iă) n.

۱. ویژگی یک ساختار میکروسکوپی، که بوسیله ی آن نزدیکی به رنگهای پایه را نشان می دهد. ۲. کاهش در تعداد بازوفیل های خون.

-basophilic adj.

Batchelor plaster (ba-chĕ-ler) n.

نوعی از گچ گیری که هر دو پا را دور از هم نگه می دارد، چرخش متوسطی داشته و برای اصلاح دررفتگی مادرزادی استخوان هیپ استفاده می شود.

battered baby syndrome (bat-erd) n.

آسیب های وارده آمده به کودکان توسط والدین خود. این ضربات عمدتاً باعث کبودی صورت، سوختگی های ناشی از سیگار، گازگرفتن، ضربه به سر و شکستگی استخوان می شود. این وضعیت ممکن است در اثر بعضی از بحران ها مانند بارداری ناخواسته، بی کاری و بدهی به جود آید.

battledore placenta (bat-t'l-dor) n.

جنینی که بندناف آن به جای متصل شدن به مرکز به حاشیه متصل شده است.

Bazin's disease (ba-zanz) n.

بیماری زنان که یک برآمدگی نازک در زیرپوست ایجاد می شود این برآمدگی ممکن است تجزیه شود و ایجاد زخم کند، گرچه این زخم ها خودبه خودی از بین نمی روند. نام پزشکی: *rythema induratum*

BCG (bacilli calmette-Gue'rim) n.

تیره ای از باسیلوس توبرکل که قدرت خود را برای ایجاد توبرکلوزیس از دست داده ولی فعالیت آنتی ژنیک خود را حفظ کرده است. *BCG* برای تهیه ی واکسن علیه بیماری ها استفاده می شود.

bearing down (bair-ing down) n.

۱. ظهور درد در مرحله ی دوم زایمان. ۲. احساس سنگینی و کشش در لگن ناشی از تومورهای موجود در لگن و دیگر اختلالات خاص است.

becquerel (bek-er-el) n.

واحد *SI* خاصیت رادیواکتیویتی، برابر با مقدار ماده ای که تحت تجزیه در هر ثانیه قرار می گیرد. نماد: *Bq*.

bed bug (bed bug) n.

حشره ی مکنده ی خون از جنس *Cimex* به خصوص *C. lectularius* در اثاثیه ی منزل زندگی می کنند و شب

bezylpenicillin (ben-zyl-pen-i-sil-in) n.

به *penicillin* مراجعه کنید.

beriberi (b'e-ri-b'e-ri) n.

نوعی اختلال غذایی ناشی از نقص ویتامین B_1 (تیامین). این بیماری در مناطقی که رژیم غذایی بر پایه ی برنج پاک کرده است، شایع می باشد.

dry b.

فرمی از بری بری که در آن لاغری شدید وجود دارد.

wet b.

یک شکل از بری بری که در آن تجمع مایع در بافت ها وجود دارد. تحلیل عصبی در هر دو شکل بیماری و پیامد آن، مرگ ناشی از ناتوانی قلب وجود دارد.

berylliosis (b'e-ri-oh-sis) n.

مسمومیتی که از طریق استنشاق بریلیوم یا ترکیبات آن ایجاد می شود. این وضعیت ممکن است حاد یا گاهی اوقات کشنده باشد ولی اغلب مزمن و به همراه گسترش فیبروز که تمامی بخش های ریه را تحت تأثیر قرار می دهد، است.

beta blocker (bee-tă) n.

داروهایی مثل اگزپرنولول یا پروپرانولول که از تحریک گیرنده های بتاآدرنرژیکِ اعصاب سیستم عصبی سمپاتیک جلوگیری کرده و از این رو فعالیت قلب را کاهش می دهد.

beta cells pl. n.

سلول های جزایر لانگرهانس که انسولین را تولید می کنند. با *alpha cells* مقایسه کنید.

betamethasone (bee-tă -meth-ă -sohn) n.

دارویی کورتیکواستروئید ترکیبی با آثار و کاربردهای مشابه پردنیزولون. آثار جانبی این دارو مشابه کورتیزون است. نام های تجاری: *Betnovate* و *Betnesol* و *Betnelan*.

betatron (bee-tă -tron) n.

ابزاری که به جریان الکترون ها (*beta particles*) در پرتوافشانی سرعت بخشیده که رادیوتراپی استفاده می شود.

bethanidine (beth-an-i-deen) n.

دارویی که از طریق دهان برای کاهش فشار خون استفاده می شود. نام های تجاری: *Esbatal* و *Bethamid*.

bezoar (bee-zor) n.

حجمی از مواد بلعیده شده ی موجود در معده.

bi-

پیشوند به معنی دو، جفت.

bicarbonater (by-kar-bŏ -nit) n.

نمک حاوی یون $HCO3^-$.

b. of soda

به *sodium bicarbonate* مراجعه کنید.

biceps (by-seps) n.

عضله ای به همراه دو سر.

b. brachii

عضله ای که از شانه تا آرنج امتداد یافته و مسئول خم کردن بازو و ساعد است.

b. femoris

عضله ی موجود در خلف ران که مسئول خم کردن زانو است.

biconcave (by-kon-kays) adj.

داشتن سطح گود در هر سمت. عدسی های مقعد برای اصلاح نزدیک بینی استفاده می شود. با *biconrex* مقایسه کنید.

biconvex (by-kon-veks) adj.

داشتن سطح برآمده در هر قسمت. عدسی های محدب برای اصلاح دور بینی استفاده می شود. با *biconcave* مقایسه کنید.

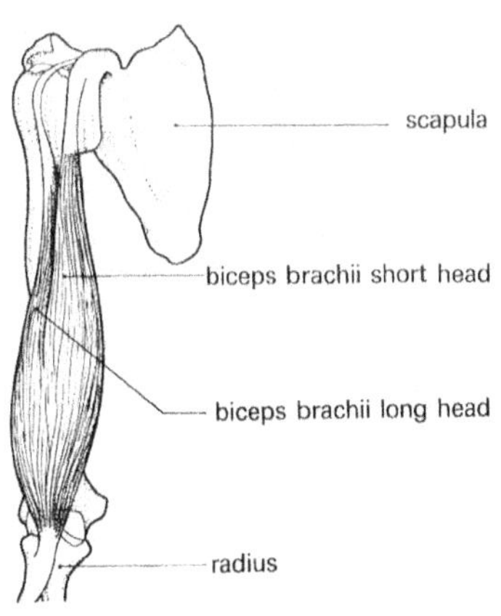

عضله ی دو سر بازو

bicornuate (by-kor-new-it) adj.

داشتن دو زائده یا برآمدگی شاخی شکل. این واژه برای یک رحم غیرطبیعی استفاده شده،که به دو نیمه ی جدا از هم در انتهای فوقانی تقسیم می شود.

bicuspid (by-kus-pid) adj.

داشتن دو لت یا زایده ی بیرون زده، مثل دندان های آسیاب کوچک و دریچه ی میترال قلب.

b. valve

به *mitral valve* مراجعه کنید.

bionics (by-on-iks) n.
دانش سیستم های مکانیکی و الکترونیکی که عملکرد آن ها در یک راه بوده و یا دارای ویژگی های سیستم های زنده هستند. با *cybernetics* مقایسه کنید.

-bionic adj.

bionomics (by-ŏ-nom-iks) n.
به *ecology* مراجعه کنید.

biopsy (by-op-si) n.
برداشتن قطعه ی کوچکی از بافت زنده از یک ارگان یا بخشی از بدن برای معاینه ی میکروسکوپی.

biostatistics (by-oh-stă-tist-iks) n.
روش ها و اطلاعات آماری با مرجع خاص که برای مطالعه ی سلامتی و مسائل اجتماعی استفاده می شود. به *dermoyraphy* و *vital stistics* مراجعه کنید.

biotin (by-ŏ-tin) n.
مجموعه ای از ویتامین *B* که برای متابولیسم چربی لازم است، و شامل ترکیبات اسیدهای چرب و گلوکونئوژنزیس می شود. منبع غنی از ویتامین*B* ، زرده ی تخم مرغ، خمیرمایه و جگر می باشد.

bipolar (by-poh-ler) adj.
(در نورولوژی) توصیف نورون هایی که دارای دو رشته هستند و در جهات مختلف از جسم سلولی بیرون زده اند.

birth (berth) n.
(در مامایی) به *labour* مراجعه کنید.

birth control n.
جلوگیری از حاملگی یا ناباروکردن برای پیشگیری از بارداری ناخواسته.

birthing chair (berth-ing) n.
صندلی مخصوص تولد نوزاد که امکان زایمان در موقعیت نشسته را فراهم می کند. بچه برای نقش داشتن در موقعیت صندلی تعدیل شده است. این صندلی اخیراً در جهان غرب به دنبال کاهش تقاضا برای زنان جهت ایجاد تحرک زیادتر در طول زایمان ابداع شده است. این صندلی توسط نیروی برق روشن شده، می تواند سریعاً به عقب شیب پیدا کند و به آسانی به سمت بالا حرکت کند.

birthmark (berth-mark) n.
لکه ای که بر روی پوست در هنگام تولد وجود دارد.

birth rate n.
به *fertility rate* مراجعه کنید.

bimanual (by-man-yoo-ăl) adj.
استفاده از دو دست برای انجام یک عمل مثل معاینه‌ی بیماری های زنان.

binaural (byn-or-ăl) adj.
مربوط یا شامل استفاده از هر دو گوش.

binder (byn-der) n.
باندی که اطراف بخش هایی از بدن معمولاً شکم، برای ایجاد فشار، حمایت و یا حفاظت، پیچانده می شود.

binocular (bin-ok-yoo-ler) adj.
مربوط به یا شامل استفاده از هر دو چشم.

b. vision
توانایی اکتسابی جهت متمرکز کردن هر دو چشم برروی یک شیء در یک زمان مشخص، طوری که فقط یک تصویر دیده شود.

binovular (bin-ov-yoo-ler) adj.
مشتق شدن از دو تخمک جدا از هم، دو قلوهای دو تخمکی. با *uniovular* مقایسه کنید.

bio-
پیشوند به معنای زندگی یا زندگی کردن ارگانیسم ها.

biossay (by-oh-ass-ay) n.
تخمین آثار یا قدرت یک دارو یا مواد دیگر از طریق مقایسه ی آثار آن بر روی زندگی ارگانیسم ها یا به همراه قدرت یک ترکیب مشخص.

bioavailability (by-oh-ă-vayl-ă-bil- iti) n.
نسبت دارویی که از محل فعالیت خود در بدن آزاد می شود. این تناسب معمولاً مقدار ورود گردش خون است و ممکن است زمانی که داروها از طریق دهان مصرف می شوند، پایین باشد.

biochemistry (by-oh-kem-istri) n.
فرآیند مطالعه‌ی شیمی و واکنش هایی که در بدن موجودات زنده رخ می دهد.

-biochemical adj. -biochemist n.

biogenesis (by-oh-jen-i-sis) n.
نظریه ایی که یک ارگانیسم زنده فقط می تواند از ارگانیسم های زنده نشأت بگیرد و از موجودات بی جان نشأت نمی گیرد.

biology (by-ol-ŏji) n.
مطالعه‌ی موجودات زنده که شامل ساختار، نقش و ارتباط آن ها با یکدیگر و جهان مادی است.

-biological (by-ŏ-loj-ik-ăl)adj. -biologist n.

هرگونه سرکوب کننده ی عملکرد جسمی یا روانی که عمدتاً (به عنوان بخشی از اقدامات درمانی) یا از طریق بیماری صورت می گیرد. به *Nerve block* و *heart block* مراجعه کنید.

blood (blud) n.

بافتی مایعی که در سرتاسر بدن از طریق شریان و وریدها به گردش در می آید. خون ناقلی است که بوسیله ی آن مواد گوناگون بین ارگان ها و بافت های مختلف انتقال داده می شود. خون از سلول هایی تشکیل شده (به *blood cell* مراجعه کنید) که در مایعی (به *plasma* مراجعه کنید) شناور هستند.

blood bank n.

ساختمانی که درون یک بیمارستان یا مرکز انتقال خون است و در آن خون از انتقال دهنده ها جمع آوری، ذخیره و تزریق می شود.

blood-brain barrier n.

مکانیسمی که خون در گردش را از مایعات بافتی اطراف سلول های مغز جدا می کند. سدخونی ـ مغزی غشای نیمه تراوری است که مواد محلول را از خود عبور داده ولی به ذرات جامد و ملکول های بزرگ این اجازه را نمی دهد.

biood casts pl. n.

قطعاتی از مواد سلولی که به آن ها سلول های خونی متصل می شوند، از لوله های کلیه مشتق شده و به درون ادار بیماران، خاص کلیوی ترشح می شود.

blood cell (blood, corpuscle) n.

هر سلولی که در خون افراد سالم یا بیمار حضور داشته باشد. این سلول ها به دو دسته ی مهم تقسیم می شوند: گلبول های قرمز (به *erytocyle* مراجعه کنید) و گلبول های سفید (به *leucocyte* مراجعه کنید). به تصویر مراجعه کنید. به *platelet* هم مراجعه کنید.

blood clot n.

توده ی جامدی که در نتیجه ی انعقاد خون در عروق خونی و قلب یا هرجای دیگر تشکیل می شود. به *thrombosis* مراجعه کنید.

blood clotting n.

به *blood coagulation* مراجعه کنید.

blood coagulation (blood clotting) n.

فرآیندی که بوسیله ی آن خون از حالت مایع به جامد تبدیل می شود. این فرآیند شامل تعامل فاکتورهای انعقادی شده و منجر به تولید آنزیم ترومبوپلاستین می شود که پروتئین فیبرونوژن محلول در خون را به پروتئین فیبرین نامحلول

blenn- (blenno-)

پیشوند به معنای موکوس.

blennorrhagia (blen-ŏ-ray-jiă) n.

تخلیه ی بیش از حد موکوس به خصوص از پیشاب راه .

blennorrhoea (blen-ŏ-ree-ă) n.

مایع رقیقی که از پیشابراه خارج می شود.

bleomycin (bli-oh-my-sin) n.

آنتی بیوتیکی که علیه سلول های سرطانی فعالیت می کند. این دارو از طریق تزریق در درمان بیماری *Hodgkin*، لنفوماها و کارسینومای سلول اسکواموس استفاده می شود.

blephar– (blepharo-)

پیشوند به معنی پلک چشم.

blepharitis (blef-ă-ry-tis) n.

التهاب پلک های چشم.

blepharon (blef-er-ŏn) n.

به *eyelid* مراجعه کنید.

blepharospasm (blef-er-oh-spazm) n.

انقباض شدیدو غیرارادی پلک های چشم معمولاً در پاسخ به شرایط دردناک چشم.

blindness (blynd-nis) n.

کوری در دیدن، از دست دادن قدرت بینایی. دلایل متداول نابینایی سراسر جهان تراخم انکوسرشیازیس، کمبود ویتامین *A* و در انگلیس دیابت ملیتوس، نزدیک بینی و تحلیل رونده و گلوکما است. به *day bliidness*، *coloar blindness*، *night blidness*، *snowldiness* هم مراجعه کنید.

blind register (blynd) n.

(در انگلستان) لیست اشخاصی که به صورت فنی در اثر کاهش در دقت بینایی یا کاهش شدید در میدان بینایی، نابینا هستند.

blind spot n.

منطقه ی کوچک موجود در شبکیه ی چشم که فیبرهای عصبی سلول های حساس به نور کم به اعصاب بینایی سوق داده می شوند. در این منطقه سلول های مخروطی شکل و استوانه ای وجود ندارد.از این رو نور در این ناحیه ثبت نمی شود. نام آناتومیکی: *punctum caecum*

blister (blis -ter) n.

ورم حاوی مایع رقیق (سرم) و گاهی اوقات هم خون یا چرک در داخل آن یا درست در زیر پوست.

block (blok) n.

التهاب ناحیه ی ظریفی از پوست که حاوی چرک است. این عفونت معمولاً توسط باکتری استافیلوکوکوس ائورس ایجاد می شود و از طریق فولیکول های مو یا شکاف موجود در پوست وارد می شود. این وضعیت معمولاً زمانی که چرک ها خارج می شوند یا از طریق درمان با آنتی بیوتیک بهبودی می یابد؛ اگر چه گاهی اوقات این وضعیت ممکن است موجب عفونت های گسترده تری شود. نام پزشکی: *Furuncle.*

bolus (boh-lŭs) n.
توده ی نرم غذای جویده شده یا ترکیب دارویی که آماده ی بلعیدن است.

bonding (bond-ing) n.
۱. (در روان شناسی) فرآیندهای پیوند که طی اولین ساعات و روزهای بعد ازتولد بین کودک و والدینش ایجاد می شود، خصوصاً مادر. پیوند یک فرآیند دو طرفه و نیاز بیولوژیکی برای رشد و نمو کودک از نظر عاطفی و جسمی است. ۲. (در دندان پزشکی) استفاده از تمهیدات دندان سازی جهت ترمیم، حفاظت و بهبودی ظاهر دندان آسیب دیده.

bone (bohn) n.
بافت پیوندی و متراکمی که اسکلت بدن را تشکیل می دهد. استخوان از ماتریکس فیبرهای کلاژن به همراه املاح استخوان عمدتاً (کربنات کلسیم و فسفات کلسیم) اشباع شده است.

Compact (or cortical) b.
پوسته ی خارجی استخوان ها که تقریباً از یک توده ی جامد و سخت ساخته شده است که بافت استخوان را در لایه های متحد المرکز قرار می دهد (*Haversian systems*).

Spongy (or cancelous) b.
بافت استخوانی موجود در زیر غشای خارجی. این قسمت از یک شبکه میله ای شکل (*Trabeculae*) به همراه تعداد زیادی فضای به هم پیوسته ی حاوی مغز استخوان تشکیل شده است.

bone marrow (marrow) n.
بافتی که حفره های درون استخوان را پر می کند. در هنگام تولد این حفره ها با مغز قرمز استخوان پر می شوند ولی بعداً مغز استخوان در عضوهای استخوانی بوسیله ی چربی (مغز زرد استخوان) جایگزین می شود.

Bonney's blue (bon-iz) n.
رنگی که از ترکیب کریستال ویولت و سبز روشن تشکیل شده است. این رنگ به عنوان ضدعفونی کننده ی پوست و برای نشان دادن حضور فیسچول به داخل، مربوط است، بوسیله ی

غلظت گلوکز موجود در خون که به طور طبیعی، میلی مول در هر لیتر بیان می شود. حد نرمال گلوکز خون، ۵/۵ ـ ۳/۵ میلی مول در لیتر است. میزان قندخون فاکتور مهمی در انواع بیماری ها، به خصوص دیابت ملیتوس است. به *hyperglyeaemia* و *hypoglycaemia* هم مراجعه کنید.

blood test n.
آزمایشی برای بررسی ناهنجاری خونی یا تعیین گروه های خونی، از طریق نمونه ی خون شخص.

blood transfusion n.
به *transtusion* مراجعه کنید.

blood vessel n.
رگی که خون را از قلب دور یا به طرف قلب حمل می کند. به *artery*، *arteriol*، *venole*، *vein* و *capillary* مراجعه کنید.

blue baby (bloo) n.
کودکی که به علت نقص مادرزادی قلبی در نتیجه ی پمپ شدن تمام یا بخشی از خون فاقد اکسیژن در اطراف بدن خود، به جای ورود به شش ها رنج می برد.

Boari flap (boh-ah-ri) n.
لوله ای از بافت مثانه که در زمان آسیب، تخریب و حضور تومور درون میزنای جایگزین بخش تحتانی میزنای می شود. به *ureteroplasty* مراجعه کنید.

body (bod-i) n.
۱. یک ارگانیسم کامل و جاندار. ۲. تنه ی یک شخص به غیر از اندام های آن. ۳. اصلی ترین یا بزرگ ترین بخش یک ارگان. ۴. توده مجزا و جامد بافت مثل جسم کاروتید. به *corpus* مراجعه کنید.

body image (body schema) n.
فهم اشخاص از وضع اعضاء خود و شناسایی قسمت های مختلف بدن.

body temperature n.
شدت گرمای بدن که بوسیله ی دماسنج اندازه گیری می شود. دمای طبیعی بدن بیشتر افراد در حدود ۳۷درجه سانتی گراد است. افزایش دمای بدن موجب تب می شود.

Boeck's disease (beks) n.
شکلی از سارکوئیدوز.

[C. P.M. Boeck(1845-1913), متخصص پوست نوروژی]

boil (boil) n.

Bowen's disease (boh-ĕnz) n.
نوعی بیماری کارسینومای سلول های اپیدرمال اسکواموس پوست که در لایه های اصلی گسترش نیافته اند.

bow-legs (boh-legz) pl. n.
انحنای خارجی و غیرطبیعی پا که باعث ایجاد شکافی بین زانو در هنگام ایستادن می شود. نام پزشکی: *genu varum*.

Bowman's capsule (boh-mănz) n.
به *glomerulus* مراجعه کنید.
[Sir W. P. Bowman (1816-92), پزشک انگلیسی]

brachi- (brachia-)
پیشوند به معنی بازو.

brachial (brayk-iăl) adj.
مربوط به یا تحت تأثیر بازو.

brachial artery n.
شریانی که ادامه ی شریان آگزیلاری، در طول طرف داخلی قسمت فوقانی بازو، به سرخرگ های زندزبرین و زند زیرین تقسیم می شود.

brachial plexus n.
شبکه ی اعصابی که از نخاع در ریشه گردن نشأت گرفته و بازو، ساعد، و دست، قسمتی از حلقه ی شانه را عصب رسانی می کند. به *radial nerve* مراجعه کنید.

brachiocephalic artery (bray- ki- oh-si -fal-ik) n.
به *innominate artery* مراجعه کنید.

brachium (brayk-iŭm) n. (pl. brachia)
بازو، خصوصاً قسمتی از بازو بین شانه و آرنج.

brachy-
پیشوند به معنای کوتاهی.

brachycephaly (brak-i-sef-ăli) n.

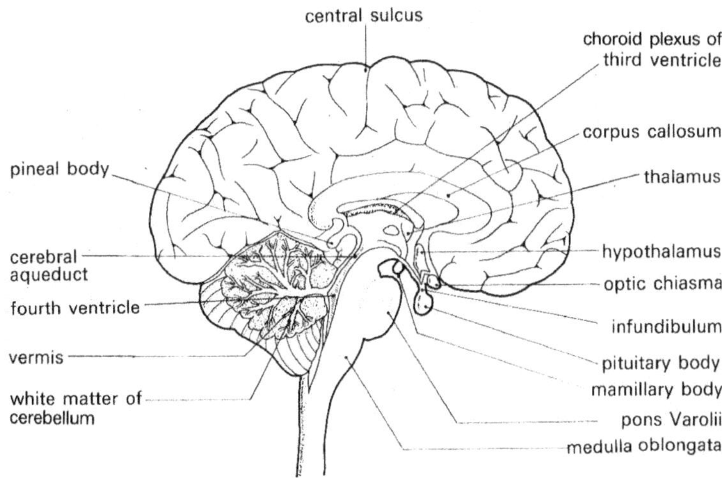

مغز (برشی از سمت میانی ساجیتال)

کوتاهی جمجمه با شاخص سر تقریباً ۸۰.
-brachycephalic adj.

brachytherapy (brak-i-th'e-răpi) n.
رادیوتراپی از طریق پرتوتابی به یک تومور یا مجاور آن. استفاده ی اصلی از این روش در درمان سرطان گردن رحم می باشد.

Bradford's frame (brad-ferdz) n.
قاب فلزی مستطیلی شکل به همراه تسمه ی پارچه ای متصل به آن که برای حمایت و ثابت نگه داشتن بیمار در وضعیت درازکش یا طاق باز استفاده می شود.
[E. H. Bradford (1848-1926), جراح اورتوپد]

brady-
پیشوند به معنای کندی، آهستگی.

bradycardia (brad-i-kar-diă) n.
کندشدن ضربان قلب کمتر از ۵۰ ضربه در دقیقه.

Broca's area (broh-kăz) n.
بخش حرکتی قشر مغز که مسئول شروع صحبت کردن است. این بخش در سمت چپ لب فرونتال، در اغلب افراد راست دست (ولی نه همه ی آن ها) واقع شده است.
[P. P. Broca (1824-80), جراح فرانسوی]

Brodie's abscess (broh-diz) n.
به *abscoss* مراجعه کنید.
[Sir B. C. Brodie (1783-1862), جراح انگلیسی]

bromhexine (brom-heks-een) n.
خلط آوری که از طریق افزایش حجم و کاهش غلظت ترشحات برونش ها عمل می کند. این دارو برای درمان برونشیت استفاده شده و ممکن است موجب تهوع شود. نام تجاری: *Bisolvon*.

bromides (broh-mydz) pl. n.
املاح برومین، از قبیل برومیدپتاسیم که برای یک بار، به صورت گسترده به عنوان داروهای مسکن به دلیل فعالیت کاهندگی خود برروی سیستم اعصاب مرکزی استفاده می شود. به *bromism* هم مراجعه کنید.

bromidrosis (broh-mi-droh-sis) n.
تجزیه ی باکتریایی عرق، معمولاً در زیر بغل یا پاها که موجب بوی نامطبوع می شود.

bromism (broh-mizm) n.
گروهی از علایم، شامل خواب آلودگی، فقدان احساس، سخنان مبهم که از طریق ورود بیش از اندازه ی برومر ایجاد می شود.

bromsulphthalein (brom-sulf-thă-lin) n.
رنگ آبی که در تست عملکرد کبد استفاده می شود.

bronch -(broncho-)
پیشوند به معنای درخت برونشیال.

bronchial breath sounds (bronk-iăl) pl. n.
صداهای تنفسی انتقال یافته از طریق شش های سفت شده در بیماری پنومونی. این صداها شبیه صداهای طبیعی بالای برونش های بزرگتر است که بلندتر و خشن تر از صداهای تنفس وزیکولار هستند.

bronchial tree n.
سیستم لوله های منشعب هدایت کننده ی هوا از نای به شش ها؛ این سیستم شامل برونش ها و برونشیول ها می باشد.

در زنان است که در بعضی موارد هر دو سینه را درگیر می کند.

Breathing (breeth-ing) n.
دم و بازدم متناوب هوا، از طریق دهان یا بینی، به درون شش ها. نفس کشیدن قسمتی از تنفس است و گاهی اوقات آن را *external respiration* می نامند.

Breathlessness (breth-lis-nis) n.
به *dyspnoea* مراجعه کنید.

Breathsounds (breth) pl. n.
صداهایی که در طول تنفس از طریق گوشی پزشکی که روی شش ها قرار داده می شود، شنیده می شود. به *bronchial breath sounds*، *cavernous breath sound* و *vesicular breath sounds* مراجعه کنید.

Breech presentation (breech) n.
موقعیت کودک در رحم طوری که در هنگام زایمان ابتدا باسن خارج می شود (درعوض ابتدا خارج شدن سر).

bregma (breg-mă) n.
نقطه ای در رأس جمجمه که در آن درزهای سهمی و تاجی به هم برخورد می کنند. در کودکان این یک مجرا است (فونتانل قدامی).

Bright's disease (bryts) n.
به *nephritis* مراجعه کنید.
[R. Bright (1789-1858), پزشک انگلیسی]

brillian green (bril-yănt) n.
رنگ آنیلین که به عنوان ضدعفونی کننده استفاده می شود.

Briquet's syndrome (bree-kayz) n.
به somatization disorder مراجعه کنید.

British Anti-Lewisite (BAL) (Brit-ish anti-loo-i-syt) n.
به *dimercaprol* مراجعه کنید

Broadbent's sign (brawd-bents) n.
انقباض سمت چپ و کمر، نزدیک دنده های ۱۱ و ۱۲ که با هرضربان قلب،کشش سطحی بین پریکاردیوم و دیاگرافم، مشخص می شود.
[Sir W. H. Broadbent (1835-1907), پزشک انگلیسی]

broad ligaments (brawd) pl. n.
چین های پریتوئن که از هر سمت رحم به دیواره های جانبی رحم امتداد می یابد، از رحم و لوله های فالوپ حمایت کرده و دیواره ای را در عرض حفره لگن تشکیل می دهد.

به *pneumonia* مراجعه کنید.

bronchopulmonary (brong- koh- pul- mŏn - er-i) adj.

مربوط به شش ها و درخت برونشی.

bronchoscope (bronk- ŏ -skohp) n.

ابزاری که از آن برای دیدن بخش درونی نای و نایژه استفاده می شود. می توان از برونکوسکوپ برای شستشوی نایژه و گرفتن نمونه ی بافتی و برداشت اجسام خارجی توسط یک انبرک بلند استفاده کرد.

bronchoscopy (brong-kos- kŏ -pi) n.

باریک شدن نایژه ها بوسیله ی انقباض عضلانی در پاسخ به محرک هایی از قبیل آسم و برونیشت. برخی از عوامل منقبض کننده های برونش ها می توانند بوسیله ی داروهای متسع کننده ی برونش تسکین یابند؛ ولی برخی از آن ها مانند برونشیت مزمن امکان پذیر نیست.

bronchospiometry (brong-koh-spy-rom-itri) n.

روشی که برای ارزیابی کارایی تهویه ی ریوی یک ریه ی کامل یا بخشی از آن استفاده می شود.

bronchus (bronk- ŭs) n. (pl. bronchi)

راه های هوایی موجود در خلف نای که غضروف و غدد موکوسی در دیواره ی آن وجود دارد. به *bronchiol* مراجعه کنید.

-bronchial adj.

brown fat (brown) n.

شکلی از چربی در بافت چربی که منبع غنی از انرژی است و می تواند سریعاً به گرما تبدیل شود. گمان می رود که تبدیل سریع چربی قهوه ای، جهت تعادل ورود اضافی غذا و تولید غیر ضروری چربی سفید (ترکیب حجم بافت چربی) اتفاق می افتد. بعضی از امراض چربی ممکن است به فقدان ـ یا ناتوانی در سنتز- چربی قهوه ای مرتبط شود.

Brown-séquard syndrome (brown-say-kar) n.

نوعی بیماری عصبی، زمانی که طناب نخاعی نسبتاً سرتاسر قطع شده باشد. تحت این شرایط رعشه ی تشنجی روی همان سمت بدن، و فقدان درد و حس دما در سمت مخالف، وجود دارد.

[C. E. Brown-Séquard (1818-94), فیزیولوژیست فرانسوی]

Brucella (broo-sel- ă)n.

تیره ای از باکتری های گرم مثبت، هوازی، کروی یا میله ای شکل که مسئول تب مالت در انسان و سقط جنین مسری در گله ی گاوها، خوک ها، گوسفند و بزغاله ها است.گونه های اصلی آن *B.obortus* و *B. melitensis* می باشد.

brucellosis (Malta fever, Mediter ranean fever, undulant fever) (broo-si-loh-sis)

بیماری مزمن حیوانات اهلی که بوسیله ی باکتری تیره‌ی *Brucella* ایجاد می شود و می تواند به انسان از طریق تماس با حیوان عفونی یا از طریق نوشیدن شیرآلوده‌ی پاستوریزه نشده انتقال یابد. علایم آن شامل سردرد و بیماری، پیشرفت به تب مزمن و ورم گره های لنفاوی می شود.

Brufen (broo- făn) n.

به *iboprufen* مراجعه کنید.

bruise (contusion) (brooz) n.

ناحیه ی کبود موجود در پوست که از طریق خون ریزی از رگ پاره شده در نتیجه ی جراحت ایجاد می شود.

bruit (broot) n.

به *murmur* مراجعه کنید.

Brunner's glands (brun-erz) pl . n.

غدد مرکب روده کوچک، که در دئودنوم و بخش فوقانی ژژونوم یافت می شود. این غدد در زیر غشای موکوسی قرارگرفته اند و موکوس را ترشح می کنند.

[j. C. Brunner (1653-1727), آناتومیست سویسی]

bubo (bew-boh) n.

گره لنفاوی ملتهب و ورم کرده که در زیر بغل یا کشاله ی ران وجود دارد و عمدتاً که در بیماری های مقاربتی، طاعون خیارکی و لیشمانیا گسترش می یابد.

bubonic plague (bew-bon-ik) n.

به *plague* مراجعه کنید.

buccal (buk- ăl) adj.

مربوط به دهان و قسمت گود گونه.

buccinator (buks-i-nay-ter) n.

عضله ی موجود در گونه که خاستگاه اصلی آن در آرواره ی زیرین و بالایی است. این عضله مسئول به هم فشردن گونه است و در جویدن نقش مهمی را ایفا می کند.

Budd-Chiari syndrome (bud-ki-ah-ri) n.

بیماری نادر که موجب انسداد ورید کبدی، از طریق لخته ی خون یا تومور می شود. این بوسیله ی آسیت و سیروز کبدی مشخص می شود.

[G. Budd (1808-82), پزشک انگلیسی؛ H. chiar (1851-82), پاتولوژیست فرانسوی]

هریک از دو برآمدگی گوشتی موجود در قسمت تحتانی ـ خلفی تنه که از ماهیچه ها (به *gluteus* مراجعه کنید) و چربی تشکیل شده است. نام آناتومیکی: *natis*.

byssinosis (bis-i-noh-sis) n.

بیماری صنعتی شش ها که در اثر استنشاق غبار پنبه، کتان یا کنف ایجاد می شود.

C c

C.

۱. نماد کربن. ۲. مخفف سیلسیوس یا سانتی گرارد.

ca.

نماد کلسیم.

cac- (caco-)

پیشوند به معنای بیماری یا نقص.

cachet (kash-ay) n.

کپسول مسطح و حاوی دارو که مزه ی ناگواری دارد. کاشه، بصورت کامل توسط بیمار بلعیده می شود.

cachexia (kă-keks-iă) n.

وضعیت غیرطبیعی کاهش وزن، ضعف، و انحطاط کلی بدن ناشی از بیماری های مزمن مثل سرطان.

cadaver (kă-dav-er) n.

جسدی که برای تشریح و مطالعات آناتومیکی استفاده می شود.

caecosigmoidostomy (see-koh-sig-moid-ost-ŏmi) n.

عملی که روده ی کور به کولن سیگموئید متصل می شود.

caecostomy (see-kost-ŏmi) n.

عملی که در آن روده ی کور از طریق دیواره ی شکم به بیرون جهت کشیدن مایعات آن یا کاهش فشار روده، باز می شود.

caecum (see-kŭm) n.

کیسه ی سربسته ای کور در پیوستگاه روده ی کوچک و بزرگ که زائده ی کرمی شکل آپاندیس به آن متصل می شود.
-caecal adj.

caesarean section (siz-air-iăn) n.

عمل جراحی برای خارج کردن نوزاد از طریق دیواره ی شکم، که معمولاً از طریق برش عرضی در قسمت تحتانی رحم انجام می شود. این عمل زمانی که خطرهایی برای مادر و نوزاد وجود داشته باشد صورت می گیرد. عمل سه زارین ممکن

سوختگی که لایه ی اپیدرم و لایه ی زیرین پوست را تحت تأثیر قرار می دهد.

third-degree b.

سوختگی که شامل آسیب یا تخریب عمیق کامل پوست و بافت های زیرین می شود.

burr (ber) n.

به bur مراجعه کنید.

bursa (ber-să) n. (pl. bursae)

کیسه ی کوچک بافت فیبروز که از غشاء سینوویال پوشیده شده و حاوی مایع سینوویال است. بورس به کاهش سایش کمک می کند؛ آن ها به طور طبیعی دور مفاصل و در مکان هایی که لیگامنت ها و تاندون ها از روی استخوان ها می گذرند تشکیل می شوند.

bursa of fabricius (fă-brish-ŭs) n.

توده بافت لنفاوی که در نتیجه ی مواد زاید پرندگان بوجود می آید. این توده منبع مهمی از لنفوسیتB است.
[H. Fabricius (1537 - 1619), آناتومیست ایتالیایی]

bursitis (ber-sy-tis) n.

التهاب بورس در نتیجه ی جراحت، عفونت یا سینوویت روماتیسمی. این وضعیت باعث تولید درد و بعضی اوقات محدودیت حرکات مفصل می شود. به *housmaids's knee* مراجعه کنید.

buspirone (bew-spy-rohn) n.

داروی مسکنی که برای تسکین علایم اضطراب استفاده می شود. نام تجاری: *Buspar*.

busulphan (bew-sul-fan) n.

دارویی که سلول های سرطانی را از طریق اثر بر مغز استخوان، تخریب می کند. این دارو از طریق دهان عمدتاً در درمان لوسمی مزمن مغز استخوان استفاده می شود. نام تجاری: *Myleran*.

butacaine (bew-tă-kayn) n.

بی حسی موضعی که عمدتاً در جراحی های گوش، چشم، بینی و گلو استفاده می شود. نام تجاری: *Butyn*.

Butobarbitone (butobarbital) (bew-toh-bar-bi-tohn) n.

باربیتوراتی با عملکرد متوسط که در درمان بی خوابی و تسکین بخشی استفاده می شود. نام تجاری: *Soneryl*.

buttock (but-ŏk) n.

(کافور در روغن پنبه دانه) به عنوان ماده ای که در هنگام مالیده شدن بر روی پوست التهاب خفیفی ایجاد کرده، ولی درد و احتقان را در محل دیگر کاهش می دهد.

campylobacter (kam-pi-loh-bak-ter) n.
تیره ای از باکتری مارپیچ، متحرک و گرم منفی.
C. intestinalis
گونه ای که عمدتاً موجب اسهال عفونی می شود.
C. pylori
گونه ای که موجب گاستریت و زخم دئودنوم می شود.

canal (kă-nal) n.
مجرا یا کانال لوله ای؛ کانال گوارشی.

canaliculus (ka-nă-lik-yoo-lŭs) n. (pl. canaliculi)
مجرا یا کانال کوچک. کانال های کوچک برای مثال در استخوان های متراکم که، حفره های حاوی سلول های استخوان را به هم مرتبط می کنند، و در کبد، صفرا را به مجرای صفراوی انتقال می دهند، وجود دارد.

cancellous (kan-si-lŭs) adj.
اسفنجی شکل: برای استخوان اسفنجی که دارای فضاهای زیادی هستند به کاربرده می شود.

cancer (kan-ser) n.
هر گونه تومور بدخیم که، شامل کارسینوما و سارکوما می شود. سرطان از تقسیمات غیرعادی و غیرقابل کنترل سلول ها نشأت گرفته که بعد به بافت های اطراف هجوم می آورد و آن ها را تخریب می کند. متاستاز سلول های سرطانی (به *metastasis* مراجعه کنید) تومورهای ثانویه ای را در مکان هایی دور از تومورهای اصلی، بوجود می آورند. فاکتورهای سبب ساز سرطان بسیارند که بعضی از آن ها ناشناخته هستند، از قبیل: سیگارکشیدن که باعث سرطان ریه می شود، در معرض اشعه قرارگرفتن، با برخی سارکومای استخوان و سرطان خون همراه است. درمان سرطان بستگی به نوع تومور و مقدار گسترش آن، دارد.

cancrum (canker) (kank-rŭm) n.
ایجاد زخم عمدتاً در لبها و دهان (*c. oris*).

candida (kan-di-dă) n.
تیره ای از قارچ های شبه مخمر (که به طور سابقاً *Monilia* نامیده می شده است) که در مهبل و سیستم گوارشی ساکن است.

شکستگی ها، یا عضوهای تغییر شکل یافته، از طریق برداشتن وزن بدن از روی لگن، استفاده می شود.

callosity (callus) (kă-los-iti) n.
ناحیه ی بسیار ضخیمی از پوست، موجود در قسمت هایی از بدن که در معرض فشار یا سایش قرار دارد، به خصوص کف پا و کف دست.

callus (kal-ŭs) n.
۱. حجمی از خون، بافت پیوندی و سلول های تشکیل دهنده‌ی استخوان که اطراف بخش های انتهایی استخوان به دنبال یک شکستگی تشکیل می شود. این توده سرانجام درون استخوان جدیدی که از شکستگی بهبودی یافته گسترش می یابد. ۲. به *callosity* مراجعه کنید.

calor (kal-er) n.
گرما: یکی از چهار نشانه های طبقه بندی شده ی التهاب در یک بافت. به *dolor*، *rubor* و *tumor* مراجعه کنید.

calorie (kal-er-i) n.
واحدگرما برابر با مقدار گرمای مورد نیاز برای بالابردن یک گرم آب از ۱۴/۵c° به۱۵/۱۵c° (۱۵°کالری). یک کالری (کیلوکالری یا کیلوگرم کالری) برابر است با ۱۰۰۰ کالری. این واحد برای نشان دادن ارزش انرژی غذاها استفاده می شود. هر دوی این واحدها غالباً بترتیب بوسیله ی ژول و کیلوژول جایگزین شده اند (۱کالری = ۴/۱۸۵۵ ژول).

calorific (kal-er-if-ik) adj.
تولید گرما.

calorimeter (kal-er-im-it-er) n.
وسیله ای که برای اندازه گیری گرمای تولید شده یا از بین رفته در طول انواع تغییرات شیمیایی یا فیزیکی استفاده می شود. کالری سنج برای تعیین کردن ارزش انرژی غذاهای مختلف استفاده می شود.

-calorimetry n.

calvaria (kal-vair-iă) n.
هلال سر.

calyx (kay-liks) n. (pl. calyces)
قسمت فنجانی شکل، خصوصاً هر بخشی از تقسیمات لگنچه ی کلیه.

camphor (kam-fer) n.
ماده ی شفاف بدست آمده از درخت *cinamomum comphora* که برای درمان نفخ شکم استفاده می شود.
camphorated oil.

سه جزء اصلی غذا است. به *disaccharide*، *monosacharide*، *polysacchardid* هم مراجعه کنید.

carbol fuchsin (kar-bol-fuuk-sin) n.
رنگ قرمزی که برای رنگ آمیزی باکتری ها و قارچ ها استفاده شده و از محلول در آب و الکل، ساخته شده است.

carbolic acid (kar-bol-ik) n.
به *phenol* مراجعه کنید.

carbon dioxide (kar-bŏn-dy-ok-syd) n.
گاز بی رنگی که در بافت ها در طول متابولیسم تشکیل می شود، از طریق خون به شش ها حمل شده و از آن جا خارج می گردد (افزایش در غلظت این گاز در خون تنفس را تحریک می کند). کربن دی اکسید موجب تشکیل ماده ی جامد (یخ خشک) در دمای ۷۵ـ درجه ی سانتیگراد (در فشار اتمسفر) شده و در این شکل به عنوان اسکار دهنده استفاده می شود. فرمول: CO_2.

carbonic anhydrase (kar-bon-ik-an-hy-drayz) n.
آنزیمی که تجزیه ی کربنیک اسید به کربن دی اکسید کربن و آب را کاتالیز کرده یا کربن دی اکسید و آب را به شکل کربنیک اسید، ترکیب می کند. این آنزیم از این رو حمل کربن دی اکسید از بافت ها به شش ها را تسهیل می کند.

carbonmonoxide (mŏn-ok-syd) n.
گاز بی رنگ و تقریباً بی بو که بسیارسمی است. وقتی تنفس می شود با هموگلوبین موجود در گلبول قرمز ترکیب می شود. (به *carboxyhaemoglobin* مراجعه کنید). کربن مونواکسید در گاز زغال و دود خارج شده از موتور وجود دارد.

carbon tetrachloride (tet-ră-klor-ryd) n.
مایع فرار و تند و تیز که به عنوان خشک شوی کننده استفاده می شود. زمانی که این ماده بلعیده یا استنشاق می شود ممکن است آسیب های شدیدی به قلب، کبد و کلیه ها وارد کند. درمان آن با استفاده از اکسیژن است. فرمول: ccl_4.

carboplatin (kar-boh-plat-in) n.
مشتقی از پلاتین که در درمان انواع خاصی از سرطان استفاده می شود. این دارو به سیسپلاتین شبیه است ولی تأثیرات جانبی کمتری دارد.

carboxyhaemoglobin (kar-boks- i-heem-ŏ-gloh-bin) n.
ماده ای که زمان ترکیب شدن کربن مونواکسید با رنگیزه ی هموگلوبین در خون، تشکیل می شود. کربوکسی هموگلوبولین

برش کپسول عدسی، که بعد از برخی اعمال جراحی برای کاتاراکت ایجاد می شود، و در آن کپسول برداشته نمی شود.

captopril (kap-tŏ-pril) n.
داروی ضد فشارخون بالا که در درمان ناتوانی قلب و فشارخون بالا استفاده می شود این دارو فعالیت آنژیوتنسین را مهار می کند. نام تجاری: *capoten*.

caput succedaneum (kap-ŭt- suk- si- day-niŭm) n.
تورم موقتی بخش های نرم سر نوزادان که در هنگام تولد، ناشی از به هم فشردگی عضلات گردن رحم، رخ می دهد.

carbachol (kar-bă-kol) n.
داروی مقلد اعصاب سمپاتیک که برای تسکین فشار چشم در بیماری آب سیاه استفاده می شود. این دارو بعد از عمل جراحی برای برگرداندن عملکرد روده ها و مثانه به حالت اولیه نیز استفاده می شود. نام تجاری: *carcholin*

carbamazepine (kar-bă-maz-ĕ-peen) n.
داروی ضد تشنج که در درمان بیماری صرع استفاده می شود و درد عصب سه قلو را تسکین می دهد. نام تجاری: *Tegretol*.

carbenicillin (kar-ben-i-sil-in) n.
ترکیبی از پنی سیلین. این دارو از طریق تزریق داخل عضلانی استفاده شده،و بر ردیف گسترده ای از عفونت های باکتریایی تأثیر می گذارد. نام تجاری: *pyopen*

carbenoxolone (kar-bă-noks-ŏ-lohn) n.
دارویی که التهاب را کاهش داده و از طریق دهان در درمان زخم معده یا زخم دهان استفاده می شود. نام های تجاری: *Biogastrone, Bioral*.

carbimazole (kar-bim-ă-zohl) n.
دارویی که برای کاهش هورمون های تیروئیدی درموارد فعالیت زیاد این غده (تیروتوکسیکوز) استفاده می شود. نام های تجاری: *Neo- Mercazole* و *Bimazol*.

carbohydrate (kar-boh-hy-drayt) n.
یکی از گروه های بزرگ ترکیبات، شامل قندها و نشاسته، که محتوای کربن، هیدروژن و اکسیژن هستند و دارای فرمول کلی $C_X(H_2O)_Y$ می باشند. کربوهیدرات ها به عنوان منبع انرژی مهم اند. آن ها از طریق گیاهان تولید شده، و حیوانات و انسان آن ها را از طریق رژیم غذایی بدست می آورد و یکی از

cardiomyopathy (kar-di- oh -my-op -ă -thi) n.

اختلال مزمنی که عضله ی قلب را تحت تأثیر قرار می دهد این وضعیت ممک است نتیجه ی بزرگ شدن قلب، ناتوانی قلب، آریتمی و آمبولیسم باشد.

cardiomyotomy (Heller's operation) (kar-di-oh-my-ot-ŏmi) n.

جراحی برش حلقه ی عضلانی در محل اتصال معده و مری برای تسکین آشالازی.

cardiopathy (kar-di-op-ă -thi) n.

نوعی بیماری قلبی.

-cardiopathic (kar-di-oh-path-ik) adj.

cardioplegia (kar-di-oh-plee- jiă) n.

روشی که در آن قلب بوسیله ی تزریق نمک های محلول، از طریق هیپوترمی یا تحریک های الکتریکی متوقف می شود. در این وضعیت امکان جراحی قلب وجود دارد و برای این که عملکرد آن مطمئن شود پیوند بافتی صورت می گیرد.

cardiopulmonary bypass (kar-di-oh-pul-mŏn -er-i) n.

روشی که در آن تا زمانی که قلب عمداً در طول جراحی متوقف می شود، گردش خون بدن حفظ می شود. عملکرد قلب و شش ها بوسیله ی یک پمپ اکسیژن (ماشین قلب ـ ریه) تا زمانی که گردش خون طبیعی به حالت اول برگردد، حفظ می شود.

cardiospasm (kar-di-oh-spazm) n.

به *achalasia* مراجعه کنید.

cardiotocograph (kar-di-oh-tok-oh-graf) n.

ابزاری که برای کار دیوتوکوگرافی جهت تولید یک *cardiotocogram*، (نتیجه ی چاپی و گرافیکی اندازه گیرهای بدست آمده)، استفاده می شود.

cardiotocography (kar-di-oh -tŏ -kog -răfi) n.

آگاهی دهنده ی الکتریکی ریتم و ضربان قلب کودک بوسیله ی بلندگوی خارجی، ترانسفورماتور یا بوسیله ی به کاربردن الکترود بر روی پوست سر جنین، که *ECG* و از این رو ضربان قلب جنین ثبت می کند. این اقدامات همچنین شامل اندازه گیری قدرت و فرکانس انقباضات رحمی بوسیله‌ی ترانسفورماتور خارجی یا کاتتر داخل رحمی می شود.

cardiotomy syndrome (postcardiotomy syndrome) (kar-di-ot- ŏmi) n.

شرایطی که ممکن است بعد از جراحی قلب یا پریکاردیوم گسترش یابد و بوسیله ی تب و پریکاردیت مشخص می شود. ذات الریه و ذات الجنب ممکن است بخشی از سندرم باشد.

cardiovascular system (circulatory system) (kar-di-oh-vas-kew-ler) n.

قلب همراه با دو شبکه از عروق خونی ـ جریان خون عمده ـ و جریان خون ریوی. سیستم قلبی ـ عروقی بر جریان خون اطراف بدن که باعث انتقال مواد غذایی و اکسیژن به بافت ها و حذف مواد زاید تولیدشده می شود، تأثیر می گذارد.

cardioversion (countershock) (kar-di-oh-ver- shŏn) n.

روش برگرداندن ریتم طبیعی قلب به حالت اول در بیمارانی که باکاهش میزان قلب ناشی از آرتیمی روبه رو هستند. یک شوک جریان مستقیم و کنترل شده ای از طریق الکترود جاگذاری شده روی دیواره ی قفسه ی سینه‌ی بیمار بی هوش داده می شود. این دستگاه *cardiovertor* نامیده می شود.

care plan (kair) n.

به *planning* مراجعه کنید.

caries (kair-eez) n.

پوسیدگی و خردشدن مواد استخوان.

dental c.

پوسیدگی دندان که از طریق متابولیسم باکتری ها در پلاک پیوسته شده به سطح دندان ایجاد می شود. اسیدی که از طریق تجزیه ی باکتریایی قند در رژیم غذایی تولید می شود به تدریج مینای دندان را از بین می برد. در صورت ترمیم نشدن به درون آن گسترش یافته و به طور پیش رونده دندان را کاملاً تخریب می کند.

-carious adj.

carina (kă -ree- nă) n.

ساختار شبیه به حمال کشتی مثل غضروف شبیه به حمال کشتی، در محل دو شاخه شدن نای به دو برونش اصلی.

cariogenic (kair-i-oh-jen-ik) adj.

پوسیده شدن به خصوص پوسیده شدن دندان.

carminative (kar-min- ă -tiv) n.

دارویی که باعث تسکین نفخ شکم شده و برای درمان ناراحتی معده و قولنج استفاده می شود.

carmustine (BCNU) (kar-mus-teen) n.

داروی آلکالوئیدی که در درمان سرطان های خاص از قبیل لنفوم و تومورهای مغزی استفاده می شود.

توده ی سلولی مرده، چربی یا دیگر مواد که درون حفره ی بدن تشکیل می شود و شکل آن را تغییر می دهد. این ممکن است بعد آزاد شود و جاهای دیگر ظاهر شود.

castor oil (kahst-er) n.

ملین محرکی که از طریق دهان برای تسکین یبوست استفاده می شود. این دارو همراه با روی به عنوان پماد برای سوزش پوست به عنوان مثال بثورات ناشی از پوشک و زخم بستر نیز مصرف می گردد.

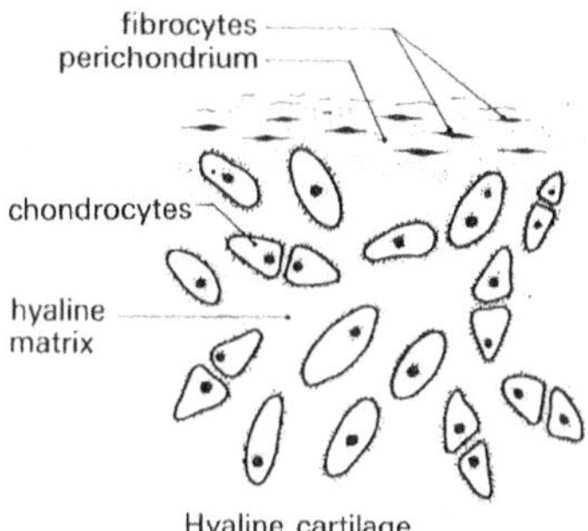

Hyaline cartilage

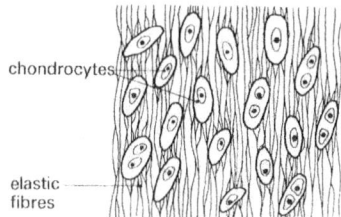

chondrocytes
elastic
fibres

Elastic cartilage

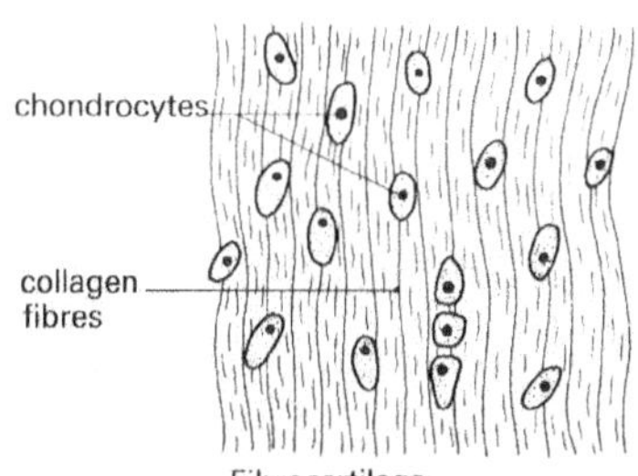

Fibrocartilage

انواع غضروف

hymenal c.

کارونکل موجود در اطراف غشای موکوسی آستر مجرای مهبل.

lacrimal C.

برجستگی قرمز در گوشه ی درونی چشم.

cascara (cascara sagrada) (kas-kar-ă) n.

پوست خشک شده ی یک درخت سنجد تلخ آمریکایی، *Rhamnus purshiana*، که به عنوان ضدیبوست استفاده می شود.

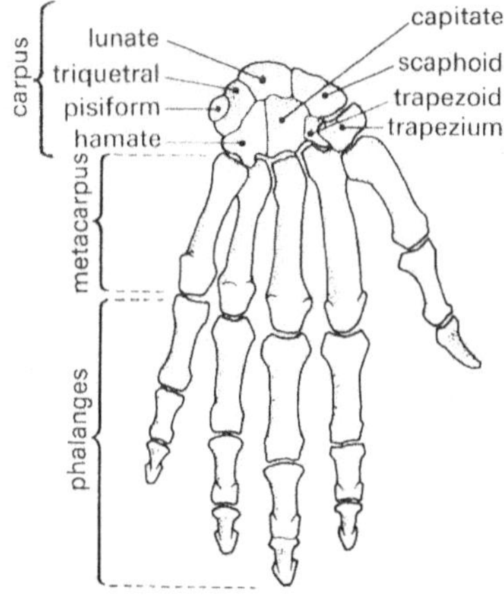

استخوان های دست چپ و مچ آن (از سمت قدام)

caseation (kay-si-ay-shŏn) n.

تجزیه ی بافت بیمار به جرم پنیری شکل خشک: نوعی اضمحلال بافتی به همراه جراحت برآمدگی مانند.

casein (kay-si-in) n.

پروتئین شیر. کازئین در خارج از شیر در شرایط اسیدی یا بوسیله ی فعالیت رنین رسوب می کند. این پروتئین بسیار آسان تهیه شده و به عنوان پروتئین مکمل در درمان سوء تغذیه مفید است.

caseinogen (kay-si-in-ŏ-jin) n.

پروتئین درون شیر که بوسیله ی فعالیت رنین به کازئین تبدیل می شود.

cast (kahst) n.

۱. پوشش محکم برای ثابت کردن بخشی از بدن، معمولاً شکستگی یک عضو بدن، تا زمانی که بهبودی به خوبی پیش رود. این از پلاستیک یا باند روباز اشباع شده با گچ *paris* ساخته شده و زمانی که تر باشد به کار برده می شود. ۲.

طناب نخاعی به سمت مجاری مربوطه در ستون مهره ها حرکت می کند.

caudal (kaw-d'l) adj.

مربوط به بخش تحتانی بدن.

caul (kawl) n.

۱. (در مامایی) غشای (بخشی از آمنیون) که ممکن است جنین را در هنگام تولد در برگیرد. ۲. (در آناتومی) به *omentum* مراجعه کنید.

causal agent (kaw-zăl) n.

فاکتوری که به همراه هجوم نهایی یک بیماری (یا پاسخ دیگر، از قبیل تصادف) است. مثالی هایی از این عامل، تروما و عوامل مهلک کننده هستند.

causalgia (kaw-zal-jiă) n.

درد شدید سوختگی موجود در یک عضو که در آن به بخشی از اعصاب سمپاتیک و اعصاب حسی سوماتیک آسیب وارد می شود.

caustic (kaw-stik) n.

عاملی مثل نیترات نقره که موجب سوزش، سوختگی و تخریب بافت می شود. ممکن است این عوامل برای برداشت پوست مرده،زگیل ها و غیره نیز استفاده شود.

cauterize (kaw-tĕ-ryz) vb.

ورود کاتتر به درون ارگان های توخالی.

cardiac C.

ورود کاتترهای خاص در اتاقک های متنوع قلب از طریق شریان و وریدهای بازوها و پاها. این کاتتر اطلاعاتی درباره ی فشارها و جریان خون قلب فراهم می کند.

urethral c.

ورود کاتتر به درون مثانه برای تسکین انسداد جریان خروجی ادار به بیرون (به *intermitten self catheterization* مراجعه کنید).

cation (kat-I-ŏn) n.

یون باردار مثبتی که به سمت کاتد (الکترود منفی)، زمانی که جریان الکتریکی از طریق محلول حاوی آن عبور کرده، حرکت می کند. به *anion* مقایسه کنید.

cat-scratch fever (kat-skrach) n.

بیماری عفونی و ویروسی که از طریق جراحت پوست بوسیله ی خراش ایجاد شده توسط گربه، تراشه ی چوب یا خار انتقال می یابد. تب خفیف و تورم غده مانند تقریباً یک هفته بعد از عفونت گسترش می یابد.

cauda (kaw-dă) n.

ساختار شبیه دم.

C. equine

مجموعه ریشه های اعصاب خاجی، دنبالچه ای و کمری که از

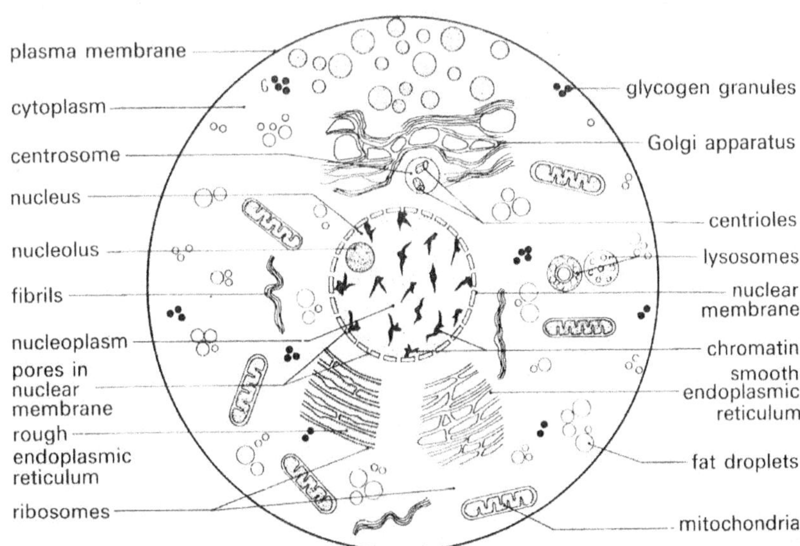

سلول جانوری (ساختار میکروسکوپی)

حرکت به سمت مرکز مثل، از بافت های محیطی به سمت مغز.

centromere (kinetochore) (sen-trŏ-meer) n.
بخشی از کروموزوم که دو کروماتید را به یکدیگر متصل می کند و در طول میتوز و میوز به دوک می پیوندد. وقتی که تقسیم کروموزوم رخ می دهد، سانترومرها به طور طولی شکافته می شوند.

centrosome (centrosphere) (sen - trŏ - sohm) n.
ناحیه ی شفاف موجود در سیتوپلاسم، مجاور هسته در سلول هایی که تقسیم نمی شوند و حاوی سانتریول هستند.

centrosphere (sen-trŏ-sfeer) n.
۱. ناحیه‌ی شفاف موجود در سلول های تقسیم شوند که، اطراف دسته های دوک دیده می شود. ۲. به *centrosome* مراجعه کنید.

cephal- (cephalo-)
پیشوند به معنای سر.

cephalagia (sef-ă-lal-jiă) n.
درد درون سر؛ سر درد.

cephalexin (sef-ă-leks-in) n.
آنتی بیوتیکی سفالوسپورین که از طریق دهان برای درمان عفونت های سیستم تنفسی و تناسلی ـ ادراری، عفونت های استخوان، پوست و درد گوش میانی استفاده می شود. نام های تجاری: *ceporex, keflex*.

cephalhaematoma (sef-ăl-heem-ă-toh-mă) n.
ورمی به اندازه ی یک تخم مرغ بر روی سر، که از طریق تجمع مایعات خونی بین یکی از استخوان های جمجمه و غشای پوشاننده ی آن (ضریع استخوان) ایجاد می شود. این وضعیت غالباً در نوزادانی که با کمک انبرک جراحی متولد شده اند یا در طول کانال زایمان در معرض فشار قرار گرفته اند، دیده می شود. درمان این وضعیت ضرورت ندارد و تورم در طول چند هفته ناپدید می شود.

cephalic (si-fal-ik) adj.
مربوط به سر.

cephalic index n.
اندازه گیری شکل جمجمه، غالباً در جمجمه سنجی استفاده می شود.

cement (si-ment) n.
۱. موادی که در دندان پزشکی به عنوان پرکننده یا به عنوان سیمان برای تاج دندان استفاده می شود. ۲. به *cementum* مراجعه کنید.

cementum (cement) (si-men-tŭm) n.
لایه ی نازکی از بافت سخت موجود روی سطح ریشه ی دندان. این لایه رشته های غشای پریودنتال را محکم به دندان متصل می کند.

censor (sen-ser) n.
(در روان شناسی) مکانیسم ارائه شده، توسط *Freud* که خواسته هایی نامناسب یا بیمناک را متوقف یا تغییر می دهند.

-centesis
پسوند به معنای سوراخ یا ایجاد سوراخ.

centi-
پیشوند به معنای سوراخ یا ایجاد سوراخ.

centigrade temperature (sent-i-grayd) n.
به *Celsiuse temperature* مراجعه کنید.

central nervous system (CNS) (sen-trăl) n.
مغز و طناب نخاعی، که برخلاف سیستم عصبی محیطی. *CNS* مسئول هماهنگی همه ی فعالیت های عصبی است.

central venous pressure n.
فشار خون درون دهلیز راست که بوسیله ی یک سوند به درون ورید مرکزی بزرگ وارد شده و به فشار سنج متصل می شود. این فشار خون به خصوص بعد از عمل جراحی قلب کنترل می شود.

centri-
پیشوند به معنای مرکز.

centrifugal (sen-tri-few-găl) adj.
دور از یک مرکز مثل دوری مغز از بافت های محیطی.

centrifuge (sen-tri-fewj) n.
وسیله ای که اجزاء چگالی های مختلف درون یک مایع را با استفاده از نیروی سانترفیوژی جدا می کند. مایع، درون ظرف های مخصوصی قرار گرفته که با سرعت زیاد اطراف یک محور مرکزی می چرخد.

centriole (sen-tri-ohl) n.
ذره ی کوچک موجود در سیتوپلاسم سلول ها، نزدیک به هسته. سانتریول ها در تشکیل دوک نقش مهمی را ایفا می کند.

centripetal (sen-trip-it'l) adj.

هفت استخوان تشکیل دهنده ی ناحیه ی گردنی ستون فقرات. به vertebra مراجعه کنید. ۲. مربوط به یا تحت تأثیر گردن یک ارگان خصوصاً گردن رحم.

C. cancer

سرطان مربوط به گردن رحم. می توان تومور را در مرحله ی اولیه، از طریق معاینه ی میکروسکوپی و دوره ای گردن رحم، نمایان کرد.

C. intraepithelial neoplasia

به *CIN* مراجعه کنید.

C. smear

نمونه ی سلولی گرفته شده از گردن رحم، که رنگ آمیزی شده و در زیر میکروسکوپ به منظور کشف تغییرات سلولی نشان دهنده حضور سرطان معاینه می شود. به *CIN* هم مراجعه کنید.

cervicitis (ser-vi-sy-tis) n.

التهاب گردن رحم.

cervix (ser-viks) n .

بخش شبیه به گردن.

C. uteri

مجرای باریک موجود در انتهای تحتانی رحم (زاهدان) که به مهبل متصل می شود.

cestode (ses-tohd) n.

به *tapeworm* مراجعه کنید.

cetrimide (set-ri-myd) n.

ضدعفونی کننده ای که برای پاک کردن سطح پوست و زخم ها، استریل کردن ابزارهای جراحی، سینه بند کودکان و درون شامپو استفاده می شود. نام تجاری: *catavlon*.

chalazion (meibomian cyst) (kă - lay-zi-ŏn) n.

غده‌ی چربی متورم شده ی موجود در پلک چشم که بوسیله‌ی التهاب مزمن به دنبال انسداد مجرای غده ایجاد می شود.

chancre (shang-ker) n.

زخم بدون دردی که در مکان های ورود عفونت مثل روی لب ها، آلت تناسلی مذکر، پیشابراه، یا پلک گسترش می یابد. این وضعیت علایم اولیه ی بعضی از عفونت ها مانند بیماری خواب و سفلیس است.

chancroid (shank-roid) n.

به *soft sore* مراجعه کنید.

charcoal (char-kohl) n.

پودر سیاه، نرم، و شکلی از کربن که پس مانده ی قسمتی از چوب سوخته شده و دیگر مواد آلی است.

اختلال عروق خونی مغز و غشای پوشاننده ی آن (مننژ). بیشتر موارد ناشی از آتروما و یا فشار خون بالا بوده و اثرات بالینی از طریق پارگی عروق خونی آسیب دیده، نارسایی خونی مغز به علت ترومبوز مغزی یا امبولیسم ایجاد می شود.

cerebrum (telencephalon) (se-ri- brŭm) n.

بزرگترین و بیشترین بخش رشد یافته ی مغز، که از دو نیم کره ی مغزی تشکیل شده است. مغز بوسیله ی درزهای طولی در خط میانی از هم جدا شده اند و در پایه، توسط جسم پینه ای به هم متصل می شوند. مغز مسئول شروع و هماهنگی تمام فعالیت های ارادی درون بدن وکنترل عملکرد بخش های سیستم عصبی، است.

-cerebral adj.

cerumen (earwax) (si-roo-men) n.

ماده ی مومی شکلی که توسط غدد چربی درون مجرای خارجی گوش بیرونی ترشح می شود.

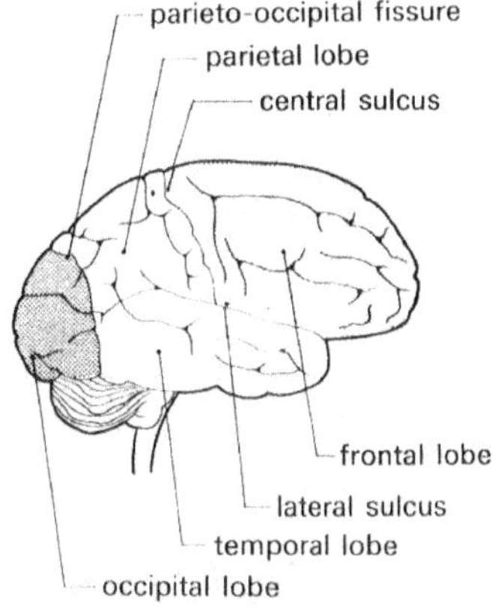

لب های مغز (از سمت راست)

cervic- (cervico-)

پیشوند به معنای۱. گردن. ۲. گردن به خصوص مربوط به رحم.

cervical (se-vy-kăl) adj.

۱. مربوط به گردن.

C. vertebrae

استخوان ها با برآیند سوء عمل اعصاب و عضلات سرتاسر بدن می توان مشخص کرد.

-chiropractor (ky-rŏ-prak-ter) n.

chlamydia (klă-mid-iă) n.

تیره ای از باکتری های شبه ویروس که موجب بیماری در انسان و پرندگان می شود. بعضی از کلامیدیاها در پرندگان باعث عفونت شده و می تواند به انسان انتقال یابد (به *ornithosis* و *parrot disease* مراجعه کنید). برخی از آن ها مسئول انتقال بیماری های جنسی می باشد.

C. trachomatis

عامل سبب ساز بیماری تراخم چشم.

chloasma (melasma) (kloh-az-mă) n.

لکه های قهوه ای دیگر پوست، عمدتاً روی پیشانی، شقیقه ها و گونه ها که ممکن است در حاملگی ایجاد شود و یا به عنوان یک اثر جانبی داروهای جلوگیری کننده از حاملگی رخ دهد.

chlor- (chloro-)

پیشوند به معنای ۱. کلرین یا کلریدها. ۲. سبز.

chloracne (klor-ak-ni) n.

نوعی اختلال پوستی آکنه مانند که بعد از تماس مرتب با محلول هیدروژن و کلروکربن ایجاد می شود.

chloral hydrate (klor-ăl-hy-drayt) n.

داروی مسکن و خواب آوری که عمدتاً در کودکان و افراد مسن جهت تحریک خواب یا به عنوان یک داروی آرام بخش روزانه استفاده می شود. کلروهیدرات معمولاً از طریق دهان به عنوان شربت مصرف شده، گر چه این دارو می تواند از طریق رکتالی هم استفاده شود. نام های تجاری: *Somnos*، *Noctec*.

chlorambucil (klor-am-bew-sil) n.

داروی که سلول های سرطانی را تخریب می کند. این دارو عمدتاً از طریق دهان مصرف شده و در درمان سرطان خون مزمن استفاده می شود. مقدار مصرف طولانی مدت آن ممکن است موجب آسیب به مغز استخوان می شود. نام تجاری: *Leukeran*

chloramphenicol (klor-am-fen-i-kol) n.

آنتی بیوتیکی که علیه ردیف گسترده ای از میکروارگانیسم ها مؤثر است. به هر حال آثار جانبی خطرناک آن، باعث آسیب، خصوصاً به مغز استخوان می شود. زمانی که آثار سمی این دارو کم باشد، معمولاً باعث عفونت هایی (مثل تب تیفوئید) می شود. نام تجاری: *chloromycetin* , *Mycinol* و غیره.

سر، و اعضا گسترش می یابد، است. این بیماری به صورت تاول و زخم پوست که بعد از ۱۲ روز از بین می رود، گسترش می یابد. بیمار تا زمانی که تمام این لک ها از بین برود عفونی است. نام پزشکی: *varicella*.

chief Administrative Medical officer n.

پزشک بهداشت عمومی که در سطح ناحیه ی تحت تسلط *NHS* (اسکاتلند) فعالیت کرده. واژه ی *NHS Act* قابل اجرا در *Wales* است.

chilblain (child-blayn) n.

تورم گرد، قرمز و همراه با خارش که روی انگشتان دست یا پاها در هوای سرد بوجود می آید. به perniosis مراجعه کنید. نام پزشکی: *pernio*

child abuse (child) n.

بدرفتاری با کودک. این وضعیت ممکن است شکلی از بدرفتاری جنسی را در برداشته باشد وقتی که کودک همراه با یک فرد بالغ در فعالیت جنسی درگیر می شود بدرفتاری جسمی، وقتی که جراحت جسمی از طریق ظلم و مجازات ناروا ایجاد می شود. غفلت، وقتی که نیازهای اساسی جسمی برطرف نشود؛ بدرفتاری احساساتی، وقتی که فقدان عاطفه و یا خصومت از جانب مراقبت دهنده، به رشد عاطفی کودک آسیب رساند.

childbirth (child-berth) n.

به *labour* مراجعه کنید.

child health clinic (CHC) n.

(در انگلستان) کلینیک مخصوص برای مراقبت روتین از کودک و بچه های پیش دبستانی. خدمات آن شامل آزمایشات غربالگری برای بعضی از بیماری ها مانند دررفتگی مادرزادی استخوان هیپ، لوچی موقوف شده، ناتوانی تیروئید، نقص در صحبت کردن و یا شنیدن و آموزش به مادران (به خصوص آنهایی که بچه ی اول دارند) در روش غذا دادن و بهداشت و ایمنی علیه بیماری های عفونی، می شود.

chir- (chiro-)

پیشوند به معنای دست (ها). به *cheir* مراجعه کنید.

chiropody (podiatry) (ki-rop-ŏdi) n.

مطالعه و مراقبت از غذا که شامل ساختار طبیعی آن ها، بیماری و درمان های مرتبط به آن می شود.

-chiropodist n.

chiropractic (ky-ro-prak-tik) n.

سیستم درمان بیماری ها از طریق دست کاری، عمدتاً مهره های ستون فقرات. این سیستم درمانی بر پایه ی اصولی است که تقریباً همه ی اختلالات بر روی تنظیم ناصحیح

کیستی که با مایع سیاه رنگی پر شده و درون تخمدان از بیماری آندومتریوز ایجاد می شود.

chol- (chole-cholo-)
پیشوند به معنی صفرا.

cholaemia (kol-eem-ĭa) n.
حضور صفرا یا رنگدانه های صفرا درون خون. به *jaundice* مراجعه کنید.

cholagogue (kol-ă-gog) n.
دارویی که جریان صفرا را از کیسه صفرا و مجاری صفرا به درون دئودنوم، تحریک می کند.

cholangiocarcinoma (kol-anji-oh-kar-sin-oh-mă) n.
تومور بدخیم مجاری صفرا. این تومور احتمالاً در محل اتصال دو مجرای اصلی صفرا به درون کبد بوجود می آمده و موجب یرقان انسدادی می شود.

cholangiography (kol-anji-og-rafi) n.
معاینه ی اشعه ی X مجاری صفرا که برای نشان دادن مکان طبیعی هر انسداد مجاری یا برای نشان دادن حضور سنگها درون آن استفاده می شود. در این روش ماده ی حاجب به درون مجاری، از طریق تزریق به درون گردش خون، کبد، مجاری صفراوی، یا دهانه ی اثنی عشر وارد می شود.

cholangiolitis (kol-an-jy-tis) n.
التهاب کوچکترین مجرای صفرا (*cholangioles*) به *chdangitis* مراجعه کنید.

cholangitis (kol-an-jy-tis) n.
التهاب مجاری صفرا که اغلب از طریق انسداد موجود در مجاری ایجاد می شود. نخستین درمان بوسیله‌ی آنتی بیوتیک است ولی برداشت انسداد برای درمان دائم لازم است.

cholecalciferol (koli-kal-sif-er-ol) n.
به *vitamin D* مراجعه کنید.

cholecyst-
پیشوند به معنای کیسه ی صفرا.

cholecystectomy (koli-sis-tek-tŏmi) n.
جراحی برداشت کیسه ی صفرا معمولاً برای کوله سیستیت یا سنگهای صفرا.

cholecystenterostomy (koli-sist-en-ter-ost-ŏmi) n.
روشی از جراحی که در آن کیسه ی صفرا به روده ی کوچک متصل می شود. این روش باعث عبور صفرا از کبد به سمت

عمدتاً در محلول ها، به عنوان یک ضدعفونی کننده ی پوست استفاده می شود. نام تجاری: *Dettol*.

chlorpheniramine (klor-fen-I-ră-meen) n.
آنتی هیستامین قوی که برای درمان بعضی از آلرژی ها مثل تب یونجه، ورم غشاء مخاطی بینی و کهیر استفاده می شود. این دارو از طریق دهان یا برای تسکین شرایط سخت از طریق تزریق استفاده می شود. نام تجاری: *Piriton*.

chlorpromazine (klor-prom-ă-zrrn) n.
داروی مسکن و ضدبیماری های روانی که از طریق دهان، تزریق یا به عنوان یک شیاف مقعدی استفاده می شود. این دارو در درمان مانیا، جنون جوانی، اضطراب شدید، هیجان و برای کنترل تهوع و استفراغ استفاده می شود. این دارو اثرات بی حسی ها را نیز بهبود می بخشد و در مرحله نهایی بیماری و آمادگی برای بیهوشی هم استفاده می شود. نام های تجاری: *chloractil, largactil*.

chlorpropamide (klor-proh-pă-myd) n.
یک دارو که سطح قند خون را کاهش داده و از طریق دهان برای درمان دیابت در بزرگسالان استفاده می شود. نام های تجاری: *Diabinese, Melitase*. به *Sulphonylurea* نیز مراجعه کنید.

chlorprothixene (klor-prŏ-thiks-een) n.
داروی آرام بخش و مسکنی که از طریق دهان برای درمان آشفتگی، اضطراب، بی خوابی، هزیان و توهم استفاده می شود. نام تجاری: *Taractan*.

chlortetracycline (klor-tet-ră-sy-kleen) n.
آنتی بیوتیکی که علیه بسیاری از باکتری ها و قارچ ها فعالیت می کند. این دارو از طریق دهان یا تزریق و یا به عنوان پماد یا کرم (برای عفونت های پوست و چشم) استفاده می شود. نام‌های تجاری: *Aureomycin, chlortetrin, Deteclo*.

chlorthalidone (klor-thal-i-dohn) n.
دیورتیکی که از طریق دهان برای درمان احتباس مایعات (ادم) و فشار خون بالا (هیپرتانسیون) استفاده می شود. نام تجاری: *Hygroton*.

choana (koh-ă-nă) n. (pl. choanae)
مجرای قیف مانند، خصوصاً یکی از دو مجاری بین حفره ی بینی و حلق.

chocolate cyst (chok-ŏ-lit) n.

صفرا درون ادرار، زمانی اتفاق می افتد که سطح صفرا درون خون به خصوص در بیماری یرقان انسدادی، بالا باشد.

chondr- (chondro-)

پیشوند به معنای غضروف.

chondritis (kon-dry-tis) n.

هرگونه شرایط التهابی که بر غضروف تأثیر می گذارد.

chondroblast (kon-droh-blast) n.

سلولی که ماتریکس غضروف را تولید می کند.

chondroblastoma (kon-droh-blas-toh-mă) n.

توموری که از کندروبلاست ها مشتق شده و ظاهر یک توده ی غضروفی قابل تمایز را دارد.

chondroclast (kon-droh-klast) n.

سلولی که مربوط به جذب غضروف می شود.

chondrocyte (kon-droh-syt) n.

سلول غضروفی موجود در ماتریکس.

chondroma (kon-droh-mă) n.

نوعی خوش‌خیم سلول‌های تشکیل‌دهنده‌ی غضروف که ممکن است در انتهای رشد استخوان بوجود آید؛ این تومور عمدتاً در استخوان‌های دست و پا یافت می‌شود. به ecchondroma، enchondroma، yschondroplasia مراجعه کنید.

chondromalacia (kon-droh-mă-lay-shiă) n.

تحیل غضروف در یک مفصل.

C. patellae

زبر و خشن‌شدن سطح درونی کاسه‌ی زانو که باعث درد و احساس ناتوانی در راه رفتن می شود.

chondrosarcoma (kon-droh-sar-koh-ma) n. (pl. chondrosarcomata)

توموربدخیم سلول‌های غضروف که در استخوان بوجود می‌آید.

chord- (chordo-)

پیشوند به معنای: ۱. یک طناب. ۲. طناب نخاعی.

chorda (kor- da) n. (pl. chordae)

طناب، تاندون، یا فیبر عصبی.

chordae tendineae.

زایده‌ی رشته مانند درون قلب که حواشی لبه های دریچه میترال و سه‌لختی را به برجستگی های دیواره ی بطن (*papillary muscles*) متصل می کند.

chordee (kor-dee) n.

خمیدگی حاد و به طرف پایین آلت تناسلی مذکر. این وضعیت ممکن است در نتیجه ی بیماری *peyronie* یا در کودکی ناشی از هیپوسپادیاس است.

cholesterosis (kŏl-est-er-oh-sis) n.

شکل مزمن کوله سیستیت که در آن کریستال‌های کوچک کلسترول روی دیواره‌ی داخلی کیسه‌ی صفرا رسوب می کنند. این کریستال ها ممکن است بزرگ و تبدیل به سنگ صفرا شوند.

cholestyramine (koli-sty-ră-meen) n.

دارویی که به نمک های صفراوی، طوری که باعث دفع شود، می پیوندد. این دارو از طریق دهان برای تسکین شرایط ناشی از آثار محرک‌املاح صفرا مثل‌خارش موجود در یرقان انسدادی - و نیز برای پایین آوردن سطح کلسترول خون و دیگر چربیها - استفاده می شود. نام تجاری: *Cuemid, Questran*.

cholic acid (cholic acid) (kol-ik) n.

به *bile acids* مراجعه کنید.

choline (koh-leen) n.

ترکیب اساسی موجود در سنتز فسفاتیدیل کولین (لستین)، استیل‌کولین و دیگر فسفولیپیدها. این ترکیب در انتقال چربی موجود در بدن درگیر می شود. گاهی اوقات کولین به عنوان یک ویتامین نیز طبقه بندی می شود. اما گرچه این ترکیب برای بدن ضروری است ولی می تواند درون بدن سنتز شود.

cholinergic (koh-lin-er-jik) adj.

توصیف رشته های عصبی، که استیل‌کولین را به عنوان یک انتقال دهنده‌ی عصبی آزاد می‌کنند. با *adrenergic* مقایسه کنید.

choline salcylate (să-lis-i-layt) n.

بی‌حسی مربوط به آسپرین، که به صورت‌موضعی برای تسکین گوش درد، زخم های دهان و دیگر شرایط دردناک به کار برده می شود. نام تجاری: *Audax, Bonjela, Teejel*.

cholinesterase (koh-lin-est-er-ayz) n.

آنزیمی که استر کولین را به کولین و ترکیبات اسیدی تجزیه می‌کند. این واژه معمولاً به *acetycholinesterase* که انتقال دهنده‌ی عصبی استیل‌کولین را به کولین واستیک اسید تجزیه می کند، برمی گردد.

choline theophyllinate (thi-ŏ-fil-i-nayt) n.

دارویی که برای اتساع‌مجاری هوایی‌در بیماری آسم و برونشیت مزمن استفاده می شود. این دارو از طریق دهان استفاده شده و می‌تواند موجب ناراحتی‌های گوارشی و تهوع شود. نام تجاری: *choledyl*.

choluria (kol-yoor-iă) n.

chyluria (kyl-yoor-iă) n.

حضور کیلوس در ادرار.

chyme (kym) n.

توده‌ی اسیدی و غلیظی که از معده به سمت روده ی کوچک عبور می کند. این توده از طریق شیره ی گوارشی و حرکات معده تولید می شود.

chymotrypsin (ky-moh-trip-sin) n.

آنزیم هضم کننده پروتئین (به *peptidase* مراجعه کنید). این آنزیم توسط پانکراس به شکل غیرفعال کیموتریپسینوژن ترشح می شود که در دئودنوم از طریق فعالیت تریپسین به کیموتریپسین تبدیل می شود.

chimotrypsinogen (ky-moh-trip-sin-ŏ-Jin) n.

به *chymotrypsin* مراجعه کنید.

cicatrix (sik-ă-triks) n.

زخم: هر نوع جای زخم موجود بعد از بهبود یافتن زخم، که بافت های آسیب دیده توانایی بهبودی کامل این نشانه ها را نداشته و توسط بافت های پیوندی جای گزین می شوند.

-cide

پیشوند به معنای کشنده یا کشتن.

ciliary body (sil-i-er-i) n.

قسمتی از چشم که به مشمیه توسط عنبیه متصل می شود. این بخش از سه منطقه تشکیل شده است: حلقه ی مژگانی، که به مشمیه متصل می شود؛ زوائد مژگانی، دسته ای ۷۰ برآمدگی شعاعی پشت عنبیه متصل به لیگامنت های عدسی و عضله ی مژگانی که با انقباض انحنای عدسی را تغییر می دهد (به *accommodation* مراجعه کنید).

cilium (sil-iŭm) n. (pl. cilia)

۱. تعداد زیادی از یک زایده ی مویی شکل که روی بعضی از سلول های اپیتلیال به خصوص اپیتلیالی که قسمت فوقانی دستگاه تنفسی را می پوشاند و روی برخی از پروتوزآ یافت می شود. ۲. مژه یا پلک چشم.

-ciliary adj.

cimetidine (si-met-i-deen) n.

آنتی گونیست گیرنده ی H_2 (به *antihistamin* مراجعه کنید) که ترشح اسید معده را کاهش داده و از طریق دهان یا تزریق برای درمان اختلالات گوارشی مثل زخم معده یا دئودنوم استفاده می شود. نام تجاری: *Tagamet*.

cimex (sy-meks) n.

به *bed bug* مراجعه کنید.

می‌کنند. این روش بخشی از پاسخ سلولی نسبت جراحت است.

chromatophore (kroh-mă-tŏ-for) n.

سلول حاوی رنگدانه. در انسان کروماتوفورها حاوی ملانین هستند که در پوست، مو و چشم ها یافت می شوند.

chromatosis (kroh-mă-toh-sis) n.

تجمع غیرطبیعی رنگدانه در پوست که به عنوان مثال در بیماری آدیسون رخ می دهد.

chromic acid (kroh-mik) n.

ترکیبی از کروم که در محلول ها، به عنوان یک سوزاننده برای برداشت زگیل استفاده می شود. فرمول: cro_3.

chromosome (kroh-mŏ-sohm) n.

یکی از ساختارهای طناب مانند درون هسته ی سلول، که اطلاعات ژنتیک را به شکل ژن حمل می کند. کروموزوم از دو رشته‌ی مارپیچی *DNA* به همراه پروتئین‌ها ساخته شده است. هسته های هر یک از سلول های سوماتیک حاوی ۴۶ کروموزوم، ۲۳ تا از پدری و ۲۳ تا از مادری است. به *chromatid*، *centrom* و *sex chromosome* مراجعه کنید.

-chromosomal adj.

chronic (kron-ik) adj.

توصیف یک بیماری طولانی مدت، که تغییرات خیلی آهسته ای دارد. غالباً بعضی از بیماری ها به طور آهستگی هجوم می آورند. با *acute* مقایسه کنید.

chronic sick and Disabled persons Act (1970)

(در انگلستان) اقدامی که برای شناسایی و مراقبت از آن رنج های ناشی از بیماری های مزمن و فاسد کننده که در آن هیچ مراقبتی وجود ندارد تهیه شده و می تواند قسمتی از آن از طریق درمان کم شود.

chovostek's sign (vos-teks) n.

اسپاسم عضلات صورت که از طریق واردکردن ضربه‌ی آهسته به عصب صوتی ایجاد می شود. این وضعیت نشانه ای از تتانی است

[F. chvostek (1835-84), جراح استرالیایی]

chyle (kyl) n.

نوعی مایع قلیایی شیری مانند، موجود در مجرای لنفی بعد از یک دوره ی جذب. این مایع از لنف به همراه سوسپانسیون قطرات کوچک چربی های هضم شده که از روده ی کوچک جذب شده اند، ساخته شده است.

تولد شده، افراد ضعیف و در افرادی که سیستم ایمنی آن ها به خطر افتاده ایجاد می شود.

citrulline (sit-rŭ-leen) n.
آمینواسیدی که توسط کبد به عنوان یک محصول فرعی در طول تبدیل محلول آمونیاک به ادرار تولید می شود.

clamp (klamp) n.
ابزار جراحی که برای فشار آوردن به ساختار هایی مثل عروق خونی یا انتهای قطع شده ی روده طراحی شده است.

clasmocyte (klaz-mŏ-syt) n.
به *macrophage* مراجعه کنید.

claudication (klaw-di-kay-shŏn) n.
لنگی.

intermittent c.
دردِ گرفتگی، در ماهیچه ی ساق پا و عضلات پا که از طریق ورزش کردن تحریک می‌شود این وضعیت بوسیله‌ی استراحت کردن تسکین یافته که این به دلیل خون رسانی ناکافی به عضلات تحت تأثیر قرارگرفته ایجاد می شود.

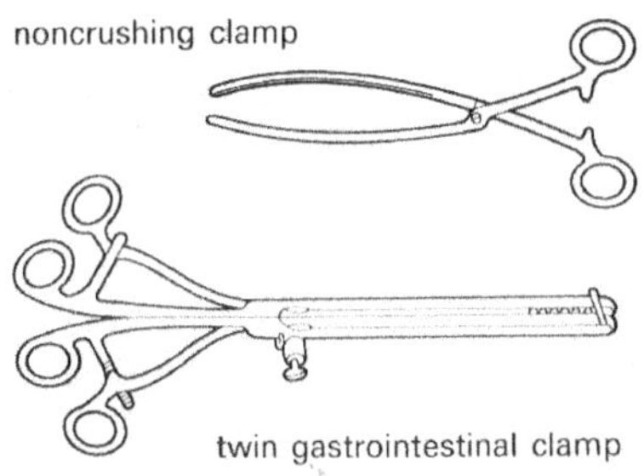

کلمپ های روده ای

claustrophobia (klaw-strŏ-foh-biă) n.
ترس از قرارگرفتن در فضای سربسته.

clavicle (klav-i-kŭl) n.
استخوان یقه: استخوان بلند و خمیده، که دو جفت را در جلوی حلقه ی شانه تشکیل می دهد.

-clavicular (klă-vik-yoo-ler) adj.

clavus (klay-vŭs) n.
۱. به *corn* مراجعه کنید. ۲. سردرد شدید مثل این که میخ وارد آن شده است.

واقع شده در اطراف دهان.

cirrchosis (si-roh-sis) n.
وضعیتی که در آن کبد به جراحت یا مرگ بعضی از سلول‌های خودی، از طریق تولید لایه‌های به هم بافته شده‌ی بافت فیبروز بین برآمدگی سلول های اصلاح شده، پاسخ می دهد. علل این وضعیت شامل الکلیسم، (*alcoholic c.*) هپاتیت ویروسی، (*postnecrotic c.*) انسداد مزمن مجرای مشترک صفرا (*secondary biliary c.*) و ناتوانی مزمن قلب (*cardiac c.*) می باشد. عوارض آن شامل فشار خون زیاد وریدی، آسیت، انسفالوپاتی کبدی و هپاتوم است.

-cirrhotic adj.

cirs- (cirso-)
پیشوند به معنای یک ورید واریس.

cirsoid (ser-soid) adj.
توصیف ظاهر سفت شده و متورم ورید واریس.

cisplatin (sis-plat-in) n.
نوعی ترکیب فلزی سنگین؛ نوعی داروی سیتوتوکسیک که از تقسیمات سلولی به وسیله‌ی آسیب رساندن به *DNA* جلوگیری می کند. این دارو به صورت تزریق داخل وریدی استفاده شده و در درمان تومورهای تخمدانی و بیضه ای استفاده می شود. نام تجاری: *Neoplatin*.

cisterna (sis-ter-nă) n. (pl. cisternae)
۱. یکی از فضاهای بزرگ زیر عنکبوتیه که به عنوان مخزنی برای مایع مغزی نخاعی عمل می کند.

C. mangna
بزرگترین مخزن مایع معزی - نخاعی که در زیر و پشت بصل‌النخاع قرار دارد. ۲. اتساع در انتهای تحتانی مجرای سینه‌ای سینه که از درن آن مجاری بزرگ لنفاوی اعضای تحتانی زهکشی می شود.

citric acid (sit-rik) n.
اسید آلی که به طور طبیعی در مرکبات یافت می شود. سیتریک اسید در مرحله‌ی اول چرخه‌ی کربس وجود دارد. فرمول: $CH_2(COOH)C(OH)(COOH)CH_2COOH$

citric acid cycle n.
به *krebs cycle* مراجعه کنید.

Citrobacter (sit-roh-bak-ter) n.
تیره ای از باکتری گرم مثبت، بی هوازی و میله ای شکل که به طور گسترده در طبیعت توزیع شده است. این ارگانیسم ها موجب عفونت های روده، دستگاه های ادراری و کیسه صفرا شده که معمولاً عفونت منتژ به طور ثانویه در افراد مسن، تازه

گونه ای که موجب مسمومیت های خونی، مسمومیت های غذایی و قانقاریای گازی می شود.

clotrimazole (kloh-trim-ă-zoh) n.
ضدعفونی کننده ای که در درمان انواع عفونت های قارچی پوست از قبیل کرم های حلقوی و عفونت های ارگان های تناسلی، استفاده می شود. این دارو در قسمت های عفونی به عنوان کرم، محلول و پساری واژینال به کار برده می شود. نام تجاری: *canesten*.

clotting factors (klof-ing) n. pl.
به *coagulation factors* مراجعه کنید.

clotting time n.
به *coagulation time* مراجعه کنید.

cloxacillin sodium (kloks-ă-sil-in) n.
آنتی بیوتیک مشتق شده از پنی سیلین که از طریق دهان یا تزریق برای درمان بسیاری از عفونت های باکتریایی استفاده می شود. نام تجاری: *orbenin*.

clubbing (klub-ing) n.
ضخیم شدن بافت ها در قاعده ی ناخن انگشتان دست و پا به طوری که زاویه‌ی طبیعی بین ناخن ها و انگشتان متورم می شود. در موارد شدید بخش های انتهای انگشتان مثل یک چماق یا چوب طبل پیازی شکل می شود. این وضعیت در بعضی از بیماری های قلب و سیستم های تنفسی و نیز به عنوان یک ناهنجاری مادرزادی بی ضرر دیده می شود.

club-foot (klub-fuut) n.
به *talipes* مراجعه کنید.

clumping (klump-ing) n.
به *agglutination* مراجعه کنید.

cluttering (klut-er-ing) n.
نوعی ناهنجاری در صحبت کردن. این وضعیت درک صحبت را سخت کرده و گفتار درمانی معمولاً کمک کننده خواهد بود. این وضعیت برعکس لکنت زبان هیچ گونه تکرار یا تأمل طولانی مدت در صحبت کردن وجود ندارد.

clutton's joint (klu-t'nz) n.
ورم مفصل معمولاً مفصل زانو که بوسیله ی التهاب غشاهای سینوویال ناشی از سیفلیس مادرزادی ایجاد می شود.
[H. H. clutton (1850-1909), جراح انگلیسی]

CMV n.
به *cytomegalovirus* مراجعه کنید.

CNS n.
به *central nervous system* مراجعه کنید.

دارویی با ویژگی ضد تشنجی، که از طریق دهان یا تزریق برای درمان بیماری صرع و دیگر وضعیت هایی که شامل حملات ناگهانی می شود، استفاده می شود. نام تجاری: *Rivotril*.

clone (klohn)
۱. *n.* گروهی از سلول ها (معمولاً باکتری ها) که بوسیله ی تکثیر غیر جنسی از سلول واحد مشتق می شوند و از این رو از نظر ژنتیکی همسان با یکدیگر و با سلول والدین هستند.
gene c.
گروهی از ژن های همسان که به روش مهندسی ژنتیک تولید می شوند. ۲. *vb.* تشکیل یک کلون.

clonic (klon-ik) adj.
مربوط یا مشابه کلونوس. این واژه عمدتاً برای توصیف حرکات منظم عضو در بیماری صرع تشنج آور، استفاده می شود (به *grand mal* مراجعه کنید).

clonidine (kloh-ni-deen) n.
دارویی که از طریق دهان یا تزریق برای درمان فشارخون بالا (هیپرتانسیون) و میگرن استفاده می شود. نام تجاری: *catapres*.

clonus (kloh-nŭs) n.
انقباض منظم یک عضله در پاسخ به کشش ناگهانی و بعد نگه داری آن تحریک. این وضعیت بیشتر در مچ پا ایجاد شده و معمولاً یکی از نشانه های بیماری مغزی یا طناب نخاعی است.

clopamide (kloh-pă-myd) n.
دیورتیکی که از طریق دهان برای درمان احتباس مایع (ادم) و فشارخون بالا (هیپرتانسیون) استفاده می شود. نام تجاری: *Brinaldix*.

clostridium (klo-strid-iŭm) n.
تیره ای از باکتری های میله ای شکل، اسپوردار، بی هوازی و گرم مثبت که عمدتاً در خاک و در دستگاه روده ای انسان و حیوانات یافت می شود.
C. botulinum
گونه ای که به طور آزاد در غذاهای بد کنسروشده، رشدکرده و تولید سم می کند. این گونه موجب مسمومیت های جدی غذایی می شود (به *botulism* مراجعه کنید).
C. tetani
گونه ای که موجب کزاز به روی آلودگی زخم ها می شود.
C. perfringens (welch's bacillus)

تماس جنسی بین یک مرد و یک زن در مدتی که آلت تناسلی مذکر نعوظ یافته را از طریق اعمال فشار بر لگن تا زمانی که انزال رخ دهد، وارد می کند.

C. interuptus

روش ضدبارداری نامطمئن که در آن آلت تناسلی نعوظ یافته قبل از انزال مایع منی از مهبل برداشته می شود. به *Orgasm* هم مراجعه کنید.

col- (coli-, colo-)

پیشوند به معنی کولون.

colchicines (kol-chi-seen) n.

دارویی که از زعفران بدست می‌آید (*colchicum* autumnale) و از طریق دهان برای تسکین درد در حمله‌ی نقرس استفاده می شود.

cold (common cold) (kohld) n.

بیماری ویروسی، عفونی و شایع که موجب التهاب غشاهای موکوسی بینی، و مجاری برونشی می شود. علایم آن شامل جراحت گلو، گرفتگی بینی، سردرد، سرفه و بی قراری عمومی می شود.

cold sore n.

به *herpes (simplex)* مراجعه کنید.

colectomy (kŏ-lek-tŏmi) n.

جراحی برداشت کولون (*total c.*) یا یک بخشی از آن (*partial c.*). به *hemicoletomy* و *proctocolectomy* مراجعه کنید.

colestipol (kŏ-les-ti-pol) n.

دارویی که از طریق دهان برای کاهش سطح کلسترول خون در بیماران مبتلاء به هیپرکلسترولمی اولیه، مصرف می شود. این دارو به اسیدهای صفراوی می پیوندد و کمپلکسی مجموعه را که در مدفوع ترشح می شود، تشکیل می دهد. کاهش اسیدهای صفراوی موجب اکسیداز شدن کلسترول به اسیدهای صفراوی، کاهش سطح *LDL* سرم و کاهش سطح کلسترول سرم می شود. نام تجاری: *colestid*.

colic (kol-ik) n.

درد شدید و متناوب شکم به همراه، امواج چندثانیه یا چند دقیقه ای مجزا.

infantile c.

بخار یا گاز معده که معمولاً در میان کودکان باد موجود در معده به همراه سختی در غذاخوردن، متداول است.

جلوگیری از کم بود این ویتامین ها (مثل بیماری ریکتز) استفاده می شود.

-coele

پسوند به معنای ۱. حفره ی بدن. ۲. به *cele*- مراجعه کنید.

coeli- (coelio-)

پیشوند به معنی شکم.

coeliac (seel-i-ak) adj.

مربوط به ناحیه ی شکم.

c. trunk

شاخه ای ازآئورت شکمی که به معده، طحال، کبد و صفرا خون رسانی می کند.

coeliac disease n.

وضعیتی که روده ی کوچک قادر به هضم و جذب غذا نمی باشد. این بیماری ناشی از حساسیت آستر روده به پروتئین گلوتن است که موجب آتروفی گوارشی و سوء جذب سلول های روده می شود. علایم این بیماری شامل توقف رشد، تورم شکم و مدفوع کم رنگ، کف مانند و بدبو است. نام پزشکی: *gluten enteropathy*.

coelioscopy (see-li-os-kŏpi) n.

روش ورود اندوسکوپ، از طریق برش دیواره ی شکم، جهت معاینه ی روده و دیگر ارگان های درونی حفره ی شکم.

coenzyme (koh-en-zym) n.

نوعی ترکیب آلی و غیر پروتئینی که در حضور یک آنزیم یک نقش مهمی را در واکنشی که توسط آنزیم کاتالاز می شود، ایفا می کند.

coffee-ground vomit (kof-ee-grownd) n.

استفراغ حاوی شیره های گوارشی و باقی مانده ی و مقدار اندکی از خون که نشان دهنده ی خون ریزی بخش فوقانی دستگاه گوارشی است.

cognition (kog-nish-ŏn) n.

گروهی از عملکردهای ذهنی(شامل ادراک، شناخت و داوری) که موجب هوشیاری از یک شیء یا موقعیت می شود. با *conation* مقایسه کنید.

cognitive therapy (kog-ni-tiv) n.

نوعی روان درمانی بر پایه ی اعتقاد بر این که مشکلات روان شناسی محصول راه های نادرست فکر کردن درباره ی جهان است. تراپیست ها بیماران را برای تشخیص این راه های نادرست فکرکردن و جلوگیری از آن ها حمایت می کنند.

coitus (sexual intercourse, copulation) (koh-it-ŭs) n.

روشی برای معاینه ی تمام بخش های درونی کولون و رکتوم با استفاده از یک ابزار نوری و انعطاف پذیر (کولونوسکوپ) که از طریق مقعد وارد می شود.

colony (kol-ŏni) n.
جمعیت مجزا یا توده‌ای از میکروارگانیسم ها، معمولاً باکتری ها، که تمامی آن ها به داشتن نمو از یک سلول والد مفرد، شناخته می شوند. به *culture* هم مراجعه کنید.

colorimeter (kul-ŏ-rim-it-er) n.
ابزار تعیین غلظت یک ترکیب خاص در یک ترکیب، مقایسه‌ی شدت رنگ درون آن با ترکیب استاندارد شناخته شده.

colostomy (kŏ-lost-ŏmi) n.
نوعی عمل جراحی که در آن بخشی از کولون به سمت دیواره‌ی شکم آورده شده و به منظور کشیدن محتویات آن یا کاستن فشار روده ای، باز می شود. کولوستومی ممکن است به طور موقت باشد و سرانجام برای برگشت به حالت اول بسته شود و یا این که به طور دائمی معمولاً زمانی که رکتوم یا قسمت تحتانی کولون برداشته می شود، باشد.

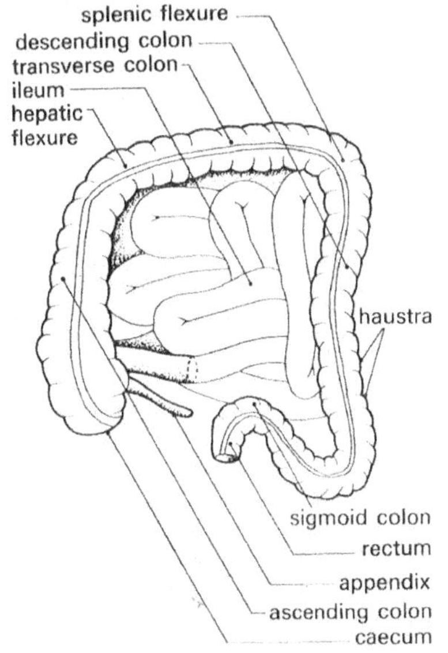

کولون

colostrum (kŏ-los-trŭm) n.
اولین ترشح از پستان، مدت کوتاهی بعد از تولد یا گاهی اوقات قبل از آن، قبل از تشکیل شیر حقیقی. این مایع نسبتاً شفاف حاوی سرم، گلبول های سفید خون و آنتی بادی های محافظتی است.

colour blindness (kul-er) n.
بیماری که در آن رنگ ها با یکدیگر اشتباه گرفته می شوند. فقدان حقیقی ادارک رنگ ها نادر است (به *monahromat* مراجعه کنید). متداول ترین نوع کوررنگی، کوررنگی قرمز است (به *Daltonism* مراجعه کنید). به *deutranopia* و *tritanopia* مراجعه کنید.

colp- (colpo-)
پیشوند به معنای مهبل.

colpitis (kol-py-tis) n.
التهاب مهبل. به *vaginitis* مراجعه کنید.

colpohysterectomy (kol-poh-hiss-ter-ek-tŏmi) n.
جراحی برداشت رحم از طریق مهبل. به *hysterectomy* مراجعه کنید.

colpoperineorrhaphy (colpoperineoplasty) (kol-poh-pe-ri-ni-o-răfi) n.
جراحی ترمیم شکافتگی های موجود در مهبل و عضلاتی که این مجرا را خصوصاً از عقب احاطه می کنند.

colporrhaphy (kol-po-răfi) n.
جراحی برداشت بافت شل و حشو مهبل و از این رو کاهش ضخامت مهبل در موارد پایین افتادگی دیواره ی قدامی و مهبل (*anterior c.*) یا دیواره‌ی خلفی آن (*posterior c.*).

colposcope (vaginoscope) (kol-poh-skohp) n.
ابزار که وارد مهبل شده و امکان معاینه ی دیداری گردن رحم و قسمت فوقانی مهبل را فراهم می کند.

-colposcopy (kol-pos-kŏpi) n.

colposuspension (kol-poh-su-spen-shŏn) n.
عمل جراحی که در آن قسمت فوقانی دیواره ی مهبل با دیواره ی قدامی شکم از طریق بخیه ی غیر قابل جذب، ثابت می شود. از طریق برش شکمی صورت می گیرد. این عمل زنجیردار، در درمان جراحی پایین افتادگی دیواره ی مهبل به خصوص وقتی فشار بی اختیاری وجود داشته باشد، استفاده می شود. به *stamey procedur* مراجعه کنید.

compulsory admission (kŏm-pul-ser-i) n.
(در انگلستان) ثبت و نگهداری فردی درون یک مؤسسه (بیمارستان) بدون رضایت او، به دلیل بیماری روحی (به *Mental hlealth Act* مراجعه کنید) یا محرومیت شدید اجتماعی. با *voluntary admission* مقایسه کنید.

computerized tomography scanner (kŏm-pew-tĕ-ryzed) n.
به *CT scanner* مراجعه کنید.

conation (koh-nay-shŏn) n.
گروه فعالیت های ذهنی (شامل تحریکات اراده، غریزه) که باعث فعالیت هدفمند می شود. با *cognition* مقایسه کنید.

conception (kŏn-sep-shŏn) n.
۱. (در علم امراض زنان) شروع حاملگی در زمانی لقاح اسپرم و تخمک در لوله های فالوپ. ۲. (در روانشناسی) یک نظر یا اثر ذهنی.

conceptus (kŏn-sep-tŭs) n.
ایجاد حاملگی: تکامل جنین در یک غشای محصور موجود در رحم.

concha (konk-ă) n. (pl. conchea)
(در آناتومی) هر بخش حلزونی شکل.

c. auriculae
فرورفتگی در سطح خارجی لایه ی گوش که مجرای گوش خارجی را به بیرون از گوش هدایت می کند. به *(concha) nasal* مراجعه کنید.

concordance (kŏn-kor-dănss) n.
شباهت هر صفت جسمی که در هر جفت دوقلو، یافت می شود.

concertion (kŏn-kree-shŏn) n.
توده ی سنگی موجود در بعضی از ارگان ها مثل کلیه، به خصوص پوشش ارگان های داخلی یا یک جسم خارجی به همراه املاح کلسیم. به *calculus* مراجعه کنید.

concussion (kŏn-kush-ŏn) n.
دوره ی محدودی از بی هوشی در اثر ضربه به سر. این وضعیت ممکن است از چند ثانیه تا چند ساعت طول بکشد. به *punch-drunk syndrome* هم مراجعه کنید.

به *alternative medicine* مراجعه کنید.

complement fixation n.
پیوند پروتئین مکمل به مجموعه ای که وقتی یک آنتی بادی با یک آنتی ژن خاص واکنش نشان می دهد، تشکیل می شود. چون پروتئین مکمل فقط در صورت وجود واکنش بوجود می آید، آزمایش حضور پروتئین مکمل بعد از ترکیب کردن اتصال یک ارگانیسم شناخته شده با سرم بیمار، می تواند تأییدی بر عفونت با ارگانیسم متصل شده باشد.

complex (kom-pleks) n.
(در روانکاوی) حمایت احساسی و فرونشاندن گروهی از نظرها و باورها که توانایی تأثیرگذاری بر رفتارهای شخصی را دارد.

complication (kom-pli-kay-shŏn) n.
بیماری یا وضعیتی که در طی یک دوره یا در نتیجه‌ی بیماری دیگر ایجاد می شود.

compos mentis (kom-pŏs-men-tis) adj.
معقول.

compress (kom-press) n.
یک لایه‌ی خیس خورده‌ی موجود در آب داغ یا سرد که برای بخش آسیب دیده بدن جهت تسکین درد یا التهاب به کاربرده می شود.

compressed air illness (eaisson disease) (kŏm-prest) n.
سندرمی که در افراد غواص یا کسانی که در اعماق آب بوسیله ی دستگاه تنفس کار می کنند بوجود می آید. برای برگشت فشار طبیعی اتمسفر، نیتروژن جهت تشکیل حباب هایی، در جریان خون حل شده که موجب درد *(bends)*، بلوک گردش خون در عروق کوچک و جاهای دیگر *(decompression sickness)* می شود. علایم این وضعیت ممکن است از طریق برگشت قربانی به فشار اتمسفریک بالاتر و کاهش تدریجی این فشار رفع شود.

compression (kŏm-presh-ŏn) n.
حالتی که یک ارگان، بافت یا بخشی در معرض فشار قرار می گیرد.

cerebral c.
فشار بر روی بافت مغز از جانب یک تومور مغزی، هماتوم درون جمجمه ای و غیره.

compulsion (kŏm-pul-shŏn) n.
فرد وسواسی که فعالیت های حرکتی مثل تکرار شستن بر پایه‌ی ترس از آلودگی را انجام می دهد.

بیماری ناشی از بیش‌تولیدی هورمون آلدسترون در اثر بیماری کورتکس فوق کلیه. به *aldosteronism* مراجعه کنید.
[w. j. conn (1907-), پزشک آمریکایی]

consanguinity (kon-sang-win-iti) n.
رابطه از طریق خون: بنای مشترک درون معدودی از نسل ها.

consensus management (kŏn-sen-sŭs) n.
روش مدیریتی مجرب در خدمات بهداشت ملی، که در آن تیم های مدیران چند نظامی بر پایه ی گفت وگو و قرار داد دو طرفه تصمیم گیری می کنند.

conservative treatment (kon-ser-vă-tiv) n.
درمانی به هدف جلوگیری از وخیم تر شدن بیماری و بر این اساس که بهبودی طبیعی رخ دهد و یا این که پیشرفت بیماری طوری آهسته شود که هیچ گونه درمان مؤثری هم تراز نخواهد شد. با *radical treatment* مقایسه کنید.

consolidation (kŏn-soli-day-shŏn) n.
۱. حالتی از ریه، که در آن آلوئل ها) با مایع تولید شده توسط بافت های ملتهب، پر می شود، مثل حالت موجود در بیماری پنومونی. ۲. مرحله‌ی ترمیم استخوان شکسته به دنبال تشکیل کالوس طی زمانی که کالوس از طریق اوستئوبلاست به استخوان بالغ تبدیل می شود.

constipation (kon-sti-pay-shŏn) n.
وضعیتی که در آن تخلیه ی روده به ندرت رخ می دهد، مدفوع درون آن سفت و کوچک شده، یا مجرای مدفوع موجب گرفتگی یا درد می شود. یبوست عودکننده یا طولانی مدت از طریق کاهش رژیم غذایی فیبردار، ملین یا انما درمان می شود.

constrictor (kŏn-strik-ter) n.
عضله ای که به یک ارگان فشار آورده یا باعث انقباض یک ارگان یا بخش توخالی می شود.

consultant (kŏn-sul-t'nt) n.
متخصص کاملاً آموزش دیده، در شاخه ی پزشکی که مسئولیت کامل مراقبت بیمار را می پذیرد.

consumption (kŏn-sump-shŏn) n.
هر نوع بیماری که موجب هرز رفتن بافت ها می شود خصوصاً (قبلاً) توبرکلوزیس ریوی.
-consumptive adj.

contact (kon-takt) n.
انتقال بیماری عفونی از طریق لمس کردن شخص یا حیوان عفونی (*direct c.*) و یا از طریق استنشاق قطرات کوچک

رنگدانه ای به رنگ قرمز پررنگ یا قهوه ای مایل به قرمز که در شرایط اسیدی به رنگ آبی تبدیل می شد. این رنگدانه در رنگ آمیزی بافتی استفاده می شود.

conization (ko-ny-zay-shŏn) n.
جراحی برداشت قطعه ی مخروطی شکل بافت. این روش عمدتاً در قطع کردن قسمتی از گردن رحم استفاده می شود.

conjugate (conjugate diameter, true conjugate) (kon-jŭg-it) n.
فاصله بین جلو و عقب لگن که از برجسته ترین قسمت ساکروم تا پشت سمفیزپوبیس اندازه گیری می شود. این قسمت از طریق کم کردن ۱/۹ـ ۱/۳ سانتی متر از فاصله ی بین لبه ی پایینی سمفیز و ساکروم تخمین زده می شود. (*the diagonal c.*) اگر این قسمت کم تر از ۱۰/۲ سانتی متر باشد، خارج شدن جنین از طریق مجرای طبیعی ممکن است مشکل یا امکان ناپذیر باشد.

conjunctiva (kon-junk-ty-vă) n.
غشای موکوسی و ظریفی که جلوی چشم را می پوشاند و اطراف پلک های چشم احاطه می کند.
-conjunctival adj.

conjunctivitis (pink eye) (kŏn-jŭnk-ti-vy-tis) n.
التهاب ملتحمه که قرمز و متورم شده و تولید مایع رقیق و چرکداری را می کند. التهاب ملتحمه از طریق عفونت، آلرژی، خراش های فیزیکی یا شیمیایی ایجاد می شود. به *trachoma* و *ophthalmia (neonatorum)* مراجعه کنید.

connective tissue (kŏ-nek-tiv) n.
بافتی که باعث هدایت اتصال و مجزا کردن ارگان ها و بافت های بدن و یا عملکرد آن ها می شود. بافت پیوندی از ماتریس غیرشفاف موکوپلی ساکاریدها (*ground substance*) تشکیل شده که ممکن است در آن رشته های سفید (کلاژن)، زرد (الاستیک)، فیبرهای شبکه ای، سلول‌های چربی، فیبروبلاست ها، سلول های ماست و ماکروفاژها قرار بگیرد. اشکال بافت های پیوندی شامل، استخوان، غضروف، تاندون ها لیگامنت ها، بافت های چرب، آرئول و الاستیک می شود.

connective-tissue disease n.
به *collagen disease* مراجعه کنید.

conn's syndrome (konz) n.

ناحیه ی خیلی ضخیم شده ی رو یا بین انگشتان پا: نوعی از پلاک های ضخیم پا که از طریق پوشیدن کفش های نامناسب ایجاد می شود. نام پزشکی: *clavus*.

cornea (korn-ĭa) n.
قسمت مدور و شفاف بخش قدامی کره ی چشم. قرنیه نور وارد شده به چشم بر روی عدسی ها، که بعداً بر روی شبکیه متمرکز می شوند منکسر می کند.

-corneal (korn-ĭal) adj.
corneal graft n.
به *keratopasty* مراجعه کنید.

cornification (kor-ni-fi-kay-shŏn) n.
به *keratinization* مراجعه کنید.

cornu (kor-new) n. (pl. cornua)
(در آناتومی) ساختار به شاخی شکل. به *horn* هم مراجعه کنید.

corona (kŏ-roh-nă) n.
تاج یا ساختار شبیه به تاج.

c. capitis

تاج سر.

Coronal (ko-rŏ-năl) adj.
مربوط به تاج سر یا دندان.

c. plane
صفحه ای که بدن را به قسمت خلفی و قدامی تقسیم می کند.

c. suture
مفصل ثابت بین استخوان های پیشانی و آهیانه (به *skull* مراجعه کنید).

coronary arteries (ko-rŏn-er-i) pl. n.
شریان هایی که به قلب خون رسانی می کنند. این شریان ها از آئورت درست بالای دریچه ی آئورتی منشأ گرفته و تشکیل شاخه هایی را می دهند که قلب را احاطه می کند.

coronary bypass graft n.
عملی که در آن قسمتی از سرخرگ کرونروی از طریق آترومای منشعب شده توسط قسمت متعلق به خود ورید صافن سالم، یا سرخرگ پستانی داخلی، در جراحی برداشت دنده، تنگ می شود. جریان خون بهبود یافته ناشی از یک یا چند پیوند، آنژین صدری را تکسین داده و نقص میوکارد را کاهش می دهد.

coprolith (kop-rŏ-lith) n.
توده ی مدفوع سخت موجود در کولون یا رکتوم، ناشی از یبوست مزمن. این وضعیت می تواند طبقه بندی شود.

coproporphyrin (kop-rŏ-por-fi-rin) n.
ترکیبی از پورفیرین که در طول سنتز پروتوپورفیرین *IX* تشکیل می شود. کوپروپورفیرین به درون مدفوع اشخاص *hereditary coproporphyria* ترشح می شود.

copulation (kop-yoo-lay-shŏn) n.
به *coitus* مراجعه کنید.

cor (kor) n.

قلب.

c. pulmonale
بزرگ شدن بطن راست قلب در نتیجه ی بیماری ششی یا شریان های ریوی.

coracoid process (ko-ră-koid) n.
زائده ی شبیه منقار که از رأس استخوان کتف، بالای مفصل شانه، به طرف بالا و جلو انحنا دارد.

cord (kord) n.
هر نوع ساختار انعطاف پذیر و بلندی که ممکن است جامد و لوله ای شکل باشد. مثال هایی این ساختارها شامل طناب بیضه ای، طناب نخاعی، طناب نافی و طناب صوتی می باشد.

cordectomy (kor-dek-tŏmi) n.
جراحی برداشت طناب صوتی.

cordocentesis (kor-doh-sen-tee-sis) n.
برداشت نمونه ی خون جنینی، بوسیله ی وارد کردن یک نیدل توخالی از طریق دیواره ی شکم زن حامله، تحت هدایت امواج ماورای صوت به درون سیاهرگ نافی. خون در معرض آنالیز بیوشیمیایی کروموزوم و دیگر آزمایش ها جهت تعیین وجود ناهنجاری‌ها، قرار می گیرد. به *prenatal diagnosis* مراجعه کنید.

cordotomy (chordotomy) (kor-dot-ŏmi) n.
اقدام جراحی برای تسکین درد شدید و مداوم موجود در لگن یا اندام های تحتانی، که در آن قطعاتی از طناب نخاعی احساس درد را به حس آگاهی که در ناحیه ی گردنی جدا شده اند، انتقال می دهد.

corium (kor-ĭum) n.
به *dermis* مراجعه کنید.

corn (korn) n.

-counterirritation n.

countertraction (kownt-er-trak-shŏn) n.

استفاده از نیروی مخالف و متعادل کننده در طول انقباض. برای تنظیم آن انقباض روی عضوی که بیمار را به خارج از تخت نکشد، کشش مخالف اغلب بوسیله ی کاربردن کشش به طرف میخ های فلزی که موقتاً در بخش انتهایی استخوان وارد می شود، بوجود می آید.

cowper's glanda (bwbourethral glands) (kow-perz) pl. n.

یک جفت غده ی کوچک که به درون پیشابراه، در قاعده ی آلت تناسلی مرد باز می شود. ترشحات این غده به مایع منی کمک می کند.

[w. cowper (1666-1709), جراح انگلیسی]

cowpox (kow-poks) n.

عفونت ویروسی پستان گاو ماده که به انسان از طریق تماس مستقیم انتقال یافته و علایم خفیفی مانند بیماری آبله را ایجاد می کند. این هجوم موجب تحریک سیستم ایمنی می شود. نام پزشکی: *vaccinia*.

cox- (coxo-)

پیشوند به معنی هیپ.

coxa (koks-ă) n. (pl. coxae)

۱. استخوان هیپ. ۲. مفصل هیپ.

c. valga

نقص موجود در مفصل هیپ که زاویه ی بین گردن و شفت فمور به صورت غیرطبیعی افزایش می یابد.

c. vara

نقص موجود در مفصل هیپ که زاویه ی بین گردن و شفت فمور به صورت غیر طبیعی کاهش می یابد.

coxalgia (koks-al-jiă) n.

۱. درد موجود در مفصل هیپ. ۲. بیماری مفصل هیپ.

coxsackie virus (kok-sak-i) n.

گروهی از ویروس های *RNA* دار که می تواند در دستگاه گوارشی تکثیر یابند (به enterovirus مراجعه کنید). ویروس نوع *A* به طور کلی موجب بیماری با شدت کم ترشده گرچه بعضی از آن ها باعث مننژیت و عفونت های شدید گلو می شوند. ویروس نوع *B* موجب التهاب یا اضمحلال مغز، ماهیچه ی اسکلتی یا بافت قلب می شود (به *Boronholm disease* مراجعه کنید).

crab louse (krab) n.

به *phthirus* مراجعه کنید.

c. cartilage

غضروفی که دنده را به استخوان جناغ (استرنوم) متصل می کند.

costive (kost-vi) adj.

یبوست.

cot death (sudden infant death syndrome, SIDS) (kot) n.

مرگ یک کودک، اغلب در هنگام شب، زمانی که در تخت خواب خود است. این وضعیت در نتیجه ی یک علت نامعلوم بوجود می آید.

co-trimoxazole (koh-tri-moks-ă-zohl) n.

آنتی بیوتیکی که از سولفا متاکسازول و تری متروپیم تشکیل شده است. این دارو از طریق دهان خصوصاً در درمان عفونت های دستگاه اداری (مثل سیستیت) استفاده می شود. نام تجاری: *Bactrim, septrin*.

cotyledon (kot-i-lee-dŏn) n.

فرورفتگی بزرگ زیر تقسیمات جفت بالغ. هر کوتیلدون حاوی شاخه های بزرگ عروق خونیِ نافی است.

cotyloid cavity (kot-i-loid) n.

به *acetabulum* مراجعه کنید.

coughing (kof-ing) n.

بازدمی که ذرات محرک موجود در مجاری هوایی می توانند خارج شوند. نام پزشکی: *tussis*.

coulomb (koo-lom) n.

واحد *SI* بار الکتریکی، برابر با مقدار برق انتقال یافته یِ یک آمپر در یک ثانیه.

coumarin (koo-mă-rin) n.

دارویی که برای جلوگیری از انعقاد خون در درمان ترومبوفلبیت و امبولیسم ریوی استفاده می شود.

counseling (kown-sĕl-ing) n.

روشی از مشاوره‌ی روان شناسی که ارباب‌رجوع را در سازگاری با مشکلات خود راهنمایی کنید.

counterextension (kownt-er-eks-ten-shŏn) n.

روش ارتوپدی، شامل کشش بخشی از یک عضو در حالی که قسمت های باقی مانده ی عضو استوار مانده است. این روش خصوصاً در درمان شکستگی فمور استفاده می شود.

counterirritant (kownt-er-i-ri-t'nt) n.

عاملی مثل متیل سالسیلات، زمانی که بر روی پوست به کار برده می شود موجب سوزش شده و به منظور تسکین درد از مشکلات مربوط به زیاد نشستن استفاده می شود.

انسداد روده، اسهال و سوء جذب می شود. نام جایگزینی: *Reginal enteritis, reginal ileitis.*

[B.B. crohn (1884-1983), پزشک آمریکایی]

cromolyn sodium (kroh- mŏ -lin) n.

دارویی که برای جلوگیری و درمان آسم و برونشیت حساسیتی استفاده می شود. این دارو از طریق استنشاق استفاده شده و موجب سوزش گلو می شود. نام تجاری: *Intal*.

cross-infection (kros-in-fek- shŏn) n.

انتقال عفونت از یک بیمار به بیمار دیگر در بیمارستان.

crotamiton (kroh- tă -my- tŏn) n.

دارویی که مایت ها را از بین برده و برای درمان خارش و عفونت های پوستی مشابه و هم چنین تسکین خارش استفاده می شود. این دارو در پوست به عنوان یک شوینده یا پماد به کار برده می شود. نام تجاری: *Eurax*.

croup (kroop) n.

التهاب و انسداد حنجره در کودکان، به طور کلی ناشی از عفونت ویروسی دستگاه تنفسی (به *laryngotracheobronchitis* مراجعه کنید). علایم آن التهاب حنجره، به همراه تنفس تند و سخت (به *stridor* مراجعه کنید) ، افزایش ضربان نبض، بی قراری و سیانوز است.

crown (krown) n.

۱. بخشی از دندان که به طور طبیعی در دهان قابل مشاهده است و معمولاً با مینای دندان پوشیده می شود. ۲. ترمیم دندان که تمام یا اغلب تاج دندان را می پوشاند. به *corona* مراجعه کنید.

crowning (krown-ing) n.

مر حله ای از زایمان زمانی که فقط قسمت فوقانی سرجنین قابل مشاهده است؛ (احاطه شده) و فقط از طریق مجرای مهبل عبور می کند.

crude rate (krood) n.

تعداد کلی رویدادهایی که (مثل سرطان ر یه)، به عنوان درصدی (یا میزان در ۱۰۰۰ و غیره) مربوط به همه ی جمعیت بیان می شود.

crural (kroor- ăl) adj.

۱. مربوط به ران یا پا. ۲. مربوط به ساقه ی مغز (به crus مراجعه کنید).

crus (kruus) n.

زائده یا بخش طویلی از یک ساختار.

پزشکی بالای یک ریه ی ملتهب زمانی که بیمار نفس می کشد، شنیده می شود.

cresol (kree-sol) n.

ضد عفونی کننده ی قویی که بر بسیاری از میکروارگانیسم ها تأثیر گذاشته و عمدتاً در محلول های صابون به عنوان یک ضدعفونی کننده ی عمومی استفاده می شود. محلول کریسول موجب سوزش پوست شده و اگر از طریق دهان مصرف شود، فاسد کننده است و موجب درد، تهوع و استفراغ می شود.

crest (krest) n.

تورم برآمده یا خطی به خصوص در استخوان.

cretinism (kret-in-izm) n.

سندرم کوتولگی، عقب ماندگی ذهنی و زبری پوست و صورت ناشی از کم کاری غده ی تیروئید.

creutzfeldt-jakob disease (kroits-felt-yak-ob) n.

بیماریی که اضمحلال پیشرونده ی سلول های عصبیِ سیستم عصبی مرکزی موجب نقص کنترل عضلانی و دیوانگی می شود. عقیده بر این است که این بیماری از طریق یک ویروس تدریجی ایجاد می شود.

[H. G. Greutzfeldt (1885-1964), A. M. jakob (1884-1931), روان پزشک آلمانی]

cribriform plate (krib-ri-form) n.

به *ethmoid bone* مراجعه کنید.

cricoid cartilage (kry-koid) n.

غضروف شبیه به شکل انگشتر خاتم دار که بخش قدامی و دیواره های جانبی حنجره و قسمت اعظم خلفی آن را تشکیل می دهد.

crisis (kry-sis) n. (pl. rises)

۱. تغییر مسیر یک بیماری بعد از آن که بیمار بهبود یابد یا بدتر شود. ۲. وقوع ناگهانی درد شدید در بیماری های خاص. به *crisis* و *Dietl's* هم مراجعه کنید.

crista (krist- ă) n. (pl. cristae)

۱. ساختار حسی در درون آمپولای کانال نیم دایره ای موجود در گوش درونی. ۲. یکی از پوشش های پیچ دار غشایی درونی میتوکندری. ۳. هر ساختار آناتومیکی مشابه تیغه.

crohn's disease (krohnz) n.

وضعیتی که بخش هایی از دستگاه گوارشی، ملتهب، ضخیم و زخمی می شود. این بیماری معمولاً بخش انتهایی ایلئوم را درگیر می کند. شکل حاد آن (*acute ileitis*) ممکن است مثل التهاب آپاندیس باشد. شکل مزمن آن اغلب موجب

به *curettage* مراجعه کنید.

curie (kewr-ee) n.

واحد سابق برای بیان فعالیت رادیو اکتیو. این واحد با *Bq* جایگزین شده است. نماد: *ci*.

cushing's syndrome (kuush-ingz) n.

وضعیت ناشی از مقدار اضافی هورمون کورتیکواستروئید درون بدن. علایم این سندرم اضافه وزن، سرخ شدن صورت و گردن، رشد اضافی موهای بدن و صورت، افزایش فشارخون، از بین رفتن مواد معدنی استخوان ها (استئوپروز)، افزایش سطوح قند خون و گاهی اوقات اختلالات روحی می شود. این سندرم ممکن است ناشی از تحریک زیاد غدد آدرنال به همراه مقادیر بیش از حد هورمون *ACTH* باشد که از طریق تومور غده ی هیپوفیز (*cushing's disease*) یا از طریق تومور بدخیم در ریه ها یا مکان های دیگر، ترشح می شود.

[H.W. cushing (1869-1939), جراح آمریکایی]

cusp (kusp) n.

۱. هر نوع برجستگی مخروطی شکل بر روی دندان، خصوصاً دندان آسیاب کوچک و بزرگ. ۲. کیسه یا چین غشا که قلب و لایه های دیواره ی ورید را می پوشاند. برخی از این ساختارها هم دریچه ای را تشکیل می دهد. وقتی که جریان خون به عقب بر می گردد این ساختارها پر و متورم شده که باعث بسته شدن دریچه ها می شوند.

cutaneous (kew-tay-niŭs) adj.

مربوط به پوست.

cuticle (kew-ti-kul) n.

۱. رو پوست پوست. ۲. لایه ی متشکل از مواد جامد یا نیمه جامد که اپی تلیوم ترشح شده و آن را می پوشاند. ۳. لایه ی سلولی مثل لایه ی بیرونی سلول های درون مو.

cutis (kew-tis) n.

به *skin* مراجعه کنید.

cus n.

به *chorionic villus sampling* مراجعه کنید.

cyan- (cyano-)

پیشوند به معنی آبی.

cyanide (sy-ă-nyd) n.

نمک هیدروسیانیک اسید. سیانیدها با آنزیم بافت های مسئول تنفس سلولی ترکیب شده و آن ها را غیرفعال می کنند و از این رو آن ها به طور سریع و شدید از بین می روند.

culdocentesis (kul-doh-sen-tee-sis) n.

به *colpotomy* مراجعه کنید.

culdoscope (kul-doh-skohp) n.

ساختار لوله ای شکل به همراه عدسی ها و منبع نوری که برای دیدن مستقیم رحم، تخمدان و لوله های فالوپ (کولدوسکوپی) استفاده می شود. این ابزار از طریق دیواره ی مهبل در پشت گردن رحم عبور می کند. کولدوسکوپ امروزه به طور گسترده با لاپروسکوپ جایگزین شده است.

culture (kul-cher) n.

۱. جمعیتی از میکروارگانیسم ها، معمولاً باکتری ها، که در محیط آزمایشگاهی جامد یا مایع محیط کشت معمولاً آگار، یا ژلاتین، رشد می کنند.

Stock c.

نوعی محیط کشت باکتریایی پایدار که از آن زیرکشت هایی ساخته می شوند. به *tissue culture* هم مراجعه کنید.

۲. *vb*. رشد باکتری یا دیگر میکروارگانیسم ها در محیط کشت.

cumulative action (kew-mew-lă-tiv) n.

آثار سمی یک دارو که از طریق استفاده ی مکرر از دوزهای اندک فواصلی که به اندازه ی کافی یا دفع شود تولید می شود. تجزیه شود یا از بدن دفع شود طولانی نیست.

cuneiform bones (kew-ni-form) pl. n.

سه استخوان موجود در قوزک پا که با اولین، دومین و سومین استخوان های کف پا در طرف قدام مفصل می شوند. هر سه استخوان با استخوان ناوی از خلف مفصل می شوند.

cupola (kew-pŏ-lă) n.

۱. برآمدگی کوچک در انتهای حلزون گوش. ۲. چندین ساختارهای گنبد شکل آناتومیکی.

curare (kew-rar-i) n.

عصاره ای از پوست درختان آمریکای جنوبی (گونه های *strychos* و *chondodendron*) که حجم عضله را شل و بی تحرک می کند. کورار سابقاً برای کنترل اسپاسم عضلانی و شل کننده ی عضله در عمل جراحی استفاده می شده است. امروزه در جراحی، با توبرکورارین جایگزین شده است.

curettage (kewr-i-tij) n.

خراشیدن سطح درونی ارگان یا حفره ای از بدن بوسیله ی یک ابزار قاشق مانند. کورتاژ معمولاً برای برداشت بافت های بیمار یا بدست آوردن نمونه ای برای اهداف تشخیصی انجام می شود. به *dilation and curettage* مراجعه کنید.

curette (kewr-et) n.

۱. مربوط به یا مشخص شده توسط کیست. ۲. مربوط به صفرا یا مثانه ی ادراری.

C. duct

به *bile duct* مراجعه کنید.

systicercosis (sis-ti-ser-koh-sis) n.

بیماریی که از طریق حضور لارو کرم‌کدوی (به *cysticercus* مراجعه کنید) گونه ی *Taenia soleum* در هر یک از بافت های بدن ایجاد می شود. حضور لاروهای کرم کدو در ماهیچه ها موجب درد و ضعف عضلات می شود. در مغز این علایم خطرناک تر هستند که شامل عقب ماندگی ذهنی، فلج، سرگیجه، حمله های صرع و تشنج می باشد.

cysticercus (bladderworm) (sis-ti-ser-kŭs) n.

مرحله ی لارو برخی از کرم های کدو که در آن کرم کدوی رویانی و گردن به درون یک کیست پر از مایع می روند. به *cysticercosis* مراجعه کنید.

cystic fibrosis (fibrocystic disease of the pancreasmucoviscidosis) n.

بیماری ارثی که بر غدد مترشحه به بیرون، تأثیر می گذارد. مسئول این برروی کروموزوم شماره ۷ قرار می گیرد. این ناهنجاری موکوس غلیظی را تولید می کند که موجب انسداد غدد روده ای (موجب ایلئوس مکونیوم در نوزادان) پانکراس (موجب نقص آنزیم های پانکراس) و نایژه (موجب بزرگ شدن مجرای بزرگ نایژه) می‌شود. عفونت های سیستم تنفسی (که ممکن است شدید باشد) یک عارضه ی عمومی است.

cystine (sis-teen) n.

به *amino acid* مراجعه کنید.

cystinosis (sis-ti-noh-sis) n.

نقص موروثی در متابولیسم آمینو اسیدها که موجب تجمع آمینو اسید سیستین درخون، کلیه ها و سیستم لنفاوی می شود. به *fanconi syndrom* هم مراجعه کنید.

cystinuria (sis-tin-yoor-iă) n.

ترشح بیش از حد آمینو اسید سیستین در ادرار ناشی از نقص ژنتیکی بازجذب از طریق توبول های کلیه. این وضعیت باعث تشکیل سنگ های سیستین در کلیه می شود.

cystitis (sis-ty-tis) n.

التهاب مثانه ی ادراری که اغلب از طریق عفونت ایجاد می شود. این وضعیت معمولاً به همراه میل مکرر ادرار با مقداری از سوزش است.

cyclotomy (sy-klot-ŏmi) n.

جراحی برش جسم مژگانی چشم.

cyesis (sy-ee-sis) n.

حاملگی. به *pseudocyesis* مراجعه کنید.

cyn - (cyno-) n.

پیشوند به معنای میله یا میله های قلاب دار.

cyproheptadine (sy-proh-hep-tă-deen) n.

آنتی هیستامین قوی که از طریق دهان برای درمان آلرژی ها و شرایط خارش پوست استفاده می شود. این دارو هم چنین برای تحریک اشتها به کار می رود. نام تجاری: *periactin*.

cyst (sist) n.

۱. کیسه ی غیرطبیعی یا حفره ی بسته ای که بوسیله ی اپی تلیوم پوشیده شده و با ماده ی نیمه جامد یا مایع پرشده است. کیست های بسیار متنوعی وجود دارد که در بخش های مختلف بدن بوجود می آیند. به *dermoid cyst*، *fimbrial*، *hydatid*، *ovariancyst*، *retentioncyst* و *sebaceous cyst* هم مراجعه کنید. ۲. مرحله ی غیرفعالی که در طول چرخه ی زندگی انگل تک یاخته ی کانال گوارشی از قبیل *Giardia* و *Entamoeba*، تولیدمی شود. ۳. ساختاری که از طریق لارو کرم های انگلی تشکیل شده و آن را احاطه می کند.

cyst- (cysto-)

پیشوند به معنای ۱. کیسه خصوصاً کیسه ی ادراری. ۲. یک کیست.

cystadenoma (sis-tad-i-noh-mă) n.

ورم غده ای نشان دهنده ی یک ساختار کیستی.

cystalgia (sis-tal-jiă) n.

درد موجود در مثانه ی ادراری. این وضعیت معمولاً در التهاب مثانه، وقتی که سنگهایی درون مثانه وجود دارد، ایجاد می شود که گاهی اوقات در سرطان مثانه شایع است.

cystectomy (sis-tek-tŏmi) n.

جراحی برداشت مثانه ی ادراری. میزنای، ادرار را از کلیه ها که دوباره به کولون یا ایلوئوم متصل شده اند، زهکشی می کند.

cysteine (sis-ti-een) n.

آمینواسید حاوی سولفور که جزء اصلی مهم بسیاری از آنزیم ها است.

cystic (sis-tik) adj.

ویروس متعلق به گروه ویروس هرپس. این ویروس علایم خفیفی را ایجاد می کند اما اگر یک زن حامله دچار این ویروس شود ممکن است موجب عقب ماندگی ذهنی در کودک شود.

cytometer (sy-tom-it-er) n.
ابزاری برای تعیین تعداد سلول ها موجود در یک مقدار معینی از یک مایع معین، مثل خون، مایع مغزی نخاعی یا ادرار. به *haemocytometer* مراجعه کنید.

cytopenia (sy-toh-pee- niă) n.
کاهش در یک یا چند نوع سلول خونی. به *eosinopenia*، *neutropenia* *lymphopenia* *erythropeniae*، *pancytopenia* و *thrombocytopenia* مراجعه کنید.

cytoplasm (sy-toh-plazm) n.
ماده ی ژله مانندی که اطراف هسته ی سلول احاطه می کند. به *protoplasm* مراجعه کنید.

-cytoplasmic adj.

cytosine (sy-toh-seen) n.
یکی از پایه های نیتروژن دار (پریمیدین) که در نوکلئیک اسید *DNA* وجود دارد.

cytosome (sy-toh-sohm) n.
بخشی از یک سلول که خارج از هسته است.

cytotoxic drug (sy-toh-toks-ik) n.
دارویی که موجب تخریب سلول ها شده و در درمان انواع سرطان های مختلف استفاده می شود. مثل سیکلو فوسفامید، سیترابین و موستین. این داروها سلول هایی سرطانی را از طریق جلوگیری از تقسیم سلولی تخریب می کنند. آن ها بر سلول های طبیعی بدن خصوصاً مغز استخوان، پوست، پوشش معده و بافت های جنینی هم تأثیرمی گذارند. مقدار مصرف دارو می بایست کنترل شود. به *antimetabolite* هم مراجعه کنید.

cytotoxin (sy-toh-toks-in) n.
ماده ای که یک عملکرد سمی بر روی سلول های خاص بدن دارد.

D d

dacarbazine (DT IC) (da-kah- bă -zeen) n.
دارویی که در درمان سرطان های خاص از قبیل بیماری هوجکین و ملنومای بدخیم، استفاده می شود.

dacry- (dacryo-)
پیشوند به معنای ۱. اشک ۲. دستگاه اشکی.

dacryoadenitis (dak-ri-oh-ad-i-ny-tis) n.
التهاب غدد تولید کننده ی اشک. به *lacrimal (apparatus)* مراجعه کنید.

dacryocystits (dak-ri-oh-sis-ty-tis) n.
التهاب کیسه ی اشکی. این وضعیت معمولاً زمانی که مجرای اشکی به سمت بینی مسدود شده باشد، رخ می دهد (به *lacrimal (capparatus)* مراجعه کنید).

dacryocystorhinostomy (dak-ri-oh-sis-toh-ry-nost- ŏmi) n.
عملی برای تسکین مجرای بینی اشکی (مجرایی که اشک را به درون بینی زهکشی می کند) که در آن ارتباطی بین کیسه ی اشکی و بینی از طریق برداشت استخوان میانی ایجاد می شود. به *dacryocystitis* و *lacrimal (apparkual)* مراجعه کنید.

dacryolith (dak-ri-oh-lith) n.
سنگ موجود در مجرا کیسه ی اشکی. به *lacrimal (apparatus)* مراجعه کنید.

dacryoma (dak-ri-oh- mă) n.
تورم تومور مانند و بی ضرری که مجاری مرتبط با دستگاه اشکی را مسدود می کند.

dactyl-
پیشوند به معنای انگشتان (انگشتان دست ها یا پاها).

dactylion (dak-til- iŏn) n.
به *cyndactyly* مراجعه کنید.

dactylitis (dak-ti-ly-tis) n.
التهاب انگشتان دست و انگشتان پا که از طریق عفونت استخوان (مثل برآمدگی موجود در استئومیلیت) یا بیماری روماتیسمی ایجاد می شود.

dactylology (dak-ti-lol- ŏji) n.
ارائه سخنرانی از طریق حرکات انگشتان. زبان کر و لال ها.

Daltonism (protanopia) (dawl- tŏn -izm) n.
کوررنگی نسبت به رنگ قرمز: نقص در بینایی رنگ ها که شخص نمی تواند بین رنگهای قرمز و سبز تشخیص قائل شود. این واژه برای ارجاع به کوررنگی به طور عمومی استفاده شده است.

[j. Dalton (1766-1844), شیمی دان انگلیسی]

D and C n.
به *dilatation and curettage* مراجعه کنید.

حضور غیرطبیعی خون یا مایعات اطراف قلب ـ می تواند از طریق برش پریکارد درمان شود. ۲. کاهش تدریجی فشار اتمسفر برای غواصان. به *compressed airillness* مراجعه کنید.

decompression sickness n.
به *compressed ail illness* مراجعه کنید.

decongestant (dee-kŏn-jest-ănt) n.
عاملی که گرفتگی بینی را کاهش یا تسکین می دهد. بعضی از کاهش دهنده های گرفتگی بینی داروهای مقلد سمپاتیک هستند که به صورت موضعی به شکل اسپری یا قطره و یا از طریق دهان به کاربرده می شوند.

decortication (dee-kor-ti-kay-shŏn) n.
۱. برداشت لایه ی خارجی (کورتکس) از یک ارگان یا ساختار مثل کلیه. ۲. عملی برای برداشت خون لخته شده و بافت اسکار که بعد از خون ریزی به درون حفره ی سینه تشکیل می دهد.

decubitus (di-kew-bit-ŭs) n.
وضعیت خوابیده.

decubitus ulcer n.
به *bed sore* مراجعه کنید.

decussation (dee-kus-ay-shŏn) n.
نقطه ای که در آن دو یا چند ساختار بدن به سمت مخالف عبور می کنند. این واژه به طور اختصاصی برای نشان دادن نقطه ی تقاطع فیبرهای عصبی در سیستم عصبی مرکزی، استفاده می شود.

defecation (def-i-kay-shŏn) n.
دفع مدفوع از طریق مقعد.

defenc mechanism (di-fen ss) n.
فرآیندی که از طریق آن پیام های نامطلوب جلوگیری یا کنترل می شود (به *censor* مراجعه کنید). مکانیسم های دفاعی شامل سرکوبی، فرافکنی، واکنش، تصعید و جدایی می باشد.

deferent (def-er-ĕnt) adj.
۱. دورکردن از یا پایین آمدن از یک بخش. ۲. مربوط به لوله های دفران.

defervescence (def-er-ves-ĕns) n.
از بین رفتن تب، این روند ممکن است به سرعت یا ظرف چند روز رخ دهد.

فقدان یا برداشت املاح کلسیم از یک استخوان یا دندان.

dcapitation (di-kapi-tay-shŏn) n.
برداشت سر، معمولاً سرجنین مرده، جهت فراغت از زایمان. امروز این روش بسیار نادر است.

decapsulation (dee-kaps-yoo-lay-shŏn) n.
جراحی برداشت کپسول از یک ارگان؛ برای مثال برداشتن غشایی که کلیه ها را می پوشاند.

decay (di-kay) n.
(در باکتری شناسی) تجزیه ی یک ماده ی آلی ناشی از فعالیت میکروبی.

deci-
پیشوند به معنی دهمین.

decidua (di-sid-yoo-ă) n.
غشای موکوسی اصلاح شده ای که دیواره ی رحم را در طول حاملگی می پوشاند و به همراه جنین در طول زایمان خارج می شود (به *endomethrium* مراجعه کنید).

d. basalis
ناحیه ای در دسیدوا که جنین به آن می پیوندد.

d. capsularis
لایه ی نازک ای از دسیدوا که جنین را می پوشاند.

d. parietalis
ناحیه ای در دسیدوا که در تماس با جنین نیست.

-decidual adj.

deciduoma (di-sid-yoo-oh-mă) n.
توده ی موجود در درون رحم که از بقایای غشای دسیدوا مشتق می شود. به *chorionepithelioma* *(malignat dciduama)* هم مراجعه کنید.

decompensation (dee-kom-pen-say-shŏn) n.
ناتوانی قلب جهت حفظ جریان کافی، جهت غلبه بر افزایش بارکاری آن یا برخی از نقایص ساختاری.

decomposition (dee-kom-pŏ-zish-ŏn) n.
تجزیه ی تدریجی یک ماده ی ساختمانی مرده، معمولاً مواد غذایی یا بافت ها، از طریق فعالیت شیمیایی باکتری ها یا قارچ ها.

decompression (dee-kŏm-presh-ŏn) n.
۱. کاهش فشاردرون یک ارگان یا بخشی از بدن، بوسیله ی اقدامات جراحی. افزایش فشار درون مایع موجود در مغز می تواند از طریق برش سخت شامه کاهش یابد؛ فشار قلبی ـ

عصب رسانی منقطع به پوست و عضلات. عصب برداشته شده از یک ناحیه ی پوست همه ی حس ها را از دست می دهد و توانایی متعاقب آن جهت بهبودی و نوسازی بافت ها را ندارد.

dengue (breakbone fever) (deng-i) n.

بیماری ویروسی که سرتاسر نواحی گرمسیری و زیرگرمسیری اتفاق می افتد. این بیماری به انسان خصوصاً از طریق مگس *Aëdes aegypti* انتقال می یابد. علایم آن شامل درد شدید در مفاصل و ماهیچه ها، سردرد،تب و سوزش شدید می شود.

denial (di-ny-ăl) n.

فرآیندی روانی که شخصی از پذیرفتن یک جنبه ی واقعی انکار می کند. این روند خصوصاً در بیماران در حال مرگ که از محتمل الوقوع بودن مرگ خود انکار می کنند، دیده می شود.

Denis Brown splint (den-iss-brown) n.

آتلی که برای اصلاح کجی یا پیچیدگی پا استفاده می شود.
[sir Denis j. w. Brown (1892-1967), جراح ارتوپد انگلیسی]

dens (denz) n.

دندان یا ساختار دندانی شکل.

dent- (denti-, dento-)

پیشوند به معنی دندان.

dent auxiliary (den-t'l)n.

دستیار یک دندان پزشک.

dental caries n.

به *caries* مراجعه کنید.

dentate (den-tayt) adj.

۱. داشتن دندان ۲. دندانه دار؛ داشتن برآمدگی به شکل دندان.

dentifrice (dont-i-fries) n.

پودر یا خمیر برای تمیزکردن دندان. خمیردندان حاوی یک ساینده ی نرم به همراه مکمل خوش بوکننده و ماده رنگ آمیزی کننده است.

dentine (den-teen) n.

بافت سختی که حجمی از دندان را تشکیل می دهد. عاج دندان بوسیله ی مینا و ریشه ی آن توسط سیمان دندان پوشیده شده است.

dentistry (den-tist-ri) n.

حرفه ای مربوط به مراقبت و بیماری های دندان، لثه و فک.

dentition (den-tish-ŏn) n.

تعداد، نوع و نظم دندان ها به عنوان یک مجموعه در دهان.

آنتی بیوتیکی که علیه ردیف گسترده ای از باکتری ها فعالیت کرده و از طریق دهان برای درمان عفونت های گوناگون استفاده می شود. نام تجاری: *Ledermycin*.

demi-

پیشوند به معنی نیم.

demography (di-mog-răfi) n.

مطالعه ی جمعیت جهان، حالت نژاد آن ها، جنبش ها، میزان تولد، میزان مرگ و میر و دیگر فاکتورهایی که بر کیفیت زندگی در جمعیت اثر می گذارد.

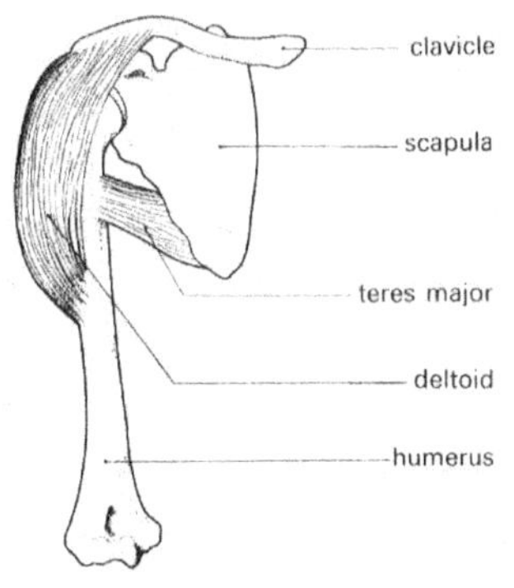

عضله ی دلتوئید

demulcent (di-mul-sĕnt) n.

عامل آرام بخشی که از غشاهای موکوسی محافظت کرده و سوزش را تسکین می دهد.

demyelination (dee-my-ĕ-li-nay-shŏn) n.

روند بیماری انتخابی آسیب رسان به غلاف میلین، درون سیستم عصبی مرکزی یا محیطی. این وضعیت ممکن است اختلال اولیه مثل بیماری *MS* یا ممکن است بعد از آسیب یا ضربه به سر اتفاق بیافتد.

dendrite (den-dryt) n.

یکی از زوائد رشته ای و کوتاه جسم سلولی نورون که با دیگر نورون ها در سیناپس ها ارتباط برقرار می کند و پیام های عصبی آن ها را به جسم سلولی منتقل می کند.

dendritic ulcer (den-drit-ik) n.

زخم منشعب سطح قرنیه که بوسیله ی ویروس سیمپلکس ایجاد می شود.

denervation (de-ner-vay-shŏn) n.

مانیک ایجادشود. درمان آن با داروهای ضدافسردگی و یا روان درمانی است. به *endogenous* ،*congnitive therapy* و *reactinve* مراجعه کنید.

depressor (di-pres-er) n.

۱. عضله ای که باعث پایین آوردن بخشی از بدن می شود. ۲. عصبی که فشارخون را پایین می آورد.

dequalinium (dek-wă-lin-lŭm) n.

داروی ضدعفونی کننده ای که علیه بعضی از باکتری ها و قارچ ها فعالیت می کند و به عنوان قرص های لوزی شکل یا رنگ در درمان عفونت های گلویی استفاده می شود.

deradenitis (der-ad-i-ny-tis) n.

التهاب غدد لنفاوی گردن.

derbyshire neck (dar-bi-sher) n.

گواتر اندمیک که سابقاً، در شهر *Derbyshire* ناشی از فقدان ید در خاک و آب ایجاد شد.

derealization (dee-riă-ly-zay-shŏn) n.

احساس غیر خیالی که محیط اطراف غیر واقعی و غریب به نظر می‌رسد. این وضعیت در اثر دگرسانی محیط یا با شرایطی که موجب دگرسانی محیط می شود، اتفاق می افتد.

dereism (dee-ri-izm) n.

خیالات فکری هدایت نشده که جهت رجوع به وقایع زندگی ناتوان می ماند. این وضعیت یک ویژگی جنون جوانی است.

derm- (derma-dermo-dermat(o)-)

پیشوند به معنی پوست.

-derm

پسوند به معنای ۱. پوست. ۲. یک منشأ لایه.

dermal (der-măl) adj.

مربوط به یا تحت تأثیر پوست، خصوصاً غشای میانی پوست.

dermatitis (der-mă-ty-tis) n.

التهاب پوست در اثر یک عامل خارجی. در این وضعیت پوست قرمز شده و خارش دارد که ممکن است تاول های کوچکی بر روی پوست بوجود آیند.

eczematous d.

شرایطی به همراه اگزما. این وضعیت ممکن است از طریق کاهش حساسیتی تماس پوست با یک ماده یا ممکن است حساسیتی با تزریق و خوردن موادی ایجاد شود.

noneczematous d. (occupational d.)

درماتیتی که به همراه اگزما نیست و اغلب از طریق مواد صنعتی ایجاد می شود.

رعشه شده که از طریق مصرف بیشتر دارو معکوس می شوند. این وضعیت ممکن است بوسیله ی الکل، مورفین، هروئین و کوکائین تحریک شود.

psychological d.

نوعی وابستگی که استفاده ی مکرر از یک دارو وابستگی به آن را برای حالت رضایت و خرسندی، تحریک می کند ولی اگر استفاده ی دارو متوقف شود، علایم فیزیکی ترک آن دارو، وجود ندارند. این وضعیت ممکن است از طریق نیکوتین موجود در تنباکو، حشیش و بعضی از داروها مثل باربیتورات ها و آمفتامین ها بوجود آید. ۲. حالت وابستگی به د یگران برای جنبه های مراقبت از خود، که گاهی اوقات به عنوان سنجیدن حجم کار پرستاری استفاده می شود.

depersonalization (dee-per-sŏ-nă-ly-zay-shŏn) n.

حالتی که شخص احساس می کند شخصیتش غیر واقعی شده یا به طور ناشناس، تغییریافته و یا احساس می کند که ذهنش از بدنش جدا شده است. این وضعیت در شرایطی مثل رنجوری اضطرابی، جنون جوانی و بیماری صرع رخ می دهد. به *out-of-the-body experience*و *derealization* مراجعه کنید.

depilatory (di-pil-ă-ter-i) n.

عاملی که برروی پوست جهت برداشت مو به کار برده می شود.

depolarization (di-poh-lă-ry-zay-shŏn) n.

جریان ناگهانی هجوم ذره ها از عرض غشای عصبی یا سلول های ماهیچه ای که به همراه تغییر فیزیکی و شیمیایی درون غشا و از بین بردن تأثیرات آن و یا برعکس، راکد ماندن عامل بالقوه برای ایجاد یک فعالیت بالقوه، است.

depressant (di-pres-ănt) n.

عاملی که فعالیت عادی هر سیستم یا عملکرد بدن را کاهش می دهد. داروهایی مثل بی هوشی های عمومی، باربیتورات ها و مسکن ها، کاهش دهنده ی سیستم عصبی مرکزی و دستگاه تنفس هستند.

depression (di-presh-ŏn) n.

حالتی روحی که از طریق غمگینی بیش از اندازه تشخیص داده می شود. فعالیت می تواند برانگیزنده یا کاهنده باشد و خواب، اشتها و تمرکز، آشفته شوند. افسردگی ممکن است از طریق زوال و ناکافی و یا از طریق شرایطی مانند افسردگی

۱. نعوظ معکوس، که بوسیله ی آن آلت تناسلی مذکر یا مؤنث نعوظ یافته، بعد از اورگاسم، سست می شود. ۲. فرو نشستن ورم.

deut- (deuto, -deuter(o) -)
پیشوند به معنای دو، دومین، ثانویه.

deuteranopia : (dew- ter- ă - noh- pia) n.
نقصی در بینایی رنگ ها که رنگ های قرمز، زرد و سبز، با هم اشتباه گرفته می شوند. با *tritaponia* مقایسه کنید.

developmental disorder (di-vel-ŏp-men-t'l) n.
گروهی شرایطی که در دوران کودکی بوجود می آید و از طریق تأخیر در عملکردهای روانی، مثل تکلم، مشخص می شود. در شرایط *pervasive* (مثل درخود ماندگی) انواعی از تکامل را شامل می شود. در اختلالات *specific* (مثل دیس لکسی) نقص یک اشکال مجزا است.

deviation (dee-vi-ay-shŏn) n.
(در چشم پزشکی) هر نوع وضعیت غیرعادی یک یا هر دو چشم. انحراف هر دو چشم ممکن است در بیماری مغزی رخ می دهد. انحراف یک چشم در دسته ی بیماری لوچی قرار می گیرد (به *strabismus* مراجعه کنید).

Device's disease (dev-iks) n.
به *neuromyelitis optica* مراجعه کنید.
[E. Devic, پزشک فرانسوی]

dexamethasone (desk-ă -meth-ă -zohn) n.
دارویی کورتیکواستروئیدی، که از طریق دهان یا تزریق، عمدتاً در درمان آلرژی های شدید، بیماری های پوست و چشم، رماتیسم، دیگر شرایط التهابی و اختلالات هورمونی و خونی استفاده می شود. نام تجاری: *Dexamed, Dexedrine*.

dexamphetamine (desk-am-fet-ămin) n.
دارویی با فعالیت و تأثیرات مشابه آمفتامین ها. نام تجاری: *Dexamed, Dexedrine*.

dextr- (dextro-)
پیشوند به معنای ۱. سمت راست ۲. (در شیمی) گردش به طرف قلب راست.

dextran (deks-tran) n.
کربوهیدرات متشکل از زنجیره های منشعب واحدهای گلوکز که فرآورده های ذخیره ای باکتری ها و مخمرها است. تهیه ی

دارویی ضدافسردگی سه حلقه ای که از طریق دهان یا تزریق استفاده می شود. نام تجاری: *pertofran*

desmopressin (dess-moh-press-in) n.
ترکیبی مشتق از وازوپرسین که موجب کاهش بازده ادراری می شود. این دارو از طریق داخل بینی برای درمان دیابت بی مزه، و داخل وریدی برای درمان هموفیلی و بیماری *von willebrand* استفاده می شود. نام تجاری: *DDAVP*.

desoximethasone (dess-oxi-meth-ă -zohn) n.
کورتیکواستروئیدی که بر روی پوست به عنوان کرم یا پماد جهت کاهش التهاب و خارش استفاده می شود. نام تجاری: *stiedex*

desquamation (des-kwă -may-shŏn) n.
فرآیندی که لایه ی خارجی اپیدرم پوست از طریق پوسته پوسته شدن برداشته می شود.

detached retina (di-tacht) n.
جداشدن شبکیه از مشمیه به علت فقدان بینایی در بخش تحت تأثیر واقع شده ی شبکیه.

detergent (di-ter-jĕnt) n.
عاملی پاک کننده ی و ساختگی که تمام ناخالصی ها را از یک سطح بوسیله ی واکنش با چربی و ذرات معلق از قبیل باکتری ها و دیگر میکروارگانیسم ها، بر می دارد.

detoxication (detoxification) (dee-toksi-kay-shŏn) n.
فرآیندی که بوسیله ی آن مواد سمی برداشته شده و یا آثار سمی آن خنثی می شود. این فرآینده یکی از عملکرد کبد است.

detrition (di-trish-ŏn) n.
فرآیند از بین رفتن جامدات بدن (مثل استخوان ها) بوسیله ی یا سایش استعمال.

detritus (di-try-tŭs) n.
ذرات تولید شده از طریق تجزیه ی، بافت های مرده و غیره.

detrusor muscle (di-troo-ser) n.
دسته ای از فیبرهای ماهیچه ی صاف که پوشش خارجی و عضلانی مثانه ی ادراری را تشکیل داده و به پوبیس متصل می شود.

Dettol (det-ol) n.
به *Chloroxylenol* مراجعه کنید.

detumescence (dee-tew-mes-ĕns) n.

باقی بمانند، عبور می کنند. عمدتاً دیالیز در کلیه ی مصنوعی استفاده می شود (به *haemodialysis* مراجعه کنید).

diamorphine (dy-ă-mor-feen) n.

به *heroin* مراجعه کنید.

diapedesis (dy-ă-pĕ-dee-sis) n.

عبور سلول ها از طریق دیواره ی مویبرگ های خونی به درون فضای بافت. دیاپدز بخش مهم واکنش بافت ها نسبت به جراحت است (به *inflammation* مراجعه کنید).

diaphoresis (dy-ă-fer-ee-sis) n.

فرآیند عرق کردن خصوصاً عرق کردن بیش از اندازه. به *sweat* مراجعه کنید.

diaphoretic (sudorific) (dy-ă-fer-et-ik) n.

دارویی مثل پیلوکاپرین که موجب کاهش تعرق می شود. داروهای تب بر نیز این عملکرد را دارند.

diaphragm (dy-ă-fram) n.

۱. (در آناتومی) عضله ی غشایی، نازک و گنبدی شکل که قفسه ی سینه را از حفره ی شکم جدا می کند. دیافراگم نقش مهمی در تنفس دارد. مجاریی در دیافراگم وجود دارند که از درون آن مری، عروق خونی و اعصاب عبور می کنند. ۲. نوعی پوشش نیم دایره ای و لاستیکی که درون مهبل و بالای گردن رحم به عنوان جلوگیری کننده از بارداری، قرارمی گیرد. زمانی که این پوشش از یک اسپرم کش ترکیب می شود، دیافراگم، پیشگیری از بارداری مطمئن و مناسبی را فراهم می کند.

diaphysis (dy-af-i-sis) n.

بدنه ی (بخش مرکزی) استخوان های بلند. با *epiphysis* مقایسه کنید.

diarrhea (dy-ă-ree-ă) n.

تخلیه ی مکرر روده یا عبور غیرطبیعی مدفوع نرم و مایع. علل ایجاد آن شامل التهاب روده، اضطراب و سندرم تحریک پذیر روده، است. اسهال شدید و طولانی مدت ممکن است باعث زیاد از دست دادن مایع، نمک ها و مواد غذایی در مدفوع شود.

diarthrosis (synovial joint) (dy-arth-roh-sis) n.

مفصلی آزاد و متحرک. بخش های انتهای استخوان های به هم متصل با لایه ی نازک و غضروفی پوشیده شده و استخوان ها توسط یک لیگامنت به همراه غشای سینوویال که مایع سینوویال را ترشح می کند، متصل می شوند.

diastase (dy-ă-stayz) n.

آنزیمی که نشاسته را درون دانه ی جو جهت تولید مالتوز در طول فرآیند مالت سازی، هیدرولیز می کند. این آنزیم به هدف هضم نشاسته در برخی از اختلالات گوارشی استفاده می شده است.

diastasis (dy-ast-ă-sis) n.

در رفتگی استخوان ها در یک مفصل ثابت یا کم تحرک، مثل دررفتگی در سمفیزپوبیس.

diastole (dy-ast-ŏ-li) n.

دوره ی بین دو انقباض قلب، زمانی که عضله ی قلب در حالت استراحت است و به اتاقک ها اجازه ی پرشدن از خون را می دهد. به *blood pressure* و *systole* مراجعه کنید.

-diastolic (dy-ă-stol-ik) adj.

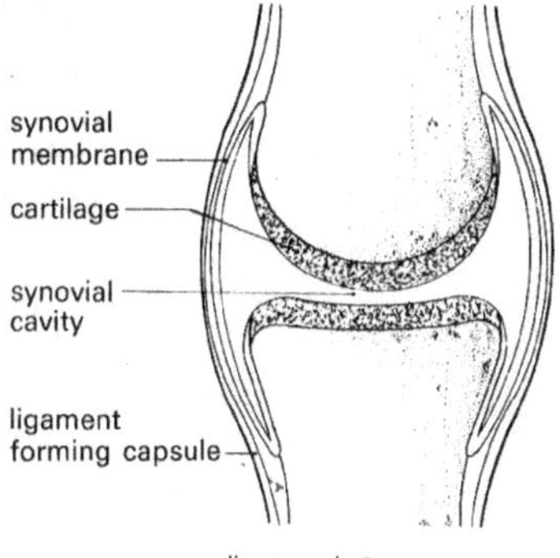

مفصل سینوویال

diastolic pressure n.

به *blood pressure* مراجعه کنید.

diathermy (dy-ă-therm-i) n.

تولید گرما در بخشی از بدن بوسیله ی جریان الکتریکی پر فرکانس که از بین دو الکترود واقع شده بر روی پوست بیمار، عبور می کند. گرمای تولید شده می تواند در درمان دردهای عمقی در وضعیت‌های روماتیسمی و ورم مفاصل استفاده شود.

d. knife

تیغه ی تولید کننده ی گرما که خون را منعقد کرده و برای جراحی برش بدون خون ریزی استفاده می شود.

d. snare (or needle)

نیدلی که برای تخریب بافت ناخواسته استفاده می شود. به *electrosurgery* مراجعه کنید.

فرآیندی که غذای بلعیده شده در کانال گوارشی به شکلی که بتواند جذب بافت های بدن شود، تجزیه می شود.

digit (dij-it) n.

انگشت دست یا انگشت پا.

-digital adj.

digitalis (dij-i-tay-lis) n.

عصاره ای از برگ های خشکیده ی گل انگشتانه (گونه های *Digitalis*) حاوی مواد گوناگونی شامل دی جی توکسین و دیگوسین که ماهیچه ی قلب را تحریک می کند، است. این دارو برای درمان ناتوانی قلب استفاده شده و از طریق دهان یا در موقع اورژانسی از طریق تزریق استفاده می شود. به *digitalization* مراجعه کنید.

digitalization (dij-it-ă-ly-zay-shŏn) n.

استفاده از داروی دیژیتال یا یکی از مشتقات تصفیه شده ی آن، برای یک بیمار مبتلاء به ناتوانی قلبی، تا زمانی که سطح مطلوب در بافت های قلب حاصل شود.

digitoxin (dij-i-toks-in) n.

دارویی که انقباض عضله ی قلب را افزایش داده و از طریق دهان یا تزریق در نارسایی قلب استفاده می شود. این دارو به سرعت تأثیر گذار است و تأثیر آن کوتاه مدت می باشد.

dihydrocodeine (dy-hy-drŏ-koh-deen) n.

دارویی که از طریق دهان یا تزریق برای تسکین درد و توقف سرفه استفاده می شود (به *antitussive, analgesic* مراجعه کنید).

diiodohydroxyquinoline (dy-I-ŏ-doh-hy-droks-i-kwin-ŏ-leen) n.

داروی ضد عفونی کننده ای که از طریق دهان یا پساری برای درمان عفونت های روده ای و اسهال خونی ایجاد شده توسط آمیب، استفاده می شود. نام تجاری: *Diodoquin*.

dilatation (dy-lă-tay-shŏn) n.

بزرگی و اتساع یک ارگان توخالی (مثل رگ خونی) یا حفره.

dilatation and curettage (D and C) n.

عملی که در آن سرویکس (گردن) رحم با استفاده از یک متسع کننده، متسع شده و پوشش درونی رحم (آندومتر) توسط تراشیدن به طور اندک خارج می شود (به *wattage* مراجعه کنید). این عمل به دلایل مختلفی از قبیل، برداشت کیست یا تومور و معاینه ی اندومتر در تشخیص بیماری اختلالات زنانه، انجام می شود.

کمک کننده در جلوگیری از برخی بیماری ها مثل التهاب دستگاه غذایی، یبوست، التهاب آپاندیس، چاقی و دیابت ملیتوس مطرح است.

dietetics (dy-i-tet-iks) n.

کاربرد اصول تغذیه جهت انتخاب غذا و غذا دادن اشخاص و گروه ها.

diethylcarbamazine (dy-eth-yl-kar-bam-ă-zeen) n.

داروی ضد کرم که از طریق دهان در درمان فیلاریاز، آلودگی ملتحمه و پلک ها و انکوسرکا استفاده می شود.

diethylpropion (dy-eth-yl-proh-pi-on) n.

دارویی شبیه به آمفتامین که اشتها را متوقف می کند و از طریق دهان در درمان چاقی استفاده می شود. وابستگی از نوع آمفتامین ممکن است رخ دهد. نام تجاری: *Apesatate, Tenuate*.

Dietl's crisis (dee-t'lz) n.

انسداد حادکلیه که باعث درد شدید در ناحیه ی کمر می شود. انسداد معمولاً در پیوندگاه لگنچه ی کلیوی و پیشابراه رخ داده که موجب متورم شدن کلیه به همراه احتباس ادراری می شود (به *hydronephrosis* مراجعه کنید).

[j. Dietl (1804-78), پزشک لهستانی]

differential diagnosis (dif-er-en-shăl) n.

به *diagnosis* مراجعه کنید.

differential leucocyte count (differential blood count) n.

تعیین نسبت انواع گلبول های سفید (لکوسیت ها) موجود در یک نمونه ی خون. اغلب اطلاعات به تشخیص بیماری کمک می کند.

differentiation (dif-er-en-shi-ay-shŏn) n.

۱. (در جنین شناسی) فرآیند رشد جنینی که در طی آن سلول ها و بافت های غیر اختصاصی برای اعمال خاصی، اختصاصی می شوند. ۲. (در غده شناسی) درجه ی شباهت سلول های تومور به ساختار ارگانی که از آن تومور نشأت می گیرد. طبقه بندی تمایز تومورها از متوسط تا اندک است.

diffusion (di-few-zhŏn) n.

ترکیب یک مایع یا گاز با یکدیگر از طریق حرکات تصادفی اجزاء.

digestion (dy-jes-chŏn) n.

dietetics [illegible]

[illegible]

diethylcarbamazine [illegible]

[illegible]

Dietl's crisis [illegible]

[illegible]

digit (dij-it) n.

[illegible]

digitalis (dij-i-tay-lis) n.

[illegible]

digitoxin [illegible]

[illegible]

میل مفرط و قانع نشدنی به الکل. فقط بخشی از معتادان به الکل این علامت را نشان می دهند. به *alcoholism* مراجعه کنید.

dipyridamole (dy-py-rid-ă-mohl) n.
دارویی که عروق خونی قلب را متسع می کند. این دارو برای درمان کاهش فعالیت قلب استفاده شده و از طریق دهان یا تزریق مصرف می شود.

director (di-rek-ter) n.
ابزاری که برای راهنمایی اندازه و مسیر برش جراحی استفاده می شود.

dis-
پیشوند به معنی جدایی.

disability (dis-ă-bil-iti) n.
به *handicap* مراجعه کنید.

Disabled Living Foundation (dis-ay-bŭld) n.
(درانگلستان) وکالت اختیاری مایل شدن در تمامی جنبه های مراقبت از افراد معلول و بهبودی زندگی آن ها.

disable person n.
شخصی که از برخی نقایص خود که از عملکرد بعضی فعالیت‌ها جلوگیری می کند، رنج می برد.

Disablement Resttlement officer (dis-ay-bŭl-mĕnt) n.
عضوی از خدمات استخدام که افراد معلول را در داوری و توافق در استخدام مناسب یاری می کند.

disaccharide (dy-sak-ă-ryd) n.
کربوهیدرات متشکل از دو واحد مونوساکارید متصل به هم. متداول ترین مونوساکاریدها مالتوز، لاکتوز و ساکاروز هستند.

disarticulation (dis-ar-tik-yoo-lay-shŏn) n.
جدایی دو استخوان در یک مفصل. این وضعیت ممکن است نتیجه ی جراحت باشد یا ممکن است از طریق جراح در هنگام عمل، در روش قطع عضو از بدن انجام شود.

disc (disk) n.
(در آناتومی) ساختار مدور و پهنی مثل دیسک بین مهره ای یا دیسک بینایی.

discharge rate (dis-charj) n.
تعدادی از موارد یک بیماری خاص مرخص شده از بیمارستان های مربوط به ناحیه‌ی تحت پوشش: معمولاً به صورت منطقه ای در هر ۱۰۰۰ تا بیان می شود.

تغذیه ، اسهال و آنمی در نتیجه ی کاهش در جذب ویتامین B_{12} روده، می شود.

dipianone (dy-pip-ă-nohn) n.
داروی بی‌حسی قوی، که از طریق دهان یا تزریق برای تسکین درد شدید استفاده می شود.

dipl- (diplo-)
پیشوند به معنی دوتا.

diplacusis (dip-lă-kew-sis) n.
درک صدای مفرد به عنوان دو صدا که در اثر نقص موجود در حلزون گوش درونی است.

diplegia (dy-plee-jă) n.
فلج درگیرکننده ی هر دو سمت بدن، که بر پاها شدیدتر از دست ها تأثیر می گذارد.

cerebral d.
نوعی فلج مغزی که آسیب گسترده ای در هر دو نیم کره ی مغزی که سلول های مغزی که حرکات اعضاء را کنترل می کنند وارد می کند.

-diplegic adj.

diplococcus (dip-loh-kok-ŭs) n.
هر گروهی از باکتری های کروی، انگلی و بدون حرکت که به صورت جفت هستند. این گروه شامل پنوموکوکوس می شود.

diploë (dip-loh-ee) n.
بافت مشبک مانندی که بین لایه‌های درونی و بیرونی جمجمه قرار دارد.

diploid (dip-loid) adj.
توصیف سلول ها، هسته و ارگانیسم های که در آن ها هر کروموزوم به جز کروموزوم جنسی*y* دوتا هستند. با *haploid* مقایسه کنید.

-diploid n.

diplopia (di-ploh-piă) n.
دو بینی: درک هم زمان دو تصویر از یک شیء. این وضعیت معمولاً ناشی از اختلال در حرکات هماهنگی شده ی عضلاتی که کره ی چشم را حرکت می دهند است.

diprophylline (di-prof-i-leen) n.
دارویی که ماهیچه ی برونشی را شل می کند و عضله ی قلب را تحریک می کند. این دارو از طریق دهان، تزریق یا شیاف برای تسکین علایم آسم و برونشیت و درمان ناتوانی تراکمی قلب استفاده می شود. نام های تجاری: *Neutraphylline, silbephylline*

dipsomania (dip-sŏ-may-niă) n.

موجب علایمی مشابه به التهاب آپاندیس می شود. با *diverticular disease* مقایسه کنید.

diverticulosis (dy-ver-tik-yoo- loh-sis) n.

وضعیتی که دیورتیکول‌هایی در بخشی از روده، به بدون دلیلی از التهاب، وجود دارند (با *diverticulitis* مقایسه کنید).

diverticulum (dy-ver-tik-yoo-lŭm) n. (pl. diverticula).

کیسه یا عضو کیسه مانند که در نقاط ضعیفی از دیواره های دستگاه گوارشی تشکیل می شود.

colonic d.

دیورتیکولی که برکولون تأثیر می گذارد. گاهی اوقات آن ها باعث درد ناحیه ی شکم یا عادات روده ای تغییر یافته می شوند (به *diverticular disease* و *diverticulitis* مراجعه کنید).

jejunal d.

دیورتیکولی که بر روده ی کوچک تأثیر می گذارد. آن ها اغلب چندتایی هستند و ممکن است باعث ناراحتی شکم و سوء جذب شوند.

Meckel's d.

دیورتیکولی که در ایلئوم به عنوان یک ناهنجاری مادرزادی بوجود می آید. ممکن است ملتهب شود، وضعیتی مشابه التهاب آپاندیس، یا ممکن است باعث زخم پپتیک، درد، خون ریزی یا سوراخ شود.

division (di-vizh-ŏn) n.

جدایی یک ارگان یا بافت به بخش های مجزا از طریق جراحی.

divulsor (dy-vul-ser) n.

ابزار جراحی که جهت متسع کردن شدید هر نوع کانال یا حفره، معمولاً پیشابراه استفاده می شود.

dizygotic twins (dy-zy-got-ik) pl. n.

به *twins* مراجعه کنید.

DMD (Duchenne mscular dystrophy) n.

به *muscular dystrophy* مراجعه کنید.

DMSA n.

دیمرکاپتوسوکسینیک اسید با مشخصه ی تکنتیوم ـ ۹۹. به عنوان ردیاب نشان دادن جای زخم کلیه ناشی از عفونت استفاده می شود.

DNA (deoxyribonucleic acid) n.

ماده ی ژنتیک تقریباً تمام ارگانیسم های زنده که وراثت را کنترل می کند و در هسته ی سلول قرار دارد (به *hromosome* مراجعه کنید). *DNA* یک نوکلئیک اسید متشکل از دو رشته ی ساخته شده از واحدهایی به نام

district nurse (home nurse) (dis-trikt) n.

(در انگلستان) یک پرستار شایسته با آموزش مخصوص در خدمات خانگی.

disulfiram (dy-sul-fi-ram) n.

دارویی که از طریق دهان برای درمان الکلیسم مزمن استفاده می شود. این دارو به عنوان یک بازدارنده از طریق تولید تأثیرات ناخوشایند مثل سردرد، تهوع و استفراغ، زمانی که با الکل مصرف می‌شود، فعالیت می‌کند. نام‌تجاری: Antabuse.

dithranol (dith-ră -nol) n.

دارویی که برروی پوست به عنوان پماد یا خمیر جهت درمان عفونت های ناشی از کرم های حلقوی، پسوریازیس و دیگر شرایط پوست به کاربرده می شود. استعمال این دارو ممکن است موجب خارش بر روی پوست شود.

diuresis (dy-yoor-ee-sis) n.

دفع زیاد ادرار از کلیه ها. این وضعیت به طور طبیعی به دنبال نوشیدن مایعات بیشتر از نیازهای بدن است. این شرایط می تواند از طریق استفاده ی دیورتیک تحریک شود.

diuretic (dy-yoor-et-ik) n.

دارویی مثل کلروتیازید، فروزمید یا تری آمترین که حجم ادرار را افزایش داده و باعث دفع بیشتر نمک ها و آب از کلیه ها، می شود. دیورتیک ها در درمان ادم، فشارخون بالا و گلوکما استفاده می شود.

diurnal (dy-ern-ăl) adj .

رخ دادن در طول روز.

divarictor (dy-va-ri-kay-ter) n.

۱. آتل لولادار چوبی که برای اصلاح در رفتگی مادرزادی هیپ استفاده می شود. ۲. ابزار جراحی قیچی مانند جهت تقسیم کردن بخش هایی از بافت ها به دو بخش جدا از هم در طول عمل.

diverticular disease (dy-ver-tik-yoo-ler) n.

وضعیتی که در کولون دیورتیکول هایی وجود دارد (به *diverticulum* مراجعه کنید) که باعث درد ناحیه ی تحتانی شکم و مختل شدن عادات روده ای می شود. درد، ناشی از اسپاسم ماهیچه های روده است و در اثر التهاب دیورتیکول ها نمی باشد (با *diverticulitis* مقایسه کنید).

diverticulitis (dy-ver-tik-yoo-ly-tis) n.

التهاب دیورتیکول، اغلب در یک یا چند دیورتیکول کولونی. این نوع دیورتیکولیت از طریق عفونت ایجاد شده وموجب درد ناحیه ی تحتانی شکم به همراه اسهال و یبوست می شود. دیورتیکول *Meckel* گاهی اوقات در اثر عفونت ملتهب شده و

واکسن ترکیب شده علیه دیفتری، سیاه سرفه و ارگانیسم های کزاز که از سم آن ها و دیگر آنتی ژن ها تهیه می شود.

dracontiass (drak-on-ty-ă -sis) n.
بیماری گرمسیری که از طریق انگل نماتود dracunculus medinensis (به *guinea worm* مراجعه کنید) ایجاد می شود. این بیماری به انسان از طریق نوشیدن آب آلوده انتقال می یابد. کرم به سطح پوست مهاجرت کرده و سرانجام تاول بزرگی معمولاً روی پاها یا دستان ایجاد می کند که می ترکد و ممکن است باعث زخم و ایجاد عفونت شود.

Dracunculus (dra-kunk-yoo-lŭs) n.
به *guinea worm* مراجعه کنید.

dragee (dra-zhay) n.
یک قرص دارویی پوشیده شده از قند.

drain (drayn)
n. ۱. ابزاری، معمولاً یک لوله یا فیتیله که برای کشیدن مایع از حفره های داخلی بدن به طرف بیرون، استفاده می شود. ۲. *vb.* به *drainage* مراجعه کنید.

drainage (drayn-ij) n.
کشیدن مایع از حفره موجود در بدن که معمولاً به طور غیرطبیعی تجمع یافته است. با *drain* مقایسه کنید.

drastic (drus-tik) n.
عاملی که موجب تغییرات اصلی در عملکرد بدن می شود.

draw-sheet (draw-sheet) n.
محلفه ی قرارگرفته در زیر بیمار درون تخت که ممکن است در صورت لکه یا چروکیده شدن، کشیده شود.

drepanocyte (sickle cell) (drep-ă -noh-syt) n.
به *sickle-cell disease* مراجعه کنید.

dressing (dres-ing) n.
ماده ای که برای زخم ها یا بخش های آسیب دیده ی بدن به همراه یا بدون استفاده از دارو جهت محافظت و بهبودی مداوم به کار برده می شود.

drill (drill) n.
(در دندان پزشکی) ابزار چرخنده ای که برای برداشت ماده ی دندان، خصوصاً در درمان پوسیدگی دندان، استفاده می شود.

drip (intra venous drip) (drip) n.
وسیله ای برای تزریق مداوم خون، پلاسما، سالین، محلول گلوکز یا دیگر مایعات به درون ورید. مایع تحت اثر جاذبه از بطری آویزان شده بوسیله ی لوله ای که انتهای آن سرنگ توخالی قرار دارد، به درون سیاهرگ بیمار جریان می یابد.

۱. پشت. ۲. سطح فوقانی یا خلفی بخشی از بدن.

dose (dohs) n.
مقدار داروی با دقت اندازه گیری شده، که توسط پزشک برای دادن به بیمار در زمان معین، تجویز می شود.

dosimetry (doh-sim-itri) n.
محاسبه ی داروی مناسب برای شرایط معین، معمولاً محاسبه ی مقدار صحیح پرتو، جهت درمان سرطان در قسمت های مختلف بدن. به *radiotherapy* مراجعه کنید.

double vision (dub-ŭl) n.
به *diplopia* مراجعه کنید.

douche (doosh) n.
جریان قوی آب برای تمیزکردن هر بخشی از بدن که بیشتر برای مهبل استفاده می شود.

Down's syndrome (downz) n.
نوعی زیر هنجاری ذهنی ناشی از نقص کروموزوم (کروموزوم ۲۱ به جای ۲ تا معمولی ۳ تا دارد). مشخصه ی جسمی اصلی آن شامل انحراف اندک چشم ها مثل نژاد عقب مانده ی معلول وار (بنابراین نام سابق این وضعیت *mongolism* - است) ، سرگرد، برآمدگی بینی صاف و قدکوتاه، می باشد. پیشرفت ذهنی نهایی مربوط به بچه ی ۵ ساله است.یعنی *IQ* ۶۰ ـ ۵۰. نام پزشکی:*trismy 21*.
[j. L. H; Down (1826-96), پزشک انگلیسی]

doxepin (doks-ĕ -pin) n.
دارویی که از طریق دهان برای تسکین افسردگی خصوصاً زمانی که به همراه اضطراب باشد، استفاده می شود (به *antidepressant* و*tranquillizer* مراجعه کنید). نام تجاری: *sinequan*

doxorubicin (doks-oh-roo-bi-sin) n.
آنتی بیوتیک آنتراسیکلین مشتق شده از *streptomyces peucetius caesius* که عمدتاً در درمان سرطان خون و انواع دیگر سرطان ها استفاده می شود. این دارو از طریق تزریق یا انفوزیون استفاده می شود. تأثیرات جانبی آن شامل انحطاط مغز استخوان، طاسی، اختلالات گوارشی و آسیب به قلب می باشد. نام تجاری: *Adriamycin*

doxycycline (doks-i-sy-kleen) n.
آنتی بیوتیکی که از طریق دهان برای درمان عفونت های ناشی از ردیف گسترده ای از باکتری ها و دیگر میکروارگانیسم‌ها، استفاده می‌شود. نام‌تجاری: *vibramycin*.

DPT vaccine n.

dose (dōs) n.

Down's syndrome

draconitiasis

dracunculus

dragee

drain (drān)

drainage

نوعی سندرم بالینی ناشی از تفاوت بین فشار اتموسفری بیرون از بدن و فشار هوا یا گاز درون حفرات بدن. به *compressed air illness* مراجعه کنید.

dyschezia (dis-kee-zi ă) n.
نوعی یبوست ناشی از دوره ی طولانی مدت در توقف اختیاری در دفع مدفوع. رکتوم بوسیله ی مدفوع متسع شده و حرکات روده ای مشکل یا دردناک می شوند.

dyschondroplasia (dis-kon-droh-play-zi ă) n.
شرایط ناشی از استخوانی شدن ناقص غضروف در نتیجه ی رشد تعداد زیادی از تومورهای غضروفی خوش خیم (به *chondroma* مراجعه کنید). غضروف درگیر شده ممکن است بدشکل شود و از رشد خود باز بماند.

dyscoria (dis-kor-i ă) n.
نقص در شکل یا تشکیل مردمک چشم.

discrasia (dis-kray-zi ă) n.
حالت غیرطبیعی بدن یا بخشی از آن خصوصاً قسمتی که در اثر متابولیسم یا تکامل غیرطبیعی است.

dysdiadochokinesis (adiadochokinesis) (dis-dy-ad-ŏ-koh-ki-nee-sis) n.
ضعف در به سرعت انجام دادن حرکات. این وضعیت نشانه ی بیماری مخچه است.

dysentery (dis-en-tri) n.
عفونت سیستم روده ای که باعث اسهال همراه با خون و موکوس می شود.

amoebic d.
اسهال خونی ناشی از پروتوزوآی *Entamoeba histolytica* این وضعیت عمدتاً به کشورهای گرمسیری و زیرگرمسیری محدود می شود.

bacillary d.
اسهال خونی ناشی از باکتری های گونه ی *shigella*. اپیدمی ها در شرایط غیر بهداشتی و پر جمعیت متداول هستند. با *cholera* مقایسه کنید.

dysfunction (dis-funk-shŏn) n.
اختلال یا ناهنجاری در عملکرد یک ارگان.

dysgenesis (dis-jen-i-sis) n.
رشد معیوب.

خمیدگی رو به جلوی یک یا چند انگشت (معمولاً انگشت سوم و چهارم) ناشی از ثابت شدن تاندون منعطف انگشت تحت تأثیر قرارگرفته به سمت پوست کف دست.
[Baron G. Dupuytren (1777-1835), *جراح فرانسوی]*

dura (dura mater, pachmeninx) (dewr-ă) n.
ضخیم‌ترین و خارجی‌ترین قسمت پرده‌ی مننژ که پوشاننده‌ی مغز و طناب نخاعی.

-dural adj.

dwarfism (dworf-izm) n.
کوتاهی غیرطبیعی قد. متداول ترین دلیل آن آکندروپلازی است. دارفیزم همچنین ممکن است از طریق کاهش در هورمون رشد، نقص موجود در غده ی هیپوفیز، نقص ژنتیکی در پاسخ به هورمون رشد، کاهش هورمون تیروئید (به *cretinism* مراجعه کنید)، بیماری های مزمن مثل ریکتز، ناتوانی کلیه و سوء جذب در روده، ایجاد شود.

dydrogesterone (dy-droh-jest-er-ohn) n.
هورمون مرکب، جنسی و زنانه (به *progestogen* مراجعه کنید) که از طریق دهان برای درمان ناهنجاری های قاعدگی (مثل دیسمنوره)، ناباروری و جلوگیری از سقط جنین استفاده می شود. نام تجاری: *Duphaston*.

dynamometer (dy-nă-mom-it-er) n.
ابزاری برای ثبت نیروی انقباض عضلات. این وسیله ممکن است جهت ثبت قدرت گرفتن بیمار استفاده شود.

-dynia
پسوند به معنی درد.

dys-
پیشوند به معنای سخت، غیرعادی، یا معیوب.

dysaesthesiae (dis-iss-theez-i-ee) pl. n.
احساس غیرعادی و گاهی اوقات ناخوشایند که توسط بیمار مبتلاء به آسیب دیدگی جزئی به عصب محیطی، در زمان لمس کردن پوست وی، احساس می شود. با *paraesthesiae* مقایسه کنید.

dysarthia (dis-arth-ri ă) n.
اختلال در صحبت کردن که تلفظ نامشخص است اگرچه محتوی و معنای صحبت، طبیعی است.

dysbarsim (dis-bar-izm) n.

فاکتورهای فیزیکی یا روانی ممکن است مسئول این وضعیت باشند (به *vaginismus* مراجعه کنید).

dyspepsia (idigestion) (dis-pep- siٓ a **) n.**
نوعی اختلال گوارشی: این وضعیت معمولاً برای درد یا ناراحتی در قسمت تحتانی سینه یا شکم که بعد از خوردن رخ داده یا گاهی اوقات به همراه تهوع یا استفراغ است، به کار برده می شود.
-dyspeptic adj.

dysphasia (dis-fay- jiٓ a **) n.**
وضعیتی که در آن عمل بلع مشکل یا دردناک بوده (به *odynophagia* مراجعه کنید)، یا مواد بلعیده شده به نظر می رسد موجب انسداد مجاری به سمت معده، می شود.

dysphasia (dis-fay- ziٓ a **) n.**
به *aphasia* مراجعه کنید.

dysphemia (dis-fee- miٓ a **) n.**
به *stammering* مراجعه کنید.

dysphonia (dis-foh- niٓ a **) n.**
دشواری در صحبت کردن ناشی از اختلال حنجره، طناب های صوتی، زبان یا دهان. با *dysartheria* و *aphasia* مقایسه کنید.

dysplasia (alloplasia, heteroplasia) (dis- play- ziٓ a **) n.**
رشد غیرطبیعی پوست، استخوان، یا دیگر بافت ها.

dyspnoea (disp-nee- aٓ **) n.**
به زحمت تنفس کشیدن یا تنفس مشکل. نفس تنگی می تواند ناشی از انسداد جریان هوایی به درون یا بیرون شش ها (مثل وضعیت موجود در برونشیت یا آسم)، تأثیرگذاری بیماری های مختلف بر بافت های ریه یا بیماری قلبی باشد.

dyspraxia (dis-praks- iٓ a **) n.**
به *apraxia* مراجعه کنید.

dysrhythmia (dis-rith- miٓ a **) n.**
اختلال در ریتم مثل ریتم صحبت کردن یا امواج مغزی که به عنوان اختلالی در *EEG* ثبت می شود.

dissocial (dis-soh- shٓ a l **) adj.**
توصیف اختلال شخصیتی که از طریق، بی علاقگی بی عاطفگی نسبت به دیگران، مسئولیت ناپذیری، خشونت، عدم رعایت

قوانین اجتماعی و ناتوانی در حفظ ارتباط با دیگران مشخص می شود.

dyssnergia (asynergia) (dis-sin-er- jiٓ a **) n.**
عدم هماهنگی خصوصاً حرکات ناهماهنگ و شلخته وار که در بیمارانی مبتلاء به بیماری های مخچه یافت می شود.

dystocia (dis-toh- siٓ a **) n.**
زایمان سخت. این وضعیت ممکن است از طریق ناهنجاری هایی در جنین (.fetal d) مثل اندازه ی بیش از حد جنین، وضعیت غیر طبیعی جنین در زمان تولد که مشکلات زایمانی را ایجاد کرده و ناهنجاری های مادر (.maternal d)، مثل لگن کوچک و غیرطبیعی یا عدم توانایی ماهیچه ی رحمی برای انقباض، ایجاد می شود.

dystonia (dis-toh- niٓ a **) n.**
اختلال شخصیتی ناشی از بیماری گانگلیای بازال موجود در مغز. در این وضعیت اسپاسم عضلات شانه، گردن، و تنه وجوددارد. دست اغلب از وضعیت چرخشی نداشته و سر به حالت اول خود و به طرف یک سمت بر می گردد.

dystrophia adiposogenitalis (dis-troh- fiٓ a **adi-poh-soh-jen-tahl-iss) n.**
به *fröhlich's syndrome* مراجعه کنید.

dystrophia myotonica (my- oٓ **-ton-** ikٓ a **) n.**
نوعی از دیستروفی که در آن ماهیچه ضعیف شده و این فقدان نیرو به همراه طولانی کردن غیرطبیعی انقباض عضلانی بعد از هر تلاش اختیاری است (به *myotonia* مراجعه کنید). این بیماری می تواند بر هر دو جنس تأثیر بگذارد (این وضعیت به عنوان صفات غالب، اتوزوم و ارثی است) و در اوایل میانسالی ظاهر می شود.

dystrophy (distrophia) (dis- troٓ **-fi) n.**
اختلال یک ارگان یا بافت، معمولاً عضله ناشی از نقص تغذیه ای در بخش تحت تأثیر قرارگرفته، است. به *muscular dystrophy* مراجعه کنید.

dysuria (dis-yoor- iٓ a **) n.**
دفع ادرار سخت یا دردناک. این وضعیت معمولاً در اثر ضرورت مکرر و دفعات ادرار در صورت وجود سیستیت مثانه یا التهاب پیشابراه است.

احساس شدید خرسندی و خوشی. گرچه این وضعیت از نظر آسیب شناسی ضروری نیست ولی این ممکن است ناشی از بیماری صرع (خصوصاً لب گیجگاهی) یا جنون جوانی باشد.

ECT n.

به *electroconvulsive therapy* مراجعه کنید.

ect- (ecto-)

پیشوند به معنی بیرونی یا خارجی.

ectasia (ectasis) (ek-tay- zĭa) n.

متسع کردن یک لوله، مجرا یا ارگان توخالی.

ecthyma (ek-th'y- mă) n.

نوعی بیماری پوست ـ زخم نوعی زرد زخم ـ که عفونت به طرف لایه های زیرین پوست (غشای میانی پوست) گسترش یافته و موجب ایجاد زخم می شود.

ectoderm (ek-toh-derm) n.

لایه ی خارجی ۳ لایه ی جنینی. سیستم عصبی و ارگان های حسی، دندان و پوشش دهان، غشای میانی پوست و ساختارهای مرتبط با آن، از این لایه (مو، ناخن ها و غیره) نشأت می گیرند.

-ectodermal adj.

ectomrphic (ek-toh-mor-fik) adj.

توصیف جسمی نسبتاً نازک و مسطح در مقیاسِ بر حسب وزن.

-ectomor ph n. -ectomorphy n.

-ectomy

پسوند به معنی برداشت قسمت یا تمام یک ارگان یا بخش.

ectoparasite (ek-toh-pa- ră -syt) n.

توصیف انگلی که روی سطح خارجی میزبان خود زندگی می کند. با *endoparasite* مقایسه کنید.

ectopia (ek-toh- pĭa) n.

۱. قرارگرفتن چیزی درجای اشتباه، ناشی از نقص یا جراحت مادرزادی. ۲. رخ داد موادی در یک مکان غیر طبیعی (به *ectopic beat* و *ectopic pregnancy* مراجعه کنید.

-ectopic (ek-top-ik) adj.

ectopic beat (extrasystole) n.

نوعی ضربان قلب ناشی از یک ایمپالس تولید شده در جای دیگر قلب، خارج از گره سینوسی دهلیزی. این وضعیت ممکن است از طریق هر نوع بیماری قلبی، نیکوتین سیگار، یا از طریق کافئین از مصرف بیش از اندازه ی چای یا قهوه، ایجاد شود. این وضعیت در اشخاص طبیعی، متداول است. به *arrhythmia* مراجعه کنید.

روش استفاده از امواج ماورای صوت برای بررسی و مطالعه ی ساختار درونی بدن. به *utrasonics* مراجعه کنید.

echokinesis (ek-oh-ki-nee-sis) n.

به *echoparaxia* مراجعه کنید.

echolalia (ek-oh-lay- lĭa) n.

تکرار کلماتی که توسط شخص دیگر گفته می شود. این وضعیت ممکن است علایم اختلالات زبانی، خیال پرستی، کاتاتونی و سندرم *Gill de la Tourette* باشد.

echopraxia echokinesis (ek-oh-praks- ĭa) n.

تقلید غیرارادی حرکات دیگران. این وضعیت ممکن است علایم کاتاتونی باشد.

echotomography (ek-oh- tŏ -mog- răfi) n.

به *ultrasonography* مراجعه کنید.

echovirus (ek-oh-vy- răs) n.

یکی از گروه ۳۰ ویروس *RNA* دار که در اصل مجزا از دستگاه گوارشی انسان است. این ویروس ها *enteric cytopathic humanorphan* نامیده شده که باعث برخی از اختلالات نورلوژیکی می شوند. با *reovirus* مقایسه کنید.

eclabium (ek-lay- bĭum) n.

چرخش به طرف خارج لب.

echampsia (i-klamp- sĭa) n.

پیشامد (در زنان مبتلاء به پره اکلامپسی) یک یا چند تشنج که از طریق شرایط دیگر مثل بیماری صرع یا خون ریزی مغزی ایجاد نمی شود. هجوم تشنج ممکن است از طریق افزایش ناگهانی فشار خون و یا افزایش ناگهانی ادم و رشد اولیگوری مقدم شود. تشنج ها معمولاً به دنبال کما هستند. تشنج حاملگی هر دوی مادر و کودک را تهدید کرده و باید بلافاصله درمان شود.

ecmnesia (ek-nee- zĭa) n.

عدم یادآوری وقایع اخیر که به پیامدهای دور ادامه نمی یابد. نشانه ای از پیری است.

ecology (bionomics) (ee-kol- ŏji) n.

مطالعه ی ارتباط بین انسان، گیاهان، حیوانات و محیط.

-ecological adj. - ecologist n.

écraseur (ay-kra-zer) n.

وسیله ی جراحی مشابه کمند که برای بریدن پایه ی یک تومور در طول جراحی برداشت آن، استفاده می شود.

ecstasy (ek- stă - si) n.

(در روان کاوی) بخشی از ذهن که از یک تجربه ی شخصی خارج از عالم حقیقی ایجاد می شود و بیشترین بساوش را با وقایع خارجی دارد.

Ehrlich's theory (air-liks) n.

تئوری اولیه تولید آنتی بادی با فرض این که گروه های گیرنده با زنجیره های جانبی دنباله دارند و با آنتی ژن ها ترکیب می‌شوند. بعدگیرنده ها از سلول خارج شده و به آنتی بادی تبدیل می شوند.

[P. Ehrlich (1854-1915), باکتری شناس آلمانی]

eidetic (I-det-ik) adj.

به *imagery* مراجعه کنید.

Eisenmenger reaction (I-zĕn-menger) n.

شرایطی که هیپرتانسیون ششی به همراه نقص جداری است، طوری که خون از سمت راست به سمت چپ قلب یا از سرخرگ ششی به آئورت، جریان می یابد. خون فاقد اکسیژن وارد گردش خون عمومی در نتیجه ی سیانوز و پلی سیتمی می شود.

[V. Eisenmenger (1864-1932), پزشک آلمانی]

ejaculation (i-jak-yoo-lay-shŏn) n.

خروج مایع منی از آلت تناسلی مذکر نعوظ یافته، در لحظه ی اوج جنسی (اورگاسم).

elastic cartilage (i-last-ik) n.

به *cartilage* مراجعه کنید.

elastic tissue n.

بافت پیوندی قوی، ارتجاعی، منعطف زرد رنگ.

elastic fibres.

بافت الاستیکی در غشای میانی پوست موجود در دیواره ی شریانی و در دیواره ی آلوئل های شش ها یافت می شود.

elastin (i-last-in) n.

پروتئین تشکیل دهنده ی جزء اصلی فیبرهای بافت الاستیک.

elation (exaltation) (i-lay-shŏn) n.

حالت هیجان، بشاشی و اشتیاق. این وضعیت از ویژگی مانیا و هیپومانیا است.

elbow (el-boh) n.

مفصلی درون دست که بین زند زیرین و بخشی از زند زبرین و بازو تشکیل شده است.

Electra complex (i-lek-tră) n.

احساس جنسی ناخودآگاه دختر برای پدر به همراه احساس

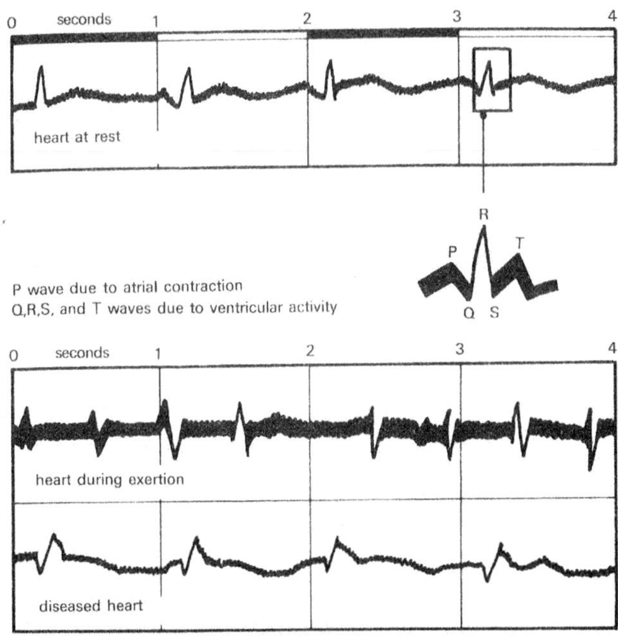

الکتروکاردیوگرام طبیعی

electroxulography (i-lek-troh-ok-yoo-log-răfi) n.
روش الکتریکی ثبت حرکات چشم بوسیله ی الکترودهای کوچک متصل شده برروی پوست در گوشه ی درونی و بیرونی چشم.

electroplexy (i-lek-troh-pleks-i) n.
به *electroconvulsive therapy* مراجعه کنید.

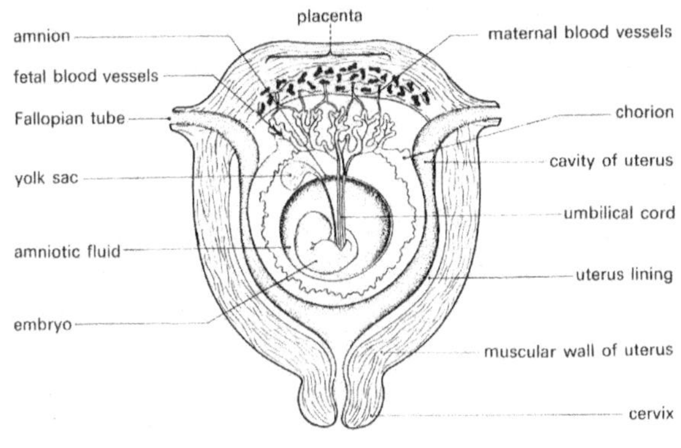

تکامل رویان

electroetinography (i-lek-troh-ret-in-og-răfi) n.
روش ثبت تغییرات در پتانسیل الکتریکی شبکیه زمانی که این بخش توسط نور تحریک می شود. یک الکترود روی چشم در تماس با عدسی واقع شده و معمولاً الکترود دیگر به پشت سر متصل می شود.

electrosurgery (i-lek-troh-serj-er-i) n.
استفاده از جریان الکتریکی پرفرکانس از یک سیم نازک الکتریکی (یک تیغه ی حرارت درمانی) برای برش بافت. میدان الکترود یک صفحه ی فلزی بزرگ است. زمانی که به طور صحیح استفاده شود گرمای اندکی کمی در اطراف بافت ها در کنتراست الکتروکوتر گسترش می یابد.

electrotherapy (i-lek-troh-th'e-ră-pi) n.
عبور جریان الکتریکی از میان بافت های بدن جهت تحریک عملکرد اعصاب و عضلاتی که به این بخش ها عصب رسانی می کنند. به *faradism* و *galvanism* هم مراجعه کنید.

electuary (i-lek-tew-er-i) n.
ترکیب دارویی که دارو به درون خمیر شربت یا عسل ساخته می شود.

element (el-i-ment) n.
موادی مثل کربن، نیتروژن یا اکسیژن که نمی توانند به مواد ساده تر تجزیه شوند. تمام اتم های یک عنصر، عدد اتمی یکسان دارند. به *isotope* نیز مراجعه کنید.

elephantiasis (el-făn-ty-ă-sis) n.
ضخیم شدن گسترده ی پوست و بافت های پیوندی زیرین در اثر انسداد عروق لنفاوی. انسداد عمدتاً در اثر کرم های فیلاریای انگلی *Brugia malayi, wuchereria bancorfti* ایجاد می شود. بیشترین بخش های تحت تأثیر قرارگرفته پاها هستند ولی کیسه ی بیضه، بیضه ها، فرج هم درگیر می شوند. به *filariasis* هم مراجعه کنید.

elevator (el-i-vay-ter) n.
۱. ابزاری که برای تحریک فعالیت استخوان شکسته استفاده می شود.

Periosteal e.
ابزاری که در اورتوپدی برای برداشت بافت های فیبروز (ضریع استخوان) پوشاننده ی استخوان استفاده می شود. ۲. ابزار هرم مانندی که برای دندان خارج شده از جای خود، در طول بیرون کشیدن آن استفاده می شود.

elimination (i-lim-i-nay-shŏn) n.
(در فیزیولوژی) فرآیند دفع فرآورده های زائد متابولیکی از خون، توسط کلیه ها و دستگاه ادراری.

ELISA n.
به *enzyme-linked immunosorbenty assay* مراجعه کنید.

elixir (i-liks-er) n.
ترکیبی حاوی الکل (اتانول) یا گلیسیرین که به عنوان یک ناقل برای داروهای تلخ و یا تهوع آور استفاده می شود.

empyema pyothorax (em-py-ee-mă) n.
چرک موجود در حفره ی پلور که معمولاً به طور ثانویه عفونت در شش ها یا فضای زیر دیافراگم ایجاد می کند.

emulsion (i-mul-shŏn) n.
ترکیبی که قطرات ریز مایع (مثل روغن) درون مایع دیگر (مثل آب) پراکنده می شود. در داروسازی به شکل امولسیون هایی جهت تغییر مزه ی روغن تهیه شده که درون مایع خوش طعمی پراکنده می شود.

EN n.
به *enrolled nurse* مراجعه کنید.

en- (em-)
پیشوند به معنی درون، داخلی.

enamel (i-nam-ĕl) n.
پوشش خارجی خیلی سخت تاج دندان.

enanthema (en-an-th'ee-mă) n.
جراحتی که برروی سطح ترشح کننده ی موکس مثل درون دهان یا مهبل بوجود می آید.

enalapril (en-al-ă-pril) n.
دارویی که از طریق دهان برای درمان فشارخون بالا (هیپرتانسیون) استفاده می شود. این دارو مانع فعالیت آنژیوتنسین که باعث کاهش فعالیت وازوپرسین (منقبض کننده ی عروق خونی) و کاهش ترشح آلدسترون شده، می شود. نام تجاری: *Innovace*.

enarthrosis (en-arth-roh-sis) n.
مفصل توپی شکل و حفره دار، مثل مفصل شانه. این گونه مفصل ها همیشه دربردارنده ی یک استخوان بلند هستند که امکان اجازه ی حرکت به تمام سطوح را فراهم می کنند.

encapsulated (in-kaps-yoo-layt-id) adj.
(مربوط به یک ارگان، تومور و غیره) که درون یک کپسول محصور شده اند.

encephal- (encephalo-)
پیشوند به معنی مغز.

encephalin (enkephalin) (en-sef-ă-lin) n.
هر دو پپتیدی که به طور طبیعی در مغز وجود دارند و تأثیراتی شبیه به مرفین و افیون ها را دارا می باشند. به *lendorphin* مراجعه کنید.

encephalitis (en-sef-ă-ly-tis) n.
التهاب مغز. این وضعیت ممکن از طریق عفونت های ویروسی یا باکتریایی، بخشی از پاسخ های حساسیتی به بیماری

emmenagogue (i-men-ĕ-gog) n.
عاملی که قاعدگی را تحریک می کند.

emmetropia (em-i-troh-piă) n.
حالت انکسار چشم طبیعی که در آن پرتوهای نوری موازی، به کانون روی شبکیه به همراه کم شدن تطابق متمرکز می شوند. با *ametropia*، *hypermetropia* و *myopia* مقایسه کنید.

emollient (i-mol-iĕnt) n.
عاملی مثل لانولین یا پارافین مایع که پوست را تسکین داده و نرم می کند این مواد عمدتاً در تدارکات پوست به عنوان پایه ای برای بیشتر داروهای فعال مثل آنتی بیوتیک ها استفاده می شوند.

emotion (i-moh-shŏn) n.
حالت هیجانی که می تواند خوشایند یا ناخوشایند باشد. احساسات می توانند سه جزء داشته باشند: برای مثال ترس، می تواند شامل یک تجربه ی ذهنی ناخوشایند، افزایش فیزیولوژیکی مقیاس ها مثل ضربان قلب و تمایل به فرار از وضعیت ترس برانگیزنده شود.

empathy (em-pă-thi) n.
توانایی درک افکار و احساسات شخص دیگر.

emphysema (em-fi-see-mă) n.
هوا موجود در بافت ها.

pulmonary e.
نوعی آمفیزم که آلوئل های شش ها بزرگ شده و آسیب می بینند؛ و سطح ناحیه ی تبادل اکسیژن و دی اکسیدکربن را کاهش می دهد. آمفیزم شدید باعث فقدان تنفس شده که از طریق عفونت بدتر می شود.

surgical e.
نوعی آمفیزم که هوا به درون بافت های اطراف (معمولاً به درون بافت های سینه و گردن). از طریق زخم ها یا برش های جراحی از روزنه های درون شش ها یا مری، وارد می شود. باکتری ها ممکن است درون بافت های نرم تشکیل گاز دهند.

empirical (im-pi-ri-kăl) adj.
توصیف یک سیستم درمانی بر پایه ی تجربه و مشاهده، به جای منطق و دلیل.

employment service (im-ploi-mĕnt) n.
نمایندگی مسئول خدمات استخدام عمومی مداوم که شامل استخدام و آموزش افراد معلول می شود.

به *bejel* مراجعه کنید.

endemiology (en-dee-mi-ol-ŏji) n.

مطالعه ی بیماری های اندمیک.

endocarditis (en-doh-kar-dy-tis) n.

التهاب اندوکارد و دریچه های قلب. این وضعیت غالباً ناشی از تب رماتیسمی یا عفونت باکتریایی (*bacteriale*) است. مشخصه های اصلی تب، مرمر قلبی، ناتوانی قلب و آمبولیسم است.

endocardium (en-doh-kar-diŭm) n.

غشای نازکی که قلب را پوشانده و با پوشش شریان و وریدها پیوسته است.

-endocardial adj.

endocervicitis (en-doh-ser-vi-tis) n.

التهاب غشای پوشاننده‌ی سرویکس (گردن) رحم معمولاً در نتیجه‌ی عفونت. این وضعیت به همراه خروج غلیظ مخاط است.

endocervix (en-doh-ser-viks) n.

غشای موکوسی پوشاننده ی گردن رحم.

endochondral (en-doh-kon-drăl) adj.

درون ماده ی غضروف.

endocrine gland (ductless gland) (end-oh-kryn) n.

غده ای که یک یا چند هورمون را تولید کرده و به صورت مستقیم به درون جریان خون (نه از طریق مجرا به سمت بیرون) ترشح می کند. غدد اندوکرین شامل: هیپوفیز، تیروئید، پاراتیروئید، غدد آدرنال، تخمدان ها، بیضه ها، پلاسنتا و بخشی از پانکراس می باشد.

endocrinology (en-doh-kri-nol-ŏji) n.

مطالعه ی غدد اندوکرین و هورمون های مترشحه از آن ها.

-endocrinologist n.

endoderm (end-oh-derm) n.

لایه ی درونی سه لایه ی اولیه ی جنینی که باعث پوشش اکثر کانال های گوارشی و غدد مربوطه، پوشش برونش ها و آلوئل شش ها و بیشتر دستگاه ادراری می شود.

-endodermal (en-doh-der-măl) adj.

endodermal sinus tumour n.

تومور نادر بقایای جنینی تخمدان ها و بیضه ها.

endogenous (en-doj-in-ŭs) adj.

نشأت گرفته از درون بدن یا مشتق شده از آن.

e. depression

نشأت گرفته از علل درونی بدن. با *exogenous* مقایسه کنید.

endolymph (end-oh-limf) n.

مایعی‌که دهلیز غشایی گوش را پر می کند.

endolysin (en-dol-i-sin) n.

ماده ای درون سلول، که فعالیت تخریبی مخصوصی علیه باکتری ها دارد.

endometriosis (en-doh-mee-tri-oh-sis) n.

وجود بافت مشابه به نوع پوشش رحم (به *endometrium* مراجعه کنید)، در مکان های دیگر لگن. این وضعیت موجب درد لگن و دیس منوره ی شدید می شود.

endometritis (en-doh-mi-try-tis) n.

التهاب اندومتریوم ناشی از عفونت حاد یا مزمن. این وضعیت ممکن است از طریق اجسام خارجی، باکتری ها، ویروس ها و انگل ها ایجاد شود. اندومتریت مزمن ممکن است جلوگیری فعالیت بارداری *IUCDS* باشد.

endometrium (en-doh-mee-tri-ŭm) n.

غشای موکوسی پوشاننده ی رحم. این غشا در طول بخش آخر چرخه ی قاعدگی ضخیم تر و عروقی تر می شود، که بخش اعظمی از غشا فرو ریخته و در قاعدگی از بین می روند. اگر حاملگی بوجود آید آندومتر به دسیدوا تبدیل می شود.

endomorphic (en-doh-mor-fik) adj.

توصیف جسمی که نسبتاً چاق، احشاء به طور زیاد رشد یافته و رشد ضعیف عضلانی و اسکلتی.

-endomorph n. -endomorphy n.

endomyocarditis (en-doh-my-oh-kar-dy-tis) n.

بیماری التهابی حاد یا مزمن ماهیچه و غشای پوشاننده ی قلب: علل اصلی تب رماتیسمی و عفونت های ویروسی است. بزرگ شدن قلب، مرمر، آمبولیسم و آریتمی مکرراً وجود دارد.

endomysium (en-doh-miz-iŭm) n.

غلاف بافت پیوندی و نازکی که فیبر عضلانی مفردی را می پوشاند.

endoneurium (en-doh-newr-iŭm) n.

لایه ای از بافت فیبروز که فیبرهای تکی درون یک عصب را جدا می کند.

endoparasite (en-doh-pa-ră-syt) n.

انگلی که درون میزبان خود برای مثال در کبد، شش ها، روده یا دیگر بافت های بدن زندگی می کند. با *ectoparasite* مقایسه کنید.

ورود به بخش سطح دوم *Register* ممکن است پرستاری عمومی یا روانی در انگلستان و *Wales* باشد. در اسکاتلند و ایرلند شمالی آموزش عمومی فقط برای صلاحیت سطح دوم وجود دارد.

ensiform cartilage (en-si-form) n.
به *Xiphoid process* مراجعه کنید.

entamoeba (ent-ă -mee-bă) n.
تیره ی به طور گسترده توزیع شده ی آمیب.

E. coli
انگل بی ضرر روده.

E. gingivalis
گونه ای که بین دندان ها یافت می شود.

E. histol'ytica
گونه ای که به دیواره ی روده حمله کرده و موجب دیسانتری و ایجاد زخم می شود.

enter- (entero-)
پیشوند به معنی روده.

enteral (en-ter-ăl) adj.
مربوط به دستگاه روده ای.

entralgia (en-ter-al-jiă) n.
به *colic* مراجعه کنید.

enterectomy (en-ter-ek-tŏmi) n.
جراحی برداشت بخشی از روده.

enteric (en-te-rik) adj.
مربوط به یا تحت تأثیر روده.

e. fever
به *paratyphoid fever* و *typhoid fever* مراجعه کنید.

enteric -coated adj.
توصیف قرص های پوشیده شده از موادی که آن ها را جهت عبور معده به روده توانا می سازد.

enterits (en-ter-I-tis) n.
التهاب روده ی کوچک که معمولاً موجب اسهال می شود.

infective e.
آنتریت ایجاد شده از طریق ویروس ها یا باکتری ها.

radiation e.
آنتریتی که از طریق اشعه ی X یا ایزوتوپ های رادیواکتیو ایجاد می‌شود. به erohn's disease (*reginal enteritis)* و *gostroenteritis* مراجعه کنید.

enterobiasis (oxyuriasis) (en-ter-oh-by-ă -sis) n.
بیماری شایع در کودکان سرتاسر جهان، که از طریق نماتود انگلی *Enterobius vermicularis* (به *pinworm* مراجعه کنید) در روده ی بزرگ ایجاد می شود. کرم ها هیچ گونه جراحت جدی در دیواره ی روده ایجاد نمی کنند، گرچه ممکن است آن ها به ندرت التهاب آپاندیس را تحریک کنند. آنتروبیاز به خوبی به درمان با ترکیبات پیپرازین پاسخ می دهد.

Enterobius (oxyuris) (en-ter-oh-biŭs) n.
به *pinworm* مراجعه کنید.

enterocele (en-ter-oh-seel) n.
فتق کیسه ی *Douglas* (بین رکتوم و رحم)، به درون بخش فوقانی دیواره ی خلفی مهبل.

enterocentesis (en-ter-oh-sen-tee-sis) n.
نوعی روش جراحی که نیدل توخالی از طریق دیواره ی معده یا روده جهت آزاد کردن تجمعات غیرطبیعی گازها یا مایعات وارد می شود.

enterococcus (en-ter-oh-kok-ŭs) n.
نوعی باکتری از تیره‌ی *streptococcus* که در روده‌ی انسان ساکن است.

enterocolitis (en-ter-oh-kŏ -ly-tis) n.
التهاب کولون و روده ی کوچک. به *colitis* و *enteritis* مراجعه کنید.

enterogenous (en-ter-oj-i-nŭs) adj.
تحمل یا حمل شده درون روده یا توسط آن.

enterokinase (en-ter-oh-ky-nayz) n.
نام سابق اینترو پپتیداز.

enterolith (en-ter-oh-lith) n.
سنگ درون روده. این وضعیت معمولاً اطراف سنگ صفرا یا سنگ بلعیده شده ایجاد می شود.

enteron (en-ter-on) n.
دستگاه روده ای.

enteropathy (en-ter-op-ă -thi) n.
بیماری روده ی کوچک. به *cdeiac disease (gluten-induced entropathy)* هم مراجعه کنید.

enteropeptidase (en-ter-oh-pep-ti-dayz) n.
آنزیم ترشح شده ی غدد روده ی کوچک که بر روی تریپسینوژن جهت تولید تریپسین فعالیت می کند.

چین عمودی پوست مربوط به پلک فوقانی که گوشه ی درونی چشم را می پوشاند. این وضعیت به صورت غیرطبیعی در شرایط مادرزادی خاص مثل سندرم *Down* رخ می دهد.
-epicanthal, epicanthic adj.

epicardium (epi-kar-dium) n.
خارجی ترین لایه ی دیواره ی قلب که میوکارد را می‌پوشاند. این لایه یک شامه ی سروزی است که لایه ی احشایی پریکارد سروزی را تشکیل می دهد.

epicondyle (epi-kon-dyl) n.
برآمدگی بالای کندیل، در انتهای مفصل شدن استخوان.

epicranium (epi-kray-nium) n.
ساختاری که جمجمه را می پوشاند یعنی تمام لایه ی پوست سر.

epicranius (epi-kray-ni-us) n.
ماهیچه ی پوست سر.

epicritic (epi-krit-ik) adj.
توصیف یا مربوط به فیبر های عصب حسی که مسئول احساساتی مثل دما و لمس هستند. با *protopathic* مقایسه کنید.

epidemic (epi-dem-ik) n.
وقوع ناگهانی بیماری های عفونی که به سرعت در میان جمعیت گسترش یافته و نسبت های بزرگی از جمیعت تأثیر می گذارند. با *pandemic* و *endemic* مقایسه کنید.
-epidemic adj.

epidemiology (epi-dee-mi-ol-oji) n.
مطالعه ی بیماری های اپیدمیک به نظر کشف ابزار کنترل و پیشگیری های بعدی. اپیدمیولوژی شامل همه انواع بیماری هایی که مربوط به محیط و روش های زندگی است می باشد.

epidermis (epi-der-mis) n.
لایه ی خارجی پوست که به چهار لایه تقسیم می شود. (به تصویر مراجعه کنید) رأس سه لایه به طور پیوسته بازسازی می شوند. این وضعیت زمانی رخ می دهد که سلول ها از تقسیم شدن پیوسته ی لایه ی *Malpighian* تدریجاً به طرف خارج کشیده شوند و به طو پیش رونده با کراتین تلفیق شوند (به *keratinization* مراجعه کنید).
-epidermal adj.

epidermolysis (epi-der-mol-i-sis) n.
سست شدن اپیدرم بواسطه ی رشد تاول های بزرگ که به طور خود به خودی یا بعد از جراحت بوجود می آید.

نوعی گلبول سفید که از طریق حضور در سیتوپلاسم گرانول های زبر خود مشخص شده و رنگ *Romanowsky* ، رنگ آمیزی نارنجی و قرمز می شود. ائوزینوفیل ها توانایی بلعیدن ذرات بیگانه را دارند و در پاسخ های آلرژیکی درگیر می شوند.

eosinophilia (ee-oh-sin-o-fil-ia) n.
افزایش تعداد ائوزینوفیل خون. این وضعیت در پاسخ به داروهای خاص و بیماری های مخلتف از قبیل حساسیت ها، حملات انگلی و نوع خاصی از سرطان خون رخ می دهد.

eparterial (ep-ar-teer-ial) adj.
واقع شدن روی یا بالای یک سرخرگ.

ependyma (ep-en-dim-a) n.
غشای شدیداً نازک و متشکل از سلول های گلیا (*ependymal cells*) که بطن مغز و شبکه ی مشمیه را می پوشاند. این غشا مسئول کمک به تشکیل مایع مغزی نخاعی است.

ependymoma (ep-en-di-moh-ma) n.
تومور مغزی مشتق شده از سلول های آپاندیوم گلیال. این تومور ممکن است موجب انسداد جریان مایع مغزی نخاعی شود که باعث ازدیاد غیرطبیعی مایع می شود.

ephebiatrics (i-fee-bi-at-riks) n.
شاخه ای از علم پزشکی مربوطه به بیماری های متداول کودکان و نوجوانان. با *paediatrics* مقایسه کنید.

ephedrine (ef-i-drin) n.
دارویی که موجب انقباض عروق خونی و گشادکردن میسر برونشی می شود (به *sympathomimetic* مراجعه کنید). این دارو از طریق دهان یا استنشاق عمدتاً در درمان آسم و دیگر شرایط آلرژیک و برونشیت مزمن استفاده می شود.

epi-
پیشوند به معنی بالای یا روی.

epiblepharon (epi-blef-er-on) n.
چین غیرطبیعی پوست موجود از زمان تولد، که روی لبه ی پلک دقیقاً بالای مژه های پلک فوقانی یا در جلوی آن ها در پلک پایینی قرار دارد. این وضعیت معمولاً تا یکسالگی نامعلوم است.

epicanthus (epicanthic fold) (epi-kanth-us) n.

epiphenomenon (epi-fin-om-inŏn) n.
علایم یا رویداد غیرطبیعی که به طور هم زمان با بیماری رخ می دهد ولی الزاماً به طور مستقیم در ارتباط با آن نیست. با *complication* مقایسه کنید.

epiphora (i-pif-er-ă) n.
ریختن اشک از چشم که اشک‌ها روی گونه‌ها جاری می شوند. این وضعیت ناشی از برخی از ناهنجاری های سیستم زهکشی است. به *lacrimal (apparatus)* مراجعه کنید.

epiphysis (i-pif-i-sis) n.
۱. بخش انتهایی یک استخوان طویل که به صورت اولیه توسط غضروف از بدنه ی استخوان جدا شده و به طور مجزا رشد می کند. این قسمت نهایتاً با دیافیز جهت تشکیل یک استخوان کامل ترکیب می شود. ۲. به *pineal body* مراجعه کنید.

epiphsitis (ep-ifi-sy-tis) n.
التهاب اپی فیز استخوان بلند.

epiplo-
پیشوند به معنی چادرینه.

epiplocele (i-pip-loh-seel) n.
فتقی که شامل چادرینه می شود.

epiploon (i-pip-loh-on) n.
به *omentum* مراجعه کنید.

episcleritis (epi-skleer-I-tis) n.
التهاب خارجی ترین لایه ی صلبیه ی چشم.

episio-
پیشوند به معنی فرج.

episiorrhaphy (ep-izi-o-răfi) n.
بخیه زدن حاشیه های شکاف موجود در بافت های اطراف مجرای مهبل.

episiotomy (ep-izi-ot-ŏmi) n.
برش پرینه در طول زایمان سخت. هدف از این کار زایمان آسان تر و جلوگیری از پارگی شدیدتر بافت های مجاور است.

epispadias (epi-spay-di-ăs) n.
نوعی ناهنجاری مادرزادی که مجرای پیشابراه روی سطح پشتی (فوقانی) آلت تناسلی قراردارد. جراحی اصلاح کردن این وضعیت در دوران کودکی انجام می شود.

epispastic (epi-dpas-tik) n.
به *vesicant* مراجعه کنید.

epistaxis (epi-staks-iss) n.
به *nosebleed* مراجعه کنید.

epithalaxia (epi-thal-aks-iă) n.
فقدان لایه های سلول های اپیتلیال پوست یا پوشش روده.

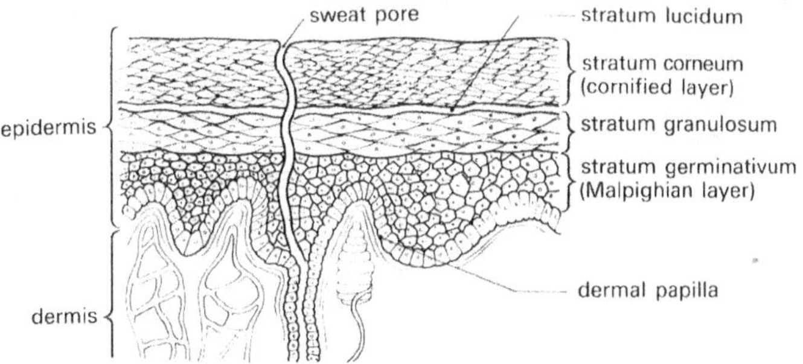

برشی از اپیدرم

epithelialization (epi-th'ee-li-ă-ly-zay-shŏn) n.
رشد اپیتلیال با روی سطح رحم، که نشانه ی مرحله ی نهایی بهبودی است.

epithelioma (epi-th'ee-li-oh-mă) n.
تومور اپیتلیوم: یک واژه ی قلبی برای کارسینوما، ولی اکنون برای توصیف تومور خوش خیم نیز استفاده می شود.

epithelium (epi-theel-iŭm) n.
بافتی که سطح خارجی بدن و ساختارهای توخالی (به جز عروق خونی و لنفاوی را) می پوشاند. اپیتلیوم ممکن است *simple*، متشکل از یک لایه ی سلولی؛ *stratified*، متشکل از چندین لایه، یا *pseudostratified*، که در آن سلول ها

Cervical e.

ناحیه ی غیرطبیعی اپیتلیوم که ممکن است درگردن رحم ناشی از آسیب بافت های ایجاد شده در زمان تولد یا سقط جنین رشد کند.

dental e.

فقدان مواد سطح دندان، معمولاً ناشی از استعمال مکرر اسید که ممکن است بواسطه ی جذب بیش از حد مرکبات رخ دهد.

erot- (eroto-)

پیشوند به معنی میل جنسی یا عشق.

eructation (i-ruk-tay-shŏn) n.

آروغ: بالا آمدن ناگهانی گاز از معده.

eruption (i-rup-shŏn) n.

۱. جراحتی که در سطح پوست ایجاد شده و از طریق بیرون زدگی و قرمز شدگی مشخص می شود. ۲. (در دندان پزشکی) رشد غیرمنتظره ی دندان از لثه، درون دهان.

erysipelas (e-ri-sip-ilăs) n.

عفونت پوست و بافت های زیرین بوسیله ی باکتری *streptococcus pyogenes* ناحیه‌ی تحت تأثیر قرارگرفته معمولاً صورت و پوست فرق سراست که ملتهب و متورم شده که به همراه گسترش تکه های برجسته برروی آن است. بیمار ناخوش و به همراه درجه ی حرارت بالای بدن است.

ersipeloid (erythema serpens) (e-ri-sip-i-loid) n.

عفونت پوست و بافت های زیرین به همراه باکتری *Erysipelothrix rhusiopathiae*، که معمولاً در افرادی که با ماهی، مرغ، خروس و گوشت است در تماس هستند رخ می‌دهد. این وضعیت به طور طبیعی به قرمز شدگی انگشت‌ها یا دستان محدود می شود و گاهی اوقات بیماری های سیستمیک گسترش می یابد.

erythema (e-ri-theem-ă) n.

قرمزی غیرطبیعی پوست در اثر اتساع مویرگ های خونی.

e. multiforme

بیماریی که از طریق سموم در گردش خون بوجود می آید که بثورات قرمز نامنظمی عمدتاً در پشت بازوها و دستان، ایجاد می شود.

e. nodosum

نوعی بیماری با حمله ی ناگهانی، که از طریق تب، درد مفصل، بثورات دردناک و متورم بر روی پاها مشخص می شود.

erythr- (erythro-)

پیشوند به معنی ۱. قرمزی. ۲. اریتروسیت ها.

ترکیبی ازآنزیم های تجزیه کننده‌ی پروتئین (به *peptidase* مراجعه کنید) که از طریق غدد روده ای ترشح می شوند. این ترکیب بخشی از سوکوس اینتریکوس است.

erg- (ergo -)

پیشوند به معنی کار یا فعالیت.

ergocalciferol (er-goh-kal-sif-er-ol) n.

به *vitamin D* مراجعه کنید.

erogograph (er-gŏ-grahf) n.

ابزاری برای ثبت کار انجام شده توسط عضلات بدن در هنگام فعالیت.

ergometrine (er-goh-met-reen) n.

دارویی که انقباضات رحم را به وجود می آورد. این دارو از طریق تزریق برای کمک به زایمان جهت کنترل خون ریزی حاصله از زایمان، استفاده می شود.

ergonomics (er-gŏ-nom-iks) n.

مطالعه ی انسان در ارتباط با کارش و عملکرد محیط بر آن.

ergosterol (er-gos-ter-ol) n.

نوعی استرول گیاهی، زمانی که اشعه ی ماورابنفش به آن می تابد. به ارگوکلسیفرول (ویتامین D_2) تبدیل می شود. به *vitamin D* مراجعه کنید.

ergot (er-got) n.

قارچی (*claviceps purpurea*) که روی چاودار رشد می کند. این قارچ چندین آلکالوئید هم تولید کرده که شامل آرگوتامین، ارگومترین می شود. به *ergotism* مراجعه کنید.

ergotamine (er-got-ă-meen) n.

دارویی که موجب انقباض عروق خونی شده و برای تسکین میگرن استفاده می شود. این دارو از طریق دهان، تزریق، استنشاق یا به عنوان شیاف استفاده می شود. نام تجاری: *Femergin, Lingraine*.

ergotism (er-gŏ-tizm) n.

مسمومیت ناشی از خوردن چاودار آلوده به همراه ارجوت قارچی. علایم عمده ی آن قانقاریای انگلستان دست و پا به همراه اسهال استفراغ، تهوع و سردرد است.

erogenous (i-roj-in-ŭs) adj.

توصیف بخش های خاصی از بدن که، تحریکات جسمی آن موجب برانگیختگی جنسی می شود.

erosin (i-roh-zhŏn) n.

ساییدگی سطح بافت ها از طریق فرآیندهای فیزیکی یا شیمیایی از قبیل التهاب.

روغن فرار مشتق شده از یک گیاه آروماتیک. روغن های اساسی در ترکیبات دارویی مختلف استفاده می شوند.

ethacrynic acid (eth-ă -krin-ik) n.
دیورتیکی که از طریق دهان یا تزریق برای درمان احتباس مایعات (ادم)، مثل ادم های ناشی از نارسایی قلب و کلیه و اختلالات کبد، استفاده می شود. نام تجاری: *Edecrin.*

ethambutol (am-bew-tol) n.
دارویی که از طریق دهان در درمان توبرکلوزیس و در پیوند با دیگر داروها استفاده می شود. نام تجاری: *Myambutol.*

ethamivan (eth-am-i-van) n.
داروی محرکی که از طریق دهان یا تزریق برای تحریک تنفس، خصوصاً در موارد مصرف بیش از حد دارو استفاده می شود. نام تجاری: *clairvan.*

ethanol (ethyl alcohol) (eth-ă -nol) n.
به *alcohol* مراجعه کنید.

ether (ee-ther) n.
روغن فراری که سابقاً به عنوان نوعی بی هوشی که از طریق استنشاق مصرف می شده، استفاده می شود. این روغن هم چنین فعالیت ضدیبوستی، در زمان مصرف از طریق دهان مصرف می شود، دارد.

ethical committee (eth-ikăl) n.
(در انگلستان) گروهی از مشاوران و دیگر متخصصان (به خصوص در یک بیمارستان) که جهت کنترل رسیدگی های مربوط به آموزش یا تحقیق از قبیل استفاده از موضوعات انسانی را وضع می کنند.

ethics (eth-iks) n.
نوعی قانون حاکم بر رفتار صحیح که در آن بر رفتارهای حرفه ی نسبت به بیماران، خانواده ها، مهمان ها و همکاران کنترل دارد.

ethinamate (eth-in-ă -mayt) n.
مسکن خفیفی که از طریق دهان برای درمان بی خوابی استفاده می شود.

ethinyloestradiol (eth-i-nyl-ee-stră -dy-ol) n.
هورمون جنسی و مرکب زنانه (به *oestrogen* مراجعه کنید) که از طریق دهان برای درمان علایم یائسگی، توقف شیردهی و نیز درمان سرطان غده ی پروستات استفاده می شود. این دارو هم چنین برای جلوگیری کننده از بارداری از طریق دهان مصرف می گردد. نام تجاری: *Lynoral*

گونه ای که معمولاً مضر نیست ولی تحت شرایط خاصی موجب عفونت دستگاه اداری ـ تناسلی و اسهال در کودکان می شود.

eserine (ess-er-een) n.
به *physostigmine* مراجعه کنید.

Esmarch's bandage (ess-marks) n.
بانداژ لاستیکی یا الاستیکی که اطراف یک عضو به منظور خارج‌کردن ناحیه‌ی تجمع یافته ای از خون، استفاده می شود.
[j. F-A. Von Esmarch (1823-1908), جراح آلمانی]

esotropia (ess-oh-troh-piă) n.
دو بینی هم گرا: نوعی لوچی.

espundia (mucocutaneous lishmanisis) (ess-puun-diă) n.
نوعی بیماری پوستی و غشای موکوسی که از طریق اثر انگل پروتوزوآی *Lishmania braziliensis* (به lishmaniasis مراجعه کنید) موجود در آمریکای جنوبی و مرکزی، ایجاد می شود.

ESR (erythrocyte sedimentation rate) n.
نسبتی که در آن گلبول قرمز (اریتروسیت ها) خارج از سوسپانسیون درون پلاسمای خون رسوب کرده، تحت شرایط استاندارد اندازه گیری می شود. *ESR* در بیماری های روماتیسمی، عفونت های مزمن و بیماری های بدخیم افزایش یافته و از این رو یک تست غربال گری با ارزش را برای این وضعیت ایجاد می کند.

essence (ess-ĕns) n.
محلولی متشکل از یک روغن اساسی محلول در الکل.

essential (i-sen-shăl) adj.
توصیف اختلالی که ظاهراً برای یک دلیل خارجی قابل نسبت دادن نیست.

essential amino acid n.
آمینو اسیدی که برای رشد طبیعی و تکامل ضروری است. این نوع آمینواسید توسط بدن سنتز نشده و از این رو باید از پروتئین موجود در رژیم غذایی فراهم شود. به *amino acid* مراجعه کنید.

essential fatty acid n.
گروه هی از چربی های غیر اشباع که برای رشد ضروری است ولی توسط بدن سنتز نمی شود. اسیدهای چرب اساسی لینولئیک، لینولنیک و آرشیدونیک اسید هستند.

essential oil n.

Eustachian tube (pharyngotympanic tube) (yoo-stay-shŏn) n.
مجرایی که گوش میانی را به حنجره متصل می کند. این مجرا امکان فشار بر روی سطح درونی پرده ی صماخ جهت حفظ برابری فشار نسبت به فشارخارجی را فراهم می کند.
[B. Eustachian (1520-74), آناتومیست ایتالیایی]

euthanasia (youth-ăn -ay-ziă) n.
خاتمه ی اختیاری به زندگی جهت تسکین از درد و رنج. این کار ممکن است از طریق مصرف دارو، خودداری عمدی از درمان، انجام شود. در هیچ کشوری مرگ آسان، قانونی نیست.

euthyroid (yoo-th'y-roid) adj.
داشتن عملکرد طبیعی غده ی تیروئید. با *hyperthyroidism* و *hypothyroidism* مقایسه کنید.
-euthyroidism n.

evacuation (i-vak-yoo-ay-shŏn) n.
برداشت محتوای یک حفره، خصوصاً خالی کردن روده (تخلیه ی شکم).

evacuator (i-vak-yoo-ay-ter) n.
ابزاری برای مکش مایعات، خارج از یک حفره. از این ابزارها ممکن است جهت تخلیه ی مثانه ی در طول بعضی از عمل ها مثل برداشت سنگ استفاده شود.

evaluation (i-val-yoo-ay-shŏn) n.
مرحله ی نهایی فرآیند پرستاری که در آن آثار مداخلات پرستاری با اهداف موجود در برنامه ی مراقبت مقایسه می شود. به *expected outcome* مراجعه کنید.

eventration (ee-ven-tray-shŏn) n.
۱. بیرون زدگی روده از طریق دیواره ی شکم. ۲. برآمدگی غیرطبیعی بخشی از دیافراگم ناشی از ضعف مادرزادی.

eversion (i-ver-shŏn) n.
چرخش به طرف خارج.

e. of the cervix
شرایطی که لبه های گردن رحم بعد از پاره شدن در طول زایمان، به طرف بیرون می چرخد.

evisceration (i-vis-er-ay-shŏn) n.
۱. (در جراحی) بیرون زدگی یک ارگان از طریق برش جراحی ۲. (در چشم پزشکی) عملی که محتویات کره‌ی چشم برداشته شده و صلبیه در پشت باقی می ماند. با *enucleation* مقایسه کنید.

evulsion (i-vul-shŏn) n.
به *avulsion* مراجعه کنید.

Ewing's tumor (or sarcoma) (yoo-ingz) n.
تومور بدخیم استخوان که از مغز استخوان نشأت گرفته و معمولاً براستخوان های بلند تأثیر می گذارد. این تومور بیش از همه در کودکان متداول است.
[j. Ewing (1866-1943), آسیب شناس آمریکایی]

ex- (exo-)
پیشوند به معنای خارج یا خارجی.

exacerbation (eks-ass-er-bay-shŏn) n.
افزایش در شدت یک اختلال که از طریق افزایش در شدت علایم و نشانه ها، مشخص می شود.

exaltation (eg-zawl-tay-shŏn) n.
به *elation* مراجعه کنید.

Exanthema (eks-anth-ĕm) n.
۱. جوش پوستی به همراه ظهور بیماری و تب. ۲. هر نوع بیماری که از طریق جوش پوستی مشخص می شود.
-exanthematous (eks-an-th'em-ătŭs) adj.

exchange transfusion (iks-chaynj) n.
روشی برای درمان بیماری همولیتیک در نوزادان. در این روش خون از بدن گرفته شده (از طریق سیاهرگ بطنی) و با مقادیر برابری از خون یک فرد دهنده که با خون مادر سازگار است جایگزین می شود.

excise (ek-syz) vb.
جدا کردن یک ارگان یا یک تومور از بدن.
-excision (ek-si-zhŏn) n.

excitation (eks-i-tay-shŏn) n.
(در نورو فیزیولوژی) رهاسازی پیام هدایت شده در غشای یک سلول عضلانی یا فیبر عصبی.

excoriation (iks-kor-i-ay-shŏn) n.
تخریب یا برداشت سطح پوست یا پوشش یک ارگان از طریق خراشیدن، استعمال مواد شیمیایی یا وسایل دیگر.

excrescence (iks-kress-ĕns) n.
رشد غیرطبیعی بافت روی یک سطح بدن مثل زگیل.

excreta : (iks- kree- tă) n.
مواد زائد خارج شده از بدن به خصوص مدفوع.

excretion (iks-kree-shŏn) n.
برداشت محصولات زائد متابولیسم از بدن، عمدتاً از طریق فعالیت کلیه ها. برون ریزی شامل فقدان آب، نمک ها و غیره از طریق غدد عرق، از دست دادن کربن دی اکسید و بخار آب از شش ها و دفع مدفوع نیز می شود.

عضله ای که موجب راست شدن یک عضو یا دیگر بخش ها می شود.

exteriorization (iks-teer-i-er-I-zay-shŏn) n.
انوعی اقدام جراحی که یک ارگان از مکان طبیعی خود به سطح بدن آورده می شود. برای مثال در کولوستومی.

exteroceptor (eks-ter-oh-sep-ter) n.
عصب‌حسی نهایی در پوست یا یک غشای موکوسی که مسئول تحریک به طرف خارج از بدن است. به *chemorecoptor* و *receptor* مراجعه کنید.

extinction (iks-tink-shŏn) n.
(در فیزیولوژی) ضعیف شدن یک رفلکس شرطی که در صورت تقویت نشدن رخ می دهد.

extirpation (eks-ter-pay-shŏn) n.
جراحی برداشت کامل بافت، یک ارگان یا تومور.

extra-
پیشوند به معنی خارج یا خلف.

extracapsular (eks-tră-kaps-yoo-ler) adj.
خارج یا بدون کپسول.

e. extraction
جراحی برداشت کاتاراکت که کپسول عدسی در پشت باقی می ماند.

e. fracture
نوعی شکستگی به خصوص شکستگی استخوان هیپ که کپسول را درگیر نمی کند.

extracellular (eks-tră-sel-yoo-ler) adj.
واقع شده یا رخ داده در خارج از سلول.

e. fluid
مایع اطراف سلول ها.

extract (eks-trakt) n.
ترکیبی حاوی اصول فعال داروشناسی،یک دارو که از طریق تبخیر یک محلول داروی در آب، الکل یا اتر ساخته می شود.

extraction (iks-trak-shŏn) n.
۱. جراحی برداشت قسمتی از بدن. خارج کردن دندان معمولاً از طریق انبرک هایی که تاج یا ریشه ی دندان برای از جا در آوردن یا از محل اصلی خود جابه جا می کنند. ۲. خارج کردن جنین کودک از بدن مادر خود در طول زایمان.

extradural (eks-tră-dewr-ăl) adj.
به *epidural* مراجعه کنید.

افزایش ترشحات برونشی یا چسبناک کردن آن، فعالیت می کنند (به *mucolytic* مراجعه کنید).

expectoration (iks-pek-ter-ay-shŏn) n.
خارج کردن مواد آورده شده به درون دهان از طریق سرفه.

experiental learning (iks-peer-i-en-shăl) n.
یادگیری از طریق تجربه ی یک موقعیت یا موقعیت مشابه، به عنوان یک ایفای نقش.

expiration (eks-per-ay-shŏn) n.
۱. عمل بیرون دادن هوا از شش ها: بازدم. ۲. مرگ.

explant (eks- lahnt) n.
۱. *n.* بافت زنده ی انتقال یافته از بدن (یا هر ارگانیسم) به محیط مناسب مصنوعی جهت کشت. ۲. *v.b*: انتقال بافت زنده برای کشت خارج از بدن.

-explantation n.

exploration (eks-plŏ-ray-shŏn) n.
(در جراحی) عمل رسیدگی (بررسی) برای تعیین علت علایم.

-exploratory (iks-plo-ră-ter-i) adj.

expression (iks-presh-ŏn) n.
۱.*n.* چهره ی صورت که منعکس کننده ی حالت فیزیکی یا احساسی شخصی است. ۲. تخلیه ی شیر از پستان از طریق فشردن آن بعد از حاملگی یا خروج جنین از در هنگام زایمان.

exsanguinate (iks-sang-win-ayt) vb.
از دست رفتن خون از بدن، مثلاً به عنوان نتیجه ی تصادف که موجب خون ریزی شدید می شود.

-exsanguinations n.

exsufflation (iks-suf-lay-shŏn) n.
برداشت ترشحات از مجاری هوایی از طریق انواعی از دستگاه های ساکشن.

extended role (iks-ten-did) n.
(مربوط به پرستار) فعالیت های مرتبط با بیمار در بیمارستان یا اجتماع، که برای وکالت توسط پزشکان به پرستاران مناسب هستند. توافق نامه مربوط به مسئولیت های وکالت شده که معمولاً محلی است، از طریق مشورت بین پزشکی و حرفه های پرستاری بدست می آید.

extension (iks-ten-shŏn) n.
۱. عمل منبسط کردن یا کشش خصوصاً حرکات عضلانی از طریقی که یک عضو راست شود. ۲. کاربردن کشش در یک عضو بیمار یا شکسته به منظور بهبودی آن به حالت طبیعی خود.

extensor (iks-ten-ser) n.

facultative (fak-ŭl-tă-tiv) adj.

توصیف یک ارگانیسم مثل انگل که به یک روش زندگی محدود شده است. با *obligate* مقایسه کنید.

faecalith (fee-kă-lith) n.

توده ی مدفوع سخت کوچک که در زائده ی کرمی شکل آپاندیس یافت می شود: دلیلی از التهاب.

faeces (fee-seez) n.

ماده ی زائدی که از طریق مقعد دفع می شود. مدفوع در کولون تشکیل می شود و از توده ی جامد یا نیمه جامد مواد باقی مانده و هضم نشده (عمدتاً سلولز) در ترکیب با رنگدانه ی صفراوی (که مسئول رنگ هستند) باکتری‌ها، ترشحات مختلف (مثل موکوس) و مقداری آب تشکیل شده است.

-faecal (fee-kăl) adj.

fahrenheit temperature (fa-rĕn-hyt) n.

دمایی که به مقیاس ذوب یخ در ۳۲ درجه، گرمای طبیعی انسان در ۹۸/۴ درجه و نقطه ی جوش آب در ۲/۲ درجه، بیان می شود. فرمول تبدیل فارنهایت به سلسیوس: $\frac{5}{9}(F-32)$ است. به *Celcius tempprature* مراجعه کنید.

[G. D. Fahrenhit (1686-1736), فیزیک دان آلمانی]

fainting (faint-ing) n.

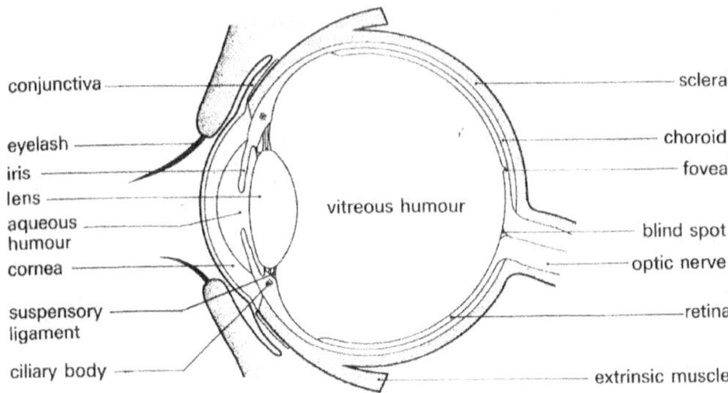

چشم (برش ساجیتال)

به *syncope* مراجعه کنید.

fairbank's splint (fair-banks) n.

آتلی که برای اصلاح فلج *Erb* در کودکان استفاده می شود. این آتل بازوی تحت تأثیر قرارگرفته را به همراه بازوی دور شده از بدن و چرخیده شده به طرف خارج، ثابت نگه می دارد،

facet syndrome n.

سندرم ناشی از دررفتگی سطح مفصلی مهره، در نتیجه ی درد و اسپاسم عضلانی .

facial nerve (fay-shăl) n.

هفتمین عصب نخاعی (*VII*): نوعی عصب حسی ـ حرکتی که عضلات صورت، جوانه های چشایی در بخش قدامی زبان، غدد بزاقی زیرزبانی و غدد اشکی را عصب دهی می کند.

-facient

پسوند به معنای ایجاد کردن، ساختن.

facies (fay-shi-eez) n.

چهره ی بیمار که نشان دهنده ی وضعیت سلامتی وی است.

adenoid f.

نگاه بهت زده، به همراه دهان باز که در افراد مبتلاء به آدنوئید دیده می شود.

Hippocratic f.

چهره ی زرد رنگ، فرونشیننده و به همراه نگاه بی توجه به چشم ها که بعضاً به عنوان حالت نزدیک شدن به مرگ تعبیر می شود.

Factor VIII (antihaemophilic factor) (fac-ter) n.

فاکتور ضد انعقاد که به طور طبیعی در خون وجود دارد. کاهش این فاکتور که توسط مردان از مادران خود به ارث می برند باعث هموفیلی کلاسیک می شود.

factory Inspectorate (fak-ter-i-in-spek-ter-it) n.

قانون مسئول کنترل سلامتی و ایمنی کارگران کارخانه. این قانون از طریق سازمان استخدام، بهداشت و ایمنی اجرایی تحت عنوان سلامتی و ایمنی در فعالیت مشغول به کار است.

essential fatty acid مراجعه کنید) می بایستی از رژیم غذایی بدست آید. به fat هم مراجعه کنید.

fatty degeneration n.
بدتر شدن سلامتی یک بافت ناشی از خلع غیرطبیعی مقادی زیادی از چربی در سلول ها. این وضعیت ممکن است از طریق رژیم غذایی ناسالم، مصرف بیش از حد الکل، یا کمبود اکسیژن در بافت ها، ایجاد شود.

fauces (faw-seez) n.
مجرای هدایت کننده از دهان به حنجره. این مجرا از طریق glossopalatine arch (که پایه های قدامی حلق را تشکیل می دهد) و pharyngopalatine arch (پایه های خلفی) احاطه شده است.

favism (fay-vizm) n.
نقص ارثی در آنزیم گلوکز ـ۶ـ فسفات دی هیدروژناز، باعث می شود که گلبول های قرمز نسبت به مواد شیمیایی درون باقلا حساس شوند. این وضعیت باعث تخریب گلبول های قرمز (همولیز) می شود که موجب آنمی شدید شده، فرد به تزریق خون نیاز دارد. فاویسم در بخش های مدیترانه ای و ایران رخ می دهد.

favus (fay-vŭs) n.
نوعی عفونت قارچی پوست سر که از طریق قارچ Trychophyton schoenteini ایجاد می شود. این وضعیت در اروپا نادر بوده، و از طریق کبره های زرد که توده هایی شبیه به شانه عسل را دارند، تشکیل می دهند.

fear (feer) n.
حالت عاطفی فراخوانده از طریق تهدید خطر. این وضعیت معمولاً از طریق تجربه های ذهنی ناخوشایند مشخص می شود. تغییرات فیزیولوژیکی از قبیل افزایش ضربان قلب و عرق کردن است و تغییرات رفتاری از قبیل اجتناب از ترس ایجاد شده از اشیاء یا موقعیت ها است. به phobia نیز مراجعه کنید.

febricula (fi-brik-yoo-lă) n.
تب کم شدت یا کوتاه مدت.

febrifuge (feb-ri-fewj) n.
درمان یا دارویی که تب را کاهش داده و یا از آن جلوگیری می کند. به antipyretic مراجعه کنید.

febrile (fee-bryl) adj.
مربوط به یا تحت تأثیر تب.

fasciculation (fă-sik-yoo-lay-shŏn) n.
انقباض خود به خودی، مختصر تعدادی از فیبرهای عضلانی که به عنوان متحرک هایی در زیر پوست دیده می شود. این وضعیت غالباً ناشی از بیماری نورون های حرکتی در طناب نخاعی یا فیبرهای عصبی است.

fasliculus (fascicle) (fă-sik-yoo-lŭs) n.
دسته: مثل عصب یا فیبرهای عضلانی.

fasciola (fas-i-oh-lă) n.
تیره ای از کرم های قلابی شکل.

f. hepatica
تیره ای از کرم های قلابی آلوده کننده ی کبد که به طور طبیعی به عنوان انگل گوسفند و حیوانات گیاه خوار زندگی کرده ولی گاهی اوقات انسان هم آلوده می کند (به fascioliasis مراجعه کنید).

fascioliasis (fas-i-oh-ly-ă-sis) n.
هجوم fasciola hepatica به مجاری صفراوی و کبد. علایم این وضعیت تب، سوء هاضمه، استفراغ، فقدان اشتها، درد شکم و سرفه است. در این شرایط کبد نیز ممکن است به طور گسترده آسیب ببینید.

fastigium (fas-tij-iŭm) n.
بالاترین نقطه ی تب.

fat (neutral fat) (fat) n.
ماده ای که عمدتاً از تری گلیسریدها مشتق شده و شکل اصلی ذخیره ی انرژی در بدن است (به adipose tissue مراجعه کنید). این ماده به عنوان عایق در زیرپوست و اطراف ارگان های خاص کارایی دارد. به brown fatty، fatty acid و lipid مراجعه کنید.

fatigue (fă-teeg) n.
۱. خستگی روحی یا جسمی، در اثر فعالیت سخت یا طولانی مدت. خستگی عضلانی ممکن است ناشی از فرآورده های زائد متابولیسم تجمع یافته در ماهیچه ها سریع تر از آن که آن ها از طریق خون وریدی برداشته شوند، باشد. ۲. ناتوانی یک ارگانیسم، ارگان یا بافت جهت دادن پاسخ طبیعی به محرک، تا زمانی که دوره ی خاص بهبودی طی شود.

fatty acid (fat-i) n.
نوعی اسید ساختمانی مثل اولئیک اسید یا استئاریک اسید. اسیدهای چرب، اجزاء بنیادی بسیاری از لیپیدهای مهم از قبیل تری‌گلیسریدها هستند. برخی از اسیدهای چرب می تواند از طریق بدن سنتز شوند. دیگر اسیدها (به

fibre (fy-ber) n.

۱. (در آناتومی) ساختار طناب مانند، مثل سلول عضلانی، فیبرعصبی، یا فیبرکلاژن. ۲. (در مبحث تغذیه) به *dietary fibre* مراجعه کنید.

-fibrous (fy- brŭs) adj.

fibre optic n.

استفاده از فیبرها برای انتقال تصاویر نوری. فیبرهای ترکیبی با ویژگی های خاص بینایی می توانند در ابزارهایی جهت بازتاب دادن تصاویر درونی بدن برای دیدن مستقیم یا فتوگرافی استفاده شود. به *fiberscope* مراجعه کنید.

-fibreoptic adj.

fiberscope (fy-ber-skohp) n.

اندوسکوپی که در آن از فیبرنوری برای انتقال تصاویر درونی بدن استفاده می شود. منعطف بودن فیبروسکوپ می تواند به حفره های غیرقابل دسترس بدن وارد شود.

fibril (fy-bril) n.

فیبر خیلی کوچک یا جزء اصلی طناب یک فیبر.

-fibrillar, fibrillary adj.

fibrillation (fy-bril-ay-shŏn) n.

ضربان سریع و نامنظم بسیاری از فیبرهای عضلانی فردی قلب، که قادر به حفظ انقباض هم زمان و مؤثر نیست. بخش تحت تأثیر قرارگرفته ی قلب بعداً پمپاژ قلب را متوقف می کند.

atrial f.

نوع شایعی از آریتمی که باعث ضربان های نامنظم نبض و قلب می شود.. علل اصلی این وضعیت آترواسکلوروز، بیماری های مزمن قلبی ناشی از روماتیسم و فشارخون بالاست.

ventricular f.

فیبرپلاسیونی که موجب توقف ضربان قلب می شود (به *cardiac arrest* مراجعه کنید) این وضعیت عمدتاً نتیجه‌ی نقص میوکارد است.

fibrin (fib-rin) n.

محصول نهایی فرآیند انعقاد خون که از طریق فعالیت آنزیم ترومبین بر روی پیش ماده ی محلول فیبرینوژن است. مولکول های فیبرین به یکدیگر جهت ایجاد شبکه ی فیبروز که پایه ی انعقاد خون را تشکیل می دهد، متصل می شوند.

fibrinogen (fi-brin-ŏ-jĕn) n.

ماده ی (به *coagulation faetors* مراجعه کنید) موجود در پلاسمای خون که از طریق آنزیم ترومبین جهت تولید

گام های متزلزل و کوتاه که ویژگی قدم های بیماران مبتلاء به پارکینسون است.

fetishism (fet-i-shizm) n.

جاذبه ی جنسی به یک هدف نامناسب (به عنوان یک *fetish* شناخته می شود). این وضعیت ممکن است بخشی از بدن، لباس یا دیگر اشیاء باشد (مثل کیف دستی چرمی یا ورقه های لاستیکی). درمان این شرایط می توان شامل روان درمانی یا رفتاردرمانی باشد. به *perversion* مراجعه کنید.

feto-

پیشوند به معنی جنین.

fetor (foetor) (fee-ter) n.

تنفس بد (به *halitosis* مراجعه کنید).

fetoscopy (fi-tos-kŏpi) n.

بررسی جنین قبل از تولد از طریق عبور دادن ابزار فیبرنوری (یک *fetoscope*) از طریق شکم یک زن حامله به درون رحم. معمولاً در هفته ی هجدهم ـ بیستم حاملگی انجام می شود، این کار امکان بررسی جنین برای ناهنجاری های قابل رؤیت و نمونه گیری خونی از طریق وارد کردن یک نیدل توخالی تحت دیدن مستقیم رگ خونی جنینی، فراهم می کند. به *prenatal diagnosis* مراجعه کنید.

fetus (foetus) (fee-tŭs) n.

جنین پستاندار در طول مراحل اخیر رشد درون رحم؛ در انسان جنین یک بچه ی هنوز متولد نشده از هفته ی هشتم رشد است.

f. papyraceous

جنین دوقلو که درون رحم مرده است.

-fetal adj.

fever (pyrexia) (fee-ver) n.

افزایش در دمای بدن بالاتر از دمای طبیعی یعنی بالاتر از دمای دهانی (۳۷°_C) ۹۸/۶°F یا دمای مقعدی $(۳۷/۲^\circ_C)$ ۹۹°F. این وضعیت معمولاً از طریق عفونت های باکتریایی یا ویروسی ایجاد می شود. تب به طور عمومی به همراه لرز، سردرد، تهوع، یبوست یا اسهال است.

intermittent f.

افزایش یا کاهش دوره ای دمای بدن به عنوان مثال در بیماری مالاریا.

remittent f.

تبی که در آن دمای بدن نوسان دارد ولی به حالت طبیعی بر نمی گردد. به *relapsing fever* مراجعه کنید.

fibr- (fibro-)

پیشوند به معنای فیبرها یا بافت فیبروز.

ساختار خیلی نازک طناب مانند، مثل زنجیره ی سلول های باکتریایی.

-filamentous (fil-ă-ment-ŭs) adj.

filarial (fil-air-iă) n.

نوعی از کرم های نماتود طناب مانند و بلندی که در زمان بلوغ که انگل های بافت های لنفاوی و پیوندی انسان هستندو باعث بیماری می شوند. گونه های این کرم ها شامل *Brugia* , *Loa*,*Onchocerca*,*Wuchereria* می شوند. به *microfilaria* هم مراجعه کنید.

-filarial adj.

filariasis (fil-er-I-ă-sis) n.

نوعی بیماری متداول در مناطق گرمسیری و زیر گرمسیری، که از طریق حضور *Wuchereia Brugia malayi Banerofti* عروق لنفاوی ایجاد می شود. عروق لنفاوی نهایتاً بلوکه شده و باعث تورم بافت های اطراف می شوند. (به *elephantiasis* مراجعه کنید) فیلاریازیس توسط داروی دی اتیل کاربامازین درمان می شود.

filiform (fil-i-form) adj.

طنابی شکل.

f. papillae

پاپیل طنابی شکل روی زبان. که بدن یک تک یاخته یا تقسیم باکتری به دو قسمت مساوی (*binary f.*) مثل آسیب یا به چند قسمت مساوی (*multiple f.*).

filipuncture (fil-i-punk-cher) n.

ورود یک رشته سیم نازک به درون یک آنوریسم به منظور ایجاد لخته ی خون درون آن.

filling (fil- ing) n.

(در دندان پزشکی) وارد کردن ماده ی آماده شده ای به درون یک حفره، از دندان پوسیده توسط مته زدن آن.

filtration (fil-tray-shŏn) n.

عبور مایعات از طریق یک فیلتر پر منفذ به منظور جداسازی جامدات یا مواد معلق درون آن.

filum (fy-lŭm) n.

ساختار طناب مانند.

f. terminale

ستون باریک قسمت نهایی طناب نخاعی.

fimbria (fim-briă) n. (pl. fimbriae)

طوق یا زائده ی طوق مانند، مثل نوعی برآمدگی به شکل انگشت که مجرای تخمدان انتهای لوله ی فالوپ را احاطه می کند.

-fimbrial (fim-bri-ăl) adj.

fimbrial cyst n.

کیست ساده ی فیبریای لوله ی فالوپ.

fingerprint (fing-er-ptint) n.

نوعی الگوی مشخص در لایه ی شاخی پوست. که برآمده و کوچک است. هر شخص الگوی منحصر به فرد خود را دارد. به *dermatoglyphics* مراجعه کنید.

first aid (ferst) n.

اقداماتی که در اورژانس برای کمک به بیمار ناخوش یا زخمی قبل از ورود پزشک یا پذیرش در بیمارستان استفاده می شود.

first intention n.

به *intention* مراجعه کنید.

first level nurse n.

شخص دارنده ی برنامه ی کامل آموزش پرستاری از قبیل مطالعه ی زندگی و علوم پرستاری، تجارب بالینی جهت تمریات مؤثر، مراقبت پرستاری و هدایت برای نقش رهبری. یک پرستار سطح اول مسئول برنامه ریزی، فراهم کردن و ارزیابی کردن مراقبت پرستاری در تمامی زمینه ها جهت ترفیع سلامتی، جلوگیری از بیماری، مراقبت و توان بخشی بیمار است. به *nurse* مراجعه کنید.

fission (fish-ŏn) n.

نوعی روش تولید مثل غیرجنسی، که بدن یک کمک یاخته یا باکتری به دو قست مساوی (*binary f.*) تقسیم می شود مثل آمیب یا به چند قسمت مساوی (*multiple f.*) تقسیم می شود.

fissure (fish-er) n.

۱. (در آناتومی) شیار یا شکاف. ۲. (درآسیب شناسی) نقص شکاف مانند در پوست یا غشای موکوسی که در اثر برخی از فرآیندهای بیماری ایجاد می شود.

anal f.

شکاف درون پوست پوشاننده ی کانال مقعد. ۳. (در دندان پزشکی) رخ دادن شکاف طبیعی در مینای روی سطح دندان خصوصاً دندان آسیاب.

fistula (fiss-tew-lă) n.

ارتباط غیرطبیعی بین ارگان های توخالی یا بین یک ارگان توخالی و سطح خارجی. بسیاری از فیسچول ها ناشی از

می کند و برای دوره های طولانی در وضعیتی که درون آن معاینه گر آن را حرکت داده است نگه می دارد. این یک مشخصه ی کاتاتونی می باشد. به *catalepsy* مراجعه کنید.

flexion (flek-shŏn) n.
خمیدگی یک مفصل طوری که استخوان ها به طرف یکدیگر کشیده می شوند.

Plantar f.
خمیدگی انگشتان پا (یا انگشتان دست) رو به پایین و به طرف کف پا (یا کف دست). به *dorsiflexion* مراجعه کنید.

flexner's bacillus (fileks-nerz) n.
باکتری *shigella flexneri* که موجب نوعی دیسانتری میله ای می شود.

[S. Flexner (1863-1946), آسیب شناس آمریکایی]

flexor (fleks-er) n.
عضله ای که باعث خمیدگی یک عضو یا بخش دیگر می شود.

flexure (flek-sher) n.
خمیدگی در یک ارگان یا بخش مثل *hepatic* و *splenic flexures* کولون.

floccillation (flok-si-lay-shŏn) n.
به *carphology* مراجعه کنید.

flocculation (flok-yoo-lay-shŏn) n.
واکنشی که در آن مواد نامرئی و طبیعی، محلول را جهت تشکیل یک سوسپانسین درشت یا رسوب، ترک می کنند. به *agglutination* مراجعه کنید.

flooding (flud-ing) n.
۱. خون ریزی بیش از اندازه از رحم مثل منوراژی یا سقط. ۲. (*implosion* را هم می نامند). روش درمان فوبیا که بیمار به شدت در معرض هدف ترسناک واقعی یا تخیلی قرار می گیرد.

floppy baby syndrome (flop-i) n.
به *amyotonia congenital* مراجعه کنید.

flowmeter (floh-mee-ter) n.
ابزاری برای اندازه گیری جریان مایع یا گاز.

fluctuation (fluk-tew-ay-shŏn) n.
احساس مشخصی از یک حرکت موجی تولید شده بخش پر از مایع بدن که از طریق انگشتان آزمون نگر مشخص می شود. اگر افت و خیز در زمان معاینه ی تورم وجود داشته باشد دلالت بر وجود مایع درون آن بخش است.

fludrocortisone (floo-droh-kor-tiz-ohn) n.
کورتیکو استروئید ترکیبی که از طریق دهان برای درمان اختلال غدد آدرنال استفاده می شود. نام تجاری: *florinef*

ساختار از مکان اصلی خود در زمان بهبودی درون یک ارگان جدید، جدا می شود.

flare (flair) n.
۱. قرمزشدن پوست که به طرف خارج که از محل عفونت یا سوزش درون پوست گسترش می یابد. ۲. بخش قرمز و خارجی یک کهیر خارشی یا پاسخ پوست به یک آلرژی یا واکنش بیش حساسیتی. به *urticaria* مراجعه کنید.

flashback (flash-bak) n.
تجربه ی مجدد و غیر اختیاری از ناهنجاری های ادراکی تجربه شده، در طول یک حادثه ی ضمنی مثل توهم و دگرسان بینی محیط.

flat-foot (flat-fuut) n.
فقدان قوس پا طوری که کف پا به طور مسطح بر روی زمین قرار می گیرد. این وضعیت ممکن است در کودکی وجود داشته باشد یا در زندگی افراد بالغ ایجاد شود.

flatulence (flat-yoo-lĕns) n.
۱. خروج گاز یا هوا از معده بوسیله ی دهان؛ اروغ زدن. ۲. احساس نفخ شکم.

-flatulent adj.

flatus (flay-tŭs) n.
گاز روده ای، ترکیب شده ی بخشی از هوای بلعیده شده و بخشی از گاز تولید شده توسط تخمیر باکتریایی محتویات روده.

flatworm (platyhelminath) (flat-werm) n.
کرم هایی با بدن مسطح، که شامل کرم های قلاب دار و کرم کدو می شود. هر دوی این گروه شامل بسیاری از انگل های مهم پزشکی هستند.

flav- (flavor-)
پیشوند به معنی زرد.

flea (flee) n.
حشره ی کوچک، بی بال و مکنده ی خون با بدن متراکم جانبی و پاهای بلند که برای پریدن تعدیل شده اند. کک های بالغ به طور موقت انگل پرندگان و پستانداران هستند و گونه هایی که به انسان حمله می کنند، (*pulex, Xenopsylla, Nosopsyllus*) ممکن است در انتقال بیماری های ویروسی مهم باشند. نیش زدن آن ها ممکن است باعث کانونی از عفونت شود.

flexibilitas cerea (fleks-i-bil-i-tas-se-ri-ă) n.
اختلال که در آن حالت اعضای بیمار استحکام مداوم و خفیف را برای شروع حرکت انفعالی از طریق معاینه گر عرضه

-folicular (fŏ-lik-yoo-ler) adj.

follicle-stimulating hormone (FSH) n.

هورمونی (به *goradotropin* مراجعه کنید) که از طریق غده ی هیپوفیز قدامی ساخته و ترشح می شود. *FSH* تکامل فولیکول های درون تخمدان و تشکیل اسپرم درون بیضه ها را تحریک می کند. این هورمون از طریق تزریق برای نازایی استفاده می شود.

folliculitis (fŏ-lik-yoo-ly-tis) n.

التهاب فولیکول های مو درون پوست، عمدتاً از طریق عفونت. به *sycosis* هم مراجعه کنید.

fomentation (foh-men-tay-shŏn) n.

به *poultice* مراجعه کنید.

fomes (foh-meez) n. (pl. fomites)

شیئی که از طریق شخص مبتلاء به یک بیماری واگیردار استفاده یا استعمال می شود و از این رو ممکن است به همراه ارگانیسم های عفونی آلوده شود و بیماری را به استفاده کننده ی بعدی انتقال دهد. عوامل متداول انتقال بیماری حوله ها، لوازم تخت خواب، فنجان و پول می باشند.

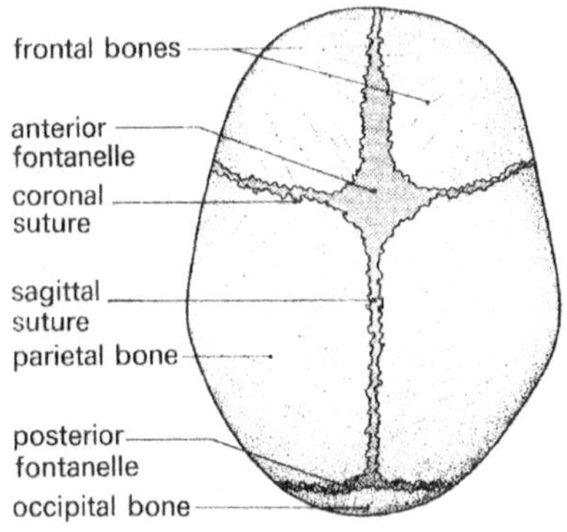

ملاج های جمجمه ی یک نوزاد (از بالا)

fontanelle (fon-tă-nel) n.

مجرای درون جمجمه ی یک جنین یا یک کودک ناشی از استخوانی شدن ناقص، استخوان های جمجمه ای و در نتیجه بسته شدن ناقص درزها.

anterior f.

مجرایی در پیوستگاه درزهای تاجی، فرونتال و ساجیتال.

posterior f.

مجرایی در پیوستگاه درزهای ساجیتال و آهیانه.

نوعی اختلال در ریتم طبیعی قلب، آهسته تر و نامنظم تر از فیبریلاسیون.

flux (fluks) n.

جریان زیاد و غیرعادی از یک ارگان یا حفره.

fly (fly) n.

حشره ای دارای ۲ بال متعلق به دسته ی *Diptera*. زائده ی نزدیک به دهان حشرات برای مکیدن و هم چنین گاهی اوقات برای سوراخ کردن و گزیدن، به کار می رود. لارو حشرات (کرم حشره) ممکن است به بافت های انسان حمله کند و ایجاد بیماری نماید (به *myiasis* مراجعه کنید).

focal distance (foh-kăl) n.

(مربوط به چشم) فاصله ای بین عدسی و نقطه ی پشت آن که نور از یک شیء دور متمرکز می شود.

focus (foh-kus)

۱. *n.* نقطه ای که شعاع نوری بعد از عبور از طریق عدسی هم‌گرا می شود. ۲. *n.* محل اصلی یک عفونت یا دیگر بیماری ها ۳. *vb.* (در چشم پزشکی) تطبیق دادن (به *accommodation* مراجعه کنید).

foetus (fee-tŭs) n.

به *fetus* مراجعه کنید.

folic acid (pteroylglutamic acid) (foh-lik) n.

نوعی ویتامین *B* که در سنتز نوکلئیک اسید مهم است. نقش متابولیکی اسیدفولیک وابسته به ویتامین B_{12} است (هر دو از طریق تقسیم سلولی سریع به دست می آیند.) و کاهش یکی از آن ها ممکن است موجب کمبود دیگری شود. کاهش فولیک اسید موجب وضعیت کم‌خونی مگالوبلاستیک می شود. منبع خوب اسید فولیک جگر و سبزیجات می باشد.

Folie à deux (communicated insanity) (fol-i a der) n.

وضعیتی که در آن دو نفر که رابطه ی نزدیکی به هم دارند، یکدیگر را فریب می دهند.

folinic acid (foh-lin-ik) n.

مشتقی از فولیک اسید که درگیر سنتز پورین می شود. این دارو از طریق دهان یا تزریق به کار می رود. فولینیک اسید آثار بیولوژیکی متوترکسات و از این رو جلوگیری از سمیت بیش از اندازه استفاده می شود (f. a. rescue.). نام تجاری: *Leucovorin*.

follicle (fol-ikŭl) n.

نوعی حفره کیسه ای یا غده ی ترشحی کوچک. به *hair follicle* و *Graafian follicle* هم مراجعه کنید.

حفره ی درون استخوان اسفنوئید که غده ی هیپوفیز در آن واقع شده است.

tooth f.

حفره ی درون مینای دندان بر روی سطح دندان.

Fothergill's operation

به *Donald-Fothergill operation* مراجعه کنید.

fourchette (foor-shet) n.

چین نازکی در پشت فرج.

fovea (foh- viă) n.

(در آناتومی) یک فرورفتگی کوچک، خصوصاً فرورفتگی کم عمق دردرون شبکیه، در پشت چشم. این قسمت حاوی تعداد زیادی از سلولهای مخروطی است و از این رو بزرگترین ناحیه در دقت بینایی به حساب می آید. به *macula(lutea)* مراجعه کنید.

fracture (frak-cher) n.

شکستگی استخوان به طور کامل یا ناقص. درمان شامل تنظیم مجدد بخش های انتهایی استخوان و عدم تحرک از طریق آتل های خارجی به کار رفته برای استخوانهای شکسته یا ثابت کردن بخش درونی است.

colles' f.

شکستگی دقیقاً بالای مچ دست، از میان انتهای تحتانی استخوان زندزیرین. دست و مچ دست تحت شکستگی به طرف عقب جابه جا می شوند.

comminuted f.

نوعی شکستگی که استخوان به بیش از دو قسمت شکسته می شود.

compound f.

شکستگی که انتهای استخوان لایه ی فوقانی پوست را سوراخ می کند.

greenstick f.

شکستگی ناقص در استخوان بلند که در کودکان اتفاق می افتد.

impacted f.

شکستگی‌که انتهاهای استخوان به درون یکدیگر رانده می‌شوند.

pathological f.

شکستگی یک استخوان از قبل آسیب دیده که بعد از جراحت اندک، رخ می دهد.

forewaters (for-waw-terz) n.

مایعی که به خارج از مجرای مهبل، در زمان جدا شدن غشای آمنیون اطراف جنین خارج می شود. این وضعیت در زایمان معمول است اما ممکن است قبل از شروع زایمان رخ دهد (جدایی نارس غشا).

formaldehyde (for-mal-di-hyd) n.

آلدوهید گرفته شده از فورمیک اسید، که سابقاً به عنوان بخار برای استریل و ضدعفونی کردن اتاق ها، وسایلی مثل تشک و پتو استفاده می شود. بخار سمی از طریق جوشاندن فورمالین در ظرف سرباز یا اتوکلاو محکم بسته شده تولید می شود.

formalin (for- mă - lin) n.

محلولی حاوی ۴۰٪ فورمالدهید در آب، که به عنوان عامل استریل کننده و در پاتولوژی به عنوان ثابت کننده استفاده می شود.

formacation (for-mi-kay-shŏn) n.

احساس سوزش آور مشابه احساس خزیدن مورچه روی پوست. این وضعیت نوعی احساس سوزش است و گاهی اوقات علامت مستی حاصل از مصرف دارو می باشد.

formula (form-yoo-lă) n.

۱. نمایش ساختار ترکیب شیمیایی با استفاده از نمادها و تعداد زیروند اتم های تشکیل دهنده ی آن (برای مثال H_2O برای آب، CO_2 برای دی اکسیدکربن). ۲. نسخه ای برای دارو.

formulary (form-yoo-ler-i) n.

فرمول مختصری که برای ترکیبات داروهای پزشکی استفاده می شود.

fornix (for-niks) n. (pl. fornices)

طاق یا ساختار گنبدی شکل.

f. cerebri

ساختار مثلثی شکل ماده سفید موجود در مغز، که بین هیپوکامپ و هیپوتالاموس واقع شده است.

f. of the vagina

هر سه فضای گنبدی شکل بالای مهبل و اطراف گردن رحم.

foss (fos-ă) n.

فرورفتگی یا تو خالی.

cubital f.

حفره ی مثلثی شکل در قدام مفصل آرنج.

iliac f.

فرورفتگی در سطح درونی ایلیوم.

pituitary f.

FSH n.

به *follicle-stimulating hormone* مراجعه کنید.

fuchsin (magenta) (fook-sin) n.

گروهی از رنگ های قرمز یا ارغوانی رنگ که در رنگ آمیزی باکتری ها جهت مشاهده ی میکروسکوپی و کشتن میکروارگانیسم های عامل بیماری زا، استفاده می شود.

-fuge

پسوند به معنی عاملی که حذف، یا رفع می کند.

fugue (fewg) n.

دوره ی فقدان حافظه که بیمار محیط معمول اطراف خود را ترک می کند، بی هدف سرگردان است و زندگی جدیدی را در جای دیگر شروع می کند. این وضعیت اغلب از طریق تعارض روانی و افسردگی قبلی، ایجاد می شود و ممکن است ناشی از هیستری یا بیماری‌روحی ساختمانی باشد. به *dissociation* مراجعه کنید.

fulguration (electrodesiccation) (ful-gewr-ay-shŏn) n.

تخریب زگیل، تومور یا بافت های ناخواسته ی خصوصاً منطقه‌ای کنار مثانه توسط ابزار دیاترمی.

fulminating (fulminant, fulgurant) (ful-min-ayt-ing) adj.

توصیف شرایط یا علامتی که مربوط به حمله ی بسیار ناگهانی، شدید وکوتاه مدت می باشد.

fumigation (few-mig-ay-shŏn) n.

استفاده از بخارها یا گازهایی مثل فورمالدهیدیاکلورین برای ضدعفونی کردن لباس ها، ساختمان ها و غیره.

functional disorder (funk-shŏn-ăl) n.

وضعیتی که در آن بیمار از علایمی شکایت دارد که هیچ گونه دلیل فیزیکی ندارد. برخی شرایط مکرراً دلالت بر اختلال روانی دارد. با *organic disorder* مقایسه کنید.

fundus (fun-dŭs) n.

۱. پایه ی یک ارگان تو خالی: دورترین بخش از مجرا. ۲. بخش درونی چشم که در سمت مخالف مردمک چشم واقع شده است.

fungicide (fun-ji-syd) n.

عاملی که باعث کشتن قارچ ها می شود. به *antimycotic* مراجعه کنید.

fungoid (fung-oid)

۱. adj. مشابه قارچ. ۲. *n.* رشد به شکل قارچ.

خمیر آتل که جهت نگه داری پاها در مکان صحیح، بعد از در رفتگی مادرزادی استخوان هیپ که از طریق دست کاری اصلاح شده اند، استفاده می شود.

fröhlich's syndrome (frer-liks) n.

اختلال هیپوتالاموس که بر مردان تأثیر می گذارد. در این وضعیت پسرها با فقدان رشد جنسی، اختلال خواب، اشتهاء و نیز چاقی رو به رو می شوند. نام پزشکی: *dystrophia adiposogenitalis*.

[A. Fröhlich (1871-1953), متخصص نورولوژی اتریشی]

frontal (frun-t'l) adj.

۱. مربوط به پیشانی.

f. bone

استخوان تشکیل دهنده ی پیشانی و سطح فوقانی حدقه.

F. sinuses

به *payanasal sinuses* مراجعه کنید. ۲. به معنی بخش قدامی بدن یا یک ارگان.

f. lobe

بخش قدامی هر نیم کره‌ی مغزی که دور از عمق شیارهای مرکزی سطح فوقانی و خارجی توسعه یافته است.

frostbite (frost-byt) n.

آسیب به بافت در اثر یخ بستن. بخش تحت تأثیر قرارگرفته معمولاً بینی، انگشتان دست یا پا باشند. که رنگ پریده و بی حس می شود. در صورت تخریب بافت ها در اثر انجماد ممکن است قطع عضو ضروری باشد. پوست حساس به سرما بسیار مستعد عفونت باکتریایی است.

frozen shoulder (froh-zĕn) n.

استحکام دردناک و مزمن مفصل شانه. این وضعیت ممکن است به دنبال جراحت، ضربه، سکته ی قلبی یا رشد تدریجی بدون دلیل مشخص باشد. به *capsulitis* مراجعه کنید.

fructose (fruk-tohz) n.

قند ساده ای که در عسل و برخی از میوه ها مثل انجیر یافت می شود. فروکتوز یکی از دو قند ساکاروز است.

fructosuria (levulosuria) (fruk-tohz-yoor-iă) n.

وجود فروکتوز (قند میوجات) در ادرار.

frusemide (frus-ĕ-myd) n.

دیورتیکی که از طریق دهان یا تزریق برای درمان احتباس مایع (ادم) ناشی از بیماری قلب، کبد یا کلیه و نیز فشارخون بالا، استفاده می شود. نام تجاری: *Lasix*.

(در آناتومی) هر ساختار طناب مانند خصوصاً طناب نافی.

funnel chest (fun-el) n.
رشد ناهنجاری‌هایی که در آن استرنوم فرورفته شده و دنده ها و غضروف های دنده ای به طرف داخل خم می شوند.

furfuraceous (fer-fewr-ay-shus) adj.
توصیف پوسته ریز شدن پوست که پوسته ریزها مشابه سبوس یا شوره ی سر می باشند.

furor (few-or) n.
خشونت ناشی از عدم تبعیض و ویرانگری، که خصوصاً در طول دوره ی گیجی روحی ناشی از تشنج، رخ می دهد.

furuncle (fewr-ung-kul) n.
به *boil* مراجعه کنید.

furunculosis (fewr-unk-yoo-loh-sis) n.
۱. وقوع چندین کورک (جوش) در یک زمان. ۲. عود مجدد کورک ها در پوست بیش از یک دوره ی یک هفته ای یا ماهی.

fusiform (few-zi-form) adj.
به شکل دوک؛ مخروطی شدن در بخش های انتهایی.

fusion (few-zhon) n.
(درجراحی) اتصال دو ساختار به هم.

G g

GABA
به *gamma aminobutyric acid* مراجعه کنید.

gag (gag) n.
(در پزشکی) ابزاری که بین دندان های بیمار برای بازنگه داشتن دهان استفاده می شود.

gait (gayt) n.
طرز راه رفتن.

atazic g.
راه رفتن ناهماهنگ و بی ثبات ناشی از بیماری اعصاب حسی یا مخچه ای. به *ataxi* مراجعه کنید.

cerebellar g.
تلوتلو راه رفتن ناشی از بیماری مخچه.

spastic g.
راه رفتن خشک و بی قرار که پاها با هم حرکت می کنند.

galact- (galacto-)
پیشوند به معنی ۱. شیر. ۲. گالاکتوز.

galatagogue (ga-lak-ta-gog) n.
عاملی که ترشح شیر یا افزایش جریان شیر را تحریک می کند.

galactocele (ga-lak-toh-seel) n.
۱. کیست پستانی حاوی شیر که در اثر بسته شدن مجرای شیر ایجاد می شود. ۲. تجمع مایع شیری درون کیسه ی اطراف بیضه ها (به *hydrocele* مراجعه کنید).

galactorrhoea (ga-lak-to-ree-a) n.
۱. ترشح فراوان و غیرطبیعی شیر. ۲. ترشح شیر بعد از این که تغذیه ی پستانی متوقف شده است.

galactosaemia (ga-lak-toh-see-mia) n.
ناتوانی ارثی برای استفاده از قند گالاکتوز، که نتیجتاً باعث تجمع درون خون می شود. عدم در مان این وضعیت عدم پیشرفت کودک و عقب ماندگی ذهنی می شود، اما در صورت حذف گالاکتوز از رژیم غذایی،رشد و نمو ممکن است طبیعی شود.

galactose (ga-lak-tohz) n.
قند ساده و جزئی از قند لاکتوز شیر. گالاکتوز در کبد به گلوکز تبدیل می شود.

galea (gay-lia) n.
۱. بخش کلاه خودی شکل آناتومیکی. ۲. نوعی بانداژ سر.

galenical (ga-len-ikal) n.
ترکیب دارویی یک داروی با منشأ حیوانی یا گیاهی.

gallamine (gal-a-meen) n.
دارویی که از طریق تزریق برای شل کردن عضلات در طول بیهوشی استفاده می شود (به *muscle relaxant* مراجعه کنید). این دارو در یک آزمایش تشخیصی برای میاستنی گراو هم استفاده می شود. نام تجاری: *flaxedil*

gall bladder (gawl) n.
کیسه‌ی گلابی شکل (به طول ۱۰ـ ۷ سانتی‌متر) که در زیر لب راست کبد قرار گرفته است و درون آن صفرا ذخیره می شود (به تصویر مراجعه کنید).

Gallie's operation (gal-iz) n.
عملی که نواری از لایه ی پوشش فیبری از ران برداشته شده که به عنوان مواد دوختنی برای ترمیم فتق استفاده می شود.

[W. E. Gallie (1882-1959), جراح کانادایی]

gallipot (gal-i-pot) n.
ظرف کوچکی برای نگه داری مواد شوینده یا پمادها.

gargoylism (gar-goil-izm) n.
به *Hurler's syndrome* مراجعه کنید.

gas (gas) n.
مایعی که حالت فیزیکی آن طوری است که نیروی جاذبه بین اجزای اتم ها و مولکول های آن بسیار ضعیف است. بنابراین شکل و حجم معینی ندارد.

laughing g.
به *nitrous oxide* مراجعه کنید.

gas gangrene n.
مرگ و تخریب بافت های زخمی که از طریق باکتری های خاک، *clostridium perfringens* آلوده می شوند. سموم از طریق باکتری های عامل تخریب بافت های پیوندی به همراه تولید گاز، بوجود می آید.

Gasserian ganglion (gas-eer-ian) n.
عقده ای روی ریشه ی حسی عصب سه قلو، درون عمق جمجمه.
[j. L. Gasser (1723-65), آناتومیست اتریشی]

gastr- (gastro -)
پیشوند به معنی معده.

gastralgia (gas-tral-jia) n.
در درون معده.

gastrectomy (gas-trek-tomi) n.
عمل جراحی که تمام یا بخشی از معده برداشته می شود.

Partial (or subtotal) g.
عملی که معمولاً در موارد شدید زخم پپتیک، $\frac{1}{3}$ یا نیمی از معده به دئودنوم یا روده ی کوچک متصل می شود. به *Billroth's operation* مراجعه کنید.

total g.
عملی معمولاً برای سرطان معده، که مری به دئودنوم متصل می شود.

gastric (gas-trik) adj.
مربوط به یا تحت تأثیر معده.

g. glands
غده های توبولی در غشای موکوسی دیواره ی معده که شیره ی معده را ترشح می کنند.

g. juice
ماده ای که از غدد معدی ترشح می شود و حاوی هیدروکلریک اسید، موسین، رنین و پپسینوژن است. اسید بر روی پپسینوژن جهت تولید آنزیم های هضمی پپسین فعالیت می کند. حالت اسیدی معده باعث از بین بردن باکتری های

ردیفی از پروتئین ها (به *globulin* مراجعه کنید) موجود در پلاسمای خون. تقریباً همه‌ی گاماگلوبولین ها، ایمونوگلوبولین هستند.

gamma rays pl. n.
پرتوهای الکترومغناطیسی با طول موج کوتاهتر از اشعه ی *X*، که از طریق مواد رادیو اکتیو خاصی منتشر می شوند.

gamo-
پیشوند به معنی اتحاد.

gangli- (ganglio-)
پیشوند به معنی گره.

ganglion (gang-li-on) n. (pl. ganglia)
۱. (در نورولوژی) ساختار متشکل از مجموعه ی جسم سلولی اعصاب و نیز، غالباً تعدادی از سیناپس ها. عقده ها در سیستم عصبی سمپاتیک و پاراسمپاتیک یافت می شوند. درون سیستم عصبی مرکزی برخی توده‌های مشخصی از سلول های عصبی عقده می نامند (به *basal ganglia* مراجعه کنید). ۲. ورم (کیست) غیرطبیعی ولی بی ضرر که گاهی اوقات درون غلاف تاندون‌ها خصوصاً زردپی‌های مچ دست تشکیل می شود.

ganglionectomy (gang-li-on-ek-tomi) n.
جراحی برداشت کیست عقده ای.

gangrene (gang-reen) n.
اضمحلال بخشی از بدن ناشی از نقص یا توقف خون رسانی. دلایل این وضعیت آن شامل بیماری، جراحت یا آترومای عروق خونی اصلی، سرمازدگی، سوختگی شدید و بیماری هایی مانند دیابت ملیتوس و بیماری *Raynaud* می شود.

dry g.
مرگ و تخریب بافت ها در اثر ایست موضعی جریان خون.

moist g.
مرگ و اضمحلال بافت، در اثر عفونت باکتریایی. به *gas gangrene* هم مراجعه کنید.

Ganser state (pseudodementia) (gan-ser) n.
سندرمی که از طریق پاسخ های تقریبی مشخص می شود، یعنی بیمار به طور اشتباهاً پاسخ های بی محتوا به سؤالات می دهد ولی جواب ها نشان دهنده ی عدم فهم سؤال است. این وضعیت ناشی از هیستری یا تمارض هوشیاری است.
[S. j. M. Ganser (1853-1931), روان پزشک آلمانی]

gargle (gar-gul)
۱. *n.* محلول دارویی که برای شستن دهان و گلو استفاده می شود. ۲. *vb.* غرغره کردن از طریق نگه داری آن محلول در گلو و خارج کردن آن.

غلاف شدگی و حرکات سلول ها در مرحله ی قبلی لایه ی مفرد بلاستولا) در فرآیند *gastrulation* می باشد.

Gaucher's disease (goh-shayz) n.
نقص شیمیایی و ارثی که موجب تجمع ترکیبات چربی در کبد، طحال، گره های لنفاوی و سیستم عصبی می شود.
[P. C. E Gaucher (1854-1918), پزشک فرانسوی]

gauze (gawz) n.
ماده ی مشبک و نازکی که در چندین لایه برای تدارک پانسمان و پنبه، پاک کردن گوش، زخم و غیره استفاده می شود.

gavage (gav-ahzh) n.
به زور غذادادن: یک روشی که برای بیماران بی اشتها یا ناتوان در غذاخوردن از طریق دهان استفاده می شود. که خصوصاً بوسیله ی این روش لوله ی معدی استفاده می شود.

Geiger counter (gy-ger kownt-er) n.
وسیله ای برای یافتن و اندازه گیری سطح رادیواکتیوی یک ماده.
[H. Geiger (1882-1945), فیزیکدان آلمانی]

gel (jel) n.
نوعی سوسپانسیون کلوئیدی که جهت تشکیل یک جسم ژلاتینی درگیر می شود. برخی محلول های دارویی به شکل ژل استفاده می شوند.

gelatin (jel-ă-tin) n.
ماده ای به شکل ژل، که در زمان به جوش آمدن تاندون ها، لیگامنت ها و .. حاوی کلاژن درآب، تشکیل می شود. ژلاتین در پزشکی به عنوان منبع پروتئین رژیم غذایی، در داروسازی برای تولید کپسول ها و شیاف ها و در باکتری شناسی جهت تهیه ی محیط کشت استفاده شده است.

gemfibrozil (jem-fy-broh-zil) n.
دارویی که برای کم کردن *LDL* زیاد، در بیمارانی با سطوح سرم تری گلیسرید بالا، که به رژیم غذایی، کاهش وزن یا ورزش واکنش نشان نمی دهند استفاده می شود. این دارو از طریق دهان مصرف می شود. نام تجاری: *Lopid*.

gene (jeen) n.
واحد پایه ی ماده ی ژنتیک که در مکان خاصی روی کروموزوم واقع می شود. در اصل ژن مربوط به واحد وراثت و موتاسیون می شود اما امروزه معمولاً به عنوان قطعه ای از *DNA* یا *RNA* به عنوان واحدکنترل تشکیل یک زنجیره‌ی پلی پپتیدی مفرد تعریف می شود. در ژن ساختمان های

gastroileac reflex (gas-troh-il-i-ak) n.
شل شدن دریچه ی ایلئوسکال به واسطه ی حضور غذا در معده.

gastrojejunostomy (gas-troh-ji-joo-nost-ŏmi) n.
نوعی عمل جراحی که ژژونوم به مجرای ساخته شده درون معده متصل می شود.

gastrolith (gas-trŏ-lith) n.
سنگی درون معده که معمولاً اطراف زهر مهره ی موجود در آن، ساخته می شود.

gastropexy (gas-troh-peks-i) n.
جراحی متصل کردن معده به دیواره ی شکم.

gastroplasty (gas-troh-plasti) n.
جراحی تغییر شکل معده بدون برداشتن بخشی از آن خصوصاً به منظور کاهش اندازه ی معده در درمان مرض چاقی.

gastroptosis (gas-trop-toh-sis) n.
وضعیتی که معده به طرف پایین شکم آویزان می شود.

gastrorrhoea (gas-trŏ-ree-ă) n.
ترشح بیش از اندازه ی شیره ی معده. به *hyperchlorhydria* مراجعه کنید.

gastroscope (gas-trŏ-skohp) n.
ابزار بصری و نوری که برای بررسی بخش درونی معده استفاده می شود. گاستروسکوپ فیبرنوری امکان دیدن و عکس گرفتن را به تمام بخش های معده وگاهی اوقات معاینات میکروسکوپی را فراهم می کند.

-gastroscopy (gas-tros-kŏ-pi) n.

gastrostomy (gas-trost-ŏmi) n.
روش جراحی که مجرایی از خارج به درون معده ایجاد می‌شود. این عمل معمولاً برای واردکردن غذا و مایعات به درون معده در زمان ناممکن بدون غذا خوردن، به دلیل بیماری یا انسداد مری، انجام می شود.

gastrotomy (gas-trot-ŏmi) n.
روشی در طول جراحی شکم که معمولاً معده باز شده و امکان بررسی بخش درونی معده، برداشت اجسام خارجی و نزدیک شدن مری از پایین فراهم می شود.

gastrula (gas-troo-lă) n.
مراحل اولیه ی نمو بسیاری از جنین های جانوری. این مرحله متشکل از گوی دو لایه ی سلول های تشکیل شده توسط

اوایل حاملگی شود. نام پزشکی: *rubella* به *scarlet fever* مراجعه کنید.

germ cell (gonocyte) n.

۱. نوعی از سلول های جنینی که پتانسیل تکامل به اسپرم و تخمک را دارد. ۲. گامت.

germicide : (jerm- i- syd) n.

عاملی که میکروارگانیسم ها را ، خصوصاً آن هایی که موجب بیماری می شوند از بین می برد. به *antibiotic*، *antimycotic*، *antiseptic* و *disinfectant* مراجعه کنید.

germinal (jer-min-ăl) adj.

۱. مربوط به مراحل اولیه ی یک جنین یا بافت. ۲. مربوط به میکروب.

germ layer n.

هر سه نوع بافت مشخص و موجود در مراحل اولیه ی رشد جنینی (به *ectoderm*، *endoderm* و *mesoderm* مراجعه کنید).

gerontology (je-ron-tol-ŏji) n.

مطالعه ی تغییرات درون ذهن و بدن که به همراه پیرشدن و مشکلات ناشی از آن است.

gestaltism (gĕsh-talt-izm) n.

مدرسه ی روان شناسی که مربوط به فرآیندهای روانی مثل گشتالت هایی که نمی توانند به اجزاء تشکیل دهنده ی آن تجزیه شوند، است. از این مدرسه *gestalt therapy* گسترش یافته که هدف آن بدست آوردن گشتالت مناسب درون بیمارانی که شامل اشکال در حال کار هستند، می باشد.

gestation (jes-tay-shŏn) n.

دوره ای که در طول آن سلول تخم لقاح یافته، به یک نوازد رشد می کند، که آماده ی فراغت از زایمان است. به *pregnancy* مراجعه کنید.

Ghon's focus (gonz) n.

جراحت ایجادشده در شش های شخصی که از طریق باسیل توبرکل قبلاً عفونی نشده است. این نقطه ی کوچکی از التهاب گرانولوما است که روی پرتو نگاری اشعه ی X قفسه ی سینه، در صورت رشد به اندازه ی کافی یا کلسیفه شدن ممکن است روی پرتونگاری اشعه ی X از قفسه ی سینه قابل دیدن شود.
[*A.Ghon (1866-1936),* پاتالوژیست چکوسلواکی]

آنتی بیوتیکی که برای درمان عفونت های ایجاد شده از طریق ردیف گسترده ای از باکتری ها مصرف می شود. این دارو می تواند از طریق تزریق یا کرم های پوستی و یا قطرات مربوط به چشم و گوش به کار برده شود. نام های تجاری: *Cidomycin, Genticin*.

gentian violet (jen-shăn-vy-ŏ-lit) n.

به *crystal violet* مراجعه کنید.

genu (jen-yoo) n.

۱. زانو.

g.valgum

به *knock-knee* مراجعه کنید.

g.varum

به *bow-legs* مراجعه کنید. ۲. هر نوع ساختار آناتومیکی خمیده مشابه زانو.

-genual adj.

genupectoral position (knee-chest position) (jen-yoo-pek-ter-ăl) n.

نوعی از موقعیت بیمار که وزن بر بدن روی زانو و سینه حمایت می شود. به *position* مراجعه کنید.

genus (jen-ŭs) n. (pl. genera)

رده ای که درون طبقه بندی حیوانات و گیاهان استفاده می شود. یک طبقه از چندین ارتباط نزدیک و گونه های مشابه تشکیل شده. برای مثال تیره ی *canis* شامل سگ، گرگ و شغال می باشد.

ger- (gero-, geront(o)-)

پیشوند به معنی سالخوردگی.

geriatrics (je-ri-at-riks) n.

شاخه ای از پزشکی مربوط به تشخیص و درمان اختلالاتی که در سالخوردگی و به همراه مراقبت از افراد پیر، رخ می دهد. به *gerontology* مراجعه کنید.

-geriatrician (je-ri-ă-trish-ăn) n.

germ (jerm) n.

نوعی میکروارگانیسم خصوصاً میکروارگانیسمی که موجب بیماری می شود. به *infection* مراجعه کنید.

german measles (jer-măn) n.

عفونت خفیف ویروسی و زیاد واگیردار که عمدتاً در کودکان به وجود می آید. علایم این بیماری شامل سردرد، گلودرد، تب اندک، به دنبال تورم و درد گردن و ایجاد بثورات جوش های نقطه ای و صورتی رنگ در صورت، گردن و دیگر قسمت های بدن است. سرخک آلمانی می تواند موجب نقص جنین در

دارویی که سطح قندخون را کاهش داده و از طریق دهان برای درمان دیابت استفاده می شود. نام تجاری: *Daonil, Euglucon*.

glioblastoma (spongioblastoma) (gly-oh-blast-oh-mă) n.

نوعی تومور بدخیم مغزی که از بافت گلیا مشتق می شود. بزرگ شدن سریع تومورها، سلول های طبیعی مغز را به همراه پیشرفت فقدان عملکرد پیشرونده، تخریب کرده و فشاردرون نخاع را افزایش می دهد که موجب سردرد، تهوع و خواب آلودگی می شود.

glioma (gly-oh-mă) n.

نوعی تومور سلول های گلیا در سیستم عصبی. این واژه گاهی اوقات برای همه ی تومورهای نشأت گرفته از سیستم عصبی مرکزی، استفاده می شود.

gliomyoma (gly-oh-my-oh-mă) n.

تومور مرکب از اعصاب و بافت های عضلانی.

glipizide (glip-zyd) n.

دارویی که برای کنترل سطح بالای گلوکزخون (هیپرگلیسمی) در بیماران مبتلاء به دیابت بدون وابسته به انسولین، بعد از بی اثر بودن کنترل رژیم غذایی، استفاده می شود. این دارو آزادسازی انسولین از پانکراس را افزایش داده و از این رو فقط در صورتی که سلول های بتای جزایر لانگرهانس وظیفه ی خود را انجام دهند، مأثر است. این دارو از طریق دهان استفاده می شود. نام تجاری: *Glibeneze, Minodib*.

globin (glob-bin) n.

پروتئین موجود در بدن که می تواند با گروه حاوی آهن جهت تشکیل هموگلوبین و میوگلوبین، ترکیب شود.

globulin (glob-yoo-lin) n.

گروهی از پروتئین های ساده که در محلول های رقیق نمک، حل شده و می تواند از طریق حرارت منعقد شوند.

serum g.

نوعی از گلوبولین های متفاوت موجود در خون، مثل گاماگلوبولین. برخی از آن ها نقش مهمی به عنوان آنتی بادی دارند (به *immunoglobulin* مراجعه کنید).

globulinuria (glob-yoo-lin-yoor-iă) n.

حضور گلوبولین ها در ادرار.

globus (gloh-bŭs) n.

ساختار آناتومیکی گویی شکل یا کروی.

ای از طریق حضور مقادیر زیاد مونوسیت ها در خون تشخیص داده می شود. نام پزشکی: *infectious mononucleosis*.

glans (glans penis) (glanz) n.

بخش انتهایی و بلوطی شکل آلت تناسلی مذکر، که توسط امتداد یافته ی جسم غاری تشکیل می شود. واژه ی برای انتهای کلیتوزیس هم به کار می رود.

glaucoma (glaw-koh-mă) n.

وضعیتی که فقدان بینایی به دلیل فشار بالا و غیرطبیعی درون چشم رخ می دهد.

acute congestive g.

گلوکوم اولیه که افزایش ناگهانی در فشار، به همراه درد وجود دارد که ازطریق تار دیدن بینایی مشخص می شود.

chronic simple g.

گلوکوم اولیه که فشار تدریجاً افزایش می یابد. معمولاً بدون تولید درد و نابینایی است.

Primary g.

گلوکومی که بدون هیچ گونه بیماری چشمی ایجاد می شود. این وضعیت دلیل مهم نابینایی است.

Secondary g.

گلوکمی که ممکن است در زمان آسیب دیگر بیماری های چشمی به جریان طبیعی زلالیه رخ دهد و موجب افزایش فشار درون چشمی می شود.

gleet (gleet) n.

خروج موکوس چرکی از آلت تناسلی مذکر یا مهبل، ناشی از سوزاک مزمن.

glenohumeral (glee-noh-hew-mer-ăl) adj.

مربوط به حفره ی کاسه ای و استخوان بازو: ناحیه ی مفصل شانه.

glenaid cavity (glenoid fossa) (glee-noid) n.

حفره ی مفصل شانه : حفره ی گلابی شکل در بالای استخوان کتف که درون آن سر استخوان بازو قرار می گیرد.

gli-(glio-)

پیشوند به معنی ۱. گلیا. ۲. ماده ی چسبنده.

glia (neuroglia) (glee-ă) n.

بافت پیوندی مخصوص سیستم عصبی مرکزی. سلول های گلیال نورون های زیادی دارند و۴۰٪ حجم مغز و طناب‌نخاعی را تشکیل می دهد.

glibendamid (gly-ben-klă-myd) n.

دارویی که عروق خونی را متسع کرده و از طریق دهان برای درمان آنژین استفاده می شود (به *vasodilator* مراجعه کنید). نام تجاری: *Nitrocontin, sustac*.

glycine (gly-seen) n.

به *amino acid* مراجعه کنید.

glycocholic acid (gly-koh-kol-ik) n.

به *bile acids* مراجعه کنید.

glycogen (gly-koh- jĕn) n.

کربوهیدارت متشکل از زنجیره های شاخه دار واحدهای گلوکز. گلیکوژن شکل اصلی ذخیره ای کربوهیدرات درون بدن است. (در کبد و ماهیچه ها) گلیکوژن به آسانی به گلوکز شکسته می شود.

glycogenesis (gly-koh-jen-i-sis) n.

فرآیندهای شیمیایی که عمدتاً در کبد و عضلات رخ می دهد، و از طریق آن گلیکوژن به گلوکز تجزیه می شود.

glycolysis (gly-kol-i-sis) n.

تبدیل گلوکز به اسیدلاکتیک به همراه تولید انرژی به شکل *ATP*، از طریق یک ردیف از ده سری واکنش های کاتالیزی آنزیم.

glycoprotein (gly-koh-proh-teen) n.

گروهی از ترکیبات تشکیل دهنده ی پروتئین که با کربوهیدرات (مثل گلوکز یا مانوز) ترکیب می‌شوند. مثال هایی از گلیکو پروتئین ها آنزیم‌های خاص، هورمون ها و آنتی‌ژن ها هستند.

glycoside (gly-koh-syd) n.

ترکیبی که از طریق جای گزینی گروه هیدروکسیل یک قند توسط گروه دیگر تشکیل می شود. (اگر قند گلوکز باشد، ترکیب به عنوان *glucoside* شناخته می شود) گلیکوزیدها در گیاهان در بردارنده ی برخی محصولات مهم دارو شناسی (مثل دیژیتال ها) یافت می شوند.

glycosuria (gly-kohs-yoor-ĭa) n.

وجود گلوکز در ادرار در مقادیر غیرطبیعی زیاد. گلیکوزوری ممکن است ناشی از دیابت ملیتوس، بیماری های کلیوی و شرایط دیگر باشد.

glymidine (gly-mi-deen) n.

دارویی که سطح قند خون را کاهش داده و از طریق دهان برای درمان دیابت ها استفاده می شود. نام تجاری: *Gondafon*.

gnath- (gnatho-)

پیشوند به معنی فک.

اسید قند مشتق شده از گلوکز. گلوکورنیک اسید جزء مهمی از سولفات کندرویتین (موجود در غضروف) و هیالورونیک اسید (موجود در مایع سینوویال) است.

glutamic acid (glutamate) n.

به *amino acid* مراجعه کنید.

glutamic oxaloacetic transaminase (GPT) n.

به *aspartate aminotransfrase (AST)* مراجعه کنید.

glutamic pyruvic trnsaminase (GPT) n.

به *alanine aminotransfrase (AST)* مراجعه کنید.

glutaminase (gloo-tam-in-ayz) n.

آنزیم موجود در کلیه که تجزیه ی آمینواسید گلوتامین به آمونیاک و اسید گلوتامیک را کاتالیز می کند: مرحله ای در تولید اوره.

glutamine (gloo- tă -meen) n.

به *amino acid* مراجعه کنید.

gluten (gloo- tĕn) n.

ترکیبی از دو پروتئین *gliadin* و *glutenin*. گلوتن در گندم و چاودار وجود دارد و برای ویژگی های طبخ خود، مهم است. حساسیت به گلوتن موجب بیماری کوئلیاک در کودکان می شود.

glutethimide (gloo-teth-i-myd) n.

دارویی که از طریق دهان برای درمان بی خوابی و اختلالات دیگر خواب (به *hypnotic* مراجعه کنید) استفاده می شود. نام تجاری: *Doriden*.

gluteus (gloo-tee- ŭs) n.

یکی از سه جفت عضله ی کفل (برای مثال *g. maximus* و *g. medius* و *g. minimus*) که مسئول حرکات ران هستند.

-gluteal adj.

glyc- (glycol-)

پیشوند به معنی قند.

glycerin (glycerol) (glis-er-in) n.

مایع چسبناک و شفافی که از طریق هیدرولیز چربی ها و روغن های مخلوط بدست می آید که به عنوان یک محصول فرعی در ساختن صابون تولید می شود. این مایع به عنوان ملین در بسیاری از تدارکات پوستی مثل ملین ها (خصوصاً در شک شیاف) و به عنوان عامل شیرین کننده در صنایع دارویی استفاده می شود.

glyceryl trinitrate (nitroglycerin) (glis-er-il -try-ny-trayt) n.

بیماری واگیردار جنسی که از طریق باکتری *Neisseria gonorrhoeae* ایجاد می شود. این بیماری بر غشای موکوسی تناسلی هر دو جسم تأثیر می گذارد. علایم آن شامل درد در دفع ادرار و خروج ترشحات سوزاکی است. در موارد درمان نشدن، عفونت ممکن است سرتاسر دستگاه تناسلی گسترش یابد و موجب عقیمی شود. التهاب شدید پیشابراه در مردان می تواند موجب جراحت شود. اگر زن حامله سوزاک داشته باشد، کودک آن ممکن است دچار اوفتالمی نوزادی شود. عوارض بعدی آن می تواند شامل آرتریت، اندوکاردیت و عفونت چشم ها که باعث ورم ملتحمه می شود، باشد. درمان توسط سولفانامیدها، پنی سیلین یا تتراسایکلین در مراحل اولیه ی بیماری معمولاً مؤثر است.

-gonorrheal adj.

Goodpasture's syndrome (guud-pas-cherz) n.

بیماری ریوی که باعث سرفه کردن خون به همراه گلومرولونفریت می شود.

[E.W.Goodpasture (1886-1960), پاتولوژیست آمریکایی]

goose flesh n.

واکنش پوست نسبت به سرما یا ترس. در این وضعیت عروق خونی منقبض می شده و عضلات کوچک به قاعده ی هر فولکیول مو می پیوند که انقباض این عضلات، موجب راست شدن موها می شود. در این وضعیت ظاهر پوست شبیه مرغ پرکنده می شود. نام پزشکی: *cutis anserine.*

Gordh needle (gord) n.

نیدل داخل وریدی به همراه قاعده ی وسیع حاوی دیافراگم لاستیکی که برای مصرف مکرر تزریق استفاده می شود.

[T.Gordh, متخصص بیهوشی سویسی]

gorget (gor-jit) n.

ابزاری که در عمل برداشت سنگ ها از مثانه استفاده می شود. این ابزار راست است یا توسط شیار پهنی هدایت می شود.

gouge (gowj) n.

قلم منحنی شکلی که برای اعمال اورتوپدی جهت برش و برداشت استخوان استفاده می شود.

اسکنه‌ی جراحی (آلتی جهت برش استخوان)

gout (gowt) n.

بیماریی که در آن نقص در متابولیسم اسید اوریک موجب افزایش اسید و املاح آن (نمک های اسیداوریک) و در جریان خون و مفاصل تجمع می یابند. این وضعیت موجب حمله ی حاد آرتریت نقرسی و تخریب مزمن مفاصل و رسوب املاح اسیداوریک (توفوس ها) در پوست غضروف و خصوصاً در گوش ها می شود. درمان توسط داروی اوریکوسوریک یا آلوپورینول که به طور گسترده بیماری را کنترل می کنند. به *podagra* مراجعه کنید.

Graafian follicle (grah-fi-ăn) n.

فولیکول بالغ درون تخمدان قبل از تخمک گذاری. این فولیکول حاوی حفره های بزرگ پر شده از مایع است که به سطح تخمدان می آید. اوسیت درون فولیکول ها رشد کرده و به یک سمت متصل می شود.

[R.de Graff (1641-73), پزشک و آناتومیست هلندی]

Graefe's knife (gray-fiz) n.

چاقویی به همراه تیغه ی باریک و تیز، که برای عمل برداشت کاتاراکت استفاده می شود.

[A.Von Graefe (1928-70), متخصص چشم آلمانی]

graft (grahft)

۱. *n.* هر ارگان، بافت یا شیء که جهت پیوند برای جایگزینی بخش معیوب بدن، استفاده می شود. به *keratoplasty*، *skin(graft)* و *transplantation* مراجعه کنید. ۲. *vb.* پیوند زدن یک ارگان یا بافت.

graft-versus-host disease (GVHD) n.

وضعیتی که به دنبال پیوند مغز استخوان و گاهی اوقات تزریق خون رخ می دهد که در آن لنفوسیت ها از پیوند زدن به بافت های خاص درون میزبان حمله می کنند. در این وضعیت پوست، روده و کبد شدیداً تحت تأثیر قرار می گیرند. داروهایی که واکنش های ایمنی را سرکوب می کنند شامل استروئیدها و سیکلوسپورین های *A* می شوند شدت که رد پیوند را کاهش می دهند.

grain (grayn) n.

واحد جرم معادل $\frac{۱}{۷۰۰۰}$ پوند (وزن). گرم ۰٫۰۶۴۸ = ۱ گرین.

gram (gram) n.

واحد جرم معادل یک هزارم کیلوگرم. نماد: *g*

-gram

پسوند به معنی ثبت، رسم کردن.

حاملگی.

Grawitz tumour (grah-vits) n.
به *hypernephroma* مراجعه کنید.
[P. A. Grawitz (1850-1932), آسیب شناس آلمانی]

gray (gray) n.
واحد میزان اشعه ی جذب شده معادل ۱۰۰ راد. نماد: *Gy*.

green monkey disease n.
به *Marburg disease* مراجعه کنید.

greenstick fracture (green-stik) n.
به *fracture* مراجعه کنید.

grey matter (gray) n.
بافت رنگی و تیره تر سیستم عصبی مرکزی که عمدتاً از جسم سلولی نورون ها، دندریت های منشعب و سلول های گلیال تشکیل شده است. با *white matter* مقایسه کنید.

Griffith's types (grif-iths) pl. n.
زیر قسمت های گروه *A* استرپتوکوکی (به *Lancefield classification* مراجعه کنید) بر پایه ی واکنش های انعقادی آن ها.
[F. Griffith (1877-1941), باکتری شناس انگلیسی]

gripe (gryp) n.
دل درد شدید (به *colic* مراجعه کنید).

griseofulvin (griz-i-oh-ful-vin) n.
آنتی بیوتیکی که از طریق دهان برای درمان عفونت های قارچی مو، پوست و ناخن ها، مثل کرم حلقوی استفاده می شود. نام های تجاری: *fulcin, Grisovin*

grocer's itch (groh-serz) n.
تورم پوست دست ها که در اثر تماس مکرر با آرد و شکر ایجاد می شود.

groin (groin) n.
فرورفتگی خارجی روی قدام بدن که نقطه ی اتصال شکم با هر دو ران را نشان می دهد. به *inguinal* مراجعه کنید.

ground substance (grownd) n.
به *comective tissue* مراجعه کنید.

group practice (groop) n.
مشارکت دو یا چند پزشک عمومی که برخی از منابع مثل گزارشات را با یکدیگر به اشتراک می گذارند. گزارش هایی که آن ها ارائه می دهند ممکن است دارای مراکز بهداشت شخصی یا عمومی باشد.

group therapy n.
۱. (روان درمانی روهی) روان درمانی که حداقل شامل دو بیمار و یک تراپیست می باشد. بیماران برای درک و آنالیز و مسائل شخصی دیگر تشویق می شوند. به *encounter group* و *psychoderma* هم مراجعه کنید. ۲. نوعی درمان که افرادی با مشکل یکسان مثل اعتیاد به الکل، درباره ی مشکلاتشان و راه های ممکن جهت غلبه بر آن ها، جلسه می گیرند و با هم بحث و گفت و گو می کنند.

growth factor (grohth) n.
پلی پپتیدی که از طریق سلول ها شده و آن ها را جهت تکثیر تحریک می کنند. برخی از فاکتورهای رشدممکن است شامل تنظیم غیرطبیعی رشد باشد که در سرطان دیده می شود.

growth hormone (GH, somatotrophin) n.
هورمونی که در غده‌ی هیپوفیز قدامی سنتز و ذخیره می‌شود. این هورمون رشد استخوان های بلند درون اعضا را و نیز سنتز پروتئین را افزایش می دهد (از طریق سوماتومدین). رها سازی آن از طریق فعالیت مخالف *growth hormone releasing factor* و *somatostain* کنترل می شود.

guanethidine (gwahn-eth-i-deen) n.
دارویی که از طریق دهان برای کاهش فشارخون بالا استفاده می شود (به *sympatholytic* مراجعه کنید). نام تجاری: *Ismelin*

guanine (gwah-nee) n.
یکی از پایه های نیتروژن دار (به *purine* مراجعه کنید) که درون *DNA* و *RNA* وجود دارد.

gubernaculum (gew-ber-nak-yoo-lŭm) n. (pl. gubernacula)
هر جفت بافت فیبروز رشته ای که غدد جنسی را به ناحیه ی اینگوینال در جنین متصل می کند.

Guillain-Barré syndrome (gee-yan-ba-ray) n.
بیماری اعصاب محیطی که در آن بی حسی و ضعف در اعصاب وجود دارد. این وضعیت معمولاً ۲۰- ۱۰ روز بعد از عفونت سیستم تنفسی گسترش می یابد که پاسخ های آلرژیکی را درون اعصاب محیطی تحریک می کند.
[G.Guillain (1876-1961), A. Barré (1880-1967), نورولوژیست فرانسوی]

guillotine (gil-ŏ -teen) n.
ابزار جراحی که برای برداشت لوزه ها استفاده می شود.

guinea worm (gin-i) n.
نوعی کرم نماتود انگلی. *Dracunculus medinensis* جنین مؤنث بالغ درون بافت های پیوندی زیر پوست زندگی کرده و لاروهای خود را به درون تاول های بزرگ روی دست و آزاد می کند. به *dracontiasis* هم مراجعه کنید.

تجمع خون قاعدگی درون مهبل، چون پرده ی بکارت مجرا را ناقص می کند. به *cryptomenorrhoea* مراجعه کنید.

haematocrit (heem-ă -toh-krit) n.
به *packed cell volum* مراجعه کنید.

haematocyst (heem-ă -toh-sist) n.
کیست حاوی خون.

haematogenous (haematogenic) (heem-ă -toj-in-ŭs) adj.
۱. مربوط به تولید خون یا اجزاء آن. ۲. تولید شده از طریق، نشأت گرفته از، یا حمل شده از طریق خون.

haematology (heem-ă -tol-ŏji) n.
مطالعه‌ی خون و بافت‌های تشکیل دهنده ی خون و اختلالات وابسته به آن.

-haematological adj.
-haematologist n.

haematoma (heem-ă -toh-mă) n.
تجمع خون درون بافت ها که به شکل تورم جامد لخته می شوند. جراحت، بیماری عروق خونی یا اختلالات انعقادی خون فاکتورهای شایع ایجاد کننده ی این وضعیت هستند.

extradural h.
هماتومی که از طریق شریان مننژی میانی در نتیجه ی جراحتی به سر ایجاد می شود.

intracerebral h.
هماتوم ناشی از آترواسکوروزیس شریان‌های مغزی و فشارخون بالا که در نتیجه ی ضربه به سر ایجاد می شود.

subdural h .
هماتومی ایجاد شده از طریق پاره شدن وریدهایی که از فضای زیر سخت شامه عبور می‌کنند. به *perianal haematoma* مراجعه کنید.

haematomera (heem-ă -toh-mee-tră) n.
۱. تجمع خون قاعدگی درون رحم. ۲. خون ریزی زیاد و غیرعادی از رحم.

haematomyelia (heem-ă -toh-my-ee-liă) n.
خون ریزی درون طناب نخاعی.

haematopoiesis (heem-ă -toh-poi-ee-sis) n.
به *haemopoisis* مراجعه کنید.

haematoporphyrin (heem-ă -toh-por-fi-rin) n.
نوعی پورفورین که در طول متابولیسم هموگلوبین تولید می شود.

یترکیب حاوی آهن (پرفیرین) که با پروتئین گلوبین برای تشکیل هموگلوبین، ترکیب می شود.

haem- (haema-, haemo-, haemat (o) -)
پیشوند به معنی خون.

haemagglutination (heem-ă -gloo-tin-ay-shŏn) n.
تجمع یافتن گلبول های قرمز خون (به *agglutination* مراجعه کنید). این وضعیت از طریق واکنش آنتی ژن ـ آنتی بادی برخی ویروس ها و مواد دیگر ایجاد می شود.

haemangioma (heem-ăn -ji-oh-mă) n.
تومورخوش خیم عروق خونی. این تومور اغلب روی پوست به عنوان یک نوع ماه گرفتگی (به *neavus* مراجعه کنید) ظاهر می شود؛ به *angioma* هم مراجعه کنید.

haemarthrosis (heem-arth-roh-sis) n.
درد و آماس مفصل که از طریق خون ریزی به درون مفصل ایجاد می شود. این وضعیت ممکن است به دنبال جراحت باشد یا ممکن است به صورت خود به خودی در بیماری های خونی مثل هموفیلی، رخ دهد.

haematemesis (heem-ă -tem-i-sis) n.
عمل استفراغ خونی. خون ممکن است خورده شودولی غالباً از خون ریزی درون مری، معده یا دئودنوم نشأت می گیرد. علایم متداول آن و زخم معده و دئودنوم، التهاب معده و واریس سیاهرگ های درون مری است.

haematin (heem-ă -tin) n.
مشتق شیمیایی هموگلوبین که از طریق برداشت بخش پروتئین مولکولی و اکسیداسیون اتم آهن از فروس به شکل فریک تشکیل می شود.

haematinic (heem-ă -tin-ik) n.
دارویی که مقدار هموگلوبین درون خون را افزایش می دهد. مثل سولفات فروس و ترکیبات دیگر محتوی آهن. این دارو برای جلوگیری و درمان آنمی ناشی از کمبود آهن، خصوصاً در طول حاملگی، استفاده می شود.

haematocele (heem-ă - toh-seel) n.
متورم شدن از طریق تراوش خون به درون یک حفره، خصوصاً هماکسول لایه ی فوقانی غشا، قدام و کناره های بیضه ها.

parametric (pelvic) h.
تورم نزدیک به رحم که از طریق رها شدن خون، معمولاً از لوله ی فالوپ در بارداری اکتوپیک، تشکیل می شود.

haematocolpos (heem-ă -toh-kol-pos) n.

تزریق فاکتور *VIII* غلیظ شده یا از طریق فاکتور *IX* درمان شود. تقریباً هموفیلی به صورت منحصر به فرد به جنس مذکر محدود می شود. زنان می توانند بیماری را انتقال دهند بدون آن که تحت تأثیر آن قرار بگیرند.

-haemophilica n.
-haemophilic adj.

haemophilus (hi-mof-i-lŭs) n.
تیره ای از باکتری های میله ای شکل، انگلی، بدون حرکت، هوازی و گرم مثبت که مکرراً درون دستگاه تنفسی یافت می شود. بیشتر گونه های آن بیماری زا هستند.

H.influenzae
گونه ای که باعث عفونت های حاد و مزمن دستگاه تنفسی شده و دلیل ثانویه و شایع عفونت های آنفولانزایی است.

haemopthalmia (heem-off-thal-mia) n.
خون ریزی درون زجاجیه ی چشم.

Haemopnumothorax

(pneumohaemothorax) (heem-ŏ-new-moh-thor-aks) n.
وجود خون و هوا درون حفره ی پلور، معمولاً در نتیجه ی جراحت. به *haemothorax* مراجعه کنید.

haemopoiesis (hee-moh-poi-ee-sis) n.
فرآیند تولید سلول های خون و پلاکت ها که در سرتاسر زندگی ادامه یافته و جایگزینی سلول های پیر (برداشته شده از طریق گردش خون) می شوند. در بالغین سالم، هموپوزیس منحصر به مغز استخوان است. به *erythropoiesis*، *leucopoiesis* و *thrombopoiesis* هم مراجعه کنید.

-haemopoietic adj.

haemopoietin (hee-moh-poi-ee-tin) n.
به *erythropoietin* مراجعه کنید.

haemoptysis (hi-mop-ti-sis) n.
سرفه ی خون آلود.

haemorrhage (bleeding) (hem-er ij) n.
خروج خون از رگ پاره شده به صورت خارجی یا داخلی. خون شریانی قرمز روش است و به صورت جهشی خارج می شود ولی خون وریدی قرمز تیره بوده و به طور پیسته جاری می شود. در طول آسیب به عروق کوچکتر ممکن است فقط یک خون ریزی اندک ایجاد شود. پارگی عروق خونی بزرگ مثل شریان فمورال ممکن است منجر به از دست رفتن چندین لیتر خون در چند دقیقه شود، که باعث شوک، کلاپس و در صورت درمان نشدن منجر به مرگ می شود.

ناشی از تخریب گلبول های قرمز (اریتروسیت ها).

h.anaemia
به *anaemia* مراجعه کنید.

haemolytic disease of the newborn n.
وضعیت ناشی از تخریب (همولیز) گلبول های قرمزخون جنین از طریق آنتی بادی های درون خون مادر، که از طریق جفت عبور می کند. این وضعیت عمدتاً زمانی که گلبول های قرمز جنین *RH* مثبت (به *rhesus factor* مراجعه کنید) اما گلبول های قرمز مادر *RH* منفی دارند، رخ می دهد. بنابراین سلول های جنینی درون گردش خون مادر ناسازگار هستند و تولید آنتی بادی ها را تحریک می کنند. این وضعیت ممکن است باعث آنمی خیلی شدید جنین، یا یرقان شدید جنین بعد از تولد شود. یک آزمایش خون اولیه در حاملگی، یافتن آنتی بادی ها درون خون مادر و سازگاری انواع پیشگیری ها برای امنیت جنین را قادر می سازد. به *anti D* هم رجوع کنید.

haemolytic uraemic syndrome n.
وضعیتی که تخریب سریع و ناگهانی گلبول های قرمز (به *haemolysis* مراجعه کنید) موجب ناتوانی حاد کلیوی در اثر انسداد بخشی از سرخرگ‌های کوچک درون کلیه می شود. همولیز باعث کاهش در تعداد پلاکت ها هم می شود که می تواند موجب خون ریزی شدید شود. این سندرم ممکن است در نتیجه‌ی سپتی سمی، تشنج های اکلامپتیک در حاملگی (به *eclampsia* مراجعه کنید) یا به عنوان یک واکنش به دارویی خاص باشد.

haemopericarium (heem-ŏ-pe-ri-kar-diŭm) n.
وجود خون درون پریکارد که ممکن است ناشی از جراحت، تومورها، آسیب قلب یا پاره شده آنوریسم.

haemoperitoneum (heem-ŏ-pe-ri-tŏn-ee-ŭm) n.
وجود خون درون حفره ی صفاقی، بین آستر شکم یا لگن و غشای پوشاننده ی ارگان های درون آن.

haemophilia (hee-moh-fil-iă) n.
اختلال وراثتی خون به‌طور آهسته، ناشی از نقص هر دو فاکتور انعقاد خون: فاکتور *VIII* (فاکتورضد هموفیلی) یا فاکتور *IX* (فاکتور *Christmas*) لخته می شود. هر نوع جراحت یا زخمی موجب خون ریزی گسترده می شود. در موارد شدید خون ریزی خود به خودی درون عضلات و مفاصل وجود دارد. خون ریزی در هموفیلی ممکن است توسط تزریق پلاسما یا

استخوان هلالی در خلف و با چهارمین و پنجمین استخوان کف دست در قدام مفصل می شود.

hammer (ham-er) n.

(در آناتومی) به *malleus* مراجعه کنید.

hammer toe n.

بد شکلی یک انگشت پا، غالباً دومین انگشت، که از طریق انعطاف ثابت مفصل اول ایجاد می شود. اغلب یک میخچه در بالای بدشکلی تشکیل می شود که ممکن است دردناک باشد.

hamstring (ham-string) n.

هر زرد پی موجود در پشت زانو.

h.muscles

عضله ی دو سر ران، عضله ی نیمه وتری و عضله ی نیمه غشایی که توسط عضلات خلف ران در جای خودشان در محل درشت نی و ناز ک نی، متصل می شوند.

handicap (han-di-kap) n.

۱. ناتوانی جزئی یا کلی برای انجام یک فعالیت اجتماعی، شغلی یا دیگر فعالیت هایی که فرد می خواهد انجام دهد، تحت تأثیر قرار می دهد. ۲. به *mental handicap* مراجعه کنید.

Hand-schüller-christian disease (hand shew-ler kris-chăn) n.

به *erticuloendotheliosis* مراجعه کنید.

[A.Hand (1868-1949), متخصص اطفال آمریکایی; A. shüllel (1874-1954), نورولوژیست استرالیایی; H. A Christian (1876-1951), پزشک آمریکایی]

Hansen's bacillas (han- sĕnz) n.

با *mycobacterium* مراجعه کنید.

[G. H. A. Hansen (1841-1912), پزشک نروژی]

Haploid (monoploid) (hap-loid) adj.

توصیف سلول ها، هسته و یا ارگانیسم ها به همراه ی یک مجموعه ی مفرد کروموزوم. در انسان گامت های هاپلوئید تقسیم میوز را دنبال می کنند. با *diploid* و*triploid* مقایسه کنید.

-haploid n.

hapt- (hapto-)

پیشوند به معنی لمس.

hapten (hap-tĕn) n.

ماده ای که از طریق ترکیب و تغییر شکل دادن پروتئین های بدن به آنتی ژن تبدیل می شود.

دارو شناسی) مقدار زمان سپری شده که بدن نیمی از مقدار داروی مصرف شده را دفع کند.

halibut liver oil (hal-i-bŭt) n.

روغنی که از کبد شخص معتاد دفع می شود. این روغن غنی از ویتامین A و D است.

halitosis (hal-i-toh-sis) n.

تنفس بد. علل تنفس بد بوی موقتی، شامل خوردن غذای خیلی بازی و تازه است. دلایل دیگر آن شامل تنفس دهان، بیماری ضریع دندانی، وضعیت عفونی بینی، گلو و شش ها می شود.

hallucination (hă-loo-sin-ay-shŏn) n.

درک کاذب برخی چیزهایی که به صورت واقعی وجود ندارند. توهمات ممکن است از طریق بیماری های روانی (مثل جنون جوانی) یا اختلالات روانی درون مغز تحریک شود و یا ممکن است از طریق داروها یا فقدان حس، ایجاد شود. با *illusion* مقایسه کنید.

hallucinogen (hă-loo-sin-ŏ-jen) n.

دارویی که باعث تولید توهم می شود. برای مثال شاهدانه اسید دی اتیلامیدلیزرژیک. داروهای توهم زا سابقاً برای درمان انواع خاص بیماری روحی استفاده می شده است.

-hallucinogenic adj.

hallux (hal-ŭks) n. (pl. hulluces)

انگشت بزرگ پا.

h.valgus

نقصی که انگشت بزرگ پا به طرف انگشتان دیگر جابه جا می شود. این نقص معمولاً به همراه پینه ی پا است.

halogen (hal-ŏ-jen) n.

هر یک از عنصرهای مربوط به فلور، کلر، برم یاید.

haloperidol (hal-oh-pe-ri-dol) n.

مسکنی که از طریق دهان یا تزریق برای تسکین اضطراب و فشار، درمان جنون و دیگر اختلالات روانی استفاده می شود. نام های تجاری: *Haldol, serenace*.

halothane (hal-oh thayn) n.

بی هوشی قوی عمومی که از طریق دهان یا استنشاق برای تحریک و نگه داری بی هوشی در همه نوع اعمال جراحی استفاده می شود. نام تجاری: *fluothane*.

hamate bone (unciform bone) (ham-ayt) n.

استخوان قلابی شکل مچ دست (به *carpus* مراجعه کنید). این استخوان با استخوان بزرگ و استخوان هرمی در اطراف، با

hamstring (ham-string) n.

handicap (han-di-kap) n.

می شود. خونی که به تازگی دارای اکسیژن شده به خارج و به سمت بدن از طریق دهلیز و بطن چپ پمپ می شود. مسیر جریان خون درون قلب از طریق دریچه ها کنترل می شود.

heart attack n.

به *myocardial infarction* مراجعه کنید.

heart block n.

وضعیتی که هدایت ایمپالس های الکتریکی تولید شده از طریق گره سینوسی ـ دهلیزی معیوب می شود، طوری که عمل پمپ کردن قلب آهسته می گردد. بلوک قلبی ممکن است مادرزادی یا ممکن است ناشی از بیماری قلبی، میوکاردیت، کاردیومیوپاتی و بیماری دریچه ها باشد. علایم آن ممکن است از طریق استفاده ی دستگاه مصنوعی تنظیم کننده ی ضربان قلب، از بین رود.

first degree h. b.

بلوک قلبی که هدایت بین دهلیز و بطن به تأخیر می افتد.

second degree h. b.

بلوک قلبی که همه ی ایمپالس ها از دهلیز به بطن ها انتقال نمی یابند.

third degree h. b.

بلوک قلبی که هیچ ایمپالسی انتقال نمی یابد و به ضربان طبیعی و آهسته ی خود (۴۰ـ۲۰ ضربه در دقیقه) است.

heartburn (pyrosis) (hart-bern) n.

ناراحتی یا درد، معمولاً سوزش در اشخاص، که در پشت قفسه ی سینه احساس می شود. این ناراحتی ممکن است به همراه ظاهر شدن اسید یا مایع تلخ در دهان باشد و معمولاً از طریق برگشت محتویات معده به درون گلو یا از طریق التهاب مری ایجاد می شود.

heart failure n.

وضعیتی که فعالیت پمپاژ بطن قلب کافی نیست. این وضعیت

برنامه‌ی نظارت طراحی شده بر یک جامعه بر پایه ی حفظ بهترین سلامتی ممکن و کیفیت اعضای زندگی یک جامعه. این برنامه ها شامل آموزش، ایمن سازی و غربالگری می باشد.

health service commissioner (ombudsman) n.

مقامی مسئول *paraliament* که برای محافظت از علایق بیماران در ارتباط با استفاده از خدمات بهداشت ملی، منصب شده است. او می تواند به شکایات و اظهارات سوء اداره ای به جز اظهارات تخصصی،رسیدگی کند.

health visitor (public health narse) n.

(در انگلستان) پرستار شایسته که یک دوره ی شایسته‌ی کامل پرستاری را گذرانده است. او شایسته‌ی بازرسی می باشد و برای پرداختن به بازرسی از بهداشت ثبت شده است. بازرس بهداشت مردم را در خانه های خود جهت توصیه به مراقبت از کودکان، اشخاصی که از بیماری رنج می برند و زنان باردار و مراقبت از مادران، مقرر شده اند.

hearing aid (heer-ing) n.

وسیله ی الکترونیکی برای شنوایی اشخاص کر، که از یک دریافت کننده ی کوچک صدا، یک تقویت کننده، وسیله ای که روی گوش قرار می گیرد و یا یک لرزاننده جهت انتقال به گوش، تشکیل شده است.

heart (hart) n.

ارگان مخروطی شکل، عضلانی و توخالی، که بین شش ها قرارگرفته است. نوک آن به طرف پایین، جلو و چپ هدایت شده است. این ارگان از طریق دیواره ای به دو نیمه ی مجزای راست و چپ تقسیم شده که هر کدام به دهلیز فوقانی و بطن تحتانی تقسیم می شود (به تصویر مراجعه کنید). خون فاقد اکسیژن به درون شش ها از طریق دهلیز و بطن راست پمپ

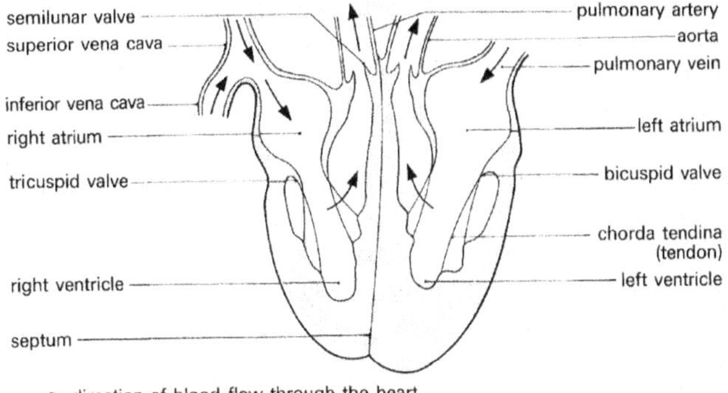

برش عمودی قلب

یک وضعیت بیماری ناشی از هجوم کرم‌های‌انگلی (لمینت ها).

helminthology (hel-min-thol-ŏji) n.

مطالعه‌ی کرم های انگلی.

heloma (hee-loh-mă) n.

پینه بستن یا میخچه روی پا و یا دست.

hemeralopia (hem-er-ă-loh-piă) n.

به *day blindness* مراجعه کنید.

hemi-

پیشوند به معنی (در پزشکی) نیمه ی راست یا چپ بدن.

hemianopia (hemi-an-oh-piă) n.

فقدان نیمی از میدان بینایی.

hemiballismus (hemi-bal-iz-mŭs) n.

حرکات تند غیرارادی، محدود به یک بازو و عمدتاً شامل ماهیچه های پروگزیمال. این وضعیت نشانه ای از بیماری گانگلیای بازال است.

hemicolectomy (hemi-koh-lek-tŏmi) n.

جراحی برداشت تقریباً نیمی از کولول معمولاً قسمت راست آن (*right h.*) به همراه وصل شدن بعدی ایلئوم به کولون عرضی. این جراحی برای برخی بیماری‌ها مثل بیماری *crohn* یا سرطان استفاده می شود.

hemicrnia (hemi-kray-niă) n.

۱. سردردی که فقط یک سمت سر را تحت تأثیر قرارمی دهد، معمولاً میگرن. ۲. فقدان نیمی از جمجمه در یک جنین در حال رشد.

hemimelia (hemi-mee-liă) n.

فقدان مادرزادی یا رشد ناکامل (آپلازی) قسمت دیستال بازوها یا پاها. به *ectromelia* مراجعه کنید.

hemiparesis (hemi-pă-ree-sis) n.

به *hemiplegia* مراجعه کنید.

hemiplegia (hemiparesis) (hemi-plee-jiă) n.

فلج یک سمت بدن. حرکت صورت و بازوها اغلب به شدت بیشتری نسبت به حرکات پاها تحت تأثیر قرار می گیرند. این نوع فلج از طریق بیماری نیم‌کره‌ی مخالف مغز ایجاد می شود.

hemisphere (hem-iss-feer) n.

یکی از دو نیم کره ی مغز،که در حقیقت نیم کره ای نبوده، اما بیشتر نزدیک به یک چهارم آن کروی هستند.

hemlock (hem-lok) n.

گیاه *conium maculatum* که در انگلستان و اروپای مرکزی یافت می شود. این گیاه منبع کونایین آلکالوئیدی و سمی است.

hemp (hemp) n.

به *cannabis* مراجعه کنید.

Henle's loop (hen-liz) n.

بخشی از توبول کلیوی که حلقه ای را که به طرف مرکز کلیه امتداد یافته، تشکیل می دهد. این بخش توسط شبکه ی مویبرگی احاطه شده که آب و موادمحلول انتخابی به درون گردش خون باز جذب می شوند.

Henoch's purpura (hen-ohks) n.

به *schönlein-Henoch purpura* مراجعه کنید.

hepar (hee-par) n.

به *liver* مراجعه کنید.

heparin (hep-er-in) n.

ماده ی ضد انعقاد خون که درون سلول های کبدی، برخی گلبول های سفید و مکان های خاص دیگر تولید می شود. هپارین از طریق ممانعت کردن بر فعالیت آنزیم ترومبین در مرحله ی نهایی انعقادخون، عمل می کند. عصاره ی شکل تصفیه شده ی هپارین به طور گسترده جهت جلوگیری از بیماران مبتلاء به ترومبوز و نیز شرایط مشابه در جمع آوری خون برای معاینات، استفاده می شود.

hepat- (hepato-)

پیشوند به معنی کبد.

hepatectomy (hep-ă-tek-tŏmi) n.

درد درون یا بالای کبد. این درد از طریق التهاب یا تورم کبد ایجاد می شود.

hepatectomy (hep-ă-tek-tŏmi) n.

عمل برداشت کبد.

partial h.

برداشت یک یا چند لب کبد؛ این عمل ممکن است بعد از جراحت شدید یا جهت برداشت یک تومور موضعی در بخشی از بدن انجام شود.

hepatic (hip-at-ik) adj.

مربوط به کبد.

h.ducy

به *bile duct* مراجعه کنید.

hernio-

پیشوند به معنی فتق.

hernioplasty (her-ni-oh-plasti) n.

عمل جراحی برای ترمیم فتق، که در آن یک مجرای غیرطبیعی دوخته‌شده و یا ضعف آن ناحیه توسط ماده‌ی بخیه قوی می شود.

herniorrhaphy (her-ni-o-ră-fi) n.

جراحی ترمیم فتق.

herniotomy (her-ni-ot-ŏmi) n.

عملی برای بهبودی فتقی که شامل برش کیسه ی حاوی فتق می شود.

heroin (diamorphine) (h'e-roh-in) n.

پودر شفاف سفیدرنگی که از مورفین، ولی با مدت فعالیت کوتاهتر، مشتق می شود. مثل مورفین مسکن درد مخدری بوده و استفاده ی مداوم از آن موجب وابستگی می شود.

herpagina (herp-an-jy-nă) n.

نوعی بیماری عفونی، ویروسی و با ویژگی هجوم ناگهانی، که موجب تب، تاول و زخم کام نرم و ناحیه ی لوزه می شود.

herpes (her-peez) n.

عفونت پوست که از طریق ویروس ها ایجاد شده و از طریق مجموعه ای از تاول های کوچک مشخص می شود.

genital h.

بیماری واگیردار جنسی که از طریق ویروس سیمپلکس ایجادمی شود، این وضعیت از طریق تاول های دردناک در ناحیه‌ی تناسلی مشخص می شود. این بیماری عودکننده و به شدت مسری در زمان ترکیدن تاول ها ویروس هایی را آزاد می کند که شریک جنسی را آلوده می سازد.

h. simplex

نوعی هرپس که بر دهان (*sore cold*) و ملتحمه تأثیر می گذارد.

h. zoster (shingles)

نوعی هرپس که معمولاً به همراه درد در امتداد توزیع عصب (معمولاً در صورت، سینه و شکم) دراثر گسترش تاولچه های کوچک شروع می شود. ویروسی که موجب زونا می شود، می تواند موجب آبله مرغان هم در کودکان ایجاد کند.

herpesvirus (her-peez-vy-răs) n.

یکی از گروه ویروس های *DNA* دار که موجب عفونت نهفته در انسان و حیوان می شود. ویروس های هرپس عامل ایجاد کننده تب خال، زونا و آبله مرغان هستند. به *cytomegalovirus* مراجعه کنید.

hereditary (hi-red-it-er-i) adj.

انتقال از والدین به فرزندان. ارثی.

heredity (hi-red-iti) n.

فرآیندی که باعث شباهت های زیستی بین والدین و فرزندانشان می شود. ژنتیک علم مطالعه ی وراثت است.

heredo-

پیشوند به معنی توارث.

Hering-Breuer reflexes (h'e -ring broi-er) pl. n.

رفلکسی که ریتم طبیعی اتساع و انقباض ریه‌ها را نگه می‌دارد.
[K. E. K Hering (1834-1925), فیزیولوژیست آلمانی ; j. Breuer (1842-1925), پزشک آلمانی]

hermaphrodite (her-maf-rŏ-dyt) n.

فردی که در او هر دو ارگان جنسی مرد و زن وجود دارد، یا فردی که ارگان های تناسلی او حاوی سلول های بیضه ای و تخمدانی است.

-hermaphroditism n.

hernia (her-niă) n.

بیرون زدگی ارگان یا بافتی خارج از حفره ی بدن که در آن به طور طبیعی واقع شده است.

phragmatic h.

بیرون زدگی ارگان های شکم از طریق دیافراگم به درون حفره ی سینه.

femoral h.

بیرون زدگی قسمتی از روده بالای ران، از طریق نقطه ای که سرخرگ فمورال از شکم به ران عبور می کند.

hiatus h.

متداول ترین فتق دیافراگمی که معده به طور جزئی یا کامل به درون حفره ی سینه از طریق مجرای مری عبور می کند.

incarcerated h.

فتقی که درون کیسه ی خود متورم شده و ثابت می شود.

inguinal h.(or rupture)

بیرون زدگی کیسه یا پریتونئوم حاوی چربی یا بخشی از روده، از طریق دیواره ی تحتانی شکم باشد.

irreducible h.

فتقی که نمی تواند به محل اصلی خود بازگردد.

strangulated h.

فتقی که باعث قطع جریان خون شده و نهایتاً موجب گانگرن می شود.

umbilical h.(exomphalos)

بیرون زدگی ارگان های شکم به درون طناب نافی، ناشی از نقص در رشد جنینی.

بخشی از مغز که متشکل از مخچه، پل و بصل النخاع می باشد.

hindgut (hynd-gut) n.

بخش خلفی روده ی جنینی، که از روده ی بزرگ، رکتوم، مثانه و مجاری ادراری نشأت می گیرد. به *cloaca* مراجعه کنید.

hindquarter amputation (hind-kwort-er) n.

عملی که شامل برداشت بخش درونی پا و تمام یا بخشی از لگن می شود. این عمل معمولاً برای بافت های نرم یا سارکوماهای استخوان نشأت گرفته از بالای ران، لگن یا کفل، انجام می‌شود. با *forequarter amputation* مقایسه‌کنید.

hing joint (hinj) n.

به *ginglymus* مراجعه کنید.

hip (hip) n.

ناحیه ای از بدن که استخوان ران (فمور) با لگن مفصل می شود : ناحیه ای روی هر سمت لگن.

h. bone (innominate bone)

استخوانی که از ترکیب ایلئوم، استخوان نشیمنگاهی و شرمگاهی تشکیل شده است. این استخوان با استخوان ران از طریق حفره ی استابولوم مفصل می شود.

h. girdle

به *pelvic girdle* مراجعه کنید.

hippocampal formation (hip-oh-kam-păl) n.

نوار خمیده ی کورتکس که درون هر نیم کره ی مغزی قرار دارد. این نوار بخشی از سیستم لیمبیک را تشکیل داده و در جنبه های فیزیکی پیچیده‌ی تابع رفتار از طریق احساس و غریزه، درگیر می شود.

hippocampus (hip-oh-kam-pŭs) n.

ورم‌کردن در کف بطن جانبی مغز. این تورم حاوی مجموعه ی چین خوردگی های بافت غشایی است و در عملکرد دستگاه لیمبیک درگیر می شود.

Hippocratic oath (hip-ŏ-krat-ik) n.

پیمان بسته شده توسط یک پزشک که او را جهت رعایت قانون رفتار و وظایفی که توسط پزشک *Hippocrates* (۳۷۰-۴۶۰*BC*) یونانی پدر علم پزشکی صورت می گیرد، متعهد می کند.

Hirschsprung's disese (heers-hsprungz) n.

وضعیت مادرزادی که رکتوم و گاهی اوقات بخشی از کولون تحتانی جهت گسترش یک شبکه ی عصبی طبیعی ناتوان

h. hernia

به *hernia* مراجعه کنید.

hiccup (hik-up) n.

پایین افتادگی شدید دیافراگم و بسته شدن چین های تولید کننده ی صدا در انتهای فوقانی نای که یک صدای مشخصی در زمان دم را تولید می کند. سکسکه معمولاً به صورت مکرر رخ می دهد و از طریق سوء هاضمه یا اختلالات جدی بیشتر مثل الکلیسم، ایجاد می شود. نام پزشکی: *singultus*.

Hickman catheter (hik-măn) n.

کانولای پلاستیکی نرم که به درون سیاهرگ درون گردن، به منظور استفاده از داروها و تکرار نمونه‌های خون، وارد می شود. کاتتر چندین سانتی متر زیر پوست جهت جلوگیری از ورود عفونت به درون خون وارد شده و مکرراً در بیمارانی که شیمی درمانی دریافت می کنند، استفاده می شود.

hidr- (hidro-)

پیشوند به معنی عرق.

hidradenitis (hidrosadeonitis) (hy-drad-ĕ-ny-tis) n.

التهاب غدد عرقی، که معمولاً در زمان مسدود شدن اتفاق می افتد. این التهاب ممکن است زیر بغل، اطراف نوک پستان، ناف یا در کشاله ی ران رخ دهد.

hidroa (hid-roh-ă) n.

به *hydroa* مراجعه کنید.

hidrosis (hid-roh-sis) n.

۱. ترشح عرق. ۲. عرق کردن بیش از حد.

hidrotic (hid-rot-ik) n.

عاملی که موجب عرق کردن می شود. داروی های مقلد پاراسمپاتیک، هیدروتیک هستند.

Higginson's syringe (hig-in-sŏnz) n.

سرنگ لاستیکی به همراه لامپی در مرکز آن که برای اعمال فشار واردکردن مایع درون یک مسیر، جهت وارد کردن مایع درون یک حفره استفاده می شود.

[A. Higginson (1808-84), جراح انگلیسی]

hilum (hy-lŭm) n. pl. (hila)

فرورفتگی واردشده در سطح یک ارگان، که در آن ساختارهایی مثل عروق خونی و رشته های عصبی وارد آن می شوند یا آن را ترک می کنند.

-hilar agj.

hindrain (hynd-brayn) n.

homeopathic (homoeopathic) (hoh-mi-ŏ-path-ik) adj.

۱. مربوط به هومئوپاتی. ۲. بسیار اندک برای مثال دوز یک دارو.

homeopathy (homoeopathy) (hoh-mi-op-ă -thi) n.

سیستم پزشکی بر این تئوری که فاکتور خود را شفا می دهد. بیمار توسط مقادیر بسیار ناچیز دارو که آن ها قادر به ایجاد علایم بیماری خاص خود هستند، درمان می‌شود. این سیستم، توسط *samuel Hahnemann (1755-1843)* کشف شد. به *alternative medicin* هم رجوع کنید.

-homeopathist n.

homeostasis (hoh-mi-oh-stay-sis) n.

فرآیند روانی که از طریق آن سیستم های داخلی بدن با وجود دگرگونی در شرایط خارجی، در حالت تعادل حفظ می شوند.

-homeostatic adj.

homo-

پیشوند به معنای یکسان یا عمومی.

homoepathy (hoh-mi-op-ă -thi) n.

به *homeopathy* مراجعه کنید.

homogenize (hŏ-moj-i-nyz) vb.

کاهش مواد جهت یک انسجام ثابت، برای مثال فشردن و ترکیب کردن.

-homogenization n.

homogentisic acid (hoh-moh-jen-tis-ik) n.

محصولی که در طول متابولیسم آمینو اسیدهای فنیل آلانین و تیروزین تشکیل می شود. در اشخاص طبیعی هموجنتسیک اسید اکسیداز، اکسید می شود. در موارد نادر این آنزیم وجود ندارد و موجب آلکلاپتو نوریا می شود.

homograft (allograft) (hom-ŏ-grahft) n.

بافت زنده یا پیوند بافت بین دو عضو از گونه ی مشابه. برخی پیوندها، زنده نمی مانند مگر این که دریافت کننده برای سرکوب رد پیوند توسط سیستم خودکار بدن خود در ارتباط با بافت خارجی، درمان شود.

homoeothermic (hoh-moi-ŏ-therm-ik) adj.

خون گرم: توانایی حفظ دمای ثابت بدن به طور مستقل، با وجود متغیر بودن دمای محیط. با *poikilothermic* مقایسه کنید.

-homoiothermy n.

سطح بیشتر سلول های هسته دار بیان می شود. اشخاص از هر والد خود یک ژن (یا مجموعه ی ژنی) برای هر زیر قسمت سیستم *HLA* به ارث می برند. اگر دو شخص انواع *HLA* یکسانی داشته باشند، به آن ها هم سازگاری بافتی گفته می شود. پیوند بافت موفقیت آمیز بستگی به تعداد اندکی *HLA* مختلف بین بافت های شخص دهنده و گیرنده دارد.

hobnail liver (hob-nayl) n.

کبد بیمار مبتلاء سیروز، که ظاهری ناهموار دارد، و از طریق ایجاد برآمدگی های مجزای مجدد توسط رشته های بافت فیبروز، ایجاد می شود.

Hodgkin's disease (hoj-kinz) n.

بیماری بدخیم بافت های لنفاتیک، که معمولاً از طریق توسعه‌ی بی دردی یک یا چند گروه از گره های لنفاوی در گردن، زیر بغل، کشاله ی ران، سینه یا شکم مشخص می شود. در این بیماری طحال، کبد، مغزاستخوان و استخوان ها هم ممکن است درگیر شوند. درمان ممکن است شامل جراحی، رادیوتراپی، دارو درمانی (استفاده از داروهایی مثل کاربازین و پردنیسون) یا ترکیبی از این ها، شود.

[T. Hodgkin (1798-1866), پزشک انگلیسی]

holistic (hoh-list-ik) adj.

کلی، مربوط به کلیت گرایی،

H. health care

روشی جامع برای مراقبت از بهداشت که عوامل بدن، ذهن و روح را در همه ی اقدامات و عملکردهایی که برای بیمار انجام می شود، نشان می دهد در حالی که مفهوم منحصر به فرد بودن افراد و تأثیر عوامل محیطی خارجی و عوامل داخلی برروی سلامت شناسایی می کند.

holo-

پیشوند به معنی کامل یا تمام.

holocrine (hol-ŏ-kryn) adj.

توصیف یک غده یا نوعی ترشح که در آن در زمان آزادشدن محصول تمام سلول تجزیه می شود.

Homan's sign (hoh-mănz) n.

دردی که در ماهیچه ی ساق پا در زمان خم شدن پا به سمت عقب، احساس می شود. این وضعیت نشانه ای از ترومبوز وریدی است.

home nurse (hohm) n.

به *district nurse* مراجعه کنید.

homeo- (homoeo-)

پیشوند به معنی مشابه، شبیه.

humoral (hew-mer-ăl) adj.
گردش در جریان خون؛ ایمنی هومرال نیاز به گردش آنتی بادی ها دارد.

humour (hew-mer) n.
مایع بدن. *aqveous humour* و *vitreous humour* مراجعه کنید.

hunger pain (hung-er) n.
درد در ناحیه ی فوقانی شکم که از طریق برداشت غذا تسکین می یابد. این وضعیت باعث زخم دئودنوم می شود.

Huntington's chorea (hunt-ing-tŏnz) n.
به *chorea* مراجعه کنید.

Hurler's syndrome (hoor-lerz) n.
نوعی نقص ارثی متابولیسم که موجب تجمع موکوپلی ساکاریدها و لیپیدها درون سلول های بدن می شود. این نقص موجب عدم رشد فکری، بزرگ شدن کبد و طحال، بدشکلی در استخوان ها و زبر و ضخیم شدن چهره (گارگویی لیسم) می شود.

[G. Hurler, متخصص اطفال استرالیایی]

Hutchinson's teeth (huch-in-sŏnz) pl. n.
باریک شدن یا شکاف دندان های ثنایی دائمی. نشانه ای از سیفلیس مادرزادی است.

[j. Hutchinson (1828-1913), جراح انگلیسی]

Hyal- (hyalo-)
پیشوند به معنی ۱. شیشه ای، شفاف. ۲. زجاجی. ۳. مایع زجاجیه ی چشم.

hyaline (hy-ă -lin) n.
ماده ی شیشه ای شفافی که در نتیجه ی اضمحلال بافت های خاص خصوصاً بافت پیوندی و سلول های اپیتلیال تولید می شود.

hyaline cartilage (hy-ă -lin) n.
به *cartilage* مراجعه کنید.

hyaline membrane disease n.
به *respiratory distress syndrome* مراجعه کنید.

hyalites (hy-ă -ly-tis) n.
التهاب ویروسی بدنه ی چشم.

asteraid h.
وضعیتی تحلیلی که زجاجیه حاوی تعداد زیادی مواد حاجب سفیدرنگ و کوچک می شود.

حیوان یا گیاهی که درون یا روی آن انگلی زندگی می کند.

intermediate h.
میزبانی که انگل از مرحله ی لارو خود می گذرد و یا در مرحله ی غیر جنسی قرار دارد.

definitive h.
میزبانی که انگل به درون مرحله ی جنسی خود رشد می کند.

hourglass contraction (ow-er-glahs) n.
انقباض یک ارگان در مرکز خود در نتیجه ی انقباض غیرطبیعی عضلانی ساعت شنی ممکن است یکی از عوارض زایمان باشد، که در آن جنین در بالای بخش رحم انقباض یافته گیر کرده و ممکن است موجب از دست رفتن شدید خون بعد از زایمان شود.

housmaid's knee (howss-maydz) n.
تورم پر شده از مایع بورس در جلوی کشکک زانو، اغلب در نتیجه ی زانو زدن مکرر. به bursitis مراجعه کنید.

H_2-receptor antagonist n.
به *antihistamine* مراجعه کنید.

HRT n.
به *Hormone replacement therapy* مراجعه کنید.

HSE n.
به *Health and Safety Excutive* مراجعه کنید.

HTLV (human T-cell lymphocytothrophic Virus) n.
خانواده ای از ویروس ها که شامل، ویروس *AIDS*، *HTLV III* یا (*HIV*) می شود. امکان دارد دیگر ویروس های *HTLV* موجب لنفوم در انسان و سرطان خون در گربه ها شود.

human chorionic gonadotrophin (HCG) (hew-măn) n.
به *chorionic gonadotrophin* مراجعه کنید.

human immunodeficiency virus n.
به *HIV* مراجعه کنید.

human leucocyte antigen system n.
به سیستم *HLA system* مراجعه کنید.

humectant (hew-mek-tănt) n.
*n.*۱ ماده ای که برای مرطوب کردن استفاده می شود. ۲. *adj* . موجب نرم شدن.

humeru (hew-mer-ŭs) n.
استخوانی در بالای دست. استخوان بازو با استخوان کتف در مفصل شانه مفصل می شود. در انتهای تحتانی بدنه قرقره با زندزیرین و بخشی از زندزیرین مفصل می شود.

مایع بی رنگی که به عنوان ضدعفونی کننده برای پاک کردن زخم ها و در شکل رقیق، به عنوان دهان شویه ی بو زدا یا به عنوان قطره جهت برداشت واکس گوش استفاده می شود. فرمول: H_2O_2.

hydrolysis (hy-drol-i-sis) n.
هر واکنش شیمیایی که در آن یک ترکیب و آب با هم جهت تولید ترکیبات دیگر واکنش می دهند.

hydroma (hy-droh-mă) n.
به *hygroma* مراجعه کنید.

hydrometer (hy-drom-it-er) n.
ابزاری برای اندازه گیری چگالی یا چگالی نسبی مایعات.
-hydrometry n.

hydrometra (hy-droh-mee-tră) n.
تجمع غیرطبیعی مایعات رقیق درون رحم.

hydronephrosis (hy-droh-ni-froh-sis) n.
انبساط و اتساع لگنچه ی کلیه. این وضعیت ناشی از انسداد جریان ادرار از کلیه است. جراحی تسکین این وضعیت از طریق پیلوپلاستی جهت جلوگیری از فشار متقابل ناشی از آتروفی کلیه، عوارض عفونت و تشکیل سنگ قابل توصیه است.

-hydronephrotic adj.

hydropeicarditis (hy-droh-pe-ri-kar-dy-tis) n.
به *pydropericardium* مراجعه کنید.

hydropericardium (hy-droh-pe-ri-kar-di-ŭm) n.
تجمع مایع سروزی شفاف درون کیسه‌ی غشایی اطراف قلب. این وضعیت در موارد زیادی از پریکاردیت *(hydropericarditis)* رخ می دهد.

hydroperitoneum (hy-droh-pe-ri-tŏn-ee-ŭm) n.
به *ascites* مراجعه کنید.

hydrophobia (hy-drŏ-biă) n.
به *rabies* مراجعه کنید.

hydrophthalmos (hy-drof-thal-mŏs) n.
به *buphthalmos* مراجعه کنید.

hydropneumoperitoneum (hy-droh-new-moh-pe-ri-tŏn-ee-ŭm) n.
حضور مایع و گاز درون حفره ی صفاقی.

نتیجه ی آن خواب آلودگی و استفراغ است، نشأت می گیرد. دو شاخه شدن ستون مهره عمدتاً به همراه هیدروسفالی است.

hydrochloric acid (hy-drŏ-klor-ik) n.
اسید قویی که به شکل خیلی رقیق در شیره ی معده وجود دارد. ترشح بیش از اندازه ی هیدروکلریک اسید، توسط معده باعث وضعیت هیپرکلرهیدریا می شود.

hydrochlorothiazide (hy-drŏ-klor-oh-th'y-ă-zyd) n.
دیورتیکی که از طریق دهان برای درمان احتباس مایعات (ادم) و فشارخون بالا استفاده می شود. نام های تجاری: *Hydrosaluric* و *Esidrex* و *Direma*.

hydrocortisone (cortisol) (hy-droh-kor-tiz-ohn) n.
نوعی هورمون استروئیدی: گلیکوکورتیکو استروئید مهمی که از طریق قشر کلیوی انسانی آزاد می شود. این هورمون برای متابولیسم طبیعی کربوهیدارت ها و پاسخ های طبیعی به هر استرس مهم است. هیدروکورتیزون برای درمان ناتوانی کلیوی (بیماری آدیسون) وضعیت های التهابی، حساسیتی و روماتیسمی (شامل آرتریت روماتیسم، کولیت و اگزما) استفاده می شود. این هورمون ممکن است از طریق دهان، تزریق یا به شکل کرم و پماد استفاده شود.

hydrocyanic acid (prussic acid) (hy-droh-sy-an-ik) n.
مسمومیت شدید اسید فراری که در صورت استنشاق شدن می تواند در یک دقیقه موجب مرگ شود. این اسید بوی بادام تلخ دارد. به *cyanide* مراجعه کنید.

hydroflumethiazide (hy-droh-floo-meth-I-ă-zyd) n.
دیورتیکی که از طریق دهان برای درمان احتباس مایعات (ادم) و فشارخون بالا استفاده می شود. نام تجاری: *Hydrenox*.

hydrogen (hy-drŏ-jĕn) n.
گاز بی رنگی که با اکسیژن جهت تشکیل آب، (H_2O) و با انواع مولکول های دیگر (عمدتاً کربن و اکسیژن) برای تشکیل تمامی مواد آلی، ترکیب می شود. نماد: *H*.
h.ion concentration
به *PH* مراجعه کنید.

hydrogen peroxide (per-ok-syd) n.

hymen (hy-mĕn) n.
غشایی که مجرای مهبل را از زمان تولد می پوشاند اما معمولاً قبل از بلوغ سوراخ می شود.

hymenectomy (hy-mĕn-ek-tŏmi) n.
جراحی برداشت پرده ی بکارت برای توسعه ی مجرای مهبل.

hymenotomy (hy-mĕn-ot-ŏmi) n.
برش پرده ی بکارت. این عمل ممکن است در مواردی که پرده ی بکارت سوراخ نشده است، انجام شود این عمل نیز در آمیزش دردناک صورت می گیرد.

hyo-
پیشوند به معنی استخوان لامی.

hyoid bone (hy-oid) n.
استخوان u شکل، کوچک و مجزای موجود پایین گردن که از زبان حمایت می کند. این استخوان در موقعیت خود از طریق عضلات، رباط های بین آن و زائده ی خنجری استخوان گیجگاهی، نگهداری می کند.

hyoscine (scopolamine) (hy-ŏ-seen) n.
دارویی که از اسپاسم عضلانی جلوگیری می کند (به *parasympatholytic* مراجعه کنید). این دارو در درمان زخم معده و زخم دئودنوم، جهت شل کردن رحم در هنگام زایمان، برای تجویز دارو و قبل از عمل و نیز برای بیماری های مسافرتی، استفاده می شود. نام های تجاری: *pamine* و *Buscopan*.

hyoscyamine (hy-ŏ-sy-ă-meen) n.
دارویی مشابه فعالیت هیوسین که از طریق دهان برای درمان اسپاسم عضلانی استفاده می شود. نام تجاری: *peptard*

hyp- (hypo-)
پیشوند به معنای ۱. نقص، فقدان یا اندازه ی کوچک. ۲. (در آناتومی) زیر، زیرین.

hypaemia (hy pee-miă) n.
کاهش خون رسانی به یک ارگان یا بافت. با *hyperaemial* مقایسه کنید.

hypalgesia (hy-pal-jeez-iă) n.
کاهش غیرعادی حساسیت نسبت به درد.

hyper-
پیشوند به معنی۱. افزایش غیرطبیعی و بیش از حد. ۲. (در آناتومی) در بالای.

hyperacidity (hy-per-ă-sid-iti) n.
افزایش غیرطبیعی غلظت اسید خصوصاً در معده (با *hyperchlorhydria* مقایسه کنید).

hyperactivity (hy-per-ak-tiv-iti) n.
به *hyperkinesia* مراجعه کنید.

hyperacusis (hy-per-ă-kew-sis) n.
ناهنجاری های شنوایی یا حساسیت دردناک نسبت به صدا.

hyperadrenalism (hy-per-ă-dren-ă-lizm) n.
بیش‌فعالی غددآدرنال. به *cushing syndrome* هم مراجعه کنید.

hyperaemia (hy-per-ee-miă) n.
خطور بیش از اندازه ی خون، درون عروقی که به بخش هایی از بدن خون رسانی می کنند.

active h. (arterial h.)
نوعی هیپرمی که در زمان شل شدن شریان چه ها و افزایش جریان خون رخ می دهد.

passive h.
نوعی هیپرمی که در زمان مسدود شدن جریان خون در بخش تحت تأثیر قرار گرفته، رخ می دهد.

hyperaesthesia (hy-per-ees-theez-iă) n.
حساسیت بیش از حد، خصوصاً مربوط به پوست.

hyperalgesia (hy-per-al-jeez-iă) n.
مرحله ی افزایش غیرطبیعی حساسیت به تحریکات دردناک.

hyperbaric (hy-per-ba-rik) adj.
در یک فشار بیشتر از فشار اتمسفریک.

h.oxygenation
روشی برای در معرض قراردادن بیمار نسبت به اکسیژن در فشار بالا. این وضعیت برای مسمومیت کربن دی اکسید، قانقاریای گاز، بیماری ناشی از هوای متراکم و مشکلات حاد تنفسی، استفاده می شود.

hypercalcaemia (hy-per-kal-see-miă) n.
حضور غیرطبیعی غلظت بالای کلسیم درون خون. این وضعیت ممکن است از طریق خوردن بیش از حد ویتامین *D* ایجاد شود.

idiopathic h.
هیپرکلسیمی مادرزادی که به همراه عقب ماندگی ذهنی و نقایص قلب ایجاد می شود. با *hypocalcaemia* مقایسه کنید.

وضعیتی که در آن پرتوهای نوری آورده شده به سمت کانون در پشت شبکیه با هم تلاقی می کنند می‌گرد ند بینایی طبیعی می تواند از طریق گذاشتن عینکی با عدسی محدب، به حالت اول بر می گردد. با *emmetropia, myopia* مقایسه کنید.

hypermotility (hy-per-moh-til-iti) n.
حرکات یا فعالیت بیش از حد خصوصاً وضعیت معده یا روده.

hypernatraemia (hy-per-nă-tree-miă) n.
حضور غیرطبیعی غلظت بالای سدیم درون خون. به *electrolyte* مراجعه کنید.

hypernephroma (Grawitz tumour, renal cell carcinoma) (hy-per-ni-froh-mă) n.
تومور بدخیم سلول های کلیوی. این تومور ممکن است چند سال قبل از این که علایم ایجاد شود، بوجود آید و شامل تب، کمر درد و وجود خون در ادرار می شود. درمان این وضعیت از طریق جراحی است، اما تومورها مستعد ایجاد دوباره به صورت موضعی می شوند.

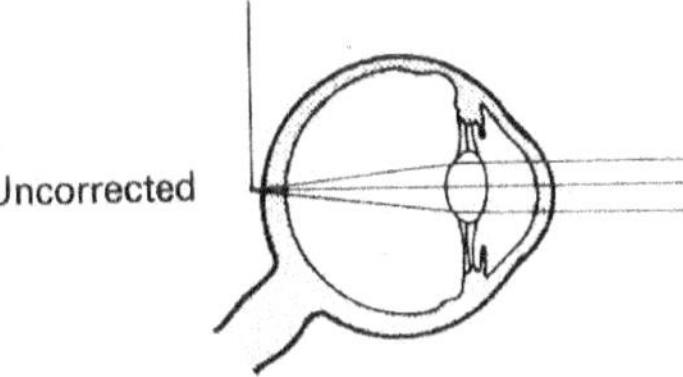

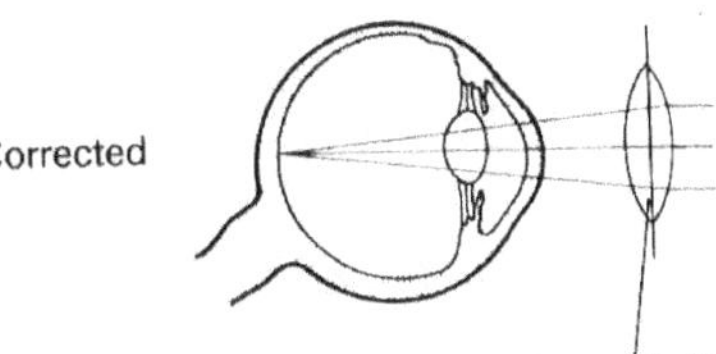

دور بینی

hyperopia (hy-per-oh-piă) n.
اصطلاح معمول آمریکایی برای هیپرمتروپی.

hyperostosis (hy-per-os-toh-sis) n.
بزرگ شدن بیش از حد لایه‌ی خارجی استخوان. این وضعیت معمولاً استخوان پیشانی جمجمه را تحت تأثیر قرار می دهد.

hyperparathyroidism (hy-per-pa-ră-th'y-roid-izm) n.
بیش فعالی غده ی تیروئید. به بیماری *von Reck linghauseln's disease* مراجعه کنید.

hyperphagia (hy-per-fay-jiă) n.
زیاد خوردن. به *bulimia* مراجعه کنید.

hyperpiesia (hy-per-py-ee-ziă) n.
به *hypertension* مراجعه کنید.

hyperituitarism (hy-per-pit-yoo-it-er-izm) n.
بیش فعالی غده ی هیپوفیز که باعث آکرومگالی یا رشد غیر عادی.

hyperplasia (hy-per-play-ziă) n.
افزایش تولید و رشد سلول های طبیعی درون بافت یا ارگان. با *neoplasm, hypertrophy* مقایسه کنید.

hyperpnoea (hy-perp-nee-ă) n.
افزایش در میزان تنفس که متناسب با افزایش متابولیسم است. با *hyperventilation* مقایسه کنید.

hyperpyrexia (hy-per-py-reks-iă) n.
افزایش در دمای بدن بالاتر از 106°f (41/1c°). به *fever* مراجعه کنید.

hypersecretion (hy-per-si-kree-shŏn) n.
ترشح بیش از اندازه، مثل ترشح بیش از حد هیدروکلریک اسید توسط معده (به *hyperchorhyria* مراجعه کنید).

hypersensitive (hy-per-sen-si-tiv) adj.
مستعد پاسخ غیرطبیعی به وجود آنتی ژن خاص. این وضعیت ممکن است از انواع واکنش های بافتی مربوط به سرم بیمار (مثل تب یونجه) تا واکنش های مجزا از آن مثل شوک آنافیلاکتیک (به *anaphylaxis* مراجعه کنید)، متفاوت باشد. به *allergy* و *immunity* مراجعه کنید.

hypersplenism (hy-per-spleen-izm) n.
کاهش در تعداد گلبول های قرمز و سفید و پلاکت های درون خون ناشی از تخریب یا ادغام این سلول ها توسط طحال بزرگ شده.

hypertension (hy-per-ten-shŏn) n.
فشارخون بالا، یعنی افزایش فشارخون شریانی بالاتر از حد انتظار در گروه سنی خاص. فشارخون بالا ممکن است دلیل نامشخصی (*essentialh.or hyperpiesia*) داشته باشد.

hyogammaglobulinaemia (hy-poh-gam-ă-glob-yoo-lin-ee-miă) n.
کاهش پروتئین گاماگلوبین در خون که باعث افزایش حساسیت به عفونت ها می شود. این نقص ممکن است در انواع اختلالات ارثی یا به عنوان یک نقص اکتسابی رخ می دهد..

hypogastrium (hy-poh-gas-triăm) n.
بخش مرکزی شکم که زیر ناحیه ی معده واقع شده است.
-hypogastric adj.

hypoglossal nerve (hy-poh-glos-ăl) n.
دوازدهمین عصب نخاعی (*XII*) که عضلات زبان را عصب رسانی کرده و از این رو مسئول حرکات در صحبت کردن و بلعیدن است.

hypoglycaemia (hy-poh-gly-see-miă) n.
کاهش گلوکز در جریان خون که موجب ضعف عضلانی و عدم هماهنگی، گیجی و عرق کردن می شود. اگر شدید باشد موجب *hypoglycaemia coma* می شود. هیپوگلیسمی عمدتاً در دیابت ملیتوس رخ می دهد. این وضعیت از طریق تزریق گلوکز درمان می شود.
-hypoglycaemic adj.

hypoidrosis (hypohidrosis) (hy-poh-id-roh-sis) n.
کاهش غیرطبیعی تعرق.

hypoinsulinismi (hy-poh-ins-yoo-lin-izm) n.
کاهش انسولین ناشی از ترشح نامتناسب هورمون انسولین توسط پانکراس یا درمان ناکافی دیابت ملیتوس.

hyrokaleamia (hy-poh-kal-ee-miă) n.
حضور غیرطبیعی مقدار اندک پتاسیم درون خون: این وضعیت در کم آبی رخ می دهد. به *electrolyte* مراجعه کنید.

hypomania (hy-poh-may-niă) n.
درجه ی خفیفی از مانی. احساس برانگیختگی موجب داوری اشتباه می شود؛ این رفتار، محدودیت های اجتماعی را از بین برده و تحریک جنسی را افزایش می دهد. صحبت کردن سریع و سرزنده می شود. شخص پرتکاپو شده اما جنبش وی پایدار نیست و گرایش به تند مزاجی پیدا می کند.
-hypomanic (hy-poh-man-ik)adj. n.

hypomenorhoea (hy-poh-men-ŏ-ree-ă) n.
کاهش غیرطبیعی خون ریزی در جریان قاعدگی.

hypocalcaemia (hy-poh-kal-see-miă) n.
حضور غیرطبیعی غلظت پایین کلسیم درون خون. به *tetany* مراجعه کنید. با *calcaemia* مقایسه کنید.

hypocapnia (hy-poh-kap-niă) n.
به *acapnia* مراجعه کنید.

hypochloraemia (hy-poh-klor-ee-miă) n.
حضور غیرطبیعی غلظت پایین کلسیم درون خون.

hypochlorhydria (hy-poh-klor-hy-driă) n.
کاهش ترشح هیدروکلریک اسید توسط معده. به *achlorhydria* مراجعه کنید.

hypochlorite (hy-poh-klor-ryt) n.
هرگونه نمک اسید هیپوکلروس (کلریک اسید *(I) HClO*). هیپوکلریت ها دارای ویژگی های گندزدایی و ضدعفونی‌کنندگی هستند مثل *Milton* (هیپوکلریت سدیم).

hypochondria (hy-poh-kon-driă) n.
اضطراب مرضی در مورد سلامت شخصی که با علایم و نشانه های مختلف که به اراگان های مختلفی مربوط اند مشخص می شود.
-hypochondorica adj., n.

hypochondrium (hy-poh-kon-dri-ŭm) n.
بخش جانبی فوقانی شکم که در زیر دندهای تحتانی وجود دارد.
-hypochondriac adj.

hypochromic (hy-poh-kroh-mik) adj.
۱. نقص تجمع رنگدانه ها در بافت ها. ۲. (مربوط به گلبول های قرمز خون) کاهش در هموگلوبین.

hypodermic (hy-poh-derm-ik) adj.
زیر پوست: معمولاً برای تزریق زیر جلدی به کاربرده می شود. این واژه اغلب برای سرنگ جهت برخی تزریقات استفاده می شود.

hypodermoclysis (hy-poh-der-mok-li-sis) n.
تزریق مداوم سالین یا دیگر محلول های طبیعی جهت تمیز کردن خون، چرک و دیگر مواد خارجی از زخم یا جایگزینی آب و نمک از دسته رفته در طول بیماری یا جراحی.

hypofibrinogenaemia (fibrinogenopenia) (hy-poh-fi-brin-oh-jĕ-nee-miă) n.
کاهش فاکتور ضدانعقاد خون فیبرینوژن درون خون که باعث افزایش تمایل به خون ریزی می شود. این نقص ممکن است به عنوان یک اختلال ارثی اکتسابی باشد.

hypocalcemia (hy-po-kal-se-me-a) n.
[illegible]

hypocapnia [illegible]

[illegible]

hypogammaglobulinaemia [illegible] **n.**
[illegible]

hypogastrium [illegible] **n.**
[illegible]

hypoglossal nerve (hy-po-glos-al) n.
[illegible]

[illegible]

کاهش در حجم گردش خون. به *shock* مراجعه کنید.

hypoxaemia (hy-poks-ee-miă) n.
حضور غیرطبیعی غلظت پایین اکسیژن درون خون. به *anoxia* هم مراجعه کنید.

hypoxia (hy-poks-iă) n.
کاهش اکسیژن در بافت ها. به *anoxia* و *hypoxaemia* مراجعه کنید.

hyster- (hystero-)
پیشوند به معنی ۱. رحم. ۲. هیستری.

hysterectomy (hiss-ter-ek-tŏmi) n.
جراحی برداشت رحم، از طریق برش در دیواره ی شکم (*abdominal h.*) یا از طریق مهبل (*vagind h.*).

subtotal h.
(امروزه ندرتاً انجام می شود)، برداشت بدن رحم، که گردن رحم در محل خود باقی می ماند.

total h.
برداشت کل رحم. به هیسترکتومی. *Wertheim's hysterectomy* هم مراجعه کنید.

hysteria (hiss-teer-iă) n.
۱. اختلال روانی که ویژگی های اصلی تشکیل دهنده ی آن، بی ثباتی عاطفی، سرکوبی، جدائی، علایم جسمانی و آسیب پذیری نسبت به پیشنهاد است.

conversion h.
نوعی هیستری که عمدتاً از طریق علایم جسمانی مثل فلج مشخص می شود.

dissociative h.
نوعی هیستری که تغییرات در تفکر مثل حالت‌های چندگانه‌ی شخصیتی، فراموشی، را نشان می‌دهد. به *hysterical* مراجعه کنید. ۲. حالت گسترده ای از هیجان عاطفی.

hysterical (hiss-te-ri-kăl) adj.
۱. توصیف علایمی که ناشی از بیماری های ساختمانی نیست، به طور ناخودآگاه ایجاد شده و اشخاص از آن سود می برند. ۲. توصیف اختلال نوعی از شخصیتی که از طریق بی ثباتی و کم احساسی مشخص می شود.

hysteroptosis (hiss-ter-op-toh-sis) n.
پایین افتادگی رحم. به *prolapse* مراجعه کنید.

hysterosalpingography (hiss-ter-oh-sal-ping-og-răfi) n.
به *uterosalpingography* مراجعه کنید.

ناحیه ای از مغز پیشین، در کف بطن سوم، که از طرف بالا به تالاموس و از طرف پایین به غده ی هیپوفیز متصل می شود. هیپوتالاموس حاوی چندین مرکز مهم کنترل دمای بدن، تشنگی، گرسنگی، و خوردن، تعادل آب و عملکرد جنسی است. این ناحیه مرکزی برای ادغام فعالیت های هورمونی و خودکار عصبی، است.

hypothenar (hy-poth-i-nar) adj.
توصیف یا مربوط به بخش برجسته و گوشتی کف دست، زیر انگشت کوچک. با *thenar* مقایسه کنید.

hypothermia (hy-poh-therm-iă) n.
۱. کاهش اتفاقی دمای بدن زیر حد نرمال. این وضعیت خصوصاً در کودکان و افراد مسن رخ می دهد. ۲. کاهش عمدی دمای بدن برای اهداف درمانی. این وضعیت ممکن است در طول جراحی، به منظور کاهش نیاز بیمار به اکسیژن انجام شود.

hypothyroidism (hy-poh-th'y-roid-izm) n.
کاهش فعالیت غده ی تیروئید. اگر این وضعیت در زمان تولد بوجود بیاید و درمان نشود موجب کرتینیسم می شود. در زندگی افراد بالغ این بیماری موجب میکزدم می گردد. این بیماری می تواند از طریق مصرف تیروکیسن درمان شود.

hypotonia (hy-poh-toh-niă) n.
حالت کاهش کشش عضلات.

hypotonic (hy-poh-tonn-ik) adj.
۱. توصیف محلولی که فشار اسموتیکی کم تر از محلول های دیگر دارد. به *osmosis* مراجعه کنید ۲. توصیف ماهیچه ای که تونیسیته ی آن کاهش یافته است.

hypotrichosis (hy-poh-trik-oh-sis) n.
وضعیتی که رشد مو کم تر از حالت طبیعی است.

hypotropia (hy-poh-troh-piă) n.
دو بینی که یک چشم به طرف پایین نگاه می کند.

hypoventilation (hy-poh-ven-ti-lay-shŏn) n.
تنفس غیرطبیعی در یک میزان آهسته ی که ناشی از افزایش میزان کربن دی اکسید خون است.

hypovitaminosis (hy-poh-vit-ă-min-oh-sis) n.
کاهش ویتامین از طریق فقدان ویتامین در رژیم غذایی یا ناتوانی در جذب یا استفاده از آن.

hypovolaemia (oligaemia) (hy-poh-vŏ-lee-miă) n.

ileocaecal (ili-oh-see-kăl) adj.

مربوط به ایلئوم و سکوم.

i.valve

دریچه ای در پیوندگاه روده های کوچک و بزرگ متشکل از دو چین غشایی که برای جلوگیری از جریان برگشتی غذا از کولون و سکوم به ایلئوم، بسته می شود.

ileocaecocystoplasty (ili-oh-see-koh-sis-toh-plasti) n.

عملی که در آن طاق مثانه از طریق برش طول عرضی در بالای میزنای، برداشته می شود. این قسمت توسط بخشی از سکوم و ایلئوم انتهایی، جایگزین می شود. به *cystoplasty* مراجعه کنید.

ileocolitis (ili-oh-kŏ-ly-tis) n.

التهاب ایلئوم و کولون، شایع ترین دلایل بیماری *Crohn* و توبرکلوزیس است.

ileocolostomy (ili-oh-kŏ-lost-ŏmi) n.

عمل جراحی که در آن ایلئوم به بخش هایی از کولون متصل می شود.

ileoproctostomy (ileorectal anastomosis) (ill-oh-prok-tost-ŏmi) n.

عمل جراحی اتصال ایلئوم به رکتوم که معمولاً بعد از جراحی برداشت کولون،متصل می شود (به *colectomy* مراجعه کنید).

ileorectal (ili-oh-rek-t'l) adj.

مربوط به ایلئوم و رکتوم.

ileosigmoidostomy(ili-oh-sig-moid-ost-ŏmi) n.

عملی که مجرایی بین ایلئوم و کولون سیگموئید ایجاد می شود.

ileostomy (ill-ost-ŏmi) n.

عمل جراحی که ایلئوم به سمت دیواره ی شکم برای ایجاد یک مجرای مصنوعی (*Stoma*) آورده می شود که از طریق آن محتویات روده می تواند تخلیه شود، بنابراین این محتویات از کولون عبور می کنند. ممکن است کیسه های مختلفی جهت جمع آوری مواد زائد گذاشته شود.

ileum (il-iŭm) n.

تحتانی ترین قسمت روده ی کوچک، این بخش از ژژونوم تا دریچه ی ایلئوسکال ادامه می یابد.

-ileal, ileac adj.

شخصی که تمام عملکردش در سطح زیرهنجاری ذهنی است. این شخص دارای یک یا چند ناتوانی ذهنی خاصی بوده که به بسیار پیشرفته هستند.

idioventricular (idi-oh-ven-trik-yoo-ler) adj.

تحت تأثیر یا ویژه ی بطن های قلب.

i-rhythm.

ضربان خیلی آهسته ی بطن ها، تحت تأثیر دستگاه کمکی و طبیعی تنظیم کننده ی ضربان قلب خود.

idoxuridine (I-doks-yoor-i-deen) n.

داروی ید داری که از رشد ویروس ها جلوگیری می کند و در قطرات چشمی یا پماد برای درمان عفونت های ویروسی چشم (مثل التهاب قرنیه) استفاده می شود. نام تجاری : *Dendrid, Kerecid*.

ifosfamide (I-fos-fă-myd) n.

داروی سیتوتوکسیک که در درمان بیماری های بدخیم، خصوصاً سارکوماها، تومورهای بیضه ای و لنفومای استفاده می شود. این دارو از طریق تزریق داخل وریدی یا انفیوژن استفاده می شود. نام تجاری: *Mitoxana*.

IL-2 n.

به *interleukin* مراجعه کنید.

ile- (ileo-)

پیشوند به معنی ایلئوم.

ileal conduit (il-i-ăl) n.

بخشی از روده ی کوچک (ایلئوم) که برای حمل ادرار از میزنای به سطح بیرون به درون یک آلت، استفاده می شود. پیشابراه درون بخش عایق شده ی روده قرار دارد، که یک انتهای آن به دیواره ی شکم و به سمت سطح پوست آورده می شود.

ileal pouch (perineal pouch) n.

مخزنی متشکل از حلقه های ایلئوم جهت جایگزینی رکتوم برداشته شده از طریق جراحی که از نیاز به ایلئوستوم دائمی جلوگیری می کند.

ileectomy (ill-ek-tŏmi) n.

جراحی برداشت ایلئوم یا بخشی از آن.

ileitis (ili-I-tis) n.

التهاب ایلئوم. این وضعیت از طریق بیماری *crohn*، توبرکلوزیس، باکتری *yersinia enterocolitica* یا تیفوئید ایجاد می شود. این بیماری ممکن است به همراه کولیت زخمی شده، رخ دهد.

ناتوانی بدن جهت تشخیص بین مواد خودی و از این رو تحمل می شده و مواد غیرخوراکی، که علیه آنها باید آنتی بادی تولید شود.

immunology (im-yoo-nol-ŏji) n.
مطالعه ی ایمنی و تمام پدیده های مرتبط با مکانیسم های دفاعی بدن.

-immunological adj.

immunophoresis (im-yoo-noh-fer-ee-sis) n.
روش وابسته به واکنش بین آنمی ژن - آنتی بادی برای شناسایی یک آنتی ژن ناشناخته، شناسایی کردن یک آزمایش مربوط به بدن یا آزمایش وجود یک آنتی بادی درون سرم.

immunosuppressive (im-yoo-noh-sŭ-pres-iv) n.
دارویی مثل ازاتیوپرین، موستین یا سیکلوفوسمید که مقاومت بدن را در برابر عفونت ها و دیگر اجسام خارجی از طریق سرکوب سیستم ایمنی کاهش می دهد. سرکوب‌کننده‌های سیستم ایمنی جهت حفظ بقای یک ارگان، پیوند یک بافت و برای درمان انواع بیماری های خود ایمنی، استفاده می شود. سیکلوسپورین یک سرکوب کننده ی سیستم ایمنی است که معمولاً در اشخاصی دریافت کننده ی پیوند، استفاده می شود.

immunotherapy (im-yoo-noh-th'e-ră-pi) n.
جلوگیری یا درمان بیماری، با استفاده از عواملی که ممکن است پاسخ ایمنی را تغییر دهد. این درمان به طور گسترده یک روش آزمایشی است، که به طور شایع در درمان سرطان مطالعه می شود.

immunotransfusion (im-yoo-noh-trans-few-zhŏn) n.
تزریق آنتی سرم برای درمان یا حفاظت موقتی علیه یک بیماری.

impacted (im-pak-tid) adj.
به شدت سفت شده.

i.aeces
مدفوعی که خیلی سفت و خشک است و نمی تواند از طریق مقعد بدون اندازه ی خاص خارج شود. به *aonstipation* مراجعه کنید.

i.fracture
به *fracture* مراجعه کنید.

i.tooth
یک دندان معمولاً دندان عقل که نمی تواند از محل خود به دلیل انسداد بافت های دیگر، خارج شود.

تخریب می شوند. به *antibody*، *antigen* و *immanity* مراجعه کنید.

immunity (imewn-iti) n.
توانایی بدن جهت پایداری در برابر عفونت، که از طریق وجود آنتی بادی های در گردش و گلبول های سفید، ایجاد می شود.

active i.
نوعی ایمنی، زمانی که سلول های بدن توانایی و حفظ آنتی بادی های مناسب را داشته باشند که به دنبال هجوم بیماری یا تحریک عمدی ایجاد می شود (به *immunieation* مراجعه کنید).

cell-mediated i.
مصونیت ناشی از فعالیت آنتی بادی هایی که به سطح لنفوسیت ها متصل می شود.

humoral i.
مصونیت ناشی از فعالیت آنتی بادی های در گردش.

passive i.
نوعی از مصونیت که در زمان تزریق آنتی بادی های آماده در آنتی سرم گرفته شده از افراد دیگر یا حیوانی که به تازگی مصونیت یافته ایجاد می شود. کودکان دارای مصونیت های غیرفعال هستند که از طریق آنتی بادی های گرفته شده از خون مادر و شیرماک در برابر بیماری های متداول به مدت چندین هفته بعد از تولد، تولید می شود.

immunization (im-yoo-ny-zay-shŏn) n.
مصونیت سازی بوسیله ی وسایل مصنوعی. ایمنی مجهول ممکن است از طریق تزریق آنتی سرم ولی تولید سلول های ایمنی فعال جهت استفاده از یک واکسن ایجاد شود (به *vaccination* مراجعه کنید).

immuno-
پیشوند به معنی ایمنی یا پاسخ ایمونولوژیکی.

immunoassy (im-yoo-noh-ass-ay) n.
یکی از انواع روش های برای تعیین سطوح آنتی ژن و آنتی بادی درون بافت ها. به *radiommunoassay* مراجعه کنید.

immunoglobulin (Ig) (im-yoo-noh-glob-yoo-lin) n.
گروهی از پروتئین های ساختاری مربوطه (گاماگلوبولین ها) که به عنوان آنتی بادی فعالیت می کند.

immunological tolerance (im-yoo-nŏ-log-ik-ăl) n.

incubation period (latent period) n.
فاصله ی بین در معرض قرارگرفتن به عفونت و ظاهر شدن اولین علامت.

incubator (ink-yoo-bay-ter) n.
ظرف شفافی که برای نگهداری نوزادان زودرس در یک وضعیت کنترل شده و محافظت از آن ها در برابر عفونت استفاده می شود. اشکال دیگر اینکوباتور جهت کشت باکتری ها و برای بارورشدن تخم استفاده می شود.

incus (ink-ŭs) n.
یک استخوان کوچک سندانی شکل در گوش میانی که با استخوان چکشی و رکابی متصل می شود. به *ossicle* مراجعه کنید.

indapamide (in-dap-ă-myde) n.
دارویی که از طریق دهان برای درمان فشارخون بالا و ادم ناشی از نقص مادرزادی قلب استفاده می شود. نام تجاری: *Natrilix*

independent nursing function (indi-pend-ĕnt) n.
نوعی از اقدامات پرستاری که پرستار به تنهایی مسئول ابتکار عمل و بدون آموزش از دیگر آموزش دهنده ها است.

Indernal (in-der-nal) n.
به *propranolol* مراجعه کنید.

indican (in-di-kăn) n.
ترکیبی موجود در ادرار به عنوان یک محصول دفعی ایندوکسیل.

indcanuria (in-di-kă-yoor-iă) n.
وجود غیر طبیعی غلظت بالای شیره ی نیل درون ادرار. این وضعیت ممکن است نشانه ای از انسداد روده باشد.

indication (indi-kay-shŏn) n.
(در پزشکی) دلیل قاطعی جهت باور این که دوره ی خاصی از فعالیت، مطلوب می باشد. با *contraindication* مقایسه کنید.

indigenous (in-dij-in-ŭs) adj.
رخ دادن به طور طبیعی در ناحیه، منطقه یا کشوری خاص. بیماری های خاص برای مناطق خاص بومی هستند.

indigestion (indi-jes-chŏn) n.
به *dyspepsia* مراجعه کنید.

۱. جراحی برش بافت های نرم مثل پوست یا ماهیچه توسط چاقو یا تیغ جراحی ۲. برشی که ایجاد می شود.

incisor (in-sy-zer) n.
چهار دندان جلویی هر فک، که دو تا از آن روی هر طرف خط مرکزی قرار دارد. به *dentition* مراجعه کنید.

inclusion bodies (in-kloo-zhŏn) pl. n.
اجزایی که درون هسته و سیتوپلاسم سلول ها معمولاً در نتیجه ی عفونت های ویروسی بوجود می آید. حضور آن ها گاهی اوقات می تواند جهت تشخیص برخی عفونت ها استفاده شود.

incompatibility (in-kŏm-pat- i-bil-iti) n.
ناسازگاری. در موارد شدید ناسازگاری، احتمالاً واکنش های سریع ایمنی نسبت به پیوند ارگان ها یا بافت ها وجود دارد.

incompetence (in-kom-pi-tĕns) n.
عملکرد ناقص دریچه‌های قلب یا سیاهرگ ها، که باعث تراوش برگشتی خون می شوند، به *aortic regurgitation*، *mitral incompetence* و *varicose veins* مراجعه کنید.

incontinence (in-kon-ti-nĕns) n.
۱. دفع نامناسب و غیرارادی ادرار.

stress i.
دفع ادرار در هنگام سرفه کردن و فشار. این وضعیت در خانم هایی که بعد از تولد کودک ماهیچه ی کف لگن آن ها ضعیف می شود، رخ می دهد.

Overflow i.
دفع ادرار از مثانه‌ی پر که عمدتاً در مردان پیر به همراه انسداد جریان ادراری رخ می دهد.

urge i.
دفع ادرار، به همراه میل شدید به دفع آب ناتوانی در کنترل. به *enuresis* هم مراجعه کنید. ۲. ناتوانی در کنترل حرکات روده ای (*faecal i.*)

incoordination (in-koh-or-din-ay-shŏn) n.
(در نورولوژی) نقص در عملکرد حرکات دقیق و سریع. ناهماهنگی ممکن است ناشی از نقص موجود در بخشی از سیستم عصبی مرکزی باشد. به *ataxia* ، *apraxia* و *dyssynergia* مراجعه کنید.

incubation (in-kew-buy-shŏn) n.
۱. فرآیند رشد تخم یا کشت باکتریایی. ۲. مراقبت نوزاد زودرس درون اینکوباتور.

inflammation (in-flă-may-shŏn)
پاسخ بدن به جراحت.

acute i.
واکنش دفاعی و سریع یک بافت نسبت به جراحت، که ممکن است از طریق عفونت، عوامل شیمیایی یا فیزیکی ایجاد شود. این وضعیت شامل درد، گرما، قرمزی، تورم و فقدان عملکرد بخش تحت تأثیر قرار گرفته می شود.

chronic i.
پاسخی، که به عدم بهبودی التهاب مزمن بوجود می آید.

influenza (in-floo-en-ză) n.
عفونت ویروسی و به شدت واگیردار که سیستم تنفسی را تحت تأثیر قرار می دهد. علایم آن شامل سردرد، تب، بی اشتهایی، ضعف و درد و رنج های عمومی می باشد. بعد از استراحت کردن و مصرف آسپیرین بسیاری از بیماران بهبودی می یابند. اما یک عارضه ی شایع و جدی عفونت ثانویه ی شش ها می باشد.

infra-
پیشوند به معنی زیر.

infrared radiation (in-fră-red) n.
دسته ای از پرتوهای الکترو مغناطیسی که طول موج بلند تر از طیف بینایی قرمز دارند و مسئول انتقال پرتوهای گرمایی هستند. این دسته ممکن است در فیزیوتراپی جهت گرم کردن بافت ها، کاهش درد و بهبودی گردش خون استفاده شود.

infundibulum (in-fun-dib-yoo-lŭm) n.
کانال یا مجرایی به شکل قیف خصوصاً پایه ی مخروطی شکل تو خالی، که از طرف پایین، تا هیپوتالاموس و تا لب خلفی غده ی هیپوفیز ادامه می یابد.

infusion (in-few-zhŏn) n.
۱. تزریق آهسته ی یک ماده (مثل سالین و دکستروز) به درون سیاهرگ یا بافت های زیر جلدی ۲. فرآیندی که بوسیله ی آن فعالیت های اصلی از مواد گیاهی از طریق خیساندن این مواد درون آب جوش (مثل درست کردن چای)، گرفته می شود. ۳. محلولی که از طریق این فرآیند تولید می شود.

ingesta (in-jes-tă) pl. n.
غذا یا نوشیدنی که از طریق دهان به درون کانال های گوارشی برده می شوند.

مرگ تمام یا بخشی از یک ارگان، در زمان انسداد یک شریان حامل خون، توسط لخته ی خون (ترومبوز) یا آمبولی. به *myocardial infarction* مراجعه کنید.

infection (in-fek-shŏn) n.
هجوم به بدن از طریق ارگانیسم های مضری (پاتوژن هایی) از قبیل باکتری ها، قارچ ها، تک یاخته ها، ویروس ها، انواعی از میکروارگانیسم های انگلی مثل شپش ها. عامل عفونی ممکن است توسط بیماری، قطرات معلق در هوا، تماس مستقیم با یک جانور یا وکتورهای مگس و یا خوردن غذاها یا نوشیدنی های آلوده، انتقال یابد. بعد از یک دوره ی کمون علایم ظاهر می شوند و معمولاً به صورت التهاب موضعی و درد یا آثار دیگر هستند. درمان توسط داروها معمولاً بر همه ی آنها تأثیر گذار است، به جز ویروس ها.

infectious disease (in-fek-shŭs) n.
به *communicable disease* مراجعه کنید.

inferior (in-feer-i-er) adj.
(در آناتومی) پایین تر نسبت به بدن در ارتباط با ساختارها یا سطوح دیگر.

inferiority complex (in-feer-i-o-riti) n.
۱. گزافه گویی ناخود آگاه احساسات حقارت که از طریق رفتار های جبرانی مثل پرخاشگری نشان داده می شود. ۲. (در روان کاوی) مجموعه ی ناشی از تناقض بین امیال *oedipal* (به *oedipus complex* مراجعه کنید) و واقعیت فقدان نیروی کودکی. این وضعیت موجب عقده ی حقارت می شود.

infertility (in-fer-til-iti) n.
ناتوانی یک زن در حامله شدن یا یک مرد در ایجاد لقاح.

infestation (in-fes-tay-shŏn) n.
وجود انگل های جانوری روی پوست یا درون بدن.

infibulation (in-fib-yoo-lay-shŏn) n.
شکل گسترده ای از ختنه در جنس مؤنث که شامل برش کلیتوریس، لابیای مینوز و لابیای ماژور می شود.

infiltration (in-fil-tray-shŏn) n.
۱. دخول غیر عادی یک ماده (*infiltrate*) به درون یک سلول، بافت یا ارگان. مثال هایی از نفوذ سلول های خونی، سلول های سرطانی، چربی یا نشاسته هستند. ۲. تزریق محلول بی حسی موضعی درون بافت ها جهت ایجاد بی حسی موضعی.

ورود مایع منی به درون مهبل. به *artificial insemination* مراجعه کنید.

insertion (in-ser-shŏn) n.
(در آناتومی) محل اتصال عضلاتی (مثل اتصال به استخوان) که نسبتاً در زمان انقباض عضله قادر به حرکت است. با *origin* مقایسه کنید.

insidious (in-sid-iŭs) adj.
توصیف نوعی بیماری که به طور تدریجی و غیرقابل مشاهده گسترش می یابد.

insight (in-syt) n.
(در روان شناسی) بینش خود. این واژه خصوصاً برای شناسایی بیمارانی که دارای مشکلات روانی هستند، به کاربرده می شود. در این احساس فقدان بینش یک ویژگی جنون است.

in situ (in sit-yoo) adj.
۱. در موقعیت اصلی یا طبیعی ۲. توصیف سرطانی که تحت تأثیر دگردیسی برای هجوم به بافت های اطراف قرار نمی گیرد.

insolation (in-soh-lay-shŏn) n.
قرارگرفتن در معرض نور آفتاب. به *heatstroke* هم مراجعه کنید.

insomnia (in-som-sniă) n.
ناتوانی در خواب رفتن یا حفظ خواب برای مدت زمان کافی. بی خوابی ممکن است به همراه بیماری باشد که غالباً در اثر نگرانی ایجاد می شود.

inspiration (in-spi-ray-shŏn) n.
به *inhalation* مراجعه کنید.

inspissated (in-spis-ayt-id) adj.
ضخیم یا سخت شده از طریق جذب یا تبخیر.

i. sputum
خلط غلیظ در سیاه سرفه که برای سرفه کردن سخت است.

instillation (in-stil-ay-shŏn) n.
۱. استعمال مایعات دارویی، قطره به قطره، مثل مایعات استفاده شده درون چشم. ۲. تجویز داروهایی که در این رده به کاربرده می شود.

instinct (in-stinkt) n.
۱. یک الگوی پیچیده ی رفتار ذاتی و تعیین شده که شاخص تمام اشخاص یک طبقه است. ۲. تحریک ذاتی که شخص را به سمت هدف خاص مجبور می کند.

ترکیبی مشابه قند هگزوز که درون سبوس جو وجود دارد. این ترکیب گاهی اوقات به عنوان یک ویتامین طبقه بندی شده اما می تواند توسط بسیاری از حیوانات سنتز شوند و هیچ گونه مدرکی وجود ندارد که برای انسان ضروری باشد.

inotropic (in-ŏ-trop-ik) adj.
تحت تأثیر انقباض ماهیچه ی قلب. داروهایی از قبیل دیژیتال ها دارای فعالیت انقباض مثبت ماهیچه ای قلب و تحریک انقباضات عضلانی قلب، می باشند. داروهای مهارکننده ی گیرنده ی بتا مثل پروپرانولول، دارای عملکرد انقباض منفی ماهیچه ای قلب هستند.

in-patient (in-pay-shĕnt) n.
بیماری که در یک تخت درون بخشی از بیمارستان پذیرفته شده و در آن جا برای یک دوره ی زمانی جهت درمان، معاینه یا دیدن، نگه داری می شود. با *out-patient* مقایسه کنید.

inquest (in-kwest) n.
مقام قضایی که دلیل مرگ شخص را در زمان مرگ ناگهانی یا پیشامد های مشکوک پیگیری می کند. به *autopsy* هم مراجعه کنید.

insanity (in-san-iti) n.
درجه ای از بیماری روانی، به طوری که شخص تحت تأثیر قرارگرفته مسئول عمل خود نیست. این واژه بیشتر در شرع و قانون به جای زمینه های پزشکی استفاده می شود.

insect (in-sekt) n.
عضوی از گروه بزرگ عمدتاً جانوران مفصل دار ساکن زمین. حشرات مهم از نظر پزشکی شامل انواع حشرات مکنده ی خون که بیماری های مناطق گرمسیری را انتقال می دهند؛ شپش ها، که گزش آن ها موجب سوزش شدید و عفونت های باکتریایی می شود، مگس ها که ارگانیسم هایی را که موجب اسهال و دیسانتری برای غذا می شود، هستند. به *myiasis* هم مراجعه کنید.

insecticide (in-sekt-i-syd) n.
ترکیبی که برای کشتن حشرات مخرب یا حامل بیماری استفاده می شود. برخی از حشره کش ها حاوی ترکیبات فسفری ساختمانی و فلورئیدها هستند؛ وقتی که به طور تصادفی بلعیده می شوند ممکن است موجب آسیب به سیستم عصبی شوند. استفاده از برخی از آن ها به طور عمومی تحت کنترل بسیار هستند. به *DDT* هم مراجعه کنید.

insemination (in-sem-i-nay-shŏn) n.

-intersexuality n.

interstice (in-ter-stiss) n.

فضای کوچکی موجود در بافت ها یا بین بخش های بدن.

-interstitial (inter-stish-ăl) adj.

interstitial cells (leyding cells) pl. n.

سلول هایی که بین لوله های منی ساز بیضه پراکنده شده اند. این سلول ها در پاسخ به تحریک توسط هورمون لوتئینی، آندروژن ترشح می کنند.

interstitial-cell-stimulating hormone n.

به *luteinizing hormone* مراجعه کنید.

interstitial cystitis n.

التهاب مزمن غیر باکتریایی مثانه به همراه تمایل فوری به دفع مکرر ادرار و درد مثانه. دلیل این وضعیت ناشناخته است و در نهایت کشش مثانه رخ می دهد.

intertrigo (in-ter-try-goh) n.

التهاب سطحی (التهاب پوست) دوسطح پوست که در تماس با هم هستند. التهاب پوست از طریق اصطکاک، گرمی، رطوبت و تعرق ایجاد می شود.

intervertebral disc (inter-ver-tib-răl) n.

صفحه ی انعطاف پذیر غضروفی ـ فیبری که هر دو مهره ی مجاور را در ستون فقرات به هم متصل می کند. دیسک بین مهره ای به عنوان جاذب شوک، محافظ مغز و طناب نخاعی از ضربه ی ایجاد شده بوسیله ی راه رفتن یا حرکات دیگر، محافظت می کند. به *prolapsed intervertebral disc* مراجعه کنید.

intestinal flora (in-test-in-ăl) pl. n.

باکتری هایی که به طور طبیعی درون دستگاه روده ای وجود دارند. برخی از آن ها مسئول سنتز ویتامین *k* هستند.

intestinal juice n.

به *succus (entericus)* مراجعه کنید.

intestine (bowel, gut) (in-test-in) n.

بخشی از کانال گوارشی که از معده تا مقعد ادامه یافته است (به تصویر مراجعه کنید).

large i.

بخشی که از سکوم، زائده ی کرمی شکل آپاندیس، کولون و رکتوم تشکیل شده است. روده ی بزرگ به طور گسترده مربوط به جذب آب از روده ی کوچک می باشد.

small i.

بخشی از روده که متشکل از دئودنوم، ژژونوم و ایلئوم است. در این روده ی کوچک بیشتر فرآینده های هضم و جذب غذا رخ می دهد.

interleukin L (IL-2).

نوعی اینترکولین که لنفوسیت های *T*را تحریک کرده و برای درمان سرطان بررسی می شوند.

intermenstrual (inter-men-stroo-ăl) adj.

بین دوره های قاعدگی.

intermitten claudication (in ter mit-ĕnt) n.

به *claudication* مراجعه کنید.

intermitten fever n.

تبی که افزایش یافته، فرو می‌نشیند و بعد دوباره عود می کند.

intermitten self- (atheterization (ISC) n.

روشی که بیمار به طور دوره ای کاتتر یکبار مصرفی را از طریق پیشابراه خود به درون مثانه، به منظور تخلیه ی ادرار، عبور می دهد. این اقدام به طور فزایندی در مدیریت هر دو جنس (از قبیل کودکان) مبتلاء به احتباس ادراری مزمن و مقدار زیاد حجم باقی مانده ی ادرار، اغلب ناشی از مثانه ی نوروپاتیک، استفاده می شود. *ISC* ممکن است از فشار برگشتی و اتساع قسمت فوقانی دستگاه اداری با نتیجه ی عفونت و بی اختیاری اداری، جلوگیری می کند.

international classification of Disease (inter-nash-ŏn-ăl) n.

لیستی از بیماری های شناخته شده و سندرم هایی که از طریق خدمات بهداشت سلامت جهانی (تقریباً) هر از ده سال منتشر می شود.

interoceptor (inter-oh-sep-ter) n.

نوعی از گیرنده های ارگان متشکل از سلول های عصب حسی که به تغییرات درون بدن مثل کشش عضلات و حالت اسیدی خون پاسخ داده و آن ها را کنترل می کند.

interosseous (inter-oss-i-ŭs) adj.

بین دو استخوان.

interparietal bone (inca bone, incarial bone) (inter-pă-ry-t'l) n.

استخوانی که بین استخوان های جداری در پشت جمجمه قرار می گیرد.

interphases (interkinesis) (in-ter-fayz) n.

دوره ی موجود در زمانی که یک سلول درگیر تقسیم (میتوز) نیست، که در طول آن فعالیت هایی از قبیل سنتز *DNA* رخ می دهد.

intersex (in-ter-seks) n.

فردی که صفات آناتومیکی هر دو جنس را نشان می دهد. به *hermaphrodite* مراجعه کنید.

درد متناوب، استفراغ و عبور ماده ی ژله ای قرمز رنگی به همراه مدفوع می شود. اگر این وضعیت سریعاً به کمک عمل جراحی درمان نشود، ممکن است موجب شوک از قانقاریای روده شود.

inulin (in-yoo-lin) n.

کربوهیدارتی با وزن مولکولی زیاد که از جریان خون توسط کلیه ها تصفیه می شود.

i. clearance

آزمایش عملکرد کلیه که این ماده به درون خون تزریق می شود. از طریق اندازه گیری مقداری که سرتاسر یک دوره ی معین درون ادرار ظاهر می شود، امکان محاسبه ی مقدار تولید فیلتراسیون کلیه ها وجود دارد.

intubation (in-tew-bay-shŏn) n.

واردکردن لوله به درون بخشی از بدن به منظور تشخیص یا درمان.

gastric i.

لوله‌گذاری که برای برداشت، نمونه ای از محتویات معده جهت آنالیز یا مصرف دارو، مستقیماً به درون معده وارد می شود.

intumescence (in-tew-mes-ĕns) n.

تورم یا افزایش در حجم یک ارگان.

intussusception (in-tŭs-sŭ-sep-shŏn) n.

پیچ خوردگی (*invagination*) بخشی از روده به درون دیگری، که باعث انسداد روده می شود. این وضعیت غالباً در کودکان زیر سن چهارسالگی رخ می دهد. علایم آن شامل،

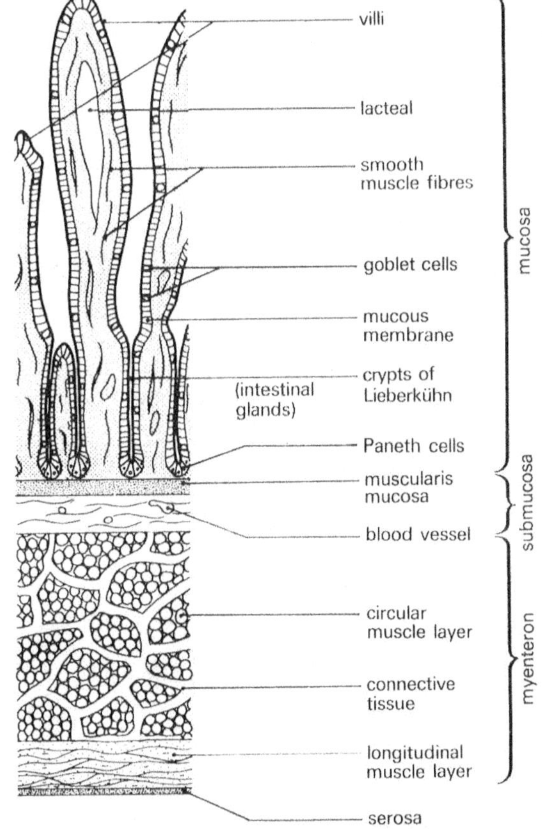

برش طولی ایلئوم

iridoptosis (i-ri-dop-tŏ-sis) n.

پایین افتادگی عنبیه.

iridotomy (i-ri-dot-ŏmi) n.

عملی بر روی چشم که بر شی بر روی عنبیه ایجاد می شود.

iris (I-ris) n.

بخشی از چشم که مقدار نور ورودی را تنظیم می کند. این بخش از یک دیافراگم ماهیچه ای رنگی در عرض جلوی عدسی تشکیل شده است؛ نور از طریق مجرای مرکزی وارد می شود (مردمک). انقباض مجموعه های مختلفی از ماهیچه های عنبیه باعث می شود مردمک در نور کم متسع شود و در روشنایی منقبض شود.

i. bombé

وضعیت غیر عادی چشم که عنیه به سمت قرنیه و به طرف جلو برآمدگی پیدا می کند.

irits (I-ry-tis) n.

التهاب عنبیه. به *uveitis* مراجعه کنید.

iron (I-ŏn) n.

عنصری که برای زندگی لازم است. بدن یک شخص بالغ به طور متوسط دارای ۴ گرم آهن، غلب بر نیمی از مقدار موجود در هموگلوبین خون درون گلبول های قرمز است. آهن یک ترکیب ضروری در انتقال اکسیژن درون بدن است؛ کمبود آهن ممکن است موجب کم خونی شود. بسیاری از ترکیبات آهن برای درمان کم خونی کاهش آهن استفاده می شود. نماد: *Fe*.

iron dextran n.

دارویی محتوای آهن و دکستران که از طریق تزریق داخل عضلانی یا داخل وریدی برای درمان آنمی کمبود آهن استفاده می شود. نام تجاری: *Imferon*.

iron lung n.

به *respirator* مراجعه کنید.

iron-strong disease n.

به *haemochromatosis* مراجعه کنید.

irradiation (i-ray-di-ay-shŏn) n.

کاربرد درمانی پرتوهای الکترومغناطیسی (معمولاً آلفا، بتا، گاما یا اشعه ی *X*) برای ساختارهای مخصوص. به *radiotherapy* مراجعه کنید.

irreducible (i-ri-dew-sibŭl) adj.

ناتوانی جایگزینی در موقعیت طبیعی. این واژه خصوصاً برای نوعی هرنیا به کاربرده می شود.

نوعی ترکیب ید دار رادیواوپک که در کوله سیستوگرافی استفاده می شود. این ترکیب از طریق تزریق داخل وریدی استفاده می شود.

iophendylate (I-oh-fen-di-layt) n.

نوعی ترکیب ید دار رادیواوپک که گاهی اوقات در میلوگرافی استفاده می شود. این ترکیب از طریق نیدل سوراخ کمری تزریق می شود.

ipecacuanha (ipi-kak-yoo-an-ŏ) n.

عصاره ی گیاهی که به مقدار کم، معمولاً به شکل تنتور و شربت، به عنوان یک خلط آور جهت تسکین سرفه و تحریک استفراغ استفاده می شود.

ipratropium (ip-ră-troh-piŭm) n.

داروی متسع کننده ی برونش که در درمان انسداد مزمن راه هوایی قابل برگشت (به *bronchospasm* مراجعه کنید)، استفاده می شود. این دارو از طریق استنشاق استفاده می‌شود. نام تجاری: *Atrovent*.

iprindole (i-prin-dohl) n.

دارویی که از طریق دهان برای درمان افسردگی (به *antidepressant* مراجعه کنید) استفاده می شود. نام تجاری: *Marsilid*.

ipsilateral (ipselateral, homolateral) (ip-si-lat-er-ăl) adj.

روی یا تحت تأثیر سمت مشابه بدن. با *contralateral* مقایسه کنید.

IQ n.

به *intelligence quotient* مراجعه کنید.

irid- (irido-)

پیشوند به معنی عنبیه.

iridectomy (i-ri-dek-tŏmi) n.

عملی بر روی چشم که بخشی از عنبیه برداشته می شود.

iridocele (i-rid-oh-seel) n.

بیرون زدگی بخشی از عنبیه بوسیله جراحت موجود در قرنیه.

iridocylitis (i-ri-doh-sy-kly-tis) n.

التهاب عنبیه و جسم مژگانی چشم. به *uveitis* مراجعه کنید.

iridodialysis (i-ri-doh-dy-al-i-sis) n.

شکافی که در اثر ضربه به چشم در محل اتصال عنبیه با جسم مژگانی ایجاد می شود.

iridoplegia (i-ri-doh-plee-jiă) n.

فلج عنبیه، که معمولاً به همراه فلج ماهیچه ی مژگانی چشم، در اثر جراحت، التهاب یا استفاده از داروی چشم است.

بدشکلی موضعی یا خارش پوست که باعث می شود شخص ناحیه ی تحت تأثیر قرارگرفته را بخاراند یا بمالد.

itch mite n.

به *Sarcoptes* مراجعه کنید.

-it is

پسوند به معنی التهاب یک ارگان؛ بافت یا غیره.

IUCD (intrauterine ontraceptive device) n.

وسیله ی پلاستیکی یا فلزی به شکل مارپیچ، حلزون یا اشکال دیگر، تقریباً به طول ۲۵ میلی متر، که به درون حفره ی رحم برای جلوگیری از حاملگی، وارد می شود. عملکرد دقیق آن ناشناخته است ولی گمان می رود که در کاشتن جنین دخالت کند.

IVF n.

به *in vitro fertilization* مراجعه کنید.

ixodiasis (iks-oh-dy-ă -sis) n.

هر بیماری که از طریق حضور تیک ها ایجاد می شود.

J j

jacksonian epilepsy (jak-sohn-iăn) n.

به *epilepsy* مراجعه کنید.

[j. H. Jackson (1835-1911), نورولوژیست انگلیسی]

jacquemier's sign (zhak-mi-ayz) n.

رنگ مایل به آبی یا مایل به ارغوانی مهبل: یک نشان حاملگی.

[j. M. jacquemier (1806-79), مامای فرانسوی]

jactitation (jak-ti-tay-shŏn) n.

بی قرار متلاطم و تغییر یک شخص آسیب دیده از یک بیماری، مکرراً شخصی با طب بالا.

jamais va (zha-may-vew) n.

صرع یکی از لب های آشکار گیجگاهی، که در آن احساس ناآشنا به پیرامون خود وجود دارد.

jaundice (jawn-dis) n.

زرد شدن پوست یا سفیدی های چشم ها، که دلالت بر بیلی روبین اضافی در خون دارد.

haemolytic j.

نوعی یرقان که در زمان تخریب بیش از حد گلبول های قرمز خون رخ می دهد (به *haemolysis* مراجعه کنید).

hepatocellular j.

یرقان ناشی از بیماری سلول های کبدی مثل هپاتیت.

isoprenaline (I-soh-pren-ă -leen) n.

داروی مقلد سمپاتیک که برای گشاد کردن راه های هوایی در بیماری آسم و دیگر بیماری های برونشی، استفاده می شود. این دارو قلب هم تحریک کرده و برای درمان برخی از بیماری های قلبی درگیر کاهش فعالیت قلب نیز استفاده می شود. این دارو از طریق استنشاق، دهان، تزریق یا شیاف ها استفاده می شود. نام های تجاری: *Aleudrin, Lomupren, Medihaler-Iso, Prenomiser.*

isosorbide dinitrate (I-soh-sor-byd-dy-ny-trayt) n.

دارویی که از طریق دهان برای درمان آنژین در بیماران ناتوان در مصرف گلیسریل تری نیترات، استفاده می شود. این دارو از طریق شل کردن عضلات صاف شریان و ورید عمل می کند که از این رو موجب گشادی می شود. نام های تجاری: *(edocard, Isoket, Isodril, sorbitrate)*

isosthenuria (I-sos-then-yoor-iă) n.

ناتوانی کلیه در تولید ادرار غلیظ یا رقیق. این وضعیت در مرحله ی نهایی نارسایی کلیه ایجاد می شود.

isotonic (I-soh-ton-ik) adj.

۱. توصیف محلول هایی که فشار اسموتیک یکسانی دارند. به *osmosis* مراجعه کنید. ۲. توصیف عضلاتی که تونیسیته ی برابری دارند.

i. exercise

به *exercise* مراجعه کنید.

isotope (I-sŏ -tohp) n.

هر یک از اشکال مختلف عناصر، که دارای عدد اتمی یکسان و عدد جرمی متفاوت هستند. ایزوتوپ های رادیواکتیو به ایروتوپ ها یا عناصر دیگر متلاشی می شوند که پرتوهای آلفا، بتا یا گاما را ساتع می کنند. ایزوتوپ هایی که به طور مصنوعی تولید می شوند (به *nuclide* مراجعه کنید) به طور گسترده در رادیوتراپی برای درمان سرطان استفاده می شود.

isoxsuprine (I-soks-yoo-preen) n.

دارویی که عروق خونی را متسع کرده و از طریق دهان یا تزریق برای بهبودی جریان خون، در برخی از بیماری ها مثل بیماری مغزی عروقی و تصلب شرایین و برای مهار انقباضات موجود در زایمان زودرس، استفاده می شود.نام تجاری: *Duvalidan, Defencin.*

isthmus (iss-mŭs) n.

بخش منقبض شده یا باریک شده ی یک ارگان یا بافت.

itch (ich) n.

بافت اسکار، سفت و برآمده در پوست که اغلب اندازه ی آن بزرگ می شود. این وضعیت اغلب زمانی که جراحات در حال بهبودی هستند یا برش جرای تحت فشار قرار می گیرد، تشکل می شود.

kerat- (kerato-)

پیشوند به معنی ۱. قرنیه. ۲. بافت شاخی خصوصاً پوست.

keratectasia (ke-ră-tek-tay-ziă) n.

برآمدگی قرنیه در محل بافت اسکار (که نازکتر از بافت قرنیه ی درونی است).

keratectomy (ke-ră-tek-tŏmi) n.

عملی که بخشی از قرنیه معمولاً لایه ی سطح فوقانی، برداشته می شود.

keratin (ke-ră-tin) n.

پروتئین رشته ای که بافت های شاخی بدن مثل ناخن انگشتان را تشکیل می دهد.

keratinization (cornification) (ke-ră-tin-I-zay-shŏn) n.

فرآیندی که سلول ها در اثر رسوب کراتین درون آن ها، شاخی می شوند. این فرآیند در اپیدرم های پوست و ساختارهای مربوطه (مثل مو، ناخن ها و غیره) رخ می دهد.

keratitis (ke-ră-ty-tis) n.

التهاب قرنیه ی چشم. در این وضعیت اشک ریزی رخ می دهد و خیلی دردناک است و بینایی تار می شود. این وضعیت ممکن است ناشی از عوامل فیزیکی یا شیمیایی یا در نتیجه ی عفونت باشد.

interstitial k.

التهاب درون لایه های قرنیه، که در اثر سیفلیس، جزام یا توبرکلوزیس ایجاد می شود.

keratoconjunctivitis (ke-ră-toh-kŏn-junk-ti-vy-tis) n.

التهاب قرنیه و ملتحمه ی چشم با هم.

keratoconus (ke-ră-toh-koh-nŭs) n.

قرنیه ی مخروطی شکل. یک وضعیت غیرطبیعی چشم که قرنیه به جای داشتن انحنای منظم، رأس آن به سمت مرکز خود انحنا پیدا می کند.

kaposi's sarcoma (kap-oh-siz) n.

تومور بدخیمی که از عروق خونی در پوست نشأت گرفته و به عنوان پلاک های ارغوانی تا قهوه ای پررنگ یا برآمدگی هایی ظاهر می شود. این تومور در آفریقا شایع است ولی در جهان غرب به جز بیماران مبتلاء به ایدز، نادر است. تومور به آهستگی نمو پیدا می کند. رادیوتراپی انتخاب درمان است ولی شیمی درمانی ممکن است در بیماران دگردیسی با ارزش تر باشد. به *AIDS* مراجعه کنید.

[M. Kaopsi (1837-1902), متخصص پوست استرالیایی]

kary-(karyo-)

پیشوند به معنی یک هسته ی سلول.

karyokinesis (ka-ri-oh-ky-nee-sis) n.

تقسیم هسته ی یک سلول که در طول تقسیم سلول قبل از تقسیم سیتوپلاسم اتفاق می افتد (*cytokinesis*). به *mitosis* مراجعه کنید.

karyotpe (ka-rio-typ)

*n.*۱ مجموعه ی کروموزومی یک فرد یا گونه هایی که در واژگان تعداد و هم ساختار کروموزوم ها توصیف می شود. ۲. *n* نمایش مجموعه ی کروموزومی در یک نمودار. ۳. *vb.* تعیین کاریوتیپ یک سلول از طریق معاینه ی میکروسکوپی.

katathermometer (kăt-ă-ther-mom-it-er) n.

دماسنجی که برای اندازه‌گیری نیروی خنک‌سازی هوای اطراف آن استفاده می شود.

kawasaki disease (mucocutaneous lyph node syndrome) (kah-wă-sah-ki) n.

بیماری کودکان و بچه های کم تر از سن پنج سالگی که از طریق بزرگ شدن گره لنفاوی ، قرمزی کف دست و پا به دنبال پوست ریزی و تب مداوم برای چندین هفته مشخص می شود. این بیماری در حد خود بیماری است، اما بعد ممکن است عوارض آنوریسم و ترومبوز شریان های کرونروی بوجود آید. دلیل آن ناشناخته است و درمان خاصی وجود ندارد.

[T. kayser (1869-1954), چشم پزشکی آلمانی؛ B. Fleischer (1848-1904), پزشک آلمانی]

keller's operation (kel-erz) n.

عمل جراحی اصلاح هالوکس واگوس در آن که بند اول انگشت بزرگ پا قطع می شود.

[W. L. Keller (1874-1959), جراح آمریکایی]

keloid (cheloid) (kee-loid) n.

به این ترتیب ادرار تشکیل شده از طریق توبول های کلیه به پیشابراه هدایت شده که به طرف مثانه هدایت می شوند.

keller cell (kil-er) n.

نوعی لنفوسیت که توانایی کشتن سلول های خارجی را دارد.

killian's operation (kil-ĭanz) n.

نوعی عمل جراحی بخشی از استخوان پیشانی که امکان گرفتن مایع سینوس های فرونتال (به *paranasal sinuses* مراجعه کنید)، در زمان پرشدن از چرک را فراهم می کند.

[G. killian (1860-1921), متخصص گوش و حلق و بینی آلمانی]

kilo-

پیشوند به معنی یک هزار.

kilogram (kil-ŏ-gram) n.

واحد *SI* جرم، برابر با هزارگرم. نماد: *kg*.

kimmelstiel-wilson disease (kim-ĕl-steel wil-sŏn) n.

بیماریی که در آن دیابت ملیتوس به همراه سندرم نفورتیک، ناشی از تجزیه گلومرولی کلیه ها است.

[p. Kimmelstiel (1900-70), پاتولوژیست آلمانی

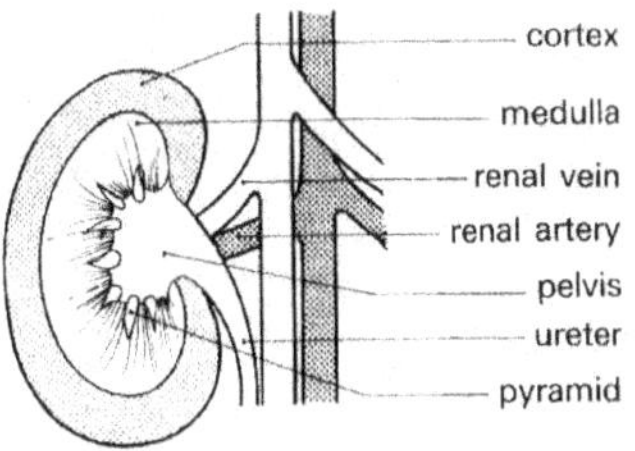

برش یک کلیه

c.wilson (1906-), پزشک انگلیسی]

kin- (kine-)

پیشوند به معنی حرکت.

kinaesthesia (kin-iss-theez-ĭa) n.

حسی که مغز را برای مراقبت دائم از موقعیت و حرکات دائم از عضلات در بخش های مختلف بدن آگاه می سازد.

kinanaesthesia (kin-anis-theez-ĭa) n.

ناتوانی جهت احساس موقعیت و حرکات بدن که باعث مختل شدن فعالیت های فیزیکی می شود.

کتون های اسید استواستیک، استون و *B-hydroxybutrate* در طول متابولیسم چربی ها استفاده می شوند. به *ketosis* هم مراجعه کنید.

ketonuria (acetonuria) (kee-tehn-yoor-ĭa) n.

حضور اجسام کتونی درون ادرار. این وضعیت ممکن است در دیابت ملیتوس، گرسنگی، یا بعد از استفراغ مداوم رخ دهد و ناشی اکسیداسیون جزئی چربی است.

ketoprofen (kee-toh-proh-fen) n.

مسکنی که التهاب را کاهش داده و از طریق دهان برای درمان انواع بیماری های آرتریتی و روماتیسمی استفاده می شود. نام تجاری: *orudis*.

ketosis (kee-toh-sis) n.

افزایش سطح اجسام کتونی درون بافت های بدن ناشی از عدم تعادل متابولیسم چربی. کتوزیس ممکن است باعث اسیدوز شدید شود. به *ketonuria* مراجعه کنید.

ketostroid (kee-toh-steer-oid) n.

استروئیدی که حاوی یک یا چند گروه کتون (*-c=o*) می باشد. کتواستروئید ـ۱۷ (دارای اکسیژن در کربن ۱۷)

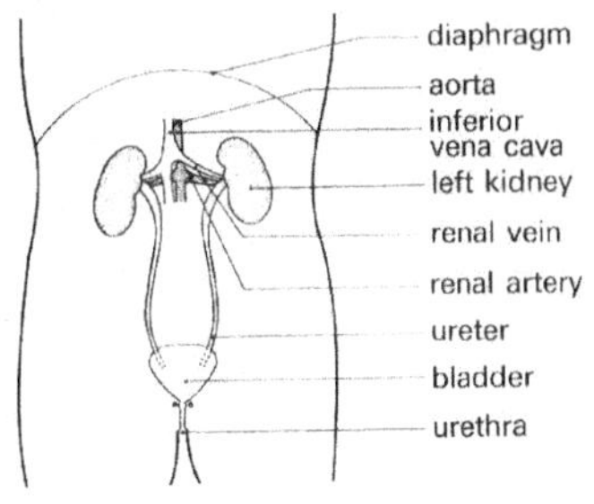

موقعیت کلیه ها

به طور طبیعی در ادرار ترشح می شود. کتواستروئید ـ۱۷ موجود در ادرار، فعالیت بیش از حد غدد آدرنال و غدد جنسی را نشان می دهد.

kidney (kid-ni) n.

یک جفت ارگان مسئول دفع زایعات نیتروژنی، عمدتاً اوره، از خون (به تصویر مراجعه کنید). واحدهای فعال کلیه نفرون ها هستند که خون را تحت فشار تصفیه می کنند و بعد آب و مواد انتخابی را به درون خون باز جذب می کنند.

[A. klumpke (1859-1927), نورولوژیست فرانسوی]

kneading (need-ing) n.

به عمل فشار دادن عضلات با استفاده از ماساژ.

kneecap (nee-kap) n.

به *patella* مراجعه کنید.

knock-knee (nok-nee) n.

چرخش غیرطبیعی به درون، پاها که باعث شکاف بین پاها، در زمان تماس زانوها می‌شود. نام پزشکی: *genu valgum*.

koch's bacillus (koks) n.

به *Mycobaterium* مراجعه کنید.

[R. koch (1843-1910), باکتری شناس آلمانی]

köhler's diseuse (ker-lerz) n.

التهاب استخوان ناوی پا، (به *osteochondritis* مراجعه کنید). این وضعیت در کودکان ایجاد شده که موجب درد و لنگیدن می شود.

[A. köhler (1874-1947), پزشک آلمانی]

koilonychias (koi-loh-nik-iă) n.

رشد ناخن های قاشقی شکل، ترد و شکننده. این وضعیت یک اختلال متداول که می تواند با آنمی ناشی از نقص آهن رخ دهد.

koplik's spots (kop-liks) pl. n.

خال های قرمز کوچک، به همراه مراکز سفید مایل به آبی که اغلب روی غشاهای موکوسی دهان در سرخک استفاده می شود.

[H. koplik (1858-1927), پزشک اطفال آمریکایی]

korsakoff' syndrome (kosakoff's psychosis) (kor-sak-offs) n.

نوعی اختلال ساختمانی که بر مغز تأثیر گذاشته و باعث معیوب شدن حافظه برای وقایع اخیر، گم گشتگی در زمان و مکان و صحبت کردن می شود. شایع ترین دلیل این

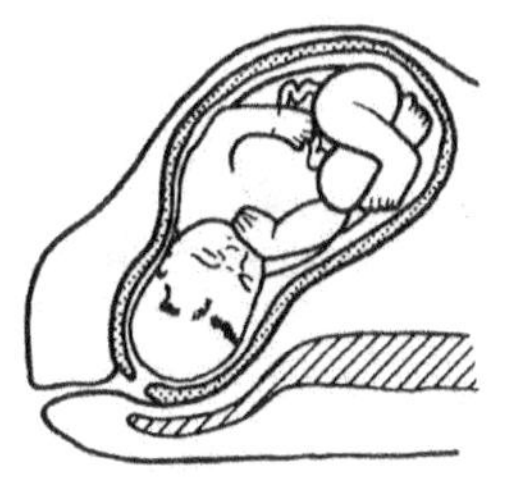

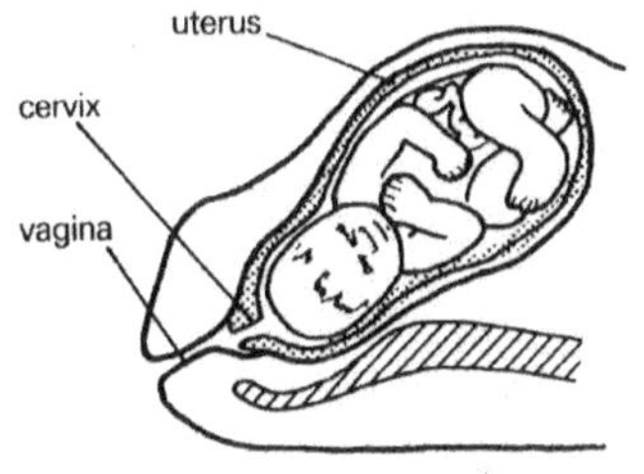

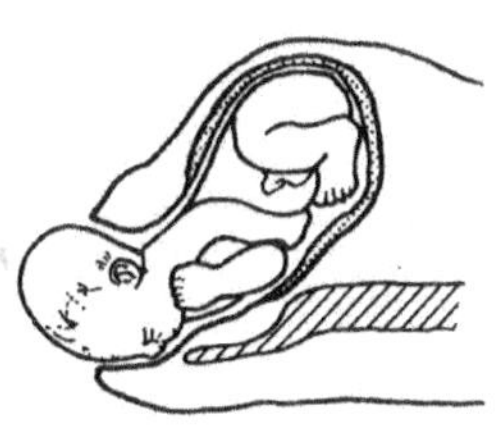

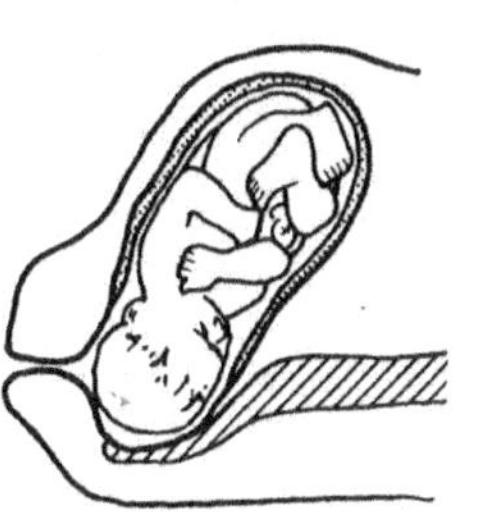

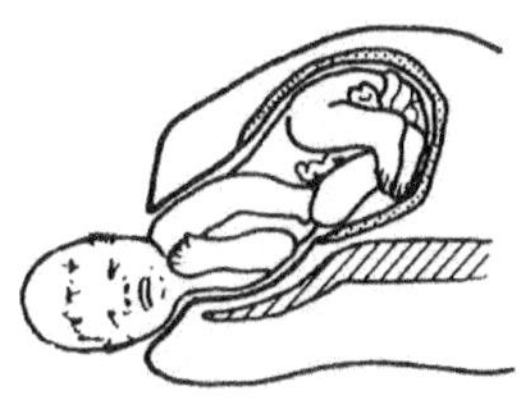

مکانیزم زایمان

هر جفت استخوان کوچک و مثلثی شکلی که در حدقه ی چشم شرکت می کند.

l. gland

غده ای که اشک را ترشح می کند و از طریق مجاری کوچکی (*puncta*) در گوشه ی درونی چشم خارج می شود.

lacrimation (lak-ri-may-shŏn) n.

تولید اشک اضافی؛ گریه کردن.

lacrimator (lak-rim-ay-ter) n.

عاملی که چشم ها را می سوزاند و موجب ترشح بیش از حد اشک می شود.

lact- (lacti-, lacto-)

پیشوند به معنی ۱. شیر. ۲. لاکتیک اسید.

lactalbumin (lak-tal-bew-min) n.

پروتئینی شیری که در شیر وجود دارد و غلظت آن کمتر از کازئین است.

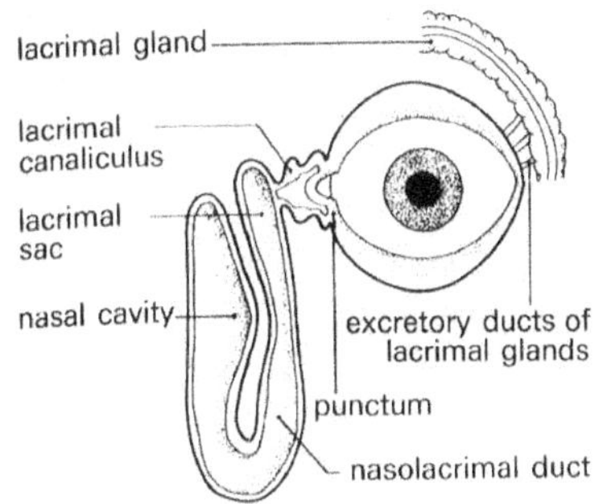

دستگاه اشکی

lactase (lak-tayz) n.

آنزیمی که از طریق غدد کوچک روده ترشح می شود و لاکتوز (قندشیر) را به گلوکز و گالاکتوز در طول گوارش تبدیل می کند.

lactate (lak-tayt)

۱. *n* نوعی نمک لاکتیک اسید. ۲. *vb*. ترشح کردن شیر (ایجاد شیر).

lactation (lak-tay-shŏn) n.

ترشح شیر از طریق غدد پستانی پستان ها، که معمولاً در انتهای حاملگی شروع می شود. تولید شیر از طریق هورمون ها (پرولاکتین، اکسی توسین) کنترل می شود؛ این عمل وقتی که کودک شیر را نمی مکد متوقف می شود.

جفت درونی کوچکتر به عنوان *Labia minora* (یا *nymphae*) شناخته می شود.

labour (lay-ber) n.

دنباله ای از فعالیت ها که از طریق آن یک کودک و جفت، از رحم در هنگام تولد خارج می شود. این فرآیند معمولاً به طور خود به خودی تقریباً ۲۶۶ روز بعد از حاملگی شروع می شود اما این فرایند ممکن است توسط وسایل مصنوعی (به *induction* مراجعه کنید) شروع شود. درمرحله ی اول دیواره ی عضلانی رحم منقبض می شود. زمانی که گردن رحم متسع می شود، آمنیون پاره شده و مایع آمنیون به بیرون می ریزد. در مرحله ی دوم، نوزاد از مهبل به کمک انقباض عضلانی شکم و فشار آگاهانه مادر، عبور می کند. وقتی که نوزاد به طور کامل از مهبل خارج شد، طناب نافی بریده می شود. در مرحله ی نهایی جفت و غشاها از طریق انقباض مداوم رحم خارج می شوند. به *Caesarean section* هم مراجعه کنید.

labram (lay-brŭm) n. (pl. labra)

لب یا ساختار شبیه لب؛ برای مثال، اطراف حاشیه های استابولوم.

labyrinth (inner ear) (lab-er-inth) n.

سیستم پیچیده ی حفره ها و مجاری، شامل ارگان های شنوایی و تعادلی .

bony l.

اتاقک ها و کانال های استخوانی، که درون بخش محکمی از استخوان گیجگاهی قرارگرفته است و که لابیرانت غشایی را می پوشاند.

membranous l.

اتاقک ها و کانال غشایی که شامل کانال های نیم دایره ای شکل، گوشک، کیسک و بخش حلزونی می شود.

labyrinthitis (lab-er-inth-I-tis) n.

به *otitis* مراجعه کنید.

laceration (las-er-ay-shŏn) n.

شکافی در بخش گوشتی که جراحتی با لبه های نامنظم ایجاد می کند.

lacrimal (lak-rim-ăl) adj.

مربوط به اشک.

l. apparatus

ساختمان هایی که مایع چشم را تولید کرده و آن را از چشم خارج می کند (به تصویر مراجعه کنید).

l. bone

جراحی های کوچک لگن، شامل مسدود کردن لوله های فالوپ برای استریل کردن، می تواند انجام شود. لاپروسکوپ در عمل های وابسته به امراض زنانه، با استفاده از یک لیزر، لاپروسکوپی (*laser laparscopy*) نیز صورت می گیرد.
-laparoscopic adj.

laparotomy (lap-er-ot-ŏmi) n.
برش جراحی به درون حفره شکم . این عمل جهت معاینه ی ارگان های شکمی برای کمک به تشخیص انجام می شود.

lardaceous (lar-day-shŭs) adj.
مشابه لارد: اغلب برای بافتی که بوسیله ی آمیلوئید ماده ی شبیه نشاسته تراوش کرده به کار برده می شود. (به *amyloidosis* مراجعه کنید).

larva (lar-vă) n. (pl. larvae)
مرحله ی نابالغ یا قبل از بلوغ که از تخم برخی از گروه جانوران مثل حشرات و نماتودها، بارور می شوند و به طور مشخص ممکن است از نوع بالغ جنسی متفاوت باشد.
l. migrans
به *creeping eruption* مراجعه کنید.
-larval adj.

laryng- (laryngo-)
پیشوند به معنی حنجره.

laryngeal reflex (la-rin-jee-ăl) n.
سرفه ای که از طریق سوزش در حنجره ایجاد می شود.

laryngismus (la-rin-jiz-mŭs) n.
بسته شدن طناب های صوتی که از طریق انقباض ناگهانی عضلات حنجره ای به دنبال دم پرسروصدا. این وضعیت در کودکان، زمانی که یک جسم خارجی درون حنجره قرار می گیرد یا در بیماری خروسک، اتفاق می افتد؛ در گذشته این وضعیت به همراه ریکتز ناشی از کمبود کلسیم پایین بوده است.

laryngitis (la-rin-jy-tis) n.
التهاب حنجره و طناب های صوتی ناشی از عفونت یا سوزش. در این وضعیت صدا خشن شده یا کاملاً از بین می رود، (به *stridor* مراجعه کنید) ؛ و سرفه دردناک می شود. گاهی اوقات انسداد راه های هوایی ممکن است خصوصاً در کودکان خطرناک باشد (به *croup* مراجعه کنید).

Laryngofssure (lă-ring-oh-fish-er) n.
به *laryngotomy* مراجعه کنید.

lanatoside (lă-nat-oh-syd) n.
دارویی مشابه دیژیتال ها که از طریق دهان یا تزریق در درمان ناتوانی قلب استفاده می شود. نام تجاری: *cedilanid*.

Lancefield classification (lans-feeld) n.
طبقه بندی باکتری های streptococcus بر پایه ی حضور یا عدم حضور کربوهیدرات های آنتی ژنی روی سطح سلول. این گونه ها به گروه های *A-P* طبقه بندی می شوند. بیشتر گونه هایی که در انسان موجب بیماری می شوند منطق به گروه *A* می باشد.
[R.C. Lancefield (1895-1981), باکتری شناس آمریکایی]

lancet (lahn-sit) n.
چاقوی جراحی دو لبه ی پهن با نوک تیز.

lancinating (lahn-sin-ayt-ing) adj.
توصیف زخم یا درد برش شدید.

landry's paralysis (lahn-dreez) n.
نوع به سرعت پیشرونده ی سندرم *Guillain-Barré*.
[j. B. OLandry (1826- 65), پزشک فرانسوی]

Lang curve (Lahng-ĕ) n.
روش نمایان ساختن گلبولین های اضافی در پروتئین موجود در مایع مغزی نخاعی. این روش در تشخیص نوروسیفلیس و بیماری *MS* مفید است.
[F.A. Lange (1883-), پزشک آلمانی]

lanolin (lan-ŏ-lin) n.
ماده ی چربی که از پشم گوسفند بدست می آید و به عنوان ملین و به عنوان یک پایه برای پمادها استفاده می شود.

lanugo (lă-new-goh) n.
موی نازکی که بدن و اعضای جنین انسان را می پوشاند.

laparo-
پیشوند به معنی کمرها یا شکم.

laparoscope (peritoneoscope) (lap-er-ŏ-skohp) n.
به *laproscopy* مراجعه کنید.

laparoscopy (peritoneoscopy, abdominoscopy) (lap-er-os-kŏpi) n.
معاینه ی ساختارهای شکم بوسیله ی یک ابزار نوری لوله ای شکل (*laparscope*). این وسیله از طریق برش کوچکی در دیواره ی شکم بعد از تزریق هوا به درون شکم، عبور می کند. علاوه بر اهداف تشخیصی، این ابزار برای نمونه گیریر بافتی آسپیره کردن بافت ها و جداکردن اتصالات استفاده می شود.

l. sphyngomyelin ratio (LS ratio)
مقایس کامل ریوی جنین *LS* زیر نسبت ۲ سندرم دیسترس پر خطری را نشان می دهد.

lecithinase (les-i-thin-ayz) n.
آنزیم مربوط به روده‌ی کوچک که لستین را به اجزاء سازنده‌ی آن (مثل گلیسرول، اسیدهای چرب، اسید فسفریک و کولین) تجزیه می کند.

Ledermycin (led-er-my-sin) n.
به *demeclocycline* مراجعه کنید.

leech (leech) n.
نوعی کرم که دارای آلات مکنده در هر دو طرف بدن خود است. گونه های انگلی خاص، خون را از حیوانات و انسان می مکند، که موجب سوزش و گاهی اوقات عفونت می شود. این کرم سابقاً به طور گسترده برای حجامت استفاده می شده است. زالو درمانی (*Hirudo medicinalis*) امروزه در برخی اعمال جراحی برای برداشت خون اضافی استفاده می شود.

Legg-calvé-perthes disease (perthes disease, pseudocoxalgia) (leg kal-vay per-tĕz) n.
التهاب رأس های استخوان ران، ناشی از عدم خون رسانی و از بین رفتن لایه ی خارجی استخوان (به *osteochondritis* مراجعه کنید). این وضعیت غالباً در پسرهای بین سن ۵ تا ۱۰ سالگی اتفاق می افتد و موجب درد و لنگی می شود.
[A.T. Legg (1874-1939), جراح آمریکایی; j. calvé (1875-1954), متخصص اوتوپد فرانسوی; G. C. Perthes (1869-1927), جراح آلمانی]

legionnaires's disease (lee-jŏn-airz) n.
عفونت شش ها که از طریق باکتری *Legionella pneumophila* ایجاد می شود. علایم آن شامل ناراحتی و درد عضلانی، به دنبال طب، سرفه ی خشک، درد قفسه ی سینه و فقدان تنفس، است. اریترومایسین بیشترین اثر درمانی را ایجاد می کند.

legumin (lig-yoo-min) n.
پروتئین (یک گلوبین) که از دانه های گیاهان خانواده ی *Leguminosae*، مثل باقلا و نخود فرنگی، بدست می آید.

leio-
پیشوند به معنی همواری.

leiomyoma (ly-oh-my-oh-mă) n.
تومور خوش خیم ماهیچه ی صاف. برخی تومورها عمدتاً در رحم ایجاد می شوند (به *fibroid* مراجعه کنید)، اما می

۱. واقع شده در یا مربوط به جانب یک ارگان یا ارگانیسم. ۲. (در آناتومی) مربوط به منطقه یا بخشی از بدن که دورترین نقطه از صفحه ی میانی است. ۳. (در رادیولوژی) در صفحه ی ساجیتال.

lateroversion (lat-er-oh-ver-shŏn) n.
چرخش یا جانشین سازی یک ارگان، برای مثال رحم (*uterine L*). به سمت یک سمت.

laudanum (lawd-nŭm) n.
یک محلول هیدروکلریک اسید، حاوی ۱ درصد مورفین که از *macerated raw opium* تهیه می شود. سابقاً به طور گسترده به عنوان یک آرام بخش مخدر استفاده می شده که از طریق دهان استفاده می شده است.

laughing gas (lahf-ing)
به *nitrous oxide* مراجعه کنید.

lavage (lau-ahzh) n.
شستن یک حفره بدن مثل کولون یا معده با آب یا محلول های دارویی.

laxative (cathartic, purgative) (laks-ă-tiv) n.
دارویی که برای تحریک یا افزایش تکرار تخلیه روده (مثل روغن کرچک یا سنام یا برای پیشبرد مدفوع بزرگتر یا نرمتر (مثل سولفات منیزیم و *methylcellulose*) استفاده می شود.

L-dopa n.
به *Levodopa* مراجعه کنید.

lead (led) n.
عنصری نرم، به رنگ خاکستری مایل به آبی و فلزی که چندین ترکیبات سمی را تشکیل می دهد. مسمومیت حاد سربی موجب درد شکم، استفراغ، اسهال، وگاهی اوقات انسفالیت می شود. در مسمومیت مزمن یک مشخصه نشان آبی رنگی روی لثه ها (*l. line*) است و در این وضعیت اعصاب محیطی نیز تحت تأثیر قرار می گیرند. آنمی هم وجود دارد. درمان آن به همراه *EDTA* می باشد استفاده از سرب در بیماران امروزه اکیداً کنترل شده است. نماد: *pb*

LE cells pl. n.
به *lupus (erythematosus)* مراجعه کنید.

lecithin (les-i-thin) n.
یکی از گروه فسفولیپیدها که اجزاء اصلی و مهم غشاهای سلولی می‌باشد و درگیر متابولیسم چربی توسط کبد می شود. مثالی از آنفوسفاتیدیل‌کولین است.

[E. Lettere (1895-), S. A. Siwe (1897-), پزشک آلمانی]

leuc- (leuco-leuk-leuko-)

پیشوند به معنی۱. فقدان رنگ ؛ سفید. ۲. گلبول سفید.

leucine (loo-seen) n.

نوعی آمینو اسید ضروری. به *amino acid* هم مراجعه کنید.

leucocidin (loo-koh-sy-din) n.

اگزوتوکسین باکتریایی که به طور انتخابی گلبول های سفید (لکوسیت ها) را تخریب می کند.

leucocyte (white blood cell) (loo-kŏ-syt) n.

نوعی سلول خونی که حاوی یک هسته است. در سلامتی سه زیر قسمت اصلی وجود دارد: گرانولوسیت ها، لنفوسیت ها و مونوسیت ها که در محافظت بدن علیه مواد بیگانه و در تولید آنتی بادی درگیر می شود. در بیماری انواع مختلفی از گلبول های سفید ممکن است در خون ظاهر شوند.

leucocytosis (loo-koh-sy-toh-sis) n.

افزایش تعداد لکوسیت ها درون خون. به *basophilia*، *eosinophilia*، *lymphocytosis* و *monocytosis* مراجعه کنید.

leucoderma (loo-koh-der-mă) n.

به *vitiligo* مراجعه کنید.

leucolysin (loo-kol-i-sin) n.

به *lysin* مراجعه کنید.

leucoma (loo-koh-mă) n.

لکه ی سفید موجود در قرنیه. بیشتر لک های قرنیه ناشی از زخم بعد از زخم شدن یا التهاب قرنیه است.

leuconychia (loo-koh-nik-iă) n.

رنگ پریدگی سفید ناخن که ممکن است کلی یا جزئی باشد. دلیل آن ناشناخته است.

leucopenia (loo-koh-pee-niă) n.

کاهش تعداد لکوسیت ها درون خون. به *eosinopenia*، *lymphopenia* و *neutropenia* مراجعه کنید.

leucoplakia (leukoplakia) (loo-koh-play-kiă) n.

قطعات ضخیم شده ی سفید روی غشاها، مثل غشای پوشاننده ی دهان یا فرج ناشی از رشد بیش از حد بافت ها. این وضعیت گاهی اوقات می تواند بدخیم باشد.

leucopoiesis (loo-koh-poi-ee-sis) n.

فرآیند تولید لوکوسیت ها، که به طور طبیعی درون بافت تشکیل دهنده ی خون موجود در مغز استخوان، رخ می دهد.

پیشوند به معنی۱. بلند و باریک، لاغر. ۲. کوچک. ۳. خفیف، مقدار ناچیز.

leptocyte (lep-toh-syt) n.

گلبول قرمز (اریتروسیت) که به طور غیرعادی باریک است. این نوع گلبول های قرمز در انواع خاصی از کم خونی دیده می شوند.

leptomeninges (lep-toh-min-in-jeez) pl. n.

دو مننژ داخلی: عنکبوتیه و نرم شامه.

leptomeningitis (lep-toh-min-in-jy-tis) n.

التهاب لپتومننژ. به *meningitis* هم مراجعه کنید.

Leptospira (lep-toh-spy-ră) n.

تیره ای از باکتری های مارپیچی و دارای انتهای قلابی شکل.

L. icterohaemorrhagiae

انگلی که عامل اصلی ایجاد لپتواشپیروز است.

leptospirosis (weil's disease) (lep-toh-spy-roh-sis) n.

بیماری عفونی که از طریق باکتری جنس *Leptospira* ایجاد می شود و از جانوران جونده، سگها و پستانداران دیگر به انسان انتقال می یابد. بیماری با تب شروع شده و ممکن است بر کبد (باعث یرقان) یا مننژ (باعث مننژیت) تأثیر بگذارد. در برخی موارد کبد درگیر می شود.

leresis (ler-ee-sis) n.

سخنرانی بی هدف و نامفهوم هم در نحو و هم در تلفظ. این وضعیت یک ویژگی دیوانگی است.

lesbianism (lez-bi-ăn-izm) n.

وضعیتی که یک زن از نظر جنسی جلب مجذوب رفتار جنسی با جنس مخالف می شود (به *homosexuality* مراجعه کنید) .

-lesbian adj- n.

lesion (lee-zhŏn) n.

مناطقی از بافت به همراه عملکرد معیوب در نتیجه ی آسیب از طریق بیماری یا جراحت.

lethal gene (lee-thăl) n.

ژنی که تحت شرایط خاص موجب مرگ شخص حامل آن ژن می شود. ژن کشنده معمولاً بازگشتی است: شخص فقط در صورتی که والدینش ژن را حمل کنند، می میرد.

lethargy (leth-er-ji) n.

تنبلی جسمی و روانی: درجه ای از غیرفعالی و بی واکنشی نزدیک بی هوشی.

Lethere-siwe disease (let-er-er-sy-wĕ) n.

به *reticuloendotheliosis* مراجعه کنید.

هر ماده ای مثل نایلون، ابریشم، روده ی گربه یا سیم که به طور محکم اطراف یک رگ خونی یا مجرا جهت جلوگیری از خون ریزی، عبور مواد و غیره، گره زده می شود.

light adaption (lyt) n.

رفلکس تغییرات درون چشم که بینایی را بعد از قرارگرفتن در تاریکی یا در نور خیلی روشن به حالت طبیعی قادر می سازد. به *iris* مراجعه کنید. با *dark adaption* مقایسه کنید.

lightening (ly-t'n-ing) n.

احساسی که معمولاً بعد از ۳۶ هفته ی بارداری از طریق بسیاری از خانم های حامله، خصوصاً خانم های حامله ای که اولین حاملگی آن ها است، در زمان حضور قسمتی از جنین درون لگن تجربه می شود. این وضعیت فشار روی دیافراگم را کاهش می دهد و شخص به نفس کشیدن راحتر توجه دارد. با *ngagement* مقایسه کنید.

lightning pains (lyt-ning) pl. n.

درد شدیدی که در تا بس دورسالیس تجربه می شود.

light reflex n.

به *pupillary reflex* مراجعه کنید.

lignocaine (lig-no-kayn) n.

استفاده ی گسترده از بی حسی های موضعی از طریق تزریق یا استعمال مستقیم برای غشاهای موکوسی، جراحی های اندک و اقدامات دندان پزشکی. این ماده برای درمان شرایطی از قبیل ریتم غیرطبیعی قلب، خصوصاً انفراکتوس میوکارد، نیز تزریق می شود. نام های تجاری: *Xylocain, Xylotox*

limbic system (lim-bik) n.

سیستم پیچیده ی مسیر شبکه های عصبی در مغز که در هوش طبیعی جانوران و فعالیت های غدد درون ریز و سیستم های حرکتی بدن، درگیر می شود. در میان مناطق مغز، بادامه، تشکیلات هیپوکامپ و هیپوتالاموس را درگیر می کند.

limbus (lim-bŭs) n.

(در آناتومی) حاشیه یا لبه.

L. sclerae

پیوند قرنیه و صلبیه ی چشم.

limen (ly-men) n.

(در آناتومی) حاشیه یا مرز.

lime water (lym) n.

محلول آبی هیدروکسید کلیسم که در تدارکات پوستی به عنوان آنتی اسید و قابض کننده استفاده می شود.

liminal (lim-in-ăl) adj.

(در فیزیولوژی) مربوط به آستانه یا ادراک.

یکی از چند نوع بیماری پوستی که زخم های سفت، مدور و کوچکی نزدیک به هم بوجود می آیند.

l. planus

وضعیت التهابی که جوش های بنفش رنگ خیلی پهنی عمدتاً درون ساعد، گردن، و بین ران یافت می شود.این وضعیت ممکن است در دهان رخ دهد و اغلب قطعات سفید بی علامتی را ایجاد می کنند. گاهی اوقات این وضعیت جراحت دردناکی را ایجاد می کند.

lichenification (ly-ken-i-fi-kay-shŏn) n.

ضخیم شدن لایه های سلولی خاص در اپیدرم که موجب چین خوردگی هایی غیرعادی به همراه نواحی درخشان، نوک پهن و لوزی شکل می شود. دلیل آن خراشیدگی غیرطبیعی یا ساییده شدن پوست است.

lichenoid (ly-kĕn-oid) adj.

توصیف نوعی بیماری پوستی مشابه گلسنگ.

lieberkühn's glands(crypts of Lieberkühn) (lee-ber-koonz) pl. n.

غده ی لوله ای شکل ساده در غشای موکوسی روده. این غدد با اپیتلیوم ستونی که درون آن انواع مختلفی از سلول های ترشحی یافت می شوند، پوشیده می شود.

[j. N. Lieberkühn (1711-56), آناتومیست آلمانی]

lien (ly-ĕn) n.

به *spleen* مراجعه کنید.

lien- (lieno-)

پیشوند به معنی طحال.

lienculus (ly-enk-yoo-lŭs) n.

تابع کبد.

lientery (ly-ĕn-ter-i) n.

اسهال به همراه عبور غذاهای گوارش نیافته درون مدفوع.

ligament (lig-ă-mĕnt) n.

۱. دسته ی محکمی از بافت پیوندی فیبروز و سفید رنگی که دو استخوان را به هم در محل مفصل ها متصل می کند. رباط ها به مفاصل نیرو می بخشند و حرکات آن ها را به مسیری خاص محدود می کنند. ۲. غلاف صفاق که از ارگان های درون شکم حمایت کرده یا آن ها را به هم متصل می کند.

ligation (li-gay-shon)

استعمال بخیه.

ligature (lig-ă-cher) n.

lith- (litho-)

پیشوند به معنی سنگ.

-lith

پسوند به معنی سنگ.

lithaemia (lith-ee- mia) n.

به *hyperuricaemia* مراجعه کنید.

lithagogue (lith- a -gog) n.

عاملی که برداشت سنگ ها مثل سنگ های کلیه در ادرار را افزایش می دهد.

lithiasis (lith-I- a -sis) n.

تشکیل سنگ (به *calcalus* مراجعه کنید) در ارگان های درونی.

lithium (lithium) (carbonate) (lith- ium) in.

دارویی که از طریق دهان برای درمان بیماری افسردگی مانیک یا جهت درمان مانی استفاده می شود. نام های تجاری: *camcolit, priadel*.

litholapaxy (lithotripsy) (lith-ol- a -paks-i) n.

عمل خرد کردن سنگ مثانه، با استفاده از ابزاری که *linthotrite* نامیده می شود. تکه های سنگ خرد شده بعداً می توان از طریق وارد کردن مایع و ساکشن کردن برداشته شود.

lithonephrotomy (lith-oh-ni-frot- omi) n.

جراحی برداشت سنگ از کلیه. به *nephrolithotomy* *pyeloithotomy* مراجعه کنید.

lithopaedion (lith-oh-pee-di- on) n.

جنینی که درون رحم یا حفره ی شکم مرده و سفت و سخت شده است.

lithotomy (lith-ot- omi) n.

جراحی برداشت سنگ از دستگاه ادراری. به *nephrolithotomy*، *pyelolithotomy* و *ureterolithotomy* مراجعه کنید.

lithotripsy (lith- o -trip-si) n.

۱. تخریب سنگ ها بوسیله ی امواج شوک.

extracorporeal shock-wavel. (ESWL)

روشی برای تخریب سنگ در قسمت فوقانی دستگاه ادراری و سنگ های صفرا؛ این روش از یک ماشین مخصوص

l. factor

ماده ای که در انعقاد خون درگیر شده و برای فعال سازی ترومبوپلاستین پلاسما مهم می باشد.

lipoidosis (lip-oi-doh-sis) n.

به *lipidosis* مراجعه کنید.

lipolysis (lip-ol-i-sis) n.

فرآیندی که از طریق آن لیپیدها به اجزاء اصلی اسیدهای چرب در بدن توسط آنزیم لیپاز، تجزیه می شوند.

-lipolytic adj.

lipoma (lip-oh- ma) n.

تومور خوش خیم و شایع تشکیل شده از اسیدهای چربی که به خوبی از هم تفکیک شده اند.

lipomatosis (lip-oh- ma -toh-sis) n.

۱. حضور غیرطبیعی مقادیر زیادچربی در بافت ها. ۲. حضور لیپیدهای چندگانه.

lipoprotein (lip-oh-proh-teen) n.

یکی از گروه های پروتئین های موجوددر پلاسمای خون و لنف که با چربی و لیپیدهای دیگر (مثل کلسترول) ترکیب می شود. لیپوپروتئین ها برای انتقال لیپیدها در خون و لنف مهم هستند.

low-density L. (LDL)

نوعی لیپوپروتئین که در آن کلسترول به درون جریان خون انتقال می یابد.

liposarcoma (lip-oh-sar-koh- ma) n.

تومور بدخیم و نادر سلول های چربی. این تومور عمدتاً در ران معمولاً در بیماران بالای سن ۳۰سالگی یافت می شود.

lipotropic (lip-oh-trop-ik) adj.

توصیف ماده ای که انتقال اسیدهای چرب از کبد به بافت ها را بیشتر کرده یا استفاده از چربی در کبد فرد را تسریع می کند.

liping (lip-ing) n.

رشد بیش از حد یک استخوان زمانی که توسط اشعه‌ی *X*، نزدیک یک لبه ی مفصل دیده می شود. این وضعیت مشخصه ی بیماری مفصل تحلیل رفته یا ملتهب شده، خصوصاً در بیماری استئوآرتریت است. به *osteopathy* هم مراجعه کنید.

lipuria (adiposuria) (lip-yoor- ia) n.

حضور چربی یا قطرات روغن در ادرار.

liquor (lik-er) n.

(در داروسازی) هرنوع محلول، معمولاً محلول آبدار.

-logy (-ology)

پسوند به معنی رشته ی مطالعه.

loiasis (loh-I-ă -sis) n.

نوعی بیماری که در غرب و مرکز آفریقا رخ داده و از طریق کرم *Loa loa* ایجاد می شود. کرم های بالغ درون بافت های پوست زندگی و مهاجرت کرده و موجب التهاب و تورم می شوند. اغلب در عرض کره ی چشم درست زیر ملتحمه مهاجرت می کنند خارش و احتقان را بوجود می آورند. این بیماری توسط داروی دی اتیل کربامازین درمان می شود.

loin (loin) n.

ناحیه ای در پشت و کنار بدن بین تحتانی ترین دنده و لگن.

long-sightedness (long-syt-id-nis) n.

به *hypermetropia* مراجعه کنید.

loop (loop) n.

۱. خمیدگی موجود در ارگان های لوله ای شکل. ۲. الگویی از برآمدگی های پوستی در اثر انگشت.

loperamide (loh-per-ă -myd) n.

دارویی که در درمان اسهال استفاده می شود. این دارو به عنوان کاهنده‌ی حرکات دودی دستگاه گوارش فعالیت‌کرده و از طریق دهان مصرف می گردد. نام های تجاری: *Arret, Imodium*

lorazepam (lor-az-ĕ -pam) n.

مسکنی که از طریق دهان برای تسکین اضطراب و تنش شدید یا خفیف و نیز درمان بی خوای استفاده می شود. نام تجاری: *Ativan*

lordosis (lor-doh-sis) n.

خمیدگی به طرف داخل ستون فقرات. درجه ی خاصی از لوردوز در ناحیه‌ی کمری و گردنی ستون فقرات، طبیعی است. لوردوز بیش از اندازه ممکن است در نوجوانان از طریق اشتباه در حالت ایستادن یا در نتیجه ی یک بیماری رخ دهد. با *kyphosis* مقایسه کنید.

lotion (loh-shŏn) n.

محلول درمانی برای استعمال خارجی. لوسین ها معمولاً عمل خنک کنندگی، تسکین یا ضدعفونی کنندگی دارند.

loupe (loop) n.

عدسی دستی با بزرگ نمایی کوچک که برای معاینه ی بخش قدامی چشم استفاده می شود.

lobotomy (prefrontal leucotomy) (loh-bot-ŏmi) n.

به *leucotomy* مراجعه کنید.

lobule (lob-yool) n.

زیر قسمت یک بخش یا یک ارگان مثل کبد یا شش، که می تواند توسط مرزهایی مثل دیواره هایی که با میکروسکوپ یا بدون آن قادر به دیدن هستند، از تمامی بخش ها، متمایز شوند.

localized (loh-kă -lyzd) adj.

(مربوط به جراحت، بثورات و غیره) محدود شده به بخش خاصی از بدن، گسترده نشده..

lochia (lok-iă) n.

مواد خارج شده از رحم از طریق مهبل بعد از اتمام زایمان. اولین ترشح حاوی مقدار زیادی خون است (*L. rubra*). این ترشح با خون و موکوس ترکیب شده (*L. serosa*) که در نهایت به رنگ زرد یا سفید حاوی میکروب ها و تکه های سلولی (*l. alba*) خارج می شود. هر مرحله ممکن است چندین روز طول بکشد.

-lochial adj.

lockjaw (lok-jaw) n.

به *tetanus* مراجعه کنید.

locomotor ataxia (loh-kŏ -moh-ter) n.

به *tabes dorsalis* مراجعه کنید.

loculated (lok-yoo-layt-id) adj.

تقسیم شده به حفره های زیاد.

loculus (lok-yoo-lŭs) n.

(در آناتومی) یک حفره یا فضای کوچک.

locum tenes (locum) (loh-kŭm -teen-enz) n.

پزشکی که موقتاً جایگزین هم کار غایب یا بیمار خود، می شود.

locus (loh-kŭs) n.

۱. (در آناتومی) یک ناحیه یا مکان. ۲. (در ژنتیک) منطقه ای از کروموزم که بوسیله ی ژن خاصی اشغال شده است.

log-(logo-)

پیشوند به معنی واژه ها، سخنرانی.

logopaedics (log-ŏ -pee-jiks) n.

مطالعه ی علمی مشکلات و ناتوانی در صحبت کردن و مرتبط با روش هایی که جهت درمان این مسائل استفاده می شود؛ گفتار درمانی.

گرفته می شود. به آزمایش *Queckenstedt* هم مراجعه کنید.

l. vertebrae

پنج استخوان ستون فقرات که بین مهره های سینه ای و استخوان خاجی در قسمت تحتانی کمر واقع شده است. به *vertebra* هم مراجعه کنید.

lumbo-

پیشوند به معنی کمر؛ ناحیه ی کمر.

lumbosacral (lum-boh-say-kral) adj.

مربوط به بخشی از ستون فقرات که از مهره های کمری و خاجی تشکیل شده است.

lumen (loo-min) n.

۱. فضای درون بخش لوله ای و کیسه مانند. ۲. واحد *SI* مربوط به جریان تشعشع در طول موج مرئی. نماد: *lm*.

lumpectomy (lum-pek tomi) n.

عملی برای سرطان پستان که تومور و بافتهای اطراف پستان برداشته می شوند؛ در این عمل عضلات، پوست و گره های لنفاوی دست نخورده باقی می مانند. این اقدام معمولاً به دنبال تشعشع، برای بیماران مبتلا به توموری با ضخامت کمتر از ۲ سانتی متر و بیمارانی که برای گره های لنفاوی آن، دگردیسی ندارند یا برای ارگان های فاصله دار، نمایان می شود.

lunate bone (loo-nayt) n.

یکی از استخوان های مچ دست (به *carpus* مراجعه کنید). این استخوان با استخوان های بزرگ و چنگکی در قدام و با استخوان زندزبرین و استخوان هرمی و ناوی در اطراف مفصل می شود.

lung (lung) n.

یکی از جفت ارگان های تنفسی که در حفره ی قفسه ی سینه روی هر سمت قلب واقع شده است. شش ها با اتمسفر از طریق نای که به درون حلق باز می شود، ارتباط برقرار می کنند. نای به دو برونش تقسیم می شود که به درون ریه ها وارد شده و به برونشیول تفکیک می گردند. این تقسیم بیشتر شده و در نهایت به کیسه های کوچک (به *aveolus* مراجعه کنید) تقسیم می شوند. اکسیژن اتمسفری جذب می شود و دی اکسیدکربن از خون مویرگ های ششی *(pulmanary)* به درون شش ها آزاد می گردند (به *circulation* مراجعه کنید).

lung cancer n.

سرطانی که از راه های هوایی (سرطان برونشی) یا شش منشأ می گیرد. این سرطان به طور قوی به همراه سیگارکشیدن و در معرض قرارگرفتن با آلوده کننده های صنعتی (از قبیل پنبه ی نسوز)، بوجود می آید. درمان این وضعیت شامل جراحی برداشت لب تحت تأثیر قرارگرفته یا برداشت ریه، رادیوتراپی و شیمی درمانی می شود.

lunula (loon-yoo-la) n.

ناحیه ی نسبتاً سفید رنگ هلالی شکل، در قاعده ی ناخن.

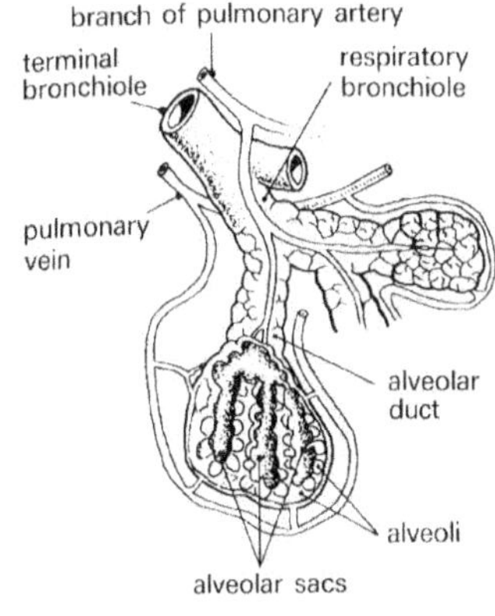

جزئیات آلوئل ها

lupus (loo-pus) n.

هر یک از چندین بیماری های مزمن پوستی.

l. erythematosus (LE)

بیماری التهابی بافتهای پیوندی که بر پوست و ارگان های مختلف داخلی تأثیر می گذارد. به طور نمونه در این وضعیت جوش قرمز پوسته ریز روی بینی و لب ها، آرتریت و آسیب پیشرونده به کلیه وجود دارد. در این بیماری اغلب قلب، شش ها و مغز هم تحت تأثیر قرار می گیرند. *LE* به عنوان یک بیماری خود ایمنی مطرح می شود و می تواند از طریق آزمایشی که ویژگی گلبول های قرمز را آشکار می کند، نمایان شود.

l. verrucosus

عفونت توبرکلوزپوست ـ به طور متداول بازو و دست ـ که بوسیله ی جراحات زیگلی مشخص می شود. این بیماری در کسانی رخ می دهد که برای بار دوم دوباره به توبرکلوزیس عفونی شده اند.

بیماری مسری و جنسی که از طریق میکروارگانیسم *Chlamydia* ایجاد می شود و عمدتاً در مناطق گرمسیری وجود دارد. جراحت اولیه برروی اندام های تناسلی به دنبال تورم و التهاب گره های لنفاوی در کشاله ی ران است. درمان اولیه با سولفونامیدها یا تتراسایکلین معمولاً مؤثر است.

lymphography (lim-fog-răfi) n.
روش تزریق ماده‌ی حاجب به درون سیستم‌لنفاوی در ناحیه‌ی خاصی از بدن طوری که امکان گرفتن عکس هایی از عروق و گروه های لنفاوی فراهم شود شود.

lymphoid tissue (lim-foid) n.
بافتی مسئول تولید لنفوسیت ها و آنتی بادی ها. این بافتها به شکل گره های لنفی، لوزه ها، تیموس، طحال و همچنین مثل گروه سلول های پراکنده هم دیده می شوند.

lymphokine (lim-foh-kyn) n.
ماده ی تولید شده توسط لنفوسیت هایی که آثاری بر روی سلول های درگیر شونده در سیستم ایمنی دارند می شوند، مثل اینترلوکین ۲ (*IL-2*).

lymphoma (lim-foh-mă) n.
هر نوع تومور بدخیم گره های لنفاوی، از قبیل بیماری *Hodgkin*. این بیماری معمولاً گسترده است ولی در برخی موارد به یک ناحیه ی مفردی مثل لوزه ها، محدود می شود. درمان آن با داروهایی مثل کلرامبوسیل یا ترکیبات سیکلوفوسفامید، وینکریستین و پردنیسون است.

lymphopenia (lymphocytopenia) (lim-foh-pee-niă) n.
افزایش در تعداد لنفوسیت های خون.

lymphopoiesis (lim-foh-poi-ee-sis) n.
فرآیند تولید لنفوسیت‌هایی که در مغز استخوان مثل گروه‌های لنفی، طحال، غده ی تیموس و دیواره ی معده ایجاد می شود.

lymphorragia (lim-fŏ-ray-jiă) n.
خروجی لنف از عروق لنفاوی که آسیب دیده اند.

lymphosarcoma (lim-foh-sar-koh-mă) n.
یک واژه ی قدیمی برای انواع خاصی از لنفوم.

lymphuria (limf-yoor-iă) n.
وجود لنف درون ادرار.

lynoestrenol (lin-ees-trĕ-nol) n.
نوعی هورمون ترکیبی و جنسی زنانه (به *progestogen* مراجعه کنید) که عمدتاً در داروهای ضد بارداری خوراکی به

۱. *n.* عروق لنفاوی. به *lymphatic system* مراجعه کنید.
۲. *adj.* مربوط به لنف یا حمل و نقل آن.

lymphatic system n.
شبکه ی عروقی که الکترولیت ها، آب، پروتئین ها و غیره ـ به شکل لنف از مایعات بافتی به جریان خون حمل می کند. لنف از طریق مویرگ هایی نازک، به درون عروق لنفاوی که دارای دریچه هایی هستند جهت جلوگیری از جریان برگشتی لنف، عبور می کند. عروق لنفاوی دوکانال بزرگ لنفاوی را ایجاد می کنند. *-right lymphatic duct , thoracic duct-* لنف را از طریق سیاهرگ های بی نام به جریان خون باز می گرداند.

lympho-
پیشوند به معنی لنف یا سیستم لنفاوی.

lymphoblast (lim-foh-blast) n.
سلول های غیر طبیعی موجوددرون خون و ارگان های تشکیل دهنده ی خون در نوعی از لوسمی (*lympoblastic leukaemia*).

-lympoblastic adj.

lymphocyte (lim-foh-syt) n.
انواعی از گلبول های سفید (لکوسیت) که در گره های لنفاوی، طحال، غده ی تیموس، دیواره ی روده و مغز استخوان هم وجود دارد. آن ها در ایمنی سازی درگیر می شوند و می توانند به زیر قسمت *B-lymphocyte* تولید کننده ی آنتی بادی‌های در گردش و *T-lymphocyt* که عمدتاً مسئول ایمنی غیر مستقیم سلول است تقسیم شود. لنفوسیت های T می توانند به سلول های کمک کننده، کشنده یا ممانعت کننده متمایز شوند.

-lymphocytic adj.

lymphocytopenia (lim-foh-sy-toh-pee-niă) n.
به *lymphopenia* مراجعه کنید.

lymphocytosis (lim-foh-sy-toh-sis) n.
افزایش در تعداد لنفوسیت های خون.

lymphoedema (lim-fee-dee-mă) n.
تجمع لنف در بافت ها که تورم را ایجاد می کند. این وضعیت ممکن است ناشی از ناهنجاری های مادرزادی عروق لنفاوی یا ناشی از انسداد عروق لنفاوی بوسیله ی تومور، انگل ها، التهاب یا جراحت باشد.

lymphogranuloma venereum (lim-foh-gran-yoo-loo-mă-vi-neer-iŭm) n.

توصیف جوش متشکل از ماکول و پاپول.

madura foot (mă-dewr-ă) n.
عفونت بافت ها و استخوان های پا که التهاب مزمنی را ایجاد کرده و در نواحی گرمسیری رخ می دهد. نام پزشکی: *maduromycosis*.

madurella (mad-yoo-rel-ă) n.
تیره ای از قارچ ها که به طور گسترده توزیع شده. گونه های *M. mycetomi* و *M. grisea* موجب عفونت گرمسیری پای مادورا می شوند.

maduromycosis (mă-dewr-oh-my-koh-sis) n.
به *madura foot* مراجعه کنید.

Magendie's foramen (mă-jen-deez) n.
دهانه ای در کف بطن چهارم مغز که از درون آن مایع مغزی نخاعی به درون فضای زیر عنکبوتیه عبور می کند.
[F. Magendie (1783-1855), فیزیولوژیست فرانسوی]

magenta (mă-jen-tă) n.
به *fuchsis* مراجعه کنید.

maggot (mag-ŏt) n.
لارو کرمی شکل یک حشره که بعضی اوقات به بافت های انسانی حمله می کند (به *myiasis* مراجعه کنید).

magnesium (mag-nee-ziŭm) n.
عنصر فلزی ضروری برای زندگی. منیزیم برای عملکرد عضله و بافت عصبی ضروری است. نماد: *Mg*.

m. carbonate
آنتی اسیدی ضعیف که برای تسکین سوءهاضمه و هم چنین درد ناشی از زخم دئودنوم و معده استفاده می شود. منیزیم به عنوان یک ملین خفیف هم استفاده می شود.

m. hydroxide
نمک منیزیم به همراه آثار و استفاده های مشابه املاح کربنات منیزیم. نام تجاری: *Milk of Magnesia*.

m. sulphate
نمک منیزیم که در ترکیبات یا انماها برای درمان یبوست مصرف می شود (به *laxative* مراجعه کنید). منیزیم از طریق تزریق برای درمان کمبود منیزیم استفاده می شود.

m. trisilicate
ترکیبی از منیزیم با ویژگی آنتی اسیدی و جذب کنندگی که در درمان زخم معده و دیگر اختلالات گوارشی استفاده می شود.

marcroglossia (mak-roh-glos-iă) n.
بزرگ شدن غیر طبیعی زبان. این وضعیت ممکن است ناشی از نقص مادرزادی، تراوش آمیلوئید از زبان با آمیلوئید با حضور تومور و یا انسداد عروق لنفاوی باشد..

macrognathia (mak-roh-nay-thiă) n.
رشد بیش از حد یک فک مرتبط با رشد فک دیگر.

macromelia (mak-roh-mee-liă) n.
بزرگ شدن غیرطبیعی اندازه ی دست و پا. به *micromelia* مراجعه کنید.

macrophage (clasmocyte) (mak-roh-fayj) n.
سلول بزرگ فاگوسیت کننده ی (به *phagocyte* مراجعه کنید) موجود در بافت های پیوندی و بسیاری از بافت ها و ارگان های مهم، از قبیل مغز استخوان، طحال، گره های لنفاوی، کبد و سیستم عصبی مرکزی. به *histiocyte*، *reticuloendothelial system* هم مراجعه کنید.

macropsia (mak-rop-siă) n.
وضعیتی که اشیاء بزرگتر از حد واقعی ظاهر می شوند. این وضعیت ناشی از بیماری شبکیه است.

macroscopic (mak-roh-skop-ik) adj.
قابل مشاهده با چشم غیر مصلح. با *microscopic* مقایسه کنید.

macrosomia (mak-roh-soh-miă) n.
اندازه ی بزرگ و غیرطبیعی.

fetal m.
اندازه ی بزرگ در یک کودک دیابت ضعیف کنترل شده ی مادری. این وضعیت ناشی از تولید بیش از حد انسولین جنینی و از این رو افزایش رسوب گلیکوژن در جنین است.

macula (mak-yoo-lă) n. (pl. maculae)
۱. ناحیه ی آناتومیکی کوچک که قابل تمایز از بافت های اطراف است.

m. lutea
لکه ی زردی روی شبکیه در پشت چشم که بزرگترین ناحیه ی تمزکز سلول های مخروطی را احاطه می کند. (به *fovea* مراجعه کنید) ۲. به *macula* مراجعه کنید.

macule (macula) (mak-yool) n.
لکه، رنگ پریدگی یا ضخیم شدن پوست که ناحیه‌ی مشخصی را از سطح طبیعی خود، تشکیل می دهد. با *papule* مقایسه کنید.

maculopaular (mak-yoo-loh-pap-yoo-ler) adj.

malunion (mal-yoon- yŏn) n.
بدشکلی یک استخوان ناشی از اتصال شکستگی، که در آن انتهای استخوان به طور ضعیف هم تراز می شوند. اوستئوتومی ممکن است برای اصلاح بدشکلی نیاز باشد.

mamilla (mă -mil- ă) n.
به *nipple* مراجعه کنید.

mamma (mam- ă) n.
به *breast* مراجعه کنید.

mammary gland (mam-er-i) n.
غده ی تولیدکننده ی شیر پستان های فرد مؤنث. به*breast* مراجعه کنید.

mammography (mam-og- răfi) n.
ایجاد عکسهای اشعه ی X یا مادون قرمز در پستان: این روش برای کشف زود به هنگام تومورهای غیرعادی استفاده می شود. به رادیوگرافی و توموگرافی هم مراجعه کنید.

mammoplasty (mam- ŏ -plasti) n.
جراحی پلاستیک پستان به منظور تغییر شکل، افزایش یا کاهش اندازه.

mammothermography (mam-oh-ther-mog- răfi) n.
روش معاینه ی پستان ها، برای حضور تومور یا دیگر ناهنجاری ها، از طریق توموگرافی.

M-AMSA (amsacrine) n.
نوعی دارویی سیتوتوکسیک که در درمان بیماری های بدخیم استفاده می شود.

manchester operation (man-ches-ter) n.
به *Donald-Fothergill operation* مراجعه کنید.

mandible (man-dib- ŭl) n.
استخوان فک تحتانی. این استخوان از یک بدنه ی نعل اسبی شکل تشکیل شده است که سطح فوقانی آن دندان های تحتانی و بخش های عمودی (جوانه) را تشکیل می دهد. به *temporomandibular joint* مراجعه کنید.
-mandibular (man-dib-yoo-ler) adj.

manganese(mang- ă -neez) n.
عنصر فلزی و خاکستری رنگی که استنشاق آن موجب آسیب به مغز می شود.

mania (may- niă) n.
مانیا، یک اختلال روانی با حالت هیجانی بیش از حد. این واژه برای اشتغال خاطره وسواسی نیز به کار برده می شود. درمان وضعیتی از تعادل نامناسب بین آن چه که شخص می خورد و آن چه که آن فرد برای حفظ سلامتی خود نیاز دارد. این وضعیت می تواند ناشی از خوردن غذای خیلی اندک (*starvation* یا *subnutrition*) باشد اما ممکن است از طریق رژیم غذایی زیاد یا تعادل غیر صحیح مواد غذایی پایه هم بوجود آید.

malocclusion (mal- ŏ -kloo- zhŏn) n.
وضعیتی که بالا و پایین دندان در هنگام بسته شدن در یک ردیف قرار نمی گیرند.

malpighian body (mal-pig- iăn) n.
بخشی از نفرون شامل مویرگ های خونی گلومرول و کپسول بومن پوشاننده ی آن.
[M. Malpighi (1628-94), آناتومیست ایتالیایی]

malpighian layer n.
لایه‌ی وابسته به رویش تخم: این لایه یکی از لایه های اپیدرم است.

malposition (mal- pŏ -zish- ŏn) n.
وضعیت غیرطبیعی سر جنین، زمانی که در زایمان رخ می دهد به طوری که ضخامت جمجمه نسبت به مجرای لگن بزرگتر از حد طبیعی باشد. این وضعیت احتمالاً باعث زایمان طولانی مدت و بغرنج شدن وضعیت می شود.

malpractice (mal-prak-tis) n.
ناتوانی در حفظ استانداردهای مورد قبول و ایجاد زیان؛ کارکرد بد.

malpresentation (mal-prez- ĕn -tay- shŏn) n.
وضعیتی از پرزانتاسیون بخشی از جنین (به *presentation* مراجعه کنید) جلوتر از سر است.

malt (mawlt) n.
ترکیبی از کربوهیدارت ها، غالباً مالتوز، که از طریق تجزیه ی نشاسته، حاوی جو یا دانه های گندم تولید می شود. مالت برای دم کردن و عرق گرفتن استفاده می شود. این ماده به عنوان منبع غذایی در بیماری های تحلیلی کاربرد دارد.

Malta fever (mawl- tă) n.
به *brucellosis* مراجعه کنید.

maltase (mawl-tayz) n.
آنزیم موجود در بزاق و شیره ی پانکراس که مالتوز را در طول گوارش به گلوکز تبدیل می کند.

maltose (mawl-tohz) n.
قندی متشکل از دو مولکول گلوکز. مالتوز از گوارش نشاسته و گلیکوژن تشیکل می شود.

massage (mas-ahzh) n.

به کاربردن تکنیک های دستی برای بافت های نرم بدن توسط دستان. ماساژ برای بهبودی جریان خون، جلوگیری از کشش سطحی در بافت ها بعد از جراحت و کاهش اسپاسم عضلانی کاربرد دارد. به *effleurage*، *petrissage* و *tapotement* مراجعه کنید.

masseter (ma-see-ter) n.

عضله ی ضخیمی در گونه که از قوس استخوان گونه تا گوشه‌ی خارجی ماندیبل ادامه می‌یابد. این عضله برای جویدن و عمل بستن فک ها قابل اهمیت است.

mast- (masto-)

پیشوند به معنی پستان.

mastalgia (mas-tal-jiă) n.

دردی در سینه.

mastatrophy (mastatrophia) (mas-tat-rofi) n.

آتروفی پستان ها.

mast cell (mahst) n.

سلول های بزرگی در بافت پیوندی. سلول های ماست حاوی هپارین، هیستامین و سرتونین هستند که در طول التهاب و پاسخ های آلرژیکی آزاد می شوند.

mastectomy (mas-tek-tŏmi) n.

جراحی برداشت سینه.

radical m.

جراحی برداشت سینه به همراه پوست و عضلات سینه ای زیرین و تمام بافت های لنفاوی زیربغل. این عمل زمانی که سرطان سینه به سمت درگیرکردن گره های لنفاوی گسترش می یابد، انجام می شود.

simple m.

جراحی برداشت سینه با حفظ پوست و در صورت امکان نوک سینه. این عمل برای تومورهای وسیع ولی نه الزاماً هجوم تومورها، انجام می شود. به *lumpectomy* مراجعه کنید.

mastication (mas-ti-kay-shŏn) n.

فرآیند جویدن غذا.

mastitis (mas-ty-tis) n.

التهاب پستان، معمولاً بوسیله ی عفونت باکتریایی که از طریق آن نوک پستان آسیب می بیند.

cystic m.

التهاب مزمن پستان که پستان ها در اثر وجود کیست ها سنگین احساس می شوند.

بیماری ویروسی ماربرگ که به انسان از طریق تماس با خون یا بافت هایی از یک جانور عفونی، منتقل می شود. علایم آن شامل، تب، بی قراری، سردرد شدید، استفراغ، اسهال و خون ریزی از غشاهای موکوسی می باشد. درمان با آنتی سرم و اندازه گیری جهت کاهش خون ریزی، گاهی اوقات مؤثر است.

Marfan's syndrome (mar-fahnz) n.

اختلال ارثی بافت های پیوندی که از طریق بلند شدن بیش از اندازه ی قد، بلند و باریک شدن انگشتان دست و پا (آراکنوداکتیلی)، نقایص قلبی و رنگ پریدگی های جزئی عدسی چشم ها، مشخص می شود.

[B. j. A. Marfan (1858-1942), پزشک فرانسوی]

marijuana (ma-ri-hwah-nă) n.

به *cannabis* مراجعه کنید.

marrow (ma-roh) n.

به *bone marrow* مراجعه کنید.

marsupialization (mar-soo-piăl-I-zay-shŏn) n.

روش مؤثر برای درمان کیست. کیست باز شده، محتویات آن خارج می گردد و بعد لبه های آن به شکاف پوست، بخیه زده می شود.

Marzine (mar-zeen) n.

به *cyclizine* مراجعه کنید.

masculinization (mas-kew-lin-I-zay-shŏn) n.

رشد بیش از حد بدن و موهای صورت، کلفت شدن صدا و افزایش در حجم ماهیچه در جنس مؤنث ناشی از اختلال هورمونی یا هورمون تراپی. به *Virilism* و *Virilization* مراجعه کنید.

Maslow's hierarchy of haman needs (maz-lohz) n.

فهرستی از نیازهای انسان که براساس اولویت از نیازهای فیزیولوژیکی پایه (مثل خوردن و نوشیدن) تا خود شکوفایی تنظیم می شود. این فهرست به گونه ای طراحی شده که فرد هر سطح نیاز را تا زمانی که حداقل جزئی از سطح قبلی کامل شده باشد، قانع نمی شود.

masochism (mas-ŏ-kizm) n.

لذت جنسی مشتق شده از تجربه ی درد. به *perversion* مراجعه کنید.

-masochist n. -masochistic adj.

meatus (mee-ay-tŭs) n.

(در آناتومی) یک مجرا یا دهانه.

nasal m.

یکی از سه بخش کانالی شکل حفره‌ی نازال زیر صدف حلزونی نازال.

urethral m.

مجرای خارجی پیشابراه.

mecamylamine (mek-ă-mil-ă-meen) n.

دارویی که از طریق دهان برای کاهش فشارخون استفاده می شود. نام تجاری: *Inversine*.

mechanism of labour (mek-ă-nizm) n.

مجموع نیروهایی که برای خارج کردن جنین از رحم به همراه نیروهایی که با خروج جنین مقاومت می کنند و عمل کرده بر موقعیت آن در طول تولد تأثیر می‌گذارند. به *labour* مراجعه کنید.

mechanotherapy (mek-ă-noh-th'e-ră-pi) n.

استفاده از تجهیزات مکانیکی در طی فیزیوتراپی برای ایجاد حرکات منظم و مکرر در بخشی از بدن.

meckel's diverticulum (mek-ĕlz) n.

به *direrticulum* مراجعه کنید.

[j. F. Meckel (1781-1833), آناتومیست آلمانی]

meclozine (mek-lŏ-zeen) n.

داروی آنتی هیستامینی که از طریق دهان برای جلوگیری و درمان تهوع و استفراغ، خصوصاً در بیماری های مسافرتی و همچنین جهن تسکین واکنش های آلرژیکی استفاده می شود.

meconism (mek-oh-nizm) n.

موقعیت یابی کردن از آثار خوردن یا کشیدن افیون یا محصولات مشتق شده از آن، خصوصاً مورفین.

meconium (mi-koh-niŭm) n.

اولین مدفوع نوزاد، که چسبناک و سبزرنگ است و از مخروبه های سلولی، موکوس و رنگدانه های صفرا تشکیل شده است.

m. ileus

انسداد ایلئوم که از طریق مکونیوم بزرگ شده در کودکان مبتلا به فیبروزکیستیک ایجاد می شود.

media (tunica media) (meed-iă) n.

۱. لایه‌ی میانی دیواره‌ی سرخرگ یا سیاهرگ. ۲. لایه‌ی میانی ارگان ها یا بخش های مختلف دیگر.

medial (mee-di-ăl) adj.

مربوط به یا قرارگرفته در ناحیه ی مرکزی یک ارگان، بافت یا بدن.

median (mee-di-ăn) adj.

(در آناتومی) قرارگرفتن در یا به سمت صفحه ای که بدن را به دو نیمه راست و چپ تقسیم می کند.

mediastinitis (mee-di-asti-ny-tis) n.

التهاب مدیاستون. معمولاً یک عارضه ی پارگی مری (گلوت).

mediastinium (mee-di-ă-sty-nŭm) n.

فضایی درون‌سینه بین دو کیسه‌ی پلور. مدیاستون حاوی قلب، آئورت، نای، مری و غده ی تیموس است.

medical (med-ik-ăl) adj.

۱. مربوط به علم یا کار پزشکی. ۲. مربوط به شرایطی که نیاز به توجه به یک پزشک به جای یک جراح دارد.

medical assistant n.

دستیار خدمات بالینی، که به صورت پزشکی ثبت نشده (اغلب یک پرستار) و در ارتباط با یک پزشک جهت انجام درمان های جزئی و بررسی قبل از پزشک، کار می کند.

medical certificate n.

گواهی ثبت تشخیص پزشک از وضعیت ناتوانی یا توانایی جهت کار بالینی بیمار.

medical jurisprudence n.

مطالعه و به کارگیری جنبه های قانونی پزشکی. به *forensic medicine* مراجعه کنید.

medical social worker n.

شخصی دارای آموزش های پزشکی که برای کمک به بیماران دارای مسائل خانوادگی، که ممکن است بیماری را افزایش دهد، استخدام می شود.

medicated (med-i-kayt-id) adj.

حاوی یک ماده ی دارویی: برای شوینده ها، صابون ها، خوش بوکنندها و غیره به کاربرده می شود.

medication (med-i-kay-shŏn) n.

۱. ماده ای که از طریق دهان استفاده شده و برای بدن به کاربرده می شود یا به منظور درمان به درون بدن وارد می گردد. ۲. درمان بیمار با استفاده از داروها.

medicine (med-sin) n.

۱. علم یا به کارگیری تشخیص، درمان و جلوگیری از بیماری ها. ۲. علم یا به کارگیری روش های غیر جراحی درمان بیماری. ۳. هر نوع دارو و یا تدارکی که برای درمان یا

meatus (mee-ay-tus) n.

mechanism of labour [illegible]

mechanotherapy [illegible]

medial (mee-dee-al) adj.

median [illegible]

mediastinitis [illegible] **n.**

medical jurisprudence n.

medical social worker n.

تجمع مایع در پلور و حفرهای صفاقی به همراه تومورهای خوش خیم تخمدان.

[j. v. Meigs (1892-1963), جراح آمریکایی]

meiosis (reduction division) (my-oh-sis) n.
نوعی تقسیم سلولی که چهار سلول دختر که هرکدام دارای نیمی از تعداد کروموزوم های سلولی های اصلی هستند، تولید می کند. این تقسیم قبل از تشکیل اسپرم و تخمک اتفاق می افتد و تعداد طبیعی کروموزوم ها (دیپلوئید) بعد از لقاح دوباره به حالت اول بر می گردند. با *mitosis* مقایسه کنید.
-meiotic adj.

Meissner's plexus (submucous plexus) (my-snerz) n.
شبکه ی ظریفی از فیبرهای عصبی پاراسمپاتیک در دیواره ی کانال های گوارشی که به ماهیچه ها و غشای موکوسی عصب رسانی می کند.

[G. Meissner (1829-1905), فیزیولوژیست آلمانی]

melaena (mi-lee-nă) n.
مدفوع تیره، ناشی از حضور خون نسبتاً گوارش یافته از قسمت فوقانی دستگاه گوارش. این وضعیت اغلب بعد از استفراغ خونی (به *haematemesis* مراجعه کنید)، رخ می دهد که دلایل یکسانی دارد اما ممکن است ناشی از بیماری در روده ی کوچک یا قسمت فوقانی کولون مثل کارسینوما یا آنژیودیسپلازی باشد.

melan- (melano-)
پیشوند به معنی ۱. رنگ آمیزی سیاه. ۲. ملانین.

melancholia (mel-ăn-koh-liă) n.
به *depression* و *involutional melancholia* مراجعه کنید.

melanin (mel-ăn-in) n.
رنگ دانه‌های قهوه‌ای تیره و مایل به مشکی که در مو، پوست، درون عنبیه و لایه ی مشمیه ی چشم وجود دارد.

melansim (melanosis) (mel-an-izm) n.
تیرگی غیرطبیعی و مشخص بافت های بدن که از طریق تولید بیش از حد ملانین رنگیزه ای ایجاد می شود. ملانیسم ممکن است بعد از آفتاب زدگی، در طول حاملگی، یا در بیماری آدیسون، بر پوست اثر بگذارد.

melanocyte (melanophore) (mel-ă-noh-syt) n.
سلولی درون اپیدرم پوست که ملانین تولید می کند.

melanocyte-stimulating hormone (MSH) n.
هورمونی که توسط غده ی هیپوفیز ساخته و آزاد می شود. در دوزیستان *MSH* موجب تغییر رنگ در پوست می شود ولی نقش فیزیولوژیکی اش در انسان نامعلوم است.

melanoderma (mel-ă-noh-der-mă) n.
افزایش غیرعادی در ملانین رنگیزه ای پوست.

melanoma (mel-ă-noh-mă) n.
نوعی توموربه شدت بدخیم ملانوسیت. برخی از تومورها معمولاً درون پوست ایجاد می گردند (بیش از حد در معرض نورخورشید قرارگرفتن فاکتور ایجاد کننده است.) اما درون چشم و غشاهای موکوسی هم یافت می شوند.

melanophore (mel-ă-noh-for) n.
به *melanocyte* مراجعه کنید.

melanoplakia (mel-ă-noh-play-kiă) n.
نواحی پیگمانته ی درون غشای موکوسی پوشاننده ی سمت درونی گونه ها.

melanosis (mel-ă-noh-sis) n.
۱. به *melanism* مراجعه کنید. ۲. اختلال در تولید ملانین رنگیزه ای توسط بدن. ۳. زردی صورت به همراه گسترش سرطان ملانوم پوست.
-melanotic adj.

melanuria (mel-ăn-yoor-iă) n.
حضور رنگیزه های تیره درون ادرار. این وضعیت ممکن است در برخی از موارد ملانوم رخ دهد. ملانوری ممکن است به طور متناوب از طریق بیماری های متابولیکی مثل پورفیری ایجاد شده باشد.

melasma (mi-laz-mă) n.
به *chloasma* مراجعه کنید.

melioidosis (mee-li-oi-doh-sis) n.
بیماری جانوران جونده ی وحشی که از طریق باکتری *pseudomonas pseudomallei* ایجاد می شود. این بیماری ممکن است به انسان انتقال یابد و موجب پنومونی، آبسه های چندگانه و سپتی سمی شود.

melaphalan (mel-fă-lan) n.
دارویی که از طریق دهان یا تزریق برای درمان سرطان های مختلف، از قبیل ملانوم بدخیم، تومورهای سینه و تخمدان و بیماری *Hodgkin*، استفاده می‌شو د. نام تجاری: *Alkeran*.

membrane (mem-brayn) n.
۱. نوعی لایه ی نازک بافت که یک ارگان یا بافت. یک حفره را می پوشاند و ساختارها یا حفره های نزدیک به هم را از هم

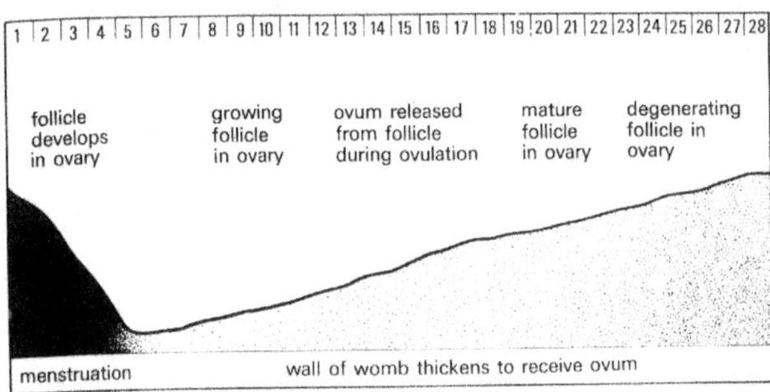

چرخه ی قاعدگی

هر یک از باکتری هایی که موجب مننژیت می شود؛ *Nesseria meningitidis*

-meningococcal adj.

meningoencephalitis (min-ing-oh-en-sef-ă-ly-tis) n.
التهاب مغز و مننژها در اثر عفونت با ویروس گوشک یا *Brucell* (باکتری که موجب تب مالت می شود).

meningoencephalocele (min-ing-oh-en-sef-ă-loh-seel) n.
بیرون زدگی مننژها و مغز از طریق نقص موجود در جمجمه. به *neural tube deferts* مراجعه کنید.

meningomyelocele (myelocele, myelomeningocele) (min-ing-oh-my-ĕ-loh-seel) n.
بیرون زدگی مننژها، طناب نخاعی و ریشه های اعصاب از طریق شکافی درون نخاع که به همراه رعشه ی پاها و بی اختیاری ادراری است. به *neural tube defects* مراجعه کنید.

meningovascular (min-ing-oh-vas-kew-ler) adj.
مربوط یا تحت تأثیر مننژها یا عروق خونی که به داخل آن ها جهت خون رسانی بافت های عصبی زیرین، نفوذ می کنند.

meniscectomy (men-i-sek-tŏmi) n.
جراحی برداشت غضروف (منیسک) در زانو. این عمل در زمان پاره شدن یا آسیب دیدن منیسک، انجام می شود.

meniscus (min-isk-ŭs) n.
(در آناتومی) یک ساختار هلالی شکل مثل دیسک غضروف فیبروز که مفصل سینوویال را تقسیم می کند.

menopause (climacteric) (men-ŏ-pawz) n.
زمانی در زندگی زنان وقتی که تخمک گذاری و قاعدگی متوقف می شود و زن قادر به باروری نیست. یائسگی می تواند در هر سنی بین سی تا پنجاه سالگی و غالباً بین سن ۴۵ و ۵۵ اتفاق افتد. این وضعیت به همراه تغییر در تعادل هورمون های جنسی در بدن، که گاهی اوقات منجر به گرگرفتگی، لرزش و اختلالات عاطفی می شود.

-menopausal adj.

menorrhagia (epimenorrhagia) (men-ŏ-ray-jiă) n.
خون ریزی غیرطبیعی و زیاد در قاعدگی. منوراژی ممکن است در اثر عدم تعادل هورمونی، آنمی، و برخی وضعیت های دیگر باشد.

menses (men-seez) n.
۱. به *menstruation* مراجعه کنید. ۲. خون و مواد دیگر خارج شده از رحم در قاعدگی.

menstrual cycle (men-stroo-ăl) n.
توالی دوره ای در زنان غیرحامله و بالغ که از طریق آن یک سلول تخم (اووم) از فولیکول های درونی تخمدان در فواصل چهار هفته ای تا زمان یائسگی آزاد می شود. (به تصویر مراجعه کنید). ترشح پروژسترون در فولیکول های پاره شده باعث ضخیم ترشدن آستر رحم (آندوکاردیوم) و خون رسانی فراوان در تدارک حاملگی می شود. اگر تخمک بارور نشود، غشای داخلی رحم فرو می ریزد.

menstruation(menses) (men-stroo-ay-shŏn) n.
ترشح خون و قطعات آندومتر از مهبل در فواصل تقریباً چهارهفته ای در زمان سن مقدور برای بارداری (به *menarche* و *menopause* مراجعه کنید). فاصله طبیعی ترشحات از سه تا هفت روز متفاوت است.

mesoderm (mes-oh-derm) n.
لایه ی جنینی و میانه ی اولیه ی رویان. مزودرم امکان حرکت آزادانه ی، غضروف، ماهیچه، استخوان، خون، کلیه ها، غدد جنسی و مجاری آن ها و نیز بافت پیوندی را فراهم می کند.
-mesodermal adj.

mesometrium (mes-oh-mee-tri-ŭm) n.
لیگامنت پهن رحم: سطحی از بافت پیوندی که عروق خونی را به رحم حمل کرده و آن را به دیواره ی شکم متصل می کند.

mesomorphic (mes-oh-mor-fik) adj.
توصیف بدنی که رشد ساختار عضلانی و اسکلتی خوبی دارد و یک حالت عمودی محکمی را دارا می باشد.
-mesomorph n. -mesomorphy n.

mesonephros (wolffian body) (mes-oh-nef-ross) n.
بافت کلیوی که فقط در جنین در حال کار است. مجرای آن -mesonpheric (or wolffian)- در جنین مذکر به عنوان اپیدیدیم و مجرای دفران قرار دارد.
-mesonephric adj.

mesosalpinx (mes-oh-sal-pinks) n.
چین صفاق که لوله های فالوپ را می پاشند. این چین قسمت فوقانی لیگامنت پهن که رحم را احاطه می کند، می باشد.

mesotendon (mes-oh-ten-dŏn) n.
غشای نازک بافت پیوندی که یک تاندون را می پوشاند.

mesothelioma (mes-oh-th'ee-li-oh-mă) n.
تومور پلور، صفاق یا پریکارد. ایجاد مزوتلیوم پلور ارتباط زیادی با در معرض قرارگرفتن با گرد و غبار پنبه ی نسوز دارد (به *asbestosis* مراجعه کنید).

mesothelium (mes-oh-th'ee-liŭm) n.
لایه ی مفرد سلول ها که غشاهای سروزی را می پوشاند. این لایه از مزودرم جنینی مشتق می شود. با *epithelium* مقایسه کنید.

mesovarium (me-oh-vair-iŭm) n.
روده بند تخمدان ها.

messenger RNA (mes-in-jer) n.
نوعی از *RNA* که اطلاعات کد ژنتیک *DNA* را از هسته ی سلول به ریبوزوم، که در آن کد به پروتئین ترجمه می شود، حمل می کند. به *transcription* و *translation* مراجعه کنید.

پرکردن در دندان پزشکی، استفاده می شود. نماد: *Hg*. به *mercurialism* مراجعه کنید.

mes- (meso-)
پیشوند به معنی میانی یا متوسط.

mesaortitis (mes-ay-or-ty-tis) n.
التهاب لایه ی میانی دیواره‌ی آئورت، به طور کلی در نتیجه ی سیفلیس تأخیری.

mesarteritis (mes-ar-ter-I-tis) n.
التهاب لایه ی میانی شریان که اغلب به همراه التهاب تمام لایه های دیواره ی سرخرگ است.

mescaline (mesk-ă-leen) n.
آلکالوئید موجود در رأس های خشکیده ی کاکتوس *Lophophora williamsii* که در زمان هضم موجب مستی و توهم می شود.

mesencephalon (mes-en-sef-ă-lon) n.
به *midbrain* مراجعه کنید.

mesentery (mes-ĕn-ter-i) n.
لایه دولایه ای از صفاق که معده، روده ی کوچک، پانکراس، طحال و دیگر ارگان های درونی شکم را به دیواره ی خلفی شکم، متصل می کند.

-mesenteric (mes-ĕn-te-rik) adj.

mesial (mee-zi-ăl) adj.
۱. میانی. ۲. مربوط به یا قرارگرفته شده در خط یا صفحه ی میانی. ۳. نمایش دادن سطح یک دندان به سمت خط میانی فک.

mesmerism (mez-mer-izm) n.
هیپنوتیزم بر پایه ی نظرات *Franz Mesmer* که گاهی اوقات آهن ربا و تجهیزات دیگر را به کار می گیرد.
[F. A. Mesmer (1734-1815), پزشک استرالیایی]

mesna (mez-nă) n.
دارویی که از طریق تزریق یا انفیوژن برای جلوگیری اثر سمی ایزوفامید و سیکلوفوسفامید بر روی مثانه، به صورت داخل وریدی استفاده می شود. این دارو به آکرولئین متابولیت سمی، در ادرار متصل می شود.

mesoappendix (mes-oh-ă-pen-diks) n.
روده بند آپاندیس.

mesocolon (mes-oh-koh-lon) n.
چین صفاقی که از طریق کولون به دیواره ی خلفی شکم، ثابت می شود.

دارویی خواب آور و مسکنی که از طریق دهان برای درمان بی خوابی استفاده می شود. نام تجاری: *Revonal*.

methenamine (meth-en-ă -meen) n.
به *hexamine* مراجعه کنید.

methenolone (meth-en-oh-lohn) n.
هورمون جنسی، ترکیبی و مردانه با عملکردهای بدن ساز (به *anabolic* مراجعه کنید). این هورمون از طریق دهان یا تزریق استفاده می شود.

methicillin (meth-i-sil-in) n.
شکل نیمه ترکیبی پنی سیلین که از طریق تزریق برای عفونت های ایجاد شده توسط باکتری هایی که پنی‌سیلین طبیعی را تخریب می کنند، استفاده می شود. نام تجاری: *celbenin*.

methimazole (meth-im-ă -zohl) n.
دارویی که فعالیت تیروئید را کاهش می دهد و از طریق دهان یا تزریق برای درمان مسمومیت تیروئید و آماده کردن بیماران برای عمل جراحی غده ی تیروئید، استفاده می شود.

methionine (meth-I-ŏ -neen) n.
آمینو اسید ضروری سولفور دار. به *amino acid* هم مراجعه کنید.

methixene (meth-iks-een) n.
دارویی با آثار مشابه آتروپین که از طریق دهان برای کنترل لرزش ها و علایم دیگر در پارکینسون و نیز جهت تسکین اسپاسم ماهیچه های صاف و اختلالات گوارشی، استفاده می شود. نام تجاری: *Tremonil*.

mthoin (meth-oh-in) n.
داروی ضد تشنج که از طریق دهان برای جلوگیری و کاهش شدت بی‌هوشی صرع بزرگ در بیماری صرع استفاده می شود. نام تجاری: *Mesontoin*.

methoserpidine (meth-oh-ser-pi-deen) n.
دارویی که فشارخون را پایین می آورد. این دارو از طریق دهان استفاده می شود. نام تجاری: *Decaserpyl*.

methotrexate (meth-oh-treks-ayt) n.
دارویی که از رشد سلول های جلوگیری کرده و از طریق دهان یا تزریق برای درمان انواع مختلف سرطان ها، از قبیل لوسیمی استفاده می شود (به *antimetabolite* مراجعه کنید).

دارویی که مقادیر قندخون را کاهش داده و از طریق دهان برای درمان دیابت استفاده می شود. نام تجاری: *Glucophage*.

methadone (meth-ă -dohn) n.
دارویی مسکن و مخدر که از طریق دهان یا تزریق برای تسکین درد شدید و به عنوان شربت طبی برای توقف سرفه استفاده می شود. نام تجاری: *physopeptone*.

methaemalbumin (met-heem-al-bew-min) n.
مجموعه ی شیمیایی از بخش رنگ دانه های هموگلوبین (هم) به همراه آلبومین پروتئین پلاسما. این کمپلکس از خون، در کم خونی هایی که گلبول های قرمز خون تخریب می شوند و هموگلوبین آزاد به درون پلاسما آزاد می گردد، تشکیل می شود.

methaemoglobin (met-hee-mŏ -gloh-bin) n.
ماده ای، که در زمان اکسید اتم های آهن هموگلوبین از شکل فروس به فریک، تشکیل می شود (با *oxyhaemoglobin* مقایسه کنید). این ماده به اکسیژن مولکولی متصل نمی شود، بنابراین نمی تواند اکسیژن را به اطراف بدن انتقال دهد.

methaemoglobinaemia (met-hee-mŏ -gloh-bin-ee-mĭa) n.
حضور مت هموگلوبین درون خون که ممکن است ناشی از گوارش داروهای اکسیداسیون باشد. علایم آن خستگی، سردرد، سرگیجه و سیانوز است.

methandienone (meth-ăh -dy-nohn) n.
هورمون ترکیبی مردانه با ویژگی های آنابولیک که از طریق دهان برای ساختن بافت ها در بیماری های اتلافی مثل پوکی استخوان و نیز در طول دوره ی نقاهت استفاده می شود. نام تجاری: *Dianabol*.

methandriol (meth-an-dri-ol) n.
هورمون جنسی و ترکیبی مردانه (به *androgen* مراجعه کنید) با عملکرد و کاربردهای مشابه با متاندینون می رود

methanol (meth-ă -nol) n.
به*methy alcohol* مراجعه کنید.

methapyrilene (meth-ă -pi-ri-leen) n.
آنتی هیستامینی که از طریق دهان برای تسکین تب یونجه و دیگر واکنش های آلرژیک استفاده می شود.

methaqualone (meth-ak- wă -lohn) n.

در *SI* واحد طول که برابر با ۱۳۹/۳۷ اینچ است. نماد: *m*.

metritis (mi-try-tis) n.

التهاب رحم. به *endometritis* و *myometritis* هم مراجعه کنید.

metranidazole (met-roh-ny-dă-zohl) n.

دارویی که از طریق دهان یا شیاف برای درمان عفونت های سیستم های گوارشی، اداری، تناسلی، مثل تریکومونیازیس، آمیبیازیس، ژیار دیازیس و ورم زخمی حاد لثه استفاده می شود. نام تجاری: *Flagyl*.

metropathia haemorrhargica(endometrial hyperplasia) (met-roh-path-iă-hem-ŏ-rah-jik-ă) n.

خون ریزی ضمنی و بی نظم از رحم بدون تخمک گذاری قبلی، ناشی از فعالیت بیش از حد استروژن. این وضعیت معمولاً در اثر کیست های فولیکولی تخمدان است.

metrorrhagia (met-roh-ray-jiă) n.

خونریزی از رحم غیر از دوره‌های قاعدگی طبیعی. این وضعیت ممکن است نشان دهنده ی بیماری جدی باشد و همیشه می بایستی بررسی شود.

-metry

پسوند به معنی اندازه گیری کردن یا اندازه گیری.

mianserin (mi-an-ser-in) n.

دارویی که از طریق دهان برای تسکین افسردگی شدید یا متوسط و نیز اضطراب استفاده می شود.

Michel 's clips (mee-shelz) n. pl.

گیره ی فلزی و کوچکی که در بخیه زدن جراحات استفاده می شود.

miconazole (mi-kon-ă-zohl) n.

دارویی که برای درمان عفونت های قارچی مثل کرم حلقوی پوست سر، تنه و پاها و نیز کاندیدیازیس، استفاده می شود. این دارو از طریق تزریق داخل وریدی یا به صورت موضعی مصرف می گردد. نام های تجاری: *Daktarin, Dermonistat, Monistat.*

micr- (micro-)

۱.پیشوند به معنی اندازه ی کوچک. ۲. یک میلیونیوم.

microaneurysm (my-kroh-an-yoor-izm) n.

تورم موضعی و یا بازه ی زمانی یک دقیقه ای در دیواره ی مویرگ که در بیماران مبتلا به رتینوپاتی دیابتی یافت می شود.

روغن وینترگرین: مایعی با ویژگی های کانترایریتانت مسکن بودن، که برروی پوست جهت تسکین درد در کمردرد، سیاتیک و وضعیت های روماتیسمی، به کاربرده می شود.

methyltestosterone (mee-thyl-test-ost-er-ohn) n.

هورمون، ترکیبی و مردانه (به *androgen* مراجعه کنید) که از طریق دهان برای درمان توسعه نیافتگی جنسی در مردان استفاده می شود. این دارو برای توقف شیردهی، درمان اختلالات قاعدگی و یائسگی و نیز جهت درمان سرطان سینه در زنان استفاده می شود.

methylthiouracil (mee-thyl-th'y-oh-yoor-ă-sill) n.

دارویی که فعالیت تیروئید را مهار می کند و از طریق دهان برای درمان بیش فعالی غده ی تیروئید استفاده می شود (به *thyrotoxicosis* مراجعه کنید).

methyprylone (meth-i-pry-lohn) n.

دارویی خواب آور و مسکنی که از طریق دهان برای درمان بی خوابی و نیز جهت تسکین اضطراب و تنش استفاده می شود. نام تجاری: *Noludar*.

methysergide (meth-i-ser-jyd) n.

دارویی که از طریق دهان برای جلوگیری از حملات شدید میگرن و نیز جهت کنترل اسهال ناشی از تومور در سیستم گوارشی، استفاده می شود. نام تجاری: *Deseril*.

metoclopramide (met-oh-kloh-pră-myd) n.

دارویی که سرعت گوارش را افزایش می دهد. این دارو از طریق دهان یا تزریق برای درمان تهوع، استفراغ، سوء هاضمه، سوزش معده و نفخ شکم استفاده می شود. نام های تجاری: *Mexolon, primperon*.

metholazone (met-oh-lă-zohn) n.

دیورتیکی که از طریق دهان برای درمان احتباس مایع (ادم) و فشارخون بالا استفاده می شود. نام تجاری: *Zoroxolyn*

metoprolol (met-oh-proh-lol) n.

دارویی که فعالیت قلب را کنترل کرده (به *beta blocker* مراجعه کنید) و از طریق دهان برای درمان فشارخون بالا و آنژین استفاده می شود. نام تجاری: *Betaloc, Lopressor*.

metr- (metro-)

پیشوند به معنی رحم.

metralgia (mi-tral-jiă) n.

درد درون رحم.

metre (mee-ter) n.

قسمت کوچکی از ساقه ی مغز به استثنای پل مغزی و بصل النخاع که مغز پسین را به مغز پیشین متصل می کند.

middle ear (tympanic cavity) (mi-d'l) n.

بخش پر از هوای گوش که ارتعاشات را از پرده ی گوش به گوش درونی از طریق سه استخوان کوچک (به *ossicle* مراجعه کنید)، انتقال می دهد. این بخش از طریق شیپوراُستاش به حنجره متصل می شود.

midgut (mid-gut) n.

بخش میانی لوله ی جنینی که باعث بلند شدن بیشترین قسمت روده ی کوچک و بخشی از روده ی بزرگ می شود.

midwife (mid-wyf) n.

علم و هنر مراقبت از خانم هایی که تحت بارداری، زایمان و دوره ی بعد از زایمان قرار می گیرند(معمولاً۶ تا ۸ هفته بعد).

-midwifery (mid-wif-ri) n.

migraine (mee-grayn) n.

سردرد شدید عودکننده ای که به طور نمونه بر یک سمت سر تأثیر می گذارد و اغلب به همراه بی حالی شدید و استفراغ است. گاهی اوقات هاله ای در جلوی چشم تشکیل می شود که موجب تاری دید می گردد.

miliaria (miliair-ĭa) n.

به *prickly heat* مراجعه کنید.

miliary (mil-yer-ĭa) n.

مشخص شده توسط جراحات یا برآمدگی های کوچک دانه ی گندمیان.

m. tuberculosis

به *tuberculosis* مراجعه کنید.

milium (mil-iŭm) n. (pl. milia)

برآمدگی های کوچک و سفید رنگ موجود در پوست، خصوصاً روی صورت تا حدود ۴ میلی متر ضخامت. میلیا توده های دایره ای و کراتینی هستند که درست در زیر اپیدرم ایجاد می شود.

milk (milk) n.

غذای مایعی که بوسیله ی پستان داران مؤنث از غدد پستانی ترشح می شود. شیر یک غذای کامل است که بیشترین مواد غذایی لازم برای زندگی را از قبیل: پروتئین، کربوهیدارت، چربی، مواد معدنی و ویتامین ها دارد. شیرگاو به طور نسبی در ویتامینC وD کمبود دارد. شیر انسان حاوی قند (لاکتوز) بیشتر و پروتئین کمتر از شیرگاو است.

milk sugar n.

به *lactose* مراجعه کنید.

هر نوع ارگانیسم خیلی کوچک که با چشم مصلح دیده می شوند. میکروارگانیسم ها شامل باکتری ها، برخی قارچ ها، مایکوپلاسماها، پروتوزآ، ریکتزها و ویروس ها می شوند.

micropsia (my-krohp-sĭa) n.

وضعیتی که اشیاء کوچکتر از واقعیت خود ظاهرمی شوند. این وضعیت معمولاً ناشی از بیماری شبکیه است.

microscope (my-krŏ-skohp) n.

ابزاری برای بزرگ کردن تصویر اشیاء که ممکن است با چشم مصلح بسیارکوچک باشد. به *electron microscope* و *operating* هم مراجعه کنید.

-microscopical adj.

-microscopy (my-kros-kŏ-pi) n.

microscopic (my-krŏ-skop-ik) adj.

۱. خیلی کوچک جهت دیدن، بدون استفاده از میکروسکوپ.
۲. مربوط به یا با استفاده از میکروسکوپ.

microsonation (my-kroh-sŏn-ay-shŏn) n.

استفاده از امواج ماورای صوت تولید شده درون بدن از یک منبع خیلی کوچک. این روش برای بدست آوردن تصاویر ساختارهای کوچک بافت های اطراف استفاده می شود.

Microsporum (my-kroh-spor-ŭm) n.

تیره ی قارچی که موجب عفونت های قارچی پوست، مو و ناخن ها می شود.

M. audouini

عامل عفونت قارچی پوست سر (کچلی سر).

microsurgery (my-kroh-ser-jer-i) n.

شاخه ای از جراحی که در آن عمل های به شدت بغرنج از طریق میکروسکوپ های مخصوصی تمیز، با استفاده از ابزارات دقیق انجام می شود. این روش جراحی بخش های غیر قابل دسترس از قبیل چشم، گوش درونی، طناب نخاعی و مغز را قادر می سازد.

microtome (my-krŏ-tohm) n.

ابزاری برای برش قطعات به شدت نازک ماده ای که زیرمیکروسکوپ معاینه می شود.

microwave therapy (my-kroh-wayv) n.

نوعی حرارت درمانی با استفاده از امواج الکترومغناطیسی و به همراه طول موج بسیار کوتاه.

micturition (mik-tewr-ish-ŏn) n.

به *urination* مراجعه کنید.

midbrain (mesencephalon) (mid-brayn) n.

دارویی که از رشد سلول های سرطانی جلوگیری می کند و از طریق دهان برای درمان سرطان خون استفاده می شود. نام تجاری: *Myelobromol*.

mitochondrion (my-toh-kon-dri-ŏn) n. (pl. mitohchondria)

ساختاری که با تعدادهای مختلف در سیتوپلاسم هر سلول که مکانی برای تولید انرژی سلول ها است، رخ می دهد. میتوکندری ها حاوی *ATP* و آنزیم هایی هستند که در فعالیت های متابولیکی سلول درگیر می شوند.

-mitochondrial adj.

mitomycin C (my-toh-my-sin) n.

آنتی بیوتیکی که از رشد سلول های سرطانی جلوگیری می کند. این آنتی بیوتیک موجب سرکوب شدید مغز استخوان شده ولی در درمان سرطان های معده و سینه می شود. نام تجاری: *Mutamycin*.

mitosis (my-toh-sis) n.

نوعی تقسیم سلولی که یک سلول مفرد به طور ژنتیکی دو سلول دختر یکسان را تولید می کند. راهی است که در آن سلول های جدید بدن جهت رشد و ترمیم تولید می شوند. با میوز مقایسه کنید.

-mitotic adj.

mitoxantrone (mi-toks-an-trohn) n.

دارویی است که در درمان سرطان های خاص، از قبیل سرطان سینه، لوسمی و لنفوماها، استفاده می شود. نام تجاری: *Novantrone*.

mitral incompetence (my-trăl) n.

ناتوانی دریچه ی میترال برای بسته شدن. این وضعیت باعث رفلکس خون از بطن چپ قلب به دهلیز چپ فراهم می شود. آشکار شدن این وضعیت شامل بی تنفسی، فیبریلاسیون دهلیزی، آمبولیسم، بزرگ شدن بطن چپ و مرمر سیستولیک می باشد.

mitral stenosis n.

تنگ شدن مجرای دریچه ی میترال: این وضعیت نتیجه ی اسکار شدن مزمن که باعث تب روماتیسمی می شود. در موارد خفیف نیاز به درمان دارند، ولی موارد شدید به طور جراحی از طریق دوباره باز کردن، مجرای تنگ شده و (والووتومی میترال) یا از طریق وارد کردن یک دریچه ی مصنوعی (پروستزیس میترال) درمان می گردد.

mitral valve (bicuspid valve) n.

دریچه ای درون قلب متشکل از دو نوک هلالی که به دیواره های در مجرای بین دهلیز چپ و بطن چپ متصل می شود. دریچه ی میترال این امکان را برای عبور خون از دهلیز به بطن فراهم کرده ولی از هر جریان برگشتی جلوگیری می کند.

mittelschmerz (mit-ĕl-shmairts) n.

درد موجود در پایین شکم، تقریباً در بین جریان دوره های قاعدگی یعنی تخمک گذاری.

ml

مخفف میلی لیتر.

MLD n.

حداقل دوز کشنده: کمترین مقدار یک ترکیب سمی که به عنوان عامل ایجاد مرگ ثبت می شود.

MMR Vaccine n.

واکسن ترکیب شده علیه سرخک، گوشک و سرخک آلمانی (روبلا). *MMR* امروزه توصیه شده به تمام کودکان در سن دو سالگی تجویز می شود. پذیرش جهانی این واکسن باعث می شود که این سه بیماری به طور کلی در آینده ی قابل پیش بینی رفع شود.

modality (moh-dal-iti) n.

۱. نوعی حس مثل بویایی، شنوایی، چشایی یا دما. ۲. نوعی درمان که مخالف درمان دیگر است مثل چگونگی فیزیوتراپی که در مقابل با آن درمان رادیوتراپی است.

modeling (mod-ĕl-ing) n.

روشی که در اصلاح رفتاری استفاده شده بوسیله ی آن یک فرد رفتاری را از طریق مشاهده کردن برخی افراد دیگر که آن را انجام می دهند، یاد می گیرد.

modiolus (moh-dy-oh-lŭs) n.

ستون مرکزی و مخروطی شکل بخش حلزونی در گوش درونی.

Mogadon (mog-ă-don) n.

به *nitrazepam* مراجعه کنید.

molar (moh-ler) n.

چهارمین یا پنجمین دندان (در دندان های شیری) و یا ششمین، هفتمین یا هشتمین دندان (در دندان دائمی) از خط میانی هر سمت فک. به *dentation* هم مراجعه کنید.

یک جنین یا کودک که به دلیل ناهنجاری های تکاملی بزرگ و بدشکل شده است.

Montgomery's glands (mont-gom-er-iz) pl. n.

غدد چربی روی اطراف نوک پستان زنان. این غدد در طول حاملگی بزرگ می شود و ترشحات آن پستان را در طول شیردهی، چرب و از آن محافظت می کند.

[W.F. Monogametry (1797-1859), متخصص زنان ایرلندی]

Mooren's ulcer (moor-ĕnz) n.

زخم شدن پیشرونده، مزمن و نادر قرنیه که در افراد مسن رخ می دهد.

[A. Mooren (1829-99), متخصص چشم آلمانی]

morbid (mor-bid) adj.

بیمارشده یا غیرعادی؛ پاتولوژیکی.

morbidity (mor-bid-iti) n.

حالت بیمار بودن.

m. rate

تعداد، موارد یک بیماری که تعدادی از جمعیت توصیف شده یافت می شود و معمولاً به عنوان مواردی در هر ۱۰۰/۰۰۰ یا در هر میلیون معین می شود.

morbili (mer bil-I) n.

به *measles* مراجعه کنید.

morbilli form (mor-bil-i-form) adj.

توصیف نوعی جوش پوست مشابه جوش هایی که در سرخک وجود دارد.

morbus (mor-bŭs) n.

بیماری. این واژه معمولاً به عنوان بخشی از نام پزشکی یک بیماری خاص استفاده می شود.

moribund (mo-ri-bund) adj.

در حال مرگ.

morning sickness (mor-ning) n.

تهوع و استفراغ اوایل حاملگی. با *hypermesis* مقایسه کنید.

نام پزشکی: *nausea gravidarum*

moron (mor-on) n. *obsolete.*

شخصی که از درجه ی خفیفی زیر هنجاری های ذهنی رنج می برد. به *feeblemindedness* مراجعه کنید.

Moro reflex (startle reflex) (moh-roh) n.

واکنش طبیعی یک نوزارد به یک صدای ناگهانی و بلند. کودک سر و اعضای خود را حرکت می دهد و ممکن است گریه کند.

نقص مادرزادی فقدان همه‌ی انگشتان به جز یکی از آن ها که بر روی یک دست هستند.

monomania (mon-oh-may-niă) n.

حالتی که توهمی خاصی یا مجموعه ای از توهمات در عملکرد یک شخص، به طور طبیعی وجود دارد.

mononeuritis (mon-oh-newr-I-tis) n.

نوعی بیماری که بر یک عصب محیطی مفرد تأثیر می گذارد. قطع عصب یا عدم خون رسانی خود به تنهایی متداول ترین دلیل است. با *polyneuropathy* مقایسه کنید.

mononuclear (mon-oh-new-kli-er) adj.

(مربوط به یک سلول) داشتن یک هسته.

mononucleosis (mon-oh-new-kli-oh-sis) n.

وضعیتی که خون، به طور غیرطبیعی حاوی تعداد زیادی مونوسیت ها می باشد. به *glandular fever (infectios mononucleosis)* مراجعه کنید.

monoplegia (mon-oh-plee-jiă) n.

فلج یک عضو.

-monoplegic adj.

monoploid (mon-ŏ-ploid) adj.

به *haploid* مراجعه کنید.

monarchism (mon-or-kizm) n.

فقدان یک بیضه. این وضعیت معمولاً ناشی از ناتوانی یک بیضه برای پایین آمدن به درون کیسه ی بیضه قبل از تولد است.

monosaccharide (mon-oh-sak-ă-ryd) n.

قندساده ای، دارای فرمول کلی $(CH_2O)_n$. فراوان ترین ساکاریدها گلوکز می باشند.

monosomy (mon-ŏ-soh-mi) n.

وضعیتی که در آن یک کروموزوم کمتر از مجموعه ی طبیعی است (دیپلوئید). با *trisomy* مقایسه کنید.

-monosomic adj.

monozygotic twins (mon-oh-zy-got-ik) pl. n.

به *twins* مراجعه کنید.

mons (monz) n.

(در آناتومی) یک برجستگی دایره ای شکل.

m. pubice

برآمدگی بافت های چربی که روی سمفیس پوبیس قرار دارد.

monster (mon-ster) n.

حاوی موکوس و چرک. به *mucopus* مراجعه کنید.

mucopus (mew-koh-pus) n.

ترکیب موکوس و چرک.

mucormycosis (mew-kor-my-koh-sis) n.

بیماری که از طریق قارچ های جنس *Mucor* ایجاد شده و بر گوش خارجی، پوست و مجاری تنفسی تأثیر می گذارد.

mucosa (mew-koh-să) n.

به *mucous membrane* مراجعه کنید.

-mucosal adj.

mucous membrane (mucosa) (mew-kŭs) n.

غشای مرطوب و پوشاننده ی بسیاری از ساختارهای لوله ای شکل و حفره ها، از قبیل سینوس های نازال، دستگاه تنفسی، دستگاه گوارشی، صفراوی و سیستم های پانکراس. لایه ی سطحی غشا حاوی غددی است که موکوس را ترشح می کند.

mucoviscidosis (mew-koh-vis-i-doh-sis) n.

به *cystic fibrosis* مراجعه کنید.

mucus (mew-kŭs) n.

مایع چسبناکی که از طریق غشاهای موکوسی ترشح می شود. موکوس ها به عنوان سد حفاظتی روی سطوح غشاها، روان سازنده و به عنوان حامل آنزیم ها فعالیت می کنند.

-mucous adj.

MUGA scan (multiple-gated arteriography) (mug-ă) n.

روش مطالعه ی عملکرد بطن چپ و جنبش دیواره ی قلب از طریق گلبول های قرمز بیمار با رادیو اکتیوتکنتیوم ـ۹۹، جهت تشکیل عکس از منبع خون موجود در قلب و در نقاط خاصی درون چرخه ی قلبی، با استفاده از *ECG*، دوربین گاما و کامپیوتر.

Müllerian duct (mew-leer-ĭan) n.

به *paramesonphric duct* مراجعه کنید.

[l. p. Müller (1801-58), فیزیولوژیست آلمانی]

multi -

پیشوند به معنی زیاد، چندین.

multifactorial (multi-fak-tor-ĭal) adj.

توصیف وضعیتی مثل دو شاخه شدن ستون مهره. عقیده بر این است که این وضعیت ناشی از تعامل فاکتورهای ژنتیکی، معمولاً پلی ژن ها، به همراه فاکتورهای محیطی می باشد.

تغییر کردن شکل سر یک جنین در طول زایمان که از طریق فشار، در زمان عبور از کانال زایمانی، ایجاد می شود.

mountain sickness (mownt-in) n.

به *altitude sickness* مراجعه کنید.

mouthwash (mowth-wosh) n.

یک محلول آبی با ویژگی های ضدعفونی کنندگی، غیرسخت، یا بو زدایی که برای شتشوی روزانه ی دهان و دندان استفاده می شود.

MRI n.

تصویر برداری رزونانس مغناطیسی؛ به *nuclear magnetic resonance* مراجعه کنید.

MSH n.

به *melanocyte-stimulating hormone* مراجعه کنید.

mucilage (mew-si-lij) n.

(در داروسازی) یک محلول غلیظ و آبی لثه ی دندان که به عنوان چرب کننده در تدارکات پوست، جهت تولید قرص ها و برای تعلیق مواد نامحلول استفاده می شود.

mucin (mew-sin) n.

جزء اصلی موکوس. موسین یک گلیکوپروتئین است.

muco-

پیشوند به معنی موکوس، غشای موکوسی.

mucocoele (mew-koh-seel) n.

فضا یا ارگانی که بوسیله ی یک موکوس متورم می شود. این وضعیت ممکن است در مثانه در زمان مسدود شدن مجرای خروجی رخ می دهد.

mucocutaneus (mew-koh-kew-tay-niŭs) adj.

مربوط به یا تحت تأثیر غشای موکوسی پوست.

mucoid (mew-koid) adj.

مشابه موکوس.

mucolytic (mew-koh-lit-ik) n.

عاملی مثل کربوسیستئین یا تیلوکساپول که موکوس را حل یا تجزیه می کند. این عامل برای درمان وضعیت های سینه از قبیل ترشح موکوس بیشتر از حد یا غلیظ شده می باشد.

mucoprotein (mew-koh-proh-teen) n.

یکی از گروه های پروتئین ها که در شکست گلوبولین پلاسمای خون یافت می شود. موکوپروتئین ها گلوبولین هایی هستند که با یک گروه کربوهیدارت ترکیب می شوند (یک قند آمینو).

mucopurulent (mew-koh-pewr-oo-lĕnt) adj.

یک عصب شبکه ی بازویی که برخی از عضلات بازو و پوست بخش جانبی ساعد را عصب رسانی می کند.

musculoskeletal (mus-kew-loh-skel-i-t'l) adj.

مربوط به هر دوی عضلات و استخوان ها.

mushroom (mush-room) n.

تنه ی تولید کننده ی هاگ قارچ های مختلف. مراقبت زیاد می بایستی در قارچ های خوراکی صورت بگیرد چون بسیاری از گونه ها سمی هستند (به *Amantia* مراجعه کنید).

mustine (nitrogen mutard) (must-een) n.

دارویی که از طریق تزریق برای انواع خاصی از سرطان ها از قبیل بیماری *Hodgking* و برخی از انواع سرطان های خون، استفاده می شود.

mutant (mew-tănt) n.

۱. شخصی که در آن موتاسیون رخ داده است، خصوصاً وقتی که آثار موتاسیون قابل دیدن باشد. ۲. شاخصی که آثار موتاسیون را نشان می دهد.

mutation (mew-tay-shŏn) n.

تغییر در مقدار یا ساختار ماده ی ژنتیکی (*DNA*) یک سلول یا تغییر این علل در ویژگی شخص. موتاسیون مؤثر بر تکامل سلول های جنسی می تواند ارثی باشد. این وضعیت ممکن است به صورت خودبه خودی یا در اثر عوامل خارجی (مثل پرتوافشانی یا ویروس های خاصی) رخ دهد.

mutism (mewt-izm) n.

ناتوانی یا امتناع در صحبت کردن. این وضعیت عمدتاً در کسانی که به طور کلی از زمان تولد کر شده اند رخ می دهد (*deaf m.*). موتاسیون ممکن است به علت آسیب به مغزی (به *aphasia* مراجعه کنید) افسردگی یا آسیب روانی باشد.

-mute adj., n.

my- (myo-)

پیشوند به معنی عضله.

myalgia (my-al-jiă) n.

درد درون عضلات.

-myalgic (my-al-jik) adj.

myalgic encephalomyelitis (ME) n.

اختلالی که از طریق درد و ضعف عضلانی، حرکات آهسته، فقدان انقباض، از دست دادن حافظه، و خستگی های شدید مشخص می شود. این وضعیت ممکن است به همراه حضور آنتی بادی ها به سمت اینترو ویروس ها باشد ولی دلیل آن محقق نشده است.

نقاط سیاهی که به صورت شناور در جلوی چشم ها دیده می شود. این وضعیت معمولاً ناشی از حضور لکه های مات در زجاجیه می باشد..

muscarine (musk-er-in) n.

نوعی مسمومیت شدیداً قلیایی که در قارچ هایی خاصی مثل نوعی قارچ که داروی مگس کش از آن می سازند رخ می دهد (*Amantia muscaria*).

muscle (mus-ŭl) n.

بافتی که سلول های آن دارای توانایی هایی جهت انقباض، تولید حرکات یا نیرو است. نقش های مهم عضلات شامل، تولید حرکات بدن و ساختارهای درون آن و نیز تغییر فشار و کشش ارگان های درونی می باشد. سه نوع عضله وجود دارد (عضله ی قلبی، عضله ی صاف، عضله ی خطی).

-muscular (mus-kew-ler) adj.

muscle relaxant n.

عاملی که فشار درون عضلات را کاهش می دهد. داروهایی مثل دیازپام برای تسکین اسپاسم عضلات اسکلتی در وضعیت هایی مثل پارکینسونیسم استفاده می شود. داروهای دیگر مثل گالامین و توبوکورارین برای شل کردن عضلات در طول اعمال جراحی استفاده می شود.

muscular dystrophy n.

یکی از گروه های بیماری های عضلانی که در آن الگوهای قابل تشخیص وراثت وجود دارد و از طریق ضعف و اتلاف عضلات اسکلتی مشخص می شود. فیبرهای عضلانی تحت تأثیر قرارگرفته تحلیل می روند و از طریق بافت های چرب جایگزین می شوند. شایع ترین شکل (دیستروفی دوشن) تقریباً همیشه به پسرها محدود می شده و معمولاً قبل از چهارسالگی بوجود می آید. کودک گام اردکی و خمیدگی ستون فقرات دارد. عضلات ساق پا ـ و کنار شانه ها و بالای اعضاءـ اغلب سفت و بزرگ می شوند. به *dystrophia myotonica* هم مراجعه کنید.

muscularis (mus-kew-lar-is) n.

لایه ی عضلانی دیواره ی یک ارگان توخالی (مثل معده) یا ساختار لوله ای (مثل روده یا پیشابراه).

musculo-

پیشوند به معنی عضله.

musculocutaneous nerve (mus-kew-loh-kew-tay-niŭs) n.

بیماری بدخیم مغز استخوان که از طریق حضور بیش از اندازه ی سلول های پلاسمای بدخیم و غیرطبیعی در مغز استخوان مشخص می شود. بیمار ممکن است از خستگی ناشی از آنمی و درد استخوان شکایت کند و امکان گسترش شکستگی های پاتولوژیکی وجود دارد. درمان این وضعیت توسط داروهایی مثل ملفالان، سیکلوفوسفامید و رادیوتراپی است. به *plasmacytoma* هم مراجعه کنید.

myelomalacia (my-ĕ-loh-mă-lay-shiă) n.
نرم شدن بافت های طناب نخاعی که غالباً از طریق نقص در خون رسانی ایجاد می شود.

myelomatosis (my-ĕ-loh-mă-toh-sis) n.
به *myeloma* مراجعه کنید.

myelomeningocele (my-ĕ-loh-min-ing-oh-seel) n.
به *meningomyelocele* مراجعه کنید.

myelosuppression (my-ĕ-loh-sŭ-presh-ŏn) n.
کاهش در تولید سلول های خونی توسط مغز استخوان. این وضعیت غالباً بعد از شیمی درمانی رخ داده و ممکن است کم خونی، عفونت و خونریزی غیرعادی ایجاد شود. به *thrombocytopenia* و *neutropenia* مراجعه کنید).

-myelosuppressive adj.

myenteron (my-en-ter-on) n.
لایه ی عضلانی روده متشکل از لایه ی عضله ی حلقوی درون یک لایه ی عضله ی طولی. این عضلات در حرکات دودی کاربرد دارند.

-myenteric (my-en-te-rik) adj.

myiasis (my-ă-sis) n.
هجوم به بافت یا ارگان های زنده توسط کرم حشرات. درمان میازهای خارجی شامل از بین بردن یا برداشت کرم های حشارت به دنبال استعمال آنتی بیوتیک ها برای زخم ها و جراحات است.

myo-
پیشوند. به *-my* مراجعه کنید.

myoblast (my-oh-blast) n.
سلول هایی که به درون فیبرهای عضلانی تکامل می یابند.

myocardial infarction (my-oh-kar-di-ăl) n.
مرگ قسمتی از عضله ی قلب که موجب قطع خون رسانی می‌شود (به *coronary thrombosis* مراجعه کنید). بیمار

نخستین سلول قابل شناسایی که گرانولوسیت از آن نشأت می گیرند. این سلول ها به طور طبیعی درون بافت های تشکیل دهنده ی خون مغز استخوان یافت می شود ولی ممکن است در خون بیماری های مختلف خصوصاً در لوسمی میلوبلاسیتک حاد یافت شود. به *granulopoiesis* هم مراجعه کنید.

-myeloblastic adj.

myelocele (my-ĕ-loh-seel) n.
به *meningomyelocele* مراجعه کنید.

myelocyte (my-ĕ-loh-syt) n.
شکل نابالغ گرانولوسیت. این سلول ها به طور طبیعی در بافت های تشکیل دهنده ی خون موجود در مغز استخوان یافت می شوند ولی ممکن است خون انواعی از بیماری ها، از قبیل عفونت ها، اینفیلتراسیون مغز استخوان و برخی سرطان های خون یافت شود. به *granulopoiesis* هم مراجعه کنید.

myelofibrosis (my-ĕ-loh-fy-broh-sis) n.
بیماری مزمن اما پیشرونده که از طریق تصلب بافت های مغز استخوان مشخص شده و باعث کم خونی، بزرگ شدن طحال و حضور بافت میلوئید در مکان های غیرطبیعی مثل طحال و کبد می شود. دلیل آن ناشناخته است.

myelography (my-ĕ-log-răfi) n.
یک روش مخصوص معاینه ی اشعه ی X جهت نشان دادن کانال نخاعی، که شامل تزریق ماده حاجب به درون فضای زیر عنکبوتیه می شود. اشعه ی X بدست آمده، میلوگرام نامیده می شود.

myeloid (my-ĕ-loid) adj.
۱. مشتق شده از مغز استخوان یا شبیه و مربوط به آن.

m. leukaemia
انواعی از سرطان های خون که در آن نوعی از سلول های خونی که به طور غیرعادی تکثیر یافته اند درون بافت تشکیل دهنده ی خون موجود در مغز استخوان سرچشمه می گیرد.

m. tissue
بافتی درون مغز استخوان که دستهای گوناگون سلول های خونی تولید می شوند. به *haemopoiesis* هم مراجعه کنید.

۲. مشابه میلوسیت. ۳. مربوط به طناب نخاعی.

myeloma (multiple myeloma, myelomatosis) (my-e-loh-mă) n.

مربوط به حس لامسه در عضلات.

m. reflex

به *stretch reflex* مراجعه کنید.

myotic (my-ot-ik) n.

به *miotic* مراجعه کنید.

myotomy (my-ot-ŏmi) n.

تشریح یا تقسیم جراحی یک عضله.

myotonia (my-oh-toh-niă) n.

اختلال فیبرهای عضلانی که باعث انقباضات طولانی مدت و غیرطبیعی می شود. این اختلال یک ویژگی وضعیت ارثی است که در کودکان یا در اوایل دوران کودکی (میوتونی مادرزادی) شروع شده و مربوط به نوعی از دیستروفی عضلانی (دیستروفی میوتونی) می شود.

myotonic (my-oh-ton-ik) adj.

مربوط به تون عضله.

myotonus (my-oh-toh-nŭs) n.

۱. اسپاسم عضلانی نیرو بخش. ۲. تون عضله.

myringa (mi-ring-ă) n.

پرده ی گوش (به *tympanic membrane* مراجعه کنید).

myringitis (mi-rin-jy-tis) n.

التهاب پرده ی گوش. به *otitis (media)* مراجعه کنید.

myringoplasty (tympanoplasty) (mi-ring-oh-plasti) n.

جراحی ترمیم پرده ی گوش که از طریق عفونت یا ضربه آسیب دیده است.

myringotome (mi-ring-oh-tohm) n.

نوعی تیغه ی جراحی که برای سوراخ کردن پرده ی گوش در میرینوگوتومی استفاده می شود.

myringotomy (tympanotomy) (mi-ring-ot-ŏmi) n.

برش پرده ی گوش برای ایجاد یک مجرای مصنوعی جهت کاهش فشار. این عمل امکان کشیدن مایع از گوش میانی ملتهب شده را فراهم می کند.

myx- (myxo-)

پیشوند به معنی موکوس.

myxoedema (miks-i-dee-mă) n.

۱. تورم خشک، مومی و محکم پوست و بافت های چربی، در بیماران که مبتلا به کم کاری غده‌ی تیروئید. ۲. سندرم بالینی ناشی از کم کاری تیروئید در زندگی افراد بالغ،که شامل خشن

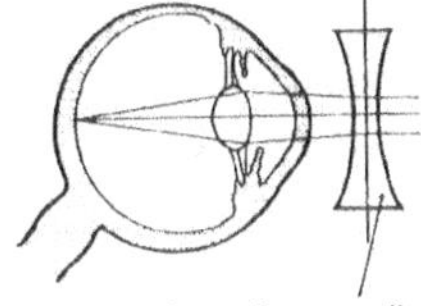

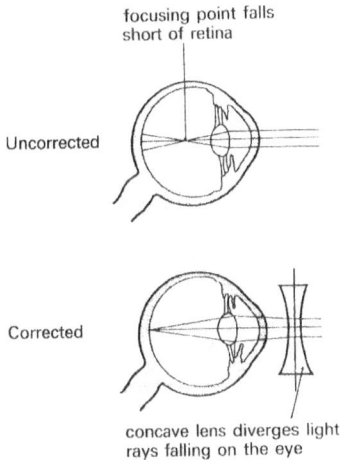

نزدیک بینی

myoplasm (my-oh-plazm) n.

به *sarcoplasm* مراجعه کنید.

myoplasty (my-oh-plasti) n.

جراحی پلاستیک عضله که در آن بخشی از یک عضله برای ترمیم نقایص بافت یا بد شکلی هایی در نزدیکی عضله استفاده می شود.

myosarcoma (my-oh-sar-koh-mă) n.

تومور بدخیم عضله. به *leiomyosarcoma* و *rabdomyosarcoma* هم مراجعه کنید.

myosin (my-oh-sin) n.

فراوان ترین پروتئین درون فیبریل ها که دارای ویژگی های مهم از قبیل داشتن قابلیت ارتجاعی و انقباض پذیری می باشند. به *striated muscle* مراجعه کنید.

myosis (my-oh-sis) n.

به *miosis* مراجعه کنید.

myositis (my-oh-sy-tis) n.

هر نوع بیماری های عضلانی که در آن تغییرات انحطاطی و التهابی رخ می دهد. پلی میوزیت متداول ترین مثالی است که رخ می دهد.

m. ossificans

وضعیتی که بافت عضله توسط استخوان جای گزین می شود. این وضعیت ممکن است بیماری موروثی یا در نتیجه ی آسیب باشد.

myotactic (my-oh-tak-tik) adj.

nanometer (nan-oh-mee-ter) n.

یک هزارمیلیونیوم متر (10^{-9}m) یک نانومتر برابر با ۱۰ آنگستروم است. نماد: *nm*

nape (nayp) n.

به *nucha* مراجعه کنید.

naphazoline (naf-az-oh-leen) n.

دارویی که عروق خونی کوچک را تنگ کرده و به عنوان قطرات بینی برای تسکین احتقان ورم غشاء مخاطی بینی و ورم سینوس ها استفاده می شود.

napkin rash (nap-kin) n.

۱. بثورات دردناک ناحیه ی پوست اطراف مقعد و کفل های کودکان ناشی از تماس مکرر با مدفوع های سوزش آور. ۲. قرمزی بالای اندام های تناسلی و ناحیه ی پوشک ناشی از تشکیل آمونیاک در پوشک خیس شده با ادرار. بثورات فراموش شده ممکن است زخمی شوند. ۳. ناحیه ی برجسته‌ی قرمز پوست در ناحیه ی پوشک ناشی از کاندیدیازیس.

naproxen (nă-proks-ĕn) n.

داروی مسکنی که التهاب و تب را کاهش می دهد. این دارو از طریق دهان برای تب روماتیسمی، اسپوندیلیت آنکیلوزان و نقرس استفاده می شود. نام تجاری: *Naprosyn*

narcissism (nar-sis-izm) n.

درگیری شدید با خود و خودستایی. در اصطلاح فرویدی این حالتی است که در آن خود شخص را به عنوان یک شیء محبوب تلقی می کنند. درجات شدید نارسیسم ممکن است نشانه اسکیزوفرنی یا اختلال شخصیتی باشد.

-narcissistic adj.

narco-

پیشوند به معنی نارکوز، گیجی.

narcoanalysis (nar-koh-ă-nal-i-sis) n.

نوعی از روان درمانی که در طول آن بیمار در حالت استراحت یا شبه خواب است و از طریق داروها تحریک می شود.

narcolepsy (nar-kŏ-lep-si) n.

تمایل شدید به خواب در محیط‌ساکت یا در زمان فعالیت های خسته کننده. بیمار می تواند به آسانی بیدار شود و بلافاصله هوشیار شود. این وضعیت اغلب به همراه کاتاپلکسی است.

-narcoleptic adj., n.

narcosis (nar-koh-sis) n.

حالت هوشیاری کاهش یافته یا بی هوشی کامل که از طریق استفاده ی داروهای مخدر ایجاد می شود. در این وضعیت واکنش های طبیعی بدن برای تحریک کاهش یافته و بدن ممکن است آرام یا بی هوش شود.

narcotic (nor-kot-ik) n.

دارویی که گیجی و بی حسی را تحریک کرده و درد را تسکین می دهد. این واژه بیشتر برای مرفین و مشتقات دیگری از افیون ها (به *opiate* مراجعه کنید) استفاده می شود ولی برای داروهای دیگر که عملکرد مغز را کم می کنند نیز به کاربرده می شوند (مثل داروهای بی هوشی عمومی و هیپنوتیک ها).

nares (nair-eez) pl. n. (sing-naris)

مجاری بینی. *external* یا (*anterior*) سوراخ های بینی که از حفره ی بینی به بیرون هدایت می شوند.

-internal (posterior) n. (choanae)

مجاری که از حفره ی بینی به درون حنجره هدایت می شوند.

nasal (nay-zăl) adj.

مربوط به بینی.

n. bone

هر یک از جفت استخوان های باریک و بلندی که با هم برآمدگی بینی و پایه ی بینی را تشکیل می دهند.

n. cavity

فضای درون بینی که بین کف جمجمه و سقف دهان قرارگرفته است.

n. concha (turbinate bone)

هر سه استخوان مارپیچی شکل و نازکی که جوانب حفره ی بینی را تشکیل می دهد.

naso-

پیشوند به معنی بینی.

nasogastric (nay-zoh-gas-trik) adj.

مربوط به بینی و معده.

n. tube

لوله ای که از طریق بینی به درون معده وارد می شود (به *intubation* مراجعه کنید).

nasolacrimal (nay-zoh-lak-ri-măl) adj.

مربوط به بینی و دستگاه اشکلی (تولید کننده ی اشک).

n. duct

مجرایی که اشک ها را دور از دستگاه اشکی به درون مجرای تحتانی بینی می کشد.

nasopharynx (rhinoparynx) (nay-zoh-fa-rinks) n.

بخشی از حنجره که بالای کام نرم قرار می گیرد.

-nasopharyngeal(nay-zoh-fă-rin-ji-ăl) adj.

nates (nay-teez) pl. n.

کفل ها.

حضور اسپرم های مرده یا بی حرکت درون مایع منی. به *infertilety* مراجعه کنید.

necrotomy (nek-rot-ŏmi) n.

۱. برداشت بخش مرده ی استخوان (به*sequestrum* مراجعه کنید). ۲. کالبد شکافی بدن مرده.

needle (nee-d'l) n.

یک ابزار نوک تیز، بلند و باریک. سرنگ هایی که برای سوینگ آپ بافت ها در طول عمل جراحی استفاده می شوند مجهز به چشمی هستند که نخ بخیه را می کشد. نیدل های توخالی برای تزریق مواد به درون بدن جهت بدست آوردن نمونه های بافت یا برای گرفتن مایع از یک حفره استفاده می شود. به *stop needle* هم مراجعه کنید.

needling (need-ling) n.

نوعی برش کپسول که در آن نیدل تیزی برای ایجاد سوراخی در کپسول اطراف عدسی های چشم استفاده می شود.

needs deprivation n.

نوعی وضعیت بیمار که در صورتی که شخص نتواند نیازی اساسی خود را بدست آورد گفته می شود که وجود دارد.

negativism (neg-ă-tiv-izm) n.

منفی گرایی یا رفتار مسدود کننده.

-active n.

نوعی منفی گرایی که شخص برخلاف درخواستش عمل می کند. این وضعیت معمولاً با دیگر ویژگی های کاتاتونی همراه است.

-passive n.

نوعی منفی گرایی که شخص در همیاری کردن ناتوان مانده و در اسکیزوفرنی و افسردگی رخ می دهد.

neisseria (ny-seer-iă) n.

تیره ی باکتری های هوازی، گرم مثبت و مارپیچی که به طور نمونه به صورت جفت گروه بندی می شوند.

N. gonorrhoeae (the gonococcus)

گونه هایی که موجب سوزاک می شوند، و درون سلول های چرکی ترشحات مهبلی و پیشابراهی یافت می شوند.

N. meningitis (the meningococcus)

گونه ای که موجب تب مغزی نخاعی و مننژیت می شود. این گونه درخون، سلول های چرکی مایع مغزی نخاعی عفونی شده و یا در مجاری بینی حامل یافت می شود.

nematode (roundworm) (nem-ă-tohd) n.

یکی از گروه های بزرگ کرم ها که دارای بدن استوانه ای غیر مقطع و ستون و سر باریک در هر دو انتها هستند. برخی از نماتودها مثل کرم های قلابدار، فیلاریا، کرم های ریز سنجاقی روده ی انسان و پیوک (کرم رشته) انگل انسان هستند.

Nembutal (nem-bew-tal) n.

به *pentobarbitone* مراجعه کنید.

neo-

پیشوند به معنی جدید یا به طور جدید تشکیل شده.

neoadjuvant chemotherapy (nee-oh-aj-oo-vănt) n.

شیمی درمانی که قبل از درمان تومورهای اولیه به هدف بهبودی نتایج جراحی یا رادیو تراپی و نیز جلوگیری از گسترش متاستاز انجام می شود. با *adjuvant therapy* مقایسه کنید.

neocerebellum (nee-oh-se-ri-bel-ŭm) n.

بخش های جدیدتر مخچه، متشکل از قسمت هایی که فیبرهای کورتیکوپونیز سربلار به آن ها می رسند.

neologism (ni-ol-ŏ-jizm) n.

(در روان پزشکی) تشکیل واژه هایی که معانی آن ها مجزا هستند. این وضعیت ممکن است علایم بیماری های روانی مثل اسکیزوفرنی باشد.

neomycin (nee-oh-my-sin) n.

آنتی بیوتیکی که برای درمان عفونت هایی ایجادشده از طریق ردیف گسترده ای از باکتری ها، عمدتاً باکتری هایی که بر پوست و چشم ها تأثیر می گذارند، استفاده می شود. این دارو معمولاً در کرم ها یا قطراتی به همراه آنتی بیوتیک های دیگر به کاربرده می شود ولی می توان از طریق دهان هم مصرف شود.

neonatal death rate (nee-oh-nay-t'l) n.

به *infant (mortality rate)* مراجعه کنید.

neonatal screening n.

آزمایشات غربالگری که بر روی نوزادان جهت کشف بیماری هایی که در دوره ی نوزادی مثل فنیل‌کتونوریا (به *Guthrie test* مراجعه کنید) دیستروفی عضلانی *Duchenne* و فیبروزسیستیک، ظاهر می شوند.

neonate (nee-oh-nayt) n.

نوزاد، به کودک زیر یک ماه مربوط می شود.

-neonatal agj.

neoplasm (nee-oh-plazm) n.

رشد جدید و غیرعادی: هرنوع تومور خوش خیم یا بدخیم.

جراحی برداشت کلیه به همراه پیشابراه. این عمل برای سرطان لگنچه ی کلیه یا پیشابراه انجام می شود.

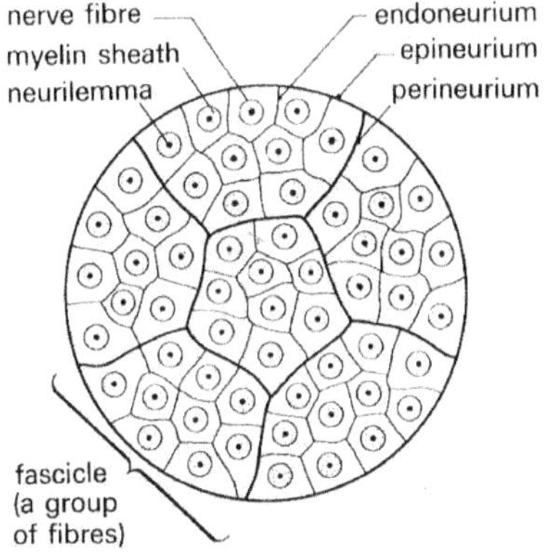

برش عرضی یک عصب.

nerve (nerv) n.
دسته ای از فیبرهای عصبی که در غلافی از بافت های پیوندی محصور شده اند.

-motor n.
عصبی که ایمپالس ها را از مغز و طناب نخاعی به ماهیچه ها و غدد انتقال می دهد.

-sensory n.
عصبی که ایمپالس ها را از احشاء ارگان های حسی به مغز و طناب نخاعی انتقال می دهد.

nerve block n.
روش ایجاد بی حسی در بخشی از بدن از طریق مسدودکردن مسیر ایمپالس های درد دراعصاب حسی که به آن بخش عصب رسانی می کنند. بی‌حسی های موضعی مثل لیگنوکائین به درون بافت های ناحیه ای که قصد بی‌حس شدن را دارد، تزریق می شود.

-nerve cell n.
به *neurone* مراجعه کنید.

nerve ending n.
بخش انتهایی (پایانه ی) یکی از شاخه های فیبرهای عصبی که نورون با یک نورون دیگر یا با یک ماهیچه یا سلول غده ارتباط برقرار می کند.

nerve fibre n.
رشته های نازک و بلندی که از جسم سلولی یک نورون توسعه یافته و پیام های عصبی را حمل می کند. دسته های فیبرهای عصبی با هم یک عصب را تشکیل می دهند.

مجرای جمع کننده عبور کرده که به درون پیشابراه کشیده می شود.

nephropexy (nef-roh-peks-i) n.
عملی برای ثابت کردن کلیه ی متحرک. کلیه به دنده ی دوازدهم و دیواره ی خلفی شکم ثابت می شود.

nephroptosis (nef-rop-toh-sis) n.
پایین آمدن غیر طبیعی کلیه به درون لگن در حالت ایستاده. در صورتی که این وضعیت به همراه درد و انسداد جهت کشیدن آزاد ادرار از کلیه باشد، نفروپکسی توصیه می شود.

nephrosclerosis (nef-roh-skleer-oh-sis) n.
سخت شدن شرایین و شریانچه های کلیه ها.

nephroscope (nef-roh-skohp) n.
ابزاری (اندوسکوپ) که برای معاینه ی بخش درونی کلیه (نفروسکوپی) استفاده می شود ومعمولاً از طریق قطعه ای از سطح پوست، بعد از متسع کردن قطعه بالای یک سیم هدایت کننده عبور می کند. نفروسکوپ این امکان را برای عبور ابزارها تحت بینایی مستقیم جهت برداشت سنگ (به *nephrolithotomy* مراجعه کنید) یا خرد کردن آن ها بوسیله ی جستجوگرهای ماورای صوت یا امواج شوک الکتروهیدرولیک (به *lithotripsy* مراجعه کنید) فراهم می سازد.

nephrosis (ni-froh-sis) n.
(در پاتولوژی) تغییرات انحطاطی در اپیتلیوم لوله های کلیه. این واژه گاهی اوقات به طور بی ربط برای سندرم نفروتیک استفاده می شود.

nephrostomy (ni-frost-ŏmi) n.
کشیدن ادرار از کلیه توسط لوله ای (کاتتر) که از کلیه، از طریق سطح پوست عبور می کند. این عمل عمدتاً به عنوان یک روش موقتی بعد از اعمال جراحی کلیه استفاده می شود.

nephritic syndrome (ni-frot-ik) n.
وضعیت که در آن از دست رفتن زیاد پروتئین در ادرار، کاهش مقادیر آلبومین در خون و ادم کلی وجود دارد. این وضعیت ممکن‌است از طریق انواعی از اختلالات، معمولاً گلومرولونفریت ایجاد شود.

nephrotomy (ni-frot-ŏmi) n.
جراحی برش مواد کلیه. این عمل معمولاً برای برداشت سنگ ازکلیه انجام می شود (به *nephrolithotomy* مراجعه کنید).

nephroureterectomy (ureteronephrectomy) (nef-roh-yoor-i-ter-ek-tŏmi) n.

رشد و تکامل سلول های عصبی.

neurogenic (newr-oh-jen-ik) adj.
۱. ایجاد شده توسط بیماری یا عدم عملکرد سیستم عصبی. ۲. نشأت‌گرفته در بافت عصبی. ۳. ایجاد شده از طریق تحریک عصبی.

neuroglia (newr-og-liă) n.
به *glia* مراجعه کنید.

neurohormone (newr-oh-hor-mohn) n.
هورمونی مثل وازوپرسین یا نورآدرنالین که درون سلول های عصبی خاصی تولید شده و از پایانه های عصبی به درون گردش (خون) ترشح می شوند.

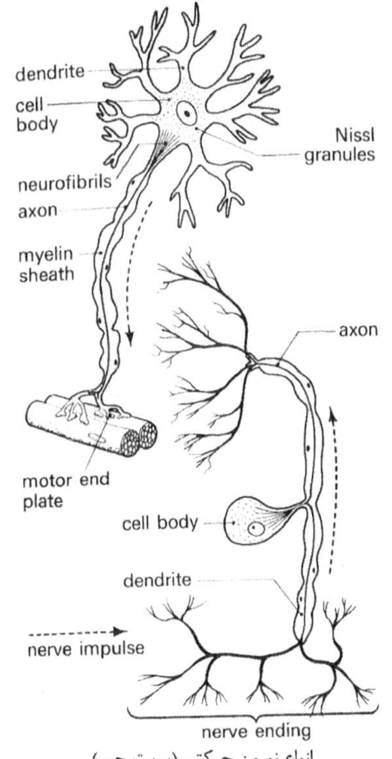

انواع نورون حرکتی (سمت چپ)
حسی (سمت راست)

neurohypophysis (newr-oh-hy-pof-i-sis) n.
به *pituitary gland* مراجعه کنید.

neurolemma (newr-oh-lem-ă) n.
به *neuri lema* مراجعه کنید.

تومور بدخیم متشکل از سلول های عصبی جنینی. این سلول ها ممکن است در هر بخشی از سیستم عصبی سمپاتیک، عمدتاً در مدولای غده ی آدرنال نشأت بگیرند.

neurocranium (newr-oh-kray-niŭm) n.
بخشی از جمجمه که مغز را محصور می کند.

neurodermatitis (neurodermatosis) (newr-oh-der-mă-ty-tis) n.
بیماری پوستی که در آن نواحی موضعی به طور دائم می خارد و به دلیل خارش مداوم ضخیم می شود (به *lichenification* مراجعه کنید). مکان های شایع برای ایجاد این بیماری شامل پشت گردن، ساعد، قسمت فوقانی درونی ران، سمت درونی زانوها و سمت خارجی قوزک پا هستند.

neuroendocrine system (newr-oh-end-ŏ-kryn) n.
سیستم دوگانه ی کنترل فعالیت های خاص بدن بوسیله ی اعصاب و هورمون های در گردش. به *nearohormone* *neurosecretion* مراجعه کنید.

neuroepithelioma (newr-oh-epi-th'ee-li-oh-mă) n.
تومور بدخیم شبکیه ی چشم. این تومور نوعی غده ی مغزی است که عمدتاً به درون مغز گسترش می یابد.

neuroepithelium (newr-oh-epi-th'ee-liŭm) n.
نوع اپیتلیوم به همراه ارگان های حسی خاص. این بخش حاوی پایانه ی عصب حسی است و درون شبکیه ، لابیرانت غشایی و جوانه های چشایی یافت می شود.
-neuroepithelial adj.

neurofibroma (neurilemmoma, neurinoma, neuroma, Schwannoma) (newr-oh-fy-broh-mă) n.
تومور خوش خیمی که از پوشش های فیبروز عصب محیطی رشد می کند.

newofibromatosis (Von Recklinghausen's disease (newr-oh-fy-broh-mă-toh-sis) n.
بیماری مادرزادی که از طریق نوروفیبروماهای بی شماری مشخص می شوند. تومورها ممکن است در کانال نخاعی که امکان فشرده شدن طناب نخاعی وجود دارد، رخ دهد. تومورها گاهی اوقات بدخیم می شوند و موجب نوروفیبروسارکوما می شوند.

neurogenesis (newr-oh-jen-i-sis) n.

nicotinic acid (niacin) (nik-ŏ-tin-ik) n.
ویتامینB؛ اسیدنیکوتینیک درون رژیم غذایی لازم است اما می تواند به مقادیر اندک در بدن از آمینواسیدهای ضروری تریپتوفان هم تشکیل شود. کم بود این ویتامین موجب بیماری پلاگر می شود. منابع خوب اسیدنیکوتینیک، گوشت، عصاره های مخمر و برخی از غلات هستند.

nictitation (nik-ti-tay-shŏn) n.
چشمک زدن مکرر و بیش از اندازه یا چشمک زدن چشم ها.

nidation (ny-day-shŏn) n.
به *implantation* مراجعه کنید.

nidus (ny-dŭs) n.
مکانی که باکتری ها به دلیل وضعیت مناسب ساکن شده و تکثیر می یابند؛ مرکز عفونت.

niemann-pick disease (nee-man-pik) n.
بیماری نادر و موروثی متابولیسم فسفولیپیدها که در آن اسفنگومیلین و لستین درون مغز استخوان ، طحال و گره های لنفاوی تجمع می یابند. این وضعیت از طریق بزرگ شدن کبد و طحال و کاهش هوشیاری روانی مشخص می شود.
[A. Niemann (1880-1921),متخصص اطفال آلمانی;
F. pick (1868-1935), پزشک آلمانی]

nifedipine (ny-fed-i-peen) n.
آنتی گونیست کلسیم که در درمان آنژین و فشارخون بالا استفاده می شود. این دارو از طریق دهان مصرف می گردد. آثار جانبی آن شامل گیجی، سردرد و تهوع می باشد. نام تجاری: *Adalat*

nifuratel (ny-fewr-ă-tel) n.
دارویی که علیه میکروارگانیسم های مختلف فعالیت کرده و از طریق دهان یا شیاف برای درمان عفونت های قارچی سیستم های ادراری و تناسلی (مثل کاندیدیازیس مهبل) استفاده می شود. نام تجاری: *Magmilor*

night blindness (nyt) n.
ناتوانی در دیدن در نور کم یا تاریکی. این وضعیت ناشی از اختلال سلول های استوانه ای در شبکیه است و ممکن است ناشی از کمبود ویتامین A باشد. شب کوری ممکن است به نکروز شدن قرنیه و کراتومالاسی، پیش رود. نام تجاری: *nyctalopia* با *day blindness* مقایسه کنید.

night sweat n.
عرق کردن بیش از حد در طول خواب. تعرقات شبانه ممکن است نشانه ی اولیه ی توبرکلوزیس، ایدز یا بیماری های دیگر باشد.

neurotrophci (newr-oh-trof-ik) adj.
مربوط به رشد یا تغذیه ی بافت عصبی درون بدن.

neurotropic (newr-oh-trop-ik) adj.
رشد کردن یا داشتن میل ترکیبی برای بافت عصبی این واژه ممکن است برای ویروس ها، مواد شیمیایی یا توکسین ها به کار برده شود.

neutropenia (new-troh-pee-niă) n.
کاهش در تعداد نوتروفیل های خون، این وضعیت ممکن است در انواع گسترده ای از بیماری ها، از قبیل آنمی آپلاستیک، آگرانولوسیتوز و لوسمی حاد ایجاد شود .این بیماری باعث افزایش حساسیت نسبت به عفونت می شود.

neutrophil (polymorph) (new-trŏ-fil) n.
انواعی از گرانولوسیت ها که سیتوپلاسم آن ها گرانول های ریزی دارد و بوسیله ی رنگ آمیزی *Romanowsky* به رنگ ارغوانی در می آیند. نوتروفیل ها توانایی بلعیدن و کشتن باکتری‌ها را دارد و دفاع مهمی را در برابر عفونت ایجادمی‌کند.

newton (new-t'n) n.
واحد نیرو در *IS*، برابر با نیروی مورد نیاز برای ایجاد یک کیلو گرم شتاب یک متر بر مجذور ثانیه. نماد: *N*

nexus (neks-ŭs) n.
(در آناتومی) یک ارتباط یا اتصال.

NHSTA n. *National Health Service Training Authority.*
قانونی مصوب که در سال ۱۹۸۳ که احتیاجات، برنامه‌ریزی ها و هماهنگی ها را آموزش داده و سیاست ها و استانداردهای ملی را توسعه می دهد. در این قانون برنامه های آموزشی را تنظیم و در مورد پوشش تمامی کارکنان بهداشتی در *NHS* تحقیق می کند.

niacin (ny-ă-sin) n.
به *nicotinic acid* مراجعه کنید.

nialamide (ny-al-ă-myd) n.
دارویی با تأثیرات مشابه فنلزین که از طریق دهان برای درمان همه نوع افسردگی استفاده می شود. نام تجاری: *Niamid*

nicotinamide (nik-ŏ-tin-ă-myd) n.
ویتامینB ؛ آمید اسید نیکوتینیک.

nicotine (nik-ŏ-teen) n.
آلکالوئید سمی که از تنباکو مشتق می شود و باعث وابستگی مکرر سیگاری‌ها به سیگار می شود. در دوزهای اندک نیکوتین تأثیر تحریکی روی سیستم عصبی خودکار دارد. دوز بالای نیکوتین موجب فلج عقده های خوکار می شود.

هورمون جنسی مردانه و ترکیبی با فعالیت بدن ساز. این هورمون آثار یکسانی دارد و به عنوان متاندینون استفاده می شود و از طریق دهان یا تزریق مصرف می گردد.

norethisterone (nor-eth-ist-er-ohn) n.

هورمون جنسی زنانه و ترکیبی (به *progestogen* مراجعه کنید) که از طریق دهان برای درمان اختلالات قاعدگی از قبیل آمنوره استفاده می شود. این هورمون به عنوان داروی ضدبارداری خوراکی نیز مصرف می گردد. نام تجاری: *primolut*

norma (nor-mă) n.

نمایی از جمجمه از جانب یکی از چندین موقعیت، که از آن جمجمه می تواند توصیف یا اندازه گیری شود.

normalization (nor-mă-ly-zay-shŏn) n.

(در روان پزشکی)، فرآیند ایجاد شرایط مطلوب برای افراد مبتلاء به نقص ذهنی مانند افراد سامل.

normo -

پیشوند به معنی حالت عادی.

normoblast (nor-moh-blast) n.

سلول هسته داری که بخشی از دسته هایی که از گلبول های قرمز نشأت می گیرند و به طور طبیعی در بافت های تشکیل دهنده ی خون مغز در استخوان یافت می شوند را به وجود می آورند. به *erythroblast* و *erythropoiesis* هم مراجعه کنید.

normocyte (nor-moh-syt) n.

گلبول قرمز با اندازه ی طبیعی.

-normocytic adj.

normotensive (nor-moh-ten-siv) adj.

توصیف حالتی که در آن فشارخون سرخرگی در یک دامنه ی تغییرات طبیعی است. با *hypertension* و *hypotension* مقایسه کنید.

nortriptyline (nor-trip-ti-leen) n.

داروی ضد افسردگی سه حلقه ای که از طریق دهان برای تسکین تمامی انواع افسردگی ها استفاده می شود. نام های تجاری: *Allegron, Aventyl*

nose (nohz) n.

ارگان حس بویایی که به عنوان یک مسیر هوایی، هوا را در مسیر خود به سمت شش ها، گرم، مرطوب و تصفیه می کند. این ارگان از یک برآمدگی غضروفی و مثلثی شکلی در جلوی بینی تشکیل شده که دارای دو سوراخ است (به *nares* مراجعه کنید). این مجرا به حفره ی بینی می رسد که با غشای موکوسی حاوی سلول های بویایی پوشیده شده است.

ادرار کردن در شب. این وضعیت معمولاً در مردهای مسن با غده ی پروستات بزرگ شده رخ می دهد و یک دلیل شایع برای بیمارانی است که تقاضای پروستاتکتومی دارند.

nocturnal enuresis (nok-ter-năl) n.

به *enuresis* مراجعه کنید.

node (nohd) n.

تورم کوچک یا برآمدگی بافت. به *atrioventricular node*، *lymph node* و *sinoartrial* مراجعه کنید.

n. of Ranvier

یکی از شکاف هایی که در فواصل منظمی، در غلاف میلین فیبرهای عصبی دارای غلاف بین سلول های مجاور شوان، رخ می دهد.

[L. A. Ranvier (1835-1923), پاتولوژیست فرانسوی]

nodule (nod-yool) n.

تورم کوچک یا توده ی سلول ها.

noma (noh-mă) n.

عفونت قانقاریایی دهان که صورات را هم درگیر می کند. این وضعیت نوعی عفونت‌شدید لثه است که معمولاً در اشخاص ناتوان یا مبتلاء به سوء تغذیه، یافت می شود.

non compos mentis (non-kom-pŏs-men-tis) adj.

لاتین؛ ناتوانی ذهنی مربوط به افرادی که قادر به کنترل امور خود نیستند.

Nonne's syndrome (cerebellar syndrome) (non-ĕz) n.

نوعی آتاکسی مغزی. به *ataxia* مراجعه کنید.

[M. Nonne (1861-1959), نورولوژیست آلمانی]

nonsteroidal anti-inflammatory drug (non-steer-oi-d'l) n.

به *NSAID* مراجعه کنید.

noradrenaline (norepinephrine) (nor-ă-dren-ă-lin) n.

هورمونی تقریباً مربوط به آدرنالین که بوسیله‌ی مدولای غده‌ی آدرنال ترشح می شود و به عنوان انتقال دهنده‌ی عصبی توسط پایانه های اعصاب سمپاتیک آزاد می شود. از جمله فعالیت های مهم این هورمون انقباض عروق خونی کوچک است که موجب افزایش فشارخون، افزایش در میزان عمق تنفس و شل کردن عضلات صاف دیواره های روده می شود.

norepinephrine (nor-epi-nef-rin) n.

به *noradrenaline* مراجعه کنید.

norethandrolone (nor-eth-an-droh-lohn) n.

(*ALs*) تأکید می کند و مدل اُرم که مربوط به مراقبت از خود و مدل روی که مدل سازگاری است می شوند.

nursing process n.
روش حل مسئله ی فردی برای مراقبت پرستاری بیماران. این روش شامل چهار مرحله می شود: بررسی (مربوط به مشکلات بیمار)، برنامه ریزی (چگونگی حل مشکلات)، اجرا (مربوط به برنامه ها) و ارزیابی (مربوط به نتایج آن ها).

nutation (new-tay-shŏn) n.
عمل تکان دادن سر.

nutrient (new-tri-ĕnt) n.
موادی که می بایستی به عنوان بخشی از رژیم غذایی برای تهیه ی یک منبع انرژی، مواد رشد یا تولید انرژی، مصرف شوند.

nutrition (new-trish-ŏn) n.
مطالعه ی غذا در ارتباط با فرآیندهای فیزیولوژیکی که وابسته به جذب آن از طریق بدن، است. علم تغذیه شامل مطالعه ی رژیم های غذایی و بیماری های ناشی از کمبود مواد غذایی می شود.

nux vomica (nuks vom-ik-ă) n.
دانه ی درخت *stychnos nux-vomica* که حاوی قلیای سمی استرکنین است.

nyct- (nycto-)
پیشوند به معنی شب یا تاریکی.

nyctalopia (nik-tă-loh-piă) n.
به *night blindness* مراجعه کنید.

nyctophobia (nik-toh-foh-biă) n.
ترس شدید از تاریکی. این وضعیت در کودکان شایع است و در بالغین عادی غیر معمول نیست.

nymphae (nim-fee) pl. n.
لابیای کوچک. به *labium* مراجعه کنید.

nympho-
پیشوند به معنی ۱. لابیای کوچک. ۲. تمایلات جنسی، جنس مؤنث.

nymphomania (nim-fŏ-may-niă) n.
درجه ی شدیدی از بی بندباری جنسی در یک زن.
-nymphomaniac adj. n.

nystagmus (nis-tag-mŭs) n.
حرکات سریع و غیرارادی چشم ها که ممکن است از یک سمت به سمت دیگر، بالا و پایین یا چرخشی باشد. حرکت

nucleus pulposus (pul-poh-sŭs) n.
بخش مرکزی دیسک بین مهره ای که از مواد گوشتی و نرم تشکیل شده است.

nullipara (nul-ip-er-ă) n.
زنی که هرگز کودک قادر به زیستنی را متولد نکرده.

nurse (ners) n.
شخصی که برنامه ی پایه ی آموزش پرستاری را کامل کرده است و در کشور خود برای انجام کار پرستاری، مصوب و واجد شرایط شده است. به *enrolled nurse*، *districted midwife*، *health visitor*، *first-level nurse*، *occupational health nurse*، *school nurse* و *second-level nurse* مراجعه کنید.

nurse practitioner n.
پرستاری متخصص با مهارتهای پیشرفته در تشخیص های فیزیکی، بررسی روانی ـ اجتماعی و مدیریت نیازهای بیمار در مراقبت بهداشت اولیه. عضو کلیدی تیم مراقبت بهداشت اولیه، پرستار شاغلی است که به طور طبیعی در یک گروه شاغل یا مرکز بهداشت مستقر می شود. بیماران ممکن است به پرستار معرفی شوند یا برای مشاوره ی مستقیم درباره ی مشکلات بهداشتی ارجاع داده شوند. پرستار شاغل دارای قدرت تجویز دارو ها و درمان های دیگر درون سیاست های پذیرفته شده است.

nursing audit (ners-ing) n.
فرآیند جمع آوری اطلاعات از گزارشات پرستاری و شواهد مستند دیگر درباره ی مراقبت بیمار و ارزیابی کیفیت مراقبت با استفاده از برنامه های بیمه ی کیفی. به *qulity assurance* و *performance indicators* مراجعه کنید.

nursing intervention n.
عمل تکمیل کردن برنامه ی مراقبت پرستاری به عنوان بخشی از فرآیند پرستاری. به *planning* مراجعه کنید.

nursing models pl. n.
چارچوب غیرعملی که حقایق و پدیدهایی که پرستاران را برای برنامه ی مراقبت پرستاری، رسیدگی مسائل مربوط به تکنیک بالینی و مطالعه ی نتایج فعالیت های پرستاری و مداخلات، یاری می کند. بسیاری از مدل‌های پرستاری مربوط به خاستگاه شمال آمریکا است اما برخی از آن ها در انگلستان بهره برده اند و در ارتباط با فرآیند پرستاری استفاده می شوند. مدل های مشهور پرستار شامل مدل روبر، لوگان و تیدنی است که بر اهمیت توانایی بیمار برای انجام فعالیت های زنده

پشت سر.

-occipital adj.

occlusion (ŏ-kloo-zhŏn) n.

۱. بستن یا انسداد ارگان یا بخش توخالی. ۲. (در دندان پزشکی) مربوط به دندان های فوقانی و تحتانی که در تماس با هم هستند. با *malocclusion* هم مقایسه کنید.

occlusive therapy (ŏ-kloo-siv) n.

روش اصلاح دو بینی که در آن چشم سالم برای تقویت چشم معیوب، پوشیده می شود.

occult (ŏ-klut) adj.

عدم آشکار شدن برای چشم عادی؛ به آسانی نمایان نشدن.

o. blood

حضور خون در مقادیر بسیار اندک؛ برای مثال در مدفوع که می تواند فقط به طور میکروسکوپی یا آزمایش شیمیایی نمایان شود.

occupational disease (ok-yoo-pay-shŏn-ăl) n.

گروهی از بیماری ها که کارکنان مشاغل خاص را تحت تأثیر قرار می دهد. مثال های آن شامل اشکال مختلف پنموکونیوزیس، کاتاراکت در کارکنان با شیشه، بیماری کاهش فشار در رانندگان، بیماری عفونی که از حیوانات توسط کارگران مزارع ایجاد می شود. به *industrial disease* و *prescribed disease* مراجعه کنید.

occupational health nurse n.

(در انگلستان) پرستاری که دوره ی مخصوص مطالعه (کامل یا نیمه وقت) در مراقبت از افراد شاغل را گذرانده است. پرستار بهداشت کار، مسئول ارتقاء درجه ی عالی از سلامت ذهنی و جسمی خصوصاً در محیط صنعتی و تجاری است.

occupational therapy n.

درمان بیماری های جسمی و روانی از طریق فعالیت های خاص، به منظور کمک به افراد، جهت بدست آوردن حداکثر سطح عملکرد و استقلال خود را در تمام جنبه های زندگی روزمره.

oct- (octa-, octi-, octo)

پیشوند به معنی هشت.

ocular (ok-yoo-ler) adj.

مربوط به چشم یا بینایی.

oculist (ok-yoo-list) n.

واژه ی مربوط به آمریکای شمالی، برای چشم پزشکان.

oculo -

پیشوند به معنی چشم (ها).

oculogyric (ok-yoo-loh-jy-rik) adj.

به معلول یا مربوط به حرکات چشم.

oculomotor (ok-yoo-loh-moh-ter) adj.

مربوط به حرکات چشم.

o. nerve

سومین عصب جمجمه ای که عضلات داخل و اطراف چشم را عصب رسانی کرده و شامل عضلاتی می شود که اندازه ی مردمک را تغییر می دهد و نیز عضلاتی که کره ی چشم را در جهات مختلف می چرخاند.

oculonasal (ok-yoo-loh-nay-zăl) adj.

مربوط به چشم و بینی.

odont- (odonto-)

پیشوند به معنای دندان.

odontalgia (od-on-tal-jiă) n.

دندان درد.

odontoid process (od-ont-oid) n.

زائده ی دندانی شکلی مربوط به سطح فوقانی مهره ی آسه.

odontology (od-on-tol-ŏji) n.

مطالعه ی دندان.

odontoma (od-on-tol-mă) n.

هر نوع تومور بافت هایی که از دندان نشأت می گیرد. به *ameloblastoma* مراجعه کنید.

odontome (oh-don-tohm) n.

توده ی غیرطبیعی لسیفه طبقه بندی شده ی بافت دندانی.

odynia

پسوند به معنی درد درون (یک بخش خاص).

odynophagia (od-i-noh-fay-jiă) n.

احساس درد در پشت استرنوم، در زمان بلع غذا یا مایعات، خصوصاً حس سوزشی که در بیماران مبتلا به التهاب مری، زمانی که مایعات داغ، معطر، یا الکلی را می خورند، احساس می گردد.

oedema (ee-dee-mă) n.

تجمع بیش از اندازه ی مایعات درون بافت های بدن. متداولاً به عنوان دروپسی شناخته می شود. تورم حاصله، ممکن است به صورت موضعی در اثر جراحت یا التهاب و یا عمومی تر باشد. در ادم عمومی ممکن است تجمعی از مایعات درون حفره ی سینه، شکم (به *ascites* مراجعه کنید)، یا درون فضاهای هوایی ریه (ادم ریوی) وجود داشته باشد. این وضعیت ممکن است ناشی از نارسایی قلبی یا کلیوی، سیروز کبدی،

وضعیتی که مقدار مایع آمنیوتیک اطراف جنین در طول حاملگی به طور غیر طبیعی کم است (۲۰۰ ـ ۰ میلی لیتر در سه ماه ی سوم).

oligomenorrhoea (ol-i-goh-men-ŏ-ree-ă) n.

قاعدگی کم.

oligophrenia (oli-i-goh-free-niă) n. *obsolete.*

نقص ذهنی.

oligospermia (ol-i-goh-sper-miă) n.

حضور اسپرم کمتر از تعداد طبیعی درون مایع منی. اسپر معمولاً حرکت ضعیفی دارد و اغلب شامل بسیاری از اشکال غیرعادی و نابالغ می باشد. به *infertility* مراجعه کنید.

oliguria (ol-ig-yoor-iă) n.

تولید حجم اندک غیر طبیعی ادرار. این وضعیت ممکن است ناشی از تعرق زیاد، بیماری کلیوی، ادم، فقدان خون، اسهال یا مسمومیت باشد.

olive (ol-iv) n.

تورم نرم بیضی شکل، در هر سمت بخش فوقانی بصل النخاع. این تورم حاوی توده ی سلول های عصبی، عمدتاً جسم خاکستری (هسته های زیتونی) می باشد.

-olivary adj.

olive oil n.

روغنی که از زیتون گرفته می شود و به عنوان تسکین دهنده، نرم کننده‌ی مدفوع و نیز روان‌کننده‌ی روده استفاده می شود.

-ology

به *-logy* مراجعه کنید.

om- (omo-)

پیشوند به معنی شانه.

-oma

پسوند به معنی تومور.

omentectomy (oh-men-tek-tŏmi) n.

برداشت تمام یا بخشی از چادرینه.

omentopexy (oh-men-toh-peks-i) n.

عملی که چادرینه به برخی از بافت های دیگر معمولاً دیواره ی شکم، به منظور بهبودی جریان خون سرتاسر کبد متصل می شود.

omentum (epiploon) (oh-men-tŭm) n.

دو لایه ای از چادرینه که به معده متصل می شود و آن را به ارگان های دیگر متصل می کند.

oleandomycin (oh-li-an-doh-my-sin) n.

آنتی بیوتیکی که از طریق دهان یا تزریق برای درمان عفونت هایی که از طریق ردیف گسترده ای از باکتری ها ایجاد می شود، مصرف می گردد.

olecranon process (oh-lek-ră-non) n.

زائده ی بزرگ اولنا که در پشت مفصل آرنج برآمده است.

oleic acid (oh-lee-ik) n.

به *fatty acid* مراجعه کنید.

oleo-

پیشوند به معنی روغن.

oleum (oh-li-ŭm) n.

(در داروسازی) روغن.

o. morrhuae

روغن جگر ماهی.

o.olivae

روغن زیتون.

o. ricini

روغن کرچک.

olfaction (ol-fak-shŏn) n.

۱. احساس بویایی. ۲. فرآیند بوییدن. سلول های حسی در غشای موکوسی که حفره ی بینی را می پوشانند، از طریق حضور اجزاء شیمیایی حل شده در موکوس، تحریک می شوند.

-olfactory (ol-fak-ter-i) adj.

olfactory nerve n.

اولین عصب جمجمه ای. عصب حسی مخصوص بویایی. فیبرهای عصبی از گیرنده های بویایی، از غشای موکوسی بینی به طرف بالا می آیند و برای تشکیل دستگاه بویایی به سمت مغز، وصل می شوند.

olig- (oligo-)

پیشوند به معنی ۱. اندک. ۲. نقص.

oligaemia (ol-ig-ee-miă) n.

به *hypovolaemia* مراجعه کنید.

oligodactylism (ol-i-goh-dak-til-izm) n.

فقدان مادرزادی برخی از انگشتان دست و پا.

oligodipsia (ol-i-goh-dip-siă) n.

وضعیتی که تشنگی کم می شود یا وجود ندارد.

oligodontia (ol-i-goh-don-shiă) n.

فقدان مادرزادی برخی از دندان ها.

oligohydramnios (ol-goh-hy-dram-ni-os) n.

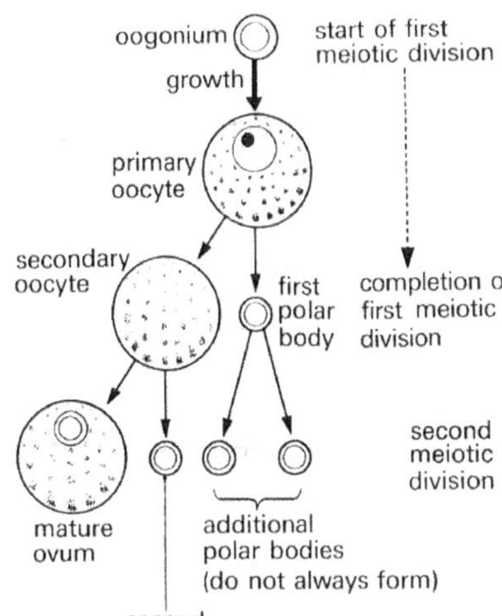

تشکیل و تکامل یک سلول تخم

onychosis (on-i-koh-sis) n.

هر نوع بیماری یا بدشکلی ناخن ها.

O'nyong nyong fever (jointbeaker fever) (oh-n'yong-n'yong) n.

بیماری غرب آفریقا که از طریق آربوویروس ایجاد می شود و به انسان از طریق پشه ی جنس *Anopheles* انتقال می یابد. علایم آن شامل لرز، سردرد شدید، و جوش سوزش آور، تب و دردهایی درون مفاصل می شود.

oo-

پیشوند به معنی تخم، تخمک.

oocyte (oh-ŏ-syt) n.

سلولی درون تخمدان که تقسیم میوز را برای تشکیل تخمک انجام می دهد. به *oogenesis* مراجعه کنید.

oogenesis (oh-ŏ-jen-i-sis) n.

فرآیندی که در آن تخمک بالغ درون تخمدان تولید می شود. (به تصویر مراجعه کنید). سلول های تخم اصلی برای تشکیل اوگونی تکثیر می یابند که اولین تقسیم میوزی را برای تبدیل شدن به اوسیت در جنین و تکمیل آن در تخمک گذاری، شروع می کند. لقاح، تکمیل دومین تقسیم میوزی را تحریک کرده که یک تخمک بالغ را تولید می کند.

oogonium (oh-ŏ-goh-nĭum) n. (pl. oogonia)

سلولی که در مرحله ی اولیه در تشکیل یک تخمک تولید می شود. به *oogenesis* مراجعه کنید.

oophor- (oophoro-)

پیشوند به معنی تخمدان.

oophorectomy (ovariectomy) (oh-ŏ-fŏ-rek-tŏmi) n.

جراحی برداشت تخمدان.

oophoritis (ovaritis) (oh-ŏ-fŏ-ry-tis) n.

التهاب تخمدان روی سطح یا درون ارگان. این وضعیت گاهی اوقات ناشی از عفونت لوله های فالوپ (به *salpingitis* مراجعه کنید) یا بخش تحتانی حفره ی شکمی است.

oophoron (oh-off-ŏ-ron) n.

تخمدان.

oophoropexy (oh-off-ŏ-roh-peks-i) n.

بخیه زدن یا جابه جا کردن تخمدان به سمت دیواره ی حفره ی لگن.

oophorosalpingectomy (oh-off-ŏ-roh-sal-pin-jek-tŏmi) n.

جراحی برداشت تخمدان و لوله های مربوط به آن.

opacity (ŏ-pas-iti) n.

۱. فقدان شفافیت. ۲. یک ناحیه‌ی مات، زمانی که در عدسی‌های چشم در کاتاراکت رخ می دهد.

operating microscope (op-er-ayt-ing) n.

میکروسکوپ دوچشمی که معمولاً در جراحی های ریز مثل اندارترکتومی استفاده می شود. میدان عمل، از طریق عدسی چشمی، بوسیله ی یک منبع نوری درون میکروسکوپ روشن می شود.

operculum (oh-per-kew-lŭm) n. (pl. opercula)

قطعه ای از موکوس که کانال گردنی رحم در یک زن حامله را مسدود می کند. زمانی که گردن رحم در شروع زایمان متسع می شود، این قطعه ی موکوس به آرامی درون خون مشخص شده و به عنوان ترشح، جدا می شود.

operon (op-er-on) n.

گروهی از ژن های تقریباً متصل به هم که تولید آنزیم را تنظیم می کنند.

ophthalm- (opthalmo-)

پیشوند به معنی چشم.

ophthalmectomy (off-thal-mek-tŏmi) n.

عملی که در آن چشم برداشته می شود. به *enucleation* مراجعه کنید.

عفونت های فرصت طلب مثل پنوموسیستیس کارینی، در بیماران مبتلاء به ایدز شایع است.

-opsia

پیشوند به معنی وضعیت بینایی.

opsonic index (op-son-ik) n.

اندازه گیری شمارشی قدرت سرم یک شخص برای هجوم به باکتری‌ها و آماده کردن آن‌ها جهت انهدام توسط فاگوسیت ها.

opsonin (op-sŏn-in) n.

اجزاء سرمی که خودرا به باکتری های حمله کننده متصل کرده و ظاهراً آن ها را برای فاگوسیتوز مستعدتر می کند.

opt- (opto-)

پیشوند به معنی بینایی یا چشم.

optic (op-tik) adj.

مربوط به چشم یا بینایی.

o. trophy

انحطاط عصب بینایی.

o. chiasma (o. commissure)

ساختاری X شکل، متشکل از دو عصب بینایی، زمانی که فیبرهای عصبی از سمت نازال شبکیه ی هر چشم به طرف بالا جهت متصل کردن فیبرها از سمت جانبی شبکیه ی چشم متقابل، حرکت می کنند (به تصویر مراجعه کنید).

o. disc (o. papilla)

مبدأ عصب بینایی که در آن جا فیبرهای عصبی سلول های استوانه ای و مخروطی، کره ی چشم را ترک می کنند. به *blind spot* مراجعه کنید.

o. nerve

دومین عصب جمجمه ای (*II*) که مسئول بینایی است. این عصب به درون جمجمه و پشت کره ی چشم، جهت رسیدن به کیاسمای بینایی، عبورکرده و بعد از آن مسیر بینایی را به سمت لب پس سری ادامه می دهد.

o. neuritis

به *retrobulbar neuritis* مراجعه کنید.

optician (op-tish-ăn) n.

شخصی که عینک می سازد (*dispensing o*) یا کسی که افراد را برای گذاشتن عینک آزمایش می کند و بعد عینک را ساخته و آماده می کند (*optometrist* یا *ophthalmic*).

optometer (refractometer) (op-tom-it-er) n.

ابزاری برای اندازه گیری انکسار چشم.

optomometrist (op-tom-i-trist) n.

به *optician* مراجعه کنید.

optometry (op-tom-itri) n.

صفراوی زندگی می کنند می توانند موجب اپیستورکیازیس شوند.

opisthotonos (op-iss-thot-oh-nŏs) n.

وضعیتی از بدن که در آن سر، گردن و ستون فقرات به طرف عقب خم می شوند. عقیده بر این است که این وضعیت به طور غیراختیاری، توسط بیماران مبتلاء به مسمومیت کزازی و استرکنین ایجاد شود.

opium (oh-piŭm) n.

عصاره ای از خشخاش *paparer somniferum* که به علت این که مرفین دارد دارای فعالیت مخدری و تسکینی است. این ماده استفاده های و آثار مشابه مثل مرفین را دارد و استفاده ی دراز مدت ممکن است موجب وابستگی شود. به *opiate* هم مراجعه کنید.

opponens (oh-poh-nenz) n.

یکی از گروه عضلات درون دست که انگشتهایی را به سمت مخالف انگشت های دیگر می آورد.

o. pollicis

عضله ی اصلی که انگشت شصت را دور می کند.

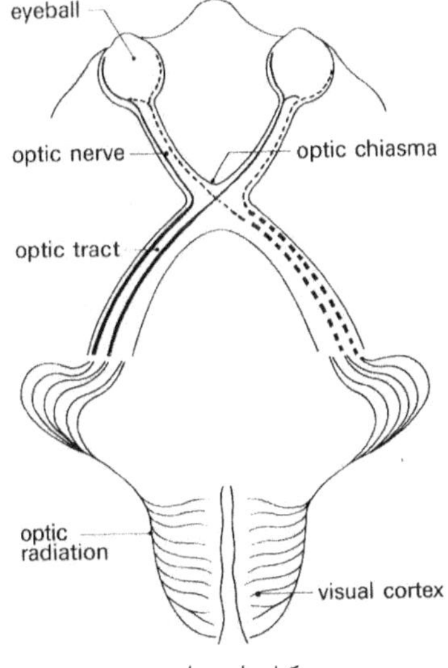

کیاسمای بینایی

opportunistic (op-er-tew-nis-tik) adj.

به معنی یک بیماری که در زمان معمیوب شدن سیستم ایمنی بیمار برای مثال توسط عفونت، بیماری های دیگر یا داروها، رخ می دهد. ارگانیسم هایی که موجب عفونت می شوند، به ندرت موجب بیماری در افرادسالم می گردند.

دارویی که اسپاسم درون عضله را تسکین داده و از طریق دهان یا تزریق برای درمان انواع مختلف پارکینسونیسم استفاده می شود. نام تجاری: *Disipal*.

ortho-

پیشوند به معنی ۱. مستقیم. ۲. نرمال.

orthodiagraph (orthŏ-dy-ă-grhf) n.

تصویر اشعه یX طراحی شده برای نمایش یک تصویر بخش سالمی از بدن، طوری که اندازه گیری های دقیق ممکن است از آن ایجاد شود.

orthodontics (orthŏ-don-tiks) n.

شاخه ای از دندان پزشکی مربوط به رشد و تکامل دندان ها و درمان اختلالات بوسیله ابزارهای گوناگون.

orthopaedics (orthŏ-pee-diks) n.

علم یا پرداختن به اصلاح بدشکلی ها، که از طریق بیماری یا آسیب به استخوان ها و مفاصل اسکلتی ایجاد می شود.

-orthopaedic adj.

orthopnoea (or-thop-nee-ă) n.

قطع تنفس که از خوابیدن بیمار برروی زمین جلوگیری می کند طوری که می بایستی برروی تخت نگه داشته شود یا بر روی یک صندلی بنشیند.

orthoptics (or-thop-tiks) n.

به کار بردن روش های غیر جراحی، به خصوص عمل های چشم، برای درمان ناهنجاری های بینایی و هماهنگی حرکات چشم (عمدتاً لوچی و تاربینی).

-orthoptist n.

orthoptoscope (or-thop-toh-skohp) n.

به *amblyoscope* مراجعه کنید.

orthostatic (orthŏ-stat-ik) adj.

مربوط به موقعیت قائم بدن؛ این واژه زمانی که توصیف این موقعیت یا وضعیت بوسیله‌ی آن ایجاد شود، استفاده می گردد.

ortolani's sign (or-toh-lah-niz) n.

نشانه ای که در آزمایشی برای در رفتگی مادرزادی استخوان هیپ استفاده می شود. زانوهای نوازد خم می شوند و چرخش مفصل هیپ ایجاد می گردد. در صورتی که مفصل بی ثبات باشد صدای مختصری شنیده می شود.

[M. ortolani, جراح اورتوپد ایتالیایی]

os[1] (oss) n. (pl. ossa)

استخوان.

هر چیز زنده ای که ممکن است از یک سلول مفرد (به *microorganism* مراجعه کنید) یا یک گروه سلول های مختلف اما مستقل تشکیل شود.

organo-

پیشوند به معنی ارگان یا ساختمانی.

orgasm (or-gazm) n.

اوج لذت جنسی.

oriental sore (Baghdad boil, Dehli boil, Aleppo boil) (or-i-en-t'l) n.

نوعی بیمار پوستی که در نواحی گرمسیری و زیرگرمسیری آفریقا و آسیا رخ می دهد و از طریق پروتوزآی انگلی *Leishmania tropica* ایجاد می شود. این بیماری نوعی زخم باز، که به آهستگی بهبودی می یابد، ایجاد می کند و گاهی اوقات به طور ثانویه بوسیله ی باکتری ها، عفونی می گردد.

orientation (or-i-en-tay-shŏn) n.

(در روان شناسی) آگاهی یک شخص از زمان، مکان و فضا. تعیین موقعیت ممکن است در برخی وضعیت ها مثل بیماری ساختمان مغزی، وضعیت های مسمومیت دارویی و صدمات مغزی، مختل شود.

orifice (o-ri-fis) n.

مجرایی درون یک بخش آناتومیکی. به *ostium* مراجعه کنید.

origin (ori-jin) n.

۱. (درآناتومی) نقطه ی اتصال یک عضله که در طول انقباض عضله به طور نسبی ثبات خود را حفظ می‌کند. با *insertion* مقایسه کنید. ۲. محلی که در آن یک عصب یا رگ خونی از عصب یا رگ خونی اصلی منشعب می شود.

ornithine (or-ni-theen) n.

آمینو اسیدی که درون کبد به عنوان یک محصول جانبی در طول تبدیل آمونیاک به اوره تولید می شود.

ornithosis (or-ni-toh-sis) n.

نوعی بیماری عفونی پرندگان، عمدتاً کبوترها. این بیماری می تواند به انسان انتقال یابد و علایمی را مشابه علایم پنومونی ایجاد کند. با *parrot disease* مقایسه کنید.

oro-

پیشوند به معنی دهان.

oropharynx (o-roh-fa-rinks) n.

بخشی از حنجره که بین کام نرم و استخوان لامی قرار می گیرد.

orphenadrine (or-fen-ă-dreen) n.

موجب درد و نقص در عملکرد آن مفصل (معمولاً مفاصل هیپ، زانو و انگشت شست) شود. این وضعیت ممکن است ناشی از زیادکارکردن با مفصل و عمدتاً در اواخر میان سالی باشد. درمان آن شامل آسپرین و مسکن های دیگر، کاهش فشار در عرض مفصل وجراحی اصلاح و پروتز می باشد.

osteoathropathy (osti-oh-arth-rop-ă-thi) n.
نوعی بیماری استخوان و غضروف مجاور مفصل.

osteoarthrosis (osti-oh-arth-roh-sis) n.
به *osteochondritis* مراجعه کنید.

osteoarthrotomy (osti-oh-arth-rot-ŏmi) n.
جراحی برش استخوان مجاور یک مفصل.

osteoblast (oss-ti-oh-blast) n.
سلولی که از مزودرم جنین نشأت می گیرد و مسئول ساختن استخوان است. به *ossification* هم مراجعه کنید.

osteochondritis (osti-oh-kon-dry-tis) n.
التهاب یک استخوان که با درد همراه است؛ رسوب بافت استخوانی غیرطبیعی (به *osteosclerosis* مراجعه کنید)؛ این وضعیت سابقاً به عنوان استئوکلندروزیس شناخته شده است. به *köhler's disease* و *-perthes disease Legg- calvé* هم مراجعه کنید.

o. dissecans
آزاد شدن قطعه (یا قطعات کوچک) استخوان و غضروف به درون مفصل، مکرراً در مفصل زانو که باعث درد، تورم و محدودیت حرکت می شود.

osteochondroma (osti-oh-kon-droh-mă) n. (pl. osteochondrotoma)
تومور استخوانی که از سلول های سازنده ی غضروف، تشکیل شده است. این وضعیت به عنوان یک توده ی بی درد در انتهای یک استخوان بلند ظاهر می شود. زمانی که قسمت کوچکی از این تومورها بدخیم شوند، در صورت درمان نشدن، برداشته می گردند.

osteochondrosis (osti-oh-kon-droh-sis) n.
به *osteochondritis* مراجعه کنید.

osteoclasia (osteoclasis) (osti-oh-klay-ziă) n.
۱. شکستن عمدی یک استخوان بدشکل یا بد مفصل شده که بوسیله ی یک جراح اورتوپد انجام می شود. استئوکلاستی هم نامیده می شود. ۲. به *osteolysis* مراجعه کنید.

osteoclasis (osti-ok-lă-sis) n.
۱. عوض‌کردن یک استخوان بوسیله‌ی استئوکلاسست، در طول رشد یا بهبودی یک شکستگی ۲. به *osteoclasia* مراجعه کنید.

osteoclast (oss-ti-oh-klast) n.
۱. یک سلول چند هسته ای بزرگ که استخوان کلسیفه را باز جذب می کند. ۲. وسیله ای برای شکست استخوان جهت اهداف درمانی.

osteoclastoma (osti-oh-klas-toh-mă) n.
تومور نادر استخوانی که از طریق تکثیر سلول های استئوکلاست ایجاد می شود.

osteocyte (oss-ti-oh-syt) n.
سلول استخوان. به *ossification* هم مراجعه کنید.

osteodystrophy (osti-oh-dis-trŏ-fi) n.
نوعی بیماری کلی استخوان ناشی از اختلال متابولیکی.

osteogenesis (osti-oh-jen-i-sis) n.
به *ossification* مراجعه کنید.

o. imperfecta (fragilitas ossium)
نقص مادرزادی که در آن استخوان ها به طور غیر معمول شکننده و ترد می شوند.

osteogenic (osti-oh-jen-ik) adj.
نشأت گرفته یا ساخته شده از بافت استخوان.

o. sarcoma
نوعی تومور بدخیم استخوان (به *osteosacrcoma* مراجعه کنید).

osteology (osti-ol-ŏji) n.
مطالعه ی ساختار و عملکرد استخوان ها و ساختارهای مربوط به آن. تجزیه ی استخوان از طریق بیماری، عمدتاً از طریق عفونت یا عدم خون رسانی (ایسکمی) به استخوان است.
-osteolytic adj.

osteolysis (osteoclasia) (osti-ol-i-sis) n.
تجزیه ی استخوان از طریق بیماری، عمدتاً بوسیله ی عفونت یا عدم خون رسانی (ایسکمی) به استخوان.

osteoma (osti-oh-mă) n.
تومور خوش خیم استخوان.

cancellous o. (exostosis)
رشد از انتهای یک استخوان بلند که معمولاً از یک نقطه نشأت می گیرد.

جراحی ترمیمی یا دوباره سازی گوش ها بعد از صدمه یا اصلاح یک نقص مادر زادی.

otorhinolaryngology (oh-toh-ry-noh-la-ring-ol-ŏji) n.

مطالعه ی بیماری گوش، بینی و گلو (یعنی اختلالات *ENT*)

-otorhinolaryngologist n.

otorrhagia (oh-toh-ray-jiă) n.

خون ریزی از گوش.

otorrhoea (oh-toh-ree-ă) n.

نوعی ترشح از گوش، عمدتاً یک ترشح چرکی در عفونت مزمن گوش میانی (اوتیت میانی).

otosclerosis (oh-toh-skleer-oh-sis) n.

نوعی اختلال ارثی که موجب کری در بالغین می شود. رشد بیش از حد استخوان گوش درونی، باعث می شود که استخوان رکابی به روزنه ی بیضی ثابت شود، طوری که صداها به درون گوش درونی انتقال نمی یابند.

otoscope (oh-toh-skohp) n.

به *auriscope* مراجعه کنید.

oubain (wah-bah-in) n.

دارویی که قلب را تحریک کرده و برای درمان ناتوانی های قلب و بیماری های دیگر قلب استفاده می شود. این دارو از طریق دهان یا تزریق استفاده می شود و فعالیت ها و آثار جانبی مثل دیژیتال را دارد.

outbreeding (owt-breed-ing) n.

تولد فرزند توسط والدینی که با هم اقوام نبوده اند. با *inbreeding* مقایسه کنید.

outer ear (owt-er) n.

لاله و مجرای شنوایی بیرونی گوش.

out-of-the-body experience n.

نوعی دگرسان بینی محیط که در آن احساس ترک بدن فرد و نگرش مسافرت از طریق تونل ها به سمت نور یا سفر به دیگر سیارات موجود، وجود دارد. این وضعیت معمولاً بعد از بیهوشی یا بیماری های شدید رخ می دهد و اغلب مربوط به کم بود اکسیژن مغز است.

out-patient (owt-pay-shĕnt) n.

بیماری که درمان را در یک بیمارستان دریافت می‌کند ولی در یک تخت بخش بیمارستان پذیرش نمی شود. بیمارستان‌های بزرگ دارای کلینیک هایی هستند که در آن بیماران سرپایی می توانند درمان خاصی را دریافت کنند. با *in-patient* مقایسه کنید.

o. abdominale

دهانه ی لوله ی رحم به درون حفره ی شکمی.

-ostomy

پسوند. به *-stomy* مراجعه کنید.

ot- (oto-)

پیشوند به معنی گوش.

otalgia (oh-tal-jiă) n.

درد درون گوش.

otic : (oh- tik) adj.

مربوط به گوش.

otitis (oh-ty-tis) n.

التهاب گوش.

o. externa

التهاب بین پرده ی گوش و مجرای خارجی گوش که اغلب در شناگرها رخ می دهد.

o. intera (labyrinthitis)

التهاب گوش درونی که موجب حملات ناگهانی استفراغ، سرگیجه و از دست دادن تعادل می شود.

o. media (tympanitis)

التهاب، معمولاًناشی از عفونت باکتریایی یا ویروسی گوش میانی. علایم آن شامل درد شدید و تب بالا می شود. در صورتی که این وضعیت درمان نشود (بوسیله‌ی آنتی بیوتیک‌ها)، ممکن است موجب کری شود.

otoconium (oh-toh-koh-nium) n.

به *otolith* مراجعه کنید.

otolaryngology (oh-toh-la-ring-ol-ŏji) n.

مطالعه ی بیماری های گوش و حنجره.

-otolaryngologist n.

otolith (otoconium) (oh-toh-lith) n.

یکی از اجزاء کوچک کربنات کلسیم به همراه ساکول یا گوشک گوش درونی.

otology (oh-tol-ŏji) n.

مطالعه ی بیماری گوش.

-otologist n.

-otomy

پسوند. به *-tomy* مراجعه کنید.

otomycosis (oh-toh-my-koh-sis) n.

عفونت قارچی گوش، که موجب سوزش و التهاب کانال بین پرده ی گوش و مجرای خارجی گوش می شود.

otoplasty (oh-toh-plasti) n.

وضعیت فیزیولوژیکی که درون سلول ها در طول دوره های موقتی کم بود اکسیژن وجود دارد.

O. tent

به *tent* مراجعه کنید.

oxygenation (oksi-ji-nay-shŏn) n.

فرآیند اشباع شدن با اکسیژن، مثل زمانی که درون شش ها در طول استنشاق هوا رخ می دهد.

oxyphencyclimine (oksi-fen-sy-kli-meen) n.

دارویی با فعالیت مشابه آتروپین. تا زمانی که این دارو فرآیندهای گوارشی را آهسته کند، برای درمان زخم های معده و دئودنوم و دیگر اختلالات گوارشی استفاده می شود. این دارو از طریق دهان مصرف می گردد. نام تجاری: *Daricon*.

oxytetracycline (oks-tet-ră-sy-kleen) n.

آنتی بیوتیکی که از طریق عفونت هایی که بوسیله ی ردیف گسترده ای از باکتری ها ایجاد می شود، استفاده می گردد. این دارو از طریق دهان، تزریق و یا تحت عنوان کرم های پوستی مصرف می شود. نام های تجاری: *Bisolvomycin, Chemocycline, Galenomycin, Imperacim oxymycin, Terramycin,* و غیره.

oxytocic (oksi-toh-sik) n.

هر عاملی که عضلات رحم را برای منقبض شدن تحریک کند یا تسریع بخشد. به *oxytocin* هم مراجعه کنید.

oxytocin (oksi-toh-sin) n.

هورمونی که از طریق غده ی هیپوفیز آزاد شده و موجب انقباض رحم در طول زایمان و نیز تحریک جاری شدن شیر از پستان بوسیله ی ایجاد انقباض فیبرهای عضلانی در مجاری شیری، می شود. شیره ی هیپوفیزی (*syntocinon*) برای تحریک انقباضات رحم و نیز جهت کنترل یا جلوگیری از خون ریزی بعد ازحاملگی استفاده می شود.

oxyuriasis (oksi-yoor-I-ă-sis) n.

به *enterobiasis* مراجعه کنید.

Oxyuris (oksi-yoor-iss) n.

به *pinworm* مراجعه کنید.

ozeana (oh-zee-nă) n.

نوعی اختلال بینی که در آن استخوان های تشکیل دهنده ی اطراف بینی آتروفی می یابند که این وضعیت به همراه تولید ترشحات رنج آور و خشک است.

تنفس سلولی اکسیده می شود:

$C_6H_{12}O_6 + 6O_2 \rightarrow 6CO_2 + 6H_2O$.

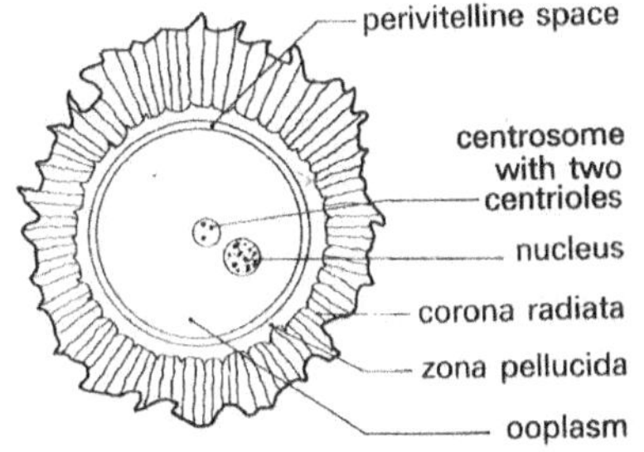

تخمک بالغ (بزرگ نمایی تقریباً ۶۰۰X)

oxidoreductase (oks-i-doh-ri-duk-tayz) n.

یکی از گروه آنزیم هایی که واکنش کاهش اکسیداسیون را کاتالیز می کند. این گروه شامل آنزیم هایی می شود که قبلاً به عنوان دهدرژناز یا به عنوان اکسیداز شناخته می شده اند.

oximeter (oks-im-it-er) n.

ابزاری برای اندازه گیری نسبت اکسی هموگلوبین در خون.

oxolinic acid : (oks- oh- lin- ik) n.

داروی ضدباکتریایی که از طریق دهان برای درمان عفونت‌های سیستم اداری استفاده می شود. نام تجاری: *prodoxol*.

oxprenolol (oks-pren-ŏ-lol) n.

دارویی که فعالیت قلب را کنترل کرده (به *beta blocker* مراجعه کنید) و از طریق دهان یا تزریق برای درمان آنژین، فشار خون بالا و ریتم غیرطبیعی قلب استفاده می شود. نام تجاری: *Trasicor*.

oxycephaly (turricephaly) (oksi-sef-ăli) n.

بدشکلی استخوان های جمجمه که به آن ظاهری نوک تیز می دهد.

-oxycephalic (oksi-si-fal-ik) adj.

oxygen (oks-i-jĕn) n.

گازی بی رنگ و بی بو که $\frac{۱}{۵}$ اتمسفر را تشکیل می دهد. اکسیژن برای بیشتر انواع زندگی ها لازم است؛ در انسان این گاز به درون خون از طریق هوای تنفس شده به درون ریه ها جذب می شود. اکسیژن به صورت درمانی در بیماری های مختلف که در آن بافت ها جهت فراهم کردن اکسیژن کافی از طریق شش ها ناتوان می مانند، استفاده می شود. نماد: *O*.

o. deficit

رنگ پریدگی غیرعادی پوست ناشی از کاهش جریان خون رسانی یا فقدان رنگیزه های طبیعی. رنگ پریدگی ممکن است نشان دهنده ی شوک، کم خونی، سرطان یا بیماری های دیگر باشد.

palmar (pal-mer) adj.

مربوط به کف دست.

p. arches

دو قوس شریانی (عمیق و سطحی) در کف دست که از طریق تلاقی شریان های زند زیرین و زبرین بوجود می آید.

palmitic acid (pal-mit-ik) n.

به *fatty acid* مراجعه کنید.

palpation (pal-pay-shŏn) n.

فرآیند معاینه ی بخشی از بدن از طریق لمس دقیق با دستها و نوک انگشتان.

palpebral (pal-pi-brăl) adj.

مربوط به پلک (پالپبرال).

palpitation (pal-pi-tay-shŏn) n.

آگاهی از ضربان قلب. این وضعیت با ترس، احساس یا اعمال زور، طبیعی است. این وضعیت ممکن است علایمی از اختلال اعصاب، آرتیمی، بیماری قلبی و بیش فعلی گردش خون نیز باشد.

palsy (pawl-zi) n.

فلج. به *Bell's palsy* و *cerebral* مراجعه کنید.

paludism (Pal-yoo-dizm) n.

به *malaria* مراجعه کنید.

pan- (pant (o))

پیشوند به معنی همه؛ هر؛ بنابراین (در پزشکی) تحت تأثیر قرارگرفتن تمام بخش های یک ارگان یا بدن؛ کلی.

panacea (pan-ă-see-ă) n.

دارویی برای درمان همه ی بیماری ها و اختلالات. متأسفانه این نوع دارو وجود ندارد، با وجود این که مطالبه بسیاری از داروهای اسپسیالیته را می سازند.

panadol (pan-ă-dol) n.

به *paracetamol* مراجعه کنید.

panarthritis (pan-arth-ry-tis) n.

التهاب تمام ساختارهای درگیر شده درون یک مفصل. به *arthritis* مراجعه کنید.

کف دهان که دهان را از حفره ی بینی جدا می کند.

hard p.

بخش قدامی کام؛ این بخش بوسیله ی زوائد ماگزیلا و استخوان های کام ساخته شده و بوسیله ی غشای موکوسی پوشیده شده است.

soft p.

بخش خلفی کام؛ چین متحرک غشای موکوسی که در پشت دهان برای تشکیل زبان کوچک مخروطی شده است. به *cleft palate* هم مراجعه کنید.

palatine bone (pal-ă-tyn) n.

هر یک از جفت استخوان های تقریباً L شکل صورت که در کام سخت، حفره ی بینی و حدقه ی چشم شرکت می کند.

palato-

پیشوند به معنی ۱. کام. ۲. استخوان کامی.

palatoplasty (pal-a-toh-plasti) n.

جراحی پلاستیک کف دهان، معمولاً برای اصلاح کام شکافته یا دیگر نقایص مادرزادی.

palatoplegia (pal-ă-toh-plee-jiă) n.

فلج کام نرم.

palatorrhaphy (pal-ăt-o-răfi) n.

به *staphylorrhaphy* مراجعه کنید.

pali- (palin-)

پیشوند به معنی تکرار یا مجدد.

palilalia (pal-i-lay-liă) n.

اختلال در صحبت کردن که در آن یک کلمه توسط یک شخص به طور سریع گفته می شود و به طور غیر ارادی تکرار می گردد.

palindromic (pal-in-drom-ik) adj.

راجعه؛ توصیف بیماری یا علایمی که عود کننده است یا بدتر می شود.

palliative (pal-i-ătiv) n.

دارویی که به طور موقت علایم را تسکین داده ولی به طور واقعی بیماری را درمان نمی کند.

pallidectomy (pal-i-dek-tŏmi) n.

عمل جراحی‌عصبی برای تخریب یا اصلاح آثار گلبوس‌پالیدوس (به *basal ganglia* مراجعه کنید). این عمل جهت تسکین پارکینسونیسم یا شرایط دیگری که حرکات غیر ارادی قابل توجه هستند، صورت می گیرد.

pallor (pal-er) n.

تومور خوش‌خیم روی سطح پوست یا غشای موکوسی. زگیل‌ها نوعی پاپیلوما هستند.

papillomatosis (pap-i-loh-mă-toh-sis) n.
وضعیتی که در آن بسیاری از پاپیلوماها روی ناحیه ای از پوست یا غشای موکوسی رشد می کنند.

papillotomy (pap-i-lot-ŏmi) n.
عمل برش آمپولای واتر برای گشادکردن روزنه ی آن، به منظور زهکشی بهتر صفرا و فراهم کردن امکان عبور سنگها از مجرای مشترک صفراوی. این عمل معمولاً با استفاده از یک سیم دیاترم از طریق یک دئودنوسکوپ به دنبال *ERCP* انجام می شود.

papovavirus (pap-oh-vă-vy-rŭs) n.
یکی از گروه ویروس های کوچک *DNA* دار که تومورهایی را در انسان وحیوانات ایجاد می کند.

pap test (pap) n.
به *Papanicoloou test* مراجعه کنید.

papule (pap-yool) n.
خال یا ضایعه ی برآمده، سطحی و کوچک روی پوست. این ضایعات معمولاً بخشی از یک جوش، مثل ضایعاتی که به همراه آبله مرغان ظاهر می شود، را بوجود می آورد.

-popular adj.

papulo-
پیشوند به معنی پاپول یا جوش.

papulopustular (pap-yoo-loh-pus-tew-ler) adj.
توصیف جوشی که حاوی هر دوی پاپول و پوسچول است.

papulosquamous (pap-yoo-loh-skway-mŭs) adj.
۱. توصیف جوشی که به صورت پاپول و پوسته ریزی است. ۲. به معنی گروهی از بیماری های پوستی که دارای این ویژگی از قبیل لیکن پلان و پسوریازیس، هستند.

para -
پیشوند به معنی۱. کنار، نزدیک. ۲. مشابه. ۳. غیرطبیعی.

para-aminobenzoic acid (pa-ră-ă-mee-no-ben-zoh-ik) n.
دارویی که به طور طبیعی وجود دارد که در مواد شوینده و نیز کرم ها جهت جلوگیری از آفتاب سوختگی استفاده می شود. این دارو قبلاً از طریق دهان برای درمان عفونت های خاص

pant- (panto-)
به *pan-* مراجعه کنید.

panthothenic acid (pan-tŏ-theen-ik) n.
ویتامین *B* که جزء اصلی کوآنزیم *A* است. این ویتامین نقش مهمی را در انتقال گروه های استیل در بدن ایفا می کند.

pantropic (pan-trop-ik) adj.
توصیف ویروسی که می تواند بدون نشانه ی خاصی به بسیاری از بافت های مختلف بدن حمله کند و آن ها را تحت تأثیر قرار دهد.

papanicolaou test (pap test) (pap-ă-nik-oh-lay-oo) n.
آزمایشی برای کشف سرویکس یا پوشش رحم. به *cervical simear* هم مراجعه کنید.

[G. N. Papanicolaou (1883-1962), آناتومیست و سیتولوژیست یونانی]

papaveretum (pă-pav-er-ee-tŭm) n.
ترکیبی از تریاک که برای تسکین درد استفاده می شود. این ترکیبی حاوی چندین آلکالوئید تریاک از قبیل پاپاورین است.

papaverine (pă-pav-er-een) n.
آلکالوئیدی که از تریاک مشتق می شود و عضله ی صاف را شل می کند. این دارو از طریق دهان یا تزریق برای درمان اسپاسم عضلانی در برخی از شرایط مثل کولیک و در افشانه‌ها جهت تسکین آسم، استفاده می شود. زمانی که به درون اجسام غاری آلت تناسلی مذکر تزریق می شود برای بررسی و کنترل تشخیصی و نیز درمان ضعف جسمی مصرف می گردد.

papilla (pă-pil-ă) n. (pl. papillae)
نوعی برآمدگی کوچک به شکل نوک پستان. چندین نوع مختلف پاپیل روی زبان به همراه جوانه های چشایی واقع شده اند.

optic p.
به *optic (disc)* مراجعه کنید.

-papillary adj.

papillitis (pap-i-ly-tis) n.
التهاب دیسک چشمی.

papillooedema (pap-il-ee-dee-mă) n.
تورم دیسک چشمی.

papilloma (pap-i-loh-mă) n.

۱. توصیف حالت روحی که از طریق توهمات بسط یافته، منطقی و ثابت شده مشخص می شود. دلایل زیادی از قبیل اسکیزوفرنی پارانوئید، بیماری روانی افسردگی مانیک و استرس های عاطفی شدید وجود دارد. ۲. توصیف شخصیتی که از طریق برخی ویژگی ها مثل حساسیت شدید به عدم پذیرش توسط دیگران، سوء ظن، خصومت و خودستایی مشخص می شود.

paraparesis (pa-ră-pă-ree-sis) n.
ضعف هر دو پا ناشی از بیماری سیستم عصبی.

paraphasia (pa-ră-fay-ziă) n.
اختلال زبان که در آن هجاها، واژه ها یا عبارات در میان عبارات دیگر در سخنان بیمار قرار می گیرد.

paraphimosis (pa-ră-fi-moh-sis) n.
انقباض پوست ختنه گاه پشت حشفه ی آلت تناسلی مذکر. پوست سفت شده ی ختنه گاه نمی تواند روی حشفه برگردد و دردناک و متورم می شود.

paraphrenia (pa-ră-free-niă) n.
اختلال روانی که عمدتاً در افراد سالخورده و فاقد شنوایی دیده می شود که از طریق توهمات اساسی و خیالات دائمی ولی بدون هیچگونه علایم روانی مشخص دیگر، تشخیص داده می شود. برخی از افرادی که به این وضعیت دچار شده اند در نهایت علایم دیگر اسکیزوفرنی را نشان می دهند.

paraplegia (pa-ră-plee-jiă) n.
فلج هر دو پا، معمولاً ناشی از بیماری یا ضربه به طناب نخاعی. این وضعیت اغلب به همراه بی حسی زیر سطح جراحت و اختلال عملکرد مثانه، همراه است.
-paraplegic adj., n.

parapsoriasis (pa-ră-sŏ-ry-ă-sis) n.
یکی از انواع گروه بیماری های پوستی (اریترودرما) که به طور آهسته گسترش می یابد و از طریق قطعات پوسته ریز، قرمز و رنگ مزمن که مشابه پسوریازیس است، مشخص می شود.

parapsychology (pa-ră-sy-kol-ŏji) n.
مطالعه ی توانایی های روانی که خارج از محدوده ی قوانین جسمی قرار می گیرد.

paraquat (pa-ră-kwot) n. *Trademark.*
ترکیب شیمیایی دی متیل دیپیریدیلوم، که به طور گسترده به عنوان علف کش استفاده می شود. زمانی که این ترکیب

(در پزشکی) اندازه گیری چند فاکتور مثل فشارخون، ضربان نبض، یا سطح هموگلوبین خون که ممکن است در ارتباط با وضعیت (مددجو) بررسی شود.

paramethadione (pa-ră-meth-ă-dy-ohn) n.
دارویی ضد تشنج که از طریق دهان برای درمان صرع مختصر در بیماری صرع استفاده می شود. نام تجاری: *paradione*

parametritis (pelvic cellulitis) (pa-ră-mi-try-tis) n.
التهاب بافت پیوندی اطراف رحم. این وضعیت ممکن است به همراه عفونت زایمانی باشد.

parametrium (pa-ră-mee-triŭm) n.
لایه ای از بافت پیوندی که اطراف رحم را می پوشاند.

paramnesia (pa-ram-nee-ziă) n.
نقص حافظه مثل افسانه سرایی و دژاوو.

paramyotoia congenital (pa-ră-my-ŏ-toh-nia-kŏn-jen-it-ă) n.
اختلال نادر سرشتی که در میوتونی در زمان در معرض قرارگرفتن بیمار با سرما گسترش می یابد. این وضعیت ممکن است ناشی از اختلال در متابولیسم پتاسیم باشد.

paranasal sinuses (pa-ră-nay-zăl) pl. n.
فضایی پرشده از هوا که با غشای موکوسی پوشیده شده، درون برخی از استخوان های جمجمه وجود دارد و به حفره ی بینی باز می‌شود. این حفره‌ها شامل سینوس‌های فرونتال (یک جفت از هر کدام)، سینوس های اتموئید (متشکل از بسیاری از فضاهای درون استخوان غربالی) و دو سینوس های اسفینوئید می باشد.

paraneoplastic syndrome (pa-ră-nee-oh-plast-ik) n.
نشانه ها و علایمی که ممکن است در بیماران مبتلا به سرطان (این علایم مستقیماً ناشی از سلول های سرطانی نیست). حذف سرطان معمولاً باعث اشکال درتفکیک پذیری می شود. مثالی از آن میاستنی گراو است که به طو ثانویه به سمت یک تومور تیموس هدایت می گردد.

paranoia (pa-ră-noi-ă) n.
نوعی اختلال روحی که با هذیان بزرگ منشی یا گزند و آسیب مشخص می شود که ممکن است به شکل منطقی، کاملاً سیستماتیک باشد و تا حدودی شخصیت خوب حفظ شود.

paranoid (pa-ră-noid) adj.

مثل کروپرومازین تحریک شود. تسکین علایم ممکن است از طریق داروهای آنتی کلینرژیک و لوودوپا ایجاد شود.
[j. parkinson (1755-1824), پزشک انگلیسی]

paromomycin (pa-roh-moh-my-sin) n.
آنتی بیوتیکی که علیه باکتری ها و آمیب های روده ای فعالیت کرده و از طریق دهان برای درمان اسهال خونی و گاستروآنتریت استفاده می شود.

paronychia (pa-roh-nik-ĭa) n.
التهاب و تورم چین های پوست و بافت های اطراف ناخن انگشتان دست یا پا. به *whitlow* هم مراجعه کنید.

parosmia (pa-roz-mĭa) n.
نوعی اختلال حس بویایی.

parotid gland (pă-rot-id) n.
یکی از جفت غدد بزاقی که در جلوی هر گوش واقع شده است.

parotitis (pa-rŏ-ty-tis) n.
التهاب غدد بناگوشی. به *mumps (infectious parotitis)* مراجعه کنید.

parous (pa-rŭs) adj.
به دنیا آمدن یک یا چند کودک.

paroxysm (pa-rŏk-sizm) n.
۱. حمله ی شدید و ناگهانی، به خصوص وضعیت موجود در اسپاسم یا تشنج. ۲. بدترشدن ناگهانی علایم یا بیماری عودکننده.

-paroxysmal (pa-rŏk-siz-măl) adj.

paroxysmal dyspnoea n.
نفس تنگی حمله ای در هنگام شب که به علت نارسایی قلبی بطن چپ رخ می دهد.

paroxysmal tachycardia n.
افزایش غیرطبیعی ضربان قلب به علت ایمپالس های تولید شده در جاهای دیگر قلب و خارج از محدوده ی پیس میکر طبیعی (گره سینوسی دهلیزی).

parrot disease (pa-rŏt) n.
بیماری عفونی طوطی ها و نوعی طوطی استرالیایی که از طریق باکتری *Chlamydia psittaci* ایجاد می شود. این بیمار می تواند به انسان انتقال یابد و موجب سردرد، خون ریزی از بینی، لرزیدن، تب و عوارضی که شش ها را درگیر می کند، می شود. این بیماری به تتراسایکلین یا

بخش اصلی یک ارگان که از بافت های اطراف (بافت همبند) مشخص می شود.

parenteral (pa-rent-er-ăl) adj.
مصرف کردن به هر طریقی به جزن دهان؛ برای مثال این واژه جهت ورود داروها به درون بدن از طریق تزریق استفاده می شود.

paresis (pă-ree-sis) n.
ضعف عضلانی که از طریق بیماری سیستم عصبی مشخص می گردد. این وضعیت اشاره به ضعف خفیفتر از فلج دارد اگر چه این دو کلمه اغلب به جای هم استفاده می شود.

paries (pair-i-eez) n. (pl. parietes)
۱. احاطه کردن یا پوشاندن قسمتی از یک ارگان یا ساختار دیگر. ۲. دیواره ی یک حفره.

parietal (pă-ry-ĕ-t'l) adj.
مربوط به دیواره های درونی یک حفره خارج از محدوده ی حجم آن.

p. bone
هر یک از جفت استخوان تشکیل دهنده ی رأس و جوانب جمجمه. به *skull* مراجعه کنید.

p.cells
به *oxyntic cell* مراجعه کنید.

p. lobe
یکی از تقسیمات عمده ی هر نیم کره ی مغزی (به *cerebrum* مراجعه کنید)، که زیر رأس جمجمه قرار می گیرد. این بخش حاوی قشر حسی و نواحی مربوطه است.

p. pleura
به *pleura* مراجعه کنید.

parity (pa-riti) n.
اصطلاحی که برای مشخص کردن تعداد بارداری های یک زن استفاده می شود. هر یک از این حاملگی ها موجب تولد یک کودک قادر به زیستن می شود. به *grand multiparity* مراجعه کنید.

parkinsonism (par-kin-sŏn-izm) n.
بیماری افراد میان سال و سال خورده که از طریق لرزش، سفتی و ضعف خود به خودی حرکات مشخص می شود. بیمار قیافه ی ناگویا، صدای نامناسب و افزایش تمایل به خمیدگی را دارد. پارکینسونیسم بیماری است که بر گانگلیای بازال مغز تأثیر می گذارد. این بیماری می تواند از طریق برخی از داروها

مربوط به سینه یا پستان.

p. girdle

به *shoulder girdle* مراجعه کنید.

p. muscle

عضلات سینه؛ پکتوریس ماژور که بازو را در عرض سینه به طرف جلو می کشد و پکتوریس مینور که شانه ها را عقب می برد.

pectoriloquy (pek-ter-il-ŏ-kwi) n.

انتقال غیرطبیعی صدای بیمار از طریق قفسه ی سینه ی بیمار، طوری که این صداها به طور واضح توسط یک گوشی پزشکی می توان شنید.

pectus (pek-tŭs) n.

سینه یا پستان.

pedicle (ped-ikŭl) n.

۱. باریکه ی کم پهنای بافت که برخی از تومورها را به بافت های طبیعی متصل کرده و از طریق آن، گسترش می یابند. ۲. (در جراحی پلاستیک) لوله ی چین خورده و کم پهنای پوست که بوسیله ی آن قطعه ای از پوست برای پیوند زدن قطعات باقی مانده ی متصل به مکان اصلی خود، استفاده می شود. ۳. (در آناتومی) هر نوع زائده ی ساقه مانند، بلند و باریک.

pediculicide (pi-dik-yoo-li-syd) n.

عاملی که شپش ها را می کشد؛ برای مثال بنزیل بنزآت و گامابنزین هگزاکلرید.

pediculosis (pi-dik-yoo-loh-sis) n.

هجوم به بدن و یا پوست فرق سر با شپش های تیره ی *pediculus* که موجب خارش شدید می شود. شپش توسط گامابنزین هگزاکلرید از بین می رود.

pediculus (pi-dik-yoo-lŭs) n.

تیره ی شپشی که به طور گسترده توزیع شده است.

p.humanus capititis

رأس شپش ها.

p.humanus corporis

شپش بدن که در برخی از قسمت های جهان تب راجعه و تیفوس را انتقال می دهد. به *pediculosis* هم مراجعه کنید.

peduncle (pi-dunk-ŭl) n.

زائده ی باریک یا ساختار ساقه مانندی که به عنوان یک ارتباط دهنده یا حامی به کار می رود.

توانایی ایجاد بیماری. این واژه برای یک میکروارگانیسم انگلی (خصوصاً باکتری) در ارتباط با میزبان خود، به کار برده می شود.

-pathogenicity n.

pathognomonic (pa-thŏg-noh-mon-ik) adj.

توصیف علایم یا نشانه ای که شاخص یک بیماری خاص یا منحصر به آن است.

pathological (pa-thŏ-loj-ikal) adj.

مربوط به یا نشأت گرفته از یک بیماری.

pathology (pă-thol-ŏji) n.

مطالعه ی فرآیند بیماری ها به هدف فهم طبیعت و ماهیت آن ها.

clinical p.

کاربرد فرآیند دانش بیماری ها در ارتباط با درمان بیماران.

-pathologist n.

-pathy

پسوند به معنی۱. بیماری. ۲. درمان.

Paul-Bunnell test (pawl-bŭ-nel) n.

آزمایش انعقاد خون که در تشخیص طب غده ای، استفاده می شود.

[j. R. paul (1893-), w.w. Bunnell (1902-), پزشک آمریکایی]

pauls' tube (pawlz) n.

لوله ی شیشه ای به همراه یک لبه ی برآمده که برای کشیدن (محتویات) روده بعد از آورده شدن به سطح شکم و بازشدن، استفاده می گردد.

[F.T.paul (1851-1941), جراح انگلیسی]

pearson bed (peer-sŏn) n.

نوع خاصی از تخت بیمارستان برای مراقبت بیماران مبتلاء به شکستگی.

peau d'orange (poh daw-rahnj) n.

ظاهر فرو رفته ی پوست روی تومور پستان، مشابه سطح پرتقال. در این وضعیت پوست ضخیم می شود و مجاری فولیکول های مو و غدد عرق بزرگ می گردند.

pecten (pek-tin) n.

۱. قسمت میانی مجرای مقعد. ۲. لبه ی تیزی روی شاخه ی فوقانی پوبیس (بخشی از استخوان هیپ).

-pectineal (pek-tin-iăl) adj.

pectoral (pek-ter-ăl) adj.

دارویی که عروق خونی را متسع می کند و از طریق دهان در درمان آنژین و بیماری های دیگر قلبی، استفاده می شود. *Cardiacap, Mycardol, pentral, pritrate.*

pentagastrin (pen-tă-gas-trin) n.

هورمون مرکب که آثاری همانند گاسترین را دارد. این هورمون برای آزمایش ترشح معدی در تشخیص اختلالات گوارشی، تزریق می شود. نام تجاری: *peptavlon.*

pentazocine (pen-taz-oh-seen) n.

داروی مسکن و قوی که از طریق دهان، تزریق و یا شیاف برای تسکین درد متوسط یا شدید استفاده می شود. نام تجاری: *fortral.*

pentobarbitone (pen-tŏ-bar-bi-tohn) n.

داروی باربیتورات که برای تسکین بی خوابی و آشفتگی و همچنین به عنوان ضد تشنج استفاده می شود. این دارو از طریق دهان، تزریق یا شیاف مصرف می گردد. نام تجاری: *Nembutal.*

pentose (pen-tohz) n.

نوعی قند ساده با پنج اتم کربن: برای مثال ریبوز و گسیلوز.

pentosuria (pen-tohs-yoor-iă) n.

نقص موروثی متابولیسم قند که موجب دفع غیرطبیعی پنتوز در ادرار می شود.

pentothal (pen-tŏ-thal) n.

به *thiopentone* مراجعه کنید.

peppermint (pep-er-mint) n.

روغنی که از یک گونه ی نعناع (*Menthal piperita*) بدست می آید و به عنوان یک عامل چاشنی و ضدنفخ استفاده می شود.

pepsin (pep-sin) n.

آنزیمی درون معده که گوارش پروتئین ها را از طریق شکستن آن ها به پپتون ها شروع می کند (به *peptidase* مراجعه کنید) این آنزیم از طریق فعالیت هیدروکلریک اسید بر روی پپسینوژن که توسط غدد گوارشی تولید می شوند، ساخته می گردد.

pepsinogen (pep-sin-ŏ-jĕn) n.

به *pepsin* مراجعه کنید.

peptic (pep-tik) adj.

۱. مربوط به پپسین. ۲. مربوط به گوارش.

p. ulcer

زخمی در پوشش (موکوس) دستگاه گوارشی که از طریق گوارش موکوس توسط پپسین و اسید ایجاد می شود. این

واکنش ها مثل جوش های پوستی، تورم گلو و تب در آن ها گسترش می یابد. نام تجاری: *crystappen.*

penicillinase (pen-i-sil-in-ayz) n.

ماده ای شبیه به آنزیم که از طریق برخی از باکتری هایی که توانایی آنتاگونیست کردن فعالیت ضدباکتریایی پنی سیلین را دارند، تولید می شود. پنی سیلیناز پاک کننده ممکن است برای درمان واکنش نسبت به پنی سیلین استفاده شود.

penicillum (pen-i-sil-iŭm) n.

تیره ای از جنس قارچ کپکی شکل که عمدتاً روی میوه، نان و پنیر در حال فساد رشد می کند. برخی از گونه ها برای انسان بیماری زا هستند و موجب بیماری های پوست و دستگاه تنفسی می شوند.

p. chrysogenum

منبع عمده ی طبیعی آنتی بیوتیک پنی سیلین.

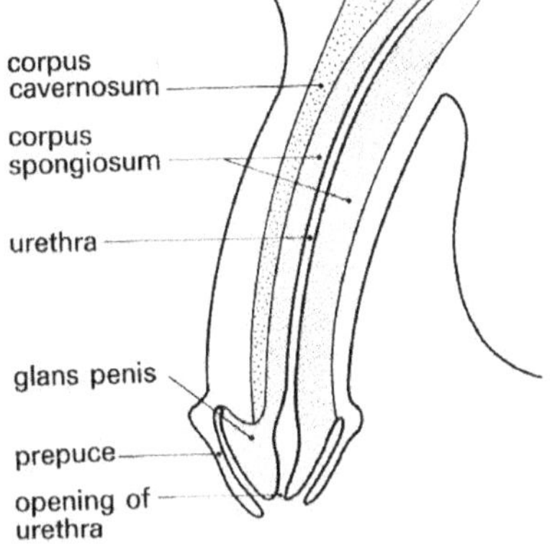

پنیس (برش میانی)

penile prosthesis (pee-nyl) n.

به *prosthesis* مراجعه کنید.

penis (pee-nis) n.

ارگان جنس مذکر که پیشابراه را حمل کرده و از درون آن ادرار و مایع منی خارج می شود. بیشترین بخش این ارگان را بافت نعوظ (کورپوس کاورنوسوم و کورپوس اسپونگیوسوم) تشکیل می دهد که تحت شرایط لذت جنسی از خون پر شده طوری که پنیس نعوظ می یابد. به *glans* و *prepuce* هم مراجعه کنید.

pent- (penta-)

پیشوند به معنی پنج.

pentaerythritol (pen-tă-i-rith-ri-tol) n.

pericardium (pe-ri-kar- diŭm) n.
غشای پوشاننده ی قلب.
Fibrous p.
بخش خارجی پریکارد که کاملاً قلب را می پوشاند و به عروق خونی بزرگ که از قلب خارج می شود، متصل می گردد.
serous p.
بخش درونی پریکارد؛ یک کیسه ی سربسته ی غشای سروزی که حاوی مقدار بسیار اندکی از مایع است که از اصطکاک بین دو سطح در هنگام ضربان های قلب جلوگیری می کند.
-pericardial adj.

pericardotomy (pe-ri-kar-dot- ŏmi) n.
به *pericardiotomy* مراجعه کنید.

perichondritis (pe-ri-kon-dry-tis) n.
التهاب غضروف و بافت های نرم اطراف آن، معمولاً ناشی از التهاب مزمن. یک مکان شایع، گوش خارجی است.

perichondrium (pe-ri-kon- driŭm) n.
لایه ی متراکمی که از بافت پیوندی که سطح غضروف را می پوشاند، تشکیل شده است.

percranium (pe-ri-kray-nium) n.
پوشش استخوان جمجمه.

pericystitis (pe-ri-sis-ty-tis) n.
التهاب درون بافت های اطراف مثانه که موجب درد در لگن، تب و علایم التهاب مثانه می شود. این وضعیت معمولاً ناشی از التهاب در لوله های فالوپ یا رحم می باشد.

perifolliculitis (pe-ri- fŏ -lik-yoo-ly-tis) n.
التهاب اطراف فولیکول های مو.

perihepatitis (pe-ri-hep- ă -ty-tis) n.
التهاب غشای پوشاننده ی کبد. این وضعیت معمولاً به همراه ناهنجاری های کبد یا پریتونیت مزمن است.

perilymph (pe-ri-limf) n.
مایع بین لابیرانت های استخوانی و غشایی گوش.

perimeter (per-im-it-er) n.
ابزاری برای ترسیم کامل وسعت میدان بینایی و کشف هر نوع شکاف یا نقص.
-perimetry n.

perimetritis (pe-ri-mi-try-tis) n.
التهاب غشا روی سطح خارجی رحم. این وضعیت ممکن است به همراه التهاب بافت های اطراف رحم باشد.

جراحی برداشت پریکارد؛ این عمل معمولاً برای پریکاردیت فشارآور مزمن و نیز برون تراوی پریکاردی، استفاده می شود (به *pericarditis* مراجعه کنید).

pericardiosentesis (pe-ri-kar-di-oh-sen-tee-sis) n.
برداشت مایع اضافی از درون پریکارد توسط آسپیراسیون سرنگ.

pericardiectomy (pericardectomy) (pe-ri-kar-di-ek- tŏmi) n.
ترمیم جراحات درون پریکارد مثل جراحاتی که ناشی از ضربه یا جراحی است.

pericardiocentesis (pe-ri-kar-di-oh-sen-tee-sis) n.
عملی که در آن پریکارد باز شده و مایع درون آن از طریق یک لوله کشیده می شود. این عمل گاهی اوقات در درمان پریکاردیت سپتیک استفاده می شود.

pericardiorrhaphy (pe-ri-kar-di-o- răfi) n.
بهبودی زخم های درون پریکاردیوم مثل زخم هایی که ناشی از جراحت یا ضربه است.

pericardiostomy (pe-ri-kar-di-ost- ŏmi) n.
عملی که در آن پریکارد باز می شود و مایع درون آن از طریق یک لوله کشیده می شود. این عمل گاهی اوقات در درمان پریکاردیت عفونی استفاده می شود.

pericardiotomy (pericardotomy) (per-ri-kar-di-ot- ŏmi) n.
جراحی باز کردن یا سوراخ کردن پریکارد. این عمل نیازمند دسترسی به قلب در جراحی قلب و برداشت مایع اضافی از درون پریکارد است.

pericarditis (pe-ri-kar-dy-tis) n.
التهاب مزمن یا حاد پریکارد. پریکاردیت ممکن است به تنهایی یا به عنوان بخشی از التهاب عضله ی قلب و غشاها دیده شود. این وضعیت دلایل زیادی از قبیل عفونت های ویروسی، اورمی و سرطان دارد.
acute p.
پریکاردیتی که از طریق تب، درد سینه و اصطکاک پریکاردی مشخص می شود. مایعات ممکن است درون کیسه ی پریکاردی (افیوژن پریکاردیال) تجمع یابند.
chronic constrictive p.
ضخیم شدن مزمن پریکارد که با فعالیت قلب تداخل دارد و دارای ویژگی های زیادی در ارتباط با نارسایی قلبی است.

به *quinsy* مراجعه کنید.

peritrichous (pe-ri-try-kŭs) adj.
توصیف باکتری هایی که در آن فلاژلا تمام سطح سلول را می پوشاند.

perityphlitis (pe-ri-tif-ly-tis) n. *Archiac.*
التهاب بافت های اطراف سکوم. به *typhlitis* مراجعه کنید.

periureteritis (pe-ri-yoor-i-ter-I-tis) n.
التهاب بافت های اطراف پیشابراه. این وضعیت ممکن است به همراه التهاب خود حالب، اغلب در پشت انسدادی که از طریق یک سنگ یا جراحت ایجاد می شود، رخ می دهد.

perle (perl) n.
کپسول نرم حاوی دارو.

perleche (per-lesh) n.
خشکی و ترک گوشه های دهان، گاهی اوقات به همراه عفونت. پرلش ممکن است از طریق لیسیدن مداوم لب یا از طریق رژیم غذایی کم ویتامین ایجاد شود.

permeability (per-mi-ă -bil-iti) n.
توانایی غشاها جهت عبور مواد محلول از آن ها. به *semipermeable membrane* هم مراجعه کنید.

-permeable (per-mi-ăbŭl) adj.

pernicious (per-nish-ŭs) adj.
توصیف بیماری هایی که پرخطر هستند یا در صورت درمان نشدن احتمالاً باعث مرگ می شوند.

p. anaemia
نوعی آنمی ناشی از کمبود ویتامین $B_{۱۲}$، به علت ناتوانی در تولید فاکتور اصلی یا کمبود ویتامین در رژیم غذایی. این وضعیت از طریق نقص تولید گلبول های قرمز و حضور مگالوبلاست ها در مغز استخوان، مشخص می شود.

pernio (per-ni-oh) n.
به *chilblain* مراجعه کنید.

perniosis (per-ni-oh-sis) n.
یکی از گروه بیماری هایی که از طریق تأثیر سرمای مداوم روی عروق خونی پوست حساس، ایجاد می شود. در این وضعیت شریان های کوچک منقبض و مویرگ ها گشاد شده که جریان خون را آهسته می کنند؛ در این بیماری ناحیه ی تحت تأثیر قرارگرفته آبی، متورم و سرد می شود. پرنیوزیس شامل سرمازدگی، کبودی اندام های تحتانی، اریتروسیانوز و بیماری *Raynaud* می شود.

pero -
پیشوند به معنی بدشکلی، نقص.

perisplenitis (pe-ri-spli-ny-tis) n.
التهاب پوشش های خارجی طحال.

peristalsis (pe-ri-stal-sis) n.
حرکتی موجی شکل که در طول برخی از لوله های عضلانی و توخالی بدن مثل روده پیش می رود. این وضعیت به طور غیر اختیاری رخ می دهد و از طریق انبساط دیواره های لوله تحریک می شود. انقباض و انبساط متناوب عضلات طولی و حلقوی محتویات لوله را به طرف جلو متمایل می کند.
-peristaltic adj.

peritendinitis (pe-ri-ten-di-ny-tis) n.
به *tenosynovitis* مراجعه کنید.

peritomy (per-it-ŏmi) n.
عمل جراحی چشم که در آن یک برش ملتحمه در دایره ی کاملی اطراف قرنیه ایجاد می شود. این عمل برای تسکین پانوس انجام می شود.

peritoneoscope (pe-ri-tŏn -ee-ŏ -skohp) n.
به *laparoscope* مراجعه کنید.

peritoneum (pe-ri-tŏn -ee-ŭm) n.
غشای سروزی حفره ی شکم.

parietal p.
بخشی از صفاق که دیواره های شکم را آستر می کند.

visceral p.
بخشی از صفاق که ارگان های شکمی را می پوشاند. به *mesentery* و *omentum* هم مراجعه کنید.
-peritoneal adj.

peritonitis (pe-ri-tŏn -I-tis) n.
التهاب صفاق.

primary p.
التهاب صفاق که از طریق باکتری هایی که از طریق جریان خون گسترش می یابند، ایجاد می شود. علایم آن شامل گسترش درد شکم و تورم به همراه تب و کاهش وزن می باشد.

secondary p.
التهاب صفاق ناشی از سوراخ شدن یا پاره شدن ارگان های شکمی مثل زائده ی کرمی شکل آپاندیس که امکان دست یابی باکتری ها و سوزش شیره های گوارشی نسبت به صفاق، فراهم می کند. این وضعیت دل درد شدید و ناگهانی و نیز شوک را ایجاد می کند. درمان آن معمولاً از طریق جراحی ترمیم سوراخ است.

peritonsillar abscess (pe-ri-ton-sil-er) n.

فشار دادن عضلات با استفاده از ماساژ؛ این عمل نوعی ماساژ است که در آن پوست بالا می آید، به پایین فشرده می گردد، نیشگون گرفته شده و لوله می شود.

petrositis (pet-roh-sy-tis) n.

التهاب بخش سخت استخوان گیجگاهی معمولاً ناشی از گسترش التهاب زائده ی پستانی.

petrus bone (pet-rŭs) n.

به *temporal bone* مراجعه کنید.

-pexy

پسوند به معنی جراحی ثابت کردن.

peyer's patches (py-erz) pl. n.

توده های بیضی شکل بافت لنفاوی روی غشای موکوسی پوشاننده ی روده ی کوچک.

[j. c. peyer (1653-1712), آناتومیست سوئیسی]

peyronie's disease (pay-roh-neez) n.

نوعی پلاک فیبروز متراکم در آلت تناسلی مذکر. پنیس در این محل و در حالت نعوظ خم یا زاویه دار شده و اغلب موجب درد می شود.

[F.de la peyronie (1678-1747), جراح فرانسوی]

PH n.

اندازه گیری غلظت یون هیدروژن در یک محلول و از این رو خاصیت اسیدی یا بازی آن. ۷*PH* یک، یک محلول خنثی را نشان می دهد. *PH* زیر ۷ بیانگر خاصیت اسیدی و *PH* بالای ۷ بیانگر خاصیت بازی است.

phaco-

به *phako-* مراجعه کنید.

phaeochromocytoma (fi-oh-kroh-moh-sy-toh-mă) n.

تومور رگ دار و کوچک مدولای غده ی آدرنال. بواسطه ی عدم کنترل آن و ترشح نامنظم هورمون های آدرنالین و نورآدرنالین، تومور موجب حملات افزایش فشارخون، افزایش ضربان قلب، تپش قلب و سردرد می شود.

phag- (phago-)

پیشوند به معنی ۱. خوردن. ۲. فاگوسیت ها.

phage (fayj) n.

به *bacteriophage* مراجعه کنید.

-phagia

پسوند به معنی یک وضعیت درگیر خوردن.

(در آناتومی) پا، یا بخشی مشابه پا.

p. clavus

به *claw-foot* مراجعه کنید.

p. planus

به *flat-foot* مراجعه کنید.

pessary (pess-er-i) n.

۱. ابزار پلاستیکی یا فلزی که درون مهبل قرار می گیرد و رحم را در موقعیت نگه می دارد؛ این ابزار برای درمان پایین افتادگی (رحم) استفاده می شود. ۲. توپ یا استوانه ایی دارای ماده ی نرم که حاوی دارویی است که درون مهبل جهت درمان برخی از اختلالات، مثل التهاب مهبل استفاده می شود. نام دیگر پساری شیاف واژینال است.

pesticide (pest-i-syd) n.

ماده ی شیمیایی مثل پاراتیون که برای کشتن حشرات یا دیگر ارگانیسم های مضر نسبت به محصولات و گیاهان زراعی استفاده می شود.

PET n.

به *positron emission tomography* مراجعه کنید.

petechia (pi-tee-kiă) n. (pl. petechiae)

لکه ای مسطح، دایره ای شکل و به رنگ قرمز پررنگ که از طریق خون ریزی به درون پوست یا غشای موکوسی زیر آن ایجاد می شود.

pethidine (peth-i-deen) n.

مسکن قوی با فعالیت تسکینی خفیف که از طریق دهان یا تزریق برای تسکین درد شدید یا متوسط استفاده می شود.

petit mal (pe-tee mal) n.

نوعی صرع ناشناخته که در آن حملات مختصر بی هوشی، که به مدت چند ثانیه طول می کشد، وجود دارد و در طول این وضعیت حالت و تعادل حفظ شده و چشم ها به طور مستقیم خیره می گردند. صرع مختصر به ندرت قبل از سه سالگی یا بعد از نوجوانی ظاهر شده و اغلب در هنگام بلوغ به طور خود به خودی فرو می نشیند. این وضعیت ممکن است به همراه یا به دنبال صرع بزرگ باشد. دارو درمانی (با سدیم والپورات یا اتوسوکسیمید) معمولاً مؤثر است.

petri dish (pet-ri) n.

ظرفی کم عمق، دایره ای شکل شیشه ای یا پلاستیکی به همراه سرپوشی به شکل جعبه ی قرص، که برای نگه داری آگار جامد یا محیط گشت ژلاتینی جهت کشت باکتری ها استفاده می شود.

[j. R. Petri (1852-1921), باکتری شناس آلمانی]

petrissage (pay-tri-sahzh) n.

دارویی که از طریق دهان برای تسکین افسردگی و اضطراب استفاده می شود (به *MAO inhibitor* مراجعه کنید). نام تجاری: *Nardil*.

pheneturide (fen-et-yoor-ryd) n.
دارویی ضد تشنج که از طریق دهان برای درمان انواعی از بیماری صرع استفاده می شود. نام تجاری: *Benuride*.

phenindione (fen-in-di-ohn) n.
دارویی ضدانعقاد که از طریق دهان یا تزریق برای درمان ترومبوز در عروق خونی قلب و اعضاء استفاده می شود. نام تجاری: *Dindevan*.

pheniodol (fin-I-ŏ-dol) n.
ترکیبی حاوی ید که به عنوان ماده حاجب در طول معاینه ی اشعه ی *X* مثانه استفاده می شود (به *cholecytography* مراجعه کنید).

pheniramine (fen-eer-ă-meen) n.
آنتی هیستامینی که برای درمان واکنش های آلرژیکی مثل تب یونجه و کهیر استفاده می گردد. این دارو از طریق دهان مصرف شده یا تحت عنوان پماد برای پوست به کار برده می شود. نام تجاری: *Daneral*.

phenobarbitone (fee-noh-bar-bit-ohn) n.
داروی باربیتوراتی که از طریق دهان یا تزریق برای درمان بی خوابی و اضطراب و نیز به عنوان ضد تشنج در درمان بیماری صرع، استفاده می شود.

phenol (arbolic acid) (fee-nol) n.
نوعی داروی ضدعفونی کننده ی قوی که برای پاک کردن ضخم‌ها، درمان التهابات دهان،گلو،گوش و نیز به عنوان محافظ در تزریقات، استفاده می شود. این دارو به عنوان محلول، پماد و شوینده ها استفاده می شود و در صورت استفاده از طریق دهان به شدت سمی است.

phenolphthalein (fee-nol-thal-i-in) n.
نوعی ملین برانگیزنده که از طریق دهان استفاده می شود و معمولاً هنگام شب جهت فعالیت در طول شب مصرف می گردد.

phenolsuphonphthalein (fee-nol-sul-fohn-thal-i-in) n.
رنگ قرمزی که از طریق تزریق، آزمایشی برای عملکرد کلیه استفاده می شود.

phenothiazines (fee-noh-th'y-ă-zeenz) n.
گروهی از ترکیبات شیمیایی مرتبط با فعالیت های مختلف فارماکولوژی. برخی از این گروه ها (مثل کلرپرومازین) یک

التهاب حنجره. این وضعیت زخم گلو را ایجاد کرده و اغلب به همراه التهاب لوزه است.

pharyngocele (fă-ring-oh-seel) n.
فتق یا تغییر شکل کیستیک حلق.

pharyngolaryngeal (fă-ring-oh-la-rin-jee-ăl) adj.
مربوط به گلو و حنجره.

pharyngoscope (fă-ring-ŏ-skohp) n.
یک آندوسکوپی برای معاینه ی گلو.

pharyngotympanic tube (fă-ring-oh-tim-pan-ik) n.
به *Eustachian tube* مراجعه کنید.

pharynx (fa-rinks) n.
لوله ی عضلانی آستر شده با غشای موکوسی، که از ابتدای مری (گلوت) تا حدود قاعده ی جمجمه امتداد یافته است. گلو با مجاری بینی خلفی، شیپور استاش، دهان، حنجره و مری ارتباط برقرار می کند. این ارگان به عنوان گذرگاهی برای غذا، یک راه هوایی از حفره بینی و دهان به سمت حنجره و نیز یک اتاقک صدا برای صداهایی که در حنجره تولید می شود، فعالیت می کند.

-pharyngeal adj.

phenacemide (fin-ass-i-myd) n.
دارویی ضد تشنج که از طریق دهان در درمان صرع استفاده می شود.

phenacetin (fin-ass-i-tin) n.
دارویی مسکن که تب هم کاهش می دهد، و از طریق دهان جهت تسکین درد خفیف یا متوسط استفاده می شود. به دلیل این که دوز بالای آن موجب آسیب به کلیه می شود، استفاده از آن در انگلستان طبق قانون مصوب در سال ۱۹۷۴، محدود شد.

phenazocine (fin-az-oh-seen) n.
دارویی مسکن که از طریق دهان یا تزریق برای تسکین سریع درد متوسط یا شدید، استفاده می‌شود. نام‌تجاری: *Narphen*.

phenazopyridine (fen-ă-zoh-pi-ri-deen) n.
دارویی مسکن که از طریق دهان برای تسکین درد و نیز شرایط التهابی مثانه و سیستم ادراری، مثل التهاب مثانه و پیشابراه استفاده می شود. نام تجاری: *pyridium*

phenelizine (fen-ĕl-zeen) n.

نوعی ساختار سنگ مانند که ناشی از رسوب کلسیم درون یک لخته ی خون سیاهرگی است.

phlebothrombosis (flee-boh-throm-boh-sis) n.

انسداد سیاهرگ از طریق یک لخته ی خونی، بدون التهاب قبلی دیواره ی آن. شایع ترین مکان این وضعیت درون سیاهرگ های عمیق ماهیچه ی ساق پا است. پاهای تحت تأثیر قرارگرفته ممکن است متورم و نازک شوند و لخته ممکن است جدا شود و موجب آمبولیسم ریوی گردد. استراحت طولانی مدت، نارسایی قلبی، حاملگی، ضربه و جراحی، زمینه را برای ترومبوز، از طریق کندکردن جریان خون، فراهم می کند. داروهای ضدانعقاد (مثل وارفارین و هپارین) در پیشگیری و درمان استفاده می شوند.

phlebotomy (venesection) (fli-bot-ŏmi) n.

جراحی بازکردن یا سوراخ کردن سیاهرگ به منظور برداشت خون (در درمان پلی سیتمی) یا تزریق مایعات، خون یا داروها در درمان بسیاری از وضعیت ها.

phlegm (flem) n.

اصطلاح غیرپزشکی برای بزاق.

phlegmasia (fleg-may-ziă) n.

التهاب.

p. alba dolens

به *white leg* مراجعه کنید.

phlyten (flik-tĕn) n.

برآمدگی کوچک و زرد رنگ مایل به صورتی که بوسیله ی ناحیه ای از عروق خونی متسع احاطه شده که در ملتحمه یا قرنیه رخ می دهد. عقیده بر این است که فلیکتن ناشی از نوعی آلرژی نسبت به باسیلوس توبرکل باشد.

phobia (foh-biă) n.

ترس قوی و پاتولوژیکی واقعه یا چیز خاص. جلوگیری از موقعیت ترسناک ممکن است به شدت زندگی یک شخص را محدود کند و موجب رنج بیشتر شود. درمان آن با رفتار درمانی، خصوصاً حساسیت زدایی و غرقه سازی است. در این وضعیت روان درمانی و رفتار درمانی هم مفید است.

-phobia

پسوند به معنی ترس ناخوشی یا مرگ.

phocomelia (foh-koh-mee-liă) n.

فقدان مادرزادی بالای دست و یا بالای پا که دست ها یا پاها یا هر دو بوسیله ی یک بخش کوتاهی به تنه متصل می شوند.

pholcodine (fol-kŏ-deen) n.

دارویی که سرفه را متوقف‌کرده و سوزش را در سیستم تنفسی کاهش می دهد (به *antitussive* مراجعه کنید). این دارو از طریق دهان در ترکیبات سرفه استفاده می شود.

phon- (phono-)

پیشوند به معنی آوا یا صدا.

phonation (foh-nay-shŏn) n.

تولید صداهای صوتی، خصوصاً صحبت کردن.

phonocardiogram (foh-noh-kar-di-ŏ-gram) n.

به *electrocardiophonography* مراجعه کنید.

-phonocardiography (foh-noh-kar-di-ŏ-gram) n.

-phoria

پسوند به معنی (در چشم پزشکی) انحراف غیرطبیعی چشم ها یا تغییر تقارن بینایی.

phosgene (fos-jeen) n.

نوعی گاز سمی که در طول جنگ جهانی گسترش یافت. این گاز یک عامل خفه کننده است که بر روی ریه ها برای ایجاد ادم نارسایی قلبی و تنفسی، فعالیت می کند.

phosphagen (fos-fă-jĕn) n.

فسفات کراتین (به *creatine* مراجعه کنید).

phosphataemia (fos-fă-tee-miă) n.

حضور فسفات ها درون خون. سدیم، کلسیم، پتاسیم و فسفات های منیزیم اجزاء اصلی و طبیعی هستند.

phosphatase (fos-fă-tayz) n.

گروهی از آنزیم های قادر به کاتالیز کردن هیدرولیز اسید فسفریک استراز. فسفاتازها در جذب و متابولیسم کربوهیدارت ها، نوکلئتیدها و فسفولیپیدها مهم هستند و در کلسیفاکسیون استخوان ضروری می باشند.

acid p.

فسفاتازی که درون کلیه، مایع منی، سرم و غده ی پروستات وجود دارد.

alkaline p.

فسفاتازی که درون دندان، هنگام رشد استخوان، پلاسما، کلیه و روده وجود دارد.

phosphate (fas-fayt) n.

نوعی نمک یا استراسیدفسفریک.

phycomycisis (fy-koh-my-koh-sis) n.
نوعی بیماری که از طریق قارچ انگلی تیره ی *Mucor* و *Absidia* و *Rhizopus* ایجاد می شود. قارچ درون عروق خونی شش ها و بافت عصبی رشد کرده و باعث می شوند که لخته های خونی، خون رسانی را قطع کنند (به *infarction* کنید). درمان آن با آنتی بیوتیک آمفوترسین مؤثر است.

physic- (physio-)
پیشوند به معنی۱. فیزیولوژی. ۲. جسمی.

physical (fiz-ikăl) adj.
(در پزشکی) مربوط به بدن به جای ذهن.

p. sign
نشانه ای که یک پزشک، در زمان معاینه ی بیمار، می تواند کشف کند مثل اتساع مردمک یا فقدان رفلکس پرش زانو.

physical medicine n.
پزشکی که متخصص به تشخیص و کنترل بیماری های روماتیسمی و بازتوانی بیماران مبتلا به ناتوانی های جسمی، است. به *rheumatology* هم مراجعه کنید.

physician (fiz-ish-ăn) n.
طبیبی که در تشخیص و درمان بیماری ها، با استفاده از وسایل جراحی متفاوت، تخصص یافته است. به *Doctor* هم مراجعه کنید.

physiological saline (fiz-i-ŏ-loj-ikăl) n.
محلول ۰/۹ درصد سدیم کلرید در آب که برای نگه داری سلول های زنده استفاده می شود.

physiological solution n.
یکی از گروه محلول ها، شامل محلول رینگر که برای نگه داری بافت ها در یک حالت قابل زیستن، می باشد. این محلول ها حاوی غلظت های مخصوص موادی هستند که برای عملکرد طبیعی بافت حیاتی هستند.

physiology (fiz-i-ol-ŏji) n.
علم عملکرد ارگانیسم های زنده و بخش های سازنده ی آنها.
-physiological adj. -physiologist n.

physiotherapy (fiz-i-oh-th'e-ră-pi) n.
شاخه ای از درمان که از روش های فیزیکی برای ارتقاء بهبودی، از قبیل استفاده از نور، حرارت، جریان الکتریکی، ماساژ، دستکاری و ورزش درمانی.

physo-
پیشوند به معنی هوا یا گاز.

-phrenia
پسوند به معنی وضعیتی از ذهن.

phrenic (fren-ik) adj.
۱. مربوط به ذهن. ۲. مربوط به دیافراگم.

p. avulsion
جراحی برداشت بخشی از عصب فرنیک که دیافراگم را فلج می کند. این اقدام به عنوان وسیله ای برای تسکین ششی که در اثر توبرکلوزیس عفونی گردیده، استفاده می شده است.

p. nerve
عصبی که عضلات دیافراگم را عصب رسانی می کند. در هر سمت این عصب از گردن نشأت گرفته و به طرف پایین بین ریه ها و قلب عبور می کند.

phrenicectomy (fren-i-sek-tŏmi) n.
جراحی تقسیم یا برداشت بخشی از عصب فرنیک. برداشت جزئی عصب، نتایج مشابه فرنمفاراکسیز و تقسیم (فرنیکتومی) را ایجاد می کند. این وضعیت به دلیل این که گاهی اوقات اعصاب بعد از اقدامات دیگر احیاء می شود، صورت می گیرد.

phreniclasia (fren-i-klay-ziă) n.
به *phrenemphranis* مراجعه کنید.

phrenicotomy (fren-i-kot-ŏmi) n.
به *phrenicectomy* مراجعه کنید.

phthalylsulphathiazole (that-il-sul-fă-th'y-ă-zohl) n.
دارویی (مثل سولفونامید) که به آهستگی درون روده تجزیه شده و از این رو از طریق دهان برای درمان عفونت های روده مصرف می گردد.

phthiriasis (thi-ry-ă-sis) n.
هجوم شپش های، *phthirus pubis* که موجب خارش شدید می شود؛ خاراندن مداوم بوسیله ی بیمار ممکن است باعث عفونت باکتریایی پوست شود.

phthirus (thi-rŭs) n.
توزیع گسترده ی تیره ی شپش.

p. pubis
انگل شایعی از انسان که دائماً به موی بدن متصل می شود، خصوصاً شپش شرمگاهی و نواحی اطراف مقعدی. به *phthiriasis* مراجعه کنید.

phthisis (th'y-sis) n.
نام سابقی برای ۱. هر نوع بیماری که موجب تحلیل بافت ها می شود. ۲. توبرکلوز ریوی.

phycomycosis (fi-koh-my-koh-sis) n.

physical medicine n.

physiological saline n.

phrenic (fren-ik) adj.

phthisis (thy-sis) n.

پزشکی: *acrodynia* و *erythroema* و *erythomelagia*.

pink eye n.

به *conjunctivitis* مراجعه کنید.

pinna (auricle) (pin-ă) n.

قسمت آویخته ی پوست و غضروف که از سر، در دهانه ی خارجی گوش مجرای شنوایی گوش، برآمده است.

pinocytosis (pee-noh-sy-toh-sis) n.

ورود قطرات کوچک مایع توسط یک سلول بوسیله ی بلع سیتوپلاستیک. با *phagocytosis* مقایسه کنید.

pinta (pin-tă) n.

بیماری پوستی که در نواحی گرمسیری آمریکا شایع است و به نظر می رسد که فقط بر نژاد سیاه پوستان تأثیر بگذارد. این وضعیت از طریق باکتری مارپیچی *Treponema carateum* ایجاد می شود. علایم آن شامل ضخیم شدن و فقدان احتمالی رنگیزه ی پوست، خصوصاً روی دستها، مچ دست ها، پاها و قوزک پا می باشد.

pinworm (thread worm) (pin-werm) n.

کرم نماتود انگلی تیره ی *Enterobius (oxyuris)* که در بخش فوقانی روده ی بزرگ انسان زندگی می کند. کرم های پهن موجب کرمک، (یک بیماری شایع در کودکان سرتاسر جهان) می شود.

piperazine (pi-pe-ră-zeen) n.

دارویی که از طریق دهان برای درمان حملات کرم های گرد و کرمک، استفاده می شود. نام های تجاری: *Antepar, pripsen*.

piperidolate (pi-pe-ri-doh-layt) n.

دارویی مشابه آتروپین که از طریق دهان برای درمان کولیک و بیماری های دیگر درگیر اسپاسم روده و معده استفاده می شود. نام تجاری: *Dactil*.

piriform fossae (pi-ri-form) pl. n.

دو فرورفتگی گلابی شکل که روی هر سمت مجرای به سمت حنجره قرار می گیرد.

piroxicam (py-roks-i-kam) n.

داروی ضدالتهاب و غیراستروئیدی که از طریق دهان برای تسکین درد و سفتی در استئوآرتریت، آرتریت روماتوئید، نقرس و اسپوندیلیت آنکیلوزان، استفاده می شود. نام تجاری: *Felden*.

PIs pl. n.

به *performance indicators* مراجعه کنید.

سمپاتیک موجب انقباض عضله شده که باعث کوری غازی پوست می شود.

pilonidal sinus (py-loh-ny-d'l) n.

قطعه ای کوچک، ناشی از یک مجرای درون پوست عضله ی ساق پا و بالای کفل ها که حاوی مو است. سینوس ممکن است به طور عود کننده عفونی شود و موجب درد وخروج چرک می گردد.

pilosebaceous (py-loh-si-bay-shŭs) adj.

مربوط به فولیکول های مو و غدد چربی به همراه این فولیکول ها.

pilosis (py-loh-sis) n.

رشد غیرطبیعی مو.

pilus (py-lŭs) n.

مو.

pimel- (pimelo-)

پیشوند به معنی چربی، به شکل چربی.

pimozide (pim-oh-zyd) n.

داروی مسکن مهمی که از طریق دهان برای تسکین توهمات و خیالاتی که در اسکیزوفرنی رخ می دهد، استفاده می شود. نام تجاری: *Orap*.

pimple (pim-pŭl) n.

تورم ملتهب شده و کوچکی روی پوست که حاوی چرک است. این وضعیت ممکن است باعث عفونت منفذهای پوست شود که به وسیله ی ترشحات چربی از غدد چربی مسدود شده است. به *acne* هم مراجعه کنید.

pineal body (pineal gland) (pin-i-ăl) n.

توده ای از بافت به اندازه ی یک نفوذ، که از طریق ساقه ای به دیواره ی خلفی بطن سوم مغز متصل می شود. این بخش ممکن است در شروع تکامل گنادها فعالیت کند ولی نامعلوم است. نام آناتومیکی: *epiphysis*.

pinguecula (ping-wek-yoo-lă) n.

تغییرات انحطاطی در ملتحمه ی چشم که غالباً در افراد مسن دیده می شود. مثلث های زرد و ضخیم شده روی ملتحمه در کناره های داخلی و خارجی قرنیه رشد می کند.

pink disease n.

بیماری شدید در کودکان سن دندان در آوردن که از طریق سرد و صورتی رنگ شدن، دست و پا، تعرق شدید، فشارخون، نبض سریع و فوتوفوبی مشخص می شود. این وضعیت ممکن است یک واکنش آلرژیکی نسبت به جیوه باشد. نام های

plasm- (plasmo-)

پیشوند به معنی ۱. پلاسمای خون. ۲. پروتوپلاسم یا سیتوپلاسم.

plasma (blood plasma) (plaz-mă) n.

مایعی که در آن سلول های خونی شناور هستند. پلاسما متشکل از نمک های مختلف سدیم، پتاسیم، کلسیم و غیره. به همراه غلظت بالایی از پروتئین و انواع مواد مؤثر است.

plasmacytoma (plaz-mă-sy-toh-mă) n.

تومور بدخیم سلول های پلاسما که ارتباط خیلی نزدیک با میلوما دارد. این تومور معمولاً به عنوان یک تومور مجرد استخوان رخ می دهد ولی ممکن است تکثیر یابد. به ندرت بر بافت های نرم تأثیر می گذارد.

plasmapheresis (plaz-mă-fer-ee-sis) n.

روش برداشت مقداری پلاسما از خون. دراین روش خون از بیمارگرفته می شود و آن را ته نشین می کنند. بعد پلاسما کشیده شده و سلول‌های خونی دوباره به بیمار تزریق می شود.

plasmin (fibrinolysin) (plaz-min) n.

آنزیمی که پروتئین فیبرین را هضم می کند. عملکرد آن تجزیه ی لخته های خون است (به *fibrinolysis* مراجعه کنید).

plasminogen (plaz-min-ŏ-jĕn) n.

ماده ای که به طور طبیعی درون پلاسمای خون حضور دارد که ممکن است به شکل پلاسمین فعال شود. به *fibrinolysis* و *tissue-type plasminogen activator* مراجعه کنید.

plasmodium (plaz-moh-dĭum) n.

تیره ای از پروتوزآهایی (به *sporozoa* مراجعه کنید) که به عنوان انگل هایی درون گلبول های قرمز خون انسان زندگی می‌کنند. چهارگونه‌ی باعث مالاریا درانسان: *p. falciparum* و *p. ovale* و *p. vivax* و *p. malariae*

plaster (plah-ster) n.

نوار چسبنده ای به شکل قطعات، یا تحت عنوان بانداژ برای حفظ پانسمان در محل، استفاده می شود.

plaster of paris n.

ترکیبی از سنگ گچ (کلسیم سولفات)، که در زمان اضافه شدن آب به آن، شروع به محکم شدن می کند. این ترکیب در دندان پزشکی و اورتوپدی برای تهیه ی گچ گیری استفاده می شود.

شایع ترین شکل بیماری که از طریق تورم دردناک گره های لنفاوی ایجاد می شود (به *bubo* مراجعه کنید). در موارد مطلوب خیارک ها می ترکند و بعد بهبودی می یابند؛ در موارد دیگر خون ریزی زیرپوست می تواند موجب زخم هایی شود که ممکن است کشنده باشد.

pneumonic p.

شکل خطرناکی از بیماری که در آن شش ها تحت تأثیر قرار می گیرند.

septicaemic p.

شکل خطرناکی از بیماری که در آن باکتری ها به درون جریان خون وارد می شوند.

plane (playn) n.

میزان یا سطح صاف، خصوصاً هر نوع سطوح صاف و فرضی که برای تقسیم بدن استفاده می شود (به *coronal* و *sagittal* مراجعه کنید).

planning (plan-ing) n.

دومین مرحله از فرآیند پرستاری که در آن پرستار و بیمار با هم اهدافی را برای رفع مشکلات احتمالی و شناسایی بیمار در زندگی روزمره، در نظر می گیرند و یک برنامه ی مراقبت فردی را ایجاد می کنند.

plantar (plan-ter) adj.

مربوط به کف پا (*planta*).

p. arch

قوسی درون کف پا که از طریق آناستوموز شاخه های سرخرگ های کف پا تشکیل می شود.

p. reflex

رفلکسی که از طریق کشیدن شیء بی نوکی در طول لبه ی خارجی کف پا بدست می آید. این پاسخ طبیعی هماهنگ است و انگشتان کف پا به طرف پایین خم می شوند. با *Babinski reflex* مقایسه کنید.

p. wart

به *wart* مراجعه کنید.

plaque (plak) n.

۱. لایه ای متشکل از باکتری هایی درون یک ماتریکس ساختمانی که روی سطح دندان، عمدتاً در گردن آن ها، تشکیل می شود. پلاک ممکن است موجب کرم خوردگی دندان ها یا بیماری بافت های اطراف دندان شود. ۲. تکه ی دایره ای شکل برآمده ی پوست یا غشای موکوسی ناشی از آسیب موضعی، معمولاً به علت عفونت.

-plasia

پیشوند به معنی تشیکل، رشد.

plexus (pleks-ŭs) n.
شبکه ی عصبی یا عروق خونی. به *brachial plexus* مراجعه کنید.

plica (plik-ă) n.
چین بافت.

-plicate adj.

placation (pli-kay-shŏn) n.
روش جراحی که در آن اندازه ی ارگان های توخالی بوسیله ی برداشت چین ها در دیواره ها، کاهش می یابد.

plombage (plom-bahzh) n.
روش جراحی برای اصلاح شبکیه ی جدا شده. در این روش یک قطعه ی کوچک پلاستیک سیلیکون روی سمت بیرونی کره ی چشم برای تولید دندانه ای روی ناحیه ای که سوراخ شبکیه ای یافت شده است، دوخته می شود.

plumbism (plum-bizm) n.
مسمومیت با سرب. به *lead* مراجعه کنید.

plummer-vinson syndrome (plum-er vin-sŏn) n.
اختلالی که از طریق اشکال در بلع به همراه آنمی شدیدکمبود آهن، مشخص می شود.

[H. S. Plummer (1874-1936), p.p.vinson (1890-), پزشک های آمریکایی]

pluri-
پیشوند به معنی بیشتر از یک؛ چندین.

pneo-
پیشوند به معنی نفس زدن؛ تنفس.

pneum- (pneumo-)
پیشوند به معنی ۱. حضور هوا یا گاز. ۲. شش (ها). ۳. تنفس.

pneumat- (pneumato-)
پیشوند به معنی ۱. حضور هوا یا گاز. ۲. تنفس.

pneumatocele (new-mat-oh-seel) n.
فتق بافت ریه.

pneumaturia (new-mat-yoor-iă) n.
حضور حباب های هوا یا گازهای دیگر درون ادرار،ناشی از تشکیل گاز از طریق باکتری هایی که دستگاه اداری را عفونی می کند یا ناشی از فیسچول بین دستگاه ادراری و روده.

pneumocephalus (pneumocele) (new-moh-sef-ă-lŭs) n.
حضور هوا درون جمجمه، معمولاً ناشی از شکستگی که از طریق یکی از سینوس های هوا عبور می کند.

همیشه به همراه برخی بیماری های دیگر در شش ها، قفسه ی سینه، دیافراگم یا شکم است.

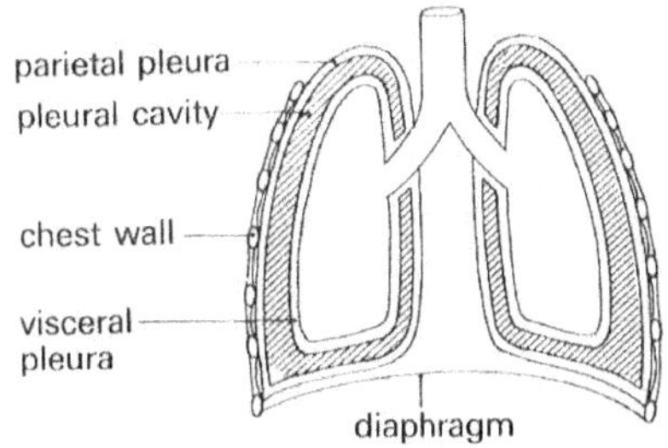

پلور

pleurocele (ploor-oh-seel) n.
فتق پلور.

pleurocentesis (pleuracentesis, thoracentesis, thoracocentesis) (ploo-oh-sen- tee-sis) n.
واردکردن یک سرنگ توخالی به درون حفره ی پلور از طریق قفسه ی سینه، به منظور کشیدن مایعف خون، چرک یا هوا.

pleurodesis (ploor-oh-dee-sis) n.
درمان پنوموتراکس که در آن پیوستگی های بین پلور احشایی و جداری بوسیله‌ی تزریق یک ماده (مثل نقره‌نیترات) به درون حفره‌ی پلور تحریک می شود.

pleurodynia (ploor-oh-din-iă) n.
درد متناوب و شدید نشأت گرفته از عضلات بین دنده ها. عقیده بر این است که این وضعیت اغلب خاستگاه روماتیسمی داشته باشد.

pleurolysis (pneumolysis) (ploo-ol-i-sis) n.
جراحی خالی کردن پلور جداری از قفسه ی سینه به منظور کلاپس شش. این اقدام سابقاً برای کمک به بهبودی توبرکلوزیس استفاده می شده است.

pleuropneumonia (ploo-oh-new-moh-niă) n.
التهابی که هر دوی شش و پلور را درگیر می کند. به *pleurisy* و *pneumonia* مراجعه کنید.

pleuropneumonia-like organisms (PPLO) pl. n.
به *mycoplasma* مراجعه کنید.

plexor (pleks-er) n.
به *plessor* مراجعه کنید.

-poikilothermy n.

poison (poi-zŏn) n.

هر ماده ای که فعالیت بافت های بدن را مختل کند، به آن آسیب برساند یا معیوب سازد. این واژه معمولاً برای موادی مثل آرسنیک، سیانید و استرکنین که به طور نسبی در مقادیر اندک مضر است به کار برده می شود.

polar body (poh-ler) n.

یکی از سلول های کوچک که از طریق اووسیتی که به درون یک سلول تخم اصلی تکامل نمی یابد، تولید می شود.

poldine (pol-deen) n.

دارویی مشابه آتروپین که ترشح معدی را مهار می کند و از طریق دهان برای درمان برخی از اختلالات مثل زخم معده و دئودنوم، استفاده می شود. نام تجاری: *Nacoton*

pole (pohl) n.

(در آناتومی) انتهای محور بدن، یک ارگان یا یک عضو.

poli- (polio-)

پیشوند به معنی ماده ی خاکستری سیستم عصبی.

polioencephalitis (poh-li-oh-en-sef-ă -ly-tis) n.

عفونت ویروسی مغز که موجب آسیب جدی به ماده ی خاکستری نیم کرده های مغزی و ساقه ی مغز می شود. این واژه امروزه معمولاً به عفونت های مغزی که از طریق ویروس پولیومیلیت محدود شده است، اطلاق می شود.

polioencephalomyelitis (poh-li-oh-en-sef-ă -loh-my-ĕ -ly-tis) n.

هر نوع عفونت ویروسی سیستم عصبی مرکزی که ماده ی خاکستری مغز و طناب نخاعی را تحت تأثیر قرار می دهد. رابیز یک مثال بارز این وضعیت است.

poliomyelitis (infantile paralysis, polio) (poh-li-oh-my-ĕ -ly-tis) n.

عفونت ویروسی که سیستم عصبی مرکزی را تحت تأثیر قرار می دهد. ایمنی سازی با استفاده از واکسن سابین یا واکسن سالک بسیار مؤثر است.

abortive p.

پولیومیلیتی که در آن فقط گلو و روده عفونی می شوند و علایم آن، علایم ناراحتی معده و آنفولانزا، است.

bulbar p.

پولیومیلیت فلجی که در آن عضلات سیستم تنفسی تحت تأثیر قرار می گیرند.

هوای درون حفره ی پلور، ناشی از شکافی روی سطح شش یا قفسه ی سینه که باعث کلاپس ریه می شود.

artificial p.

تزریق عمدی هوا به درون حفره ی پلور جهت کلاپس ریه؛ یک درمان قبلی برای توبرکلوزیس ریوی.

spontaneous p.

پنوموتوراکسی که بدون دلیل آشکار و به طرق دیگر در افراد سالم، رخ می دهد.

tension p.

پنوموتراکسی که در آن شکافی در سطح شش به عنوان یک دریچه عمل می‌کند. زمانی که بیمار عمل دم را انجام می‌دهد هوا را به درون حفره ی پلور وارد می کند ولی از خروج هوا در زمان بازدم جلوگیری می کند.

traumatic p.

پنوموتراکسی که ناشی از ضربه به سینه است.

-pnoe

پسوند به معنی وضعیت تنفس.

pock (pok) n.

بثورات کوچک پر از چرک روی پوست که نشانه ای از آبله مرغان و جوش های آبله است. به *pustule* هم مراجعه کنید.

pod-

پیشوند به معنی پا.

podagra (pŏ -dag- ră) n.

نقرس پا، خصوصاً انگشت بزرگ پا.

podalic version (pŏ -dal-ik) n.

تغییر موقعیت جنین در رحم طوری که ابتدا پاهای جنین در هنگام تولد بیرون می آید.

-poiesis

پسوند به معنی تشکیل؛ تولید.

poikilo-

پسوند به معنی تغییر، بی نظمی.

poikilocyte (poi-kil-oh-syt) n.

شکل غیر طبیعی از اریتروسیت. به *poikilocytosis* مراجعه کنید.

poikilocytosis (poi-kil-oh-sy-toh-sis) n.

حضور پویکیلوسایت ها درون خون؛ این وضعیت خصوصاً در میلوفیبروزیس مشخص می شود اما می تواند در برخی از بیماری های خونی، رخ دهد.

poikilothermic (poi-kil-oh-therm-ik) adj.

خون سرد؛ ناتوان بودن در تنظیم دمای بدن که براساس دمای محیط نوسان دارد. با *homoithermic* مقایسه کنید.

درمان یک بیمار بوسیله ی مصرف چند دارو.

polyploidy (pol-i-ploid) adj.

توصیف سلول ها، بافت ها یا اشخاصی که در آن ها سه مجموعه ی کامل کروموزومی یا بیشتر وجود دارد. با *diploid* *haploid* مقایسه کنید.

-polyploidy n.

polypoid (pol-i-poid) adj.

داشتن ظاهر پولیپ.

polyposis (poli-poh-sis) n.

نوعی وضعیتی‌که در آن پولیپ‌های خیلی زیادی در یک ارگان یا بافت تشکیل می شود.

familial p. coli

نوعی بیماری ارثی که در آن پولیپ های چندگانه در کولون و در هنگام بلوغ گسترش می‌یابد. زمانی که این پولیپها (اغلب) بدخیم شوند، کولکتومی کلی معمولاً انجام می شود. با *pseudopolyposis* مقایسه کنید.

polypus (pol-i- pŭs) n.

به *polype* مراجعه کنید.

polyradiculitis (polyradiculopathy) (poli-ră-duk-yoo-ly-tis) n.

التهاب ریشه ی اعصاب.

polysaccharide (poli-sak-errd) n.

کربوهیدارتی که از تعداد زیادی مونوساکارید متصل به هم در خط طولی یا زنجیره های شاخه دار، تشکیل شده است. مثال های آن گلیکوژن و سلولز می باشد.

polyserositis (poli-seer-oh-sy-tis) n.

التهاب غشاهایی که قفسه ی سینه، شکم و مفاصل را به همراه تجمع مایع درون حفرات، می پوشاند.

polyspermia (poli-sper- miă) n.

۱. تشکیل بیش از اندازه ی مایع منی. ۲. به *polyspermy* مراجعه کنید.

polyspermy (polyspermia) (poli-sper-mi) n.

لقاح تخمک های مفرد توسط چند اسپرماتوزئید؛ در این وضعیت تکامل غیرطبیعی است و جنین می میرد.

polyuria (poli-yoor-iă) n.

تولید حجم زیادی از ادرار رقیق. این پدیده ممکن است در واقع ناشی از ورود بیش از حد مایع به بدن یا ناشی از برخی بیماری ها، خصوصاً دیابت ملیتوس، دیابت بی مزه و اختلالات کلیوی باشد.

آنتی بیوتیکی که برای درمان عفونت های ایجاد شده بوسیله ی باکتری های گرم مثبت به خصوص *pseudomonas*، استفاده می شود. این آنتی بیوتیک معمولاً از طریق تزریق مصرف شده ولی از طریق دهان مصرف و نیز به صورت موضعی برای عفونت های گوش و چشم به کاربرده می شود. نام تجاری: *Aerosporin*

polyneuritis (poli-newr-I-tis) n.

هر نوع اختلالی که تمام اعصاب محیطی را درگیر می کند. این واژه اغلب به طور جایگزینی با پلی نوروپاتی استفاده می شود، اگر چه استفاده ی مخصوص از این کلمه دلالت بر التهاب اعصاب دارد.

polyneuropthy (poli-newr-op-ă-thi) n.

هر نوع بیماری که تمام اعصاب محیطی را درگیر می کند. علایم آن ابتدا بر نوک انگشتان دست و پا تأثیر می گذارد و سپس به طرف تنه گسترش می یابد. به *neuropathy* مراجعه کنید.

polyopia (poli-oh-piă) n.

احساس تصویرهای چندگانه ی یک شیء. این وضعیت گاهی اوقات بوسیله‌ی افرادی مبتلا به کاتاراکت اولیه تجربه می‌شود. به *diplopia* هم مراجعه کنید.

polyp (polypus) (pol-ip) n.

تومور (معمولاً خوش خیمی که از یک غشای موکوسی برآمده است. این تومور عمدتاً درون بینی و سینوس ها یافت شده و موجب انسداد، عفونت مزمن و ترشح می‌گردد. مکان‌های دیگر آن شامل گوش، معده و روده می باشد. این تومورها معمولاً توسط جراحی برداشت می شوند (به *polypectomy* مراجعه کنید).

polypectomy (poli-pek-tŏmi) n.

جراحی برداشت پولیپ. روش استفاده شده بستگی به مکان و اندازه ی پولیپ دارد ولی اغلب از طریق برش در عرض قاعده با استفاده از یک لوپ سیمی که از میان آن جریان دیاترمی لخته کننده عبور می کند، انجام می شود.

polypeptide (poli-pep-tyd) n.

مولکولی متشکل از سه آمینواسید یا بیشتر که بوسیله ی دسته های پپتیدی به هم متصل می شوند. مولکول های پروتئین پلی پپتید هستند.

polyphagia (poli-fay-jiă) n.

پرخوری بیش از اندازه.

polypharmacy (poli-farm-ă-si) n.

post-

پیشوند به معنی ۱. به دنبال؛ بعد. ۲. (در آناتومی) پشت.

postcibal (pohst-sy-băl) adj.

رخ دادن بعد از خوردن.

postcoital (pohst-koh-i-t'l) adj.

اتفاق افتادن بعد از مقاربت جنسی.

p. contraception

استفاده از یک ترکیب استروژن و پروژسترون بوسیله ی زنی که اخیراً در معرض خطر حاملگی قرار گرفته است. داروها باید هر چه زودتر بعد از این که مقاربت رخ داده است، مصرف شوند.

p. test

آزمایشی که در بررسی ناباروری استفاده می شود. نمونه ای از موکوس مربوط به گردن رحم ۲۴-۶ ساعت بعد از مقاربت جنسی در مرحله ی بعد از تخمک گذاری چرخه ی قاعدگی برداشته شده که زیرمیکروسکوپ، برای حضور اسپرم های متحرک معاینه می شود.

postconcassional syndrome (pohst -kŏn-kush-ŏn-ăl) n.

سردرد، سرگیچه و عدم تمرکز، مداوم که ممکن است در اثر ضربه به سر باشد.

postepileptic (pohst-epi-lep-tik) adj.

رخ دادن بعد از غش حمله ای.

posterior (poss-teer-i-er) adj.

واقع شدن در یا نزدیک پشت بدن یا یک ارگان.

postero-

پیشوند به معنی پشت.

postganglionic (pohst-gang-li-on-ik) adj.

توصیف نورونی در یک مسیر عصبی که در یک گانگلیون شروع شده و در یک عضله یا غده که به آن عصب رسانی می کند ختم می شود.

posthitis (poss-th'y-tis) n.

التهاب پوست ختنه گاه. این وضعیت ممکن است به همراه التهاب سرپنیس باشد (به *balanoposthitis* مراجعه کنید).

posthumous birth (poss-tew-mŭs) n.

۱. زایمان یک بچه از طریق زایمان سزارین بعد از مرگ مادر.
۲. تولد یک بچه بعد از مرگ پدر.

postmature (pohst-mă-tewr) adj.

توصیف نوازدی که بیشتر از ۲۸۰ روز در رحم مانده است.

-postmaturity n.

مولکول وجود ندارد یا در بیمارانی که از فلج مغزی به انواع مشابهی از آسیب های مغزی رنج می برند، کاهش می یابد. به *tomography* مراجعه کنید.

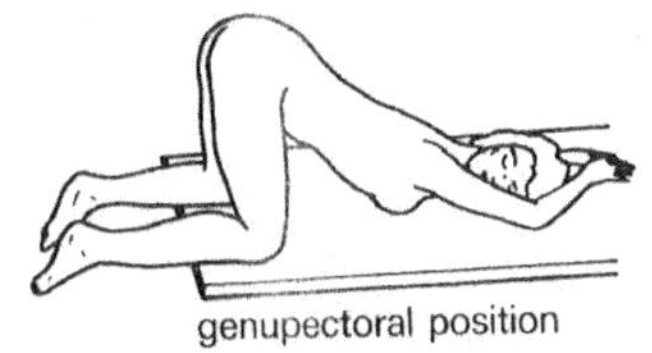

genupectoral position

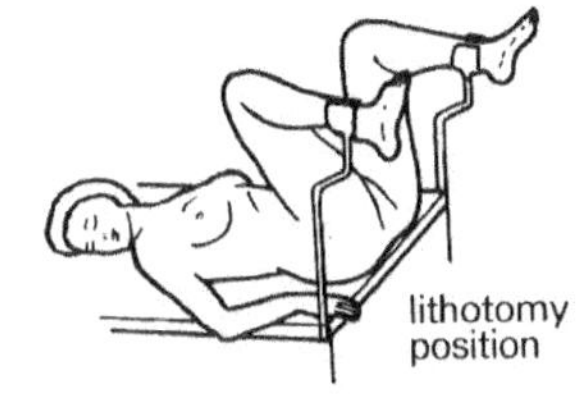

lithotomy position

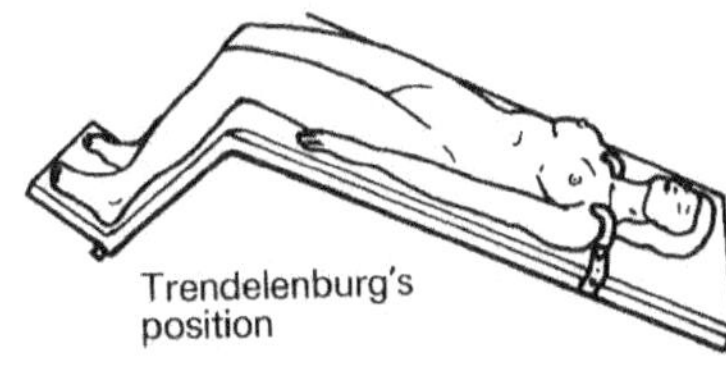

Trendelenburg's position

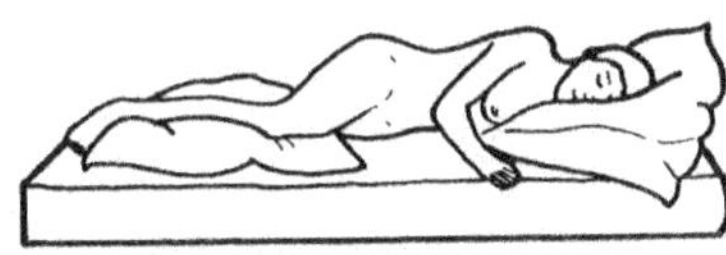

semi-prone position

انواع موقعیت ها

posology (pŏ-sol-ŏji) n.

علم مقدار استعمال داروها.

posseting (poss-it-ing) n.

تنظیم غذا بوسیله ی یک کودک.

possum (poss-ŭm) n.

وسیله ای که بیماران به شدت فلج را قادر به استفاده از ماشین تحریر، تلفن ها و ماشین های دیگر، می کند. انواع مدرن آن بوسیله ی میکروسویچ هایی که فقط به حرکت اندک در هر عضو نیاز دارد عمل می شود. این نام از *patientoperated selector Mechanism (POSM)* مشتق شده است.

به *leucotomy* مراجعه کنید.

prefrontal lobe n.

ناحیه ای از مغز، کاملاً در جلوی هر نیم کره ی مغزی. عملکردهای لب ها مربوط به احساسات، حافظه، یادگیری و رفتار اجتماعی است.

preganglionic (pree-gang-li-on-ik) adj.

توصیف فیبرهایی در مسیر عصبی که در گانگلیون ختم شده، و در آن جا سیناپس‌هایی را با فیبرهای پس گانگلیونی تشکیل می دهند.

pregnancy (preg-năn-si) n.

دوره ای که در آن زنی، جنین در حال تکامل را، حمل می کند. حاملگی تقریباً ۲۶۶روز، از لقاح تا زمان تولد کودک طول می کشد و جنین به طور طبیعی در رحم رشد می کند (با *ectopic pregnamcy* مقایسه کنید). به *pseudocyesis (phantom pregnancy)* هم مراجعه کنید.

p. test

روش هایی جهت نمایان کردن باردار بودن یک زن. بیشتر آزمایشات حاملگی که برپایه ی کشف است، توسط روش های ایمونولوژیکی هورمون و گنادوتروپین کوریونی در ادرار، می باشد.

-pregnant adj.

pregnancy-induced (PIH) n.

به *pre-eclampsia* مراجعه کنید.

pregnanediol (preg-nayn-dy-ol) n.

استروئیدی که در طول متابولیسم هورمون پروژسترون جنسی زنانه تشکیل می شود. این هورمون در طول حاملگی درون ادرار و مراحل خاص چرخه ی قاعدگی وجود دارد.

pregnenolone (preg-neen-ŏ-lohn) n.

استروئیدی که درون غدد آدرنال، تخمدان ها و بیضه ها سنتز می شود. این استروئید یک محصول میانجی مهم در سنتز هورمون استروئیدی است.

premature beat (prem-ă-tewr) n.

به *ectopic beat* مراجعه کنید.

premature birth n.

تولد نوزاد قبل از دوره ی کامل. از آن جایی که تاریخ لقاح اغلب به طور دقیق مشخص نیست،نوزاد زودرس به عنوان نوزادی با وزن کمتر از ۲۵۰۰ گرم ($۵\frac{۱}{۲}$dl) در هنگام تولد، معین می شود.

آنتی ژن ناشناخته یا تعیین، آنتی بادی های حاوی سرم برای یک بیماری شناخته شده، است.

precocity (pri-kos-iti) n.

تسریع رشد طبیعی. کودک پیش رس ذهنی، *IQ* بالایی دارد و ممکن است از هم دوره های خود جدا شود یا در مدرسه، از دیگران جدا گردد.

precordium (pree-kor-dĭum) n.

ناحیه ی سینه، بلافاصله در بالای قلب .

-precordial adj.

precursor (pri-ker-ser) n.

ماده ای که از آن، مواد دیگر (معمولاً بیشتر فعالیت های بیولوژیکی)، تشکیل می شود. برای مثال تریپسینوژن پیش ماده ی آنزیم تریپسین است.

predigestion (pree-dy-jes-shŏn) n.

گوارش جزئی غذاها از طریق وسایل مصنوعی قبل از این که آن ها به درون بدن خورده شوند.

predisposition (pree-dis-pŏ-zish-ŏn) n.

مستعد تحت تأثیر قرارگرفتن بوسیله ی بیماری خاص یا نوعی بیماری. به *diathesis* هم مراجعه کنید.

prednisolone (pred-nis-ŏ-lohn) n.

کورتیکو استروئید ترکیبی که برای درمان بیماری های روماتیسمی و التهابی و نیز وضعیت های آلرژیکی استفاده می شود. این دارو از طریق دهان، تزریق به درون مفاصل استفاده می شود یا تحت عنوان کرم ها، شوینده و پماد به کار برده می شود. نام های تجاری: *Codel cortone, Delta-cortef, Deltacortril, Deltastab, Precortisyl, Prednesol.*

prednisone (pred-ni-sohn) n.

کورتیکو استروئید ترکیبی که از طریق دهان برای درمان بیماری های روماتیسمی، وضعیت های شدید آلرژیکی، وضعیت های التهابی و لوسمی استفاده می شود. نام های تجاری: *Deltacortone, Di-Adreson-.*

Pre-eclampsia (pregnancy-induced hypertension, PIH) (pree-i-klamp-siă) n.

فشارخون بالا (بالاتر از $\frac{۱۴۰}{۹۰}$ mmHg) که در طول حاملگی در زنی که فشار خون آن قبلاً طبیعی بوده، گسترش می یابد. این وضعیت اغلب به همراه احتباس بیش از اندازه ی مایع و حضور پروتئین در ادرار، است. به *eclampsia* هم مراجعه کنید.

prefrontal leucotomy (pree-frun-t'l) n.

مراقبت بهداشتی کامل برای افراد و خانواده ها در جامعه،که از طریق شبکه ی یکپارچه ی خدمات پوشاننده ی درمان بیماری های شایع و جراحات، مشکلات مادری و سلامت بچه، مراقبت و بازتوانی افراد مبتلا به نقایص و ناتوانی های بلند وکوتاه مدت و آموزش سلامت، تهیه می شود. در انگلستان ارائه ی مراقبت بهداشتی اولیه بر پایه ی خدمات شامل عمومی است. مراقبت بهداشت اولیه بهترین جایی که تیم آموزشی چندگانه، نزدیک به مراقبت وجود دارد، کار می کند.

primary nursing n.
یک روش سازمان‌دادن مراقبت پرستاری که در آن یک پرستار (پرستار اصلی) مسئول بررسی ، برنامه ریزی، مراقبت و ارزیابی پیشرفت بیمار در تمام (مدتی) که در بیمارستان اقامت دارد، است.

prime (prym) vb.
(در شیمی درمانی) استفاده از مقادیر اندک سیکلوفوسفامید قبل از دوز بالای شیمی درمانی و یا رادیوتراپی. این کار موجب تکثیر سلول های قبلی مغز استخوان می شود و سپس به احیاء مغز استخوان کمک می کند.

prime mover n.
به *agonist* مراجعه کنید.

primidone (pry-mid-ohn) n.
داروی ضد تشنج که از طریق دهان برای درمان صرع بزرگ استفاده می شود. نام تجاری: *Mysoline*.

primigravida (pry-mi-grav-id-ă) n.
زنی که اولین حاملگی خود را تجربه می کند.

primipara (pry-mip-er-ă) n.
زنی که یک جنین قادر به زیستن را متولد کرده است.

primordial (pry-mor-di-ăl) adj.
(در جنین شناسی) توصیف سلول‌ها یا بافت هایی که در مرحله‌ی اولیه ی تکامل جنینی، تشکیل می شود.

pro-
پیشوند به معنی۱. قبل، پیشین. ۲.پیش ماده. ۳. در جلوی.

probing (proh-bang) n.
میله ی انعطاف پذیر و بلندی به همراه اسفنج کوچک، توپ یا دسته در انتهای آن، که برای برداشت انسداد از حنجره یا مری استفاده می شود.

probe (prohb) n.
عصای فلزی و انعطاف پذیر با انتهای بی نوک و متورم. این ابزار برای کشف حفره ها، زخم ها، فیسچول ها یا کانال های سینوسی استفاده می شود.

ناحیه ای از بدن که در آن جا یک استخوان نزدیک به سطح پوست است طوری که فشار روی آن ناحیه (برای مثال قرارگرفتن روی تخت)، خون رسانی را به بافت های در رو قرار گرفته، محروم می کند (به *bedsore* مراجعه کنید).

pressure point n.
نقطه ای که در آن شریانی روی یک استخوان قرار گرفته و روی آن ممکن است فشاری توسط انگشت، جهت توقف خون ریزی پشت آن، اعمال شود.

pressure sore n.
به *bedsore* مراجعه کنید.

presystole (pree-sis-tŏ-li) n.
دوره ای در چرخه ی قلب درست قبل از سیستول.

preventive medicine (pri-ven-tiv) n.
شاخه ی از پزشکی که هدف اصلی آن جلوگیری از بیماری است.

priapsim (pry-ă-pizm) n.
درد مداوم نعوظ پنیس که نیاز به کاهش فشار دارد. این وضعیت ممکن است ناشی از مصرف پاپاورین یا داروی مشابه باشد یا ممکن است در بیماران مبتلا به کم خونی داسی شکل یا بیماران همودیالیز، رخ دهد.

prickle cells (prik-ŭl) pl. n.
سلول هایی با زوائد سیتوپلاسمی که لبه های داخل سلولی را تشکیل می دهد. لایه‌ی رویشی اپیدرم گاهی اوقات سلول های پریکل نامیده می شوند.

prickly heat (heat rash) (prik-li) n.
جوش های خارش دار و بثورات قرمز، برآمده وکوچک. این وضعیت معمولاً روی صورت، گردن،کمر، سینه و ران ها در هوای شرجی رخ می دهد. نام پزشکی : *miliaria*

prilocaine (pril-oh-kayn) n.
بی حسی موضعی که به طور مخصوص در جراحی گوش، بینی و گلو و در دندان پزشکی استفاده می شود. این بی حسی در محلولی برای غشاهای موکوسی به کار برده می شود یا به عنوان تزریق به کار می رود. نام تجاری: *citanest*.

primaquine (pry-mă-kween) n.
دارویی که برای درمان مالاریا استفاده می شود. این دارو از طریق دهان، معمولاً در ترکیب با داروهای ضدمالاریا مثل کلروکوئین، استفاده می شود.

primary health care (pry-mer-i) n.

جنین همیشگی یا مورد تهدید، تنش های قبل از قاعدگی و خون ریزی غیرطبیعی از رحم استفاده می شود. چون این هورمون ها از تخمک گذاری جلوگیری می کنند، پروژسترون ها اجزاء اصلی قرص های ضدبارداری خوراکی هستند.

proglottis (proh-glot-iss) n. (pl. proglottids or proglottides)
یکی از قسمت های کرم کدو. قسمت های بالغ در انتهای خلفی کرم واقع شده اند که هر کدام عمدتاً از رحم شاخه دار و بسته بندی شده با تخم ها، تشکیل شده است.

prognathism (prog-nă-thizm) n.
حالتی از فک که به طور مشخص بزرگتر از فک دیگر است و از این رو در جلوی آن می باشد.

prognosis (prog-noh-sis) n.
بررسی پیامد و مسیر آینده ی بیماری یک مددجو.

proguanil (proh-gwan-il) n.
دارویی که انگل های مالاریا را می کشد و از طریق دهان در جلوگیری و درمان مالاریا استفاده می شود. نام تجاری: *paludrine*

proinsulin (proh-ins-yoo-lin) n.
مادەای که درون پانکراس تولید شده و از آن هورمون انسولین مشتق می گردد.

projection (prŏ-jek-shŏn) n.
(در روان شناسی) نسبت دادن ویژگی های یک فرد به افراد دیگر. در روانشناسی روان کاوی این وضعیت یک مکانیسم دفاعی است، افرادی که نمی توانند احساسات خود را تحمل کنند، ممکن است بوسیله ی تصور کردن این که افراد دیگر این احساسات را دارند، از عهده ی آن برآیند.

prolactin(lactogenic hormone, luteotrophic hormone, luteotrophin) (proh-lak-tin) n.
هورمونی که در غده‌ی هیپوفیز قدامی ستنز و ذخیره می شود. این هورمون تولید شیر را بعد از زایمان و نیز تولید پروژسترون توسط جسم زرد درون تخمدان را تحریک می کند.

prolapse (proh-laps) n.
جابه جایی به طرف پایین یک ارگان یا بافت از موقعیت طبیعی خود.

p. of the rectum
پایین افتادن رکتوم برای قرارگیری در خارج از مقعد.

p. of the uterus
پایین افتادگی گردن رحم یا کل رحم به درون مهبل. گردن رحم ممکن است در مجرای مهبل قابل رؤیت باشد یا رحم

التهاب رکتوم و کولون سیگموئید. به *proctocolitis* هم مراجعه کنید.

proctotomy (prok-tot-ŏmi) n.
برش رکتوم یا مقعد جهت تسکین جراحت کانال مقعد یا برای بازکردن مقعد بدون سوراخ.

procyclidine (proh-sy-kli-deen) n.
دارویی با تأثیرات مشابه آتروپین که از طریق دهان یا تزریق برای کاهش لرزش عضله و سفتی در پارکینسون استفاده می شود. نام تجاری: *kemadrin*.

prodromal (proh-droh-măl) adj.
مربوط به دوره ی زمانی بین ظاهر شدن اولین علایم یک بیماری عفونی و رشد جوش یا تب.

p. rash
جوشی که قبل از جوش کامل یک بیماری عفونی ظاهر می شود.

prodrome (proh-drohm) n.
نشانه ی تعیین کننده ی حمله یک بیماری.

proenzyme (zymogen) (proh-en-zym) n.
شکل غیر فعالی که در آن آنزیم ها (مثل آنزیم های گوارشی) به طور اصلی تولید و ترشح می شوند.

proflavine (proh-fly-vin) n.
رنگی که به عنوان ضدعفونی کننده در شکل کاربردهای پوستی و قطرات چشمی استفاده می شود.

profunda (proh-fun-dă) adj.
توصیف عروق خونی که به طور عمیق درون بافت هایی که به آن ها خون رسانی می کنند، قرار گرفته می شود.

progeria (proh-jeer-iă) n.
وضعیت خیلی نادری که در آن تمام نشانه های پیری ظاهر شده و در کودک پیشرفت می کند، طوری که پیری قبل از بلوغ، حاصل می گردد.

progesterone (proh-jest-er-ohn) n.
هورمون استروئیدی که توسط جسم زرد تخمدان، جفت و همچنین (در مقادیر اندک) توسط قشر آدرنال و بیضه ها ترشح می شود. این هورمون مسئول آماده کردن آندومتریوم برای حاملگی است.

progestogen (proh-jest-oh-jĕn) n.
یکی از گروه هورمون های استروئیدی ترکیبی یا موجود به صورت طبیعی، از قبیل پروژسترون که دوره ی طبیعی حاملگی را حفظ می کند. پروژسترون ها برای درمان سقط

التهاب غده ی پروستات. این وضعیت ممکن است ناشی از عفونت باکتریایی باشد و همچنین می تواند حاد یا مزمن واقع شود.

prostatorrhoea (pros-tă-tŏ-ree-ă) n.
ترشح غیرطبیعی مایع آبکی و رقیق از غده ی پروستات. این وضعیت در برخی از بیماران مبتلا به عفونت پروستات حاد،رخ می دهد.

prosthesis (pros-th'ee-sis) n. (pl. rostheses)
نوعی ابزار مصنوعی که به بدن، به عنوان جایگزینی برای بخشی از دست رفته یا غیرفعال، متصل می شود. پروتزها شامل اعضاء مصنوعی، کمک شنوایی ها، دندان های مصنوعی، ضربان سازهای القایی می شود.

penile p.
یک میله ی انعطاف پذیر، نیمه سخت یا قابل تورم که به درون کورپوس کاورنوسوم پنیس، جهت ایجاد استحکام کافی برای نفوذ به درون مهبل در مردان مبتلا به ناتوانی جنسی وارد می شود.

-prosthetic (pros-thet-ik) adj.

prostration (pros-tray-shŏn) n.
خستگی شدید.

protamine (proh-tă-meen) n.
یکی از گروه پروتئین های ساده که می تواند با نوکلئیک اسیدها برای تشکیل نوکلئوپروتئین ترکیب شود.

p. zinc insulin
ترکیب پروتامین و انسولین که بسیار آهسته تر از انسولین معمولی جذب شده، و از این رو بسامد تزریقات را کاهش می دهد.

protanopia (proh-tă-noh-piă) n.
به *Daltonism* مراجعه کنید.

protease (proh-ti-ayz) n.
به *proteolytic enzyme* مراجعه کنید.

protein (proh-teen) n.
یکی از گروه ترکیبات ساختمانی، متشکل از یک یا چند زنجیره ی آمینواسید. پروتئین ها اجزاء اصلی بدن هستند. آن ها مواد ساختمانی عضلات، بافت ها، ارگان ها و غیره را تشکیل می دهند و به طور یکسان به عنوان تنظیم کننده ی عملکرد، به عنوان آنزیم و هورمون ها، اهمیت دارند. پروتئین ها درون بدن از آمینو اسیدهای سازنده ی خود سنتز

propylthiouracil (proh-pil-th'y-oh-yoor-ă-sil) n.
دارویی که فعالیت تیروئید را کاهش داده و از طریق دهان برای درمان مسمومیت غده ی تیروئید جهت آماده سازی بیمار برای جراحی برداشت غده ی تیروئید استفاده می شود.

prosop- (prosopo-)
پیشوند به معنی صورت.

prostaglandin (pros-tă-gland-in) n.
یکی از گروه‌های مواد شبه هورمون که درون انواع گسترده ای از بافت ها و مایعات بدن وجود دارد. پروستاگلاندین ها فعالیت های زیاد دارند، که یکی از آن ها موجب انقباض رحم می شود؛ به این دلیل این مواد به صورت درمانی برای تحریک زایمان و سقط جنین، استفاده می گردد.

prostatectomy (prost-tă-tek-tŏmi) n.
جراحی برداشت غده ی پروستات. این عمل برای تسکین احتباس ادراری یا جریان ناقص ادراری به علت بزرگ شدن پروستات، ضروری است. این عمل می تواند از طریق مثابه (*retropubic p.*)، از طریق کپسول اطراف پروستات یا از طریق پیشابراه (*transurethral p.*) انجام می شود.

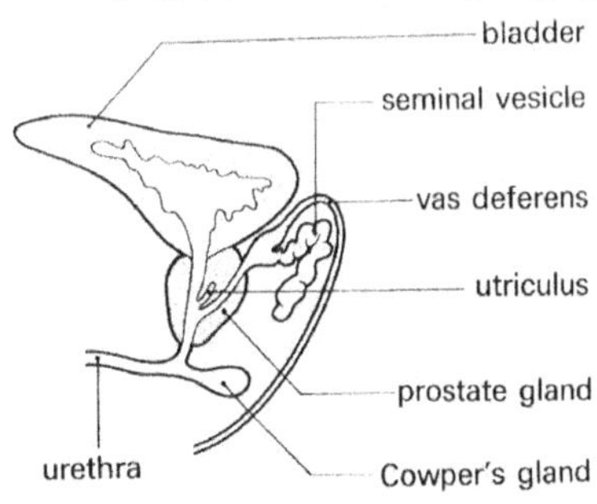

غده ی پروستات و ساختارهای مرتبط با آن

prostate gland (pros-tayt) n.
غده ی فرعی و جنسی مردانه که به درون پیشابراه، درست زیر مثانه و مجاری دفران، باز می شود. در طول انزال پروستات مایع آلکالوئیدی که بخشی از مایع منی را تشکیل می دهد، ترشح می کند. پروستات ممکن است در مردهای مسن بزرگ شود. این وضعیت گردن مثانه را مسدود کرده و نیاز به درمان جراحی دارد (به *prostatectany* مراجعه کنید).

prostatitis (pros-tă-ty-tis) n.

سودوکیستی که از شیره ی پانکراس پر شده و ممکن است در موارد التهاب پانکراس مزمن یا به عنوان عارضه ای از التهاب پانکراس حاد گسترش یابد. این وضعیت ممکن است دلیل دل درد به همراه افزایش مقدار آنزیم های خون باشد.

pseudohermaphroditism (s'yoo-doh-her-maf-rŏ-dyt-izm) n.

نقص مادرزادیی که در آن اندام های تناسلی خارجی مرد یا زن مشابه اندام های تناسلی خارجی جنس مخالف است.

pseudohypertrophy (s'yoo-doh-hy-per-trŏ-fi) n.

افزایش در اندازه ی یک ارگان یا ساختار که از طریق رشد بیش از حد سلول هایی که نقش بسته بندی یا حامی را دارند، ایجاد می شود. نتیجه ی آن معمولاً کاهش بازدهی یک ارگان است.

-pseudohypertrophic (s'yoo-doh-hy-per-trof-ik) adj.

pseudohypoparathyroidism (s'yoo-doh-hy-po-pa-ră-th'y-roid-izm) n.

سندرم کم هوشی ذهنی، رشد محدود ناهنجاریی‌های استخوانی ناشی از نقص ژنتیکی که موجب فقدان پاسخ به هورمون پاراتیروئید می شود.

pseudologia fantastica (s'yoo-doh-loh-jiă-fan-tas-tik-ă) n.

گفتن داستان های پر جزئیات و خیالی مثل این که این داستان ها واقعی بوده اند. این وضعیت گاهی اوقات یک ویژگی بیماری روانی و مربوط به اختلالات شخصیتی خصوصاً اختلالات روانی است.

pseudomonas (s'yoo-doh-moh-năs) n.

تیره ای از باکتری‌های گرم مثبت، میله ای شکل، رنگ دانه ای و متحرک. اغلب این باکتری ها درون خاک و مواد ساختمانی در حال تجزیه زندگی می کنند.

paeruginosa

گونه هایی که درون چرک حاصل از زخم وجود دارند. این وضعیت به همراه عفونت های دستگاه ادراری است.

p. pseudomallei

عامل ایجاد کننده ی ملیویدوزیس.

از اشکال یرقان است. خارش فرج در زنان ممکن است در اثر عفونت مهبلی باشد.خارش ناحیه مقعدی ممکن است ناشی از بهداشت ضعیف، هموروئید و کرم های روده ای ایجاد شود.

prussic acid (prus-ik) n.

به *hydrocyanic acid* مراجعه کنید.

psammoma (sam-oh-mă) n.

توموری حاوی اجزاء شن مانند (*p. bodies*). این تومور نوعی سرطان تخمدان است ولی ممکن است در مننژ هم یافت شود.

pseudo- (prseudo-)

پیشوند به معنی شباهت سطحی به؛ نادرست.

pseudarthrosis (nearthrosis) (s'yood-arth-roh-sis) n.

مفصل کاذبی که اطراف انتهای استخوان جا به جا شد بعد از در رفتگی، تشکیل می شود.

pseudoangina (s'yoo-doh-an-jy-nă) n.

درد درون مرکز سینه در فقدان بیماری قلبی. این وضعیت به همراه اضطراب است و ممکن است بخشی در سندرم تلاش باشد.

pseudocholinestrase (s'yoo-doh-koh-lin-est-er-ayz) n.

آنزیمی‌که درون‌خون و بافت های دیگر یافت می شود و استیل کولین را خیلی آهسته تر از کولین استراز تجزیه می کند.

pseudocoxalgia (s'yoo-doh-koks-al-jiă) n.

به *Legg-Calvé-perthes* مراجعه کنید.

pseudoangina (s'yoo-doh-an-jy-nă) n.

بحران کاذب افت ناگهانی ولی موقتی در مادر بیماران مبتلاء به تب.

pseudocroup (s'yoo-doh-kroop) n.

انقباض اسپاسمی حنجره که از طریق التهاب دهانه ی حنجره یا به همراه سرفه ایجاد نمی شود. این وضعیت خصوصاً در کودکان مبتلا به ریکتز رخ می دهد.

Pseudocyesis (phantom pregnancy) (s'yoo-doh-sy-ee-sis) n.

وضعیتی که در آن زنان غیرحامله در معرض علایم حاملگی مثل بزرگ شدن شکم، ویار و فقدان قاعدگی، قرار می گیرند. این وضعیت معمولاً یک اساس عاطفی دارد.

pseudocyst (s'yoo-doh-sist) n.

فضای پر از مایع، بدون دیواره یا آستر مناسب، درون یک ارگان.

pancreatic p.

شاخه ای از روان شناسی که سنجش های فیزیولوژیکی مثل ضربان قلب و اندازه ی مردمک را ثبت کرده و آن ها را به رویدادهای فیزیولوژیکی مرتبط می کند.

-psychophysiological adj.

psychosexual development (sy-koh-seks-yoo-ăl) n.

فرآیندی که در آن شخص در رفتار و احساسات جنسی خود بالغ تر می شود. هویت جنسی، رفتار نقش جنسیتی و انتخاب شریک جنسی سه جنبه ی مهم رشد هستند.

psychosis (sy-koh-sis) n.

بیماری روانی و شدیدی که در آن افراد مبتلا به آسانی تماس را از دست می دهند. توهم خیال ممکن است متغیر باشد. انواع مهم آن، عملکردی و ساختمانی است که در دومی هیچ دلیل فیزیکی، مشخص نشده است. مهم ترین سایکوزها، عملکردی، اسکیزوفرنی و افسردگی مانیک می باشند.

-psychotic (sy-kot-ik) adj.

psychosomatic (sy-koh-sŏ-mat-ik) adj.

مربوط به یا شامل هر دوی ذهن و بدن: معمولاً برای بیماری هایی مثل آسم و زخم گوارشی به کار برده می شود، و بوسیله ی تعامل ذهن و فاکتورهای فیزیکی ایجاد می شود.

psychosurgery (sy-koh-ser-jer-i) n.

جراحی مغز جهت تسکین علایم روان شناختی مثل اضطراب مزمن، شدید، افسردگی و درد غیر قابل علاج. این عمل که عمدتاً انجام می شود لوکوتومی، است. ولی سینگولکتومی و آمیگدالکتومی هم گاهی اوقات استفاده می شود.

-psychosurgical adj.

psychotherapy (sy-koh-yh'o-ră pi) n.

روش های روان شناختی (به عنوان مخالف جسم) برای درمان اختلالات روانی و مشکلات روان شناختی. شیوه های بسیاری برای روان درمانی وجود دارد از قبیل روان کاوی، درمان متمرکز بر درمان موجود،گروه درمانی و خانواده درمانی. به *behavior therapy* هم مراجعه کنید.

-psychotherapeutic (sy-koh-th'e-ră-pew-tik) adj. -psychotherapist n.

psychoticism (sy-kot-i- izm) n.

شخصیتی مشتق‌شده از آزمایشات روان‌سنجی که برای نمایان ساختن سردی عاطفی و اختلال شناختی پدیدارمی شود.

روان شناس آموزش دیده در جنبه های بررسی و درمان بیماری و ناتوانی. این شخص معمولاً درون یک بیمارستان کار می کند.

educational p.

روان شناس آموزش دیده در جنبه های رشد عاطفی و شناختی در کودکان. این روان شناس معمولاً در ارتباط نزدیک با مدارس کار می کند.

psychology (sy-kol-ŏji) n.

دانش مربوط به رفتار انسان ها و حیوانات. مدارس مختلف روان شناسی شامل مدارس رفتارگرایی، روان کاوی و گشتالتیسم، می شود.

-psychological (sy-kŏ-loj-ikăl) adj.

psychometrics (sy-koh-met-riks) n.

اندازه گیری تفاوت های فردی در عملکردهای روان شناختی (مثل استعداد و شخصیت) به روش آزمایشات استاندارد.

-psychometric adj.

psychomotor (sy-koh-moh-ter) adj.

مربوط به فعالیت ذهنی و عضلانی. این واژه برای اختلالاتی که در آن فعالیت های عضلانی از طریق اختلال ذهنی تحت تأثیر قرارگرفته، به کار برده می شود.

psychoneurosis (sy-koh-newr-oh-sis) n.

نوعی اختلال‌روانی که در روان‌شناسی به جای علایم ساختاری آشکار می شود.

psychopath (sy-koh-path) n.

شخصی که در یک مسیر جامعه ستیز رفتارمی کند و برای اعمال جامع ستیز (خود) گناه اندک یا هیچ گناهی قائل نیست و همچنین ظرفیت کمی برای تشکیل ارتباطات با دیگران را نشان می دهد. به *dissocial* هم مراجعه کنید.

-psychopathic adj. -psychopathy (sy-kop-ă-thi) n.

psychopathology (sy-koh-pă-thol-ŏji) n.

۱. مطالعه ی اختلالات روانی به هدف توضیح و توصیف رفتار انحرافی. با *psychiatry* مقایسه کنید. ۲. علایم، به طور کلی مربوط به اختلال روانی.

-psychopathological adj.

psychopharmacology (sy-koh-farm-ă-kol-ŏji) n.

مطالعه ی آثار داروها بر فرآیندهای ذهنی و رفتار، به خصوص داروهای روان گردان.

psychophysiology (sy-koh-fiz-i-ol-ŏji) n.

p. stenosis

تنگ شدن مادرزادی مجرای بطن چپ قلب. تنگی شدید مجرای ریوی ممکن است باعث ایجاد آنژین صدری، ناتوانی و نارسایی قلبی شود. این نقص بوسیله‌ی جراحی اصلاح می‌شود.

p. tuberculosis

به *tuberculosis* مراجعه کنید.

p. valve

به *semilunar valve* مراجعه کنید.

p. vein

سیاهرگی که خون دارای اکسیژن را به دهلیز چپ حمل می کند.

pulp (pulp n.

۱. توده ی نرمی از بافت (مثل توده ی مربوط به طحال) ۲. توده ی بافت پیوندی حاوی عروق خونی وفیبرهای عصبی در مرکز دندان (*p. cavity*).

pulsation (pul-say-shŏn) n.

نبض یا تپش دوره ای مربوط به قلب یا سرخرگ ها.

pulse (puls) n.

سلسله های امواج فشاری درون یک شریان که از طریق انقباضات بطن چپ، متشابه با ضربان قلب، ایجاد می شود. این وضعیت به آسانی بر روی شریان‌های سطحی، مشخص می شود (به تصویر مراجعه کنید). میانگین ضربان نبض فرد بالغ درحالت استراحت ۸۰ ـ۶۰ در هر دقیقه است ولی ورزش، جراحت، بیماری و حالات عاطفی ممکن است ضربان های سریعتری را ایجاد کنند.

pulsus alternans (pul-sus-awl-ter-nanz) n.

نبضی که در آن، تغییر منظم قوی و ضعیف ضربان ها بدون تغییر درطول چرخه، وجود دارد.

pulsus paradoxus (pa-ră-doks-ŭs) n.

افت زیاد فشارخون سیستولی و میزان نبض، زمانی که بیمار عمل دم را انجام می دهد. این وضعیت در پریکاردیت فشارآور، افیوژن پریکاردیال و آسم دیده می شود.

pulvis (pul-vis) n.

(در ارتباط با داروسازی) نوعی پودر.

punch-drunk syndrome n.

گروهی از علایم متشکل از دیوانگی پیش‌رونده، لرزش دست‌ها و بیماری صرع. این وضعیت نتیجه ی ضربات مکرر به سر می باشد که جهت ایجاد بی هوشی، به اندازه ی کافی شدت یافته است.

punctate (punk-tayt) adj.

لکه شده یا نقطه نقطه.

ارگان های تناسلی خارجی، به خصوص ارگان های تناسلی زن (به *vulva*مراجعه کنید).

-pudenal adj.

puerperal (pew-er-per-ăl) adj.

مربوط به زایمان یا دوره ای که بلافاصله زایمان را دنبال می کند.

p. infection

عفونت دستگاه تناسلی زن ناشی از یک عارضه ی زایمان. این وضعیت به طور طبیعی تا۲۴ ساعت یا بیشتر، بعد از زایمان رخ می دهد.

p. pyrexia

دمای ۳۸c° که در یک مرحله ی مفرد یا ۳۷/۴c° در سه یا بیشتر از سه مرحله‌ی متوالی در ۱۴ روز زایمان یا سقط جنین رخ می دهد.

pueroerium (pew-er-peer-iŭm) n.

دوره ی تقریباً شش هفته ای بعد از زایمان، که در طول آن رحم به اندازه ی طبیعی آن بر می گردد.

pulex (pew-leks) n.

تیره ای از کیک ها که به طور گسترده توزیع شده اند.

p. irritans

کیک انسانی: انگل شایعی از انسان که نیش آن ممکن است باعث خارش شدید و عفونت باکتریایی شود.

pulicide (pew-li-syd) n.

هر نوع عامل شیمیایی، مثل مالاسیون که برای کشتن کک ها استفاده می شود.

pulmo- (pulmon (o)-)

پیشوند به معنی ریه (ها).

pulmonary (pul-mŏn-er-i) adj.

مربوط به، به همراه یا تحت تأثیر شش ها.

p. artery

سرخرگی که خون فاقد اکسیژن را از قلب به شش ها برای ترکیب کردن با اکسیژن، حمل می کند.

p. circulation

به *eirculation* مراجعه کنید.

p. embolism

به *embolism* مراجعه کنید.

p. hypertension

فشار خون افزایش یافته ی درون عروق خونی که به شش ها خون رسانی می کنند. پرفشاری خون ریوی ممکن است آمبولیسم ریوی، نقایص جداری، ناتوانی قلبی، بیماری دریچه ی میترال و بیماری های مزمن ریوی را بغرنج کند.

نوعی پیلوگرافی که در آن کاتترهای نازکی از پیشابراه به درون کلیه ها در سیستوسکوپی، عبور می کند. ماده ی حاجب مستقیماً به درون لگنچه ی کلیه تزریق می شود.

pyelolithotomy (py-ĕ-loh-lith-ot-ŏmi) n.
جراحی برداشت سنگ ازکلیه، بوسیله‌ی شکافتن لگنچه‌ی کلیه.

pyelonephritis (py-ĕ-loh-ni-fry-tis) n.
عفونت باکتریایی اجسام کلیه.

acute p.
پیلونفریتی که در آن بیمار درد در کشاله ی ران، دمای بالا و تشنج رعشه ای دارد. درمان آن از طریق مصرف آنتی بیوتیک مناسب است.

chronic p.
پیلونفریتی که در آن کلیه ها کوچک می شوند، به دنبال آن زخمی شده و نارسایی کلیه ایجاد می گردد. رفلکس مثانه ای ـ حالبی در کودکان یکی از دلایل این بیماری می باشد.

pyeloplasty (py-ĕ-loh-plasti) n.
عملی برای تسکین انسداد در پیوندگاه لگنچه‌ی‌کلیه و پیشابراه. به *hydronephrosis* و *Dietl's erisis* مراجعه کنید.

pyelotomy (py-ĕ-lot-ŏmi) n.
برش جراحی به درون لگنچه ی کلیه. این عمل معمولاً برای برداشت سنگ انجام می شود (به *pyelolithotomy* مراجعه کنید).

pyg- (pygo-)
پیشوند به معنی کفل ها.

pykno-
پیشوند به معنی ضخیم شدن یا انبوهی.

pyknolepsy (pik-noh-lep-si) n. *obsolete.*
حملات صرع بزرگ پر بسامد.

pyl- (pyle-)
پیشوند به معنی ورید باب.

pylephlebitis (portal pyaemia) (py-li-fli-by-tis) n.
التهاب عفونی و ترومبوز ورید باب کبدی، ناشی از گسترش عفونت درون شکم. این وضعیت موجب تب، آبسه های کبدی و آسیت می شود. درمان آن از طریق داروهای آنتی بیوتیک و جراحی کشیدن آبسه ها است.

pustule (pus-tewl) n.
تاول چرک دار کوچی روی پوست.

putamen (pew-tay-men) n.
بخشی از هسته‌ی عدسی شکل (به *basal ganglia* مراجعه کنید).

putrefaction (pew-tri-fak-shŏn) n.
فرآیندی که بوسیله ی آن پروتئین ها بوسیله ی باکتری ها تجزیه می شوند. این فرآیند بوسیله ی تشکیل آمین ها، (مثل *putrescine* و *cadaverine*) دارای بوی قوی و ناگوار، است.

py- (pyo-)
پیشوند به معنی چرک، وضیت چرکدار.

pyaemia (py-ee-miă) n.
مسمومیت خون بوسیله ی باکتری های تشکیل دهنده ی چرک که از یک آبسه آزاد می شود. تشکیل گسترده‌ی آبسه‌ها ممکن است به همراه نتایج کشنده باشد. با *Sapraemia*، *septicaemia* و *toxaemia* مقایسه کنید.

pyarthrosis (py-arth-roh-sis) n.
مفصل عفونی پر شده از چرک. کشیدن چرک، ترکیب شده با درمان آنتی بیوتیک، ضروری است.

pyle (pyelo-)
پیشوند به معنی لگنچه ی کلیه.

pyelitis (py-ĕ-ly-tis) n.
التهاب لگنچه ی کلیه، که معمولاً از طریق عفونت باکتریایی ایجاد می شود. بیمار در درون کشاله ی ران، لرزش و دمای بالا را تجربه می کند. درمان آن از طریق مصرف آنتی بیوتیک مناسب به همراه مسکن ها و مصرف مایع زیاد، می باشد.

pyelocystitis (py-ĕ-loh-sis-ty-tis) n.
التهاب لگنچه ی کلیه و مثانه ی ادراری (به *pyelitis* و *eystis* مراجعه کنید).

pylogram (py-ĕ-loh-gram) n.
تصویر اشعه ی X که بوسیله ی پیلوگرافی بدست می آید.

pyelography (urography) (py-ĕ-log-răfi) n.
معاینه ی اشعه ی X کلیه ها، با استفاده از مواد حاجب.

intravenous p. (excretion urography)
نوعی پیلوگرافیی که در آن ماده ی حاجب به درون سیاهرگ تزریق شده، متمرکز بر کلیه است و از طریق آن دفع می‌گردد.

retrograde p.

ترکیبی مشتق شده از کربوهیدارت ها که ممکن است در چرخه ی کربس جهت تولید کربن دی اکسید و انرژی در شکل ATP، اکسیده شود.

pyuria (py-yoor-iă) n.

حضور چرک درون ادرار که آن را تیره می کند. این وضعیت یک نشانه ی عفونت ادراری در دستگاه ادراری است.

Q q

Q Fever n.

بیماری عفونی و حاد گاوها، گوسفندان و بزغاله ها که از طریق نوعی میکروارگانیسم های انگلی *coxiella burnetti* ایجاد می شود و می تواند عمدتاً به انسان از طریق شیر غیرپاستوریزه ی آلوده انتقال یابد. علایم آن شامل تب، سردرد شدید و مشکلات تنفسی، است. درمان با تتراسایکلین یا کلرامفنیکل مؤثر می باشد. به *typhus* هم مراجعه کنید.

quadratus (kwod-ray-tŭs) n.

هر یک از چهارگوشه ی مختلف عضلات.

q. femoris

عضله ی مسطحی در سراستخوان ران که مسئول چرخش جانبی ران است.

quadri-

پیشوند به معنی چهار.

quadriceps (kwod-ri-seps) n.

یکی از عضلات بزرگ منبسط کننده ی پاها. این عضله درون ران واقع شده و به چهار قسمت مجزا تقسیم می شود: *rectus femoris, vastus lateralis, vastus medialis, vastus intermedius.*

quadriplegia (tetraplegia) (kwod-ri-plee-jiă) n.

فلجی که هر چهاراندام (دست و پا) را تحت تأثیر قرارمی دهد.

-quadriplegic adj, n.

quadruple vaccine (kwod-roo-pŭl) n.

واکسنی مرکب که برای ایجاد ایمنی علیه دیفتری، سیاه‌سرفه، پولیومیلیت و کزاز استفاده می شود.

quality assurance (kwd-iti-ă -shor-ăns) n.

برنامه ای که در خدمات مراقبت بهداشتی به عنوان روش بررسی رضایت مشتری از خدمات داده شده توسط تمام آموزش دهنده های حرفه ای، استفاده می شود. به *narsing*

۱. یکی از توده‌های مخروطی شکل که از مدولای کلیه ساخته می شود. ۲. یکی از نواحی طویل و برآمده روی سطح قدامی بصل النخاع مغز.

-pyramidal (pi-ram-i-d'l) adj.

pyramidal cell n.

نوعی نورون موجود در کورتکس مغزی با جسم سلولی هرمی شکل.

pyramidal system n.

مجموعه دستگاه های عصبی درون هرم بصل النخاع از مسیر قشر مغزی به طناب نخاعی.

pyrazinamide (py-ră -zin-ă -myd) n.

دارویی که از طریق دهان، معمولاً در ترکیب با داروهای دیگر، برای درمان توبرکلوزیس استفاده می شود. نام تجاری: *Zinamide*

pyret -(pyreto-)

پیشوند به معنی تب.

pyrexia (py-reks-iă) n.

به *fever* مراجعه کنید.

pyridostigmine (pi-ri-doh-stig-meen) n.

دارویی که آنزیم کلوین استراز را مهارکرده و برای درمان میاستنی گراو استفاده می شود. این دارو فعالیت طولانی مدت داشته و سمیت کمتری نسبت به نئوستیگمین را دارا می‌باشد.

pyridoxal phosphate (pi-ri-doks-ăl) n.

مشتق ویتامین B_6 که کوآنزیم مهمی در واکنش های متابولیسم آمینواسید دارد. به *transamination* مراجعه کنید.

pyridoxine (vitamin B_6) (pi-ri-doks-een) n.

به *vitamin B* مراجعه کنید.

pyrimidine (pi-rim-i-deen) n.

ترکیب نیتروژن دار با ساختار مولکول حلقوی. متداول ترین پیریمیدین ها، سیتوزین، تیامین و اوراسیل هستند که نوکلئتیدهای نوکلئیک اسید ها را تشکیل می دهند.

pyrogen (py-roh-jen) n.

هر نوع ماده یا عاملی که تب را ایجاد می کند.

-pyrogenic adj.

pyromania (py-roh-may-niă) n.

ایمپالس بیش از حد قوی جهت قراردادن اشیاء روی آتش.

pyrosis (py-roh-sis) n.

اصطلاح دیگری برای سوزش سر دل.

pyruvic acid (pyruvate) (py-roo-vik) n.

rabid (rab-id) adj.

racemose (ras-i-mohs) adj.

مشابه شاخه های انگور. این واژه خصوصاً برای غده ی مرکب که بخش ترشحی آن از تعداد کیسه‌های کوچک تشکیل شده، به کار برده می شود.

rachi- (rachio-)

پیشوند به معنی نخاع.

rachiotomy (ray-ki-ot-ŏmi) n.

به *laminectomy* مراجعه کنید.

rachis (ray-kis) n.

به *backbone* مراجعه کنید.

rachischisis (ray-kis-ki- is) n.

به *spina bifida* مراجعه کنید.

rachitic (ră-kit-ik) adj.

مبتلاء شده به ریکتز.

rad (rad) n.

واحد سابق دوز جذب شده‌ی تابش یون ساز. این واحد با گِری جایگزین شده است.

radial (ray-di-ăl) adj.

مربوط به یا به همراه استخوان زندزیرین.

r. artery

شاخه ی سرخرگ بازویی که از آرنج شروع شده و به سمت پایین ساعد، اطراف مچ و به درون کف دست، عبور می کند.

r. nerve

یک عصب مرکزی حسی و حرکتی مهم بازو که بزرگترین شاخه ی عصب بازویی را تشکیل می دهد.

r. reflex

خم کردن ساعد (و گاهی اوقات هم انگشتان)، زمانی که انتهای تحتانی زندزیرین ضربه می خورد.

radiation (ray-di-ay-shŏn) n.

انرژی در شکل ذرات یا امواجی مثل، اشعه های گاما، اشعه های X، اشعه های ماوراء بنفش، نورمرئی و اشعه های مادون قرمز (گرمای تابنده).

r. sickness

نوعی بیماری حاد که از طریق در معرض قرارگرفتن اشعه هایی که بوسیله ی مواد رادیواکتیو مثل اشعه های X و اشعه های گاما، ایجاد می شود. دوز بسیار بالای آن در عرض ساعت هایی موجب مرگ می شود. دوزهای کمتر آن موجب علایم فوری تهوع، استفراغ و اسهال به دنبال آسیب به مغز استخوان، از دست دادن مو و اسهال خونی، می گردد.

radical treatment (rad-ikăl) n.

نوعی درمان قوی که به هدف درمان کامل بیماری به جای تسکین محض علایم، صورت می گیرد. با *conservative treatment* مقایسه کنید.

radicle (rad-ikŭl) n.

۱. (در آناتومی) ریشه ی کوچک. ۲. فیبر اولیه ی یک عصب یا خاستگاه یک ورید.

radiculitis (ră-dik-yoo-ly- is) n.

التهاب ریشه ی عصب. به *polyradiculitis* مراجعه کنید.

radio-

پیشوند به معنی۱. تشعشع. ۲. مواد رادیواکتیو.

radioactivity (ray-di-oh-ak-tiv-iti) n.

تجزیه ی هسته های عناصر خاص به همراه انتشار انرژی در شکل اشعه های آلفا، بتا یا گاما. به طور طبیعی عناصر رادیواکتیو موجود شامل رادیوم و اورانیوم می شوند. به *radioisotope* هم مراجعه کنید.

-radioactive adj.

radioautography (ray-di-oh-ow-tog-răfi) n.

به *autoradiography* مراجعه کنید.

radiobiology (rap-di-oh-by-ol-ŏji) n.

مطالعه ی آثار پرتوافشانی بر روی بافت های زنده.

-radiobiologist n.

radiodermatitis (ray-di-oh-der-mă-ty-tis) n.

التهاب پوست بعد از در معرض قرارگرفتن با تابش یون ساز. پوست خشک، بی مو و ضعیف شده و رنگ خود را از دست می دهد.

radiography (ray-di-og-răfi) n.

رادیولوژی تشخیصی: روش معاینه‌ی بدن از طریق هدایت کردن اشعه‌های X از بدن، جهت تولید عکس‌هایی (*radiographs*) برروی صفحات عکسی یا صفحات فلوئورسان. رادیوگرافی در تشخیص برخی از اختلالات مثل استخوان های شکسته شده، زخم های گوارشی و سنگ های صفراوی، در زمان ناکافی بودن محیط خارج بدن برای تشخیص استفاده می شود.

-radiographer n.

نوعی داروی آنتی هیستامین که ترشح معدی را مهار کرده و در درمان زخم های دئودنوم و معده، التهاب مری و سندرم *Zollinger-Ellison* استفاده می شود.این دارو از طریق دهان، تزریق داخل وریدی و داخل عضلانی استفاده می شود. نام تجاری: *Zantac*.

ranula (ran-yoo-lă) n.
کیست موجود در زیر زبان، که در زمان انسداد و تورم مجاری غددموکوسی و بزاقی، تشکیل می شود.

raphe (ray-fi) n.
خط، لبه، شکاف یا چین درون یک بافت یا ارگان، برای مثال شیاری که از مرکز سطح پشتی زبان به طرف پایین عبور می کند.

rarefaction (rair-i-fak-shŏn) n.
کم حجم کردن بافت استخوان، جهت ایجاد کاهش چگالی استخوان برای اشعه های *X*، مثل وضعیت موجود در استئوآرتریت.

rash (rash) n.
بثورات موقتی پوست که از طریق خارش و قرمز شدن پوست مشخص می شود. راش ممکن است واکنش پوستی موضعی یا نشانه ی بیرونی اختلالی که بدن را تحت تأثیر قرار می دهد، باشد.

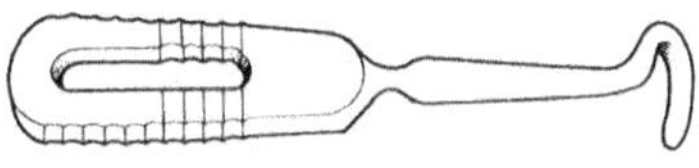

سوهان جراحی دنده

raspatory (rah-spă-ter-i) n.
ابزار جراحی سوهانی شکلی که برای خراشیدن سطح استخوان استفاده می شود.

rat-bite-fever (sodokosis) (rat-byt) n.
نوعی بیماری که از طریق گاز گرفتن موش صحرایی بوجود می آید. این وضعیت بوسیله ی عفونت ناشی از باکتری *spirillum minus* که موجب زخم پوست و تب عودکننده و یا از طریق قارچ های *streptobacillus moniliformis* که موجب التهاب پوست، درد عضلانی و استفراغ می شود، ایجاد می گردد. هر دو عفونت نسبت به پنی سیلین به خوبی پاسخ گو هستند.

rationalization (rash-ŏn-ă-ly-zay-shŏn) n.
(در روان پزشکی) توضیح وقایع یا رفتاری در واژه هایی که از دادن دلایل صحیح پرهیز می شود.

rauwolfia (raw-wuul-fiă) n.
ریشه ی خشکیده ی بوته ی *Rauwolfia Serpentina* که حاوی چندین آلکالوئید از قبیل رزرپین است. این ماده و آلکالوئیدهای خود فشارخون را کم کرده و فعالیت‌های سیستم عصبی مرکزی را کاهش می دهد.

Raynaud's disease (ray-nohz) n.
نوعی بیماری با دلیل ناشناخته که در آن سرخرگ های انگشتان بی جهت انفعالی شده و زمانی که دستها سرد هستند وارد اسپاسم می گردند. این وضعیت حملات رنگ پریدگی، بی حسی و ناراحتی در انگشتان را ایجاد می کند. قانقاریا یا زخم شدن سرانگشتان ممکن است ایجاد شود. دستکش های گرم و داروهای ضداسپاسمی ممکن است این وضعیت را تسکین دهند.

[M. Raynaud (1834-81), پزشک فرانسوی]

reaction (ri-ak-shŏn) n.
۱.پاسخ به تحریک. ۲. تعامل دو یا چند ماده که باعث تغییرات شیمیایی در آن ها می شود. ۳. اثری که بوسیله ی یک آلرژن ایجاد می شود (به *allergy* مراجعه کنید).

reactive (ri-ak-tiv) adj.
توصیف بیماری‌های روانی که از طریق وقایع موجود در محیط فیزیولوژیکی تسریع می یابد.

reagent (ree-ay-jĕnt) n.
ترکیبی که با ترکیب دیگر واکنش می دهد، خصوصاً ترکیبی که برای کشف حضور ترکیب دیگر استفاده می شود.

regain (ree-ă-jin) n.
نوعی آنتی بادی که علیه آلرژنی که در بافت‌های مختلف ثابت باقی می ماند تشکیل می شود. تماس بعدی با آلرژن موجب آسیب به بافت و آزاد شدن هیستامین و سروتونین می شود که مسئول واکنش حساسیتی می باشد (به *anaphylaxia* مراجعه کنید).

recall (ri-kawl)
۱. *n.* فرآیند به یاد آوردن بازنمایی (به خصوص یک تصویر) تجربه ی گذشته. ۲. *vb.* به یاد آوردن برخی وقایع.

receptaculum (ree-sep-tak-yoo-lŭm) n.
قسمت متسع یک بخش آناتومیکال لوله ای.

r. (or cisterna) chili
انتهای متسع مجرای گلویی، که از درون آن (مایعات) عروق لنفاوی از اعضای تحتانی و روده ها کشیده می شوند.

سیناپسی درون مغز و نخاع عصب حرکتی متصل شده، یک عضله یا غده را عصب رسانی می کند.

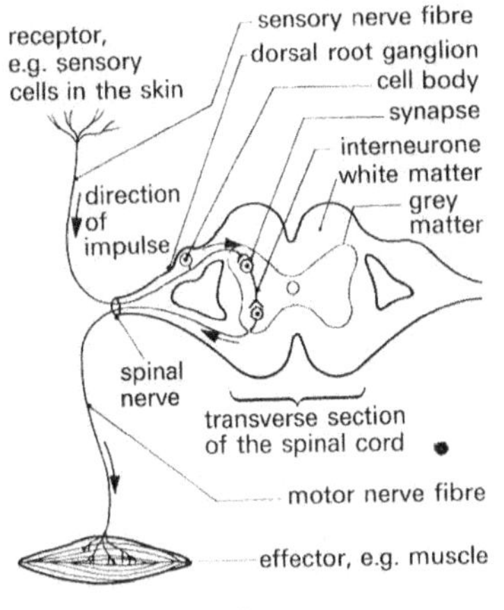

قوس رفلکس

reflux (ree-fleks) n.
جریان مایعات برخلاف جهت طبیعی خود به *(reflux)* *oesophagitis* و *vesicoureteric refex* هم مراجعه کنید.

refraction (ri-frak-shon) n.
۱. تغییر در مسیر پرتوهای نوری در زمان عبور غیرمستقیم از یک محیط شفاف به محیط دیگر و با چگالی متفاوت. انکسار، در زمان ورود نور به چشم و عبور از قرنیه، عدسی ها و غیره، جهت تمرکز بر کانون موجو در شبکیه رخ می دهد. خطاهای انکسار شامل آستیگماتیسم، دوربینی، و نزدیک بینی می شود. ۲. تعیین نیروی انکساری چشم. این کار تعیین می کند که آیا بیمار نیاز به عینک دارد یا نه و در صورت نیاز داشتن قدرت آن چقدر باید باشد.

refractometer (ree-frak-tom-it-er) n.
به *optometer* مراجعه کنید.

refractory (re-frakt-er-i) adj.
پاسخ ندادن: برای وضعیتی که جهت پاسخ موفقیت آمیز به یک درمان ناتوان می ماند.

refactory period n.
(در نورولوژی) مدت زمان مورد نیاز برای بهبودی یک سلول عصبی که پیام عصبی خود را انتقال داده یا یک فیبر عضلانی که منقبض شده است. در طول دوره ی بی پاسخی، تحریک طبیعی جهت تحریک سلول صورت نمی گیرد.

refrigeration (ri-frij-er-ay-shŏn) n.
کم کردن دمان بخشی از بدن جهت کاهش فعالیت های متابولیکی بافت‌های خود یا برای ایجاد تأثیر بی‌حسی موضعی.

regeneration (ri-jen-er-ay-shŏn) n.
رشد عصبی مجدد و طبیعی یک بافت یا بخشی که در طول جراحت از بین رفته است.

regimen (rej-i-men) n.
(از لحاظ درمانی) شکل سیستمیک تجویز شده ی درمان مثل رژیم یا دوره‌ی داروها، جهت درمان بیماری یا بهبودی‌سلامتی.

reginal ileitis (ree-jŏn-ăl) n.
به *Crohn's disease* مراجعه کنید.

registrar (rej-i-strar) n.
(در یک بیمارستان) یک پزشک یا جراح نسبتاً با تجربه که مسئول معالجه‌ی تعدادی از بیماران، به کمک دانشجویان سال سوم پزشکی که مسئول آموزش آن ها است، می باشد.

regression (ri-gresh-ŏn) n.
۱. (در روان شناسی) رجوع به سطح نابالغ تر عملکردی. ۲. حالتی از بیماری که در طول آن علایم و نشانه ها ناپدید می شوند و بیمار بهبودی می یابد.

regurgitation (ri-ger-ji-tay-shŏn) n.
۱. برگشت مواد گوارش نیافته از معده به دهان (به *vomiting* مراجعه کنید). ۲. جریان برگشتی یک مایع در مسیری مخالف مسیر طبیعی خود.

rehabilitation (ree-ă-bil-i-tay-shŏn) n.
۱. (در طب توان بخشی) درمان بیمار ناخوش، مجروح یا ناتوان از طریق ماساژ، الکتروتراپی و ورزش های تدریجی جهت بازگرداندن عملکرد و سلامت طبیعی به حالت اول خود. ۲. روش هایی جهت برگرداندن استقلال بیمار به حالت اول خود بعد از بیماری یا جراحت.

Reiter's syndrome (ry-terz) n.
بیماری انسانی که شامل اسهال، عفونت ادراری، عفونت ملتحمه و آرتریت می شود. در این وضعیت علایم مشابه علایم سوزاک است. عامل مسبب این بیماری به طور قطعی شناخته نشده است گرچه ممکن است ویروس درگیر شود.
[H. Reiter (1881-1969), پزشک آلمانی]

rejection (ri-jek-shŏn) n.
(در پیوند) تخریب از طریق مکانیسم دفاعی یک بافت پیوند زده شده از فرد دیگر. آنتی بادی ها، (پروتئین) مکمل، فاکتورهای انعقادکننده و پلاکت ها در رد پیوند جهت بقا

عملی که در زمان بزرگ‌شدن غده‌ی پروستات صورت می‌گیرد. این عمل شامل برداشت غده از طریق پیشابراه با استفاده از ابزاری که ریسکتوسکوپ نامیده می شود.

resectoscope (ri-sek- tŏ -skohp) n.
به *(transurethral) resection* مراجعه کنید.

reserpine (res-er-peen) n.
دارویی که از درخت *Rauwolfia* گرفته می شود. از طریق دهان یا تزریق برای کاهش فشارخون و گاهی اوقات برای تسکین اضطراب استفاده می گردد. نام تجاری: *sepasil*

residual urine (ri-zid-yoo- ăl) n.
ادرار باقی مانده درون مثانه بعد از ادرار کردن.

residual volume n.

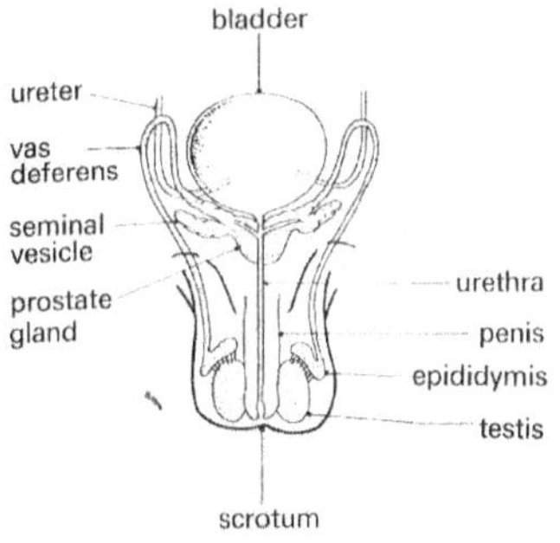

سیستم تولید مثل مردانه

حجم هوای باقی مانده درون ریه ها، بعد از این که فرد با تمام قدرت عمل بازدم را انجام می دهد. این حجم در آمفیزم افزایش می یابد.

resistance (ri-zist- ăns) n.
۱. درجه ی ایمنی که بدن دارد. ۲. درجه ای که یک بیمار یا ارگانیسم ایجادکننده‌ی بیماری بی تأثیر از طریق آنتی‌بادی ها یا داروهای دیگر، باقی می ماند.

resolution (rez- ŏ -loo- shŏn) n.
۱. فرآیند که در طول آن التهاب به طور تدریجی ناپدیده می شود. ۲. درجه ای که جزئیات فرد می تواند از طریق چشم و یا بواسطه ی یک میکروسکوپ دیده شود.

resonance (rez- ŏn - ăns) n.
صدایی که بوسیله ی دق بخشی از بدن در طول معاینه ی جسمانی ایجاد می شود. به *vocal resonance*هم مراجعه کنید.

replication (rep-li-kay- shŏn) n.
فرآیندی که از طریق آن *DNA* در زمان تقسیم سلولی همانند سازی می کند. دو طناب مولکول *DNA* از هم جدا هستند و هر طناب یک طناب جدید مکمل خود را سنتز می کند.

repolariztion (ri-poh-ler-I-zay- shŏn) n.
فرآیندی که در آن غشای سلول عصبی به حالت باردار الکتریکی و طبیعی خود و بعد از عبور ایمپالس عصبی بر می گردد.

repository (ri-poz-it-er) n.
ابزاری که جهت برگرداندن بخش جابه جا شده ی بدن به موقعیت طبیعی خود، استفاده می شود.

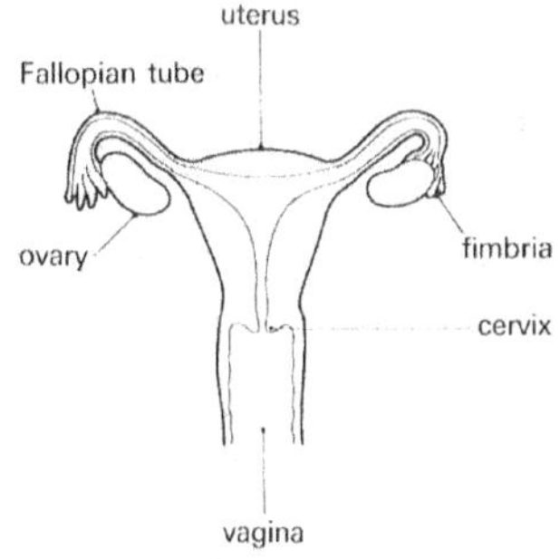

سیستم تولید مثل زنانه

repression (ri-presh- ŏn) n.
(در روان کاوی) نوعی مکانیسم دفاعی که به موجب آن فرد به طور ناخودآگاه عقاید، احساسات یا انگیزه های غیرقابل قبول در حالت خودآگاه و هوشیار از سر بیرون می کند.

reproductive system (ree- prŏ -duk-tiv) n.
ترکیب ارگان ها و بافت ها به همراه فرآیند تکثیر. در مردان شامل بیضه ها، مجاری دفران؛ پیشابراه و پنیس و در زنان شامل تخمدان، لوله های فالوپ، رحم، مهبل و فرج می شود.

resection (re-sek- shŏn) n.
جراحی برداشت هر بخشی از بدن.

Submucous r.
جراحی برداشت بخشی از تیغه ی غضروفی بینی که معمولاً از طریق ضربه منحرف شده است.

transurethral r. (TUR, r. of the prostate)

replication (rep-li-kay-shun) n. [illegible]

repolarization (ri-poh-ler-i-zay-shon) n. [illegible]

reserpine (res-er-peen) n. [illegible]

residual urine (ri-zid-yoo-ăl) n. [illegible]

رشد بیش از اندازه، غیرطبیعی و معمولاً بدخیم که مربوط به هر نوع از سلول های غددلنفاوی یا سیستم ایمنی می شود. به *Hodgkin's disease* و *Burkitt's tumor* مراجعه کنید.

reticulum (ri-tik-yoo-lŭm) n.
شبکه ای از توبول ها و عروق خونی. به *endoplasmic reticulum* مراجعه کنید.

retin- (retino-)
پیشوند به معنی شبکیه.

retina (ret-in-ă) n.
لایه ی حساس به نور که سطح درونی چشم را می پوشاند. بخش درونی شبکیه، مجاور حفره ی کره ی چشم، حاوی سلول های استوانه ای شکل و مخروطی شکل (سلول های حساس به نور) به همراه فیبرهای عصبی می باشد. بخش خارجی آن برای جلوگیری از عبور نور، حالت رنگیزه ای دارد.
-retinal adj.

retinaculum (ret- in-ak-yoo-lŭm) n. (pl. retinacula)
دسته ی ضخیمی از بافت ها که جهت نگه داری بافت های مختلف در یک مکان، به کار می رود.

retinal (retinene) (ret-in-al) n.
آلدوهید ریتنول (ویتامین *A*). به *rhodespin* هم مراجعه کنید.

retinene (ret-in-een) n.
به *retinal* مراجعه کنید.

Retinitis (ret-i-ny-tis) n.
التهاب شبکیه.

r. pigmentosa
وضعیت غیرالتهابی و ارثی که باعث تحلیل پیشروندهِی شبکیه می شود.

retinoblastoma (ret-in-oh-blas-toh-mă) n.
تومور نادر شبکیه که در کودکان رخ می دهد.

retinol (ret-in-ol) n.
به *vitamin A* مراجعه کنید.

retinopathy (ret-in-op-ă -thi) n.
هر نوع اختلال شبکیه که موجب اختلال یا فقدان بینایی می شود. این وضعیت به عنوان عارضه‌ای از دیابت (*diabetic r.*) یا فشارخون بالا رخ می دهد.

retinoscope (ret-in-oh-skohp) n.
ابزاری که برای تعیین قدرت انکسار چشم استفاده می شود.
-retinoscopy n.

نوعی کیست در زمان انسداد روزنه‌ی خارجی مجرای یک غده، ایجاد می شود.

retention defect n.
(در روان شناسی) نوعی اختلال حافظه که در آن آیتم هایی که درون حافظه ثبت شده اند به یاد آورده نمی شوند. این وضعیت یک ویژگی جنون است.

reticular (ri-tik-yoo-ler) adj.
(مربوط به بافت ها) مشابه یک شبکه، شاخه دار.

r. fibres
فیبرهای شاخه دار بافت های پیوندی که شبکه ی بافتی حمایت کننده و نازکی را اطراف عروق خونی، فیبرهای عضلانی، غدد، اعصاب و غیره تشکیل می دهد.

r. formation
شبکه ای از مسیرهای عصبی و هسته های سرتاسر ساقه ی مغزی، فیبرهای حسی و حرکتی اتصال دهنده به طناب نخاعی و نشأت گرفته از آن، مخ و مخچه و اعصاب جمجمه‌ای.

reticulin (ri-tik-yoo-lin) n.
پروتئین شبه کلاژن فیبرهای شبکه ای.

reticulocyte (ri-tik-yoo-loh-syt) n.
گلبول قرمز نابالغ (اریتروسیت). رتیکولوسیت‌ها به طور طبیعی تقریباً شامل ۱٪ کل گلبول های قرمز هستند.

reticulocytosis (ri-tik-yoo-loh-sy-toh-sis) n.
افزایش در تناسب رتیکولوسیت‌ها درون جریان خون. این وضعیت نشانه ای از افزایش بازدهی سلول های قرمز جدید از مغز استخوان است.

reticuloendothelial system (RES) (ri-tik-yoo-loh-en-doh-theel-iăl) n.
اجتماع فاگوسیت هایی که سرتاسر بدن گسترش می یابند. *RES* با دفاع علیه عفونت باکتریایی و با برداشت سلول های کهنه از جریان خون مرتبط می شوند. به *spleen* هم مراجعه کنید.

reticuloendotheliosis (histiocytosis X) (ri-tik-yoo-loh-en-doh-theel-i-oh-sis) n.
رشد بیش از اندازه ی سلول های سیستم ریتکولواندوتلیال که کوجب تورم منفرد مغز استخوان (گرانولوما ائوزینوفیلیک) یا تخریب استخوان های جمجمه (*Hand-schüller-Christian disease*) می شود. شایع ترین نوع آن به همراه تومورهای حاوی هیستوسیت های درون ارگان های داخلی است (*Letter-siwe disease*).

reticulosis (ri-tik-yoo-loh-sis) n.

سیفلیس مادرزادی، نهایتاً جهت تشکیل این وضعیت بهبودی می یابد.

rheo-

۱. جریان مایع. ۲. یک جریان الکتریکی.

rhesus factor (Rh Factor) (ree-sŭs) n.

گروهی آنتی ژن هایی که ممکن است روی سطح گلبول های قرمز وجود داشته باشند. این گروه آنتی ژن ها اساس سیستم گروه خونی *RH* را تشکیل می دهند. اکثر افراد فاکتور *RH* را دارند یعنی آن ها *RH* مثبت هستند. افرادی که این فاکتور را ندارند *RH* منفی نام گذاری می شوند. ناسازگاری بین خون *RH* منفی و *RH* مثبت علت مهم واکنش های تزریق خون و بیماری همولیتیک نوزادان می باشد. به *blood group* هم مراجعه کنید.

rheumatoid fever (acute rheumatism) (roo-mat-ik) n.

نوعی بیماری که عمدتاً برکودکان و بالغین جوان اثر می گذارد و به عنوان یک عارضه ی تأخیری عفونت قسمت فوقانی دستگاه تنفسی با استرپتوکوکسی همولیتیک ایجاد می شود. ویژگی های عمده ی آن تب، آرتریت، داءالرقص و التهاب عضله دریچه ها و غشای اطراف قلب می باشد. عفونت بوسیله ی آنتی بیوتیک هایی (مثل پنی سیلین) و استراحت در تخت، درمان می شود.

chronic rheumatic heart disease.

عارضه ای از تب روماتیسمی که در آن التهاب مزمن و ایجاد کننده ی اسکار قلب و دریچه ی آن وجود دارد و منجر به نارسایی قلبی، مرمر و آسیب به دریچه ها می شود.

rheumatism (room-ă-tizm) n.

اختلالی که در آن باعث درد و رنج عضلات و مفاصل می شود. به *rheumatoid fever* ،*rheumatoid arthritis* ،*osteoarthritis* و *gout* مراجعه کنید.

rheumatoid arthritis (room-ă-toid) n.

نوعی آرتریت که مفاصل انگشتان دست، مچ های دست، پاها، قوزک ها و اغلب هیپ و شانه ها را درگیر می کند. این بیماری از طریق آزمایش خون اشعه ی *X* که نوعاً تغییراتی را (*rheumatoid erosions*) اطراف مفاصل تحت تأثیر قرارگرفته آشکار می کند، مشخص می سازد. درمان این بیماری معمولاً بر پایه ی مسکن های ضدالتهابی و تسکین علایم است.

Rett's syndrome (rets) n.

اختلالی که دخترهای جوان را تحت تأثیر قرار می دهد و در آن حرکات کلیشه ای و کناره گیری در طول اوایل دوران کودکی ظاهر می شود. رشد عقلانی اغلب معیوب شده و کمک های آموزشی خاص مورد نیاز است.

[A. Rett, متخصص اطفال استرالیایی و (قرن بیستم)]

revascularization (ree-vas-kew-ler-I-zay-shŏn) n.

عمل جراحی برای برقراری خون رسانی مجدد به یک بافت یا ارگان ، از طریق روش های پیوند عروق.

coronary r.

ایجاد جریان خون مجدد، از طریق شریان های کرونری، معمولاً به روش های پیوند بای پس کرونر.

Reye's syndrome (rayz) n.

اختلال نادری که در کودکان رخ می دهد. این اختلال از طریق علایم انسفالیت به همراه شواهد نارسایی کبد مشخص می شود. درمان به قصد کنترل ادم مغزی و اصلاح ناهنجاری های متابولیکی صورت می گیرد. ولی مرگ و میر قابل توجهی وجود داشته که ممکن است آسیب مغزی به جای ماندنی را ایجاد کند. دلیل این سندرم ناشناخته است ولی داروی آسپرین مؤثر می باشد. این دارو در کودکان زیر ۱۲ سال منع مصرف است.

[R. D. K. Reye (1912-77), هیستوپاتولوژیست استرالیایی]

RGN n.

پرستار عمومی ثبت شده: به *nurse* مراجعه کنید.

rhabdomyosarcoma (rab-doh-my-oh-sar-koh-mă) n.

تومور بدخیمی که از عضله ی مخطط نشأت گرفته یا نشان دهنده ی ویژگی آن است.

embryonal r.

نوعی رابدوسارکوما که نوزادان، کودکان و بالغین جوان را تحت تأثیر قرار می دهد.

pleomorphic r.

نوعی رابدوسارکوما که در اواخر میانسالی در عضلات عضوهای بدن ایجاد می شود.

rhagades (rag-ă-deez) pl. n.

شکاف ها یا اسکارهای باریک و بلند درون پوست، خصوصاً اطراف دهان. شکاف های اطراف دهان و بینی نوزادان به همراه

هر یک از ۳ جفت دنده ی زیر دنده های حقیقی. هر یک از این دنده ها بوسیله ی غضروف خود به دنده ی بالای آن متصل می شود.

floating r.

هر یک از دو جفت دنده ی آخر که به طور آزاد در عضلات دیواره ی بدن ختم می شود.

tru r.

هر یک از هفت جفت دنده ی اول که به طور مستقیم از طریق غضروف دنده ای خود به استرنوم متصل می شود. نام آناتومیکی: *costa*.

riboflavin (Vitamin B2) (ry-boh-flay-vin) n.

به *vitamin B* مراجعه کنید.

ribonuclease (ry-boh-new-kli-ayz) n.

آنزیمی که در لیزوزوم سلول ها واقع شده و *RNA* را در مکان خاصی درون مولکول می شکنند.

ribonucleic acid (ry-boh-new-klee-ik) n.

به *RNA* مراجعه کنید.

ribose (ry-bohz) n.

قند پنتوزی که ترکیبی از *RNA* و چندین کوآنزیم می باشد. ریبوز در متابولیسم داخل سلولی هم درگیر می شود.

ribosome (ry-bŏ -sohm) n.

یک جزء متشکل از *RNA* و پروتئین که در سلول ها و مکان سنتزپروتئین درون سلول رخ می دهد (به *translation* مراجعه کنید).

-ribosomal adj.

ricewater stools (rys-waw-ter) pl. n.

به *cholera* مراجعه کنید.

ricin (ry-sin) n.

آلبومین خیلی سمی که از دانه های روغن کرچک (*Ricinus communis*) بدست آمده و سنتز پروتئین را مهار می کند. این آلبومین به سطح سلول متصل شده و باعث گاسترو آنتریت، احتقان کبدی، یرقان و کلاپس قلبی عروقی می شود.

rickets (rik-its) n.

نوعی بیماری کودکان که در آن استخوان ها سخت نمی شوند و در اثر نقص ویتامین *D* بدشکل می گردند. به *osteomalacia* مراجعه کنید. نوعی ریکتز ناشی از نقص عملکرد کلیه: استخوان ها در نتیجه ی مواد معدنی تشکیل دهنده ی استخوان که به درون ادرار ترشح می شوند، بدشکل می شوند.

rickettsiae (ri-ket-si-ee) n.

گروهی از ارگانیسم های انگلی بسیارکوچک، میله ای شکل و مارپیچی و بدون حرکت. این ارگانیسم ها موجب بیماری هایی مثل آبله ی ریکتزی، تب نقطه ای کوه های راکی، و تیفوس می شود. این بیماری جانوران مفصل دار (ساس ها، مایت ها و غیره) را از طریقی که آن ها بتوانند به پستانداران (از قبیل انسان) انتقال یابند، آلوده می کند.

-rickettsial (ri-ket-si-ăl) adj.

rickettsial pox n.

نوعی بیماری موش ها که از طریق میکروارگانیسم *Rickettsia akari* ایجاد شده و به انسان از طریق مایت انتقال می یابد. این بیماری سردی، تب، درد عضلانی و راشی مشابه آبله مرغان ایجاد می کند. به *typhus* هم مراجعه کنید.

ridge (rij) n.

۱. (در آناتومی) یک تیغه یا برجستگی باریک بلندی مثل تیغه‌ی روی استخوان. ۲. (در آناتومی دندان) به *alveolus* مراجعه کنید.

rifampicin (rif-am-pi-sin) n.

آنتی بیوتیکی که از طریق دهان، جهت درمان عفونت های ویروسی خصوصاً توبرکلوزیس استفاده می شود. این آنتی بیوتیک از طریق تزریق، استنشاق یا محلول برای ناحیه‌ی عفونی به کار برده می شود.

rigidity (ri-jid-iti) n.

(در نورولوژی) مقاومت حرکت غیرفعال عضوی که در سرتاسر دامنه ی خود مقاومت می کند. این وضعیت یک علامت پارکینسون است. با *spasticity* مقایسه کنید.

rigor (ry-ger) n.

هجوم ناگهانی لرزش و احساس سرما، به همراه افزایش سریع دمای بدن. این وضعیت اغلب حمله ی تب را نشان می دهد و ممکن است به دنبال احساس گرما و تعریق شدید باشد.

r. mortis

سفت شدن بدن که ظرف هشت ساعت پس از مرگ ناشی از تغییرات شیمیایی در بافت عضله رخ می دهد.این وضعیت پس از ۲۴ ساعت شروع به ناپدید شدن می کند.

rima (ry-ăm) n.

(در آناتومی) شکاف.

r. glottidis

فضای بین طناب های صوتی.

مختلف جهت استنتاج فرضیه های مختلف درباره ی موضوع استفاده می شود.

[H. Rorshach (1884-1922), روان شناس سوئیسی]

rosacea (roh-zay-shiă) n.

بیماری پوستی صورت که در آن عروق خونی بزرگ گردیده و به گونه ها و بینی ظاهری سرخ شده می دهند. این بیماری معمولاً بعد از سن ۳۰ سالگی رخ داده و اغلب زنان را بیشتر از مردان تحت تأثیر قرار می دهد. این وضعیت به همراه یائسگی که گاهی اوقات به عنوان یک محرک عمل می کند می باشد.

roseola (roh-zee-ŏ-lă) n.

نوع بثورات پوستی به رنگ گل رز، مثل بثورات پوستی که در سرخرگ، مرحله ی دوم سیفلیس یا تب تیفوئید، رخ می دهد.

r. infantum

بیماری خوش خیم، ویروسی و شایع درکودکان. در این وضعیت به دنبال تب بالا، جوش های قرمز است که بعد از دو روز ناپدید می شود.

rostrum (ros-trŭm) n. (pl. rostra)

(در آناتومی) برآمدگی منقارمانند مثل وضعیت موجود روی استخوان اسفینوئید.

-rostral adj.

rotator (roh-tay-ter) n.

عضله ای که موجب چرخش یک عضو می شود.

Rothera's test (roth-er-ăz) n.

یک روش آزمایش ادرار برای حضور استون یا استواستیک اسید که نشانه ای از دیابت ملیتوس می باشد.

[A.C. H. Rothera (1880-1915), بیوشیمیست استرالیایی]

Roth spot (roht) n.

ناحیه ی رنگ پریده ای که بوسیله ی هموراژ احاطه شده و گاهی اوقات در شبکیه ی افرادی که مبتلا به آندوکاردیت باکتریایی، سپتی سمی یا لوسمی هستند، دیده می شود.

[M. Roth (1839-1915), پزشک سوئیسی]

roughage (ruf-ij) n.

به *dietary fibre* مراجعه کنید.

rouleau (roo-loh) n. (pl. rouleaux)

ساختار استوانه ای درون خون متشکل از چندین گلبول قرمز که برروی یکدیگر برآمده شده اند و از طریق لبه های خود به هم چسبیده اند.

مطالعه ی کاربردهای اشعه های X (اشعه های رونتگن) در پزشکی.

role playing (rohl-play-ing) n.

شیوه یی آموزشی که در تدریس مهارت های اجتماعی، ارتباطی و کاربردی به کار می رود. به افراد نقش هایی داده می شود و به آن ها گفته می شود که آن نقش ها را اجرا کنند. به بعضی از اعضاء گروه، وظیفه ی نظارت و مشاهده ی این تمرینات محول می شود. در پایان جلسه این فرصت وجود دارد که گروه کار تمرین را ارزیابی کند. این شیوه می تواند برای اهداف درمانی خصوصاً در موارد مربوط به روان پزشکی مورد استفاده قرار گیرد.

Romanowsky stains (roh-mă-nof-ski) pl. n.

گروهی از رنگهایی که برای معاینه ی میکروسکوپی سلول های خونی استفاده می شود و از ترکیبات مختلف رنگ های تیازین با ائوزین تشکیل شده است.

[D. L. Romanowsky (1861-1921), پزشک روسی]

Romberg's sign (rom-bergz) n.

نشانه ای از اختلال حسی که عصب های ناقل اطلاعات به مغز، درباره ی موقعیت اعضاء ، مفاصل و کشش در عضلات را تحت تأثیر قرار می دهد. در این وضعیت، بیمار زمانی که چشم هایش بسته است قادر به نگهداری وضعیت ایستاده ی خود نیست.

[M. Romberg (1795-1873), نورولوژیست آلمانی]

rongeur (rawn-zher) n.

انبرک تیز و قدرتمندی که برای برش بافت، خصوصاً استخوان استفاده می شود.

root (root) n.

۱. (در نورولوژی) دسته ای از فیبرهای عصبی در مکان خروج خود از طناب نخاعی. ۲. (در دندان پزشکی) بخشی از یک دندان که بوسیله ی مینای دندان پوشیده نمی شود و به طور طبیعی به استخوان سوراخ دار از طریق فیبرهای اطراف ناحیه ی دندان متصل می گردد.

r. treatment

روش برداشت بقایای مغز استخوان دندان، تمیزکردن و شکل دادن به کانال درونی دندان و پرکردن کانال ریشه ای. ۳. منشأ هر ساختار یعنی نقطه‌ای که در آن، این قسمت از ساختارهای دیگر نشأت می گیرد. نام تجاری: *radix*

Rorschach test (ror-shaht) n.

آزمایشی برای اندازه گیری جنبه های شخصیتی، متشکل از ده لکه ی جوهر رنگی و سیاه و سفید. پاسخ به لکه های جوهر

برانگیختگی جنسی در پاسخ به آزاررساندن به دیگران. به perversion و masochism هم مراجعه کنید.

-sadist n. -sadistic (să-dis-tik) adj.

safe period (sayf) n.

به *rhythm method* مراجعه کنید.

sagittal (saj-it'l) adj.

توصیف صفحه‌ی پشتی ـ شکمی‌که از پایین مهره‌ی آسه‌ی بلند بدن گسترس یافته و بدن را به نیمه ی چپ و راست تقسیم می کند.

s.suture

یک مفصل بی حرکت بین دو استخوان آهیانه ی جمجمه.

salbutamol (sal-bew-tă-mol) n.

دارویی مشابه ایزوپرینالین، که از طریق دهان، تزریق یا استنشاق به عنوان متسع کننده ی برونش جهت تسکین آسم، برونشیت مزمن و آمفیزم استفاده می شود. نام تجاری: *ventolin*.

salicylamide (sal-i-sil-ă-myd) n.

دارویی مسکن با آثار و کابردهای مشابه آسپرین. این دارو از طریق دهان استفاده می شود. نام تجاری: *salimed*

salicylate (să-lis-i-layt) n.

نمک اسید سالسیلیک. به *methyl salicylate* و *sodium salicylate* مراجعه کنید.

salicylic acid (sal-i-sil-ik) n.

دارویی که موجب پوسته ریزی پوست و تخریب باکتری ها و قارچ ها می شود. این دارو برای پوست جهت درمان زخم ها، شوره ی سر، اگزما، پسوریازیس، زگیل ها و میخچه استفاده می گردد.

salicylism (sal-i-sil-izm) n.

مسمومیت ناشی از مصرف بیش از اندازه ی آسپرین یا دیگر ترکیبات حاوی سالسیلات. علایم اصلی آن سردرد، گیجی، زنگ زدن گوش، اختلال در بینایی و استفراغ می باشد.

saline (normal saline) (say-lyn) n.

محلول حاوی سدیم کلرید ۰/۹ درصد. سالین ممکن است از نظر بالینی به عنوان یک رقیق کننده ی داروها استفاده شود که از طریق تزریق و به عنوان یک جانشین پلاسما مصرف می گردد.

saliva (să-ly-vă) n.

مایع قلیایی که از طریق غدد بزاقی و غشای موکوسی دهان ترشح می شود. اجزاء اصلی آن آب و موکوس است که دهان را عامل شیرین کننده. این ماده به شیرینی ۴۰۰ قند است و انرژی ندارد. این ماده به عنوان یک شیرین کننده در غذاهای دیابتی و کم کالری بسیار مفید است.

Saccharomyces (sak-er-oh-my-seez) n.

به *yeast* مراجعه کنید.

sacculated (sak-yoo-layt-id) adj.

کیسه ای شدن به همراه کیسه های کوچک.

saccule (sacculus) (sak-yool) n.

کوچکتر از دو کیسه ی غشایی درون دهلیز گوش. این بخش حاوی ماکولایی است که به وزن پاسخ داده و اطلاعات را به سمت مغز درباره ی موقعیت سر تقویت می کند.

sacralization (say-kră-ly-zay-shŏn) n.

امتزاج غیرطبیعی پنجمین مهره ی کمری به همراه ساکروم.

sacral nerves (say-krăl) pl. n.

پنج جفت اعصاب نخاعی که از ستون نخاعی درون ساکروم بیرون می آید.این اعصاب فیبرهای حرکتی وحسی را از قسمت تحتانی پا، مقعد و نواحی تناسلی حمل می کنند.

sacral vertebrae pl. n.

به *sarcram* مراجعه کنید.

sacro-

پیشوند به معنی استخوان خاجی.

sacrococcygeal (say-kroh-kok-sij-iăl) adj.

مربوط به پایین استخوان خاجی و استخوان دنبالچه.

sacroiliac (say-kroh-il-i-ak) adj.

مربوط به استخوان خاجی و ایلیوم.

sacroiliitis (say-kroh-il-i-I-tis) n.

التهاب مفصل ساکروایلیاک. درگیر شدن هر دو مفصل، یک ویژگی شایع اسپوندیلیت آنکیلوزان و بیماری های روماتیسمی می باشد. نتیجه ی آن درد اندک کمر و سفتی می باشد و ممکن است که از طریق استراحت و مسکن ها تسکین یابد.

sacrum (say-krŭm) n. (pl. sacra)

استخوان منحنی و مثلثی شکل ستون فقرات که از پنج مهره ی (*sacral vertebrae*) جوش خورده به هم تشکیل شده است. استخوان خاجی با آخرین مهره ی کمری از طرف بالا، استخوان دنبالچه از طرف پایین و استخوان هیپ از جوانب مفصل می شود. به *vertebra* هم مراجعه کنید.

-sacral adj.

saddle-nose (sa-d'l-nohz) n.

مسطح شدن برآمدگی بینی که برای مثال ممکن است در سیفلیس مادرزادی رخ دهد.

sadism (say-dizm) n.

هر نوع ارگانیسم آزادزی که برروی بافت های زنده و در حال فساد حیوانات و گیاهان زندگی کرده و از آن‌ها تغذیه می کند. با *parasite* مقایسه کنید.

-saprophytic (sap-roh-fit-ik) adj.

sarc- (sarco-)

۱. گوشت یا بافت گوشتی. ۲. عضله.

sarcoid (sar-koid)

۱. *adj* گوشتی. ۲. *n.* تومورگوشتی.

sarcoidosis (sar-koid-oh-sis) n.

یک بیماری با دلیل ناشناخته که در آن گره های لنفاوی در بسیاری از بخش های بدن بزرگ شده و گرانولوما در ریه ها، کبد و طحال گسترش می یابد. پوست، سیستم عصبی، چشم ها و غددبزاقی هم به طور شایع تحت تأثیر قرار می گیرند و این وضعیت مشابه ویژگی های توبرکلوزیس می باشد.

sarcolemma (sar-koh-lem-ă) n.

غشای سلولی که یک سلول عضله (فیبر عضله) را احاطه می کند.

sarcoma (sar-koh-mă) n.

نوعی سرطان بافت پیوندی. این تومورها ممکن است در هر بخشی از بدن رخ دهند. آن ها در بافت های فیبروز، عضله، چربی، استخوان، غضروف، سینوویوم، عروق خونی و لنفاوی و بافت های مختلف دیگر بوجود می آیند.

s. botryoides

به *chondrosarcoma* مراجعه کنید. به *chondrosarcoma*، *fibrosarcoma*، *liomyosarcoma*، *liposarcoma*، *lymphangiosarcoma*، *osteosarcoma* و *rhabdomyosarcoma* هم مراجعه کنید.

-sarcomatous adj.

sarcomatosis (sar-koh-mă-toh-sis) n.

سارکومایی که به طور گسترده سرتاسر بدن، عمدتاً از طریق جریان خون گسترش می یابد.

sarcoplasm (myoplasm) (sar-koh-plazm) n.

سیتوپلاسم سلول های عضله.

Sarcoptes : (sar- kop- teez) n.

تیره ای از مایت های کوچک و بیضی شکل.

s. scabiei

مایتی که باعث خارش در انسان می شود. مؤنث درون پوست کانال هایی را ایجاد کرده که تخم های خود را درون آن قرار

sanatorium (san-ă-tor-iŭm) n.

۱. بیمارستان یا کانونی جهت بازتوان و دوره ی نقاهت بیماران مربوط به هرگروه. ۲. کانونی برای بیمارانی که در اثر توبرکلوز ریوی رنج می برند.

sandfly fever (sand-fly) n.

نوعی بیماری ویروسی شبیه آنفولانزا که به انسان از طریق گزش مگس خاکی *phlebotomus papatasii* انتقال می یابد. تب مگس خاکی به طور عمده در کشور های اطراف خلیج فارس و نواحی گرمسیری مدیترانه ای رخ می دهد.

sangui- (sanguine -)

پیشوند به معنی خون.

sanguineous (sang-win-iŭs) adj.

۱. حاوی لکه یا پوشیده شده با خون. ۲. (مربوط به بافت ها) حاوی مقداری بیشتر از مقدار طبیعی خون.

sanies (say-ni-eez) n.

ترشح بد بوی رقیق از یک جراحت یا زخم که حاوی سرم، خون و چرک است.

saphena (să-fee-nă) n.

به *Saphenous vein* مراجعه کنید.

saphenous nerve (să-fee-nŭs) n.

شاخه ی بلندی از عصب فمورال که پوست را از زانو تا زیر قوزک پا به همراه اعصاب حسی، خون رسانی می کند.

saphenous vein (saphena) n.

هر یک از دو سیاهرگ سطحی پا که خون را از پا می کشند.

long s. v.

بزرگترین سیاهرگ درون بدن که از پا تا کشاله ی ران ادامه می یابد.

short s. v.

سیاهرگی که از پشت ماهیچه ی ساق پا به طرف بالا می آید.

saponify (să-pon-i-fy) vb.

(در شیمی) هیدرولیزکردن استر به همراه هیدروکسید، خصوصاً چربی به همراه هیدرواکسید جهت ساختن صابون.

-saponification n.

sapr- (sapro-)

پیشوند به معنی۱. پوسیدگی. ۲. ماده‌ی در حال پوسیده شدن.

sapraemia (sap-ree-miă) n.

مسمومیت خونی بوسیله ی سموم باکتری های پوده گرا. با *pyaemia*، *Septicaemia* و *toxaemia* مقایسه کنید.

saprophyte (sap-roh-fyt) n.

schilling test (shil-ing) n.
آزمایشی جهت تشخیص ظرفیت بیمار نسبت به جذب ویتامین B_{12} از روده. ویتامین B_{12} رادیواکتیوی از طریق دهان داده شده و سپس ادرار وی جمع آوری می گردد. بیمار مبتلا به آنمی کشنده کمتر از ۵درصد دوز اصلی بیش از یک دوره ی ۲۴ساعته، دفع می کند.

schindylesis (skin-di-lee-sis) n.
شکلی از مفصل بدون حرکت که در آن تیغه ی یک استخوان به درون ناودان استخوان دیگر قرار می گیرد.

-schisis
پسوند به معنی شکاف یا ترک.

schisto-
پیشوند به معنی شکاف یا ترک.

Schistosoma(Bilharzia) (shist-ŏ-soh-mă) n.
تیره ای از کرم های قلابدار خونی که ۳ گونه از آن انگل های مهم انسان هستند و موجب بیماری شیستوزوما می شود.

Schistosomiasis (bilharziasis) (shist-ŏ-soh-my-ă-sis) n.
بیماری گرمسیری که بوسیله ی کرم های قلابدار خونی از تیره ی *schistosoma* ایجاد می شود. این بیماری زمانی ایجاد می گردد که لاروها به درون پوست کسی که درون آب های آلوده شنا می کند، نفوذ کرده است. نوع بالغ در نهایت درون عروق خونی روده (*smansoni* , *S. japonicum*) یا مثانه (*S. haematobium*) ته نشین می شوند. آزاد شدن تخم موجب، آنمی، التهاب و تشکیل بافت اسکار می شود. دیسانتری و سیستیت می شود. این بیماری بوسیله ی داروهای مختلف از قبیل استیوفن و نیریدازول درمان می شود.

schiz- (schizo-)
پیشوند به معنی انشعاب یا تقسیم.

schizoid personality (skits-oid) n.
فردی که دارای ویژگی هایی نظیر درون گرایی، کم رویی، گوشه گیری و عدم موفقیت در اثرگذاری بر دیگران است. به *personality disorder* مراجعه کنید.

schizophrenia (skits-ŏ-freen-iă) n.
یک اختلال شدید روانی (یا گروهی از اختلالات) که از طریق بر هم خوردن فرآیند فکرکردن، ارتباط با واقعیت و مربوط به پاسخ دهی عاطفی مشخص می شود. بیمار از توهم و خیالات رنج برده و احساس می کند که افکار، احساسات و اعمال وی به وسیله ی دیگران کنترل یا سهیم می شود. درمان این

پیشوند به معنی کتف.

scapula (skap-yoo-lă) n. (pl. scapulas or scapule)
تیغه ی شانه : یک استخوان مثلثی شکل که یک جفت از آن بخش خلفی حلقه ی شانه را تشکیل می دهد.
-scapular adj.

scar (skar) n.
به *Cicatrix* مراجعه کنید.

scarification (ska-rifi-kay-shŏn) n.
فرآیند ایجاد مجموعه ایی از برش ها یا خراش های کم عمق در پوست جهت وارد کردن ماده ای مثل قطره کوچکی از واکسن آبله، به درون بدن.

scarlatina (skar-lă-tee-nă) n.
به *scarlet fever* مراجعه کنید.

scarlet fever (skar-lit) n.
نوعی بیماری شدیداً مسری‌که عمدتاً در دوران کودکی از طریق باکتری های جنس *streptococcus* ایجاد می شود. علایم آن شامل تب، ناخوشی، گلودرد و جوش های شایع سرخ رنگی که از زیر بغل و کشاله ی ران به طرف گردن، سینه، کمر، دست و پاها و زبان گسترش می یابد، است. درمان با آنتی بیوتیک ها از برخی عوارض مثل عفونت های گوش و کلیه و تورم غدد گردن جلوگیری می کند. نام پزشکی: *scarlatina* با *German measles* مقایسه کنید.

scarpa's triangle (skar-păz) n.
به *femoral (triangle)* مراجعه کنید.
[A. scarpa (1747-1832), آناتومیست و جراح ایتالیایی]

scat- (scato-)
پیشوند به معنی مدفوع.

Scheuermann's disease (shoi-er-manz) n.
نوعی از استئوکوندریت که بر مهره ها اثر می گذارد. این وضعیت در افراد نوجوان گسترش یافته و باعث خمیدگی به طرف بیرون ستون فقرات می شود.
[B. schick (1877-1947), متخصص اطفال آمریکایی]

Schick test (shik) n.
آزمایشی که برای بدست آوردن ظرفیت بیمار جهت جذب ویتامین B_{12} از روده استفاده می‌شود. ویتامین B_{12} رادیواکتیو از طریق دهان داده شده و سپس ادرار جمع آوری می گردد. بیمار مبتلا به آنمی کشنده کمتر از ۵ درصد دوز اصلی بیش از یک دوره ی ۲۴ ساعته، ترشح خواهد کرد.
[R. F. Schilling (1919-), پزشک آمریکایی]

ابزاری که نور فلورسنت را در زمان برخورد یک پرتوی پر انرژی مثل اشعه های بتا یا گاما، تولید می کند. به *scintigram* هم مراجعه کنید.

scintiscan (sin-ti-skan) n.

به *scintigram* مراجعه کنید.

scirrhous (si- rŭs) adj.

توصیف کارسینومایی که سفت و سخت شده اند. برخی از کارسینوماها به عنوان سیروز شناخته می شود.

scissura (scissure) (si-zhor- ă) n.

ترک یا شکاف، مثل شکاف دهانه ی بافت ها، در زمان تشکیل هرنیا.

sclera- (sclero-)

پیشوند به معنی۱. سخت شدن یا ضخیم شدن. ۲. صلبیه. ۳. اسکلروزیس.

sclera (sclerotic coat) (skleer- ă) n.

فیبروز سفید لایه ی خارجی کره ی چشم. صلبیه در قدام چشم قرنیه را تشکیل می دهد. به *eye* مراجعه کنید.

-scleral adj.

scleritis (skleer-I-tis) n.

التهاب صلبیه.

scleroderma (skleer-oh-der- mă) n.

سخت شدن مداوم و انقباض بافت پیوندی بدن. در این وضعیت پوست ضخیم و سفت شده که اغلب به همراه قطعات رنگیزه ای می باشد. امکان دارد اسکلرودرم موضعی (به *morphoea* مراجعه کنید) باشد یا این وضعیت ممکن است سرتاسر بدن گسترش یابد و سرانجام موجب مرگ شود.

scleroma (skleer-oh- mă) n.

قطعه ی سخت شده ی پوست یا غشای موکوسی که از نسج التیامی تشکیل شده است.

scleromalacia (skleer-oh- mă -lay- shiă) n.

نازک شدن صلبیه (سفیدی چشم) در نتیجه ی التهاب.

sclerosis (skleer-oh-sis) n.

سخت شدن بافت، معمولاً ناشی از اسکار شدن (فیبروز) بعد از التهاب. این وضعیت می تواند ستون های جانبی طناب نخاعی و مدولای مغز (*amyotrophic loteral s.*) را تحت تأثیر قرار دهد، که موجب فلج پیشرونده ی عضلانی می شود (به *motor neuron disease* مراجعه کنید). به *aheriosclerosis*، *multiple sclerosis* و *tuberous sderosis* مراجعه کنید.

sclerotherapy (skleer-oh-th'e- ră - pi) n.

درمان وریدهای واریس از طریق تزریق یک محلول محرک. این وضعیت موجب ترومبوفلبیت می شود که از بین بردن وریدهای واریس بوسیله ی ترومبوز و پس از آن اسکار شدن را تقویت می کند.

sclerotic (skleer-ot- ik) (or sclerotic coat) n.

به *sclera* مراجعه کنید. ۲. تحت تأثیر قرار گرفته بوسیله ی اسکلروزیس.

sclerotome (skleer- ŏ -tohm) n.

تیغه ی جراحی که در عمل اسکلروتومی استفاده می شود.

sclerotomy (skleer-ot- ŏmi) n.

عملی که در آن برشی در صلبیه بوجود می آید.

scolex (skoh- leks) n. (pl. scolices)

سرکرم پهن. آلات مکنه و قلاب هایی که در این بخش قرار دارند، کرم را جهت پیوستن به دیواره ی روده ی میزبان خود قادر می سازد.

scoliosis (skoh-li-oh-sis) n.

انحراف جانبی ستون فقرات که از طریق ناهنجاری های مادرزادی یا اکتسابی مهره ها، عضلات و اعصاب ایجاد می شود. به *kyphosis* و *kyphoscoliosis* هم مراجعه کنید.

-scope

پسوند به معنی ابزاری برای معاینه یا مشاهده.

scopolamine (skŏ -pol- ă -meen) n.

به *hyoscine* مراجعه کنید.

scorbutic (skor-bew-tik) adj.

تحت تأثیر کمبود ویتامین C قرار گرفتن.

scoto-

پسوند به معنی تاریکی.

scotoma (skoh-toh- mă)n. (pl. scotomata)

ناحیه ی کوچکی با فقدان بینایی یا بینایی کاهش یافته و غیرطبیعی در میدان دید که با بینایی طبیعی احاطه می شود.

scometer (skoh-tom-it-er) n.

ابزاری‌که برای ترسیم نقایص در میدان‌بینایی استفاده می‌شود. به *perimeter* مراجعه کنید.

scotopic (skoh-top-ik) adj.

مربوط به یا توصیف شرایط روشن سازی ضعیف.

s. vision

بینایی در تاریکی‌که در آن سلول‌های استوانه ای شکل شبکیه درگیر می شوند (به *dark adaptation* مراجعه کنید).

(در آناتومی) قسمتی از بافت یا ارگانی که معمولاً از دیگر بخش ها بوسیله ی خطوط تعیین شده، متمایز می شود.

Seidlitz powder (sed-lits) n.
ترکیب بی کربنات سدیم، سدیم پتاسیم، جوش ترش و اسید تارتاریک که به عنوان ملین در زمان حل شدن در آب مصرف می شود.

self-actualization (self-ak-tew-ă-ly-zay-shŏn) n.
تمایل به درک و انجام حداکثر پتانسیل خود. به *Maslow's hierarchy of human needs* مراجعه کنید.

self-care (self-kair) n.
تمرین فعالیت هایی که برای حفظ سلامت و زندگی ضروری است. این تمرینات به طور طبیعی آغازشده و توسط فرد جهت (کمک) به خود انجام می شود.

sella turcica (sel-ă-ter-sik-ă) n.
فرورفتگی در استخوان پروانه ای که غده ی هیپوفیز را احاطه می کند.

semeiology (see-mi-ol-ŏji) n.
به *symptomatology* مراجعه کنید.

semen (seminal Fluid) (see-men) n.
مایعی که در هنگام اوج جنسی از آلت تناسلی مذکر خارج می شود. هر انزال ممکن است حاوی ۵۰۰ ـ۳۰۰میلیون اسپرم معلق در مایعی باشد که توسط غده‌ی پروستات، وزیکول سمینال و نیز به همراه نقش اندکی از غدد کوپر، ترشح می شود.

- eminal (sem-in-ăl) adj.

semi-
پیشوند به معنی نیم.

semicircular canals (sem-i-ser-kew-ler) pl. n.
سه مجرایی که بخشی از لابیرانت غشایی گوش را تشکیل می دهند. این مجاری مربوط به تعادل می باشند و هر مجرا حرکات(بدن) را در سطوح مختلف حفظ می کند.

semilunar cartilage (sem-i-loo-ner) n.
یکی از جفت غضروف های هلالی شکل درون مفصل زانو که بین استخوان ران و درشت نی واقع شده است.

semilunar valve n.
هر یک از دریچه های موجود در قلب که در مبدأ آئورت (دریچه ی آئورتی) و سرخرگ ریوی (دریچه ی ششی) واقع ضخیم شدن صدا می باشد. در دخترها این ویژگی ها شامل رشد مو در ناحیه ی پوبیس و رشد پستان ها است.

second-level nurse n.
شخصی که یک دوره‌ی پرستاری را کامل کرده است و مراقبت های پرستاری را تحت نظر پرستار سطح اول انجام می دهد. پرستار سطح دوم در کمک کردن و تکمیل مراقبت پرستاری شرکت می کند و در گروهی با دیگر پرستاران، کارکنان پزشکی و پیراپزشکی و کارکنان اجتماعی کار می‌کند.

secretagogue (si-kree-tă-gog) n.
ماده ای که ترشح را تحریک می کند.

secretin (si-kree-tin) n.
هورمونی که از دئودنوم، در زمان ترک غذاهای اسیدی از معده ترشح می شود. سکرتین ترشح بدون آنزیم شیره ی آلکالین را بوسیله ی پانکراس و صفرا از طریق کبد، تحریک می کند.

secretion (si-kree-shŏn) n.
۱. فرآیندی که بوسیله ی آن یک غده اجزاء خون یا مایع بافتی را کرده و به طور شیمیایی آن ها را جهت تولید ماده ای که برای استفاده‌ی بدن ترشح یا دفع می شود، تغییر می دهد. ۲. ماده ای که توسط یک غده تولید می گردد.

section (sek-shŏn)
۱. n. (در جراحی) عمل برش (برش یا تقسیم انجام شده که قسمت هم نامیده می شود). ۲. (در میکروسکوپی) قطعه ی نازکی از یک نمونه که زیر میکروسکوپ معاینه می شود. ۳. *vb* صادر شدن دستور، جهت پذیرش اجباری به یک بیمارستان روانی تحت نظر یک بخش مناسب. *Mental Health Act*

sedation (si-day-shŏn) n.
ایجاد حالت آرامش ذهنی، به خصوص با استفاده از داروها (به *sedative* مراجعه کنید).

sedative (sed-ă-tiv) n.
دارویی که تأثیر آرام بخش دارد و اضطراب و تنش را تسکین می دهد. باربیتورات ها مانند مسکن ها به طور وسیع با آرام بخش هایی که احتمالاً کمتر موجب خواب آلودگی و وابستگی می شوند، جایگزین می گردند.

sedimentation rate (sed-i-men-tay-shŏn) n.
میزانی که در آن مواد جامد موجود در یک مایع تحت تأثیر وزن ته نشین می شوند. به *(erythrocyte sedimentation rate) ESR* هم مراجعه کنید.

segment (seg-mĕnt) n.

بخشی از استخوان مرده که از یک استخوان آلوده شده در استئومیولیت مزمن، تشکیل می شود. این قسمت می تواند موجب تحریک و تشکیل چرک شود که ممکن است از یک سینوس خارج شود. این وضعیت معمولاً از طریق جراحی برداشته می شود.

Ser- (sero-)
پیشوند به معنی۱. سرم. ۲. غشای سروزی.

serine (se-reen) n.
به *amino acid* مراجعه کنید.

seroconvert (see-roh-kŏn -vert) vb.
تولیدکردن آنتی بادی هایی در پاسخ به حضور آنتی ژن (مثل واکسن یا ویروس).

-seroconversion n.

serology (si-rol-ŏji) n.
مطالعه ی سرم خون و اجزاء تشکیل دهنده ی آن، بخصوص بخش هایی از آن جهت محافظت از بدن علیه بیماری.

-serological adj.

seropus (seer-oh-pus) n.
ترکیبی از سرم و چرک که در مکان هایی در تاول های آلوده، تشکیل می شود.

serosa (si-roh-să) n.
به *serous membrane* مراجعه کنید.

serositis (seer-oh-sy-tis) n.
التهاب غشای سروزی. به *polyserositis* مراجعه کنید.

serotherapy (seer-oh-th'e-ră -pi) n.
استفاده از سرم حاوی آنتی بادی های شناخته شده (به *antiserum* مراجعه کنید) برای درمان بیمار مبتلاء به عفونت یا جهت اعطاء ایمنی غیرفعال و موقتی بر روی بیماری که در خطر خاص است.

serotonin (5-hydroxytryptamine) (se-rŏ-toh-nin) n.
ترکیبی که به طورگسترده درون بافت ها به خصوص پلاکت ها، دیواره ی روده و سیستم عصبی مرکزی توزیع می شود. به نظر می رسد این ترکیب نقشی مشابه التهاب های ناشی از هیستامین ایفا کند. این ترکیب به عنوان انتقال دهنده ی عصبی هم فعالیت می کند.

serotype (seer-oh-typ) n.
طبقه بندی که در آن مواد بر پایه ی فعالیت های سرولوژی قرار می گیرند، به خصوص در اصطلاحات آنتی ژن ها این

به *nerue* مراجعه کنید.

sepsis (sep-sis) n.
تخریب فاسدکننده‌ی بافت ها بوسیله‌ی بیماری هایی که عامل آن ها باکتری ها یا سموم آن ها می باشد.

sept- (septi-)
پیشوند به معنی۱. هفت. ۲. (یا -septo) تیغه، به خصوص تیغه ی بینی. ۳. گنبدیدگی.

septal defect (sep-t'l) n.
حفره ای در تیغه ی بین دریچه های قلب راست و چپ. این وضعیت مادرزادی ناشی از نقص تکامل قلب در جنین است. این حفره ممکن است بین دو دهلیز (نقص دیواره ای دهلیزی) یا بین دو بطن (نقص دیواره ای بطنی) یافت شود. نقص دیواره ای موجب گردش خون غیرطبیعی از سمت چپ قلب به سمت راست شده که باعث جریان خون بیش از اندازه در شش ها می شود. در این بیماری پرفشاری خون ریوی گسترش می یابد و ممکن است نارسایی قلب رخ دهد.

septic (sep-tik) adj.
مربوط به یا تحت تأثیر عفونت قرارگرفته.

septicaemia (septi-seem-iă) n.
تخریب شایع بافت ها ناشی از جذب باکتری های مولد بیماری یا سموم آن ها از جریان خون. با *sapraemia* ،*pyaemia* و *toxaemia* مقایسه کنید.

septrin (sep-trin) n.
به co- tnimoxazole مراجعه کنید.

septum (sep-tŭm) n. (pl.septa)
دیواره ی تقسیم کننده و تفکیک کننده، درون ساختارهای آناتومیکی.

-septal adj. -speptate (sep-tayt) adj.

sequela (si-kwee-lă)n. (pl. sequelae)
هرنوع اختلال یا وضعیت آسیب شناختی که ناشی از بیماری قبلی یا تصادف می باشد.

sequestration (see-kwes-tray-shŏn) n.
تشکیل بافت مرده ی (استخوان) و جدا شدن آن از بافت های اطراف.

sequestrectomy (see-kwes-trek-tŏmi) n.
جراحی برداشت قسمت بافت مرده (استخوان)

sequestrum (si-kwes-trŭm)n. (pl. sequestra)

short-sightedness (short-syt-id-nis) n.
به *myopia* مراجعه کنید.

shoulder girdle (pectoral girdle) (shoul-der) n.
ساختار استخوانی که به آن استخوان های اندام های فوقانی متصل می‌شود. این قسمت از استخوان کتف‌های چپ و راست و نیز ترقوه تشکیل شده است.

show (shoh) n.
به صورت غیر رسمی، خروج موکوس به خون آلوده از مهبل که در شروع زایمان رخ می دهد.

shunt (shunt) n.
(در پزشکی) مجرایی که دوکانال آناتومیکی را به هم متصل کرده و خون را از کانالی به کانال دیگر منحرف می کند. این وضعیت ممکن است تحت عنوان یک نقص مادرزادی رخ دهد یا به صورت جراحی ایجاد شده باشد. به *anastomosis* مراجعه کنید.

sial- (sialo-)
پیشوند به معنی ۱. براق. ۲. غده ی بزاقی.

sialadenitis (sy-ăl-ad-i-ny-tis) n.
التهاب غده ی بزاقی.

sialagogue (sy-al-ŏ-gog) n.
دارویی که ترشح بزاق را افزایش می دهد. داروهای برانگیزنده ی سیستم عصبی پاراسمپاتیک این نوع عملکرد را دارند.

Sialogrphy (ptyalography) (sy-ă-log-răfi) n.
معاینه‌ی اشعه‌ی X غدد بزاقی بعد از واردکردن مقداری ماده‌ی حاجب به درون مجاری غدد بزاقی درون دهان.

sialolith (sy-al-oh-lith) n.
سنگی درون غده یا مجرای بزاقی. در این وضعیت جریان بزاق مسدود شده و باعث تورم و درد شدید می شود.

sialorrhoea (sy-ă-lŏ-ree-ă) n.
به *ptyalism* مراجعه کنید.

Siamese twins (sy-ă-meez) pl. n.
دو قلوهای یکسان که در هنگام تولد به طور فیزیکی در هنگام تولد به هم متصل شده اند. این وضعیت از دوقلوهایی که فقط از طریق عروق خونی نافی تا دوقلوهایی که سر و تنه ی آنها به طور جداشدنی به هم متصل شده اند، متغییر است.

sib (sib) n.
به *sibling* مراجعه کنید.

sheehan's syndrome (shee-ănz) n.
فعالیت غیرطبیعی غده ی هیپوفیز که موجب آمنوره و ناباروری می شود که ناشی از کاهش خون رسانی این قسمت، در اثر خون ریزی زیاد در دوران حاملگی، می باشد.
[H. L. Sheehan (1900-), آسیب شناس انگلیسی]

Shigella (shig-el-ă) n.
تیره ای از باکتری های گرم منفی، بی حرکت و میله ای شکل که به طور طبیعی درون دستگاه گوارشی انسان وجود دارد. برخی ازگونه های این باکتری بیماری زا هستند.
s. dysenteriae
گونه هایی که باعث اسهال خونی باسیلی می شود.

shigellosis (shig-el-oh-sis) n.
عفونت سیستم گوارشی از طریق باکتری های تیره ی *shigella* که موجب اسهال خونی باسیلی می شود.

shin bone (shin) n.
به *tibia* مراجعه کنید.

shingles (shing-ŭlz) n.
به *herpes (Zoster)* مراجعه کنید.

Shirodkar's operation (shi-rod-karz) n.
عملی که در آن گردن رحم بوسیله ی بخیه ی نایلونی به منظور جلوگیری از سقط جنین، بسته می شود.
[N.V. shirodkar (1900-71), متخصص زنان هندی]

shock (skok) n.
وضعیت ناشی از کلاپس گردش خون، در زمان کاهش شدید فشار خون شریانی جهت حفظ خون رسانی کافی به بافت ها. بیمار پوست رنگ پریده، عرق سرد، نبض ضعیف و سریع، تنفس نامنظم، دهان خشک، مردمک های گشاد شده و کاهش در جریان ادرار، را دارد. شوک ممکن است ناشی از کاهش در حجم خون باشد، مثل زمانی که بعد از خون ریزی، کم آبی، سوختگی و غیره رخ می دهد و یا ممکن است در اثر فعالیت کاهش یافته ی قلب در نتیجه ی ترومبوز کرونری باشد. شوک ممکن است ناشی از اتساع گسترده ی وریدها نیز باشد به طوری که خون کافی برای پرکردن آن ها وجود ندارد. شوک ممکن است ناشی از حضور باکتری ها در جریان خون (*bacteraemic s.*)، واکنش حساسیتی شدید (*anaphylactic s.*؛ به *anaphilaxis* مراجعه کنید) مصرف بیش از حد داروها یا شوک عصبی (*neurognic s.*) باشد.

short circuit (short-ser-kit) n.
به *myopia* مراجعه کنید.

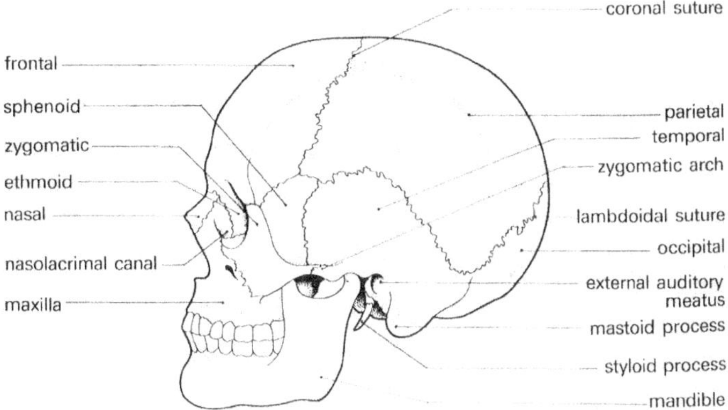

نمای جانبی جمجمه

نتیجه ی ناخواسته ای که بوسیله ی یک دارو به علاوه ی تأثیرات مطلوب درمانی آن، تولید می شود. عوارض جانبی ممکن است مضر باشد.

sidero-

پیشوند به معنی آهن.

sideropenia (sid-er-oh-pee-niă) n.

کم بود آهن. این وضیعت ممکن است ناشی از رژیم غذایی ناکافی، افزایش نیاز بدن به آهن در طول دوران حاملگی یا دوران کودکی و یا افزایش فقدان آهن از بدن معمولاً در اثر خون ریزی مزمن، باشد.

siderosis (sid-er-oh-sis) n.

رسوب ذرات اکسید آهن درون ریه ها که در نقره کاران، جوشکاران و معدن چی های سنگ آهن، ایجاد می شود. در صورتی که ذرات فیبروژنیک مثل سیلیس هم استنشاق شود، ممکن است فیبروز ریوی گسترش یابد.

SIDS n.

سندرم مرگ ناگهانی نوزاد. به *cot death* هم مراجعه کنید.

sievert (see-vŭt) n.

واحد *SI* دوز اکی والان برابر با دوز جذب شده ی پرتوهای یونیزاسیون کننده ای که ازطریق فاکتورهای اندازه گیری شده تکثیر می‌شود. این واحد امروزه جایگزین شده است. نماد: *Sv*

sigmoid colon (sigmoid flexure) (sig-moid) n.

بخش انتهایی *S* شکل کولون نزولی که به رکتوم می رسد.

sigmoidectomy (sig-moid-ek-tŏmi) n.

برداشت کولون سیگوئید بوسیله ی جراحی. این عمل برای تومورها، بیماری ایجاد کننده ی دیورتیکول شدید یا ولولوس سیگموئید، انجام می شود.

sigmoidscope (sig-moid-ŏ - skohp) n.

ابزاری که از طریق مقعد به منظور بررسی بخش درونی رکتوم و کولون سیگموئید وارد می شود.

sigmoidoscopy (sig-moid-osk-ŏpi) n.

معاینه ی رکتوم و کولون سیگموئید بوسیله ی سیگموئیدوسکوپ. این معاینه برای بررسی اسهال یا خون ریزی رکتالی، به خصوص برای پی بردن به کولیت یا سرطان رکتوم، استفاده می شود.

sigmoidostomy (sig-moid-ost-ŏmi) n.

عملی که در آن کولون سیگموئید به طرف دیواره ی شکم آورده و باز می شود. به *colostomy* مراجعه کنید.

sign (syn) n.

نشانه ای از یک اختلال خاص که توسط پزشک مشاهده می شود ولی برای خود بیمار آشکار نیست. با *symptom* مقایسه کنید.

silicone (sil-i-kohn) n.

یکی از گروه های ترکیبات ساختمانی و سنتزی سیلیکون که دافع آب می باشد و در پزشکی در پروتز، به عنوان روان کننده و (مواد) چسبنده استفاده می شود.

silicosis (sil-i-koh-sis) n.

یک بیماری ریوی- نوعی پنوموکونیوزیس - که بوسیله ی استنشاق ذرات سیلیکا ایجاد می شود. این بیماری بر کارکنان درون معدن سنگ، کسانی که سنگ را استخراج می کنند،

مشتق آمینواسید تریپتوفان که از طریق ادرار و مدفوع دفع می شود.

skeletal muscle (skel-i-t'l) n.

به *striated muscle* مراجعه کنید.

skleton (skel-i-tŏn) n.

یک چارچوب محکم استخوان های متصل به هم که شکل بدن را بوجود می آورد، از ارگان های نرم و بافت های بدن حمایت و حفاظت می کند، پیوستگاهی را برای عضلات ایجاد کرده و یک سیستم اهرمی برای حرکت را فراهم می کند (به تصویر مراجعه کنید).

-skeletal adj.

skia-

پیشوند به معنی سایه.

skiagram (sky-gram) n.

عکس سایه ای مثل تصویر اشعه ی X که در رادیوگرافی تولید می شود.

-skiagraphy (sky-ag-răfi) n.

skill mix (skil miks) n.

نسبت کارکنان استخدامی در یک منطقه ی خدمات حفظ سلامت، چه با کفایت، آموزش دیده یا بدون آموزش که در دسترس بودن مهارت های کارکنان را به همگان معرفی می کنند.

skin (skin) n.

پوشش خارجی بدن که از یک اپیدرم خارجی و یک اپیدرم داخلی تشکیل شده است (به تصویر مراجعه کنید). اپیدرم بدن را از جراحت و هجوم انگل ها محافظت می کنند. پوست به جلوگیری از دهیدره شدن بدن هم کمک می کند. ترکیبی از موهای قابل نعوظ، غدد عرق و مویرگ های خونی درون پوست، بخشی از مکانیسم تنظیم دمای بدن را تشکیل می هد. پوست به عنوان یک ارگان دفعی (از طریق ترشح عرق) و به عنوان ارگان حسی (حاوی گیرنده هایی است که نسبت به سرما، گرما، لمس و درد حساس اند) هم عمل می کند. نام آناتومیکی آن *cuits* است.

s. graft

قسمتی از پوست سالم که از ناحیه ای از بدن بریده شده و برای پوشاندن قسمتی که فاقد پوست است، معمولاً در نتیجه ی جراحت، سوختگی یا عمل، استفاده می شود.

skull (skul) n.

اسکلت سر و صورت که از ۲۲ استخوان ساخته شده است. این بخش می تواند به جمجمه که مغز را احاطه می کند و صورت که شامل فک تحتانی می شود، تقسیم شود (به تصویر مراجعه

۱. حفره ی هوایی درون یک استخوان، خصوصاً حفره های درون استخوان صورت یا جمجمه (به *paranasal sinuses* مراجعه کنید). ۲. هر نوع کانال وسیع حاوی خون معمولاً خون وریدی.

s. arrhythmia

به *arrhythmia* مراجعه کنید.

s. venosus

اتاقکی درون قلب جنینی که بخشی از دهلیز راست بعد از تولد را تشکیل می دهد. ۳. یک کیسه یا برآمدگی درون ارگان های لوله ای، به خصوص عروق خونی. ۴. یک سیستم آلوده ناشی از تمرکز عفونت به سطح پوست یا یک ارگان توخالی. به *pilonidal sinus* مراجعه کنید.

sinusitis (sy-nŭs-I-tis) n.

التهاب یک یا چند سینوس پارانازال . این وضعیت اغلب از طریق عفونتی که از بینی گسترش می یابد، ایجاد می شود. علایم آن شامل سردرد و نرم شدن سینوس های تحت تأثیر قرارگرفته می باشد که با مواد چرکی پر می شود. در موارد مداوم، ممکن است درمان به شستشوی سینوس ها و کشیدن چرک ها از سینوس نیاز باشد.

sinusoid (sy-new-soid) n.

عروق خونی کوچک که درون ارگان های خاصی مثل غده ی آدرنال و کبد یافت می شود.

siphonage (sy-fŏn-ij) n.

انتقال مایع از ظرفی به ظرف دیگر از طریق یک لوله ی خمیده . این روش در شستشوی معده ای استفاده می شود.

sito-

پیشوند به معنی غذا.

sitz bath (sits) n.

حمام نشیمنگاهی نسبتاً کم عمق که در آن شخص می‌نشیند.

SI units (system International d'unités) pl. n.

سیستم مقرر بین المللی واحدها بر پایه ی سیستم متر- کیلوگرم ـ ثانیه که امروزه برای تمامی اهداف علمی استفاده می شود. به ضمیمه ی ۶ مراجعه کنید.

sjögren's syndrome (sher-grenz) n.

وضعیتی که در آن بیمار از خشکی دهان شکایت دارد. این وضعیت از طریق اضمحلال غدد بزاقی ایجاد می شود. این بیماری به همراه آرتریت روماتوئید و خشکی چشم ها می باشد.

[H. S. C. sjögren (1899-), متخصص چشم سوئیسی]

skatole (methyl indole) (skat-ohl) n.

ابزاری که از یک لوپ سیمی تشکیل شده برای برداشت پولیپ ها، تومورها و دیگر برآمدگی های بافت طراحی شده است. به *diathermy* هم مراجعه کنید.

sneeze (sneez)

۱. *n.* رفلکس شدید و غیرارادی خروج هوا از طریق بینی و دهان که از طریق تحریک غشای موکوسی پوشاننده ی حفره ی بینی ایجاد می شود. ۲. *vb.* عطسه کردن.

Snellen chart (snel-ĕn) n.

شایع ترین نموداری که برای آزمایش کردن دقت بینایی دور استفاده می شود (به *visual acuity* مراجعه کنید). این نمودار از ردیف های حروف بزرگ که *test types* نامیده می شوند، تشکیل شده است، که به طرف پایین نمودار حروف هر ردیف کوچکتر می شوند.

[H. snellen (1834-1908), متخصص چشم هلندی]

snow blindness (snoh) n.

بیماری دردناک قرنیه ی چشم ناشی از در معرض قرارگرفتن بیش از حد در برابر نور فرابنفش منعکس شده از برف.

snuffles (snuff-ĕlz) n.

۱. انسداد جزئی تنفس در کودکان که از طریق سرماخوردگی ایجاد می شود. ۲. (سابقاً) ترشح خارج شده از طریق سوراخ های بینی در اثر نکروز استخوان ها. این وضعیت در کودکان مبتلاء به سیفلیس مادرزادی دیده می شود.

socket (sok-it) n.

(در آناتومی) حفره یا فرورفتگی که به درون آن بخش دیگری قرار می گیرد.

sodium (soh-diŭm) n.

عنصر معدنی و یکی از اجزاء مهم بدن انسان. مقدار سدیم در بدن بوسیله ی کلیه ها کنترل می شود. افزایش سدیم موجب وضعیت هیپرناترمی شده که اغلب باعث ادم می شود. سدیم بر پرفشاری خون هم دلالت دارد. رژیم غذایی پرسدیم خطر پرفشاری خون را در زندگی افزایش می دهد. نماد: *Na*.

sodium aminosalicylate (ă-mee-noh-să-lis-i-layt) n.

دارویی با آثار و استفاده‌های مشابه پارا- آمینوسالسیلیک اسید. نام تجاری: *paramisan*.

sodium bicarbonate (by-kar-bŏn-ayt) n.

نمک سدیم که اسید را خنثی کرده و از طریق دهان یا تزریق برای درمان اختلالات معده ای و گوارشی، اسیدوز و کم بود سدیم استفاده می شود.

sodium chloride (klor-ryd) n.

نمک سدیم که یکی از اجزاء مهم بدن می باشد و جهت جایگزین کردن مایعات و الکترولیت های از دست رفته و جهت شستشوی حفرات بدن استفاده می شود سدیم کلرید یک نمک پرکاربرد است. فرمول: *Nacl*.

sodium citrate (sit-rayt) n.

نمک سدیم که برای جلوگیری از لخته ی خون ذخیره شده و به عنوان یک ملین و دیورتیک خفیف استفاده می شود.

sodium fusidate (few-si-dayt) n.

آنتی بیوتیکی که عمدتاً در درمان عفونت هایی که از طریق *staphylococcus* ایجاد می شود، استفاده می شود. این آنتی بیوتیک از طریق دهان یا تزریق مصرف شده و درپمادها برای عفونت های پوستی کاربرد دارد. نام تجاری: *Fucidin*.

sodium nitrite (ny-tryt) n.

نمک سدیم که از طریق تزریق به همراه تیوسولفات سدیم جهت درمان مسمومیت های سیانیدی استفاده می شود. همچنین این نمک تأثیراتی مشابه گلیسریل تری نیترات دارد و برای درمان آنژین استفاده می شود.

sodium salicylate n.

دارویی با عملکرد و عوارض جانبی مشابه آسپرین. این دارو عمدتاً برای درمان تب روماتیسمی استفاده می شود. نام تجاری: *Entrosalyl*.

sodium thiosulphate (th'y-oh-sul-fayt) n.

نمک سدیم که از طریق تزریق داخل وریدی به همراه سدیم نیترات برای درمان مسمومیت با سیانید استفاده می شود.

sodium valproate (val-proh-ayt) n.

دارویی ضد تشنج که از طریق دهان برای درمان تمام اشکال بیماری صرع استفاده می شود. نام تجاری: *Epilim*.

sodokosis (soh-doh-koh-sis) n.

به *rat-bite fever* مراجعه کنید.

soft sore (chancroid) (soft) n.

بیماری مسری و جنسی که از طریق باکتری *Haemophilas ducreyi* ایجاد شده و موجب بزرگ شدن و زخم شدن گره های لنفاوی درون کشاله ی ران می شود. درمان با سولفونامیدها مؤثر است.

solarium (sŏ-lair-iŭm) n.

اتاقی که در آن بیماران در معرض نورطبیعی خورشید یا نور مصنوعی (ترکیبی از نور مرئی و پرتوهای مادون قرمز و فرابنفش) قرار می گیرند.

souffle : (see-fĕl) n.
صدای ضعیف وزشی که از طریق گوشی پزشکی شنیده شده و معمولاً بوسیله ی جریان خون درون عروق ایجاد می گردد.

sound (sownd)
۱. *n*. ابزار میله ای شکل و بلند، اغلب به همراه انتهای خمیده که برای بررسی حفرات بدن یا متسع کردن ساختارهای درون پیشابراه یا کانال های دیگر استفاده می شود. ۲. *vb*. بررسی حفره ای با استفاده از صدا.

Southey's tubes (suth-iz) pl. n.
لوله های با قطر کم برای وارد کردن به بافت های زیر جلدی جهت گرفتن مایع اضافی. این لوله ها امروزه به ندرت مورد استفاده قرار می گیرند.

[R. southey (1835-99), پزشک انگلیسی]

spanish fly (span-ish) n.
سوسک تاول زا و *ly tta vesicatoria* : منبعی از ترکیبات شیمیایی سمی و محرک کانتاریدین.

spansule (span-sewl) n.
دارویی در شکل کپسول، طوری تهیه شده که در زمان مصرف ا ز طریق دهان محتویات آن به آهستگی آزاد می شوند.

spasm (spazm) n.
انقباض طولانی مدت غیرارادی عضلانی که ممکن است در نتیجه ی بخشی از اختلال عمومی یا پاسخ موضعی به وضعیت دردناک مجزای دیگری باشد.

carpopedal s.
اسپاسمی که بر عضلات دستها و پاها تأثیر می گذارد و از طریق کم بود کلسیم در استرس بدن ایجاد می شود.

spasmo-
پیشوند به معنی اسپاسم.

spasmodic (spaz-mod-ik) n.
رخ دادن در اسپاسم ها یا مشابه یک اسپاسم.

spasmolytic (spaz-moh-lit-ik) n.
دارویی که اسپاسم عضله‌ی صاف مثل پاپاورین یا پیپریدولات را تسکین می دهد. این نوع داروها ممکن است به عنوان گشادکننده های برونش جهت تحریک قلب در درمان آنژین یا برای تسکین کولیک، استفاده شود.

spasmus nutans (spaz-mŭs-new-tanz) n.
مجموعه ای از علایم از قبیل حرکت آهسته ی سر، حرکت غیرعادی کره ی چشم ها و اسپاسم عضلات گردن این علایم بر کودکان تأثیر می گذارد و به طور طبیعی در یک سالگی یا دو سالگی از بین می رود.

spastic (spast-ik)
۱. *adj*. مشخص شده بوسیله ی اسپاسم.

s. colon
به *irritable bowel syndrome* مراجعه کنید.

s. paralysis
ضعف عضو یا اعضاء در اثر افزایش فعالیت رفلکسی. این وضعیت موجب اسپاسم و سفتی عضلات می شود و از طریق بیماریی که بر فیبرهای عصبی کورتیکواسپاینال تأثیر می گذارد، ایجاد می شود. به *cerebral palsy* مراجعه کنید. ۲. *n*. شخصی که از فلج اسپاسمی رنج می برد.

spasticity (spas-tis-iti) n.
مقاومت نسبت به حرکات غیرفعال عضوی که در شروع حرکت حداکثر است و در نتیجه ی فشار بیشتری که به کارگرفته می شود ضعیف می گردد. این وضعیت علامت آسیب به دستگاه های کورتیکواسپاینال در مغز و طناب نخاعی است. با *rigidity* مقایسه کنید.

spatula (spat-yoo-lă) n.
ابزاری به همراه تیغه ی کند که برای پراکندگی پمادها یا خمیرها، خصوصاً در دندان پزشکی جهت مخلوط کردن مواد استفاده می شود.

special hospital (spesh-ăl) n.
بیمارستانی برای مراقبت از بیماران روانی که خطرناک هستند و از این رو می بایستی محافظت شوند.

special school n.
(در انگلستان) آموزشی که برای کودکان ناتوان بنا می شود.

species (spee-shiz) n.
کوچکترین واحد کلی که در طبقه بندی ارگانیسم های زنده استفاده می شود. اعضاء گونه های مشابه قادر به آمیزش زایش فرزندهای بارور هستند. گونه‌های مشابه در یک جنس گروه‌بندی می شوند.

specific gravity (grav-iti) n.
۱. *n* دارویی که دارای ویژگی هایی است که به طور مخصوص برای درمان بیماری های خاص استفاده می شود. ۲. *adj* (مربوط به یک بیماری) که از طریق میکروارگانیسم خاصی که منجر به بیماری دیگری نمی شود، ایجاد می گردد. ۳. *adj* مربوط به یک گونه.

spectinomycin (spek-tin-oh-my-sin) n.
آنتی بیوتیکی‌که از طریق تزریق برای درمان عفونت‌های مختلف به خصوص سوزاک استفاده می شود. نام تجاری: *trobicin*.

سلول جنسی مردانه و بالغ (به *gamete* مراجعه کنید). دم اسپرم، اسپرم را برای حرکت کردن، قادر می سازد که به عنوان وسیله ای برای رسیدن به تخمک و بارورکردن، بسیار مهم است. به *fertilization* و *acrosome* هم مراجعه کنید.

spermaturia (sperm-ă t-yoor-i ă) n.
حضور اسپرماتوزوآ درون ادرار. انزال غیرطبیعی به درون مثانه در هنگام اورگاسم (انزال برگشتی) ممکن است بعد از برداشت پروستات یا دیگر اقدامات جراحی و یا در بیماری های نورولوژیکی خاص رخ دهد.

sperm count n.
تخمین غلظت اسپرماتوزوآ در اسپرم انزال یافته که به عنوان مقایس باروری مرد استفاده می شود.

spermicide (sperm-i-syd) n.
عاملی که اسپرماتوزوآ را از بین می برد. عوامل ضد بارداری حاوی اسپرم کش های شیمیایی هستند.

-spermicides adj.

spermiogenesis (sperm-i-oh-jen-i-sis) n.
به *spermatogenesis* مراجعه کنید.

spheno-
پیشوند به معنی استخوان پروانه ای.

sphenoid bone (sfee-noid) n.
استخوانی که پایه‌ی مغز را در پشت چشم می سازد. به *skull* مراجعه کنید.

spherocyte (sfeer-oh-syt) n.
شکل غیرطبیعی گلبول های قرمز (اریتروسیت) که به جای دیسکی شکل بودن، کروی می باشد. این نوع گلبول ها ویژگی برخی از اشکال آنمی همولیتیک است. اسفروسیت ها زمانی که از طحال عبور می کنند تمایل به حذف شدن در گردش خون را دارند. به *spherocytosis* هم مراجعه کنید.

spherocytosis (sfeer-oh-sy-toh-sis) n.
حضور اسفروسیت ها درون خون. اسفروسیتوز ممکن است به عنوان یک نقص ارثی (*hereditary s.*) یا در برخی از آنمی های همولیتیک خاص رخ دهد.

sphincter (sphink-ter) n.
عضله ی حلقوی و ویژه ای که روزنه ای را احاطه می کند. انقباضات عضله به طور کامل یا جزئی روزنه را می بندند. برای مثال اسفنگترها اطراف مقعد(*anal s.*) و در مجرای بین معده و دئودنوم (*pyloric s.*) یافت می شوند.

spermatogenesis (sperm-ă -toh-jen-i-sis) n.
فرآیندی که بوسیله‌ی آن اسپرماتوزوآی بالغ درون بیضه تولید می شود. اسپرماتوگونی در خارجی ترین لایه‌ی لوله‌های اسپرم ساز سرتاسر دوران مولدی تکثیر می یابد. برخی از اسپرماتوگونی ها در طول تقسیم میوز به اسپرماتوسیت تبدیل می شوند که اسپرماتیدهای هاپلوئید را تولید می کند. این اسپرماتیدها از طریق فرآیند اسپرمیوژنزیس به اسپرماتوزوآی بالغ تغییر شکل می دهد. تمام این فرآیند ظرف ۸۰ ـ ۷۰ روز طول می کشد.

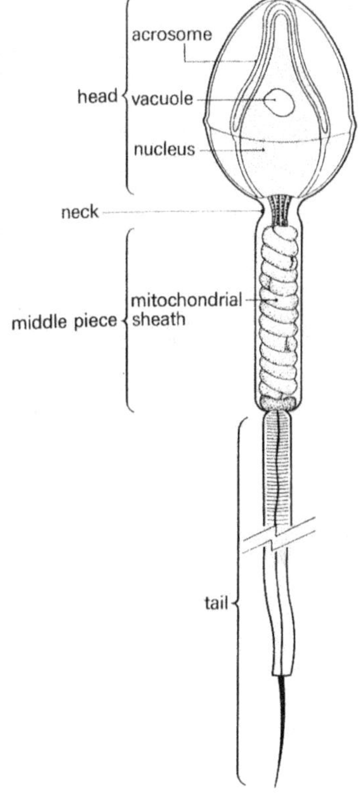

اسپرماتوزون

spermatorrhea (sperm-ă -tŏ -ree-ă) n.
خروج غیرارادی منی بدون اورگاسم.

spermatozoon (sperm) (sperm-ă -toh-zoh-ŏn) n. (pl. spermatozoa)

حضور باکتری های مارپیچی در جریان خون که در مراحل تأخیری سیفلیس رخ می دهد.

spirochaete (spy-roh-keet) n.

هر یک از گروه باکتری های مارپیچی شکلی که فاقد دیواره ی سلولی مستحکم بوده و بوسیله‌ی انعطاف‌های عضلانی سلول‌ها حرکت می کنند. این گروه شامل گونه های *Borrelia*، *Leptospira* و *Treponema* می شود.

spirograph (spy-roh-graf) n.

ابزاری برای ثبت حرکات تنفس. فهرست بدست آمده را اسپیروگرام می نامند.

-spirography n.

spirometer (spy-rom-it-er) n.

ابزاری برای اندازه گیری حجم هوای دم و باز دم. این ابزار برای آزمایشات تهویه ی ریوی استفاده می شود.

spironolactone (spy-rŏ-noh-lak-tohn) n.

کورتیکواستروئید ترکیبی که فعالیت هورمون آلدسترون را مهارکرده و از طریق دهان برای درمان نارسایی قلبی، پرفشاری خون و احتباس مایع (ادم) استفاده می شود. نام تجاری: *Aldactone*

Spitz-Holter valve (spits-hohl-ter) n.

دریچه ای که در درمان آب آوردگی مغز جهت کشیدن مایع مغزی- نخاعی از بطن های مغزی به درون دهلیز راست یا صفاق، استفاده می شود.

splanch- (splanchno-)

پیشوند به معنی احشاء.

splanchnic (splank-nik) adj.

مربوط به احشاء. با *somatic* مقایسه کنید (تعریف ۲).

s. nerves

مجموعه ای از اعصاب در سیستم سمپاتیک که در عروق خونی و احشاء پخش می شوند.

splanchnology (splank-nol-ŏji) n.

مطالعه ی احشاء.

spleen (spleen) n.

ارگانی بزرگ، تخم مرغی شکل و به رنگ قرمز تیره که زیر و پشت معده واقع شده است. بخش قدامی اسفنجی (*pulp*) طحال از بافت‌های لنفاوی درون شبکه ای و فیبرهای مشبک، تشکیل شده است. طحال یک جزء مهم سیستم رتیکولوآندوتلیال می باشد. در نوزادان لفنوسیت تولیدکرده که گلبول های قرمز کهنه و دیگر اجسام خارجی را از جریان خون بر می دارد. نام آناتومیکی: *line.*

-splenic (spleen-ik) adj.

در بخشی از بدن، در نتیجه‌ی جراحت یا بیماری به طناب نخاعی.

spinal columm n.

به *backbone* مراجعه کنید.

spinal cord n.

بخشی از سیستم عصبی مرکزی که درون ستون مهره ای محصور شده و از سلول های عصبی، دسته های اعصابی که تمام بخش های بدن را به مغز متصل می کنند، تشکیل شده است. طناب نخاعی از بصل النخاع درون جمجمه تا سطح دومین مهره ی کمری ادامه می یابد.

spinal nerves pl. n.

۳۱ جفت عصب که از طناب نخاعی بیرون می آیند و در بدن توزیع می گردند. این اعصاب از کانال مهره ای بوسیله‌ی فضاهای بین قوس های مهره ها به سمت بیرون عبور می کنند.

spindle (spin-d'l) n.

مجموعه فیبرهایی که در یک سلول در زمان تقسیم شدن دیده می شود. دوک نقش مهمی در حرکت کروموزوم در تقسیم میتوز و میوز ایفا کرده و در تقسیم سیتوپلاسم هم درگیر می شود.

spine (spyn) n.

۱. زائده ی تیزی روی یک استخوان. ۲. ستون مهره ای (به *back bone* مراجعه کنید).

-spinal adj.

spino-

پیشوند به معنی۱. ستون فقرات. ۲. طناب نخاعی.

spiral bandage (spyr-ăl) n.

بانداژ مربوط به زخم که دو قسمت قبلی در هر چرخش بر روی هم قرار می گیرد.

spiral organ n.

به *organ (of Corti)* مراجعه کنید.

Spirillum (spy-ril-ŭm) n.

تیره ای از باکتری های پر تحرک، مستحکم و مارپیچی شکل که معمولاً در آب های تازه و مکملی که حاوی مواد ساختمانی است، یافت می شود.

s. minus

گونه هایی که موجب تب ناشی از موش گزیدگی می شوند.

spiro-

پیشوند به معنی۱. مارپیچی. ۲. تنفس.

spirochaetaemia (spy-roh-ki-tee-miă)

squamous bone (skway-mŭs) n.
به *temporal bone* مراجعه کنید.

squamous epithelium n.
به *epithelium* مراجعه کنید.

squint (skwint) n.
به *strabismus* مراجعه کنید.

staccato speech (stă-kah-toh) n.
صحبت کردن غیرطبیعی که مکث هایی بین واژه ها وجود دارد. این وضعیت در اثر بیماری *MS* رخ می دهد.

Stacke's operation (stak-ĕz) n.
عملی که در آن استخوان بین سلول های ماستوئید و گوش میانی برای ایجاد یک حفره ی تکی برداشته می شود. این عمل زمانی که التهاب مزمن این ناحیه وجود داشته باشد، صورت می گیرد.

[L. stacke (1859-1918), متخصص گوش آلمانی]

stadium (stay-diŭm) n. (pl. stadia)
مرحله ای در دوره ی یک بیماری.

s. invasionis
دوره ی بین در معرض قرارگرفتن با بیمار و هجوم علایم.

stage (stayj) vb.
(در تومور شناسی) تعیین حضور و مکان متاستاز از یک تومور اولیه به منظور طرح ریزی درمان. به علاوه معاینه ی بالینی، تصویربرداری و تکنیک های مختلف جراحی، بررسی دقیق‌تری را فراهم می کند.

staghorn calculus (stag-horn) n.
سنگ های انشعاب داری که قالب سیستم جمع کننده ی کلیه را تشکیل داده و از این رو کالیس ها و لگنچه های کلیه را پر و مسدود می کنند. این وضعیت معمولاً در اثر عفونت ایجاد شده و می تواند موجب التهاب کلیه و لگنچه ی آن و در صورت شدید بودن، آبسه های مجاور کلیوی می شود.

stagnant loob syndrome (stag-nănt) n.
وضعیتی که در آن بخش هایی از روده ی کوچک جدا از بخش های باقی مانده ی آن هستند یا حرکت محتویات از روده ی کوچک بوسیله ی انسدادی که منجر به بیش رشدی باکتری ها می شود، به تأخیر می افتد که باعث سوء جذب و حضور چربی در مدفوع می گردد.

Sporozoa (spor-ŏ-zoh-ă) n.
گروهی از پروتوزوآی انگلی که شامل *plasmodium* و انگل مالاریا می شود.

spotted fever (spot-id) n.
به *cerebrospinal fever*، *Rocky Mountain spotted fever* و *typhus* مراجعه کنید.

sprain (sprayn) n.
ضربه یک لیگامنت که از طریق کشش بسیار زیاد و ناگهانی ایجاد می شود. این وضعیت می بایستی از طریق کمپرس یخ در زمان آسیب و بعد از طریق محدودیت فعالیت، درمان شود.

Sprengel's deformity (spreng-ĕlz) n.
نقص مادر زادی استخوان کتف که کوچک است و در بالای شانه واقع شده است.

[O. G. K. Sprengel (1852-1915), جراح آلمانی]

sprue (psilosis) (sproo) n.
سوء جذب غذا ناشی از بیماری روده ی کوچک.

Tropical s.
بیماری سوء جذبی که از طریق اسهال(معمولاً وجود بیش از حد چربی در مدفوع)، التهاب زبان، آنمی و کاهش وزن مشخص می شود. پوشش روده ی کوچک ملتهب شده و دچار آتروفی می شود. درمان با آنتی بیوتیک و فولیک اسید معمولاً مؤثر است به *celiac disease (notropical sprue)* و *malabsorption* هم مراجعه کنید.

spud (spud) n.
سرنگ بی نوکی که برای برداشت اجسام خارجی که درون قرنیه ی چشم قرار گرفته اند، استفاده می شود.

spur (sper) n.
برآمدگی تیز، به خصوص برآمدگی تیز یک استخوان.

sputum (spew-tŭm) n.
بزاقی که با موکوس مخلوط شده و از سیستم تنفسی خارج می شود. سرفه های خلط آور در بسیاری از شرایطی که در آن معاینه ی خلط برای میکروارگانیسم ها، سلول ها و مواد دیگر ممکن است تشخیص کمکی باشند، رخ می دهد.

squama (skway-mă) n. (pl. squamae)
۱. صفحه ی باریک استخوان. ۲. فلس، مثل هر نوع فلسی که از لایه ی شافی اپیدرم بدست آید.

-squamous adj.

squamo-
پیشوند به معنی۱. بخش فلس دار استخوان گیجگاهی. ۲. اپیتلیوم فلس دار.

STD n.

به *sexually transmitted disease* مراجعه کنید.

steapsin (sti-ap-sin) n.

به *lipase* مراجعه کنید.

stearic acid (sti-a-rik) n.

به *fatty acid* مراجعه کنید.

steat- (steato-)

پیشوند به معنی چربی؛ بافت چربی.

steatoma (sti-ă -toh-mă) n.

به sebaceous cyst مراجعه کنید.این واژه برای هر نوع تومور غده ی چربی هم استفاده می شود.

steatosis (sti-ă -toh-sis) n.

نفوذ هپاتوسیت ها با چربی. این وضعیت ممکن در حاملگی، الکلیسم ، سوء تغذیه یا با (مصرف) برخی داروها رخ دهد.

steatopygia (sti-ă - tŏ -pij-iă) n.

تجمع مقادیر زیادی از چربی درون کفل ها.

steatorrhoea (sti-ă - tŏ -ree-ă) n.

عبور غیرطبیعی مقادیر زیادی از چربی درون مدفوع، ناشی از کاهش جذب چربی توسط روده (به *malabsorption* مراجعه کنید). در این وضعیت مدفوع کم رنگ بوده و ممکن است روغنی به نظر رسد.

Stein-Leventhal syndrome (styn-lev-ĕn-thal) n.

نازایی و آمنوره ی ثانویه، ناشی از کیست های متعدد درون تخمدان.

[I. F. stein (1887-), M. L. Leventhal (1901-71), متخصص زنان‌آمریکایی]

Steinmann's pin (styn-manz) n.

میخ باریک فلزی که به درون یک استخوان شکسته وارد شده و از طریق آن اکستانسیون برای قطعات استخوان دیستال به کاربرده می شود.

stellate (stel-ayt) adj.

ستاره ای شکل.

s. fracture

شکستگی ستاره‌ای شکل کاسه‌ی زانو که از طریق یک ضربه‌ی مستقیم ایجاد می شود.

s. ganglion

مجموعه‌ی ستاره‌ای شکلی از جسم سلولی عصب سمپاتیک در ریشه‌ی گردن.

Stellwag's sign (stel-vagz) n.

عریض شدن آشکار فاصله ی بین پلک های بالایی و پایینی چشم، ناشی از انقباض پلک فوقانی و بیرون زدگی کره ی چشم. این وضعیت نشانه ای از گواتر اگزوفتالمیک می باشد.

[C. stellwag von carion (1823-1904), متخصص چشم استرالیایی]

stem cell (stem) n.

سلولی فناناپذیر که قادر به تولید تمام سلول های درون یک ارگان می باشد.

haemopoietic s. c

سلول مغز استخوان که از آن تمامی سلول های خونی مشتق می شود.

steno-

پیشوند به معنی۱. باریک. ۲. منقبض شده.

stenosis (sti-noh-sis) n.

تنگ شدن غیرطبیعی گذرگاه یا دهانه ای مثل عروق خونی یا دریچه ی قلب. به *pulmonary* ،*aortic stenosis* و *pyloric stenosis* مراجعه کنید.

stenostomia (stenostomy)(sten-ŏ -stoh-miu) n.

تنگ شدن غیرطبیعی دهانه ای مثل دهانه ی مجرای صفرا.

Stensen's duct (sten-sĕnz) n.

مجرای تراوشی بلند غده ی بزاقی بناگوشی.

[N. stensen (1638-86), پزشک دانمارکی]

sterco-

پیشوند به معنی مدفوع.

stercobilin (ster-koh-by-lin) n.

رنگدانه ی قرمز و مایل به قهوه ای که در طول متابولیسم رنگدانه های صفراوی بیلی روبین و بیلی وردین تشکیل شده و بعد از طریق ادرار یا مدفوع دفع می شود.

stercolith (ster-koh-lith) n.

سنگی که از مدفوع متراکم و خشک شده تشکیل شده است.

stercoraceous (ster-ker-aa-shŭs) adj.

تشکیل شده از مدفوع یا حاوی آن.

stereognosis (ster-ri-og-noh-sis) n.

توانایی تشخیص اشکال سه بعدی از هر شیء بوسیله ی لمس منحصر آن. این توانایی یک عملکرد نواحی مربوط به لوب آهیانه ی مغز می باشد. به *agnosia* هم مراجعه کنید.

streoscopic vision (ste-ri-ŏ -skop-ik) n.

درک شکل، عمق و فاصله‌ی شیئی در نتیجه ی داشتن بینایی دو چشمی.

حاملگی را نشان نمی دهد. جنین متولد شده و مرده قبل از این زمان به عنوان سقط جنین شناخته می شود.

Still's disease (stilz) n.

آرتریت مزمنی که در کودکان قبل از سن ۱۶ سالگی گسترش می یابد. برخی از اولیای امور این بیماری را اینگونه تعریف کرده اند: نوعی بیماری کودکان است که از طریق آرتریت (که اغلب چندین مفصل را درگیر می کند) به همراه تب متناوب و جوش های ناپایدار و قرمز رنگ مشخص می شود. این وضعیت ممکن است از طریق بزرگ شدن طحال و گره های لنفاوی و نیز التهاب پریکارد و عنبیه بغرنج تر شود.

[G. F. Still (1868-1941), پزشک انگلیسی]

stimulant (stim-yoo-lănt) n.

عاملی که عملکرد یا فعالیت سیستم بدن را افزایش می دهد. آمفتامین و کافئین، داروهای محرک سیستم عصبی مرکزی هستند.

stimulus (stim-yoo-lŭs) n. (pl. stimuli)

هر نوع عاملی که یک پاسخ یا شکل خاصی از عملی را درون یک سلول، بافت یا ساختارهای دیگر، تحریک می کند.

stirrup (sti-rŭp) n.

(در آناتومی) به *stapes* مراجعه کنید.

stitch (stich) n.

۱. درد موضعی و شدیدی که عمدتاً درون شکم، در اثر فعالیت های سخت فیزیکی رخ می دهد. این وضعیت شکلی از کرامپ است. ۲. به *suture* مراجعه کنید.

stock culture (stok) n.

به *culture* مراجعه کنید.

stockhlm technique (stok-hohm) n.

درمانی برای سرطان گردن رحم که شامل سه استعمال متوالی رادیوم می شود.

Stokes-Adams syndrome (stohks-ad-ămz) n.

حملات بی هوشی موقتی، زمانی که جریان خون در اثر فیبریلاسیون بطنی یا فقدان سیستول، رخ دهد. این سندرم ممکن است یک عارضه ی بلوک قلبی باشد. این وضعیت بوسیله ی یک ضربان ساز مصنوعی درمان می شود.

[w. stokes (1804-78), R. Adans (1791-1875), پزشک ایرلندی]

-stethography (steth-og-răfi) n.

stethometer (steth-om-it-er) n.

ابزاری برای اندازه گیری (میزان) انبساط سینه در طول تنفس.

stethoscope (steth-ŏ-skohp) n.

ابزاری که برای شنیدن صداهای درونی بدن استفاده می شود (به *auscul tation* مراجعه کنید). یک گوشی پزشکی ساده معمولاً از یک دیافراگم و بل (که برای بدن به کاربرده می شود) تشکیل شده که از طریق لوله های پلاستیکی یا لاستیکی به قطعات گوشی متصل می شود.

Stevens-johnson syndrome (stee-vĕnz -jon-sŏn) n.

بیماری التهابی که از طریق تب، تاول های بزرگ روی پوست و زخمی شدن غشاهای موکوسی مشخص می شود. این وضعیت ممکن است در اثر واکنش آلرژیکی شدید به داروهای خاص یا ممکن است به دنبال عفونت های خاص باشد.

[A. M. stevens (1884-1945), F. C. Johnson (1894-1934), متخصص اطفال آمریکایی]

sthenia (stee-niă) n.

حالت طبیعی قدرت یا بیشتر از قدرت معمولی. با *asthenia* مقایسه کنید.

-stenic (sthen-ik) adj.

stibophen (stib-oh-fen) n.

نمک حاوی سدیم آنتیمون که از طریق تزریق برای درمان شیستوزومیازیس، استفاده می شود.

stigma (stig-mă) n. (pl. stigmata)

۱. مشخصه ی بازرسی از یک بیماری با نقص، با یک وضعیت.
۲. هر نوع لکه یا جراحتی بر روی پوست.

stilboestrol (stil-bee-strŏl) n.

هورمون جنسی زنانه و ترکیبی (به *oestrogen* مراجعه کنید) که از طریق دهان یا تزریق برای تسکین اختلالات قاعدگی، علایم یائسگی، درمان سرطان پستان و پروستات و نیز توقف شیردهی، استفاده می شود.

stilet (stylet, stylus) (sty-lit) n.

۱. پویندهی باریک و بلند. ۲. سیمی که درون مجرای کاتتر جهت مستحکم کردن آن در زمان عبور از یک کانال بدن استفاده می شود.

stillbirth (stil-berth) n.

تولد جنینی که هیچ گونه شواهدی از حیات (ضربان قلب، تنفس یا حرکت مستقل) در هر زمانی بعد از ۲۸ هفته

می گردد. این آنزیم به صورت موضعی یا از طریق دهان یا تزریق جهت آبگون کردن چرک و تسکین التهاب به کار برده می شود. نام های تجاری: *Streptase* و *Kabikinase*.

streptolysin (strep-tol-i-sin) n.
اگزوتوکسینی که بوسیله ی گونه هایی از باکتری های *Streptococcus* تولید شده و گلبول های قرمز را تخریب می کند.

Streptomyces (strep-toh-my-seez) n.
تیره ی از باکتری های شبه کپک هوازی. این باکتری ها در پزشکی به عنوان منبعی از برخی باکتری ها مثل استرپتومایسین، اکتینومایسین، کلرومفنیکول و نئومایسین مهم هستند.

streptomycin (strep-toh-my-sin) n.
آنتی بیوتیکی که از باکتری *streptomyces griseus* مشتق می شود و علیه ردیف گسترده ای از عفونت های باکتریایی مؤثر است. این دارو از طریق دهان و تزریق داخل عضلانی استفاده می شود. استرپتومایسین داروی مهمی در درمان توبرکلوزیس است ولی معمولاً در ترکیب با داروهای دیگر، به دلیل این که باکتری ها به سرعت نسبت به آن مقاوم می شوند، مصرف می شود.

stress (stress) n.
هر عاملی که سلامتی بدن را تحت تأثیر قرار می دهد یا اثر معکوسی روی عملکرد بدن دارد، مثل جراحت، بیماری یا اضطراب، استرس مداوم موجب تغییر در تعادل هورمون های درون بدن می شود.

stretch reflex (myotatic reflex) (strech) n.
رفلکس انقباضی عضله در پاسخ به کشیده شدن آن.

stria (stry-ă) n. (pl. striae)
(در آناتومی) نوار یا خط باریک.

striae gravidaram.
نشانه های کشش: خطی روی پوست شکم زن حامله، ناشی از کشش بیش از اندازه ی فیبرهای الاستیک. این خط در طول حاملگی قرمز یا صورتی است و بعد از زایمان سفید می شود.

striated musde (stry-ayt-id) n.
بافت دربردارنده ی تنه ی ساختمان عضلانی بدن. عضله ی مخطط به دلیل پیوسته شدن به اسکلت بدن به عنوان عضله‌ی اسکلتی که مسئول حرکت استخوان ها است و نیز به دلیل ارادی بودن آن به عنوان عضله ی ارادی هم شناخته می شود.

stricture (strik-cher) n.
تنگ شدن هر نوع ساختار لوله ای شکل درون بدن. این وضعیت ممکن است ناشی از التهاب، اسپاسم عضلانی، رشد

strangury (strang-yoor-i) n.
درد شدید درون پیشابراه که در اثر میل شدید به ادرار کردن، ناشی از تحریک قاعده ی مثانه بوجود می آید. این وضعیت ممکن است در برخی از بیماری ها مثل سرطان قاعده ی مثانه، سیستیت یا پروستاتیت، زمانی که به همراه عبور دردناک قطرات اندکی از ادرار، باشد، رخ می دهد.

stratified (strat-i-fyd) adj.
توصیف بافتی که از چندین لایه‌ی سلولی تشکیل شده است. به *epithelium* مراجعه کنید.

stratum (strah-tŭm) n.
لایه ای از بافت یا سلول ها، مثل هر نوع لایه ی اپیدرم.

s. corneum
خارجی ترین لایه ی اپیدرم.

streak (streek) n.
(در آناتومی) خط، شیار یا یک نوار باریک.

Streptobacillus (strep-toh-bă-sil-ŭs) n.
تیره ای از باکتری های میله ای شکل، بی حرکت، هوازی و گرم مثبت که تمایل به تشکیل تارهایی دارند.

s. moniliformis
عامل تب ناشی از موش گزیدگی در انسان.

Streptococcus (strep-toh-kok-ŭs) n.
تیره ای از باکتری های مارپیچی، بی حرکت و گرم مثبت که به شکل زنجیره ای هستند. بیشتر گونه های باکتری استرپتوکوکوس پوده زی هستند؛ برخی از آن ها بیماری زا نیز می باشند.

haemdytic streptococci.
گونه هایی که گلبول های قرمز درون آگار خون را تخریب کرده و موجب بسیاری از عفونت ها از قبیل اندوکاردیت باکتریایی (نژاد آلفا همولیتیک) و تب مخملک (نژاد بتاهمولیتیک) می شود. به *Lancefield classification* و *streptokinase* هم مراجعه کنید.

streptodornase (strep-toh-dor-nayz) n.
آنزیمی که بوسیله ی برخی از باکتری های همولیتیک تیره ی *streptococcus* تولید می شود که قادر به آبگون کردن چرک هستند. به *streptokinase* هم مراجعه کنید.

streptokinase (strep-toh-ky-nayz) n.
آنزیمی که بوسیله ی برخی از باکتری های همولیتیک تیره ی *Streptococcus* تولید می شود که قادرند لخته های خون را به حالت مایع در آورند. این آنزیم به درون عروق خونی انسداد یافته، تزریق شده و در ترکیب با استرپتودورناز استفاده

بیش به سهولت، جهت آگاهی به یاد آورده می شود. با *unconscious* مقایسه کنید.

subcutaneous (sub-kew-tay-niŭs) adj.
زیر پوست. به *injection* هم مراجعه کنید.

s. tissues
فقدان بافت پیوندی، اغلب چربی، که زیر غشاء میانی پوست واقع شده است.

subdural (sub-dewr-ăl) adj.
زیر سخت شامه.مربوط به فضایی بین سخت شامه و عنکبوتیه.
s. hoematoma
به *haemotoma* مراجعه کنید.

subinvolution (sub-in-vŏ-loo-shŏn) n.
ناتوانی رحم جهت برگشت به اندازه ی طبیعی خود، در طول شش هفته ی بارداری.

subjective (sub-jek-tiv) adj.
آشکار نسبت به شخص تحت تأثیر قرارگرفته که برای دیگران آشکار نیست. این واژه به طور اختصاصی برای علایم به کار برده می شود.

sublimation (sub-li-may-shŏn) n.
جایگزینی روش های نامطلوب اجتماعی امیال یا انگیزه های مطلوب با روش های قابل قبول اجتماعی. به *defence mechanism* و *repression* هم مراجعه کنید.

subliminal (sub-lim-niăl) adj.
نیمه هوشیار: تحت آستانه ی درک هوشیاری.

sublingual gland (sub-ling-wăl) n.
یکی از جفت غدد بزاقی در بخش تحتانی دهان، که هر کدام از آن ها در هر سمتی از زبان واقع شده اند.

subluxation (sub-luks-ay-shŏn) n.
در رفتگی جزئی یک مفصل، طوری که بخش های انتهایی استخوان، نامتوازن هستند ولی هنوز با یکدیگر تماس دارند.

submandibular gland (submaxillary gland) (sub-man-dib-yoo-ler) n.
یکی از دو غدد بزاقی واقع شده در قسمت تحتانی غدد پاراتید.

submaxillary gland (sub-maks-il-er-i) n.
به *submandibular gland* مراجعه کنید.

submucosa (sub-mew-koh-sa) n.
لایه ای از بافت سست پیوندی (بافت حلقوی) زیر یک غشای موکوسی.

-submucosal adj.

۱. نوعی ابزار به شکل مداد، که عمدتاً برای داروهای موضعی کاربرد دارد. ۲. به *stilet* مراجعه کنید.

styptic (stip-tik) n.
به *haemostatic* مراجعه کنید.

sub-
پیشوند به معنی۱. زیر، زیرین. ۲. بخش یا مقدار اندک.

subacute (sub-ă-kewt) adj.
توصیف نوعی بیماری که خیلی سریع تر از وضعیت مزمن آن پیشرفت کرده، ولی (وضعیت) حاد را ایجاد نمی کند.

subacute bacterial endocarditis n.
نوعی آندوکاردیت که از طریق حملات آهسته و یک دوره ی طولانی مدت مشخص می شود. این وضعیت معمولاً از طریق گونه های *streptococcus* یا *staphylococcus* ایجاد می شود.

subacute combined degeneration of the ord n.
اختلال نورولوژیکی که از طریق کمبود ویتامین $B_{۱۲}$ و آنمی کشنده بغرنج می شود. آسیب های مخربی به فیبرهای عصبی حسی و حرکتی در طناب نخاعی وارد می شود که موجب اسپاسم اعضاء بدن و آتاکسی حسی می گردد

subarachnoid haemorrhage (sub-ă-rak-noid) n.
خون ریزی به درون فضای زیر عنکبوتیه، که موجب سردرد شدید به همراه سفتی گردن می شود. منشأ معمول این نوع خون ریزی آنوریسم مغزی است که ایجاد می شود.

subarachnoid space n.
فضایی بین عنکبوتیه و نرم شامه ی مغز و طناب نخاعی که حاوی مایع مغزی- نخاعی در حال گردش و عروق خونی بزرگ می باشد.

subclavian artery (sub-klay-vi-ăn) adj.
هر یک از دو شریانی که گردن و دست ها را خون رسانی می کند. شریان زیرچنبری سمت راست از یک سرخرگ بی نام منشعب می شود؛ شریان زیرچنبری سمت چپ، به طور مستقیم از قوس آئورت نشأت می گیرد.

subclinical (sub-klin-ikăl) adj.
توصیف نوعی بیماری که مشکوک می باشد ولی به حدکافی جهت ایجاد علایم و نشانه های معین در بیمار نیست.

subconscious (sub-kon-shŭs) adj.
(در روان کاوی) به معنی بخشی از ذهن شامل حافظه، انگیزه و اراده که به طور آنی در هوشیاری موجود نیست ولی کم و

ترکیب با تری متوپریم استفاده می شود (به *co-trimoxazole* مراجعه کنید). نام تجاری: *Gantanol*.

sulphasalazine (sul-fă-sal-ă-zeen) n.
دارویی از گروه سولفونامیدها که در درمان کولیت زخمی استفاده می شود. این دارو از طریق دهان یا به شکل شیاف استفاده می شود. نام تجاری: *Salazopyrin*

sulphinpyrazone (sul-fin-py-ră-zohn) n.
نوعی داروی اوریکوسوریک که از طریق دهان برای درمان نقرس مزمن استفاده می شود. این دارو در بیماران مبتلاء به بیماری های کلیوی منع مصرف دارد. نام تجاری: *Anturan*.

slphonamide (sulpha drug) (sul-fon-ă-myd) n.
گروهی از داروهایی که از سولفونامیدها مشتق شده و از رشد باکتری ها جلوگیری می کند. سولفونامیدها معمولاً از طریق دهان مصرف می شوند و علیه عفونت های مختلف مؤثر می باشند. تعداد زیادی از این گروه دارویی به سرعت توسط معده و روده ی کوچک جذب می شوند و می بایستی در فواصل مکرر مصرف شوند. برخی از داروهای این گروه مثل سولفودوکسین (در درمان جذام استفاده می شود) عملکرد طولانی مدت دارد و نیاز است که در روز یک بار مصرف شود. انواع دیگری از این داروها از قبیل سولفاگوانیدین، به طور ضعیف جذب می شوند و از این رو برای درمان عفونت های دستگاه گوارشی استفاده می شوند. بسیاری از سولفونامیدها به سرعت دفع می شوند و در ادرار بسیار حلال هستند و جهت درمان عفونت های دستگاه ادراری استفاده می شوند. مثال هایی از آن شامل سولفادیمیدین و سولفافورازول و سولفامتیزول می باشند. سولفونامیدها می بایستی در بیماران مبتلاء به یرقان و بیماری های کلیوی و نیز در بیماران حساس به این نوع داروها، جلوگیری شود.

sulphone (sul-fohn) n.
یکی از گروه داروهایی که ارتباط نزدیکی به سولفونامیدها دارند. سولفون ها دارای عملکرد قوی علیه باکتری هایی هستند که باعث جذام و توبرکلوز می شوند. بهترین نوع شناخته شده ی سولفون ها داپسون هستند.

sulphonylurea (sul-fŏ-nil-yoor-iă) n.
یکی از گروه داروهایی که از سولفونامیدها مشتق شده، و سطح گلوکز خون را کاهش می هند. این داروها از طریق دهان مصرف می شود و در درمان دیابت ملیتوس استفاده

suggestibility (sŭ-jes-ti-bil-iti) n.
وضعیت به سهولت پذیرفتن پیشنهادهای دیگران.
-suggestible adj.

suggestion (sŭ-jes-chŏn) n.
(در روان شناسی) فرآیند تغییر دادن اعتقادات، رفتارها یا احساسات دیگران از طریق گفتن این موضوع که آن ها تغییر خواهند کرد. این وضعیت گاهی اوقات به عنوان مترادفی برای هیپنوتیزم استفاده می شود. به *autosuggestion* هم مراجعه کنید.

suicide (soo-i-syd) n.
صدمه به خود، تحت عنوان یک عمل عمدی.
attempted s.
قصد ضربه به خود که در آن شخص از مرگ رهایی می یابد، گرچه شخص تمایل به کشتن خود دارد. با *parasuicide* مقایسه کنید.

sulcus (sul-kŭs) n. (pl. sulci)
۱. یکی از چین‌های مغز. ۲. هر نوع چین‌هایی از بافت نرم دهان.

sulphacetamide (sul-fă-set-ă-myd) n.
دارویی از گروه سولفونامیدها، که درون قطرات چشمی جهت درمان برخی از عفونت ها مثل عفونت ملتحمه استفاده می شود. نام های تجاری: *Ocusol* و *Albucid*

sulphadimidine (sul-fă-dy-mi-deen) n.
به *sulphonamide* مراجعه کنید.

sulphadoxine (sul-fă-doks-een) n.
به *sulphonamide* مراجعه کنید.

sulpha drug (sul-fă) n.
به *sulphonamide* مراجعه کنید.

sulphafurazole (sul-fă-fewr-ă-zohl) n.
به *sulphonamide* مراجعه کنید.

sulphaguanidine (sut-fă-gwan-i-deen) n.
به *sulphonamide* مراجعه کنید.

sulphamethizole (sul-fă-meth-i-zohl) n.
به *sulphonamide* مراجعه کنید.

sulphamethoxazole (sul-fă-meth-oks-ă-zohl) n.
دارویی از گروه سولفونامیدها. این دارو از طریق دهان استفاده می شود و در درمان عفونت های سیستم تنفسی، ادراری، گوارشی و پوست مؤثر می باشد. این دارو به طور مکرر در

اسپیریت میتل دار، معمولاً به همراه مقادیر اندکی از روغن کرچک‌و روغن وینترگرین. این ماده جهت استریل‌کردن پوست قبل از جراحی، تزریق و غیره استفاده می شود.

surrogate : (su- rŏ- găt) n.
(در روان شناسی) شخص یا هدفی در زندگی شخص دیگر که به عنوان جایگزینی برای آن شخص عمل می کند.

susceptibility (sŭ-sep-ti-bil-iti) n.
فقدان مقاومت نسبت به یک بیماری. این وضعیت تا حدی توسط واکسیناسیون یا دیگر روش های افزایش مقاومت نسبت به بیماری خاص، تحت تأثیر قرار می گیرد.

suspensory bandage (su-spon-ser-i) n.
باندی که جهت حمایت از بخش آویزان شده‌ی بدن مثل کیسه‌ی بیضه، استفاده می شود.

suspensory ligament n.
رباطی که جهت حمایت ارگانی مثل عدسی‌های چشم در موقعیت خود، به کار برده می شود.

sustentaculum (sus-ten-tak-yoo-lŭm) n.
هر نوع ساختار آناتومیکی که ساختار دیگری را حمایت می کند.

-sustentacular adj.

suture (see-cher)
۱. *n.* (در آناتومی) نوعی مفصل بی حرکت که به طور اختصاصی درون جمجمه یافت می شود و از طریق مقادیر اندکی از بافت پیوندی که بین دو استخوان قرار دارد مشخص می شود. ۲. *n.* (درجراحی) بستن زخم یا برشی توسط موادی مثل ابریشم یا روده ی گربه جهت تسهیل بخشیدن به فرآیند بهبودی. ۳. *n.* ماده‌ای ـ ابریشم، روده‌ی گربه، نایلون یا سیم ـ که برای دوختن یک زخم استفاده می شود. ۴. *vb.* بستن زخم از طریق بخیه زدن.

suxamethonium (suks-ă-meth-oh-nium) n.
دارویی که عضله ی اختیاری را به شل می کند (به *musde relaxant* مراجعه کنید). این دارو از طریق تزریق داخل وریدی مصرف شده و عمدتاً برای شل کردن عضله در طول جراحی استفاده می شود. نام تجاری: *Scoline*

swab (swob) n.
قطعه ای از یک ماده ی جاذب (مثل نخ) که گاهی اوقات به سیم یا چوبی متصل می شود. سوآب برای پاک کردن یا به کاربردن دارویی برای زخم ها، محل های عمل یا حفرات بدن استفاده می شود.

suppuration (sup-yoor-ay-shŏn) n.
تشکیل چرک.

supra-
پیشوند به معنی بالا، روی.

supraorbital (soo-pră-or-bit'l) adj.
مربوط به ناحیه ای در بالای حدقه ی چشم.

s. reflex
بسته شدن پلک های چشم زمانی که به عصب سوپرا اوربیتال، در اثر انقباض عضلات اطراف حدقه‌ی چشم، ضربه وارد می شود.

suprapubic (soo-pră-pew-bik) adj.
بالای استخوان پوبیس.

s. cystotomy
به *cystotomy* مراجعه کنید.

suprarenal glands (soo-pră-ree-năl) pl. n.
به *adrenal gland* مراجعه کنید.

suramin (s'yoor-ă-min) n.
دارویی با خاصیت نداشتن عناصرفلزی که در درمان توپیانوموز استفاده می شود. این دارو معمولاً از طریق تزریق آهسته ی داخل وریدی مصرف می گردد.

surfactant (ser-fak-tănt) n.
عامل مرطوب کننده، ماده ای که کشش سطحی را کاهش می دهد. سورفاکتانت توسط سلول‌های پوشاننده‌ی آلوئل‌های ریه (پنوموسیت ها) جهت جلوگیری از چسبیدن دیواره ها به هم ترشح می شود.

surgeon (serj-ŏn) n.
شاغل متخصص بالینی که در جراحی تخصص دارد.

surgery (serj-er-i) n.
شاخه‌ای از پزشکی که جراحات، بدشکلی‌ها یا بیماری را از طریق عمل یا دستکاری، درمان می کند. به *cnyosurgery* و *microsurgery* هم مراجعه کنید.

-surgical adj.

surgical neck (serj-ikăl) n.
فشرده شدن بدنه ی استخوان بازو زیر قسمت سر. این وضعیت اغلب زمانی که شکستگی استخوان بازو رخ می دهد، اتفاق می افتد.

surgical spirit n.

synalgia (sin-al-jiă) n.

به *referred pain* مراجعه کنید.

synapse (sy-naps) n.

شکاف کوچکی، که در عرض آن پیام های عصبی از یک نورون به نورون بعدی، در محل انتهای یک فیبر عصبی، عبور می نماید. زمانی که ایمپالس به محل سیناپس می رسد، موجب آزاد شدن انتقال دهنده‌ی عصبی می شود که در عرض شکاف منتشر شده و پیام الکتریکی را درون نورون بعدی تحریک می کند. به *neuromuscular junction* هم مراجعه کنید.

synarthrosis (sin-arth-roh-sis) n.

نوعی مفصل بی حرکت که در آن استخوان ها توسط بافت فیبروز به هم می پیوندند. مثال هایی از آن درزهای جمجمه ای می باشد. به *gomphosis* و *schindylesis* هم مراجعه کنید.

synchondrosis (sin-kon-droh-sis) n.

مفصل کم تحرکی که در آن سطح استخوان ها توسط غضروف هیالین مثل وضعیتی که در بین دنده‌ها و استخوان‌جناغ است، از هم جدا می شوند.

synchysis (sink-i-sis) n.

نرم شدن زجاجیه ی چشم.

syncope (Fainting) (sink-ŏ-pi) n.

فقدان هوشیاریی که از طریق جریان ناکافی و موقتی خون به سمت مغز، تحریک می شود. این وضعیت عمدتاً در افراد سالم دیگر رخ می دهد و ممکن است در اثر شوک عاطفی، از طریق ضربه و خون ریزی شدید صورت گیرد.

syncytium (sin-sit-iŭm) n. (pl. syncy-tia)

توده ای از پروتوپلاسم که حاوی چندین هسته می باشد. فیبرهای عضلانی این وضعیت را دارند.

-syncytial adj.

syndactyly (dactylion) (sin-dak-tili) n.

جوش خوردن مادرزادی انگشتان دست یا پا به هم. شدت این بیماری از امتزاج دو انگشت تا جوش خوردن کامل تمام انگشتان به هم متفاوت است.

syndesm- (syndesmo-)

پیشوند به معنی بافت پیوندی، به خصوص رباط ها.

syndesmology (sin-des-mol-ŏji) n.

شاخه ای از آناتومی مربوط به مفاصل و اجزاء سازنده ی آن ها.

نامی که توسط یک فیزیولوژیست اولیه به موادی که از بخش های انتهایی سیستم عصبی سمپاتیک، آزاد می شود، اتلاق می شده که امروزه به عنوان آدرنالین و نورآدرنالین شناخته می شود.

sympatholytic (sim-pă-thoh-lit-ik) n.

دارویی که بر علیه سیستم عصبی سمپاتیک عمل می کند. داروهای سمپاتولیتیک شامل گوانتیدین، فنتولامین و تولازولین می باشد.

sympathomimetic (sim-pă-thoh-mi-met-ik) n.

دارویی که تأثیر تحریک سیستم عصبی سمپاتیک را دارد. فعالیت های داروهای مقلد سمپاتیک شبیه آدرنالین می باشد. داروهای مقلد سمپاتیک شامل فنیل‌افرین، سالبوتامول، افورین و ایزوپرنالین می باشد.

sympathy (sim-pă-thi) n.

یک اثر دو جانبه که توسط بخش های مختلفی از بدن بر روی عضو دیگر اعمال می شود.

symphysiotomy (sim-fizi-ot-ŏmi) n.

عمل قطع کردن از طریق قدام لگن در سمفیزپوبیس، به منظور بزرگ کردن ضخامت لگن و کمک به زایمانی که سر بچه جهت عبور از دهانه ی لگن بسیار بزرگ می باشد.

symphysis (sim-fi-sis) n.

۱. مفصلی که در آن استخوان ها بوسیله ی رشته های غضروفی، که حرکت را کم کرده و ساختار استخوان ها را محکم می کنند، جدا می شود. مثال هایی از آن سمفیزپوبیس (به *pubis* مراجعه کنید) و مفاصل ستون فقرات که توسط دیسک های بین مهره ای از هم جدا می شوند. ۲. خطی که جوش خوردن دو استخوانی که در مراحل ابتدایی تکامل از هم جدا شده اند را نشان می دهد.

symptom (simp-tŏm) n.

علامت یک بیماری یا اختلال که توسط خود بیمار شناخته می شود. با *sign* مقایسه کنید.

symptomatology (semeiology) (simp-tŏm-ă-tol-ŏji) n.

۱. شاخه ای از پزشکی مربوط به مطالعه ی علایم بیماری. ۲. سرجمع علایم یک بیماری.

syn- (sym-)

پسوند به معنی اتحاد یا امتزاج.

syring- (syringo-)
پیشوند به معنی لوله یا یک حفره ی طویل، به خصوص در کانال مرکزی طناب نخاعی.

syringe (si-rinj) n.
ابزاری متشکل از پیستونی در یک لوله ی کم پهنا که به یک سوزن توخالی یا یک لوله ی باریک متصل می شود. سرنگ جهت تزریق یا برداشت موادی درون بخش هایی از بدن یا برای شستن یک حفره استفاده می شود.

syringobulbia (si-ring-oh-bulb-iă) n.
به *syringomyelia* مراجعه کنید.

syringocystadenoma (syringoma) (si-ring-oh-sist-ad-i-noh-mă) n.
نوعی تومور خوشی خیم و چندگانه‌ی غدد عرق که تورم سفت و کوچکی را درون پوست نشان می دهد.

syringomyelia (si-ring-oh-my-ee-liă) n.
نوعی بیماری طناب نخاعی که در آن حفره های طویلی درون طناب نخاعی در ناحیه‌ی گردنی تشکیل می شود. ضعف و اضمحلال عضلات در دستان بدون آگاهی از درد و دما، به طور مشخص وجود دارد. توسعه‌ی حفره سازی درون قسمت تحتانی ساقه‌ی مغزی *syringobulbia* نامیده می شود. آتاکسی مغزی، فقدان بخشی از احساس درد در صورت و ضعف زبان و کام ممکن است رخ دهد.

syringomyelocele (si-ring-oh-my-ĕl-oh-seel) n.
بیرون زدگی طناب نخاعی از طریق نقص در ستون فقرات به همراه کیسه های مملوء از مایع حاوی کانال مرکزی طناب نخاعی.

system (sis-tĕm) n.
(در آناتومی) گروهی از ارگان ها و بافت ها به همراه عملکرد خاص فیزیولوژیکی مثل سیستم عصبی یا تنفسی.

systemic (sis-tem-ik) adj.
مربوط به یا تحت تأثیر بدن به عنوان یک (بدن) کامل، به جای بخش ها یا ارگان های تکی.

s.circulation
به *circulation* مراجعه کنید.

systole (sis-tŏ-li) n.
دوره ای از سیکل قلبی که در طول آن قلب منقبض می شود.
-systolic (sis-tol-ik) adj.

systolic pressure n.
به *blood pressure* مراجعه کنید.

T t

tabes dorsalis (locomotor ataxia) (tay-beez dor-sah-lis) n.
نوعی نورو سیفلیس که ۲۰-۵ سال بعد از عفونت مسری اصلی و جنسی رخ می دهد. ارگانیسم های ایجاد کننده ی عفونت به طور پیشرونده اعصاب حسی را تخریب می‌کنند. دردهای شدید ناشی از زخم در پاها یا تنه، کام های بی ثبات و فقدان کنترل مثانه شایع می باشد. به *syphilis* و *general paralysis of the insane* هم مراجعه کنید.

tablet (tab-lit) n.
(در داروسازی) دیسک کوچکی حاوی یک یا چند دارو که از طریق فشرده کردن شکل پودر شده‌ی دارو (ها) ساخته می شود. قرص ها از طریق دهان مصرف می شوند.

tabo-paresis (tay-boh-pă-ree-sis) n.
نوعی تأثیر دیر هنگام عفونت سیفلیسی سیستم عصبی که در آن بیمار نشانه های تابس پشتی و رعشه‌ی کلی روحی را نشان می هد.

TAB vaccine n.
نوعی واکسن ترکیبی که جهت ایجاد ایمنی علیه بیماری های تیفوئید، پاراتیفوئید A و پاراتیفوئید B استفاده می شود.

tachy-
پیشوند به معنی سریع.

tachycardia (tak-i-kar-diă) n.
افزایش در ضربان قلب بیشتر از حد طبیعی.

sinus t.
نوعی تکی کاردی که ممکن است به طور طبیعی به همراه ورزش کردن یا هیجانات رخ دهد. این وضعیت ممکن است ناشی از بیماری هایی از قبیل تب هم باشد.

tachyphrasia (tak-i-fray-ziă) n.
حرف زدن سریع و روان مثل حالتی که در مانیا رخ می دهد.

tachyphrenia (tak-i-free-niă) n.
سرعت بیش از حد فرآیندهای ذهنی مثل مانیا.

tachypnoea (tak-ip-nee-ă) n.
تنفس سریع.

tactile (tak-tyl) adj.
مربوط به یا تحت تأثیر حس لامسه.

taenia (tee-niă) n. (pl. taeniae)
ساختار مسطح و نواری شکل آناتومیکی.

t. buds

گیرنده‌ی حسی مربوط به حس چشایی. این گیرنده ها در اپیتلیوم واقع شده اند که سطح زبان، کام نرم، اپیگلوت و بخشی از گلو را می پوشانند. زمانی که یک سلول چشایی بواسطه ی حضور یک ماده ی محلول تحریک می شود، ایمپالس هایی از طریق فیبرهای عصبی به مغز فرستاده می گردد.

taurine (tor-een) n.

آمینواسیدی که جزء اصلی توروکولات املاح صفراوی می باشد و به عنوان یک انتقال دهنده ی عصبی در سیستم عصبی مرکزی هم عمل می کند.

taurocholic acid (tor-oh-koh-lik) n.

به *bile acids* مراجعه کنید.

taxis (tak-sis) n.

(در جراحی) برگشت به موقعیت (اصلی) استخوان ها و اندام های جابه جا شده یا دیگر بخش هایی که توسط دستکاری جابه جا شده اند.

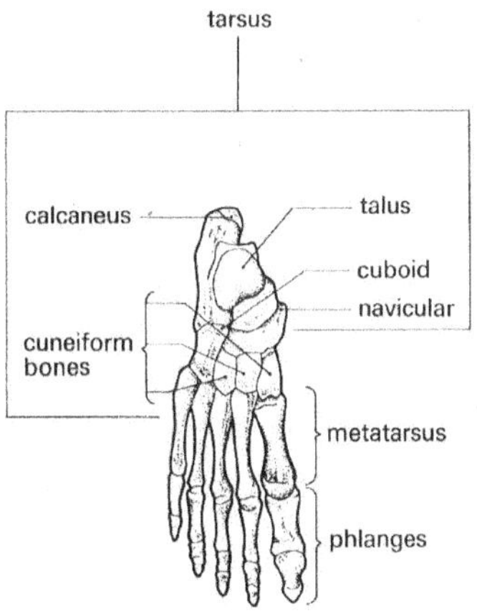

استخوان های پا و قوزک پا

Tay-sachs disease (amaurotic familial idiocy) (tay-saks) n.

نوعی اختلال ارثی متابولیسم لیپید (به *lipidosis* مراجعه کنید) که در آن تجمع غیرطبیعی لیپید در مغز منجر به کوری، کم هوشی و مرگ جنین می شود.

[W. Tay (1843-1927), پزشک انگلیسی ; B. Sachs (1858-1944), نورولوژیست آمریکایی]

مایع چسبناک و مشکی رنگی که توسط تقطیر مخرب چوب کاج (*pine t.*) یا زغال سنگ (*coal t.*) تولید می شود. این ماده که در تدارکات پوستی جهت درمان اگزما و پسوریازیس استفاده می گردد. به عنوان جزئی از سیگار این ماده به عنوان دارنده ی ویژگی کارسینوژنی، شناخته شده است.

tars- (tarso-)

۱. پیشوند به معنی مچ پا؛ استخوان های قوزک پا. ۲. لبه‌ی پلک چشم.

tarsal (tar-săl)

۱. *adj.* مربوط به استخوان های قوزک پا. ۲. *adj.* مربوط به پلک چشم، به خصوص مربوط به بافت پوشاننده‌ی آن (تارسوس).

t. glands

به *meibomian glands* مراجعه کنید. ۳. *n.* هر یک از استخوان های تشکیل دهنده‌ی قوزک پا.

tarsalgia (tar-sal-jiă) n.

درد شدیدی که از قوزک پا نشأت می گیرد.

tarsectomy (tar-sek-tŏmi) n.

۱. جراحی برداشت استخوان های مچ پا. ۲. جراحی برداشت بخشی از تارسوس پلک چشم.

tarsitis (tar-sy-tis) n.

التهاب پلک چشم.

tarsorihaphy (tars-o-răfi) n.

عملی که در آن قسمت فوقانی و تحتانی پلک ها به هم متصل می شوند. این عمل جهت محافظت از قرنیه یا برای بهبودی یافتن ضربه ی وارد شده به قرنیه انجام می شود.

tarsus (tar-sŭs) n. (pl. tarsi)

۱. هفت استخوان مچ پا و بخش پروکسیمال پا (به تصویر مراجعه کنید). تارسوس با متاتارسال به طور دیستال مفصل شده و به طور پروکسیمال با درشت نی و نازک نی مفصل می گردد. ۲. بافت محکمی از فیبروز که قاعده‌ی هر پلک چشم را تشکیل می دهد.

tartar (tar-ter) n.

واژه‌ی کاملی برای سنگ که رسوب سختی را روی دندان تشکیل می دهد.

tartar emetic n.

به *antimony potassium tartate* مراجعه کنید.

taste (tayst) n.

حسی برای درک مزه‌ی مواد در دهان. چهار حس پایه‌ی چشیدن وجود دارد: شیرین، تلخ، ترش و شور.

t.) ایجاد شده و موجب درد در هنگام خم کردن مچ دست می شود.

tenesmus (tin-ez-mŭs) n.
حس تمایل به دفع مدفوع که مداوم یا مکرر و بدون تولید مقادیر اصلی از مدفوع، می باشد. این وضعیت ممکن است ناشی از التهاب رکتوم و مقعد، پایین افتادگی رکتوم، تومورهای رکتومی یا سندرم تحریک پذیر روده ای باشد.

tennis elbow (ten-iss) n.
التهاب دردناک تاندون در لبه‌ی خارجی آرنج که از طریق استفاده‌ی بیش از حد از عضلات ساعد ایجاد می شود. به *tendonitis* هم مراجعه کنید.

teno-
پیشوند به معنی یک تاندون.

Tenon's capsule (tĕ-nonz) n.
بافت فیبروزی که حدقه و کره‌ی چشم را می پوشاند.
[j. R. Tendon (1724-1816), جراح فرانسوی]

tenoplasty (ten-oh-plasti) n.
جراحی ترمیم زردپی پاره شده یا منقطع شده.

tenoposide (te-nop-oh-syd) n.
دارویی که در درمان سرطان های خاص، خصوصاً در کودکان استفاده می شود. این دارو بسیار شبیه اتوپوزید می باشد.

tenorrhaphy (tĕn-o-răfi) n.
عمل جراحی متصل کردن بخش های انتهایی تاندون های مجزا، توسط بخیه.

tenosynovitis (peritendinitis) (ten-oh-sy-noh-vy-tis) n.
التهاب غشای تاندون که باعث ایجاد درد، تورم و صدای غژغژ قابل شنیدن در هنگام حرکت، می شود. این وضعیت ممکن است ناشی از عفونت باکتریایی یا به عنوان بخشی از بیماری روماتیسمی باشد.

tentomy (tĕ-not-ŏmi) n.
جراحی مجزا کردن یک تاندون. این عمل ممکن است برای اصلاح یک بدشکلی تاندون که از طریق کوتاه شدگی یک تاندون ایجاد می شود، ضروری باشد.

tenovaginitis (ten-oh-vaj-i-ny-tis) n.
به *tendovaginitis* مراجعه کنید.

tensor (ten-ser) n.
هر نوع عضله ای که موجب کشش بخشی از بدن شود.

temporalis (tem-per-ay-lis) n.
عضله‌ی پروانه ای شکلی در جانب سر که از فرورفتگی گیجگاهی تا آرواره تحتانی توسعه یافته است. این عضله فک تحتانی را بلند می کند.

temporo-
پیشوند به معنی۱. گیجگاه ۲. لب گیجگاهی.

temporomandibular joint (tem-per-oh-man-dib-yoo-ler) n.
مفصلی بین فک تحتانی و استخوان گیجگاهی.

t. j. syndrome
وضعیتی که در آن بیمار دارای مفصل گیجگاهی ـ آرواره‌ای دردناک، نرمی عضلاتی که فک را به حرکت در می آورند، صدا دار بودن مفاصل و محدودیت حرکت فک، می باشد.

tenaculum (tin-ak-yoo-lŭm) n.
۱. یک قلاب سیمی و تیز به همراه یک دسته که در عمل جراحی برداشتن قطعاتی از بافت یا انتهای بریده ی یک سرخرگ استفاده می شود. ۲. دسته ای از بافت فیبروز که بخشی از بدن را در جایگاه خود نگه می دارد.

tendinitis (ten-di-ny-tis) n.
التهاب زردپی. این وضعیت عمدتاً بعد از استفاده ی بیش از حد از یک زردپی ایجاد می شود اما گاهی اوقات ناشی از عفونت باکتریایی (مثل گنوره) یا بیماری روماتیسمی موضعی (مثل آرتریت روماتیسمی و آنکیلوزاسپوندیلیت)، می باشد. به *tennis* هم مراجعه کنید. با *tenosynovitis* مقایسه کنید.

tendon (ten-dŏn) n.
طناب سفید رنگ و محکمی که حاوی دسته جات فیبرهای کلاژن فراوانی می باشد. تاندون عضله ای را به یک استخوان متصل می کند. زردپی ها در تمرکز کشش عضله روی ناحیه‌ی کوچکی از استخوان، کمک می کنند.

t. sheath
کیسه‌ی لوله ای شکل و پوشیده شده با غشای سینوویال که حاوی مایع سینوویال می باشد و برخی از تاندون ها را می پوشاند. به *aponeurosis* هم مراجعه کنید.

-tendinous (ten-din-ŭs) **adj.**

tendovaginitis (tenovaginitis) (ten-doh-vaj-i-ny-tis) n.
ضخیم شدن التهابی غشای فیبروز حاوی یک یا چند تاندون که معمولاً از طریق ضربات اندک و مکرر ایجاد می شود. این وضعیت معمولاً در پشت انگشت شصت (*de Quervain's*

tetradactyly (tet-ră-dak-tili) n.
نوعی نقص مادرزادی که در آن تنها ۴ انگشت در پا یا دست وجود دارد.

-tetradactylous adj.

tetrahydrocannabinol (tet-ră-hy-droh-kan-ab-n-ol) n.
مشتقی از ماری جوانا که عملکرد کرم‌کش دارد و حالت خوشی را هم ایجاد می کند. این دو ویژگی در جلوگیری از بیماری های تحریک شده‌ی شیمی درمانی، به کار برده می شود.

tetralogy of fallot (te-tral-ŏji-ŏv-fa-loh) n.
نوعی از بیماری مادرزادی قلب که در آن، تنگی مجاری، بزرگ شدن بطن راست و یک نقص دیواره ای بطنی که روی آن مبدأ آئورت قرار می گیرد، وجود دارد. کودکان تحت تأثیر قرار گرفته آبی رنگ (سیانوزی) می شوند.
[E. L. A. Fallot (1850-1911), پزشک فرانسوی]

tetraplegia (tet-ră-plee-jiă) n.
به *quadriplegia* مراجعه کنید.

thalam (thalamo-)
پیشوند به معنی تالاموس.

thalamencephalon (thal-ăm-en-sef-ă-lon) n.
ساختارهای گروهی در انتهای قدامی ساقه‌ی مغزی که شامل اپی‌تالاموس، تالاموس، هیپوتالاموس و ساب تالاموس می باشد.

thalamic syndrome (thă-lam-ik) n.
افزایش آستانه ی تحریک درد که به همراه وجود سوختگی شدید و ناخوشایند نسبت به هرگونه درد که یکبار، در زمان بیش از حد بودن آستانه ی درد، تجربه می شود. این وضعیت بوسیله‌ی بیماریی که تالاموس را تحت تأثیر قرار می دهد، ایجاد می شود.

thalamotomy (thal-ă-mot-ŏmi) n.
عملی روی مغز که در آن جراحتی در بخش دقیقی از مغز ایجاد می شود. این عمل جهت کنترل علایم روانی، اضطراب شدید و دیسترس صورت می گیرد. به *psychosurgery* هم مراجعه کنید.

testosteron (test-tost-er-ohn) n.
هورمون اصلی جنسی مردانه (به *androgen* مراجعه کنید).

test-tube baby (test-tewb) n.
به *in vitro fertilization* مراجعه کنید.

tetan- (tetano-)
پیشوند به معنی ۱. کزاز. ۲. تتانی.

tetanus (lockjow) (tet-ăn-ŭs) n.
بیماری حاد عفونی که سیستم عصبی را تحت تأثیر قرار می دهد و از طریق باکتری *clostridium tetani* ایجاد می شود. عفونت از طریق آلودگی زخم ها توسط اسپورهای باکتریایی رخ می دهد. علایم آن شامل سفتی عضله، اسپاسم و متعاقب آن سفت شدن، ابتدا در فک و گردن و بعد کمر، سینه، شکم و اعضاء می باشد؛ در موارد شدید اسپاسم ممکن است تمام بدن را تحت تأثیر قرار دهد که کمر را قوس دار می کند (به *opisthotonos* مراجعه کنید). درمان سریع با پنی سیلین و آنتی توکسین مؤثر می باشد؛ ایمنی سازی علیه کزاز مؤثر است ولی موقتی می باشد.

-tetanic (tĕ-tan-ik) adj.

tetany (tet-ăn-i) n.
اسپاسم و فشرده شدن عضلات، به خصوص وضعیتی که صورت، دستها و پاها را تحت تأثیر قرار می دهد. تتانی بوسیله ی کاهش در سطح کلسیم خون ایجاد می شود و ممکن است ناشی از بی فعالیتی غدد پاراتیروئید، ریکتز یا آلکالوز باشد.

tetra-
پیشوند به معنی چهار.

tetrachloroethylene (tet-ră-klor-oh-eth-i-leen) n.
دارویی کرم کش که از طریق دهان در درمان بیماری کرم قلابدار مصرف می شود.

tetracycline (tet-ră-sy-kleen) n.
۱. گروهی از آنتی بیوتیک ها که ترکیبات آن از کشت باکتری های *streptomyces* مشتق می شود. این داروها شامل: کلروتتراسایکلین، متاسایکلین و تتراسایکلین می باشد که علیه ردیف گسترده ای از عفونت های باکتریایی از قبیل عفونت دستگاه تنفسی، سیفلیس و آکنه، مؤثر می باشد. این داروها معمولاً از طریق دهان مصرف می شوند. ۲. آنتی‌بیوتیک خاصی از گروه تتراسایکلین. نام تجاری: *Steclin* و *Achromycin*

به *femur* مراجعه کنید.

thioguanine (th'y-oh-gwah-nine) n.

دارویی که از رشد سلول های سرطانی جلوگیری کرده و از طریق دهان در درمان لوسمی استفاده می شود. نام تجاری: *Lavis*.

thiaparamizone (th'y-oh-pă-ram-i-zohn) n.

به *thiacetazone* مراجعه کنید.

thiopentone (th'y-oh-pen-tohn) n.

باربیتورات کوتاه عمل. این دارو از طریق تزریق داخل وریدی جهت ایجاد بیهوشی عمومی یا به عنوان پری مدیکیشن برای جراحی، مصرف می شود. نام تجاری: *pentothal*.

thiopropazate (th'y-oh-proh-pă-zayt) n.

مسکن قوی با آثار و عملکردهای مشابه کلروپرومازین. این دارو از طریق دهان برای درمان بیماران روانی و آشفته‌ی مبتلا به اضطراب و جهت کنترل تهوع و استفراغ مصرف می شود. نام تجاری: *Dartalan*.

thioridazine (th'y-oh-rid-ă-zeen) n.

مسکن قویی که از طریق دهان در درمان طیف گسترده ای از اختلالات روانی و عاطفی، از قبیل اسکیزوفرنی و زوال عقل پیری استفاده می شود. نام تجاری: *Melleril*.

thiotepa (th'y-oh-tee-pă) n.

داروی سیتوتوکسیک که از طریق تزریق برای درمان سرطان سینه یا تخمدان، لنفوم و سارکوما استفاده می شود.

thiouracil (th'y-oh-yoor-ă-sil) n.

دارویی که از طریق دهان در درمان بیش فعالی غده‌ی تیروئید (تیروتوکسیکوز) استفاده می شود.

Thomas's splint (tom-ă-siz) n.

نوار فلزیی که برای ثابت کردن یک عضو تحتانی شکسته به خصوص استخوان فمور استفاده می شود. حلقه ای در استخوان لگن، تیرعرضی در پا و تیرهای جانبی برای اتصال موادی جهت حمایت از پا، وجود دارد.

[H. O. Thomas (1834-1931), جراح اورتوپد]

thorac- (thoraco-)

پیشوند به معنی سینه.

thoracectomy (thor-ă-sek-tŏmi) n.

عملی که در آن حفره‌ی سینه باز شده (توراکوتومی) و نیز دنده و بخشی از آن برداشته می شود.

است بر روی ترموگرام به عنوان نقطه داغ نمایان شود. به *mamothermography* هم مراجعه کنید.

thermolysis (ther-mol-i-sis) n.

(در فیزیولوژی) اتلاف گرمای بدن از طریق فرآیندهایی مثل تبخیر عرق از سطح پوست.

thermometer (ther-mom-i-ter) n.

وسیله ای برای ثبت دما.

clinical t.

لوله‌ی سربسته، کم پهنا و شیشه ای حاوی جیوه، که در زمان گرم شدن در طول لوله بالا می آید. لوله برای ثبت دمای بدن بین ۳۵°c (۹۵°F) و ۴۳/۵°c (۱۱۰°F) طراحی شده است.

thermophilic (therm-oh-fil-ik) adj.

توصیف ارگانیسم ها به خصوص باکتری ها که به بهترین نحو در دمای ۴۸ـ۸۵°c رشد می کنند.

thermoreceptor (therm-oh-ri-sep-ter) n.

پایانه ی عصب حسی که به گرما یا سرما پاسخ می دهد.

thermotaxis (ther-moh-tak-sis) n.

فرآیند فیزیولوژیکی تنظیم یا تعدیل کردن دمای بدن.

thermotherapy (therm-oh-th'e-ră-pi) n.

استفاده از گرما جهت تسکین درد و سفت شدگی در مفاصل و عضلات و ارتقاع افزایش در گردش خون.

thiabendazole (th'y-ă-ben-dă-zohl) n.

داروی کرم کشی که به صورت خوراکی جهت درمان هجوم کرم های کوچک (کرمک) و دیگر کرم های روده ای استفاده می شود. نام تجاری: *Mintezol*.

thiacetazone (thiaparamizone) (th'y-ă-set-ă-zohn) n.

دارویی که از طریق دهان در درمان جزام و (در ترکیب با ایزونیازید) توبرکلوز استفاده می شود.

thiamine (vitamin B_1) (th'y-ă-meen) n.

به *vitamin B* مراجعه کنید.

Thiersch's graft (split-skin graft) (teer-shĕz) n.

نوعی پیوند پوستی که در آن قطعه ی ضخیم شده ای از پوست در نوارهای باریکی بریده شده و برروی ناحیه ی زخم جهت بهبودی قرار می گیرد.

[K.Thieosch (1822-95), جراح آلمانی]

thigh (th'y) n.

بخش فوقانی عضو تحتانی بین استخوان هیپ و زانو.

t. bone

پروترومبین غیر فعال را به آنزیم ترومبین فعال تبدیل می کند.

rhrombopoiesis (throm-boh-poi-ee-sis) n.
فرآیند تولید پلاکت های خون. پلاکت ها به عنوان قطعاتی از پوسته‌ی سیتوپلاسم سلول های بزرگ در مغز استخوان از طریق فرآیند جوانه زدن، تشکیل می شوند.

thrombosis (throm-boh-sis) n.
شرایطی که در آن خون از حالت مایع به جامد تغییر کرده و یک لخته ی خونی را تولید می کند. ترومبوز درون یک سرخرگ، جریان خون را به سمت بافت هایی که به آن خون رسانی می کند، مسدود می کند (به *stroke* و *coronary thrombosis* مراجعه کنید). ترمبوز می تواند در سیاهرگ هم رخ دهد و این وضعیت ممکن است به همراه التهاب باشد (به *phlebitis* و *phlebothrombosis* مراجعه کنید).

thrombus (throm- bŭs **) n.**
یک لخته‌ی خونی (به *thrombosis* مراجعه کنید).

thrush (thrush) n.
به *candidiasis* مراجعه کنید.

thym- (thymo-)
پیشوند به معنی تیموس.

thymectomy (th'y-mek- tŏmi **) n.**
جراحی برداشت غده‌ی تیموس.

-thymia
پسوند به معنی وضعیتی از ذهن.

thymine (th'y-meen) n.
یکی از پایه های نیتروژن دار (به *pyrimidin* مراجعه کنید) که درون نوکلئیک اسیدهای *DNA* و *RNA* وجود دارند.

thymitis (th'y-my-tis) n.
التهاب غده‌ی تیموس.

thymocyte (th'y-moh-syt) n.
لنفوسیتی درون تیموس.

thymol (th'y-mol) n.
ضدعفونی کننده ای که علیه باکتری ها و قارچ ها فعالیت می کند و در درهان شویه ها و تدارکات پوستی استفاده می شود.

thymoma (th'y-moh- mă **) n.**
تومور بدخیم یا خوش خیم غده ی تیموس. این تومور گاهی اوقات به همراه میاستنی گراو می باشد.

کبودی خود به خودی و خون ریزی طولانی مدت بعد از جراحت می شود.

-thrombocytopenic adj.

thrombocytosis (throm-boh-sy-toh-sis) n.
افزایش در تعداد پلاکت های خون. این وضعیت ممکن است پس از بیماری های مختلف از قبیل سرطان ها و بیماری های خاص خونی رخ دهد و احتمالاً موجب افزایش گرایش به ترومبوز می شود.

thromboemolism (throm-boh-em- bŏ **-lizm) n.**
وضعیتی که در آن یک لخته‌ی خونی تشکیل شده درون نقطه‌ای از گردش خون تشکیل می شود جداشده و در نقطه‌ی دیگر قرار می گیرد.

thromboendarterectomy (throm-boh-end-ar-ter-ek- tŏmi **) n.**
به *endarterectomy* مراجعه کنید.

thromboendarteritis (throm-boh-end-ar-ter-I-tis) n.
ترومبوزی که اندوآرتریت را بدتر می کند و در آرتریت گیجگاهی، پلی آرتریت نودوسوا و سیفلیس دیده می شود.

thrombokinase (throm-boh-ky-nayz) n.
به *thromboplastin* مراجعه کنید.

thrombolysis (throm-bol-i-sis) n.
حل شدن لخته‌ی خون از طریق تزریق یک آنزیم مثل استرپتوکیناز یا اوری کیناز به درون خون.

thrombolytic (throm-boh-lit-ik) adj.
توصیف عاملی که لخته های خونی را تجزیه می کند. به *anticoagulant* مراجعه کنید.

thrombophlebititis (throm-boh-fli-by-tis) n.
التهاب دیواره ی یک سیاهرگ (به *phlebitis* مراجعه کنید) به همراه ترومبوز ثانویه که در قسمت های تحت تأثیر قرار گرفته‌ی سیاهرگ رخ می دهد. زنان حامله بعلت تغییرات فیزیولوژیکی درون خون و آثار فشار درون شکم خود مستعدتر ترومبوفلبیت هستند. این وضعیت ممکن است وریدهای عمقی یا سطحی پاها را درگیر کند (علایم تأخیری نسبت به اولیه در زنان حامله کمتر شیوع دارد).

thromboplastin (thrombokinase) (throm-boh-plast-in) n.
ماده ای که در طول مراحل ابتدایی لخته ی خون تشکیل می شود. این ماده به عنوان آنزیمی عمل می کند که ماده‌ی

tic (tik) n.
حرکات غیرارادی، مکرر و گسترده که کارکرد آن از کشش یک عضله تا به خوبی فراهم کردن عملکردهای دیگر متفاوت است.

t. douloureux
به *neuralgia* مراجعه کنید.

tick (tik) n.
انگل مکنده ی خون متعلق به طبقه ی جانوران مفصل دار (*Acarina*) که شامل مایت ها هم می شود. گزش کنه ها موجب جراحات جدی پوست و گاهی اوقات فلج شده و گونه های خاصی از کنه ها تیفوس، بیماری *Lyme* و تب راجعه را انتقال می دهند. دی متیل فتالات به عنوان داروی دفع کننده‌ی کنه استفاده می شود.

t. fever
نوعی بیماری عفونی که از طریق کنه ها به خصوص تب نقطه ای کوه های راکی، انتقال می یابد.

timolol (tim-ŏ-lol) n.
داروی مهارکننده ی گیرنده ی بتا که در درمان پرفشاری خون، پیشگیری بعد از سکته ی حاد قلبی و گلوکوما استفاده می شود. این دارو از طریق دهان یا در محلول هایی به عنوان قطرات چشمی استفاده می شود. نام های تجاری: *Timoptol*، *Bocadren* و *Betin*.

tincture (tink-cher) n.
نوعی عصاره‌ی الکلی یک دارو که از گیاه بدست می آید.

tinea (ringworm) (tin-iă) n.
نوعی خارش شدید حلقه مانند عفونت قارچی پوست به خصوص پوست سر و پاها و گاهی اوقات ناخن ها. این وضعیت از طریق گونه های مختلفی از قارچ های *Trichophyton*، *Microsporum* و *Epidermophyton* ایجاد می شود. این بیماری به شدت مسری می باشد و از طریق تماس مستقیم یا از طریق مواد آلوده گسترش می یابد. این وضعیت بوسیله ی داروهای ضدقارچ از راه دهان (مثل گریسیوفولوین) یا به طور موضعی استفاده می شوند.

t. barbis
کرم حلقوی پوست، زیر ریش.

t. capitis
کرم حلقوی پوست سرکه در اثر آن بیماری کچلی به شدت گسترش می یابد.

t. pedis
به *athlete's foot* مراجعه کنید.

thyroid-stimulating hormone (TSH, thyrotrophin) n.
هورمونی که توسط بخش قدامی غده‌ی هیپوفیز تحت کنترل هورمون آزاد کننده‌ی تیروتروپین سنتز و ترشح شده و فعالیت غده‌ی تیروئید را تحریک می کند.

thyrotomy (th'y-rot-ŏmi) n.
جراحی برداشت غضروف تیروئید یا خود غده ی تیروئید.

thyrotoxicosis (th'y-roh-toks-i-koh-sis) n.
سندرم ناشی از مقادیر بیش از حد هورمون های تیروئید درون جریان خون که موجب تسریع در ضربان قلب، تعرق، رعشه، اضطراب، افزایش اشتها، فقدان وزن و عدم تحمل گرما می شود. علل آن شامل بیش فعالی ساده ی غده ی تیروئید، تومور ترشح کننده ی هورمون و بیماری گراویز (گواتراگزوفتالمیک) می شود که در آن علایم اضافی از قبیل تورم گردن (گواتر) و بیرون زدگی چشم ها (اگزوفتالموس می باشد).

-thyrotoxic adj.

thyrotrophin (th'y-roh-troh-fin) n.
به *throid-stimulating hormone* مراجعه کنید.

thyrotrophin-releasing hormone (TRH) n.
ماده ی شبه هورمون مربوط به هیپوتالاموس (درون مغز) که برروی غده ی تیروئید قدامی جهت تحریک آزادسازی هورمون محرک تیروئیدی فعالیت می کند.

thyroxine (th'y-roks-een) n.
به *thyroid hormone* مراجعه کنید.

tibia (tib-iă) n.
استخوان ساق پا. استخوان داخلی و بزرگتر (از نازک نی) در قسمت تحتانی پا. درشت نی از بالا با استخوان ران، از طرف پایین با استخوان قاپ و از جانب با استخوان نازک نی مفصل می شود.

tibialis (tib-i-ay-lis) n.
هر یک از دو عضله‌ی درون پا که از درشت نی تا استخوان‌های متاتارسال پا امتداد یافته است.

t. anterior
عضله ای که پا را به سمت داخل می چرخاند و انگشتان پا را به سمت عقب خم می کند.

t. posterior
عضله ای که موجب کشش انگشتان پا شده و پاها را بر می گرداند.

tibio-
پیشوند به معنی درشت نی.

تحملی که ممکن است بعد از مصرف یک دارو در طول یک دوره ی دراز مدت، گسترش یابد. در برخی از موارد دوزهای افزایش یافته جهت ایجاد آثار مورد نظر، ضروری می باشد. به *glucose tolerance test* و *immunological tolerance* هم مراجعه کنید.

tolnaftate (tol-naf-tayt) n.

داروی ضد عفونی کننده ای که به طور موضعی به عنوان کرم، پودر یا محلولی در درمان عفونت های قارچی پوست از قبیل (عفونت ناشی از) کرم های حلقوی استفاده می شود. نام های تجاری: *Tinactin* و *Tinaderm*.

-tome

پسوند به معنی یک ابزار قطع کننده، برش.

tomo-

پیشوند به معنی۱. قسمت یا قسمت ها. ۲. عمل جراحی.

tomography (tă-mog-răfi) n.

روش استفاده از اشعه ی X یا امواج ماوراء صوت جهت تولید تصویری از ساختارهایی درون عمق ویژه ای از بدن. ثبت بصری این روش توموگرام نامیده می شود. به *CT scanner* و *positron emission tomography* هم مراجعه کنید.

-tomy (-otomy)

پسوند به معنی جراحی برش یک ارگان یا بخش.

tone (tohn) n.

به *tonus* مراجعه کنید.

tongue (tung) n.

یک ارگان عضلانی که به کف دهان چسبیده است. زبان بوسیله ی غشای موکوسی و سطح آن توسط زوائد کوچکی (پاپیلا) پوشیده شده که ظاهری پرزدار را به زبان می دهد. زبان به توانایی جویدن و بلع غذا کمک می کند؛ زبان، ارگان اصلی چشایی است و نقش مهمی را در صحبت کردن متصل به هم ایفامی کند. نام آناتومیکی: *glossa*.

tonic (ton-ik)

۱. *adj*. *a*. مربوط به تون طبیعی یک عضله. *b*. مشخص شده بوسیله ی کشش مداوم (انقباض) مثل اسپاسم انقباضی یک عضله. ۲. یک ماده ی دارویی که جهت افزایش قدرت، سرزندگی و ایجاد احساس لذت بخشی مصرف می شود.

tonicity (toh-nis-iti) n.

۱. وضعیت طبیعی از انقباض اندک یا آمادگی جهت انقباض مربوط به فیبرهای سالم عضله. ۲. فشار اسموتیک مؤثر یک محلول. به *hypertonic*، *hypotonic* و *osmosis* مراجعه کنید.

آنتی بیوتیکی که در درمان سپتی سمی، عفونت های خارجی چشم و عفونت های قسمت تحتانی سیستم تنفسی، ادراری، پوست، شکم و سیستم عصبی مرکزی، استفاده می شود. این دارو از راه تزریق داخل وریدی یا تزریقات داخل عضلانی استفاده شده یا از طریق پماد یا محلول های چشمی به کار برده می شود. نام تجاری: *Nebcin, Tobralex*.

toco-

پیشوند به معنی زایمان.

tocography (tok-og-răfi) n.

اندازه گیری و ثبت نیرو و بسامد انقباضات رحمی در طول زایمان با استفاده از ابزاری که توکودینامومتر نامیده می شود.

tocopherol (tok-off-er-ol) n.

به *vitamin E* مراجعه کنید.

Todd's paralysis (Todd's palsy) (todz) n.

فلج زودگذر بخشی از بدن که قبلاً شامل غش حمله‌ای کانونی می‌شده است (به *epilepsy* مراجعه‌کنید). عقیده بر این است که این وضعیت در اثر بین رفتن سلول های قشر حرکتی مغز، می باشد.

[R. B.Todd (1809-60), پزشک انگلیسی]

tolazamide (tol-az-ă-myd) n.

دارویی که از طریق دهان در درمان دیابت های غیروابسته به انسولین استفاده می شود. نام تجاری: *Tolanase*. به *sulphonylurea* هم مراجعه کنید.

tolazoline (tol-az-oh-leen) n.

نوعی داروی گشاد کننده ی عروق که از طریق دهان برای درمان اختلالات عروق محیطی مثل وضعیت موجود در بیماری *Raynaud* استفاده می شود. نام تجاری: *Priscol*.

tolbutamide (tol-bew-tă-myd) n.

دارویی که از طریق دهان در درمان دیابت ملیتوس استفاده می شود. عقیده بر این است که این دارو به طور مستقیم بر روی پانکراس جهت تحریک تولید انسولین فعالیت می کند و خصوصاً این دارو در بیماران سالخورده ی مبتلاء به دیابت های خفیف مؤثر است. نام های تجاری: *Rastinon* و *Pramidex*.

tolerance (tol-er-ăns) n.

کاهش یا فقدان پاسخ طبیعی نسبت به ماده ای که معمولاً واکنشی در بدن را تحریک می کند.

drug t.

ترکیبی از توکسین که خصوصیات مضر آن توسط درمان شیمیایی از بین رفته است اما هنوز فعالیت آنتی ژنی خود را حفظ کرده است. توکسوئیدها در واکسن ها استفاده می شوند.

toxoid-antitoxin n.

ترکیبی از توکسوئید و آنتی توکسین که به عنوان یک واکسن جهت ایجاد فعالیت ایمنی استفاده می شود.

toxoplasmosis (toks-oh-plaz-moh-sis) n.

نوعی بیماری پستانداران و پرندگان،ناشی از پروتوزوآی *toxoplasm gondii* که ممکن است به انسان انتقال یابد. علایم عمومی آن اندک باشد ولی عفونت شدید گره های لنفاوی می تواند در بیمارانی که سیستم های ایمنی آن ها به خطر افتاده، ایجاد شود.

congenital t.

نوعی توکسوپلاسموز که در آن زن عفونی شده در طول دوره ی بارداری ارگانیسم را به جنین خود منتقل می کند. این وضعیت می تواند کوری و نقایص مغزی را در کودک ایجاد کند.

trabecula (tră-bek-yoo-lă) n. (pl. rabeulae)

۱. یکی از دسته جات بافتی که از بخش بیرونی یک ارگان به بخش درونی آن عبور کرده و آن را به دو اتاقک جدا از هم تقسیم می کند. ۲. نوعی تیغه ی نازکی از بافت استخوانی، درون استخوان اسفنجی.

-trabacular adj.

trabeculectomy (tră-bek-yoo-lek-tŏmi) n.

عملی برای پایین آوردن فشار داخل چشمی در آب سیاه که با دارو قابل کنترل نباشد.

trace element (trays) n.

عناصری که در مقادیر اندک برای عملکرد طبیعی بدن نیاز است. مثال هایی از این عناصر مس، کبالت و منگنز می باشند.

tracer (tray-ser) n.

ماده ای که وارد بدن شده و متعاقباً پیشرفت آن طوری که اطلاعاتی درباره ی فرآیندهای متابولیکی بدن بدست آید، دنبال می شود. ردیاب های رادیواکتیو برای اهداف مختلفی از قبیل بررسی بیماری های تیروئیدی یا تومورهای میسر مغزی، استفاده می شوند.

trache- (tracheo-)

پیشوند به معنی تراشه.

trachea (tray-kiă) n.

نای؛ بخشی از مجرای هوایی بین حنجره و نایژه اصلی.

-tracheal tugging n.

فیبرهای کوتاهی از جنس پارچه‌ی کتان، کنف یا جوت که در پنبه های پاک کننده‌ی زخم، لحافک زخم و برای اهداف دیگر استفاده می شود.

tox- (toxi-toxo-toxic (o)-)

پسوند به معنی۱. سمی، توکسیک. ۲. توکسین ها یا مسمومیت.

toxaemia (toks-eem-iă) n.

مسمومیت خونی که از طریق توکسین هایی که توسط رشد در یک ناحیه ی موضعی از عفونت ایجاد می شود. با *septicaemia* و *pyaemia sapraemia* مقایسه کنید.

toxic (toks-ik) adj.

داشتن یک اثر سمی؛ بالقوه کشنده.

toxicity (toks-iss-iti) n.

درجه ای از سمی بودن یک ماده.

toxicology (toks-i-kol-ŏji) n.

مطالعه ی مواد سمی و آثارشان برروی ارگانیسم های زنده.

-toxicologist n.

toxicosis (toks-i-koh-sis) n.

آثار زیان آور یک سم؛ مسمومیت.

toxic shock syndrome n.

وضعیتی از شوک حاد در یک زن ناشی از سپتی سمی. شایع ترین دلیل آن یک جسم خارجی باقی مانده (مثل تامپون یا *IUCD*) به همراه حضور باکتری های استافیلوکوکوس است. در صورتی که در این وضعیت درمان پیشرونده ای با آنتی بیوتیک ها (مثل پنی سیلین یا سفالوسپورین) و مراقبت های حمایتی (از قبیل جایگزین کردن مایعات و الکترولیت ها) صورت نگیرد، تحدید کننده ی حیات می باشد.

toxin (toks-in) n.

سمی که بوسیله ی یک ارگانیسم زنده به خصوص بوسیله ی باکتری تولید می شود (به *endotoxin* و *exotoxin* مراجعه کنید). درون بدن توکسین ها به عنوان آنتی ژن عمل می کنند (به *antitoxin* مراجعه کنید).

toxocariasis (visceral larva migrans) (toks-oh-kair-I-ă-sis) n.

هجوم توسط لارو کرم های مدور سگ و گربه، *Toxocara canis* و *T. cati*. این وضعیت از طریق بزرگ شدن کبد، پنمونیت، تب، دردهای مفصلی و عضله ای، استفراغ، بثورات سوزش آور و تشنج تشخیص داده می شود.

toxoid (toks-oid) n.

(در بیولوژی سلول) تولید پروتئین هایی درون سلول که در ریبوزوم ها رخ می دهد. به *massenger RNA* و *transfer RNA* مراجعه کنید.

translocation (tranz-loh-kay-shŏn) n.
(در ژنتیک) نوعی موتاسیون کروموزوم که در آن بخشی از کروموزوم به بخش دیگری از همان کروموزوم یا کروموزوم متفاوت انتقال می یابد. این وضعیت موجب اختلالات جدی ژنتیکی مثل لوسمی میلوئید مزمن می باشد.

translumbar (tranz-lum-ber) adj.
از طریق ناحیه ی کمری؛ توصیف مسیر تزریق به درون آئورت جهت آئورت گرافی.

transmigration (tranz-my-gray-shŏn) n.
عمل عبور کردن از طریق یا در عرض، مثل عبور سلول های خونی از طریق دیواره ی سالم مویبرگ ها و وریدهای کوچک (به *diapedesis* مراجعه کنید).

transplacental (trans-plă-sen-t'l) adj.
در عرض جفت؛ توصیف حمل موادی بین مادر و جنین.

transplantation (trans-plahn-tay-shŏn) n.
پیوند ارگان یا بافتی از یک بخش بدن به بخش دیگر مثل پیوند پوست یا استخوان، یا از یک شخصی به شخص دیگر مثل پیوند کلیه یا قلب. پیوند زدن ارگان ها یا بافت ها بین اشخاص به دلیل فرایندهای طبیعی رد پیوند در فرد گیرنده، روش مشکلی است. درمان های خاصی (مثل مصرف داروهای سرکوب کننده ی سیستم ایمنی) برای جلوگیری از رد پیوند ضروری است.

transposition (trans-pŏ-zish-ŏn) n.
قرارگیری غیرطبیعی بخشی از بدن طوری که در جهت معکوس موقعیت طبیعی خود قرار می گیرد.

t.of the great vessels
نقص مادرزادی قلب که در آن آئورت از بطن راست و سرخرگ ریوی از بطن چپ نشأت می گیرد.

transsexualism (tranz-seks-yoo-ăl-izm) n.
وضعیتی از شخص که به طور قوی بر این اعتقاد است که جنس وی متعلق به جنس بیولوژیکی مخالف خود است. گاهی اوقات در بالغین جراحی تغییر جنسیت ، جهت تأیید ایجاد ویژگی های خارجی بدن نسبت به ظاهر شخص، قابل توجیه است.

-transsexual adj n.

transcription (tran-skrip-shŏn) n.
فرآیندی که در آن اطلاعات موجود در کدهای ژنتیکی از *DNA* به *RNA* انتقال می یابد. این مرحله اولین گام تولید پروتئین در سلول ها است. به *massenger RNA* و *translation* مراجعه کنید.

transection (tran-sek-shŏn) n.
۱. برش عرضی قطعه ای از بافت ۲. برش در عرض بافتی از یک ارگان (به *section* هم مراجعه کنید).

transfrase (trans-fer-ayz) n.
آنزیمی که انتقال گروهی را (به جز هیدروژن) بین یک جفت زیرلایه، کاتالیز می کند.

transference (trans-fer-ĕns) n.
(در روان کاوی) فرآیندی که از طریق آن بیمار، تراپیست را به عنوان کسی که قبلاً در زندگی او بوده، به خصوص یکی از والدین خود احساس می کند. احساسات این گونه بیماران ممکن است عشق یا تنفر باشد.

transferin (siderophilin) (trans-fer-in) n.
نوعی گلیکوپروتئین موجود در پلاسمای خون که به عنوان حاملی برای آهن در جریان خون عمل می کند.

transfer RNA (trans-fer) n.
نوعی *RNA* که عملکرد آن متصل‌کردن آمینواسید به زنجیره ی پروتئینی است که در ریبوزوم سنتز می شود. به *translation* هم مراجعه کنید.

transfusion (trans-few-zhŏn) n.
۱. تزریق حجمی از خون گرفته شده از یک شخص سالم به گردش خون بیماری که خون وی در کمیت و کیفیت، در اثر (حادثه ی) تصادف یا بیماری نقص دارد. این امکان فراهم می شود که خون بیمار تحت اثر جاذبه از طریق نیدلی که به درون یکی از وریدهای بیمار وارد شده است، تزریق شود. انتقال خون یک امر عادی در طول عمل های جراحی عمده است که در آن حجم زیادی از خون از دست رفته است. ۲. استفاده از هر نوع مایعی مثل پلاسما یا محلول سالین به درون ورید بیمار به روش چکاندن.

transillumination (tranz-i-loo-mi-nay-shŏn) n.
روش تاباندن نور روشنی به بخشی از بدن جهت معاینه ی ساختار آن. نورافشانی کردن سینوس های پارانازال روشی برای کشف ناهنجاری ها می باشد.

translation (tranz-lay-shŏn) n.

دارویی که در درمان آکنه ی ولگاریس استفاده می شود. این دارو به طور موضعی از طریق کرم، ژل یا مایع استفاده می شود. نام تجاری: *Retin-A*.

triad (tray-ad) n.

(در پزشکی) گروهی از سه ساختار واحد یا نزدیک به هم یا سه نشانه و یا آثاری که با هم رخ می دهند.

triamcinolone (try-am-sin-ŏ-lohn) n.

نوعی هورمون مرکب و کورتیکواستروئیدی با استفاده های مشابه کورتیزون که التهاب را کاهش داده. ولی موجب احتباس آب و نمک نمی شود. این هورمون از طریق دهان مصرف می‌شود. نام های تجاری: *Adcortryl* و *Ledercort*.

triamterene (try-am-ter-een) n.

دیورتیکی که موجب از دست رفتن سدیم و کلرید از کلیه ها شده و از طریق دهان در درمان اشکال مختلفی از احتباس مایعات (ادم) استفاده می شود. نام تجاری: *Dytac*.

triangle (try-ang-ŭl) n.

(در آناتومی) ساختار یا ناحیه ی سه پهلو، برای مثال مثلث فمورال.

triangular bandage (try-ang-yoo-ler) n.

قطعه ای از یک ماده که به شکل مثلثی بریده یا تاه خورده می شود و برای طناب بازویی یا حفظ پانسمان در موقعیت خود استفاده می شود.

triaziquone (try-az-i-kwohn) n.

دارویی که در درمان انواع مختلفی از سرطان ها استفاده شده و از طریق دهان، تزریق یا مستقیماً به درون تومور استفاده مصرف می شود . این دارو برروی بافت های زنده خصوصاً استخوان عملکردهای توکسیکی دارد. نام تجاری: *Trenimon*.

triazolam (try-az-oh-lam) n.

دارویی که از طریق دهان برای درمان کوتاه مدت بی خوابی به همراه به سختی به خواب رفتن، بیدار شدن مکرر از خواب یا صبح زود بیدار شدن، استفاده می شود. نام تجاری: *Halcion*.

triceps (try-seps) n.

عضله ای با خاستگاه سه سر.

t. brachii

عضله ای که در پشت قسمت فوقانی بازو واقع شده است و برای دراز کردن ساعد منقبض می شود. این عضله عمل متقابل عضله ی براکیال را دارد.

- یک ویژگی از مکانیسم طبیعی، جهت حفظ وضعیت. این وضعیت ممکن است بیشتر در حالت های اضطراب و خستگی ظاهر شود.

trench foot (immersion foot) (trench) n.

سیاه شدن انگشتان و پوست پا، ناشی از مرگ بافت های سطحی. این وضعیت از طریق شناور بودن طولانی مدت عضو در آب سرد رخ می دهد.

trendelenburg's position : (tren- del- ĕn-burg) n.

حالت خاصی از تخت عمل، برای بیمارانی که برروی آن ها عمل جراحی لگن صورت گرفته، یا برای بیمارانی که از شوک رنج می برند. بیماران، کمر و لگن خود را بالاتر از سر خود با شیب تقریباً ۴۵ درجه ای قرار می دهند. به *position* مراجعه کنید.

[F.Trendelenburg (1844-1924), جراح آلمانی]

Trendelenburg operation n.

مسدود کردن ورید صافن بلند در کشاله ی ران که جهت برداشت بخش های ضعیف شده ی وریدهای واریس انجام می شود.

Trendelenburg's sign n.

علامتی که نشان دهنده ی دررفتگی مادر زادی استخوان لگن است. زمانی که بیمار روی پای تحت تأثیر قرارگرفته به همراه دیگر پای خمیده ی خود می ایستد، لگن روی سمت پای خم شده پایین تر است.

trephine (trif-een) n.

نوعی از ابزار جراحی که برای برداشت ناحیه ی مدوری از بافت، معمولاً (برداشت) از قرنیه ی چشم یا استخوان، استفاده می شود.

treponema (trep-ŏ-nee-mă) n.

تیره ای از باکتری های مارپیچی و بی هوازی. تمام گونه های این باکتری انگل می باشند؛ برخی از آن ها موجب بیماریی هایی از قبیل *T. careteum* (پینتا) و *T. pallidum* (سیفلیس)، *T. pertenue* (یاز) و *T. vincentii* (التهاب لثه ی زخمی شده) می شود.

treponematosis (trep-ŏ-nee-mă-toh-sis) n.

نوعی عفونت که از طریق باکتری های مارپیچی تیره ی *Treponema* ایجاد می شود.

tretinoin (tre-tin-oh-in) n.

trimeprazine (try-mep-ră-zeen) n.
نوعی داروی آنتی هیستامین (مشتقی از فنوتیازین) که دارای ویژگی های تسکینی هم می باشد. این دارو از طریق دهان مصرف شده و عمدتاً در درمان خارش و به عنوان یک داروی قبل از عمل خصوصاً در کودکان، استفاده می گردد. نام تجاری: *vallergan*.

trimester (try-mest-er) n.
(در مامایی) هر یک از دوره های سه ماهه ی متوالی که در آن بارداری ممکن است تقسیم شود.

trimethoprim (try-meth-oh-prim) n.
دارویی ضدعفونی کننده ای که علیه ردیفی از ارگانیسم ها فعالیت می کند. این دارو عمدتاً در درمان عفونت های مزمن سیستم اداری و مالاریا استفاده شده و اغلب از طریق دهان در یک تدارک ترکیبی با سولفامتوکسازول استفاده می شود (به *co-trimoxazole* مراجعه کنید).

trimipramine (try-mip-ră-meen) n.
داروی ضدافسردگی سه گانه ای که دارای ویژگی های تسکینی نیز می باشد. این دارو از طریق دهان یا تزریق برای درمان افسردگی های روحی مزمن یا حاد استفاده می شود. نام تجاری: *Surmontil*

trinitrophenol (try-ny-troh-fee-nol) n.
به *picric acid* مراجعه کنید.

triploid (trip-loid) adj.
توصیف سلول ها، بافت ها یا اشخاصی که در آن ها سه مجموعه ی کامل کروموزومی وجود دارد. با *haploid* و *diploid* مقایسه کنید.

-triploid n.

triquetrum (triquetral bone) (try-kwee-trŭm) n.
استخوانی از مچ دست (به *carpus* مراجعه کنید). این استخوان از خلف با زند زیرین و با استخوان های نخودی، قلابی و هلالی در استخوان های مچ دست مفصل می شود.

trismus (triz-mŭs) n.
اسپاسم عضلات فک که فک ها را به طور محکم بسته نگه می دارد. این وضعیت شاخصی از علایم کزاز می باشد ولی از طریق استفاده ی بیش از اندازه از داروهای فنوتیازین و اختلالات گانگلیای بازال نیز رخ می دهد.

مسکن قوی به همراه کاربردها و آثار مشابه کلروپرومازین. نام های تجاری: *Stelazine* و *Terfluzine*.

trigeminal nerve (try-jen-in-ăl) n.
پنجمین و بزرگترین عصب جمجمه ای (V) که به اعصاب چشمی، آرواره ای تحتانی و آرواره ای فوقانی تقسیم می شود. فیبرهای حرکتی مسئول کنترل عضلاتی هستند که در جویدن درگیر می شوند در حالی که فیبرهای حسی اطلاعات را از جلوی سر و مننژها مخابره می کنند.

trigeminal neuralgia (tic douloureux) n.
به *neuralgia* مراجعه کنید.

trigeminy (try-jem-in-i) n.
وضعیتی که در آن ضربان قلب می تواند به سه گروه تقسیم شود. ضربان اول طبیعی می باشد ولی ضربان های دوم و سوم زودرس می باشند (به *ectopic beat* مراجعه کنید).

trigger finger (trig-er) n.
ناتوانی در دراز کردن یک انگشت در اثر ضخیم شدن نودول هایی در زردپی خم کننده یا باریک شدن غشای زردپی خم کننده. در شل کردن دست مشت شده، انگشت تحت تأثیر قرارگرفته ابتدا خمیدگی خود را نگه می دارد بعد به طور ناگهانی راست می شود.

triglyceride (try-glis-eryd) n.
نوعی لیپید یا چربی خنثی متشکل از گلیسرول که به همراه ۳ مولکول اسید چرب می باشد. تری‌گلیسریدها شکلی (از لیپید) هستند که چربی درون بدن ذخیره می شود.

trigone (try-gohn) n.
ناحیه ی مثلثی شکلی از یک بافت، مثل ناحیه ی مثلثی شکل مثانه که بین دو مجاری میزنای و پیشابراه قرار دارد.

trigonitis (try-goh-ny-tis) n.
التهاب تریگون (قاعده‌ی) مثانه‌ی ادراری. این وضعیت می‌تواند به عنوان بخشی از یک کیستیت تعمیم یافته یا می تواند در اثر التهاب پیشابراه، پروستات یاگردن رحم رخ دهد.

trigonocephaly (try-gŏ-noh-sef-ăli) n.
نوعی بدشکلی جمجمه که در آن طاق جمجمه درست در قدام گوش ها به شدت زوایه دار شده که ظاهر مثلث شکلی را به جمجمه می دهد.

-trigonocephalic (try-gŏ-noh-si-fal-ik) adj.

triiodothyronine (try-I-oh-doh-th'y-rŏ-neen) n.
به *thyroid hormone* مراجعه کنید.

بدنه؛ رگ اصلی یا دیگر ساختارهایی که از آن ها شاخه های فرعی نشأت می گیرد.

t. arteriosus

بدنه ی شریانی اصلی که از قلب جنینی نشأت می گیرد. این قسمت تا آئورت و سرخرگ ریوی گسترش می یابد.

trunk (trunk) n.

۱. به *truncus* مراجعه کنید. ۲. بدن به جز سر و اعضاء.

truss (trus) n.

وسیله ای که فشاری را برروی هرنیا جهت جلوگیری از برآمده شدن آن، اعمال می کند. این قسمت معمولاً از لایه ای که به کمربندی که زیر لباس متصل شده تشکیل شده است.

trypanocide (trip-an-ŏ-syd) n.

عاملی که تری پانوزوم ها را از بین می برد. کشنده های اصلی تری پانوزوم ها ترکیبات حاوی آرسنیک هستند.

Trypanosome (trip-ă-nŏ-soh-mă) n.

به *trypanosomiasis* مراجعه کنید.

trypanosomiasis (trip-ă-nŏ-sŏ-my-ă-sis) n.

هر نوع بیماریی که از طریق حضور انگل‌های پروتوزوآی تیره‌ی *Trypanosoma* ایجاد می شود. دو نوع ازمهم ترین بیماری ها، بیماری *Chagas* (*South American t.*) که از طریق *T. cruzi* ایجاد می شود و بیماری خواب (*African t.*) که از طریق *T. rhodesiense* یا *T. gambiense* ایجاد می شود، است.

tryparsamide (trip-ar-să-myd) n.

دارویی که در درمان تریپانوزومیازیس (بیماری خواب) استفاده می شود ومعمولاً از طریق تزریق مصرف می گردد، این دارو به درون مایع مغزی نخاعی نفوذ کرده و علیه ارگانیسم های عفونی به شدت فعال است. نام تجاری: *Tryparsam*.

trypsin (trip-sin) n.

آنزیمی که گوارش پروتئین ها را از طریق تجزیه ی پپتن ها به زنجیره های پپتیدی کوچکتر ادامه می دهد (به *peptidase* مراجعه کنید) این آنزیم از طریق پانکراس به شکل غیرفعال تریپسینوژن ترشح شده که درون دئودنوم به تریپسین از طریق فعالیت آنزیم انتروپپتیداز تبدیل می شود.

trypsinogen (trip-sin-ŏ-jin) n.

به *trypsin* مراجعه کنید.

tryptophan (trip-tŏ-fan) n.

آمینواسید ضروری. به *amino acid* نیز مراجعه کنید.

tsetse (tet-si) n.

نوعی حشره ی بزرگ، مکنده ی خون و مربوط به مناطق گرمسیری آفریقا، متعلق به تیره ی *Glossina*. مگس های تسه تسه انگل های خون را که موجب بیماری خواب *Trypanosoma gambiense* و *T. rhodesiense* می شوند را انتقال می دهد.

TSH n.

به *thyroid-stimulating hormone* مراجعه کنید.

tsutsugamushi disease (tsoo-tsoo-gă-moo-shi) n.

به *scrub typhus* مراجعه کنید.

tubal occlusion (tew-bal) n.

مسدود شدن لوله های فالوپ. این وضعیت از طریق جراحی تحت عنوان یک روش استریلازیسیون حاصل می شود. این وضعیت نتیجه ی بیماری التهابی لگن نیز می باشد.

tubal pregnancy (oviducal pregnancy) n.

به *ectopic pregnancy* مراجعه کنید.

tube (tewb) n.

(در آناتومی) ساختار استوانه ای شکل توخالی بلند.

tuber (tew-ber) n.

(در آناتومی) بخش ضخیم شده یا ورم کرده.

tubercle : (tew- ber- kăl) n.

۱.(در آناتومی) برآمدگی مدور وکوچکی روی یک استخوان.
۲. جراحت خاص متورم توبرکلوزیس.

tubercular (tew-ber-kew-ler) adj.

دارای تورم مدور وکوچک یا نودول ها که الزاماً از طریق توبرکلوز ایجاد نمی شود.

tuberculid (tew-ber-kew-lid) n.

زخمی دارای زائده های نوک تیز درون پوست، احتمالاً ناشی از واکنش آلرژیکی نسبت به عفونت توبرکلوزیس.

tuberculin (tew-ber-kew-lin) n.

پروتئینی که از کشت باسیل های توبرکل حاصل می شود و برای آزمایش این که آیا شخص از بیماری رنج می برد یا (سابقاً) در تماس با توبرکلوزیس قرارگرفته بوده (به *Mantoux test* مراجعه کنید).

tuberculoma (tew-ber-kew-loh-mă) n.

توده ی مواد پنیری شکل و مشابه یک تومور که در برخی موارد از توبرکلوزیس دیده می شود. این توده در مکان های مختلفی از جمله ریه و مغز یافت می شود.

وضعیت بعد از رویارویی یا حملات صرع، در الکلیسم و در حالت های گیجی ساختاری ایجاد می شود.

twins (twinz) n.

دو نفر که در زمان یکسان متولد می شوند و مربوط به یک والد هستند.

Fraternal (ordizygotic) t.

دو قلوهای حاصل از لقاح همزمان دو سلول؛ تخم ممکن است آن ها مربوط به دو جنس مخالف باشند و به بردار و خواهر خود شباهت چندانی نداشته باشند.

identical (or monozygotic) t.

دوقلوهای حاصل از لقاح یک سلول تکی تخم که بعداً جهت ایجاد دو جنین مجزا، تقسیم می شوند. آن ها مربوط به جنس مشابه هم هستند و از طرفی دیگر از لحاظ ژنتیکی برابراند. به *Siamese twins* هم مراجعه کنید.

tylosis (ty-loh-sis) n.

رشد پینه روی پوست (به *callosity* مراجعه کنید).

tympan- (tympano-)

پیشوند به معنی۱. پرده ی گوش. ۲. گوش میانی.

tympanic cavity (tim-pan-ik) n.

به *middle eare* مراجعه کنید.

tympanic memberane (eardrum) n.

غشایی در انتهای درونی مجرای گوش خارجی که گوش بیرونی و میانی را از هم جدا می کند. وقتی که امواج صوتی به پرده ی صماخ می رسد، می لرزد و این ارتعاشات را به استخوان چکشی انتقال می دهد.

tympanites (meteorism) (timp-ă -ny-teez) n.

تورم شکم بوسیله ی هوا یا گاز؛ در این حالت شکم طنین دار و ضربتی است. علل آن شامل انسداد روده ای، سندرم تحریک پذیر روده ای و هوا بلعی می باشد.

tympanitis (timp-ă -ny-tis) n.

التهاب گوش میانی. به *otitis* مراجعه کنید.

tympanoplasty (timp-ă -noh-plasti) n.

به *myringoplasty* مراجعه کنید.

tympanotomy (timp-ă -not-ŏmi) n.

به *myringotomy* مراجعه کنید.

tympanum (timp-ă -nŭm) n.

گوش میانی (حفره‌ی تمپان) و یا پرده ی گوش (غشای تمپان).

typhlitis (tif-ly-tis) n.

التهاب روده ی کور.

هرگونه تورم غیرطبیعی در بخشی از بدن. این واژه معمولاً برای رشد غیرطبیعی یک بافت که ممکن است خوش خیم یا بدخیم باشد به کاربرده می شود. با *cyst* مقایسه کنید.

tunica (tew-nik-ă) n.

پوشش یا لایه ای از یک ارگان یا بخش، برای مثال لایه ای از دیواره ی یک رگ خونی (به *intima* ،*adventitia* و *media* مراجعه کنید).

tunnel (tun-ĕl) n.

(در آناتومی) کانال یا یک مجرای توخالی.

TUR (transurethral resection) n.

به *resection* مراجعه کنید.

turbinate bone (ter-bin-ayt) n.

به *nasal concha* مراجعه کنید.

turbinectomy (ter-bin-ek-tŏmi) n.

جراحی برداشت یکی از استخوان های توربینات.

turgesscence (ter-jes-ĕns) n.

تورم یا فرآیندی که از طریق آن تورمی درون بافت ها ، معمولاً از طریق تجمع خون یا دیگر مایعات تحت فشار، نشأت می گیرد.

turgid (ter-jid) adj.

ورم کرده و احتقان شده، خصوصاً بوسیله ی خون.

turgor (ter-ger) n.

حالتی از ورم کردن یا بسط پیدا کردن.

Turner’s syndrome (ter-nerz) n.

نوعی نقص ژنتیکی در زنان که در آن تنها یک کروموزم X به جای دو کروموزوم معمولی وجود دارد. زنان تحت تأثیر قرارگرفته نابارور هستند؛ این زنان اندام های تناسلی خارجی زنانه دارند ولی فاقد تخمدان هستند. نوعاً این زنان کوتاه (قد)، عقب افتاده ی ذهنی و گردن پوسته پوسته مانندی دارند.

[H. H.Turner (1892-1970), متخصص غدد مترشحه‌ی داخلی]

turricephaly (tu-ri-sef-ăli) n.

به *oxycephaly* مراجعه کنید.

tussis (tus-iss) n.

به *coughing* مراجعه کنید.

twilight state (twy-lyt) n.

وضعیتی از اختلال هوشیاری که در آن شخص هنوز برخی فعالیت های طبیعی را انجام می دهد ولی در آگاهی معیوب می باشد و حافظه ای از آن چه که انجام داده، ندارد. این

پوست - به علت در معرض زیاد قرارگرفتن - و سوختگی می شود.

umbilical cord (um-bil-ikal) n.
مسیر بافت اتصال دهنده ی جنین به جفت. طناب نافی دارای دو سرخرگ که خون را به جفت انتقال داده و یک سیاهرگ که آن را به جنین بر می گردانند، می باشد.

umblicated (um-bil-i-kayt-id) adj.
داشتن فرورفتگی نافی شکل.

umbilicus (omphalus) (um-bil-ikus) n.
ناف؛ فرورفتگی مدوری در مرکز شکم که نشان دهنده ی محل اتصال طناب نافی در جنین می باشد.

-umbilical adj.

umbo-(um-boh) n.
برآمدگی مرکز یک سطح مدور خصوصاً برآمدگی سطح درونی پرده ی گوش که به آن استخوان چکشی متصل می شود.

unciform bone (un-si-form) n.
به *hamate bone* مراجعه کنید.

uncinate fits (un-sin-ayt) pl. n.
نوعی از صرع لب گیجگاهی که در آن خطاهای حس چشایی و بویایی و حرکات نامتناسب جویدن از ویژگی های برجسته ی آن می باشد.

unconscious (un-kon-shus) adj.
۱. در حالت بی هوشی. ۲. (در روان کاوی) به معنی بخشی از ذهن که شامل حافظه، غریزه و خیالاتی که قابل دسترس به آگاهی نیستند و بدون غلبه بر مقاومت نمی تواند هوشیاری را ایجاد نمایند. با *subconscious* مقایسه کنید.

unconsciousness (un-kon-shus-nis) n.
وضعیت ناآگاهی از وجود افراد در محیط پیرامون خود مثل وضعیتی که در خواب حاکم است یا عدم پاسخ به محرک. یک وضعیت غیرطبیعی ناهوشیاری ممکن است از طریق فاکتورهایی که فعالیت مغز را کاهش می دهند مثل فقدان اکسیژن یا تنفس ایجاد شود یا ممکن است عمداً در طول بی هوشی های عمومی صورت گیرد. به *coma* نیز مراجعه کنید.

uncus (unk-us) n.
هرگونه ساختار قلابی شکل، به خصوص برآمدگی سطح تحتانی نیم کره ی مغزی.

پیشوند به معنی۱. ماورای. ۲. یک درجه‌ی شدید (مثل اندازه‌ی بزرگ یا کوچک).

ultrafiltration (ultra-fil-tray-shon) n.
فیلتراسیون تحت فشار. در کلیه خون در معرض اولترافیلتراسیون جهت برداشت مواد زائد قرار می گیرد که برای تشکیل ادرار، پیش می رود.

ultramicroscopic (ultra-my-kro-skop-ik) adj.
بسیار کوچک جهت دیده شدن بوسیله ی نورهای عادی میکروسکوپ.

ultrasonic (ultra-sonn-iks) n.
مطالعه‌ی کاربردها و ویژگی های (امواج) ماورای صوت.
-ultrasonic adj.

ultrasonography (ultra-sonn-og-rafi) n.
استفاده از امواج ماورای صوت بالاتر از ۳۰۰۰۰ هرتز جهت تولید ساختارهای طبیعی درون بدن. یک پرتو کنترل شده به درون بدن هدایت شده و اکوهای اصوات بازتاب شده جهت تشکیل تصویر اولتراسونیک مربوط به ساختارهای مختلف بدن، استفاده می شود. کاربردهای آن شامل تشخیص بارداری و شرایط غیرطبیعی همراه آن و شناسایی ناهنجاری های جنینی می باشد.

ultrasonotomography echotomography (ultra-sonn-oh-to-mog-rafi) n.
استفاده از امواج ماورای صوت جهت معاینه ی ساختارهای درونی بدن از طریق تولید تصاویر از انعکاسات حاصله از اعماق متفاوت (بدن).

ultrasound (ultrasonie waves) (ul-tra-sownd) n.
امواج صوتی به شدت پرفرکانس (بالاتر از ۲۰۰۰۰ هرتز) که برای انسان قابل شنیدن نیست. امواج ماورای صوت می توانند جهت معاینه ی ساختارهای درونی بدن استفاده شوند (به *ultrasonography* مراجعه کنید). آثار ارتعاشی امواج ماورای صوت می توانند جهت درمان اختلالات متفاوتی از بافت های عمیق و شکستن سنگهای کلیه استفاده شوند. به اکوگرافی هم مراجعه کنید.

ultraviolet rays (ultra-vy-o-lit) pl. n.
پرتوی غیرقابل دیدن در بدن با طول موج کوتاه. نورخورشید دارای پرتوهای ماوراء بنفش است که موجب قهوه ای شدن

محصول اصلی تجزیه ی متابولیسم پروتئین. اوره شکلی از یک ماده‌ی شیمیایی است که در آن نیتروژن غیرضروری بوسیله‌ی بدن در ادرار دفع می شود. اوره در کبد از آمونیاک و کربن دی اکسید تشکیل می شود.

urease (yoor-i-ayz) n.
آنزیمی که هیدرولیز اوره به آمونیاک و کربن دی اکسید را، کاتالیز می کند.

urecchysis (yoor-ek-i-sis) n.
خروج اوریک اسید از خون به درون فضاهای بافت پیوندی.

uresis (yoor-ee-sis) n.
به *urination* مراجعه کنید.

ureter (yoor-ee-ter) n.
یکی از دو لوله ی به طول ۳۰ـ۲۵ سانتی متری که ادرار را از لگنچه ی کلیه ها به مثانه هدایت می کند.
-uretral, uretric (yoor-i-te-rik) adj.

ureter- (uretero-)
پیشوند به معنی میزنای (ها).

ureterectomy (yoor-i-ter-ek-tŏmi) n.
جراحی برداشت یک میزنای. این جراحی معمولاً شامل برداشت کلیه ی همراه آن نیز می باشد (به *nephroureterctomy* مراجعه کنید).

ureteritis (yoor-i-ter-I-tis) n.
التهاب میزنای. این وضعیت معمولاً در ارتباط با کیستیت، خصوصاً در صورتی که از طریق رفلکس وزیکواورتریک ایجاد شود، رخ می دهد.

ureterocele (yoor-ee-ter-oh-seel) n.
تورم کیستیک دیواره ی میزنای در نقطه ای که این قسمت به درون مثانه عبور می کند. این وضعیت در اثر تنگ شدن مجرای میزنای رخ می دهد و ممکن است موجب زهکشی معیوب کلیه به همراه اتساع میزنای و هیدرونفروزیس ایجاد شود.

ureteroenterostomy (yoor-ee-ter-oh-en-ter-ost-ŏmi) n.
نوعی ارتباط مصنوعی که از طریق جراحی بین میزنای و روده صورت می گیرد. به *ureterosigmoidostomy* نیز مراجعه کنید.

ureterolysis (yoor-i-ter-ol-i-sis) n.
عملی جهت آزادکردن یک یا هر دو میزنای از بافت های فیبروز اطراف خود که باعث انسداد شده اند.

ureterolith (yoor-ee-ter-oh-lith) n.
سنگی درون میزنای. به *calculus* و *ureterolithotomy* مراجعه کنید.

ureterolithotomy (yoor-ee-ter-oh-lith-ot-ŏmi) n.
جراحی برداشت سنگ از میزنای. در صورتی که سنگ بخش تحتانی میزنای را اشغال کرده باشد ممکن است از طریق سیستوسکوپی دفع شود، بنابراین از جراحی بازکردن آن جلوگیری به عمل می آید.

ureteroneocystostomy (yoor-ee-ter-oh-nee-oh-sist-ost-ŏmi) n.
جراحی کاشت مجدد یک میزنای به درون کلیه. این عمل به طور متداول جهت درمان رفلکس وزیکواورتریک صورت می گیرد.

ureteronephrectomy (yoor-ee-ter-oh-ni-frek-tŏmi) n.
به *nephroureterectomy* مراجعه کنید.

ureteroplasty (yoor-ee-ter-oh-plasti) n.
جراحی دوباره سازی میزنای با استفاده ی بخشی از روده یا یک لوله ی مثانه.

ureteropyelonephritis (yoor-ee-ter-oh-py-ĕ-loh-ni-fry-tis) n.
التهابی که هم میزنای و هم لگنچه ی کلیه را درگیر می کند. (به *ureteritis* و *pyelitis* مراجعه کنید).

ureteroscope (yoor-ee-ter-ŏ-skokp) n.
ابزاری محکم و انعطاف پذیر که می تواند به درون میزنای وارد شود و به طرف لگنچه ی کلیه بالا آید. معمولاً میزنای نیاز به اتساع، قبل از استفاده از این ابزار دارد. اورتروسکوپ به طور شایع جهت متصور ساختن سنگ در میزنای و برداشت آن تحت بینایی مستقیم و به همراه یک محفظه ی سنگ یا انبرک صورت می گیرد. سنگهای بزرگتر می توان از طریق امواج ماوراءصوت یا کاوشگر خردکننده ی سنگ الکتروهیدرولیک که از طریق این وسیله عبور می کند، خرد شوند.

ureteroscopy (yoor-i-ter-ŏs-kŏ-pi) n.
بررسی لومن میزنای با اوتروسکوپ.

ureterosigmoidostomy (yoor-ee-ter-oh-sig-moid-ost-ŏmi) n.
جراحی کاشت میزنای به درون کولون سیگموئید. روش انحراف دائمی مسیر ادرار ممکن است بعد از سیستکتومی یا

نوعی اسید ساختمانی حاوی نیتروژنی که محصول نهایی متابولیسم اوریک اسید می باشد و جزئی از ادرار است. کریستال های اوریک اسید درون مفاصل افرادی که از بیماری نقرس رنج می برند، رسوب می کند.

uricosuric drug (yoor-i-koh-sewr-ik) n.

دارویی مثل پیرازون که میزان اوریک اسید دفع شده از ادرار را افزایش می دهد. این نوع داروها برای درمان بیماری نقرس و دیگر بیماری هایی که در آن اوریک اسید خون افزایش یافته استفاده می شود.

uridrosis (yoor-i-droh-sis) n.

حضور مقادیر بیش از حد اوره در عرق؛ زمانی که عرق خشک می شود رسوبات پوسته پوسته ای سفیدرنگی از اوره ممکن است بر روی پوست باقی بماند.

urin- (urino-, uro-)

پیشوند به معنی ادرار یا سیستم ادراری.

urinalysis (yoor-in-al-i-sis) n.

تجزیه ی ادرار با استفاده از آزمایشات فیزیکی، شیمیایی و میکروسکوپی جهت تعیین نسبت اجزاء طبیعی آن و برای نمایان ساختن الکل، داروها، قند یا دیگر اجزاء غیرطبیعی.

urinary bladder (yoor-in-er-i) n.

به *bladder* مراجعه کنید.

urinary tract n.

سیستم کامل مجاری و کانال ها که ادرار را از کلیه ها به بیرون هدایت می کند. این سیستم شامل میزنای، مثانه و پیشابراه می باشد.

urination (micturition) (yoor-in-ay-shŏn) n.

خروج دوره ای ادرار از مثانه توسط پیشابراه.

urine (yoor-in) n.

مایعی دفع شده از کلیه که حاوی بسیاری از محصولات زائد بدن است. ادرار یک جریان مهمی است که از طریق آن محصولات نهایی متابولیسم نیتروژن (اوره، اوریک اسید و کراتینین) دفع می شوند. جزء دیگر مهم آن کلرید سدیم می باشد. تجزیه های بیوشیمیایی ادرار عمدتاً در تشخیص بیماری ها استفاده می شوند. آنالیز ایمونولوژیکی ادرار پایه ی بیشتر آزمایشات بارداری است.

uriniferous tubule (yoor-in-if-er-ŭs) n.

به *renal (tubal)* مراجعه کنید.

urinogenital (urogenital) (yoor-in-oh-jen-it'l) adj.

مربوط به ارگان ها یا بافت هایی که در ارتباط با دفع و تولید مثل هستند.

urinometer (yoor-in-om-it-er) n.

چگالی سنجی که برای اندازه گیری وزن مخصوص ادرار استفاده می شود.

urobilin (yoor-oh-by-lin) n.

به *urobilinogen* مراجعه کنید.

urobilinogen (yoor-oh-by-lin-ŏ-jin) n.

محصول بی رنگی از کاهش رنگدانه ی صفراوی بیلی روبین. این ماده از بیلی روبین درون روده توسط فعالیت باکتریایی، ساخته می شود. بخشی از آن بازجذب شده و به کبد برمی گردد و بخشی از آن دفع می شود. زمانی که در معرض هوا قرار می گیرد، اوروبیلی نوژن به رنگدانه ی قهوه ای رنگ اوروبیلین اکسید می شود.

urocele (yoor-oh-seel) n.

ورم کیستی شکلی در کیسه ی بیضه که حاوی ادرار است و از پیشابراه خارج می شود. این وضعیت ممکن است به دنبال جراحت پیشابراهی ایجاد شود.

urochesia (yoor-oh-kee-ziă) n.

عبور ادرار از طریق رکتوم. این وضعیت ممکن است ناشی از آسیبی باشد که شامل قسمت تحتانی سیستم ادراری و روده می شود.

urochrome (yoor-oh-krohm) n.

رنگدانه ای که مسئول رنگ ادرار است.

urodynamics (yoor-oh-dy-nam-iks) n.

ثبت فشار درون مثانه با استفاده از وسیله ی خاصی که می تواند فشارهای اسفنگتر پیشابراه را نیز ثبت کند. این کار یک بررسی ضروری در مطالعه ی بی اختیاری ادراری می باشد.

urogenital (yoor-oh-jen-it'l) adj.

به *urinogenital* مراجعه کنید.

urography (yoor-og-răfi) n.

معاینه‌ی اشعه‌ی X بخشی از سیستم ادراری. به *pyelography* نیز مراجعه کنید.

urokinase (yoor-oh-ky-nayz) n.

آنزیم تولید شده توسط کلیه که سیستمی را که شامل حل کردن لخته های خونی هستند فعال می کند. این آنزیم برای درمان آمبولیسم ریوی نیز استفاده می شده است.

urolith (yoor-oh-lith) n.

سنگی درون سیستم ادراری. به *calcuius* مراجعه کنید.

-*vaginal adj.*

vaginismus (vaj-i-niz-mŭs) n.
انقباض دردناک و ناگهانی عضلات اطراف مهبل، معمولاً در پاسخ به لمس شدن مهبل یا فرج. این وضعیت ممکن است در اثر ترس یا بیزاری از مقاربت جنسی باشد؛ دیگر فاکتورهای سبب ساز این وضعیت شامل ضربه به مهبل و خشکی غشای پوشاننده ی مهبل می شود. به *dyspareunia* هم مراجعه کنید.

vaginitis (vaj-i-ny-tis) n.
التهاب مهبل که ممکن است از طریق عفونت (عمدتاً با *Trichomonas vaginalis*)، نقص در رژیم غذایی یا بهداشت ضعیف ایجاد شود. اغلب خارش (به *pruritis* مراجعه کنید)، افزایش ترشحات مهبلی و درد در خروج ادرار وجود دارد.

postmenopausal (or atropic) v.
التهاب واژنی که از طریق کاهش هورمون های زنانه ایجاد می شود.

vaginoplasty (colpoplasty) (vă-jy-noh-plasti) n.
عمل پیوند بافت بر روی مهبل.

vaginoscope (vaj-in-oh-skohp) n.
به *colposcope* مراجعه کنید.

vago-
پیشوند به معنی عصب واگ.

vagotomy (vag-ot-ŏmi) n.
جراحی قطع کردن هر شاخه ای از عصب واگ. این عمل معمولاً جهت کاهش ترشح اسید و پپسین توسط معده به منظور درمان زخم معده انجام می شود.

vagus nerve (vay-gŭs) n.
دهمین عصب جمجمه ای (*X*) که فیبرهای عصبی حرکتی را به عضلات مربوط به بلعیدن و فیبرهای پاراسمپاتیک را به قلب و ارگان های درون حفره ی سینه و شکم، عصب رسانی می کند. شاخه های حسی ایمپالس هایی را از احشاء و حس چشایی مربوط به دهان حمل می کند.

valgus (val-gŭs) adj.
توصیف هر نوع بدشکلی که دست یا پا را از خط میانی جابه جا می‌کند. به *talipes* و *knock-hnee (genu valgum)* مراجعه کنید.

تلقیح، به عنوان یک روش ایمنی سازی علیه هر نوع بیماری استفاده می شود. واکسن معمولاً از طریق تزریق استفاده می شود ولی ممکن است از طریق خراش کوچکی که برروی پوست ایجاد می شود، نیز وارد شود؛ برای برخی از بیماری ها، واکسن های خوراکی در دست رس است.

vaccine (vak-seen) n.
ترکیب خاصی از یک ماده ی آنتی ژنی که می تواند جهت تحریک رشد آنتی بادی ها و از این رو ایجاد فعالیت ایمنی علیه یک بیماری خاص یا تعدادی از بیماری های استفاده شود. بسیاری از واکسن ها از طریق کشت باکتری ها یا ویروس ها تحت شرایطی که منجر به از دست رفتن خاصیت واگیری (به غیر از طبیعت آنتی بیوتیک) می شود، واکسن های دیگر به طور اختصاصی از توکسین های درمانی (توکسوئیدها) یا باکتری های مرده ای که هنوز آنتی ژنیک هستند، تشکیل می شوند. به *immunization* مراجعه کنید.

vaccinia (vak-sin-iă) n.
به *cowpox* مراجعه کنید.

vaccinotherapy (vak-sin-oh-th'e-ră-pi) n.
درمان بیماری با استفاده از واکسن ها.

vacuole (vak-yoo-ohl) n.
فضایی درون سیتوپلاسم سلول، متشکل از پیچ خوردگی غشای سلولی که حاوی موادی است که به درون آن از طریق سلول وارد می شود.

vacuum extractor (ventouse) (vak-yoo-ŭm) n.
وسیله ای برای کمک به زایمان جنین. این ابزار از یک فنجان مکشی تشکیل شده که به سر جنین متصل می شود و بعد به طور محکم به بیرون کشیده می گردد. این وسیله به طور گسترده استفاده می شده است ولی به عنوان جایگزینی برای انبرک های مامایی پذیرفته نمی شود.

vagal (vay-găl) adj.
مربوط به عصب واگ.

vagin- (vagino-)
پیشوند به معنی مهبل.

vagina (vă-jy-nă) n.
بخش تحتانی سیستم تناسلی جنس مؤنث. یک مجرای عضلانی پوشیده شده از غشای موکوسی که گردن رحم را به بیرون متصل می کند. مهبل آلت تناسلی مذکر نعوظ یافته را در طول مقاربت جنسی دریافت می کند.

vascularization (vas-kew-ler-I-zay-shŏn) n.
گسترش عروق خونی (معمولاً مویرگ ها) درون یک بافت.

vasculitis (vas-kew-ly-tis) n.
به *angiitis* مراجعه کنید.

vas deferens (vas def-er-ĕnz) n. (pl. vasa deferentia)
یکی از دو مجرایی که اسپرماتوزوآ را از اپیدیدیم به پیشابراه در هنگام انزال، هدایت می کند.

vasectomy (vă-sek-tŏmi) n.
عمل جراحی جداکردن مجاری دفران. وازکتومی دو جانبه موجب ناباروری می شود و به طور فزآیندی یک روش کنترل تولد است.

vaso-
به -*vas* مراجعه کنید.

vasoactive (vay-zoh-ak-tiv) adj.
تحت تأثیر ضخامت عروق خونی، به خصوص شریان ها. مثال هایی از عوامل وازواکتیو، هیجانات، فشار، کربن دی اکسید و دما می باشد.

vasoconstriction (vay-zoh-kŏn-strik-shŏn) n.
کاهش در ضخامت عروق خونی، به خصوص شریان ها.

vasoconstrictor (vay-zoh-kŏn-stik-ter) n.
عاملی (داروهایی) که موجب تنگ شدن عروق خونی و از این رو موجب کاهش در جریان خون می شود. مثال هایی از آن متوکسامین و فنیل افرین می باشد. داروهای تنگ کننده ی عروق برای افزایش فشار خون در اختلالات گردش خون، شوک یا خون ریزی شدید و جهت حفظ فشارخون در طول جراحی استفاده می شوند.

vasodilatation (vay-zoh-dy-lă-tay-shŏn) n.
افزایش در ضخامت عروق خونی، به خصوص شریان ها.

vasodilator (vay-zoh-dy-lay-ter) n.
دارویی که موجب گشادشدن عروق خونی و از این رو افزایش در جریان خون می شود. داروهای گشادکننده ی عروق برای پایین آوردن فشارخون در موارد پرفشاری خون استفاده می گردند.

coronary v.
دارویی مثل گلیسیرین تری نیترات یا پنتا اریتریتول که جریان خون را از طریق قلب افزایش داده و جهت تسکین و جلوگیری از آنژین استفاده می شوند.

۱. پیشوند به معنی۱. عروق، خصوصاً عروق خونی. ۲. مجاری دفران.

vasa efferentia (vay-să ef-er-en-shiă) pl. n. (sing.Vas efferens)
تعداد زیادی از لوله های کوچکی که اسپرماتوزوآ را از بیضه ها به اپیدیدم هدایت می کنند.

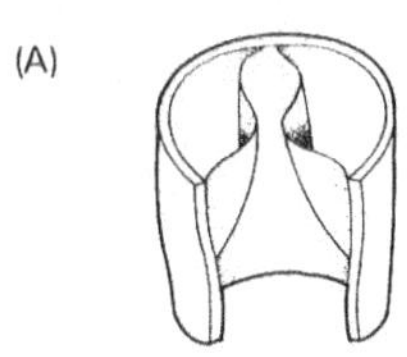

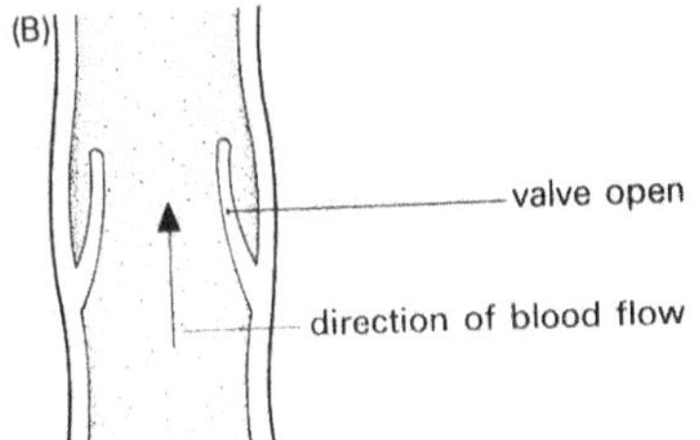

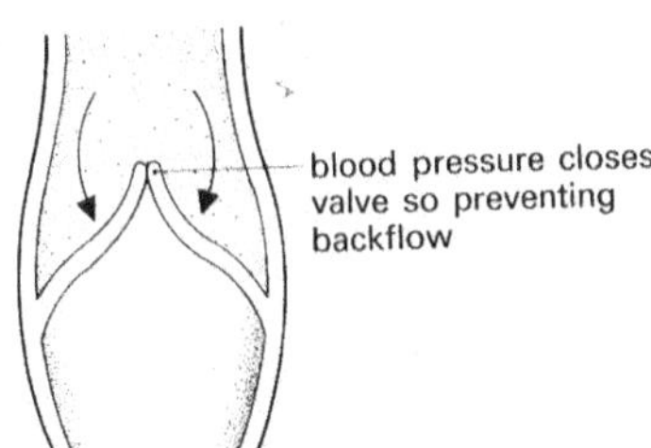

(A) cut vein showing the two cusps of a valve; (B) action of a venous valve

(A) برشی از ورید که دو هلال یک دریچه را نشان می دهد؛ (B) عملکرد یک دریچه ی وریدی

vasa vasorum (vas-or-ŭm) pl. n.
شریان ها و وریدهای کوچکی که دیواره ی عروق خونی را، خون رسانی می کنند.

vascular (vas-kew-ler) adj.
مربوط به عروق خونی یا خون رسانی توسط آن ها.

v. system
به *cardiovascular system* مراجعه کنید.

عمل جراحی دوباره به هم پیوسته کردن مجاری دفران، بعد از وازکتومی قبلی. وازکتومی مجدد جهت اعاده ی باروری صورت می گیرد.

vasovesiculitis (vay-zoh-ve-sik-yoo-ly-tis) n.
التهاب وزیکول های سمینال و مجاری دفران، این وضعیت معمولاً در ارتباط با التهاب پروستات صورت می گیرد و موجب درد پرینه، کشاله ی ران و کیسه ی بیضه و افزایش دمای بدن می شود.

vector (vek-ter) n.
حیوانی، معمولاً یک حشره یا کنه که ارگانیسم های انگلی را - و از این رو بیماری هایی که ایجاد می کنند - از شخصی به شخص دیگر یا از حیوانات آلوده به انسان ، انتقال می دهند.

vectorcardiography (vek-ter-kar-di-og-răfi) n.
به *electrocardiography* مراجعه کنید.

vegetation (vej-i-tay-shŏn) n.
(در پاتولوژی) رشد بیش از اندازه و غیرطبیعی یک غشا. در آندوکاردیت زخمی برخی از این موارد از فیبرین به همراه سلول های در دام افتاده تشکیل شده که روی غشای پوشاننده ی دریچه های قلب یافت می گردند.

vegetative (vej-i-tă-tiv) adj.
۱. مربوط به رشد و تغذیه به جای تولید مثل. ۲. عملکرد ناهوشیارانه، خودمختار.

vehicle (vee-ikŭl) n.
(در داروسازی) ماده ای مثل آب آستریل یا محلول قندی که به عنوان واسطه ای که در آن دارو مصرف می شود، عمل می کند.

vein (vayn) n.
رگ خونی که خون را به سمت قلب حمل می کند. تمامی وریدها به جز ورید ریوی خون فاقد اکسیژن را از بافت ها به ورید اجوف حمل می کنند. وریدها دارای دریچه هایی هستند که به جریان خون برگشتی به سمت قلب کمک می کند. نام آناتومیکی: *vena*.

-venous (vee-nŭs) adj.

vene cava (vee-nă kay-vă) n.
یکی از دو سیاهرگ اصلی که خون را از دیگر وریدها به دهلیز راست قلب حمل می کند.

vasoligation (vay-zoh-ly-gay-shŏn) n.
جراحی بستن مجاری دفران. این عمل جهت جلوگیری از عفونتی که از سیستم ادراری گسترش می یابد، صورت می گیرد که موجب التهاب عودکننده ی اپیدیدم می شود.

vasomotion (vay-zoh-moh-shŏn) n.
افزایش یا کاهش در ضخامت عروق خونی خصوصاً شریان ها. به *vasoconstriction* و *vasodilatation* مراجعه کنید.

vasomotor (vay-zoh-moh-ter) adj.
کنترل دیواره ی عضلانی عروق خونی خصوصاً شریان ها و از این رو کنترل ضخامت آن.

v. center
مجموعه ای از سلول های عصبی در بصل النخاع که موجب تغییرات رفلکسی در میزان ضربان قلب و ضخامت عروق شده، طوری که فشارخون را تعدیل می کنند.

v. nerve
نوعی عصب معمولاً متعلق به سیستم عصبی خودکار که گردش خون را از طریق عروق خونی بوسیله ی فعالیتی که به فیبرهای عضلانی درون دیواره ی این عروق یا فعالیتی که بر ضربان قلب دارند، کنترل می کنند.

vasopressin (antiduretic hormone, ADH) (vay-zoh-pres-in) n.
هورمونی که از طریق غده ی هیپوفیز آزاد می شود که بازجذب آب از کلیه ها را افزایش داده و موجب انقباض عروق خونی می شوند. این هورمون ها معمولاً یا از طریق بینی و یا بوسیله ی تزریق در درمان دیابت بی مزه استفاده می شود.

vasopressor (vay-zoh-pres-er) adj.
تحریک انقباض عروق خونی و از این رو منجر شدن به افزایش فشار خون.

vasospasm (vay-zoh-spozm) n.
به *Raynaud's disease* مراجعه کنید.

vasovagal (vay-zoh-vay-găl) adj.
مربوط به فعالیت ایمپالس در عصب واگ برروی گردش خون. عصب واگ میزان ضربان قلب را کاهش داده و از این رو بازده قلب را کم می کند.

v. attack
فعالیت بیش از حد عصب واگ که موجب آهسته کردن (ضربان) قلب و افت فشارخون و غش می شود. به *syncope* مراجعه کنید.

vasovasostomy (vay-zoh-vă-sos-tŏmi) n.

برای معاینه، وارد کردن آنتی بیوتیک ها و یا یک ماده‌ی حاجب جهت معاینه‌ی اشعه‌ی X انجام می شود.

ventro-

پیشوند به معنی ۱. شکمی. ۲. شکم.

ventrofixation (ven-troh-fiks-ay-shŏn) n.

به جراحی ثابت کردن رحم جا به جا شده. به *ventrosuspension* مراجعه کنید.

ventrosuspension (ventrofixation) (ven-troh-sus-pen-shŏn) n.

جراحی ثابت کردن رحم جا به جا شده به بخش قدامی دیواره‌ی شکمی. این عمل ممکن است از طریق کوتاه کردن رباط های مدور در پیوستگاه آن ها به رحم یا دیواره‌ی شکمی صورت گیرد.

venule (ven-yool) n.

رگ کوچکی که خون را از مویرگ ها دریافت می کند.

verapamil (vĕ-rap-ă-mil) n.

آنتاگونیست کلسیم که از طریق دهان در درمان پر فشاری خون نامعلوم، آنژین و آریتمی استفاده می شود. نام های تجاری: *Berkatens ،Cordilox ،Securon, Univer*.

verbigeration (ver-bij-er-ay-shŏn) n.

گفتن مکرر واژه های مشابه پشت سر هم. این وضعیت در بیماران اسکیزوفرنی بستری شده در بیمارستان شایع است.

vermicide (verm-i-syd) n.

نوعی عامل شیمیایی که برای از بین بردن کرم های انگلی که در روده زندگی می کنند، استفاده می شود. با *vermifuge* مقایسه کنید.

vermiform appendix (verm-i-form) n.

به *appendix* مراجعه کنید.

vernix caseosa (ver-niks kay-si-oh-să) n.

لایه از یک ماده ی روغنی که پوست جنین یا نوزاد را می پوشاند. این لایه توسط غدد چربی تولید شده و حاوی پوسته و موهای نازک می باشد.

verruca (ver-oo-kă) n.

به *wart* مراجعه کنید.

Verrucous carcinoma (ver-oo-kŭs) n.

هجوم قبلی و آهسته کارسینوماهای زگیل مانند به حفره دهان که در اثر جویدن تنباکو ایجاد می شود.

version (ver-shŏn) n.

مانوری جهت تغییر وضعیت جنین درون رحم برای آسان کردن زایمان. برای مثال جنین ممکن است از حالت عرضی به طولی یا از کفل به سر تغییر وضعیت دهد. به *cephalic version* نیز مراجعه کنید.

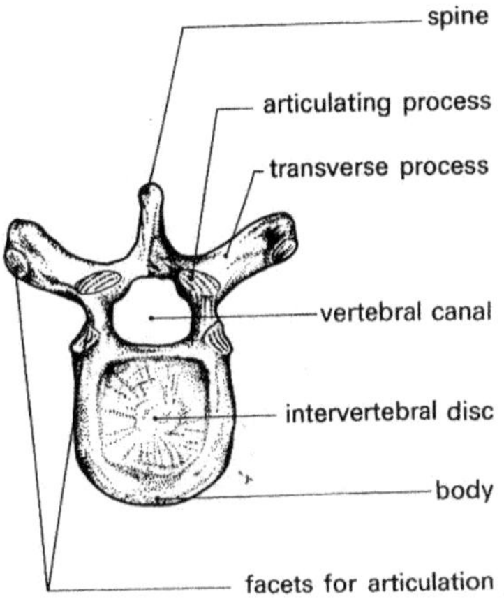

spine
articulating process
transverse process
vertebral canal
intervertebral disc
body
facets for articulation

نمونه ای از یک مهره ی سینه ای (از سمت بالا)

vertebra (ver-tib-ră) n. (pl.vertebrae)

یکی از ۳۳ استخوان تشکیل دهنده ی ستون فقرات. هر مهره به طور مشخص از تنه که از پشت آن قوس استخوانی (*the neural arch*) نشأت می گیرد و حفره ای را می پوشاند که از طریق آن طناب نخاعی عبور می کند. مهره های تکی بوسیله ی رباط ها و دیسک های بین مهره ای به هم متصل می شوند.

-vertebral adj.

vertebral column (ver-tib-răl) n.

به *backone* مراجعه کنید.

vertex (ver-teks) n.

تاج سر.

vertigo (vert-i-goh) n.

احساس ناتوانی که در آن شخص تحت تأثیر قرارگرفته احساس می کند که خود او یا محیط پیرامونش در یک حالت حرکت ثابت هستند. این وضعیت نشانه ای از بیماری لابیرانت گوش درونی، عصب دهلیزی یا هسته های مربوط به آن در ساقه ی مغزی می باشد.

vesicale (ves-ikăl) adj.

مربوط به مثانه یا تحت تأثیر آن به خصوص مثانه ی ادراری.

آنتی بیوتیک مشتق شده از باکتری های تیره‌ی *streptomyces* این دارو از طریق تزریق داخل عضلانی در درمان توبرکلوز، خصوصاً علیه عفونت ناشی از استفاده ی بیش از حد عضله که نسبت به دیگر آنتی بیوتیک ها مقاوم است، استفاده می شود. نام تجاری: *viocin*.

VIP (vosoactive intestinal peptide) n.
پروتئینی که از طریق سلول های پانکراس تولید می گردد. مقادیر بیش از اندازه ی این پروتئین موجب اسهال شدید می شود.

vipomz (vy-poh-mă) n.
تومور سلول های جزایر پانکراس که *VIP* ترشح می کنند.

viprynium (vi-pry-nĭum) n.
دارویی که از طریق دهان در درمان حملات کرم های کوچک (کرمک) استفاده می گردد. این دارو موجب قرمزرنگ شدن مدفوع می شود. نام تجاری: *vanquin*.

viraemia (vyr-ee-mĭa) n.
حضور ذرات ویروسی درون خون.

viral pneumonia (vy-răl) n.
عفونت حاد ریوی که از طریق ویروس هایی مثل ویروس چند هسته ای تنفسی، آدنوویروس، ویروس پارا آنفولانزا یا آنتروویروس ایجاد می شود. این عفونت از طریق سردرد، تب، درد عضلانی و سرفه که تولید بزاق غلیظی را می کند، تشخیص داده می شود. پنومونی اغلب به همراه یا متعاقب عفونت ویروسی سیستمیک رخ می دهد.

virilism (vi-ril-izm) n.
رشد افزایش یافته ی موهای بدن، توده ی عضله، ضخیم شدن صدا و خصوصیت های فیزیولوژیکی مردانه در زنان.

virilization (vi-ri-ly-zay-shŏn) n.
شدیدترین نتیجه ی تولید بیش از حد آندروژن (هیپرآندروژنیسم) در زنان. این وضعیت از طریق کچلی در ناحیه ی گیجگاهی، تشکیل جسم مردانه، افزایش حجم عضله، ضخیم شدن صدا، بزرگ شدن کلیتوریس و نابجارویی مو در زنان مشخص می شود.

virology (vyr-ol-ŏji) n.
علم ویروس. به *microbiology* نیز مراجعه کنید.

virulence (vi-rew-lĕns) n.
توانایی ایجاد بیماری (پاتوژنیک) یک میکروارگانیسم. به *attenuation* هم مراجعه کنید.

اختلال نادری که در آن خون ریزی ماهیانه به جای این که از طریق مهبل صورت بگیرد در مکان های دیگری مثل غدد تعرق، پستان ها، بینی یا چشم ها صورت می گیرد.

villus (vil-ŭs) n. (pl.villi)
زوائد انگشت مانند وکوتاهی که از سطوح برخی غشاها برآمده شده است.

arachnoid v.
به *arachnoid* مراجعه کنید.

chorionic v.
یکی از چین های کوریون که از آن بخش جنینی جفت، تشکیل می شود. این قسمت ها سطح وسیعی برای تبادل اکسیژن، مواد غذایی و غیره را بین خون مادری و جنینی فراهم می کند.

intestinal v.
یکی از برآمدگی های بی شماری که روده ی کوچک را می پوشاند.هر یک از این برآمدگی ها دارای شبکه ای از مویرگ های خونی و یک کیلوس بر هستند. عملکرد آن جذب محصولات گوارشی می باشد و آن ها به طور فزآیندی سطح ناحیه ای که این عمل رخ می دهد را افزایش می دهند.

Vinblastine (vin-blas-teen) n.
داروی سیتوتوکسیک که از طریق تزریق داخل وریدی، عمدتاً در درمان سرطان های سیستم لنفاوی مثل بیماری *Hodgkin* استفاده می شود. این دارو به شدت سمی است. نام های تجاری: *velbe* و *velban*.

Vincent's agina (vin-sĕnts) n.
به *ulcerative gingivitis* مراجعه کنید.
[H.Vincent (1862-1950), پزشک فرانسوی]

vincristine (vin-kris-teen) n.
داروی سیتوتوکسیک با استفاده ها و آثاری مشابه وینبلاستین. نام تجاری: *Oncovin*.

vindesine (vin-dĕ-seen) n.
داروی سیتوتوکسیک که مشابه ونیبلاستین و وینکریستین است. نام تجاری: *Eldisine*.

vinyl ether (vy-nil) n.
نوعی داروی بیهوشی عمومی که عمدتاً جهت تحریک بیهوشی و برای جراحی های بزرگ تحت یک بیهوشی کوتاه اثر استفاده می شود. این دارو گاهی اوقات به همراه اکسید نیتروژن یا اتر استفاده می گردد. نام تجاری: *vinthene*.

viomycin (vy-oh-my-sin) n.

شده‌ی روزانه‌ی ویتامین B_{12} ۴ـ۳ میلی‌گرم است. به *biotin*، *folic acid*، *nicotinic acid* و *panthothenic acid* هم مراجعه کنید.

vitamin C (ascorbic acid) n.

ویتامین محلول در آب که در حفظ سلامت بافت های پیوندی ضروری است.کمبود ویتامین *C* موجب اسکوروی می شود. مصرف توصیه‌ی شده‌ی روزانه ویتامین *C*۳۰ میلی‌گرم است. منابع غنی ویتامین *C*، مرکبات و سبزیجات می باشد.

vitamin D n.

ویتامین محلول در چربی که جذب کلیسم و فسفر را از روده بهبود می بخشد و رسوب این مواد را در استخوان افزایش می دهد.

D_2 *(ergocalciferol, calciferol)*

شکلی از این ویتامین که از رژیم غذایی بدست می آید. منابع خوب آن ماهی های چرب، تخم مرغ و مارگارین می باشد.

D_3 *(cholecalciferol)*

شکل ساختگی از ویتامین *D* که در پوست و در حضور نور خورشید تولید می گردد. کم بود ویتامین *D* موجب ریکتز و نرمی استخوان می شود. مصرف توصیه شده ی روزانه ی ویتامین *D*۱۰میلی‌گرم (برای بچه های تقریباً ۵ ساله) و ۲/۵ میکروگرم (برای افراد بزرگتر) است.

vitamin E n.

یکی از گروه های ترکیبات شیمیایی (*tochopherols* و *tocotrienols*) که عقیده بر این است که موجب استواری غشاهای سلولی می شوند. منابع خوب ویتامین *E* روغن های گیاهی، تخم مرغ، کره و غلات می باشند. ویتامین *E* نسبتاً به طور گسترده در رژیم غذایی توزیع شده و بنابراین احتمال کم بود آن وجود ندارد.

vitamin K n.

ویتامین حلال در چربی که به دو شکل اصلی - *phytomenadion* و *menaquinone* ـ که برای لخته‌ی خون وجود دارد ضروری است. اغلب کم بود ویتامین *K* در رژیم غذایی رخ نمی دهد، به دلیل این که این ویتامین توسط باکتری های موجود در روده ی بزرگ سنتز شده و به طور گسترده در گیاهان برگ دار و گوشت توزیع می گردند.

vitellus (vi-tel-ŭs) n.

زرده ی تخم مرغ.

vitiligo (leucoderma) (vit-i-ly-goh) n.

وضعیتی که در آن ناحیه ای از پوست رنگدانه های خود را از دست داده و سفید می شوند. دلیل آن ناشناخته است و درمان در اروپایی ها جواب گو نیست.

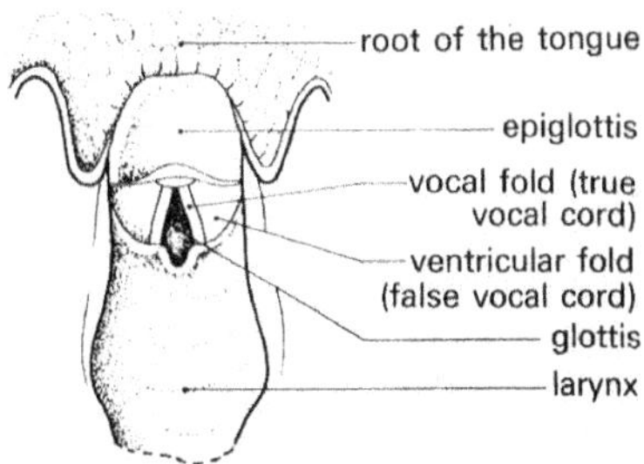

طناب های صوتی

vitrectomy (vi-trek-tŏmi) n.

برداشت تمام یا بخشی از زجاجیه ی چشم.

vitreous humour (vitreous body) (vit-ri-ŭs) n.

مایع شفاف و ژل مانندی که پشت اتاقک عدسی های چشم را پر می کند.

vivisection (viv-i-sek-shŏn) n.

عمل جراحی بر روی جانوران زنده جهت اهداف آزمایشی.

vocal cords (vocal folds) (voh-kăl) pl. n.

دو چین بافتی که از جوانب حنجره جهت تشکیل شکافی در عرض راه هوایی، برآمده شده اند (به تصویر مراجعه کنید). مداخله ی کنترل شده ی طناب های صوتی با جریان هوای تنفسی ارتعاشات قابل شنیدنی را تولید می کنند که موجب ایجاد صحبت، آواز و دیگر صداهای صوتی می شود.

vocal fremitus n.

به *fremitus* مراجعه کنید.

vocal resonance n.

صدایی که از طریق گوشی پزشکی، در زمان صحبت کردن بیمار شنیده می شود. این صداها به طور عادی قابل شنیدن هستند اما در صورتی که (صداهای) ریه ها تحت اثر گوشی پزشکی تقویت می‌گردند این صداها بلندتر (برونکوفونی) می شوند. رزونانس صوتی روی مایع پلور از بین می رود به جزء در سطح فوقانی، آن زمانی که صدای (بع بع) با کیفیتی دارد (اگوفونی). به *pectoriloquy* مراجعه کنید.

volar(voh-ler) adj.

مربوط به کف دست یا پا (*vola*).

Plantar w.

زگیل دردناکی که روی کف پا ایجاد می شود.

venereal w.

زگیلی که روی اندام های تناسلی یا اطراف مقعد یافت می شود.

Wassermann reaction (wass-er-măn) n.

(سابقاً)، متداول ترین آزمایش تشخیص سیفلیس. نمونه ی خون بیمار برای حضور آنتی بادی هایی نسبت به ارگانیسم *Treponema pallidum* معاینه می شود.

[A. P. von Wassermann (1866-1925), باکتری شناس آلمانی]

water bed (waw-ter) n.

تختی انعطاف پذیر به همراه تشک حاوی آب. سطح تخت نسبت به وضعیت بیمار وفق می یابد که موجب راحتی بیشتر و زخم بسترهای کمتر می شود.

waterbrush (waw-ter-brash) n.

پرشدن ناگهانی دهان با بزاق رقیق. این وضعیت اغلب به همراه سوءهاضمه، به خصوص اگر تهوع وجود داشته باشد، است.

water-hammer pulse n.

به *Corrigan's pulse* مراجعه کنید.

Waterhous-foriderichsen syndrome (waw-ter-howss frid-er-ik-sĕn) n.

تب، سیانوز و خون ریزی به درون پوست ناشی از خون ریزی غدد آدرنال که از طریق سپتی سمی ناشی از مننژیت باکتریایی ایجاد می شود.

[R.Waterhouse (1873-1958), پزشک انگلیسی; Friderichsen (1886-), پزشک دانمارکی]

Waterston's operation (waw-ter-shŏnz) n.

عمل اتصال سرخرگ راست ریوی به آئورت صعودی که جهت تسکین تترالوژی فالوپ انجام می شود.

[D.Waterston (1910-), جراح انگلیسی]

watt (wot) n.

واحد *SI* نیرو، برابر با یک ژول در هر ثانیه. نماد: *w*.

weal (weel) n.

به *wheal* مراجعه کنید.

Weber-Christian disease (web-er-kris-chăn) n.

شکلی از پانیکولیت که در آن تب و بزرگ شدن کبد و طحال وجود دارد.

التهاب فرج که اغلب به همراه خارش شدید است (به *pruritis* مراجعه کنید).

vulvovaginitis (vul-voh-vaj-i-ny-tis) n.

التهاب فرج و مهبل (به *vaginitis* و *pruritis* مراجعه کنید).

W w

wafer (way-fer) n.

صفحه ی نازک ساخته شده از گرده های مرطوبی که سابقاً برای محصور کردن داروهای پودری شکل که از طریق دهان مصرف می شده، استفاده می گردد.

waiting list (wayt-ing) n.

فهرستی از اسامی بیمارانی که منتظر پذیرش در بیمارستانها، بعد از اینکه عمل سرپایی یا مشاوره ی پزشکی را انجام داده اند، هستند.در کل بیماران در جایگاههایی قرار می گیرند که اسامی آنها بر روی فهرستی نوشته می شود.

Waldeyer's ring (vahl-dy-erz) n.

حلقه ای از بافت لنفاوی که بوسیله ی لوزه ها تشکیل می شود.

[H.W.G. von waldeyer (1836-1921), آناتومیست آلمانی]

Wangesteen tube (wang-ĕn-steen) n.

لوله ای به همراه یک دستگاه ساکشن که از طریق بینی به درون معده وارد شده و برای کشیدن محتویات معده و دئودنوم جهت تسکین تورم شکم، استفاده می شود.

[O.H.wangensteen (1898-1980), جراح آمریکایی]

warfarin (wor-fer-in) n.

نوعی داروی ضدانعقادخون‌که عمدتاً در درمان ترومبوز وریدی یا کرونری جهت کاهش خطر آمبولیسم استفاده می شود. این دارو از طریق دهان یا تزریق مصرف می گردد. نام های تجاری: *Mrevan* و *Coumadin*.

wart (verruca) (wort) n.

تومور کوچک (اغلب سفت) و خوش خیم درون پوست. زگیل ها از طریق ویروس ها ایجاد می شوند و معمولاً روی صورت، انگشتان، دست ها، آرنج ها و زانو ایجاد می شود. زگیل ها معمولاً به طور خود به خودی ناپدید می شوند ولی ردیف گسترده ای از درمان ها از قبیل استعمال مواد شیمیایی موضعی و الکتروکوتر وجود دارد.

Common w.

زگیل زبری که بر روی دستها بوجود می آید.

[M.Wilms (1867-1918), جراح آلمانی]

Wilson's disease (wil-sŏnz) n.
نقص موروثی متابولیسم مس که در آن سیرولوپلاسمین (که به طور طبیعی کمپلکس غیر سمی را با مس تشکیل می دهد)، وجود دارد. مس آزاد ممکن است در کبد رسوب کند که موجب یرقان، سیروز یا در مغز موجب نقص ذهنی و علایمی مشابه پارکینسون شود. نام پزشکی: *hepatolenticular degeneration*
[S. A. K.Wilson (1878-1936), نورولوژیست انگلیسی]

windpipe (wind-pyp) n.
به *trachea* مراجعه کنید.

wisdom tooth (wiz-dŏm) n.
سومین دندان آسیاب در هر سمتی از فک که حدوداً به طور طبیعی در سن ۲۰ سالگی تشیکل می شود.

witch hazel (hamamelis) (wich hay-zĕl) n.
ترکیبی که از برگ ها و پوست درخت *Hamamelis virginiana* ساخته می شود و به عنوان قابض، خصوصاً برای درمان رگ به رگ شدن و کبودی استفاده می شود.

withdrawal (with-draw-ăl) n.
۱. (در روان شناسی) جداشدن علاقه ی شخصی، از محیط اطرافش. ۲. به *coitus (interruptus)* مراجعه کنید.

withdrawal symptoms pl. n.
به *dependence* مراجعه کنید.

Wolffian body (vol-fi-ăn) n.
به *mesonephros* مراجعه کنید.
[K. F.wolff (1733-94), آناتومیست آلمانی]

Wolffian duct n.
مجرای مزونفریک (به *mesonephros* مراجعه کنید).

Womb (woom) n.
به *nterus* مراجعه کنید.

Wood's glass (wuudz) n.
فیلتری حاوی اکسید نیکل که پرتوهای اندکی از اشعه ی ماوراء بنفش را توسط یک منبع نوری می تاباند. این پرتوها (W. light) موجب فلورسانس شدن موهای آلوده با برخی از عفونت های قارچی یا باکتریای شده که از این رو در تشخیص کاربرد دارد.
[R.W.Wood (1868-1955), پزشک آمریکایی]

woolsorter's disease (wuul-sor-terz) n.
به *anthrax* مراجعه کنید.

بزرگ زندگی می کند. عفونت انسانی (به *trichuriasis* مراجعه کنید) ناشی از مصرف آب ها یا غذاهای آلوده با مواد مدفوعی، می باشد.

white blood cell (wyt) n.
به *leucocyte* مراجعه کنید.

White leg n.
وضعیتی که ممکن است زنان را بعد از زایمان تحت تأثیر قراردهد و در آن لخته شدن و التهاب وریدی در پا وجود دارد. پاها، رنگ پریده، متورم، سفت و دردناک می شوند. نام پزشکی: *phlegmasia alba dolens*

white matter n.
بافت عصبی سیستم عصبی مرکزی که بی رنگ تر از ماده ی خاکستری همراه آن است، زیرا که این قسمت فیبرهای عصبی بیشتری دارد و از این رو مقادیر زیادتری میلین را دارا می باشد.

Whitfield's ointment (wit-feeldz) n.
پمادی حاوی بنزوئیک اسید و سالسیلیک اسید که در درمان عفونت های قارچی پوست استفاده می شود.
[A.whitfield (1868-1947), متخصص پوست انگلیسی]

whitlow (felon) (wit-hoh) n.
تورمی که نوک انگشتان را تحت تأثیر قرار می دهد. به *paronychia* هم مراجعه کنید.

whoop (hoop) n.
به *whooping cough* مراجعه کنید.

whooping cough (hoop-ing) n.
نوعی بیماری حاد و مسری که ابتدا کودکان را در اثر عفونت غشاهای موکوسی پوشاننده ی مجاری هوایی توسط باکتری *Bordetella pertussis*، تحت تأثیر قرار می دهد. این وضعیت از طریق سرفه ی پاروکسیسمال مشخص می شود. این نوع سرفه ها مجموعه ای از سرفه های کوتاه است که به دنبال تنفس صدادار می باشد. بعد از پاروکسیسم اغلب خون ریزی از دهان و بینی رخ می دهد که ایمنی سازی شیوع و شدت این بیماری را کاهش داده و حمله ی بیماری معمولاً ایمنی را بهبودی می بخشد. نام پزشکی: *pertusis*

Widal reaction (vi-dahl) n.
تست انعقاد خون برای حضور آنتی بادی هایی علیه ارگانیسم های *salmonella* که موجب تب تیفوئید می شود.
[G. F. I Widal (1862-1929), پزشک فرانسوی]

Wilm's tumor (vilmz) n.
به *nephroblastoma* مراجعه کنید.

مایعی که برای افزایش شفافیت بافت ها استفاده می شود. زیلیت جهت معاینه ی میکروسکوپی بعد از این که این مایعات خشکیده شدند، تهیه می شود.

xylometazoline (zy-loh-mi-taz-oh-leen) n.

دارویی که عروق خونی را تنگ می کند (به *vasoconstrictor* مراجعه کنید). این دارو به طور موضعی تحت عنوان یک داروی ضد احتقان بینی در تسکین سرماخوردگی و سینوزیت استفاده می شود. نام تجاری: *Otrivine*.

xylose (zy-lohz) n.

قند پنتوزی که در تبدیل متقاطع کربوهیدرات ها درون سلول ها درگیر می شود. زیلوز به عنوان یک هدف تشخیصی برای عملکرد روده استفاده می شود.

Y y

yawning (yawn-ing) n.

نوعی فعالیت رفلکسی که در آن دهان به طور زیاد باز می شود، هوا به درون ریه ها رفته و بعد به آهستگی آزاد می گردد. این رفلکس نتیجه‌ی خواب آلودگی و خستگی می باشد.

yaws (pain, framboesia) (yawz) n.

بیماری عفونی نواحی گرمسیری که از طریق حضور باکتری های مارپیچی *Treponema pretenue* درون پوست و بافت های زیرین آن ایجاد می شود. یاز عمدتاً در شرایط بهداشت ضعیف رخ می دهد. این بیماری از طریق تومورهای کوچک که هر کدام بوسیله ی کبره ی زرد رنگ سرم خشکیده روی دستها، صورت، پاها ایجاد می شود، مشخص می گردد. این تومورها ممکن است به سمت زخم های عمیق وخیم تر شوند. این بیماری به درمان با پنی‌سیلین و دیگر آنتی بیوتیک ها پاسخ می دهد.

Y chromosome n.

نوعی کروموزوم جنسی که فقط در مردان وجود دارد؛ عقیده بر این است که کروموزوم *y* ژن های مردانه را حمل می کند. با *X chromossme* مقایسه کنید.

yeast (yeest) n.

نوعی قارچ غیرسلولی تیره‌ی *saccharomyces* مخمرها کربوهیدرات ها را تخمیر کرده و الکل و کربن دی اکسید را تولید می کند. مخمرها تخمیر در درست کردن نان اهمیت داشته و نیز یک منبع تجاری پروتئین ها و ویتامین های گروه *B* هستند.

xeroderma (zeer-oh-der-mă) n.

شکل خفیفی از اختلال ایکتیوزیس که در آن پوست به آهستگی خشک می شود و پوسته ریزهایی را شبیه سبوس تشکیل می دهد.

xerophthalmia (zeer-off-thal-miă) n.

بیماری پیشرونده ی چشم ناشی از کمبود ویتامین*A*. در این وضعیت قرنیه و ملتحمه خشک، ضخیم و چروکیده می شود. این بیماری ممکن است تا نرم شدن قرنیه و نهایتاً کوری پیش رود.

xerosis (zeer-oh-sis) n.

خشک شدن غیرطبیعی ملتحمه، پوست یا غشاهای موکوسی. در زیروزیس ملتحمه، در ناحیه ی در معرض قرارگرفته، در زمان بازشدن پلک ها غشاء ضخیم و خاکستری می شود.

xerostomia (zeer-oh-stoh-miă) n.

به *dry mouth* مراجعه کنید. با *ptyalism* مراجعه کنید.

xiphi- (xipho-)

پیشوند به معنی زائده ی خنجری استخوان جناغ.

xiphisternum (zif-i-ster-nŭm) n.

به *Xiphoid process* مراجعه کنید.

xiphoid process (xiphoid cartilage) (zif-oid) n.

تحتانی ترین قسمت استخوان سینه (به *sternum* مراجعه کنید). زائده ی زیفوئید غضروف نوک دار پهنی است که تدریجاً تا زمانی که کاملاً با استخوان جایگزین شود استخوانی می گردد. که این فرایند تا زمان بعد از دوره ی میان سالی کامل نمی شود. زائده ی خنجری *Cartilage* یا *ensiform process* و *xiphisternum* هم نامیده می شود.

X-rays pl. n.

پرتو الکترومغناطیسی شدیداً با طول موج کوتاه (ماوراء پرتوی فرابنفش) با قدرت نفوذ کنندگی در ماده ی اوپک نسبت به نور. اشعه های *X* جهت تشخیص در رادیوگرافی و نیز در اشکال خاصی از رادیوتراپی استفاده می شود. مراقبت های زیادی برای جلوگیری از در معرض قرار گرفتن غیرضروری نسبت به این اشعه نیاز است زیرا این اشعه در مقادیر زیاد مضر می باشد. به *ridation (sickness)* مراجعه کنید.

xylene (dimethylbenzene) (zy-leen) n.

نوعی بیماری عفونی حیوانات که به انسان انتقال می یابد مثل سایه زخم یا هاری.

zygoma (zy-goh-mă) n.

به *zygomatic bone* و *zygomatic arch* مراجعه کنید.

zygomatic acrch (zygoma) (zy-goh-mat-ik) n.

قوس افقی استخوان، روی هر سمت از صورت، درست زیر چشم ها، که از طریق متصل شدن زوائد گونه ای و استخوان های گیجگاهی ساخته می شود. به *skull* مراجعه کنید.

zygomatic bone (zygoma, malar bone) n.

یکی از دو استخوانی که بخش دائمی گونه ها را تشکیل داده و با حدقه های چشم در تعامل هستند.

zygote (zy-goht) n.

تخم بارور قبل از شروع تقسیم.

zym- (zymo-)

پیشوند به معنی۱. آنزیم. ۲. تخمیر.

zymogen (zy-moh-jen) n.

به *proenzyme* مراجعه کنید.

zymosis (zy-moh-sis) n.

۱. فرآیند تخمیر که از طریق تخمیر ارگانیسم ها صورت می گیرد. ۲. تغییراتی در بدن که در بیماری های عفونی خاصی رخ می دهد و برای اولین بار گمان می رفته است که نتیجه ی فرآیند مشابه تخمیر باشد.

-zymotic (zy-mot-ik) adj.

zymatic disease n.

نام قدیمی برای یک بیماری واگیردار.

واژگان کلیدی پزشکی

بخش یکم : سیستم قلبی ـ عروقی

اختلالات

aneurysm

اتساع موضعی و غیرطبیعی رگ خونی، معمولاً یک شریان که از طریق ضعف دیواره ی عروق ایجاد شده و ممکن است نهایتاً پاره شود.

angina pectoris

احساس درد یا فشار اطراف قلب که ممکن است به سمت شانه یا بازوی چپ متمایل شود؛ معمولاً بوسیله ی فشار ایجاد شده از طریق خون رسانی ناکافی به سمت قلب ایجاد می شود.

arrhythmia

هرگونه ناهنجاری در ریتم و ضربان قلب (به طور تحت لفظی «بدون ریتم»؛ با توجه به این که دو حرف لا داشته باشد؛ بی نظمی هم نامیده می شود.

atherosclerosis

گسترش چربی، قطعات فیبروزی (پلاک ها) در پوشش شریان ها که موجب باریک و سخت شدن دیواره ی عروق می شود. اترواسکلروز شایع ترین شکل تصلب شرایین (سخت شدن شریان ها) می باشد.

bradycardia

ضربان قلب آهسته تر از ۶۰ ضربه در دقیقه.

cerebrovascular accident (CVA)

آسیب ناگهانی به مغز ناشی از کاهش خون رسانی. علل این وضعیت شامل تصلب شرایین، آمبولیسم، ترومبوز یا خون ریزی از یک آنوریسم پاره شده می باشد. متداولاً ضربه نامیده می شود.

clubbing

بزرگ شدن انتهاهای انگشتان دست و پا که از طریق رشد بافت نرم،اطراف ناخن ها ایجاد می شود. این وضعیت در بیماری های مختلف که در آن جریان خون محیطی ضعیف است دیده می شود.

cyanosis

لکه ای آبی رنگ پوست که از طریق فقدان اکسیژن ایجاد می شود.

deep vein thrombosis

التهاب سیاهرگ ناشی از ترومبوز که وریدهای عمیق را درگیر می کند

diaphoresis

تعرق شدید.

dissecting aneurysm

آنوریسمی که در آن خون وارد دیواره ی شریان شده و لایه ها را از هم جدا کرده که این وضعیت معمولاً آئورت را درگیر می کند.

dyslipidemia

اختلال در سطوح لیپیدسرم، که فاکتور مهمی در گسترش تصلب شرایین است. این وضعیت افزایش لیپیدخون، افزایش کلسترول خون و افزایش گلیسیرید را شامل می شود.

dyspnea

تنفس مشکل.

edema

تورم بافت های بدن که از طریق حضور افزایش مایعات ایجاد می شود. علل آن شامل، ناراحتی های قلبی عروقی، نارسایی کلیوی، التهاب و سوء تغذیه می باشد.

embolism

انسداد رگ خونی توسط لخته ی خون یا دیگر مواد حل شده در گردش خون.

embolus

توده ی حمل شده ای در گردش خون، معمولاً لخته ی خون،که ممکن است هوا، چربی، باکتری ها یا دیگر مواد جامد درون بدن یا خارج از آن باشد.

fibrillation

انقباض خود به خودی، ارتعاشی و غیر مؤثر فیبرهای عضلانی، مثل وضعیت موجود درون دهلیزها یا بطن ها.

heart block

اختلال در سیستم هدایتی قلب که باعث آریتمی می شود. این وضعیت از نظر افزایش شدت به درجات اول، دوم یا سوم بلوک قلبی

تقسیم بندی می شود. انسداد در دسته ای از انشعاب ها به عنوان بلوک انشعاب دسته ای چپ یا راست معین می شود.

heart failure

وضعیتی که از طریق ناتوانی قلب جهت حفظ گردش خون کافی ایجاد می شود.

hemorrhoid

ورید واریس در رکتوم.

hypertension

وضعیتی که در آن فشار خون بالاتر از حد طبیعی است. پر فشاری خون نامعلوم (اولیه و ناشناخته) دلیل نامشخصی دارد.

infarct

ناحیه ی نکروز موضعی بافت، ناشی از بلوک یا تنگ شدن شریانی که به آن ناحیه خون رسانی می کند.

allergy

بیش حساسیتی

anaphylactic reaction

واکنش زیاد از حد آلرژیکی به یک ماده ی خارجی (*root: phylaxis* به معنی حفاظت است). این وضعیت در صورت درمان نشدن موجب مرگ شده که از طریق کلاپس گردش خون و دیسترس تنفسی ایجاد می شود.این بیماری آنافیلاکسی نیز نامیده می شود.

anemia

کم شدن مقدار هموگلوبین خون که در نتیجه ی از دست رفتن خون، سوء تغذیه، نقص وراثتی فاکتورهای محیطی و دلایل دیگر می باشد.

angioedema

ادم موضعی به همراه کهیرهای بزرگ مشابه اُرتیکاریا. این وضعیت لایه های زیرین پوست و بافت زیرجلدی را شامل می شود.

plastic anemia

نوعی کم خونی که از طریق نقص در مغز استخوان ایجاد می شود که موجب کاهش تولید سلول های خونی خصوصاً گلبول های قرمز می گردد؛ پان سیتوپنی.

antoimmune disorder

شرایطی که در آن سیستم ایمنی علیه بافت های خودی آنتی بادی هایی را تولید می کند.(پیشوند auto به معنی خود می باشد).

cooley anemia

شکلی از تالاسمی (آنمی وراثتی) که در آن زنجیره ی بتای هموگلوبین غیرطبیعی است.

delayed hypersensitivity reaction

نوعی واکنش آلرژیکی درگیرکننده ی سلول های T که برای گسترش، حداقل ۱۲ ساعت طول می کشد. مثال هایی از آن انواع مختلفی از درماتیت های تماسی مثل پیچک سمی، سماق سمی؛ واکنش توبرکولین (آزمایشی برای TB) و رد پیوند بافت پیوند زده شده می باشد.

disseminated interavascular coagulation (DIC)

گسترش تشکیل لخته ها در عروق بسیار کوچک که ممکن است به دنبال خون ریز ی، در نتیجه ی کاهش فاکتورهای لخته کننده باشد.

به قلب. شوک ممکن است به سطح سینه یا مستقیماً به قلب از طریق لیدهای سیمی اعمال شود.

echocardiography

روش درون رونده ای که از امواج ماوراء صوت جهت دیدن ساختارهای درونی قلب استفاده می شود.

electrocardiography

بررسی فعالیت الکتریکی قلب که بوسیله ی الکترودهایی (لیدهایی) که برروی سطح سینه قرار می گیرند، مشخص می شود. اجزاء EKG شامل موج P ، کمپلکس QRS ، موج T، قطعه ی ST ، فاصله ی PR (PQ) ، و فاصله ی QT می باشد.

lipoprotein

ترکیبی از پروتئین با لیپید. لیپوپروتئین ها براساس چگالی به لیپوپروتئین بسیار کم چگالی، ($VLDL$) ، کم چگالی (LDL) و پر چگالی (HDL) طبقه بندی می شوند. به طور نسبی افزایش مقادیر HDL در ارتباط با سلامت سیستم قلبی - عروقی است.

percutaneous transluminal coronary angioplasty (PTCA)

اتساع عروق خونی متصلب بوسیله ی یک کاتتر بالونی که به درون رگ وارد شده و بعد جهت مسطح کردن پلاک ها در مقابل دیواره ی شریانی باد می شود.

اختلالات لنفاوی

lymphoma

نوعی بیماری نئوپلاستیک بافت لنفاوی.

lymphadenitis

التهاب و بزرگ شدن گره های لنفاوی معمولاً در نتیجه ی عفونت.

lymphangiitis

التهاب عروق لنفاوی در نتیجه ی عفونت باکتریایی. این وضعیت مثل رگه های دردناک و قرمز رنگی در زیر پوست ظاهر می شود. (به صورت *lymphagitis* هم نوشته می شود).

lymphedema

تورم بافت لنفاوی از طریق انسداد یا شکافتن عروق لنفاوی.

بخش دوم : خون و ایمنی

AIDS

نقص سیستم ایمنی که از طریق با ویروس HIV ایجاد می شود. این ویروس سلول های T خاصی را آلوده کرده و از این رو در ایمنی سازی تداخل ایجاد می کند.

allergen

ماده ای که موجب پاسخ ایمنی می شود.

بخش سوم : سیستم تنفسی

اختلالات

acidosis

اسیدیتی غیرطبیعی مایعات بدن. اسیدوز تنفسی از طریق افزایش مقادیر غیرطبیعی کربن دی اکسید در بدن ایجاد می شود.

adult respiratory distress syndrome (ARDS)

ادم ریوی که به سرعت می تواند موجب نارسایی تنفسی جنینی شود. علل آن شامل تروما، آسپیراسیون به درون ریه ها، پنومونی ویروسی و واکنش های دارویی می شود؛ آسیب به شش.

alkalosis

حالت قلیایی مایعات بدن. آلکالوز تنفسی از طریق کاهش مقادیر غیرطبیعی کربن دی اکسید در بدن ایجاد می شود.

aspiration

استنشاق تصادفی غذا و دیگر مواد خارجی به درون ریه ها. این واژه به معنی کشیدن مایعات از درون یک حفره بوسیله ی ساکشن نیز استفاده می شود.

asthma

بیماریی که بوسیله ی دیس پنه و صدای خس خس کردن مشخص می شود و از طریق اسپاسم مجاری برونشی یا تورم غشاهای موکوسی ایجاد می شود.

atelectasis

بازشدن ناکامل ریه ها یا بخشی از آن؛ کلاپس ریوی. ممکن است در هنگام تولد ظاهر شود (مثل سندرم دیسترس تنفسی) بوسیله ی انسداد برونشی یا فشرده شدن ریه ها ایجاد شود.(پیشوند *atello* به معنی ناکامل است).

bronchiectasis

اتساع مزمن برونش یا برونش ها.

chronic obstructiv pulmonary disease (COPD)

گروهی از بیماری های مزمن، پیشرونده و تضعیف کننده ی سیستم تنفسی که شامل آمفیزم، آسم، برونشیت و برونشیکتازیس می شود.

cyanosis

لکه ی آبی رنگ پوست که بوسیله ی فقدان اکسیژن در خون ایجاد می شود. (*cyanotic adj.*).

بیماری التهابی بافت پیوندی که پوست و غدد چندگانه را تحت تأثیر قرار می دهد. بیماران به نور حساس هستند و ممکن است بثورات پروانه ای شکلی را روی بینی و گونه ها نشان دهند.

systemic sclerosis

بیماری گسترش یافته ی بافت پیوندی که ممکن است هر سیستم را درگیر کند و موجب التهاب، اضمحلال و فیبروز شود. به دلیل سفت و سخت کنندگی پوست، اسکلرودرما نیز نامیده می شود.

thalassemia

گروهی از آنمی وراثتی که متداولاً در جمعیت های نژاد مدیترانه ای یافت می شود (این واژه به یک کلمه ی یونانی به معنی (دریا) بر می گردد.

thrombocytopenia

کاهش تعداد پلاکت ها در خون.

uticaria

واکنش پوستی با کهیرهای برآمده و مدور به همراه خارش؛ کهیر.

تشخیص و درمان

adrenaline

به *epinephrine* مراجعه کنید.

CD4+T lymphocyte counts

شماری از سلول های *T* که دارای گیرنده های CD_4 برای ویروس ایدز هستند. تعداد کمتر از ۲۰۰/μL در خون دلالت بر نقص ایمنی شدید دارد.

epinephrine

محرک قویی که توسط غده ی آدرنال و سیستم عصبی سمپاتیک تولید شده. فعال کردن سیستم های قلبی عروقی، تنفسی و غیره درگروِ مواجه شدن با استرس است. به عنوان دارویی برای درمان واکنش های حساسیتی شدید و شوک استفاده می شود.این واژه آدرنالین نیز نامیده می شود.

reticulocyte counts

شماری از خون های رتیکولوسیت، نوعی از گلبول قرمز نابالغ؛ تعداد رتیکولوسیت ها در تشخیص جهت مشخص کردن میزان تشکیل ارتیروسیت ها مفید است.

Reed- Strenberg cells

سلول های بزرگی که مشخصه ی بیماری *Hodgkin* می باشند. این سلول ها معمولاً دو هسته ی بزرگ دارند و توسط هاله ای احاطه شده اند.

diarrhea

حرکات سریع مواد دفعی از روده.

diverticulitis

التهاب دیورتیکول ها در دیواره ی سیستم گوارشی، خصوصاً کولون.

diverticulosis

وجود دیورتیکول، خصوصاً درون کولون.

dysphagia

اشکال در بلع.

esmesis

استفراغ.

fistula

گذرگاه غیرطبیعی بین دو ارگان یا از یک ارگان به سطح بدن. مثل گذرگاهی بین رکتوم و مقعد (فیسچول رکتالی - مقعدی).

gastroenteritis

التهاب معده و روده.

hemorrhoids

ورید واریس موجود در رکتوم که باعث درد، خون ریزی و گاهی اوقات پایین افتادگی رکتوم می شود.

hepatitis

التهاب رکتوم که عمدتاً از طریق عفونت ویروسی ایجاد می شود.

hepatomegaly

بزرگ شدن کبد.

hiatal hernia

برآمدگی معده در مجرای (هیاتوس) دیافراگم که از طریق آن مری عبور می کند.

icterus

یرقان.

ileus

انسداد روده ای. این وضعیت ممکن است از طریق فقدان حرکات روده ای (ایلئوس ضعیف یا فلج شده) یا انقباض (ایلئوس متحرک) ایجاد شود. مواد یا گازهای روده ای ممکن است بوسیله ی عبور دادن لوله ای جهت زهکشی خارج شوند.

intussusception

داخل شدن بخشی از روده به درون بخش های زیرین آن. این وضعیت عمدتاً در بالغین مذکر در ناحیه ی ایلئوسکال رخ می دهد. در صورت درمان نشدن ظرف یک روز ممکن است کشنده باشد.

pulmonary function test

آزمایشی که برای تعیین میزان تنفس، معمولاً از طریق تنفس سنجی انجام می شود.

spirometer

ابزاری که برای اندازه گیری حجم و گنجایش تنفس استفاده می شود. ثبت آزمایش اسپیروگرام می باشد.

thoracentesis

جراحی سوراخ کردن سینه برای برداشت هوا یا مایعاتی که ممکن است بعد از جراحی یا در نتیجه ی ضربه، عفونت یا مشکلات قلبی عروقی تجمع یابند توراکوسنتز نیز نامیده می شود.

tuberculin test

آزمایش پوستی برای توبرکلوزیس. توبرکولین، یک ماده ی آزمایشی مشتق شده از محصولات ارگانیسم های توبرکلوزیس، که به زیر پوست یا در تلقیح با یک ابزار چهار دندانه ای تزریق می شود.

بخش چهارم : سیستم گوارشی

اختلالات

appendicitis

التهاب آپاندیس

ascites

تجمع مایعات در حفره ی شکمی؛ شکلی از ادم. این وضعیت ممکن است از طریق بیماری قلبی، انسداد وریدی یا لنفاوی، سیروز یا تغییر در ترکیب پلاسما ایجاد می شود.

bilirubin

رنگیزه ای که از تجزیه ی هموگلوبین گلبول های قرمز خون آزاد می شود. عمدتاً بوسیله ی کبد در صفرا دفع می شود.

cholecystitis

التهاب کیسه ی صفرا

cholelithiasis

وضعیت سنگ دار شدن کیسه ی صفرا. این واژه برای سنگ های موجود در مجرای مشترک صفراوی نیز استفاده می شود.

cirrhosis

بیماری مزمن ریوی به همراه اضمحلال بافت های کبدی.

colic

درد حاد شکمی، مثل کولیک صفراوی که از طریق سنگ های صفرا درون مجاری صفراوی ایجاد می شود.

crohn disease

بیماری مزمن و التهابی سیستم گوارشی که معمولاً ایلئوم را درگیر می کند.

بخش پنجم : سیستم ادراری

اختلالات

acidosis

اسیدیتی بیش از حد مایعات بدن.

bacteriuria

حضور باکتری ها در ادرار.

cast

قالب جامدی از یک لوله ی کلیوی که در ادرار یافت می شود.

cystitis

التهاب مثانه ی ادراری، معمولاً در نتیجه ی عفونت.

dysuria

دفع ادرار مشکل یا دردناک.

glomerulonephritis

التهاب کلیه که به طور اولیه گلومرول ها را درگیر می کند. شکل حاد این وضعیت معمولاً بعد از عفونت در جای دیگری از بدن رخ می دهد. نوع مزمن این بیماری در علت متفاوت بوده و معمولاً موجب نارسایی کلیوی می شود.

hamaturia

حضور خون در ادرار.

hydronephrosis

جمع شدن ادرار در لگنچه ی کلیه که از طریق انسداد ایجاد می شود. دلایل این وضعیت اتساع و آتروفی بافت کلیوی می باشد. نفروهیدروز یا نفریدروز نیز نامیده می شود.

hyperkalemia

مقدار بیش از حد پتاسیم در ادرار.

oliguria

دفع مقادیر اندک ادرار.

proteinuria

حضور پروتئین ، عمدتاً آلبومین در ادرار.

pylonephritis

التهاب لگنچه ی کلیه و کلیه، معمولاً در نتیجه ی عفونت.

pyuria

حضور چرک در ادرار.

renal colic

درد گسترده ای در ناحیه ی کلیه ناشی از عبور سنگ.

uremia

حضور مقادیر سمی مواد نیتروژن دار، عمدتاً اوره، درون خون، در نتیجه ی نارسایی کلیوی.

urethritis

التهاب پیشابراه، معمولاً در اثر عفونت.

urinary stasis

توقف یا رکود جریان ادرار.

تشخیص و درمان

chatherization

وارد کردن لوله ای به درون یک مجرا، مثل وارد کردن یک لوله از طریق پیشابراه، به درون مثانه، جهت کشیدن ادرار.

cystoscope

ابزاری برای معاینه ی قسمت درونی مثانه ی ادراری. این ابزار برای برداشت اشیاء خارجی ، جراحی و انواع دیگری از درمان ها نیز استفاده می شود.

dialysis

تفکیک مواد بوسیله ی مجرایی در میان یک غشای نیمه تراور. دیالیز برای پاک کردن بدن از مواد نامطلوب، زمانی که کلیه ها از کار می افتند یا معیوب می شوند، استفاده می شود. دو شکل دیالیز، همودیالیز و دیالیز صفاقی می باشند.

hemodialysis

برداشت مواد نامطلوب از خون بوسیله ی مجرایی در میان یک غشای نیمه تراور.

intravenous pylography (IVP)

اوروگرافی داخل وریدی

intravenous urography (IVP)

تصویر رادیوگرافی سیستم ادراری بعد از تزریق داخل وریدی ماده ی حاجبی که از ادرار دفع می شود. اوروگرافی دفعی یا پیلوگرافی داخل وریدی نیز نامیده می شود؛ گرچه روش قبلی به دلیل اینکه فقط لگنچه ی کلیه را نشان می دهد از دقت کمتری برخوردار است.

lithotripsy

خرد کردن سنگ.

peritoneal dialysis

برداشت مواد نامطلوب از بدن بوسیله ی وارد کردن یک مایع دیالیز کننده به درون حفره ی صفاقی، به دنبال برداشت مایع.

retrograde pylography

نوعی پیلوگرافی که در آن ماده ی حاجب به درون کلیه ها، از پایین، توسط میزنای ها تزریق می شود.

specific gravity (SG)

وزن ماده ای که با وزن حجم برابری از آب مقایسه می شود. وزن مخصوص ردیف های طبیعی ادرار از ۱/۰۱۵ تا ۱/۰۲۵ می باشد. این مقدار ممکن است در بیماری ها افزایش یا کاهش یابد.

وضعیت مسمومیت حاملگی به همراه پرفشاری خون، ادم و حضور پروتئین در ادرار که در صورت درمان نشدن موجب اکلامپسی می شود. این وضعیت پره اکلامپسی و توکسمی حاملگی نیز نامیده می شود.

rubella

سرخرگ آلمانی. این ویروس می تواند از جفت عبور کند و موجب ناهنجاری های جنینی مثل نقایص چشم،کری، ناهنجاری های قلبی و نقایص ذهنی شود. این ویروس در ۳ ماهه ی اول بیشترین آسیب را می رساند.

spina bifida

نقص مادرزادی در بسته شدن ستون فقرات که از طریق آن ممکن است طناب نخاعی و غشاها برآمده شوند.

teratogen

فاکتوری که موجب ناهنجاری های تکاملی در جنین می شود (*teratogenic adj.*).

تشخیص و درمان

colposcope

ابزاری برای معاینه ی مهبل و گردن رحم.

cone biopsy

برداشت بافت مخروطی شکل از گردن رحم برای معاینات سلول تناسلی. کونیزاسیون نیز نامیده می شود.

dilation and curettage (D and C

روشی که در آن گردن رحم متسع شده و پوشش رحم بوسیله ی آلت تراشنده ای بریده می شود.

hysterectomy

جراحی برداشت رحم. غالباً به دلیل وجود تومور انجام می شود. اغلب لوله های فالوپ و تخمدان ها نیز برداشته می شوند.

mammography

بررسی رادیوگرافی پستان برای نمایان کردن سرطان پستان.

mastectomy

برداشت پستان جهت حذف تومور بدخیم.

oophorectomy

برش تخمدان.

pap smear

مطالعه ی سلول های جمع آوری شده از گردن رحم و مهبل برای کشف زودرس سرطان. *Papanicolaou spmear* یا *Pap test* نیز نامیده می شود.

salpingectomy

جراحی برداشت لوله های فالوپ.

پایان حاملگی قبل از این که جنین توانایی زیستن در خارج از رحم را داشته باشد. معمولاً در هفته ی بیستم و وزن ۵۰۰ گرم صورت می گیرد. سقط جنین ممکن است خود به خودی یا سهواً انجام شود. سقط جنین خودی به خود متداولاً میسکاریج نامیده می شود.

anencephaly

فقدان مادرزادی مغز.

atresia

فقدان یا بسته شدن مادرزادی یک مجرا.

carrier

شخصی که دارای نقص ضمنی ژنتیکی می باشد که ممکن است به فرزندان خود انتقال دهد.

cleft lip

جداشدن مادرزادی لب فوقانی.

cleft plate

شکاف مادرزادی در سقف دهان.

congenital disorder

اختلالی که در هنگام تولد بوجود می آید و ممکن است تکاملی یا وراثتی باشد.

eclampsia

تشنج یا کمایی که در طول حاملگی یا بعد از زایمان رخ می دهد و به همراه پرفشاری خون حاملگی می باشد(به *pregnancy-induced hypertension* مراجعه کنید). (*eclamptic adj.*)

ectopic pregnancy

رشد تخم بارور خارج از جسم رحم. این وضعیت معمولاً در لوله های فالوپ رخ می دهد ولی ممکن است در بخش های دیگری از سیستم تناسلی یا حفره ی شکمی اتفاق افتد.

mastitis

التهاب پستان، معمولاً به همراه هفته های اول شیر دهی.

mutation

تغییری در مواد ژنتیکی سلول. اغلب موتاسیون ها مضر هستند. در صورتی که در سلول های جنسی ظاهر شوند، ممکن است به نسل های بعدی انتقال یابند.

placental abraption

جداشدن زودرس جفت، انتزاع جفت.

placenta previa

جفتی که به بخش تحتانی رحم به جای بخش فوقانی آن متصل می شود. این وضعیت ممکن است بعداً موجب خون ریزی در حاملگی شود.

pregnancy – induced hypertension (PIH)

cerebrovascular accident (CVA)
آسیب ناگهانی به مغز ناشی از کاهش جریان خون رسانی؛ دلایل آن آترواسکلروز یا آنوریسم پاره شده می باشد متداولاً ضربه نامیده می شود.

concussion
آسیب ناشی از ضربه ی شدید یا شوک. این وضعیت معمولاً موجب بی هوشی می شود.

contrecoup injury
آسیب به مغز در سمت مخالف نقطه ی یک ضربه در نتیجه ی آسیب مغزی به جمجمه (به زبان فرانسوی به معنی ضربه ی متقابل است).

convulsion
یک سری انقباضات شدید و غیرارادی عضلات. تشنج تونیک انقباض طولانی مدت عضلات را درگیر می کند. در تشنج عضلانی تغییرات انقباض و شل شدن وجود دارد. هر دو شکل این تشنج در صرع بزرگ رخ می دهد.

dementia
از دست رفتن تدریجی و برگشت ناپذیر عملکرد عقلانی.

embolism
انسداد رگ خونی بوسیله ی لخته ی خون یا دیگر مواد حمل شده در گردش خون.

encephalitis
التهاب مغز.

epidural hematoma
تجمع خون در فضای اپیدورال (بین سخت شامه و جمجمه).

epilepsy
بیماری مزمنی که شامل قطع ناگهانی و دوره ای فعالیت الکتریکی از جانب مغز می شود و باعث حملات ناگهانی می گردد.

glioma
تومور سلول های نوروگلیا.

hemiparesis
فلج یا ضعف جزئی سمتی از بدن.

hemiplegia
فلج سمتی از بدن.

hydrocephalus
افزایش تجمع CSF در مغز یا اطراف آن در نتیجه ی انسداد جریان. این وضعیت ممکن است از طریق تومور، التهاب، خون ریزی یا ناهنجاری مادرزادی ایجاد شود.

insomnia
خواب ناکافی یا با وجود داشتن موقعیت مناسب برای خوابیدن.

وضعیت ناشی از افزایش مصرف انسولین که باعث هیپرگلیسمی می شود.

ketoacidosis
نوعی اسیدوز(افزایش اسیدیتی مایعات بدن) که از طریق افزایش اجسام کتونی ایجاد می شود، مثل وضعیتی که در دیابت ملیتوس و اسیدوز دیابتی حاکم است.

metabolic syndrome
حالتی از افزایش قندخون که از طریق مقاومت سلولی نسبت به انسولین ،ایجاد می گرددکه برای مثال در دیابت نوع ۲ دیده می شود، و به همراه دیگر اختلالات متابولیکی، سندرم X یا سندرم مقاومت انسولین است.

myxedema
وضعیتی که بوسیله ی هیپوتیروئیدیسم در بالغین ایجاد می شود. خشکی، تورم شدید به طور قابل توجه موجود در صورت، وجود دارد.

panhypopituitarism
کاهش فعالیت کل غده ی هیپوفیز.

tetany
تحریک پذیر و اسپاسم عضلات که ممکن است از طریق کاهش گردش خون و فاکتورهای دیگر ایجاد شود.

بخش نهم : سیستم عصبی

اختلالات

Alzheimer disease (AD)
نوعی جنون که از طریق آتروفی قشر مغزی ایجاد می شود؛ زوال عقدهای پیش پیری.

amyloid
ماده ی نشاسته مانندی از ترکیب ناشناخته که درون مغز در بیماری آلزایمر و دیگر بیماری های مشابه، جمع می شود.

aneurysm
اتساع موضعی و غیرطبیعی یک رگ خونی، ناشی از ضعف دیواره ی رگ. آنوریسم نهایتاً موجب پاره شدن می شود.

aphasia
فقدان یا نقص در ارتباط کلامی (به زبان یونانی *phases* به معنی صحبت می باشد). در ممارست ها این واژه به طور گسترده برای ردیفی از اختلالات زبانی در صحبت کردن و نوشتن، به کار برده می شود. این وضعیت ممکن است در توانایی درک صحبت کردن (آفازی پذیرا) یا توانایی سخن گفتن (آفازی بیانی) تأثیر گذارد. هر دو شکل این بیماری در ارتباط با آفازی کلی است.

astrocytoma
تومور نورولوژیکی متشکل از آستروسیت ها.

گروه معدودی از اختلالات شدید روانی و درکی به همراه ویژگی های سایکوز، توهمات، خیالات و رفتارهای غیرمأنوس. (*schizo* به معنی جدا از هم و *phren* به معنی ذهن می باشد).

بخش دهم : گوش

اختلالات

acoustic neuroma

تومور غلاف هشتمین عصب جمجمه ای؛ گرچه این تومور خوش خیم است ولی می تواند به بافت های اطراف فشارآورد و علایمی را ایجاد کند. شوانوما یا نوریلوما نیز نامیده می شود.

conductive hearing loss

اختلال شنوایی ناشی از عدم انتقال صدا به گوش درونی.

Me'nie're **disease**

بیماری ناشی از افزایش مایع در گوش درونی که از طریق فقدان شنوایی، سرگیجه و زنگ زدن گوش مشخص می شود.

otitis externa

التهاب مجرای شنوایی گوش خارجی؛ گوش شناگران.

otitis media

التهاب گوش میانی از طریق تجمع آب (سروز) یا مایع موکوسی.

lerosisotosc

تشکیل بافت های استخوانی سخت و غیرطبیعی در گوش. این وضعیت اغلب اطراف مجرای بیضی و قاعده ی استخوان رکابی رخ می دهد که موجب عدم تحرک استخوان رکابی و فقدان شنوایی پیشرونده می شود.

ensorineural hearing loss

نقص شنوایی ناشی از آسیب به هشتمین عصب جمجمه ای یا گذرگاه های شنوایی در مغز.

tinnitus

حس صداهایی مثل صداهای زنگ یا صدای جرنگ جرنگ در گوش.

vertigo

خیال تحرک مثل، حرکت کردن در فضا یا اطراف بدن. معمولاً از طریق اختلال در دستگاه دهلیزی ایجاد می شود. به طور کلی به معنی سرگیجه به کار می رود.

درمان

myringotomy

جراحی برش پرده صماخ. این عمل برای زهکشی حفره ی گوش میانی یا جهت وارد کردن لوله ای به درون پرده ی صماخ زهشکی انجام می شود.

اختلالی با علت نامشخص که شامل غرق شدن در افکار خود، بی پاسخی به تماس ها و تأثیرهای اجتماعی، شیفتگی، رفتارهای کلیشه ای و مقاومت در برابر تغییرات می شود.

bipolar disorder

نوعی از افسردگی به همراه حوادث مانیا (حالت سرخوشی)؛ بیماری افسردگی مانیک.

delusion

باور اشتباهی که با علم و تجربه تناقص دارد.

depression

نوعی وضعیت روانی که از طریق احساس شدید غمگینی، پوچی، ناامیدی و عدم علاقه و لذت بردن در کارها مشخص می شود.

dysthymia

شکل خفیفی از افسردگی که در پاسخ به وقایع جدی زندگی گسترش می یابد.

hallucination

درک اشتباه غیر مرتبط با واقعیت یا تحریک های بیرونی.

mania

حالت سرخوشی که شامل آشفتگی، تحریک پذیری بیش از حد و بیش فعالی می شود. *manic adj.*

neuroleptic

مربوط به تسکین بیماری های روانی. داروی ضدروان پریشی.

obsessive – compulsive disorder (OCD)

وضعیتی که به همراه افکار و تصاویر سرزده و عودکننده و رفتارهای مکرری که جهت تسکین اضطراب انجام می شود، است.

panic disorder

شکلی از اختلال اضطرابی که از طریق حوادث ترس شدید مشخص می شود.

paranoia

نوعی وضعیت روانی که بوسیله ی حسادت، توهمات آزاردهنده، آگاهی از تهدید یا ضربه مشخص می شود.

phobia

ترس شدید یا مداوم به یک شیء یا موقعیت خاص.

psychosis

اختلال روانی که، عدم درک از واقعیت ،خیالات و توهمات است.

psychotropic

عملکردن بر روی مغز، مثل دارویی که جهت درمان اختلالات روانی استفاده می شود.

schizophrenia

جداشدن شبکیه از لایه های زیرین چشم.

senile macular degeneration (SMD)

زوال ماکولا در افراد سالخورده؛ معیوب شدن مرکز بینایی.

trachoma

عفونتی که از طریق *chlamydia trachomatis* ایجاد شده و موجب التهاب و زخم شدن قرنیه و ملتحمه می شود.این وضعیت دلیل متداول کوری در کشورهای توسعه نیافته است.

بخش دوازدهم : سیستم اسکلتی

اختلالات

ankylosing spondylitis

بیماری مزمن، پیشرونده و التهابی که مفاصل ستون فقرات و بافت های نرم اطراف آن را درگیر می کند و غالباً در جوانان مذکر رخ می دهد؛ اسپوندیلیت روماتوئید نیز نامیده می شود.

ankylosis

بی تحرکی و ثابت شدن مفصل.

arthritis

التهاب مفصل.

chondrosarcoma

تومور بدخیم غضروف.

degenerative joint disease (Djb) fracture

استئوآرتریت (به *osteoarthritis* مراجعه کنید).

شکستگی در استخوان. در شکستگی های محصور یا ساده، استخوان شکسته، به درون پوست نفوذ نمی کند. در شکستگی های باز زخم در پوست ایجاد می شود.

gout

شکل حاد آرتریت، معمولاً از زانو یا پا شروع شده که از طریق رسوب املاح اوریک اسید در مفاصل ایجاد می شود.

herniated disck

بیرون زدگی مرکز (هسته ی نرم) دیسک بین مهره ای به درون کانال نخاعی؛ دیسک پاره شده یا لغزنده.

osteoarthritis (OA)

اضمحلال پیشرونده ی غضروف مفصل به همراه رشد استخوان جدید و بافت های نرم درون و اطراف مفصل. شایع ترین شکل آرتریت ناشی از سایش و پارگی، ضربه یا بیماری است؛ بیماری تحلیل رونده ی مفصلی نیز نامیده می شود (*DjD*).

osteogenic sarcoma

تومور بدخیم، استئوسارکوما.

osteomalacia

نرم شدن و ضعیف شدن استخوان ها، ناشی از کم بود ویتامین *D* یا بیماری های دیگر.

دقت بینایی؛ معمولاً بوسیله ی جدول بینایی اسفلن اندازه گیری می شود.

vitereous body

توده ی شفاف و ژل مانندی که حفره ی اصلی چشم را پر می کند. زجاجیه نیز نامیده می شود.

اختلالات

astigmatism

خطای انکساری که از طریق عدم توازن در انحنای قرنیه و عدسی ایجاد می شود.

cataract

کدرشدن عدسی چشم.

conjunctivitis

التهاب ملتحمه.

diabetic retinopathy

تغییرات اضمحلالی در شبکیه به همراه دیابت ملیتوس.

glaucoma

نوعی بیماری چشم که از طریق افزایش فشار داخل چشمی ایجاد شده، به دیسک بینایی آسیب می رساند و موجب از دست رفتن بینایی می شود. این وضعیت معمولاً ناشی از کشیده شدن ناقص مایعات از بخش قدامی چشم است.

hyperopia

نوعی خطای انکساری چشم که در آن پرتوهای نوری در پشت شبکیه متمرکز شده و اشیاء فقط زمانی که در فاصله ی دوری از چشم هستند می توانند دیده شوند؛ دوربینی؛ هیپومتروپیا نیز نامیده می شود.

myopia

نوعی خطای انکساری چشم که در آن پرتوهای نوری در جلوی شبکیه متمرکز شده و اشیاء فقط زمانی که در فاصله ی بسیار نزدیک از چشم هستند می توانند دیده شوند؛ نزدیک بینی.

ophthalmia neontorum

التهاب شدید ملتحمه که معمولاً از طریق عفونت با گونوکوک در طول تولد ایجاد می شود.

phacoemulsification

برداشت کاتاراکت از طریق تخریب توسط امواج ماوراء صوت و خارج کردن عدسی.

presbyopia

تغییراتی در چشم که همراه با افزایش سن رخ می دهد؛ عدسی حالت الاستیکی و توانایی خود را جهت دید نزدیک از دست می دهد.

retinal detachment

تومور رنگیزه ای متاستاز دهنده ی پوست.

pemphigus

نوعی بیماری خود ایمنی پوستی که از طریق تشکیل ناگهانی و متناوب تاول هایی، مشخص می شود. این وضعیت در صورت درمان نشدن موجب مرگ می گردد.

pressure ulcer

زخمی که از طریق فشار آوردن به ناحیه ای از بدن ایجاد می شود مثل فشار حاصله از نشستن برروی صندلی یا خوابیدن روی تخت. زخم استلقاء، زخم بستر، زخم فشاری.

psoriasis

درماتیت وراثتی و مزمن به همراه جراحات قرمزرنگ که بوسیله ی پوسته ریزی های نقره ای رنگ پوشیده می شود.

rule of nines

روشی برای تخمین وسعت سطح ناحیه ای از بدن که در سوختگی ها ایجاد شده و از طریق مضرب های ۹ جهت مناطق مختلفی از بدن تعیین می شود.

sclero derma

بیماری مزمنی که از طریق ضخیم شدن و سفت شدن پوست مشخص می شود و این وضعیت اغلب ارگان های درونی را درگیر می کند، به شکلی که اسکلرزو سیستمیک پیشرونده (*PSS*) نام دارد.

squamous cell carcinoma

نوعی سرطان پوستی که ممکن است بافت های عمیق تر را درگیر کند ولی تمایلی به متاستاز ندارد.

بررسی فعالیت الکتریکی عضلات در طول انقباض.

بخش چهاردهم : پوست

atopic dermatitis

التهاب وراثتی، حساسیتی و مزمن پوست به همراه کهیر، اگزما.

basal cell carcinoma

تومور اپیتلیال که به ندرت متاستاز می دهد و میزان درمان بالایی بوسیله ی جراحی برداشت آن دارد.

de′bridement

برداشت بافت مرده یا آسیب دیده از یک زخم.

dehiscence

برش یا پارگی، زمانی که لایه های زخم از هم جدا می شوند.

dermatitis

التهاب پوست اغلب به همراه قرمزی و خارش که ممکن است از طریق آلرژی، مواد محرک (درماتیت تماسی) یا بیماری های مختلف ایجاد شود.

dermatology

بررسی پوست و بیماری های پوستی.

dermatome

ابزاری برای برش بخش های نازکی از پوست جهت پیوند پوست.

eczema

واژه ی عمومی برای التهاب پوست به همراه قرمزی، جراحت و خارش؛ درماتیت آتوپی.

escharotomy

برداشت بافت اسکار ناشی از سوختگی ها و جراحات پوستی.

evisceration

بیرون زدگی ارگان های داخلی (احشاء) از طریق یک مجرا، مثل زخم.

exudate

موادی از قبیل مایعات، سلول ها، چرک یا خون که از بافت آسیب دیده خارج می شود.

kaposi sarcoma

جراحت سرطانی پوست و دیگر بافت ها که غالباً در بیماران مبتلاء به ایدز دیده می شود.

lupus erythematosus (LE)

بیماری خود ایمنی، التهابی و مزمن بافت پیوندی که اغلب پوست را درگیر می کند. دو نوع شایع این بیماری لوپوس اریتروماتوس سیستمیک (*SLE*) و صفحه ای (*DLE*) را شامل می شود که فقط پوست را درگیر می کند.

malignant melanoma

ضمائم

ضمیمه ۱: مقادیر طبیعی برای داده های بیوشیمیایی

(B = whole blood ; P = plasma ; S= serum ; U= urine)

خون کامل پلاسما سرم ادم

جدول ۱. ۱: تست های هر روزه

Determination	Sample	Normal range
Alcohol	B or P	Legal limit (UK) <1704 mmol/1
a-amylase	P	0-180 somogyi units.dl
albumin	P	35-50g/1
alumin-pregnancy	P	25-38g/1
anion gap (Na^++K^+)-(HCO_3^-+ Cl^-)	P	12-17 mmol/l
Barbiturate	B	Possibly fatal if:
short acting		>35 µmol/1
medium acting		>105 µmol/1
long acting		>215 µmol/1
bilirubin	P	3-17 µmol/1
bromide	p	0 mmol/l
bromsulphthalein	p	<5% dye remains
bicarbonate	P	24-30 mmol/l
bicarbonate-pregancy	P	20-25mmol/l
calcium (ionized)	P	1.0-25 mmol/l
calcium (total)	P	2.12-2.65 mmol/l
calcium (total)-pregnancy	P	1.95-2.35 mmol/l
chloride	p	95-105 mmol/l
copper	p	12-26 µmol/1
creatinine	P	70-150 µmol/1
creatinine-pregnancy	P	24-68 µmol/1
cholesterol	P	3.9-7.8 mmol/l
glucose (fasting)	P	4.0-6.0 mmol/l
iron	S	(male) 14-31 µmol/1 (female)11-30 µmol/1
total iron-bin-binding capacity (TIBC)	S	54-75 µmol/1
lead	B	0.3-1.8 µmol/1
lithium	P	(therapeutic) 0.5-1.5 mmol/l (toxic)>2.0 mmol/l
magnesium	P	0.75-1.05 mmol/l
osmolality	P	278-305 mosm/kg
phenylalanine	P	(infants)42-73 µmol/1
phosphate (inorganic)	P	0.8-1.45 mmol/l
potassium	P	3.5-5-0 mmol/l
protein (total)	P	60-80 g/l
sodium	P	135-145 mmol/l
urea	P	2.5-6.7 mmol/l
urea-pregnancy	P	2.0-4 mmol/l
uric acid	P	(male)210-480 µmol/1 (female)150-390 µmol/1
uric acid-pregnancy	P	100-270 µmol/1

جدول۱. ۴: پروتئین ها

Protein	Normal range	Sample
total protein	P	69-85 g/l
	S	60-80 g/l
albumin	P	35-50g/l
globulin fractions		
α_1-gloulin	S	2-4 g/l
α_2-gloulin	S	5-9
β- globulin	S	6-11g/l
γ-gloulin	S	7-17 g/1
α_1-antitrypsin	S	1.3-3.28 g/l
α_2-haptoglobin	S	0.3-2.0 g/l
α_2-caerulopasmin	S	0.3.6 g/l
β_1-transferring	S	1.2-2.0 g/l
immunoglobulins		
IgG		7.2-19g/l
IgA		0.8-5.0 gl
IgM		0.5-2.0 /l
complement C_3		0.69-1.3g/l
complement C_4		0.12-0.27g/l
caeruloplasmin	P	100-400mg/l
β_2-microglobulin	S	1.1-2.4 g/l
	U	4-370 μg/l or 30-370 μg/24 h
fibrinogen	P	2-4 g/l
fibrinogen degration products	S	Less than 0.8 μg/l

جدول۱. ۵: لیپیدها و لیپوپروتئین ها

Lipid	Normal range	Sample
cholesterol	P	3.9-7.8 mmol/l
trigyceride	P	0.55-190 mmol/l
phospholipids	S	2.9-5.2 mmol/l
non-esterified fatty acids	S	(male) 0.19-78 mmol/l (female)0.60-0.9 mmol/l
lipoproteins (as cholesterol)		
very low density	S	0.128-0.645
low density	S	1.55-4.4 mmol/l
high density	S	0.9-1.93 mmol/l

جدول ۱. ۷: ادرار

Determination	Normal range
calcium	2.5.7mmol/24 h
copper	0.2-1.0 μmol/24h
iron	<1.0 mg/24 h
lead	<0.39 μmol/24h
magnesium	3.3-4.9mmol/24h
phosphate (inorganic)	15-50mmol/24h
potassium	40-120mmol/24h
sodium	100-250 mmol/24 h
creatinine	9-17 mmol/24h
amylase	8000-30000 Wohlegmuth U/24 h 35-260 somogyi units.dl
ascorbic acid	34-68μmol/1
glucose	0.06-0.84 mmol/1
hydroxyindole acetic acid (5HIAA)	16-73 μmol/24h
oxalate	<450 μmol/24h
urate	2-6 mmol/24 h
urea	250-500mmol/24h
urobilinogen	up to 6.7 μmol/24h
zinc	2.1-11.0 μmol/24h
δ-amino laevulinic acid	up to 15.3 μmol/24h
coproporphyrin	0.09 0.43μmol/24h
porphobilinogen	0.9-8.8 μmol/24h
uroporphyrin	5-30μg/24h
β_2-microglobulin	4-370μg/l 30-370μg/24h
osmolality	350-1000 mosm/kg
cortisol	<280 nmol/24h
hydroxymethlmandelic acid	16-48μ mol/24h
24-hour urinary excretion	
protein	up to 150 mg
pregnancy	up to 300 mg
albumin	up to 25 mg
creatinine	
male	9.0-17.0 mmol
female	7.5-12.5 mmol
pregnancy	8.0-13.5 mmol
uric acid	up to 5.0 mmol
pregnancy (except late)	up to 7.0 mmol
cystine	0.04-0.42 mmol

ضمیمه ۳: مقادیر استاندارد برای وزن بدن

جدول۳. ۱: وزن مناسب بدن و حدهای پایین برای تعیین بیش وزنی و چاقی در بالغین

Men					**Women**			
Height (cm)	Average (kg)	Acceptable range (kg)	Overweight (kg)	Obese (kg)	Height (cm)	Average (kg)	Acceptable range (kg)	Overweight (kg)
158	55.8	44-64	70	77	146	46.0	37-53	58
160	57.6	44-65	72	78	148	46.5	37-54	59
162	58.6	46.66	73	79	150	47.0	38-55	61
164	59.6	47-67	74	80	152	48.5	39-57	63
166	60.6	48-69	76	83	156	49.5	39-58	64
168	61.7	49-71	78	85	158	50.4	40-58	64
170	63.5	51-73	80	88	160	51.3	41-59	65
172	65.0	52-74	81	89	162	52.6	42-61	67
174	66.5	53-75	83	90	164	54.0	43-62	68
176	68.0	54-77	85	92	166	55.4	44-64	70
178	69.4	55-79	87	95	168	56.8	45-65	72
180	71.0	58-80	88	96	170	58.1	45-66	73
182	72.6	59-82	90	98	172	60.0	46-67	74
184	74.2	60-84	92	101	174	61.3	48-69	76
186	75.8	62-86	95	103	176	62.6	49-70	77
188	77.6	64-88	97	106	178	64.0	51-72	79
190	79.3	66-90	99	108	180	65.3	52-74	81
192	81.0	68-93	102	112				

دخترها

Height (cm)	Weight Median	(kg) Range	Height (cm)	Weight Median	(kg) Range
50	3.4	2.6-4.2	100	15.4	12.7-18.8
52	3.7	2.8-4.7	102	15.9	13.1-19.4
54	4.1	3.1-5.2	104	16.5	13.6-20.0
56	4.5	3.5-5.7	106	17.0	14.0-20.6
58	5.0	3.9-6.3	108	17.6	14.5-21.3
60	5.5	4.3-6.9	110	18.2	15.0-22.0
62	6.1	4.8-7.5	112	18.9	15.6-22.8
64	6.7	5.3-8.1	114	19.6	16.2-23.7
66	7.3	5.8-8.7	116	20.3	16.8-24.7
68	7.8	6.3-9.3	118	21.0	17.4-25.8
70	8.4	6.8-9.9	120	21.8	18.1-27.5
72	8.9	7.2-10.5	122	22.7	18.8-28.3
74	9.4	7.7-11.0	124	23.6	19.5-29.8
76	9.8	8.1-11.4	126	24.6	20.3-31.4
78	10.2	8.5-11.9	128	25.7	21.0-33.2
80	10.6	8.8-12.3	130	26.8	21.9-35.1
82	11.1	9.3-12.9	132	28.0	22.7-37.3
84	11.4	9.6-13.2	134	29.4	23.6-39.6
86	11.8	9.9-13.6	136	30.8	24.5-42.2
88	12.2	10.3-14.1			
90	12.6	10.7-14.5			
92	13.5	11.1-15.0			
94	13.5	11.5-15.6			
96	14.0	12.0-16.1			
98	14.6	12.5-16.8			
100	15.2	13.1-17.4			

ضمیمه ی۴: تغذیه و انرژی

جدول ۴. ۱: ترکیبات تقریبی یک انسان ۷۰ کیلوگرمی و عادی

	kg
water	42
intracellular	28
extracellular	14
solids	
fat	12.6
protein	11.2
intracellular (muscle)	8.4
extracellular (collagen)	2.8
minerals	3.8
carbohydrate	0.4

ضمیمه ۵: مراکز اطلاعاتی مرتبط با سموم

United Kingdom		
London	National Poisons Information Service	01-407 7600
	New Cross Hospital	Ext. 4001
	Avonley Road	
	London SE 14 5ER	
Edinburgh	Scottish Poisons Information Bureau	031-229 2477
	The Royal Infirmary	Ext.2233
	Lauriston place	
	Edinburg 3	
Cardiff	Poisons Information Service	0222-492233
	Cardiff Royal Infirmary	Ext. 2140
	Cardiff CF2 1SZ	
Belfast	Poisons Information Service	
	Royal Victoria Hospital	
	Grosvenor Road	
	Belfast BT12 6BB	
Republic of Ireland		
Dublin	Poisons Information Service	0001-72 3355
	Jervis Street Hospital	
	Dublin 1	

ضمیمه ۶: واحدهای SI

واحدهای پایه و تکمیلی SI

Physical quantity	Name	Symbol
length	metre	m
mass	kilogram	kg
time	second	s
electric current	ampere	A
thermodynamic temperature	Kelvin	K
luminous intensity	candela	cd
amount of substance	mole	mol
*plane angle	radian	rad
*slid angle	stradian	sr

*Supplementary units

جدول ۶.۴: تبدیل دیگر واحدها به واحدهای SI

From	To	Multiply by
in	m	0.0254
ft	m^2	0.3048
sq in	m^2	0.00064516
sq ft	m^3	0.092903
cu in	m^3	0.0000164
cu ft	m^3	0.0283168
l(itre)	m^3	0.001
gal (lon)	litres	0.0045609
gal (lon)	kg	4.5609
lb	kg m^{-3}	0.453592
g m^{-3}	kg m^{-3}	1000
lb/in^3	Pa	27679.9
mmHg	J	133.322
cal	in	4.1868
m	in	39.3701
cm	sq in	0.393701
cm^2	sq in	0.155
m^2	sq ft	1550
m^2	cu in	10.76639
m^3	cu ft	61.23.6
m^3	l(itre)	35.3146
m^3	gal(lon)	1000
m^3	lb	219.969
kg	g cm^{-3}	2.20462
kg m^{-3}	ib/in^3	0.001
kg m^{-3}	mmHg	0.0000363
Pa	cal	0.0075006
J		0238846

تبدیل دما

°C (Celsius)= 5/9(°F - 32)

°F (Fahrenheit)=(9/5×°C)+32

منابع

منابع

B. J. Cohen (2004), Medical Terminology, Lippincott Williams & Wilkins.

Appendix 1

Tables 1.1 to 1.8 : from A. M. Giles and B. D. Ross (1983), Normal or reference values for biochemical data, Oxford Textbook of Medicine (edited by D. J. Weatherall , J. G. G. Ledingham, and D. A. Warrel).

Appendix 2

Adapted from D. J. Weatherall (1983), Introduction [to disease of the blood], Oxford Textbook of Medicine .

Appendix 3

Table 3.1 : from W. P. T. James (1983), Obesity, Oxford Textbook of Medicine . Table 3.2 : from World Health Organization (1979) Monograph (WHO/FAP/79.1), reproduced in W. P. T. James (1983), Obesity, Oxford Textbook of Medicine.

Appendix 4

Table 4.1 : from R. Smith and D. H. Williamson (1983), Biochemical background [to nutrition], Oxford Textbook of Medicine . Tables 4.2 , 4.3 : from R. Smith and W. P. T. James (1983), Introduction [to nutrition],Oxford Textbook of Medicine.

www.ingramcontent.com/pod-product-compliance
Lightning Source LLC
Chambersburg PA
CBHW072038020426
42334CB00017B/1317

* 9 7 8 9 6 4 1 0 2 2 7 8 7 *